辽宁省明长城资源调查报告

辽宁省文物局　编著

文物出版社

封面设计　周小玮
责任印制　陈　杰
责任编辑　许海意
　　　　　冯冬梅

图书在版编目（CIP）数据

辽宁省明长城资源调查报告/辽宁省文物局编著.
—北京：文物出版社，2011.9
ISBN 978－7－5010－3248－8

Ⅰ.①辽…　Ⅱ.①辽…　Ⅲ.①长城－调查报告－
辽宁省　Ⅳ.①K928.77

中国版本图书馆 CIP 数据核字（2011）第 167590 号

辽宁省明长城资源调查报告

辽宁省文物局　编著

＊

文 物 出 版 社 出 版 发 行

（北京市东直门内北小街 2 号楼）

http://www.wenwu.com

E-mail：web@wenwu.com

北京燕泰美术制版印刷有限责任公司印刷

新 华 书 店 经 销

889×1194　1／16　印张：43.75　插页：1

2011 年 9 月第 1 版　　2011 年 9 月第 1 次印刷

ISBN 978－7－5010－3248－8　定价：450.00 元

《辽宁省明长城资源调查报告》
编纂委员会

顾　问：（以姓氏笔画为序）

马宝杰　　王绵厚　　王晶辰　　田立坤　　冯永谦

华玉冰　　李向东　　李新全　　辛占山　　张春鹰

郭大顺　　姜念思　　徐英章　　徐秉琨

主　任：丁　辉

编　委：康望成　　王维东　　吴炎亮　　刘胜刚　　骆殿元

李维宇　　王增亚　　李家栋　　付兴胜　　马　骋

熊增珑　　佟　强

主　编：吴炎亮

副主编：刘胜刚　　李维宇　　付兴胜

总撰稿：王绵厚　　熊增珑

撰　稿：陈　山　　吴　鹏　　靳　军　　孙建军　　刘　明

郑　辰　　李　勇　　刘　俭　　赵普光　　王云刚

绘　图：刘　明　　张　波　　许志国　　魏海波　　关　晗

张庆贺　　马　义　　王　海　　孙伯威　　刘　桐

李　凯　　刘海生

摄　影：朱　江　　王　建　　李　威　　付国锋　　郭东升

白　斌　　付　宇　　陈　光　　韩立新　　胡　松

田宝材

序　言

　　长城是世界历史上工程量最大、修筑时间最长、跨越地域最广、体系最为完整的冷兵器时代的军事防御工程。它是中华民族精神与力量的象征，凝聚着历代劳动人民的智慧和血汗，是祖先遗留给我们的一笔丰厚的文化遗产，是屹立在中华大地上一座不朽的历史丰碑，是镌刻在人类文明史册的精彩杰作。

　　辽宁是辽河文明的发祥地之一，堪称东北亚古代文明的中脊和前沿地带，自古以来就是一个文化交汇之地，历史文化发展也极具特色。"早在旧石器时代，从营口金牛山到海城仙人洞，都表现出相当的进步性。进入万年以内，以阜新查海为代表的新石器文化已率先跨入文明进步阶段。朝阳牛河梁红山文化坛庙冢大型礼仪性建筑群，辽西夏家店下层文化绵延数十里的城堡群和渤海北岸绥中秦始皇碣石宫遗址，是中华五千年古国－四千年方国－两千年大一统帝国这一国家形成时期三大发展阶段完整序列的实证。"据文物调查显示，分布于辽宁省境内的历代长城史迹，从战国秦汉开始，历经南北朝、辽金，直至明清，都有不同保存程度的遗迹存在。作为燕、秦、汉、明等时代长城的东端重镇，辽宁省各时代长城在古代长城史迹考察和长城文化研究中占有重要地位，它见证了南北民族多元文化的碰撞、交流与融合，体现了中华文化不断"趋同内聚"的意识。

　　随着我国改革开放的不断深入和各项事业的持续发展，对长城文化遗产的保护和传承工作也进入了一个新的阶段。作为我国文化遗产保护的代表性工程之一，以 2006 年 9 月国务院颁布《长城保护条例》为标志，长城保护工程已经被提升为国家文化发展战略。按照国家文物局、国家测绘局的统一部署，辽宁省全面开展了省境内长城资源调查工作。对此，辽宁省委、省政府高度重视，社会各界十分关注。为确保调查工作的顺利进行，辽宁省文物局、辽宁省测绘局联合成立了辽宁省长城资源调查工作领导小组，并组建了调查队伍。2007 年 5 月 11 日，两局联合在沈阳举行了"辽宁省明长城资源调查启动仪式"，标志着长城资源调查工作在我省全面展开。

　　辽宁省明长城资源野外调查工作自 2007 年 5 月开始，至 2008 年 6 月基本结束。在历时一年多的野外调查期间，长城资源调查队队员们顶风冒雪、跋山涉水，他们发扬不畏艰险、勇于奉献的精神，克服了山高路险、酷暑严寒、交通不便、体力透支等诸多困难，足迹踏遍了明长城沿线的 12 个市、32 个县（市、区）、145 个乡镇、568 个行政村，在采取传统的文物调查手段和方法的同时，还运用了地理信息技术和现代科学测量技术手段，对 1000 余公里长城墙体、1049 座单体建筑、103 座关堡、71 处相关遗存进行了科学规范、认真严谨的测量，记录并采集了大量翔实的信息资料，整理并填写了近 2000 份田野调查登记表，圆满完成了辽宁境内明辽东镇长城的调查任务，取得了丰硕的调查成果。

通过调查，全面准确地掌握了明辽东镇长城的规模、分布、走向、结构及保存状况、自然与人文环境、保护与管理状况等基本信息，获得了包括文字、照片、录像在内的大量基础资料，新发现了一批重要的长城遗迹，确认了明长城东端起点在丹东虎山。这些业务成果的取得，必将为今后我省进一步开展长城保护、研究、管理、利用等工作奠定坚实的基础。通过此次长城资源调查，我们还锻炼了队伍，培养了一批长城研究、保护方面的专业人才，他们将成为我省长城保护和管理方面的骨干力量。

在文物部门开展长城资源定性工作的基础上，辽宁省测绘局还组建了 6 个外业队和内业队，开展了野外数据采集、基本地形图测制、长城长度量算等定量工作，获取了长城墙体及其两侧各 1000 米范围内的基础地理信息数据和专题要素数据，首次完成了辽宁境内明辽东镇长城墙体长度的精确量测，确认其总长度为 1218.81 公里，并在此基础上为本报告绘制了各类专题要素地图。

长期以来，辽宁省各级党委、政府高度重视长城保护工作，取得了显著的工作成效。20 世纪 80 年代，辽宁省各级党政机关、企事业单位、部队、学校和广大人民群众积极响应邓小平同志"爱我中华、修我长城"的伟大号召，踊跃捐款，对九门口长城进行了大规模修缮，掀起了保护长城的热潮。同时，各级政府先后将 43 处长城遗迹和相关遗存公布为文物保护单位，其中全国重点文物保护单位 2 处，省级文物保护单位 5 处，市、县级文物保护单位 36 处，使长城保护和管理纳入了法制化轨道。多年来，辽宁省各级政府在长城保护工作中投入了大量人力、物力和财力，设立了专门的保护管理机构，聘请了义务看护员，树立了保护标志碑，建立了长城记录档案。近年来，我省加大了长城保护力度，蔓枝草长城、锥子山长城、金牛洞长城、锥子山长城 1 号敌台、椴木冲长城敌台等十余项长城保护工程相继实施，《辽宁省明长城保护总体规划》编制工作已经启动，预示着我省长城保护、管理、展示和利用工作必将跃上一个新的台阶。

当前，我国经济建设和社会事业的高速发展为长城保护提供了难得的历史机遇，我省正在实施的"辽宁省重点文化遗产保护工程"，已经将长城保护及展示作为其中的重点项目。但是，我们也清醒地认识到，长城保护与经济建设的矛盾依然突出，长城正面临着各种人为、自然因素的威胁和破坏，保护长城本体及其环境风貌的任务依然十分艰巨。

作为世界范围内最有价值、最具观赏性的人文景观之一，长城不仅对文物旅游事业的发展作出了重大贡献，而且对弘扬中华民族悠久的历史文化，扩大对外文化交流，促进地方经济发展，构建和谐社会都起到了积极的促进作用。因此，我们有责任、有义务做好长城保护的各项工作，把保护好长城、管理好长城作为我省文化遗产保护的千秋大业，坚持不懈地抓下去。

　　感谢国家文物局、国家测绘局以及国家长城资源调查项目组对我省长城资源调查工作的大力支持！感谢所有文物保护专家对长城资源调查工作的悉心指导！感谢辽宁省测绘局给予文物部门的无私帮助！向参与此次长城资源调查工作的全体同志致以崇高的敬意！

辽宁省文化厅副厅长　

2011 年 7 月 20 日

目　录

插图目录

测绘图目录

彩图目录

前　言

根据国家文物局和国家测绘局的统一部署，辽宁省于 2007 年 3 月至 2010 年 7 月对省内明代长城资源进行了一次全面调查，在此次调查基础上，编写了这本《辽宁省明长城资源调查报告》。

本报告分为概述、调查资料及成果分析和结语共三章。

第一章为概述；主要内容包括：此次辽宁明长城资源调查的工作背景；明长城分布的地理、地貌特征；辽宁明长城修筑的历史沿革；对以往辽宁明长城调查的回顾。其中辽宁明长城分布的地理、地貌特征和明长城当时修筑的时势背景和历史沿革，作为辽宁明长城资源调查业务报告的重点内容之一，比较集中地反映出辽宁明长城特有的防御体系形成的历史条件，以及明长城在当时明代整个"九边"防御体系中的重要地位，也为辽宁明代长城调查资料的整理和报告的编写，提供了明确的时空框架。

第二章为调查资料介绍及成果分析，是本报告的重点部分。包括此次调查探明的辽宁地区明长城的总体分布与具体走向；辽宁明长城的结构特征、防御体系的形成和保存现状；辽宁明长城资源调查的数据统计分析和历史风貌分析。其中在辽宁明长城的分布与走向中，综合以往研究成果和此次调查的材料，把辽宁境内的明长城划分为辽东山地段、辽河平原段和辽西丘陵段三大部分，凸显出长城资源作为带有军事防御性质的"线形文化遗产"，与地理、地貌环境的紧密依托关系。长城结构特点与保存现状一节，依照考古调查规则，详细记述了本次长城资源调查发现的长城本体（包括墙体和敌台）、关堡、烽火台和其他相关遗存的结构特征及保存现状，同时注意了与文献记载的对照和与以往调查、研究的联系与比较。在成果的统计分析中，包括了对长城遗存本体、相关遗存现状调查数据的分类统计分析和对长城所在的环境风貌及当前管理状况的分析。前者重在对长城资源调查中，各类遗存和消失的遗迹、遗物的定性、定量分析，以保证调查成果的科学性、准确性和系统性；后者重在对"历史风貌"由近及远、由此及彼的追踪，突出反映当代文物保护理念，从"文物"到"文化遗产"的历史性转变。同时注重应用传统考古学与统计学的方法，对长城资源做综合性的信息统计分析，体现了本次长城资源调查与以往单纯运用考古学方法，在调查方法、调查手段上的更新和科技含量的提高，从而增强了报告内容的科学性和实用性。

第三章为结语，是这次调查成果的总结。内容包括：此次明长城调查与以往历史调查的比较；重要调查收获的总结性分类综述，以及对辽宁明长城保护、管理中存在问题的分析与建议。其中对明长城资源调查主要收获的综述，涵盖了本次明长城资源调查的主要业务收获，重点阐明了这些成果在长城文化遗产保护和研究中的意义和价值。而对长城保护中存在若干问题的建议，是在《辽宁省明长城资源调查工作报告》基础上，对辽宁明长城保护和管理提出的工作性建议，以期促进辽宁省长城遗产保护工作的进一步开展。

另外，报告还包括了重点段落及重点部位本体测绘图、主要参考文献、辽宁省明长城资源调查大事记，以及长城资源分布图与代表性图片等，一并附列于后，以便读者参考检阅。

需要说明的是，辽宁境内还分布有部分蓟镇长城，遵照国家文物局的统一安排和部署，辽宁省文物局与河北省文物局签署工作协议，辽宁境内的蓟镇长城调查、数据整理及报告编写工作统一由河北省文物局来完成。另外，根据当时此次调查范围限于长城沿线左右1000米带宽范围内的长城遗迹的有关要求，我省的这次长城调查，除部分调查材料超出了这个范围以外，对于与长城墙体距离较远的部分属于长城范畴的历史遗迹，如镇城、卫城、所城等，这次多未能做实地调查，不过在结语一章的长城关堡和防御体系分析中有所涉及。

最后应当指出，作为辽宁省明长城资源调查工作的最终成果之一，《辽宁省明长城资源调查报告》，凝聚着各级领导和全体长城资源调查工作参与者，特别是第一线调查人员和编写人员的集体智慧和辛勤劳动。在这部报告即将出版之际，编著者谨在此向所有支持、参与本报告编写的领导、专家和同仁表示衷心感谢。因时间仓促，本报告难免有疏漏和不足之处，热望读者提出批评指正。

第一章 概 述

一 辽宁明长城沿线的地理与地貌特征

辽宁省位于中国东北地区的南部。南临渤海、黄海，西南与河北省交界，西北与内蒙古自治区毗邻，东北与吉林省接壤；东南隔鸭绿江与朝鲜半岛相望，国境线长200多公里；南部辽东半岛插入黄海、渤海之间，与山东半岛构成犄角之势。海岸线总长2800多公里。辽宁地势大体是由北向南，自东、西两侧向中部倾斜，山地和丘陵大致分列于东西两厢，面积约占全省土地面积的2/3。中部为东北向西南缓倾的狭长平原，面积约占全省土地面积的1/3。大部分河流自东、西、北三个方向往中南部汇集注入渤海，只有鸭绿江和千山山脉东南沿海的河流注入黄海。

辽宁的地貌可分为三大区域。东部山地丘陵区，为长白山脉向西南的延伸部分。这一地区以沈丹铁路为界划分为东北部低山地区和辽东半岛丘陵区；西部山地丘陵区由东北向西南走向的努鲁儿虎山、松岭、黑山、医巫闾山组成；中部平原区有辽河及其30余条支流贯穿其间。地势从东北向西南由海拔250米向辽东湾缓缓倾斜。横贯辽宁东西千余公里的明长城，即分布于上述三种地理区域中。

（一）辽东山地明长城的地理与地貌

明长城在辽东山地的分布，从行政区划上讲，主要在丹东市、本溪市、抚顺市及铁岭市东部的一些区域。该区域交通较为便利，主要公路交通干线有202国道、304国道、沈丹、丹大、沈吉、抚通等高速公路；沈吉铁路横贯东西，沈丹铁路纵贯南北。

辽东山地属长白山余脉千山山脉各支系，一般海拔在200～750米之间，最高山峰为宽甸县花脖山，海拔1336米。该地区为多山多川谷地带。河谷平原少，仅在江河两侧有零星的小块冲积阶地，坡地地势起伏较大。地质结构属石灰岩类型。其中本溪和丹东两市交界处，多海拔1000米以上高山，为辽河水系太子河流域和鸭绿江水系的分水岭；而抚顺和本溪两市交界处多海拔600米以上山地，为辽河水系浑河和浑江水系分水岭。

辽东山地区域内河流众多，流域面积较大。主要河流有鸭绿江及其水系的叆河、草河、安平河、蒲河、浑江，辽河水系的太子河、汤河、社河、东洲河、浑河、汎河、柴河、清河、寇河等。

辽东山地处于中温带湿润气候区，季风和大陆性气候特征明显。主要气候特点是四季分明，雨量充沛，年平均降水量约在 800 毫米以上，日照充足，夏季炎热，雨热同期，最热月为 7 月，平均气温达到 24.4℃，冬季较为寒冷，霜期可持续 4 个月，最冷季为 1 月，平均气温可达 -17.3℃。区域内植被发育良好，森林覆盖率超过 60%，大型乔木以针阔混交林为主，树种以松树、柞树、枫树居多。

辽东山地的这种区域地理、地貌和气候条件，对明长城的选址与建造形成的影响，主要是不易修筑大段的夯土墙，而以石墙、山险墙和山险、河险为堑，个别地段设有独特的"木柞（木栅）墙"。同时，连接山险、河险的关隘、烽火台和路台、空台、铺舍等多见，它们都是本区域长城防御体系和屯戍的重要组成部分。（彩图一）

（二）辽河平原明长城的地理与地貌

明长城在辽河平原地区分布从行政区划上讲，主要在铁岭西部、沈阳、辽阳、鞍山及锦州东部的一些区域。该区域交通发达，以沈阳为中心构成了东北地区的交通枢纽。多条公路国道京沈、沈哈、沈大、沈丹、沈吉、盘海营、本辽等高速公路在此交汇，京哈、沈山、沈大、沈丹、沈吉等铁路干线也在此汇集。

辽河平原总体地势北高南低，东高西低，海拔高度为 6~200 米。长城线行经区域的北部，为平原与丘陵接壤地带，地属辽河冲积平原，地势稍有起伏；南部为广袤的平原，地势平坦，地属辽河、浑河、太子河、绕阳河冲积平原，该区域河流纵横，流域面积广大。主要河流有辽河及其水系的亮中河、马仲河、蒲河、浑河、太子河、双台子河、新开河、柳河、绕阳河、东沙河、羊肠河等。

辽河平原属北温带大陆性季风气候区，受季风影响，降水集中，温差较大，雨热同期，四季分明，春秋两季多大风天气。

这种地理、地貌和气候条件，对明长城形成的影响，是域内的平原地貌，易修筑大段的夯土墙，同时又有敌台、烽火台、河空、堡城等，形成严密的防御体系。同时，由于该区域长城分布地带也是人口相对密集、活动面大的平原、河网地带，这就造成明长城普遍保存较差、破坏较甚，多数段落的地表遗迹已消失。（彩图二）

（三）辽西丘陵明长城的地理与地貌

明长城在辽西丘陵地区分布从行政区划上讲，主要在辽西走廊北缘的锦州市西部、葫芦岛市连山区、兴城市、绥中县。境内有京哈公路、京沈高速公路、京哈铁路和秦沈电气化铁路等 4 条交通大动脉。该区域气候属大陆性季风气候，冬季寒冷，夏季炎热，雨量较少，且集中于七、八月份。

这一地区有东北向西南走向的努鲁儿虎山、松岭山脉和黑山、医巫闾山，西与河北省的冀东北山地毗连，北部与内蒙古高原相接，南部形成海拔50米的狭长平原，濒临渤海，其间为辽西走廊。大凌河与小凌河发源并流经此区域。其地形地貌特点，是依山傍海、山间与河谷交错的丘陵地带。山势从北向南，由海拔1000米向300米丘陵过渡，辽东镇长城就修筑于这些"崇山峻岭"之上。

这种地理、地貌和气候条件，对明长城形成的影响，是域内的高山、川谷地貌，不易修筑大段的夯土墙，而以石墙、山险墙和山险为主，同时又辅有河空、敌台、烽火台等严密的防御设施。在本区域长城防御体系中，辽西丘陵明长城是相对保存较好，并与河北蓟镇长城衔接的重要段落。（彩图三）

二 辽宁明长城修筑的时代背景和历史沿革

（一）明长城修筑前辽东镇防御体系的初步建立

明长城是明王朝从建国起在北方实施系统防御体系的产物和重要组成部分。明王朝的北方边防体系分为九边（九镇），"辽东镇"是明代"九边"中最早开设的"九镇"之一。

辽东镇开设于洪武八年，即公元1375年。其背景是，洪武元年（1368年）明太祖朱元璋在应天府（今南京）登基建立大明王朝后，于当年8月北伐攻下元大都（今北京）。元顺帝及皇室北逃上都（今内蒙古正蓝旗东北），但仍有余部百万众："引弓之士不下百万众也，归附之部落，不下数千里也"（《明史纪事本末》卷十）。故防止故元势力的东山再起，仍是明初北方防务的重中之重。《明史·兵志》记："终明之世，泰宁、福余常于东合，而朵颜常于西合，为中国（原）膏肓之患。"而泰宁、福余、朵颜三卫，正值辽西的边塞之外。刚建国的明王朝为彻底扫除故元势力，防御北方兴起的蒙古游牧部落的入侵，于洪武二年（1369年）攻克开平（今内蒙古多伦），将元顺帝北逐大漠，又于洪武四年（1371年）召降元江阳行省平章刘益后，派都指挥使叶旺、龙虎将军马云，由山东青州蓬莱跨海取辽东半岛重镇金州，先设辽东都卫于盖州得利瀛城（今瓦房店市得利寺山城），后北迁辽阳设"定辽都指挥使司"。洪武八年（1375年），改定辽都司为"辽东都指挥使司"，简称"辽东都司"或"辽东镇"。

辽东都司设立伊始，即以防御西北蒙古和东北女真为主要对象的辽东镇边务防御为重，在都司设立都指挥三员：一员主管军事，称都指挥使；一员副职，称都指挥同知，协管军事；一员分管军民屯田，称都指挥佥事。都司以下的各卫，其首官指挥使的职能，亦参照都司设定。又明初实行内宫（太监）、总兵与巡抚共理边政的制度。《明会典》卷110《兵部》记载，"始命内臣镇辽东"。至永乐三年（1405年），明政府设总兵官镇守辽东；永乐四年（1406年）又命太监刘顺出镇辽东。这些措施都表明，明王朝对辽东镇在北方军事防御地位的重视和辽东镇防守地位的提升。

辽东都指挥使司下陆续设二十五卫。据《辽东志·书序》记载，初在辽东都指挥使司辽阳，"设定辽都卫，既而分设定辽左等五卫，并东宁卫，金、复、盖、海四卫于沿边，已而改设都指挥使司而统属之。……复于辽北分设沈阳、铁岭、三万、辽海四卫于开原等处。西抵山海，分设广宁及左、右、中卫，义州、宁远，广宁左、右、中、前、后五屯卫于沿边，星分棋布，塞冲据险"。[1]其中，东路辽东镇城辽阳，西路广宁（今北镇）和北路开原，一直是辽东"九边之首"的三处军事重镇。从明初即在辽阳设有都司和定辽等卫，东控建州、朝鲜，南控海路；在广宁设有总兵和左、右、中三卫，西控蒙古三卫，襟带山海；在开原设有三万、辽海两卫和北路参将，北控海西、野人女真诸部。以上卫城的分布，除大部分在北部边防和腹里中枢，还有部分卫城则属于海防。

这样，明王朝初建时在北部边防的形势，如明嘉靖年间兵部主事许论在《九边图论》"蓟镇篇"中所论："我太祖既逐元君，乃即古会州之地，设大宁都司、营州卫，而封宁王，与辽东、宣府东西并列，以为外边。又命魏国公徐达起古北口至山海关，增筑关隘，以守内边。"同书"九边总论"中又说："初设辽东、宣府、大同、延绥四镇，继设宁夏、甘肃、蓟州三镇，专命文武大臣镇守提督之。又以山西镇巡统驭偏关三关；陕西镇巡统驭固原，亦称二镇，遂为九边。"[2]

可见，辽东镇的设立，不仅是明王朝继洪武初年修筑的古北口至山海关的"内边"之后，最早开设的边镇之一，也是明王朝北部边防体系中最东部的镇所，还是明长城九边中唯一集边防与海防为一体的边镇，故史称"九边之首"。它的实际统驭范围，包括东起鸭绿江，西至山海关的今辽宁省的大部分地区。

（二）辽东镇长城的始筑年代与正统年间明长城的修筑

辽宁境内的明代长城，史称"辽东边墙"，作为辽东镇防御设施的组成部分，辽东长城是在辽东镇整个防御体系逐步完善过程中陆续修筑的。它东起鸭绿江右岸的今丹东市宽甸县虎山，西至今绥中县李家堡乡锥子山下的"吾名口"，西北与河北蓟镇长城相接。据《辽东志》、《全辽志》记载推算，明辽东长城的全部长度为1976里。（图一）

随着永乐初年明成祖迁都北京，明代的政治中心北移。迁都北京后的明代益面临北方"三面濒夷"的防守形势。如《明史·兵志三》所载："元人北归，屡谋兴复。永乐迁都北平，三面近塞，正统以后敌患日多。故终明之世，边防甚重。东起鸭绿，西抵嘉峪，绵亘万里，分地守御。"[3]

关于明辽东长城墙体及相关设施修筑的最早年代，明宣德年间巡抚李善在亲自到辽阳和开原巡边后曾叙述："臣至辽阳、开原询及故老，皆云宣德年间本镇初无边墙时，唯严瞭望，远烽堠。"[4]证明在明宣宗宣德年间，尚无辽东边墙之设。其后，《明宪宗实录》引明成化年间辽东边将邓钰的奏疏，提到筑"辽河内边墙"，是在"自永乐罢海运后"："自永乐中罢海运后，筑边墙于辽河之内，自广宁东抵开原七百余里。"《明实录》记载的辽东边墙修筑在"永乐罢海运后"，与李善亲赴辽阳所见相符，都证明了明辽东边墙应开始修筑在永乐宣德以后。

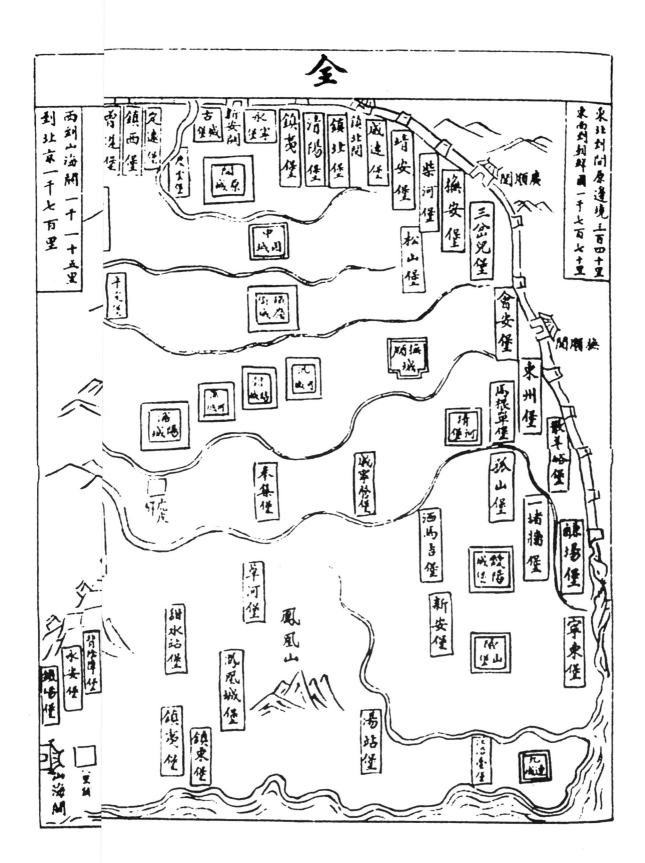

全

東北到開原邊境三百四十里
東南到朝鮮國一千七百七十五里

兩到山海關一千二十五里
到北京二千七百里

順慶關

撫順關

鎮夷堡
涓陽堡
鎮北堡
威遠堡
靖安堡
柴河堡
撫安堡
松山堡
三岔兒堡
會安堡
東州堡
散羊峪堡
鹻場堡

古城
永寧堡
中固城
開原城
鐵嶺城
懿路城
汎河城
凡河城
瀋陽城
奉集堡
威寧營堡
清河堡
馬根單堡
孤山堡
一堵牆堡
連山城堡
堿陽城
新安堡
灑馬吉堡

寧東堡

鎮西堡
定遠堡
新安關

鳳凰山

草河堡
甜水站堡
鳳凰城堡
鎮東堡

湯站堡

元城堡

背陰障堡
永安堡
鴉鶻關

山海關

里數

系统记录辽东长城的《辽东志》，明确记载筑辽东边墙最早为正统二年（1437年）。这一年二月，定辽前卫指挥金事毕恭"言边五事"，其一即为"自海州卫至沈阳中卫，宜于其间分作四处，量地远近、筑置堡、墩"。正统二年毕恭言边事请筑的辽河内辽东边墙，在《明孝宗实录》[5]和方孔炤《全边记略》中记载的巡抚山东监察御史李善的奏议中也得到证明："臣见辽东边墙正统二年始立。"[6]

其后记辽东边墙在正统年间的陆续修筑，主要见于《明史·王翱传》：正统七年（1442年）冬，王翱奉命"提督辽东军务……乃躬行边，起山海关抵开原，缮城垣，浚沟堑，五里为堡，十里为屯，使烽燧相接"。[7]《皇明从信录》卷十八和《辽东志》王翱志略亦记载："（正统七年）乃自巡边，沿山海关抵开原，高墙深沟，五里为堡，十里为屯，烽燧斥堠，珠连璧贯，千里相望。"王翱曾荐毕恭为流官指挥金事，毕恭"图上方略，开设迤西边堡墙壕，增置烽燧，兵威大振"。（《全辽志·宦业》）

后到清康熙时，杨宾著《柳边记略》中仍追述："（辽河套）明宣德以前皆属边内，自毕恭立边墙，遂置境外。"《柳边记略》中所记，即毕恭于明正统年间所始筑的"辽东边墙"。

由上可见，毕恭始筑的这段辽西边墙，主要分布在开原以西至广宁间，跨辽河套形成的"U"形曲折段，其西段又经广宁西南而延至山海关。其时间从正统二年开始，集中完成在正统七至十一年间，即毕恭在任主持边防的五年。正统十二年（1447年），毕恭以修筑辽东边墙等功绩，升任辽东都指挥使。这可以作为明代辽东长城修筑的第一阶段。

（三）成化至嘉靖年间辽东长城的修筑

辽东明长城修筑的第二阶段，集中在天顺、成化至嘉靖年间，主要是成化年间对辽东山地长城的修筑，也有对正统年间所建边墙的补筑。当时的形势是，成化三年（1467年），明军分三路大败建州女真，战后为进一步加强辽东地区的防御和守边计，开始修筑从辽东抚顺"东洲堡"至本溪"草河堡"共"十堡相属千里"的辽东边墙。据《全辽志》卷四记载，此次辽东长城的修筑，为成化四年（1468年）由辽阳副总兵韩斌呈上《辽东边务规画（划）》，呈文中说："为堡守之，自抚顺而南四十里而设东州堡，东南之三十里设马根单堡，马根（单）之南九十里设清河堡，清河之南七十里设碱场堡，碱场之南一百二十里设叆阳堡。烽堠相望，远近应援，拓地千里焉。"韩斌的奏议得到了明政府的许可。于是从成化五年（1649年）开始，陆续增筑了"东州、马根单、清河、碱场、叆阳、凤凰、汤站、镇东、镇夷、草河十堡"，[8]即所谓"拓地千里"。韩斌所筑辽东边堡，在贺钦的《医闾先生集》卷四中收录的韩斌墓志铭中，也明确记载在"成化己丑"（成化五年）。

在韩斌奏议增筑"东州"至"草河"十堡的同一年，开原守备周俊又"开拓柴河抵蒲河界六十余里，改设镇北、清阳二堡，增设烽燧，疏挑河道，边人得安"。[9]这段"柴河抵蒲河六十余里"的辽东长城段，主要是经由从开原镇北堡到铁岭间，抚顺关以北，即辽东山地长城的北段。

以上所述从抚顺"东州"至本溪"草河"、"汤站"等的"十堡"间辽东边墙的修筑，除上述记载外，《全辽志》还记述了在此以前的修筑情况。那是在成化年前的天顺五年（1461年），分守锦义参将王锴在东征建州女真后，奉命"展筑墙堑七十里。增置烽燧四十九座"。[10]，这段记载可以视为成化年间大规模修筑的前期基础。经实地调查，这段天顺时展筑的"墙堑七十里"，与成化五年周俊开拓的"柴河抵蒲河"的辽东边墙，合计130余里的长城，应即由今开原东北之威远堡之"镇北堡（关）"，东南经"清阳堡"、"松山堡"、"抚安堡"，连接抚顺浑河流域的抚顺"东洲堡"一线的新"展筑"的辽东边墙。至此，辽东边墙从开原"镇北关"至"凤凰堡"一段的辽东段基本形成。此外，成化年后的弘治十六年（1503年），韩辅亦曾再次"筑边垣起广宁至开原"的辽河套段长城。

继天顺、成化年间，修筑由开原"镇北堡"至抚顺"东州"和由抚顺"东州"至本溪"草河堡"的辽东"千里边墙"之后，从嘉靖初年至嘉靖二十五年（1546年）的二十余年间，又有右副都御史李承勋和开元兵备道黄云等增筑辽东边墙。《全辽志》卷四《宦业》记载，嘉靖初，李承勋巡抚辽东，"时边垣已废，夷虏猖獗，提请修筑边墙，自辽阳三岔河北抵开原，延亘五百余里"。接着，开原兵备道黄云，于嘉靖十四年（1535年），增设开原"永宁堡"，铁岭"镇西堡"、"彭家湾堡"和"白家冲堡"。连接四堡的边墙计约二百余里。其后据《全辽志》记载，"嘉靖丙午（二十五年），巡台御史张铎（秋渠），按治兹镇（辽阳）"，已记录有"彭家湾堡、李屯堡、散羊峪堡、一堵墙堡、孤山（旧）堡、险山堡、江沿台堡"等"河东七堡"图志。张铎记载的嘉靖二十五年见诸《全辽志》中的"河东七堡"，在传世的辽博藏许论著《九边图》中均有记载。而许氏《九边图》成图的下限，应在隆庆以前。[11]

至此，明辽东边墙的辽河套段、辽西段和辽东段，基本完成。鸭绿江右岸嘉靖二十五年修筑的"江沿台堡"和山海关迤北锥子山下的"铁厂堡"，为辽东边墙的东、西端堡城的标志。从成化至嘉靖年间，辽东段边墙的陆续修筑，保证了辽东地区半个多世纪的安定。

这一段从明成化到嘉靖年间，对辽东边墙的修筑过程，除文献记载外，经历年考古调查，尚存有刻石文字等史迹遗存。其中主要有宽甸县灌水乡柏林川山谷中的"成化三年"钦命的筑墙石刻文字；还有"成化五年五月镌记"的辽东长城之"叆阳石"和明确记载修筑叆阳边门的"成化柒年中秋立"的叆阳堡城匾额等珍贵文物。这些史迹遗存，与文献记载相互印证了从明成化三年至成化五年、成化七年至嘉靖年间，辽东边墙第二期集中修筑的史实。

（四）万历年间对辽东边堡的"展边"和台墩的补筑

在成化三年（1467年）明军大破建州女真约百年后，至隆庆、万历年间，建州女真再度强大。为防御建州女真和经略鸭绿江两岸，时任辽东总兵李成梁、兵部侍郎汪道昆提出奏议，"移建孤山堡于张其哈剌佃，险山堡于宽佃，江沿、新安四堡于长佃、长岭诸处。仍以孤山、险山二参将成之，可拓地七、八百里，益收耕牧之利"。[12]这就是移孤山堡于"张其哈剌甸子"，移险山等五堡于"宽甸、长甸、双墩子、长岭、石散"等五处的辽东"展边"之议。这一"展边"的主张,早在张铎嘉靖二十五年设立"险山"等五堡时,都御史王之浩已经提出,只是当时未能实行。这次汪道昆、李成梁的奏议得以获准后,从万历元年(1573年)至万历六年(1578年)间,完成了对辽东"宽甸六堡"的拓筑。这六堡,即孤山新堡、新奠堡、宽甸堡、大奠堡、永奠堡、长奠堡。辽东六堡的移筑与此次拓边,将边墙防御的前沿,推进至靠近建州女真腹地,从而改善了从辽东之东西两翼防卫女真的形势,同时也使屯边范围在鸭绿江右岸,北移了100～200里,部分解决了当时的军屯问题。万历元年开始的"六堡展边",在当时即被抚巡熊廷弼称为"新界",以对应于成化至嘉靖年间的旧辽东边墙。

关于明辽东六堡长城修筑的记载,除文献记载外,现存的《创筑大奠堡记》和《创筑孤山新堡记》对这次拓边也有明确记载。《创筑大奠堡记》记载:"大佃子堡境外一百二十里地,石散等素东胡分犯要路。万历元年阅视兵部侍郎歙县汪公道昆,访地方兴革事宜,镇守都督李公议,当移大佃子堡于此地以扼虏冲,既奉允旨。时虏酋环窥,流言载道,都督先赴定立堡基,余复巡视,见山川形胜足为保障,因条奏便宜数事,分责各官修筑。始于万历三年三月初十日,终于本年十月二十日。万历四年岁次丙子。"[13]

《创筑孤山新堡记》也记载:"万历元年,阅视兵部侍郎歙县汪公道昆访地方兴革事宜,镇守都督李公议,当移孤山堡于此地以扼虏冲。既捸允旨委清河守备王惟屏筑堡移兵。惟(屏)畏惮劳伪称不便,在旧堡东北十里建今堡。始于万历二年五月十一日,终于万历三年八月三十日。"

《创筑大奠堡记》和《创筑孤山新堡记》所记拓边事迹,在时间上,与万历元年至六年"六堡"的陆续修讫相合;在地理上明确标明大奠堡等六堡均在"境外",即嘉靖以前的"辽东边"外一百二十里,在兴筑沿革上印证了汪道昆、李成梁等奏议发凡"展边"的确切过程,是现存记录宽甸等"六堡"展边最为重要史迹遗存,也是辽宁明长城保存有当时石刻遗迹中,文字较多、记录较详细的两通石碑,对考察明辽东边墙和边堡的建置沿革,具有十分重要的意义。

此次对这段辽东六堡的调查发现,尚未发现有新的墙垣的修筑。据此推测,万历元年至三十七年,对辽东边墙的"展边"和重新修缮,重点是对重要堡城、关城、路台、烟墩的补修,这与"展边"带有拓展边镇与军事屯田双重意义的屯戌性质是相吻合的。

在六堡修筑的同时,据《明实录》记载,万历元年辽东全镇又修茸"城堡一百三十七座,铺城九座,关厢四座,路台、屯堡、门角、台圈、烟墩、山城一千九百三十四座,边墙二十八万二千三百七十三丈、路壕二万九千九百四十一丈"。[14]万历二年(1574年)二月以后,又有蓟辽督抚刘应节请修辽东、西台墙共七百九十一里。此次长城调查,即在绥中县高甸子乡顺山堡东台山烽火台石壁上,发现有"庚辰(万历八年)岁建"的刻字。这是万历年间,对整个辽东边墙系统的又一次修缮。此后由于明末国力不逮和辽东边备的日益废弛,辽东总兵李成梁于万历三十四年(1606年),曾以辽东边地"地孤悬难守,与督抚塞达、赵楫建议弃之,尽徙居民于内地"的"弃地案"上呈,但未获批准。[15]直至万历三十七年(1609年),才又由当时辽东巡抚熊廷弼等主持,重新对从鸭绿江到山海关的辽东长城,进行了最后一次全面的修缮。十年后，万历四十六年（1618 年）努尔哈赤率部首先突破了明辽东边墙的抚顺关和清河城并拆毁二城。至此，辽东边墙在实际上已结束了自己的历史使命。

三　辽宁明长城以往调查的回顾

对辽宁境内明长城遗迹有组织的考古调查或结合专题研究及保护工作的局部调查，始于新中国成立后的 20 世纪 50 年代和 60 年代。而较集中的调查则在"文革"后的 70 年代和 80 年代以后。截至 2010 年长城资源调查报告完成之时，对辽宁明长城遗迹的局部调查，除了统一组织的本次长城资源调查外，大体经历了三个阶段。

（一）20 世纪 50 年代和 60 年代的局部调查

从新中国成立之初到 20 世纪 60 年代，为辽宁文物考古工作的初步开展时期。对明长城史迹的调查，亦处于起步阶段。这一时期没有对辽宁明长城进行过系统的调查，主要进行的局部调查有两项。其一，20 世纪 50 年代末和 60 年代初，辽宁省博物馆为编写《辽宁史迹资料》和确认省级以上文物保护单位，对省内的局部明长城段落，进行过踏查。其成果主要反映在《辽宁史迹资料》和有关文物档案中。其二为 20 世纪 50 年代至 60 年代，对辽宁明长城的调查，主要有锦州市博物馆刘谦先生和国家文物局的罗哲文先生。据刘谦著《明辽东镇长城及防御考》记载，当时刘谦先生与罗哲文先生一起，主要考察了明长城的辽西段和辽河套的辽阳黄泥洼等段落。

（二）20 世纪 70～90 年代的调查

这是辽宁明长城考古调查资料积累较多、研究开展较快和长城保护规模较大的一个时期。这一时期的明长城调查、研究和保护工作，主要是结合国家启动的长城保护、第二次全国文物普查、长城赞助活动和辽宁省长城学会、《中国文物地图集》辽宁分册编辑部会同各市进行的部分明长城考古调查。其中主要有：

（1）刘谦对辽宁明长城的调查和明辽东镇防御体系的研究

1979 年 10 月至年底，锦州市博物馆刘谦结合国家启动的长城保护和明辽东镇长城的专题研究，只身系统地调查了辽宁境内从与蓟镇长城相接的锥子山长城起，到辽东鸭绿江止的明长城墙体及关堡、墩台遗迹。用文字、绘图和照相记录了当时近一千公里的辽宁境内的明长城遗迹，并在考古调查取得的资料基础上，对明代从洪武年间起的辽东镇防御体系、地名沿革等，进行了较为深入的考证和研究。其成果反映在调查者所著《明辽东镇长城及防御考》一书中。

（2）第二次全国文物普查期间对辽宁明长城的调查

1979～1982 年，结合第二次全国文物普查，各市地普查队对该地区所属长城段进行过局部调查。如 1979 年抚顺市调查了明长城抚顺段；1981 年本溪市调查了兰河峪乡孤山旧堡和新城子孤山新堡等；1979～1982 年沈阳市文物普查队调查了沈阳市于洪区、新城子区至铁岭南，以及辽中县、新民县境的部分明边墙遗迹；1982 年秋，丹东市文化局王连春、崔玉宽调查了鸭绿江右岸虎山公社（乡）虎山村一段明长城遗迹，初步认定应为明长城东端起点；1982 年 4 月和 10 月，辽宁省文物工作队会同绥中县文管所，对绥中县境内明长城的关堡、烽火台等，进行了实地考察，行程 150 公里。调查了八座堡城和近百座敌台、烽火台，并征集、抄录了一批与长城有关的碑志等文物。

这一期间明长城调查工作还有：1982 年 4 月，为修订《辽宁史迹资料》，辽宁省博物馆研究室闫万章、王绵厚，在县文管所（文化馆）同志的陪同下，赴昌图县满井公社泉头村和开原县威远堡公社毛家窝棚等地，调查了当时一段尚存遗迹的明辽东边墙遗迹。

（3）长城赞助活动开展以来的明长城调查和发掘

1984 年 12 月，配合辽宁省长城赞助活动的开展，辽宁省委宣传部、辽宁省文化厅组织考古人员和社会各界对绥中县境内明长城进行勘察。

1986～1989 年，配合九门口长城修复，辽宁省文物考古研究所冯永谦、薛景平等人，调查发掘了九门口长城。

1990 年春，辽宁省长城赞助活动办公室吉昌盛、金光远，辽宁省文物考古研究所冯永谦、薛景平和丹东市文管办王连春、任鸿魁等，组成联合调查组，在丹东市郊区、宽甸县和东港市（东沟县）进行野外调查 15 天，行程 250 公里，重点调查了虎山一线明长城。并于 1990 年秋开始对虎山长城遗址进行考古发掘。1990 年 12 月 25 日在由丹东市政府召开的"明长城东端起点论证会"上，公布"明长城东端起点在辽宁省宽甸县虎山段"。

1991 年秋，本溪市博物馆陈德辉、刘兴林，县文管所佟铁山等，调查了本溪县境内的明长城。分为 16 段，共 70 余公里。

1993 年 4 月 15 日～5 月 15 日，丹东市地名办主任齐振国、市文管办路明、崔双来，专题调查宽甸、凤城两县明长城。共调查两县八乡一百余个自然屯，行程约 1000 公里，历时 33 天。1994 年春，路明、崔玉宽又对凤城县境内的明长城作了复查和补查。

（4）1997 年以来辽宁省长城学会、《中国文物地图集》辽宁分册编辑部会同各市进行的明长城调查

1998 年 5～6 月，本溪市博物馆梁志龙、齐俊、陈德辉、靳军、马义，分两组对本溪县、桓仁县境内的明长城和早期长城，进行了专题调查。

1998 年初，鞍山市调查了台安、海城和鞍山市区的明长城遗迹；1998 年 5 月 4 日，抚顺市博物馆的肖景全与郑辰、李继群开始对新宾满族自治县下夹河乡小夹河村自苇子峪镇杉松村千河岭段的明代长城、墩台进行了复查，历时 12 天。

1998 年 10 月，阜新市文物管理办公室调查了明长城阜新段。

　　1999 年 6 月初，抚顺市博物馆肖景全、郑辰、李继群对抚顺市东洲区东洲街自抚顺县兰山乡金家村之间的汉代列燧和明代长城、墩台进行了调查，历时 7 天。

<h2 style="text-align:center">（三）21 世纪的调查</h2>

　　进入 21 世纪以来，辽宁省长城学会、《中国文物地图集》辽宁分册编辑部会同各市进行的明长城调查继续进行，2008 年开始的全国第三次文物普查和结合文化遗产保护等专项业务工作，省、市文物工作者进行的明长城专项调查。其中主要有：

　　2002 年 5～7 月，沈阳市文物考古研究所李晓钟分别会同新民文化馆彭斗晨、法库县文物办张诚、康平县文管所王允军调查了新民、法库和康平县境内的长城及烽燧址。

　　2002 年和 2004 年，本溪市博物馆梁志龙、靳军，马义、李勇，本溪县文化局、文管所师尚华、乔程，分别对本溪市溪湖区、明山区和本溪县境内的明长城进行了调查。

　　2003 年夏，抚顺市博物馆肖景全、张波、郑辰等曾分别对东州堡、马根单堡、散羊峪堡进行过调查测量。

　　2008～2009 年，在第三次全国文物普查过程中，相关市、县对部分明长城史迹进行了调查复查。

　　2009 年 6 月，为配合省交通厅修建穿越明边墙辽西段的工程文物保护工作，受辽宁省文物局委托，姜念思、王绵厚、付兴胜等，专题考察了明辽东长城的黑山县白土厂段长城和清代柳条边遗迹，并对穿越该段明长城的工程施工方案，提出了保护性建议。

<h1 style="text-align:center">四　辽宁省本次长城资源调查的
工作背景和组织实施情况</h1>

<h2 style="text-align:center">（一）工作背景</h2>

　　长城作为中国古代伟大的军事防御工程，绵延于北京、天津、河北、辽宁、内蒙古、甘肃等十余个省（直辖市、自治区），是世界上分布规模最大的文化遗产之一。但长期以来，只作了重点调查和保护，长城作为一个整体的资源情况不清、保护状况不明，已经成为长城保护、管理、研究等工作深入开展的瓶颈。根据国务院有关领导关于切实做好长城保护工作的指示和要求，国家有关部门启动了为期 10 年的长城保护工程。2006 年 10 月国务院颁布《长城保护条例》和《长城保护工程（2004～2010 年）总体工作方案》，提出开展长城资源调查工作。长城资源调查工作拟历时 5 年（2006～2010 年），由国家文物局和国家测绘局牵头，各省文物和测绘部门统一组织实施。开展长城资源调查工作的目的，是全面、准确掌握长城的规模、分布、构成、走向及其时代以及自然与人文环境、保护管理现状等基础资料，测量长城

长度，建立长城调查记录档案和长城资源信息系统，为研究制定长城保护长远规划及其相关政策，提供科学依据。明长城资源调查，即是长城资源调查的第一阶段任务。2007 年 2 月，国家文物局、国家测绘局联合在北京召开了全国长城资源调查工作会议，全面安排、部署了 2007～2010 年长城资源调查工作。至此，全国性的长城资源调查工作全面展开。

辽宁省是长城资源较为丰富的省区之一，境内保存有战国燕秦长城、汉长城、北齐长城、辽金长城和明长城，已知长城总长约为 2350 公里。全面系统掌握辽宁境内的长城资源，也是辽宁省考古调查、研究和文物保护的重点工作。

（二）组织实施情况

2006 年，根据国家文物局的工作部署，省文物局组织有关单位和人员，编制了《辽宁长城资源调查工作方案（草案）》，上报了国家文物局，并得到正式批复。

2006 年，根据国家文物局的统一安排，抽调省文物保护中心和葫芦岛市有关业务人员，参加了河北省长城资源调查试点工作，获得了野外工作经验；2007 年 3 月 9～21 日，省文物局、省测绘局组织全省文物和测绘部门 11 人，参加了全国长城资源调查培训班。在此基础上，编制完成了《辽宁省长城资源调查工作方案（2007～2010 年）》，并得到了国家文物局、国家测绘局的正式批复。

2007 年 3 月，省文化厅党组高度重视长城资源调查工作，党组书记、厅长彭益民亲自听取工作汇报，提出工作要求，并向滕卫平副省长作了汇报。根据省领导要求，由省政府副秘书长马述君负责协调这项工作。省财政厅在经费的使用和管理中对这项工作给予大力支持。省文物局、省测绘局经过协调、沟通，就合作内容、各自任务和工作衔接等事宜达成一致意见。省文化厅继任厅长郭兴文，对此项工作高度重视，就如何保质保量完成各时期长城资源调查任务多次提出工作要求。

2007 年 4 月 3 日，省文物局、省测绘局联合向全省各有关部门和单位下发了文件，组建了"辽宁省长城资源调查工作领导小组"。领导小组下设项目办公室，设在省文物局。在全省统一组织下，调查工作共成立了 12 支调查队伍，其中文物调查工作队 6 支，测绘工作队 6 支，分别由考古、文物保护、测绘、摄影摄像等专业人员组成。

2007 年 4 月 23～27 日，辽宁省文物局和辽宁省测绘局联合在兴城市举办了辽宁省长城资源调查培训班。为保障我省长城资源调查工作顺利实施奠定了坚实的基础。

同时，省长城资源调查项目办公室专门制定了长城资源调查财务管理制度、资料管理制度、专家咨询制度、检查验收制度等规章制度，为辽宁省长城资源调查工作的有序、安全进行提供了有力保障。

2007 年 5 月 11 日，省文物局、省测绘局联合在沈阳举行了"辽宁省长城资源调查启动仪式"，为期 5 年的辽宁省长城资源调查工作全面展开，并首先启动了明长城资源调查。

自 2007 年 5 月中旬至 2008 年 4 月末，参加辽宁明长城资源调查的共 4 个队 32 名调查队员克服一切困难，圆满完成了明长城野外调查工作。一年来，调查队员穿越辽宁境内的 12 个市 33 个县（市、区），累计徒步行走 145 个乡镇、568 个行政村，行程 20000 多公里。

通过调查，证明辽宁现存明长城与以往史籍中关于明长城的记载基本吻合。此次明长城资源调查，基本搞清了辽宁境内明长城的分布及走向、结构体系、自然与人文环境、保护与管理状况，为辽宁明长城的深入研究、科学保护与利用建立了科学、准确、翔实的记录档案，提供了科学可靠的依据。

注释：

[1]　　明·任洛等纂修《辽东志·序》，《辽海丛书》第 348 页，辽沈书社，1984 年。

[2]　　明·许论《九边图论》，辽宁省图书馆藏《后知不足斋》。

[3]　　《明史》卷九一《兵志》三，中华书局，1974 年标点本。

[4]　　明·任洛等纂修《辽东志》卷七，《辽海丛书》，辽沈书社，1984 年。

[5]　　《明孝宗实录》卷七二，台北中央研究院历史语言研究所印。

[6]　　《全边记略》卷十。

[7]　　《明史》卷一七七《王翱传》，中华书局，1974 年标点本；明·任洛等纂修《辽东志》卷五
　　　　《王翱传》，《辽海丛书》，辽沈书社，1984 年。

[8]　　明·李辅等纂修《全辽志》卷四，《辽海丛书》，辽沈书社，1984 年。

[9]　　明·任洛等纂修《辽东志》卷六《人物志》，《辽海丛书》，辽沈书社，1984 年。

[10]　　明·李辅等纂修《全辽志》卷五，《辽海丛书》，辽沈书社，1984 年。

[11]　　王绵厚《明彩绘九边图研究》，《中国古代地图集·明代》，文物出版社，1995 年。

[12]　　《明史》卷二三八《李成梁传》，中华书局，1974 年标点本。

[13]　　王晶辰《辽宁碑志》第 164 页，辽宁人民出版社，2002 年；参见本报告第二部分。

[14]　　《明神宗实录》卷一五，台北中央研究院历史语言研究所印。

[15]　　《明史》卷二三八《李成梁传》，中华书局，1974 年标点本。

第二章 辽宁明长城资源 调查的主要成果

此次辽宁明长城资源调查的主要成果，包括长城的总体分布与走向（彩图四~九），长城的结构特点及保存的现状，长城调查的数据统计分析，长城文物本体及历史风貌分析和长城保护与管理分析五个方面。

一 辽宁明长城的总体分布与走向

依据辽宁明长城建造的年代和历史演变，以及分布的地理、地貌特点，按现今的行政区划，可将辽宁明长城的分布分为辽东山地（彩图一〇）、辽河平原（彩图一一）和辽西丘陵（彩图一二）三个地段。

（一）辽东山地明长城的分布与走向

辽东山地明长城主体的分布，包括丹东、本溪、抚顺和铁岭4个市的共12个区县。它们大致依东南-西北的走向可分为四大段：分布于丹东市宽甸县、振安区、凤城市的明长城为丹东段；分布于本溪市本溪县的明长城为本溪段；分布于抚顺市新宾县、抚顺县、东洲区、顺城区的明长城为抚顺段；分布于铁岭市铁岭县、开原市、清河区、西丰县的明长城为铁岭段。

辽东山地因地形、地势复杂多变，所筑长城既穿行在沟谷，又筑于交通要地及相对低矮的山脊上，其结构相应也有多种形式，既有人工城墙，也有木柞墙，还有山险等，而且墙体多不连贯。这与《全辽志》记载的"若乃山谷之险，天造地设，崇形势，据险隘，察远近"是大致相吻合的。

以下对辽东山地明长城的走向，分段予以记述。

1. 丹东段。从宽甸县西南角由东南向西北方向分布，其间个别地段经过振安区界，然后到凤城市的最东部，部分段落分布于凤城市与宽甸县的交界地带。（彩图一三）

宽甸县境内明长城，分布于虎山乡、古楼子乡和毛甸子乡。具体走向为：自虎山乡鸭绿江边虎山南坡起，是为辽东镇明长城的东部起点；由此沿山脊向北，过虎山村青盖沟西山岗、古楼子乡大古顶村六队、老边墙二队至毛甸子乡蜂蜜砬子而进入凤城市境。

　　凤城市境内的明长城，主要分布在东汤镇、石城乡和叆阳镇。具体走向为：起于沿宽甸和凤城交界的东汤镇土城子村蚂蚁岭，西经艾家店、二道沟、金家沟，石城乡裕太边杖子、车头峪边杖子、叆河东太阳沟边杖子，沿凤城、宽甸两地交界处锅头峪，继续向北过八棵树、马圈沟西山岗，由此跨叆河后，顺交界线过叆阳东侧边门岭，向北翻过胖顶子、高家岭、董家岭，达叆阳龙道北侧本溪县、宽甸县、凤城三地交界处海拔 1056 米的牡丹顶，西行后进入本溪境。

　　2. 本溪段。明长城由凤城进入本溪界后，仍然依东南－西北走向穿过本溪县东部的东营房乡、碱厂镇和南甸三个乡。具体走向为：自凤城与本溪接交的牡丹顶起，沿高险山脊向北，越过海拔 1063 米的老麦垛岭，经东营房红土甸子西山、瓜瓢沟、塔耙沟西山，越过本桓公路，顺东营房岔路沟西山岗、阳地沟、碱厂镇李家堡子东山至姜大碇子。又从碱厂镇石墙沟沿化皮峪西山山脊向北，在此出现两道墙体：一道过段家沟，在四道沟处拐向东北，沿本溪县和新宾县交界处以东，从当地人称为"东山坡"经金斗峪二顶子的地段进入抚顺市境；另一道起自南甸乡滴塔畜牧场北山岗，由新宾县和本溪县交界处向西北，在老光顶折向北，至南甸乡马城子村李王沟。（彩图一四）

　　3. 抚顺段。明长城由本溪县进入抚顺市南部后，仍然依东南－西北的走向经新宾县的西南角到抚顺县，在穿过抚顺县的中东部时，还经过市区东部的东洲区和顺城区。（彩图一五）

　　新宾满族自治县境内的明长城较短，只分布于该县东南端的下夹河一个乡。具体走向为：起于抚顺市与本溪市交界处，经小夹河、秋皮沟南北山、双河村东山、太子城东山、台背后山、荒碑子东，向北越过太子河，经岗东东山、大央北山、松树口东山、蜂蜜沟西山、双台子东山、二顶子东山，沿今新宾满族自治县与抚顺县交界线，向东延伸至千河岭，向西与抚顺县境内的明长城相接。

　　抚顺县境内的明长城分为南北两段。南北两段之间的明长城按行政区划分属于抚顺市的东洲区和顺城区。抚顺县境内的南段长城，分布在马圈子乡、后安镇、上马乡、兰山乡。南段长城起于新宾满族自治县和抚顺县交界，经东沟北山、金斗峪东北山、马圈子南山、西山、北山、西川北山、西川岭、王家店南、四道河子西、五龙南山、代界山、前楼山、腰堡南山、西山、棋盘山、下马古东山、西古家南山、西山、北山、西崴子北山、抄道、簸箕沟东山、兰山东沟、兰山对沟、金家沟北山、五味西山、两家子西山，向西北与抚顺市东洲区境内的长城相连。

　　抚顺县境内的北段长城，分布在章党镇和哈达镇。具体走向为：起于抚顺市顺城区和抚顺县交界，经边墙沟东山、公家寨东山、张木匠沟南山、北山、东堡南山、东堡村西、青石岭村东、青石岭山，沿抚顺县和铁岭县界，经大墩台山与铁岭市铁岭县境内的长城相连。

　　东洲区境内的明长城，主要分布在东洲街道。具体走向为：起于抚顺县与东洲区界，经营城子东北山、小台沟南山、北山、阿金沟南、北山、吴家堡向西北越过浑河，越河后与顺城区境内的长城相接。

　　顺城区境内的明长城，主要分布在前甸镇。具体走向为：起于东洲区与顺城区界，经大甲邦北山、抚顺关、关岭北山、李其东山，向北与抚顺县境内的北段长城相连。

4. 铁岭段。辽东山地明长城由抚顺县进入铁岭市界后，变为西南-东北走向，在铁岭市境内的东部，穿铁岭县中部、开原市中东部、清河区东部和西丰县最西部，再经过开原市的北部，进入昌图县后西折，由此进入辽河平原区段。以上明长城段可称为明长城铁岭段东线，以与分布于铁岭市西部的辽河平原明长城相区别。明长城铁岭段东线的具体分布情况是：

铁岭县境内的辽东山地明长城，主要分布在大甸子镇。具体走向为：东起于抚顺市和铁岭市交界处，经边墙子南山、边墙子村、边墙子北山、大椴木冲西北山、老墩台山、小椴木冲西北山、二道沟西北山、英树沟北山、下三家子东山、老边台东山、高力营子西山、东山、当铺屯西山、平安堡西山、上三道沟北山，折向东北与开原市境内的明长城相连。（彩图一六）

开原市的辽东山地明长城大致为南北走向，其间长城经过铁岭市的清河区和西丰县，从而使开原市境内的明长城分为南北两段。南段长城主要分布在靠山镇、松山堡乡。南段长城的具体走向为：起于铁岭县、开原市界，经彭家堡子南山、尹家沟东山、周家堡子东山、肖家崴子南山、向东北越过柴河，越河后经靠山西北山、吕家屯西山、聂家屯北山、蒋家屯南山、北山、板石沟西山、古砬沟西山、东山、平房南山，向东北越过沙河，经北台山、上冰峪村东南、二道沟北山、经大荒顶子山，与清河区境内的长城相接。北段长城主要分布在威远堡镇。北段长城的具体走向为：起于西丰县、开原市交界处，经南城子村东南越过寇河，越河后经北沟东山、烧锅屯西山、东山、茶棚东山，向西北止于南城子水库（明镇北关遗址淹没在水库中）。（彩图一七）

清河区境内的明长城主要分布在聂家乡、杨木林子乡。具体走向为：起于开原市、清河区界，经苇子沟东南山、广东山村东山、聂家西山、湾子屯南山、北山、向东北经广顺关越过清河的清河水库段，越河后经石人沟西山、柴家岭村东南山、柴家岭村东，经杨木林子乡关家屯村大台子山，向北与西丰县境内的长城相接。

西丰县境内的明长城主要分布在成平乡、郜家店镇。具体走向为：起于清河区、西丰县界，经会英南山、西北山、守信屯西南山、歪石砬子、清井南山、北山、兴德南山、北山、中和南山、北山、巨祥南山、北山、乱柴南山、北山，向北与开原市境内的明长城（辽东山地段北段）相接。

（二）辽河平原明长城的分布与走向

辽河平原地区的明长城，分布于铁岭、沈阳、辽阳、鞍山、盘锦和锦州六个市的共13个区县。它们大致沿辽河两岸从东北到西南走向，近辽河口时又折向西北，可分为六大段：分布于铁岭市昌图县、开原市和铁岭县西部的明长城为辽河平原长城铁岭段；分布于沈阳市法库县、沈北新区、于洪区和辽中县的明长城为沈阳段；分布于辽阳市辽阳县的明长城为辽阳段；分布于鞍山市海城市和台安县的明长城为鞍山段；分布于盘锦市盘山县的明长城为盘锦段；分布于锦州市黑山县和北镇市境的明长城为锦州段。据史料记载和现场调查，由开原市镇北堡西南，逐渐进入辽河平原地区的明长城多为夯筑土墙，河网地带有"以河为堑"的河险。现分段记述如下：

1. 铁岭段。辽河平原明长城起于开原市东北角，随即进入昌图县东南部，此段可以视为辽河平原明长城的起点。由此穿过昌图县的中部偏东南，由该县的西南部又进入开原县的西部和铁岭县的西部，然后进入沈阳市。为与辽东山地明长城铁岭段即明长城铁岭东线相区别，辽河平原铁岭段明长城可称为明长城铁岭段西线。辽河平原开原明长城，除分布在该市东北角的一小段以外，分布于开原市西部的，也可称为明长城开原西线。

开原市东北角的明长城即辽河平原明长城的起点段，主要分布在莲花乡。具体走向为：起于开原市南城子水库（明镇北关遗址），经罗家屯操手沟东山、石匠沟南山、夏家沟南山、北山、学房沟南山、北山、苏家沟南山、北山、糖房南山、北山、经大台山，向西南与昌图县境内的长城相连。

开原西线明长城主要分布在庆云堡镇。西段长城的具体走向为：起于昌图县、开原市界，经后双楼台西、双楼台遗址（明新安关）前双楼台、二台子、老虎头村西、兴隆台、五棵树村西、后施家堡西、项家窝棚、老边村，向西南越过辽河，与铁岭县境内的长城相连。

昌图县长城主要分布在泉头镇、老城镇、亮中桥镇。具体走向为：起于开原市东北与昌图县交界的糖房一线，经穷棒子沟东山、西山、于家屯北山、吴家屯北山、上石虎子河南北山、腰石虎子北山、胡家屯北山、高台庙北山，向西越过沈哈高速公路，经泉头镇、塔西北山、朝阳堡北山、金山堡西北山、护山屯北山、长青堡北山、西山、靠山屯西山、长山堡西山、大台庙村西、三家子村西、四家子村西、孤家子村西、八家子村西、瓦盆窑、后兴隆台、前兴隆台、齐家窝堡、白台子、牛庄西、三家子、后四方台东、炮手屯、前四方台、贾家店、鹿场、土台子，向南与开原市西部的庆云堡明长城相接。（彩图一八）

铁岭县境内西部的辽河平原明长城，主要分布在镇西堡镇、汎河镇、阿吉镇。具体走向为：起于开原市与铁岭县界，经果园村东北、大台山、边西村东、西营盘、镇西堡西、边西三间房东、三公台、东贝河、南台子、曾盛堡（曾迟堡）西、孟家湾东，由此向西南越过辽河，越辽河后经北高台子、南高台子、大台子、药王庙、宋家泡（明宋家泊堡）西、索龙岗西、珠尔山向西再过辽河，经河夹心北、李家窝堡南、陈平堡南、帽山，向西与沈阳市法库县境内的明长城相接。

2. 沈阳段。辽河平原明长城由铁岭县西部进入沈阳市的法库县和沈北新区，向西南穿越于洪区西部和辽中县东部，然后进入辽阳县。（彩图一九）

法库县境内的明长城主要分布在依牛堡乡。具体走向为：起于铁岭市、沈阳市界，经祝家堡子东山、戴荒地前屯，向西南再越过辽河，越辽河后与沈北新区境内的明长城相接。

沈北新区明长城主要分布在石佛寺乡。具体走向为：起于法库县、沈北新区界，经七星山西、马门子西、边墙子、四龙湾、四龙湾三组向西南，与于洪区境内的明长城相接。

于洪区明长城主要分布在光辉乡、马三家镇、沙岭街道、大潘镇、彰驿站镇。具体走向为：起于沈北新区、于洪区界，经盘古台西、西大台子西、四台子西、三台子西、万金台西、于金台西、白虎台西、四方台西、开隆社西、老边村、三台子、高台子，折向东南，经二台子西、门台西、老什牛西、边台、皮台西、前进村西、集贤、沙岭北、经沙岭折向西南，经四台子、后马西、前马西、林台西、小潘台、大潘台、彰驿站向西南，与辽中县境内的明长城相连。

辽中县明长城主要分布在茨榆坨镇。具体走向为：起于于洪区、辽中县界，经北三台子西、大乌拉西、岳火台西、八音台北、四方台西北、龙湾东、后边外东、前边外东、偏堡子西、经茨榆坨（明长胜堡）西折向东南，经三台子村、七台子村，由七台子村向南越过浑河，越浑河后与辽阳市辽阳县境内的长城相连。（彩图二〇）

3. 辽阳段。辽河平原明长城由辽中县东部进入辽阳县后，由东北向西南走向，从辽阳县中部偏西，穿过辽阳县全境。（彩图二一）

辽阳县明长城主要分布在小北河镇、黄泥洼镇、柳壕镇、唐马寨镇、穆家镇。具体走向为：起于沈阳市、辽阳市界，经南小台西、兴盛台（兴隆台）西、胡家台西、北台子西，由北台子西向东南越过太子河，越太子河后经河公台西、黄泥洼（长安堡）西折向西南，经二弓台、三弓台、四弓台、五弓台、六弓台、八弓台、代耳湾西、南水口西、北边墙子、南边墙子、高力城子（长定堡）西、老神树西，向西南越过沙河，越河后经谷家台西、乔家台西、陈家台西、唐马寨、喜鹊台西、南台口西、二台子西、大台子西，向西南越过杨柳河，越河后与鞍山市海城境内的长城相连。

4. 鞍山段。辽河平原明长城由辽阳县南继续依东北至西南方向进入海城县西北部后，又呈近90度折角向西北方向进入台安县西南部与盘锦市盘山县交界地带，穿过盘山县向东伸出的一角继续在台安县境内的西部向西北延伸，然后进入锦州市的北镇市。

海城境内明长城主要分布在新台镇、腾鳌镇、望台镇、牛庄镇。基本走向：起于辽阳县、海城市界，经新台镇老墙头村，向东南经腾鳌镇新开城村，望台镇官草村、东小村，进入牛庄镇折向西北进入西四镇八家子村，继续向西北进入台安县与盘山县交界地带。（彩图二二）

台安县境内长城主要分布在韭菜台镇、高力房子镇、富家镇、新台镇、桑林镇。具体走向为：起于台安县、盘山县界，长城东南由盘山县古城子镇七台子村三队东500米进入台安县，向西北经韭菜台镇韭菜台村、万家台村、平台村、四方台村头台屯，进入高力房子镇；经乔坨子村乔坨子二队、九台子村东台屯，进入富家镇；经四台子村七组、六组、龙凤村七组、南楼村、城子村、富家镇所在地，进入新台子镇；经德生村六台屯、毛家村墙体折向东；经南台村前南台屯转向北；经新台镇粮库，新台政府所在地再次转向北；经新台村四组、大台子村七组、小大台子屯、三角泡屯，进入桑林镇；经马杖子村、双台子村、柴家村、蒋坨子村、马莲湖村，出台安县西与黑山县境内长城相连。（彩图二三）

5. 盘锦段。辽河平原明长城依东南－西北走向，由海城市西牛庄一线进入盘山县东部与台安县交界地带，并穿过盘山县向东伸出的一角，再从台安县西南部穿盘山县东北角进入北镇市。

明长城在盘山县分布在古城子乡、大荒地乡、沙岭镇、高升镇。由于盘山境内的长城墙体地表已消失，只能根据采集的烽火台 GPS 点连线来大致确定墙体走向，东南自海城市西四镇八家子村北起，西经古城子乡、大荒地乡、沙岭镇、高升镇，西北与北镇市境内的明长城相接。

6. 锦州段。辽河平原明长城依东南－西北走向，由盘山县进入锦州市的北镇市东南部，然后向东北方向进入黑山县。在黑山县西部大致由东南至西北呈弧形走向，进入阜新县。

北镇市境内的明长城有三道，分别为西北线、中线和东南线，它们分布在柳家乡、汪家坟乡、吴家乡、富屯乡、大市镇、中安镇、安镇。西北线（复线）大碰子山长城，团山沟长城为东北至西南走向；中线（复线）分税关长城 1~2 段为东西走向；东南线（复线）冤台子长城为东南－西北走向。（彩图二四）

黑山县境内长城主要分布在大虎山镇、镇安乡、太和镇、八道壕镇、胜利乡、白厂门镇。具体走向为：起于黑山县与北镇市界，由大虎山镇连城村康家屯，向东北经连城村、七台子村、到五台子村转向西北，经四台子村、三台子村、二台子村、龙山村、万家壕村，进入镇安乡；经东边村、下湾村，进入黑山镇；经小龙湾村、陈屯村小壕屯，进入太和镇；经胜利村东张家、白台子村小壕、尖山子村，进入八道壕镇；经孔屯村、江台村、八家子村后壕屯、郝屯村、八道壕镇所在地、陈八道壕、半仙屯，进入白厂门镇；经石家沟村、翟家沟、义和屯、二台子村、城西村，长城出黑山县与阜新县境内的长城相接。

（三）辽西丘陵明长城的分布与走向

辽西丘陵地区的明长城，从黑山县白土厂门迤西，分布于阜新、朝阳、锦州和葫芦岛四个市的共 9 个市县区。它们从东向西再折向西南可分为四大区段：分布于阜新市的阜新县和清河门区的为阜新段；分布于朝阳市北票市的为朝阳段；分布于锦州市义县、凌海市和太和区的为锦州段；分布于葫芦岛市连山区、兴城市和绥中县的为葫芦岛段。各段明长城因所处地势不同，相间有夯土墙，也有石墙，还有因山设险无墙的。现分段记述如下。

1. 阜新段。明长城由黑山县和北镇县北部进入阜新县的东南部，是为辽西丘陵明长城的开始。由此向西穿阜新县南部和清河门区中部，然后进入北票市和义县的交界地带。（彩图二五）

阜新县境内明长城分布在国华乡、卧凤沟乡、新民镇。具体走向为：起于黑山县与阜新县界，经国华乡十两家子村三家子屯、上两家子屯、十家子屯、马家荒屯、上排山楼屯、二道岭屯、石门沟屯，新民镇上卡拉房子屯、下卡拉房子屯，卧凤沟乡翻身沟村腰窝堡屯、翻身沟村西腰窝堡屯、翻身沟村孙家梁屯、三家子屯、周家窝堡屯，西南与义县境内的稍户营子镇北沟长城相连。

清河门区境内的长城分布在乌龙坝镇、河西镇。具体走向为：起于阜新县与清河门区界，由乌龙坝镇靠边屯村起，途经蒲草泡村、细河堡村、朱家屯村、岭东村，河西镇河西村、邢家村双山口屯、杨彪沟屯，西南与义县境内的高台子镇碴子山长城 1 段相连。

2．朝阳段。辽西丘陵明长城由阜新市的清河门区折向西南，进入朝阳市的北票市与锦州市的义县交界地带。

明长城在北票市境内分布在小塔子乡、常河营乡。具体走向为：起于义县与北票市界，由东北自小塔子乡下平房村起，途经常河营乡老爷庙村、大岭底屯、白台沟屯、窨梨沟屯、旧烧锅屯、上五道沟屯、蕨菜沟屯、小真发屯、大真发屯、马家营，西南与义县朝阳坡长城 1 段相接。（彩图二六）

3．锦州段。辽西丘陵明长城由阜新市的清河门区折向西南，进入锦州市的义县与朝阳市的北票市的交界地带，再折向南，穿义县西部、凌海市西部和太和区西部一角进入葫芦岛市连山区。

义县境内明长城分布在稍户营子镇、高台子镇、头台乡、头道河乡、大定堡乡。具体走向为：起于清河门区与义县界，由稍户营镇北沟村东北丘陵起，向西南经北沟村、树林子村，进入阜新市清河门区乌龙坝镇靠边屯村。由清河门区河西镇邢家屯杨彪沟进入义县高台子镇碴子山村，长城向西南行约 810 米折向西北，经碴子山村白台沟，柳河沟村石门子，再经小柳河沟起点西北约 1400 米处转向西南，再经 2600 米转向东南进入北票市。在北票市境内经 1500 米，又进入义县大二台子村朝阳坡屯；然后又经小二台子、三台子村（白台沟）头道河村、鹰窝山村（小周屯）西砖城子村、范家屯村（杨孟沟），由此到大凌河空。过大凌河空后进入五台村，经金家沟村（夹山屯）、腰马三沟村（上马三沟）、五台村，三道壕村（老虎沟）、侯家岭村（邸家沟）、砖城子村（小闫家屯）、李西沟村（刀把地，羊乃沟，前范家屯）、魏家沟村（白台子）、下高家沟村，留龙沟村（石家岭）、土城子村，南树林子村（上潘庄子，李家沟，台子沟）、石桥子村，北孟家屯村（小西沟）（南石桥子，曹家窝棚），向西进入凌海市境内。（彩图二六）

凌海市境内明长城分布在板石沟乡、翠岩镇、温滴楼满族自治乡。具体走向为：起于义县与凌海市界，由温滴楼村上苏村乱泥塘子东北乱泥塘长城一段起，经于家沟、台子沟、老虎沟至东边屯长城起点处长城为东北－西南走向；自东边屯起点处长城折向东南，经过约 813 米，长城又转向西南，长城再经西边屯、翠岩风景区山险，大胜村至花楼沟段长城止点，长城转向东南；经刘家沟村东 1100 米的鸡冠山复向西南，到郭荒地村的小齐屯向西北，由此跨小凌河，跨河后至板石沟乡大牛村东北 100 米小凌河南岸，长城再次转向西南。过牛大沟、龟山至下板石沟村河东屯 450 米处的土丘上，出凌海市与锦州市太和区明长城相连。

太和区境内明长城分布在钟屯乡、女儿河乡。具体走向为：起于凌海市与太和区界，由花楼沟屯东北－西南分别进入小边外村与华山村。华山长城向西南延伸至葫芦岛市。（彩图二七）

4．葫芦岛段。辽西丘陵明长城由锦州市太和区依东北－西南走向，连续穿过葫芦岛市连山区、兴城市和绥中县全境，分别在三个区（市、县）稍靠东部即靠近沿渤海辽东湾一侧分布，最后在绥中县与河北省抚宁县交界处与蓟镇长城的"吾名口关"相接。

　　连山区明长城分布在台集屯镇、虹螺岘镇、张相公乡、大兴乡、塔山乡、沙河营乡、寺儿堡镇。具体走向为：从东北方向的锦州市太河区的鹰嘴子山，进入连山区台集屯镇的边口子，向西南至景家口子、长岭沟东山，过女儿河支流进入金家砬子、边壕子，由此横跨女儿河，跨河后转向东西进入火台子村西山。过火台子西山顺山脊转向西南、穿过虹螺岘镇经靠山屯南沟进入植股山，再转西南顺山脊到小虹螺山，过长岭山到沙河营境内的二道沟、海木沟，直奔水口子尖顶山。之后进入寺儿堡前峪北山过北老边横穿公路、铁路到西张家沟夹山，过平顶山后从西南方向沿山脊转向东南上歪桃山，过主峰进入兴城境内的元台子乡孙家沟屯。（彩图二八）

　　兴城市境内的明代长城分布在元台子乡、白塔乡、华山镇、红崖子乡、拣金乡、闻家乡、南大乡、沙后所镇、围屏乡、望海乡、大寨乡、高家岭乡。具体走向为：起于连山区与兴城市界，经元台子乡的孙家沟村、和气沟、小盖州，向西北至乌云山；在炭场沟北山转向东西过老包山至杏山转向西南；在九龙山东北坡沿山脊左右盘旋直上九龙山，在九龙山西南山脊至大摸虎山；过大摸虎山后，东西横跨黑泥河，跨河后进入锦山机械厂区；在其西南厂区大墙至朗月西山后，转向南北与西南方向至头道沟屯，南北穿过兴西公路与西河北岸，跨过西河后向西南在三道边与二道边两村中，直奔间梁家屯南的黑凤山；在东北山脊向西南越过黑凤山，沿黑凤山西南余脉，过东拣金沟至边壕子东山；在边壕子村北东西横穿公路和西沙河，至边壕子西山；向西沿其低矮丘陵向西南越过老石山、马鞍山，从北大山东北坡爬上其顶后转向南北过烟台河后，转向西南；经关家屯、杨家屯、傅家屯至团瓢村后转向西北至牛心山后，又转向西南方向至汤上村的六股河东岸上，由此跨河进入绥中县。另外，在小盖州西至三官屯、大摸虎山至小摸虎山、夏家沟至边壕子屯，分别有三道长城复线，其走向为东北至西南方向。（彩图二九）

　　绥中县境内的明辽长城分布在高台堡镇、沙河镇、高甸子乡、范家乡、前卫镇、高岭镇、西甸子镇、王凤台果树农场、李家堡乡、永安堡乡。具体走向为：自兴城市与绥中县交界的六股河西岸起，经万陈村、黑水台、马路岭、高台堡村；在高台堡村南过王宝河至水口村西岭、大小进屯后，进入高甸子乡的陈荫沟村、冯家村、浪洞子村，由顺山堡的三姓屯上高城山进入范家乡的涝豆沟村；经银庄子、平川营、弯土墙村；由此过狗河，过河后至钓鱼石、小胡口的上九门台屯上三山；翻过三山后进入前卫镇的背荫障村，至此，长城分为北线与南线两道继续向西，分别与蓟镇长城相接：北线长城在石河北岸（即大风口水库）至永安堡乡的塔子沟村、边外村、大甸子村、花户庄村、西沟村的金家沟屯南锥子山东侧止；南线长城在前卫镇三山营村，经高岭镇西四方村，上甸子村至永安堡乡的獐狼铳，王凤台果树农场的歪桃山十六、十七分场，西甸子镇的安马堡村，北杨家村及永安堡乡的北河村南松岭子，进入李家堡乡境内的铁场堡村鸡冠山，再跨过秋皮水库进入娄家沟村的李家窝堡、荆条沟北山，至蓟镇"吾名口关"长城止。另外，在范家乡的涝豆沟村、平川营村、弯土墙村、钓鱼石村、小胡口村及前卫镇的三山营村，又新发现长达数公里纵横交结的长城复线三至四道。（彩图三〇）

二　辽宁明长城保存现状与结构特征

辽宁明长城的保存现状，从此次长城文化遗产资源调查的分类上，主要包括长城墙体（本体）、单体建筑、关堡（隘）和相关遗存四部分。

（一）辽宁明长城本体及保存现状

辽宁现存明长城墙体约 1075 公里，由于自然和人为的破坏，许多长城墙体已经消失或损坏严重。调查确认有效墙体约 696 公里，其中土墙约 219 公里，石墙约 272 公里，山险墙约 48 公里，山险约 132 公里，河险约 25 公里。调查消失墙体约 379 公里。按调查所划分的县域由东至西分述如下：

1. 辽东山地明长城本体及保存现状

（1）宽甸满族自治县

①墙体及保存现状

宽甸县境内明长城总长 4223 米，可以分为 14 段。

虎山长城 1 段（210624382106170001）

起于虎山乡虎山主峰南 200 米，止于虎山村委会西南 750 米。起点高程 18 米，止点高程 77 米。走向南 - 北。北连虎山长城 2 段，西距虎山西山烽火台 500 米，东距鸭绿江 200 米。全长 460 米。虎山长城敌台建于该段墙体上。

该段墙体为山险，墙体原貌经修缮后被人为改变，现山腰修建台阶，山南麓修建砖墙。史料记载此段墙体为"江沿台堡"（今丹东振安区石城遗址）所辖，是辽东明长城最东端段落。（彩图三一、三二）

虎山长城 2 段（210624382102170002）

起于虎山乡虎山村委会西南 750 米，止于虎山村委会西南 50 米。起点高程 77 米，止点高程 37 米。走向东北 - 西南。南接虎山长城 1 段，北连虎山长城 3 段。全长 866 米。

该段墙体在 20 世纪 80～90 年代做过清理发掘，应为石筑墙体，现经维修致使墙体原貌改变。现全部为砖墙。

虎山长城 3 段（210624382301170003）

起于虎山乡虎山村委会西南 50 米，止于栗子园村南 200 米。起点高程 37 米，止点高程 158 米。走向南 - 北。南接虎山长城 2 段，东距虎山四队烽火台 500 米，北距栗子园东山烽火台 1000 米。全长 1800 米，该段墙体地表已无存。

1990 年省、市文物部门做过清理发掘，曾发现过部分墙体遗迹。此次又走访当地居民，对该段进行确认，此段墙体原应为石墙。

古楼子长城 1 段（210624382102170004）

起于古楼子乡大古顶村六队西 110 米东西走向的山崖下，止于古楼子大古顶村六队西 90 米东西流向小河沟南侧。起点高程 102 米，止点高程 68 米。走向南－北。北连古楼子长城 2 段。墙体东距安平河 900 米，河岸东侧为古楼子－虎山乡政府公路。全长 101 米。墙体保存差，坍塌严重，垒砌痕迹已无存。

该段墙体为石墙，以自然山体为基础，墙身用毛石干垒。现顶宽 1.2、底宽 3.5、残高 0.7 米。

古楼子长城 2 段（210624382301170005）

起于古楼子乡大古顶村六队西 90 米东西流向小河沟南侧，止于古楼子大古顶村六队西 100 米东西走向的山路旁。起点高程 68 米，止点高程 65 米。走向南－北。南接古楼子长城 1 段，北连古楼子长城 3 段。全长 15 米。该段墙体地表已无存，根据与之相连的南北两段墙体判断，此段应为石筑墙体。

古楼子长城 3 段（210624382102170006）

起于古楼子乡大古顶村六队西 100 米东西走向的山路旁，止于古楼子大古顶村六队西 90 米一处山崖下。起点高程 65 米，止点高程 77 米。走向南－北。南接古楼子长城 2 段。东距安平河 900 米，河岸东侧为古楼子－虎山乡政府公路。全长约 26 米，墙体保存差。

该段墙体为石墙，以自然山体为基础，墙身用毛石干垒。现顶宽 1.2、底宽 3.5、残高 0.7 米。

老边墙长城 1 段（210624382102170007）

起于虎山乡老边墙村委会北 1100 米南北走向山体的山脚下，止于老边墙村委会北 1000 米。起点高程 64 米，止点高程 56 米。走向东－西。西连老边墙长城 2 段，西北距真台顶烽火台 1300 米。西距边墙村至虎山乡政府公路 10 米。全长约 101 米，墙体坍塌严重。

该段墙体为石墙，以自然山体为基础，墙身用毛石干垒。现顶宽 1.6、底宽 3、高 1 米。

老边墙长城 2 段（210624382301170008）

起于虎山乡老边墙村委会北 1000 米（老边墙村－虎山乡政府公路南侧），止于老边墙村委会北 1100 米（公路西侧南北走向山体的山崖下）。起点高程 56 米，止点高程 58 米。走向东－西。东接老边墙长城 1 段，西连老边墙长城 3 段，西北距真台顶烽火台 1300 米。全长 215 米。该段墙体地表已无存，但从与之相连的老边墙长城 3 段可推知该段原为石墙。

老边墙长城 3 段（210624382102170009）

起于虎山乡老边墙村东山脚，止于老边墙村至虎山乡政府公路。起点高程 68 米，止点高程 62 米。走向东－西，东接老边墙长城 3 段，西连老边墙长城 4 段，西北距真台顶烽火台 1300 米。墙体西距边墙村至虎山乡政府公路 10 米。全长 150 米，墙体大部分都已坍塌。

该段墙体为石墙，基础部分还能看到毛石干垒迹象。现顶宽 1.6、底宽 3.1、残高 0.5～1.5 米。

老边墙长城 4 段（210624382301170010）

起于虎山乡老边墙村至虎山乡政府公路，止于老边墙村委会北 1400 米。起点高程 62 米，止点高程 62 米。走向东－西。东接老边墙长城 3 段，西北距真台顶烽火台 1300 米。该段全长 140 米，墙体地表已无存。

长岗子长城 1 段（210624382301170011）

起于虎山乡长岗子村东南 150 米的山崖下，止于长岗子村东 50 米的山路旁。起点高程 205 米，止点高程 167 米。走向南－北。北连长岗子长城 2 段，西南距长岗子烽火台 2600 米。该段全长 254 米，墙体地表已无存。

长岗子长城 2 段（210624382102170012）

起于长岗子村东 50 米的山路旁，止于山路北侧山崖下。起点高程 167 米，止点高程 170 米。走向南－北，南接长岗子长城 1 段，西南距长岗子烽火台 2600 米。全长 18 米，墙体大部分都已坍塌。

该段墙体为石墙，局部能看到自然基础和毛石干垒的构筑迹象。现墙宽 2、残高 1 米。

棉花套沟长城 1 段（210624382301170013）

起于蜂蜜砬子村五队东南 50 米，止于蜂蜜砬子五队东南 20 米。起点高程 263 米，止点高程 264 米。走向东－西。西连棉花套沟长城 2 段。村路和一条山间的季节性河流从墙体上穿过。该段全长 46 米，墙体地表已无存。

棉花套沟长城 2 段（210624382102170014）

起于蜂蜜砬子五队东南 20 米，止于蜂蜜砬子村五队南 20 米的山崖下。起点高程 264 米，止点高程 275 米。走向东－西。东接棉花套沟长城 1 段。全长 31 米，墙体坍塌严重。

该段墙体为石墙，以自然山体为基础，墙身用毛石干垒。现顶宽 2.1、底宽 5.7、残高 2 米。

宽甸县境内明长城过棉花套 2 段后进入凤城境内。

②敌台及保存现状

宽甸县共发现敌台 1 座。

虎山长城敌台（210624352101170001）

位于宽甸满族自治县鸭绿江边虎山主峰顶虎山长城 1 段上，高程 161 米。南距鸭绿江 380 米。

该敌台原貌无存，原应为石筑。1992 年将此台修复。现台址平面为矩形，基础为块石叠砌，主体以青砖垒砌、白灰勾缝。无论从材质、形制、构造上均改变了该敌台的原貌。

（2）凤城市

①墙体及保存现状

凤城市明长城总长 44045 米，可分为 21 段。

蚂蚁岭长城（210682382301170001）

起于东汤乡土城子村纪家堡子东北 2000 米（凤城和宽甸交界），止于土城子村纪家堡子东北 1800 米。起点高程 310 米，止点高程 284 米。走向东南－西北。全长 233 米。该段墙体地表已无存，为后期清代柳条边所沿用，地表残留有浅壕。现顶宽 2～2.8、底宽 1.1、存深 0.4～0.7 米。根据《全辽志》记载，明代辽东地区边墙上建有较多的木柞墙，这些木柞墙后多为清代柳条边沿用。

艾家店长城 1 段（210682382102170002）

起于东汤乡艾家店东 1200 米，止于艾家店东 1100 米。起点高程 274 米，止点高程 266 米。走向东南－西北，南连艾家店长城 2 段。全长 85 米。墙体大部倒塌，保存较差，个别地段基础部分尚保存原状。

该段墙体为石墙，以自然山体为基础，用毛石干垒，剖面为梯形。现顶宽 2.6、底宽 4.3、残高 1.1 米。（图二）

艾家店长城 2 段（210682382301170003）

起于东汤乡艾家店东 1100 米，止于艾家店东 1100 米山路北侧山崖下。起点高程 266 米，止点高程 270 米。走向东南－西北，南接艾家店长城 1 段。该段全长 41 米，墙体地表已无存。

二道沟长城（210682382301170004）

起于东汤乡二道沟初家街东南 500 米，止于二道沟初家街东南 550 米。起点高程 215 米，止点高程 205 米。走向西南－东北，南距艾家店长城 2900 米。东汤初家街至杨木川边沟村山

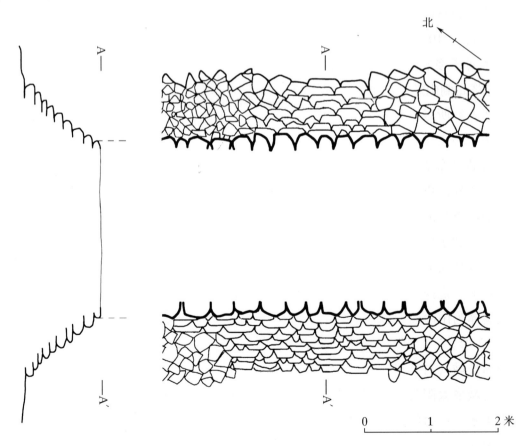

图二　艾家店长城 1 段平、剖面示意图

路从墙体上穿过。该地段当地人称"边杖子"，清代柳条边曾沿用此段。该段全长150米，墙体地表已无存。

金家沟长城1段（210682382102170005）

起于石城乡康家村袁家堡子东1500米山路南侧山崖下，止于康家村袁家堡子东1510米山路南侧。起点高程201米，止点高程186米。走向东南-西北，北连金家沟长城2段，西北距康家堡子烽火台5400米，东距金家沟采石厂30米。全长59米，墙体严重坍塌。

该段墙体为石墙，以自然山体为基础，墙身用毛石干垒，底部为大石块，顶部为小石块。现顶宽1.2、底宽3.2米。

金家沟长城2段（210682382301170006）

起于石城乡康家村袁家堡子东1510米山路南侧，止于康家村袁家堡子东1500米，凤城和宽甸界碑处。起点高程186米，止点高程198米。走向东南-西北，南接金家沟长城1段，北连金家沟长城3段。该段全长28米，墙体地表已无存。

金家沟长城3段（210682382102170007）

起于石城乡康家村袁家堡子东1500米，止于康家村袁家堡子东1500米山路北侧山崖下。起点高程198米，止点高程202米。走向东南-西北，南接金家沟长城2段，西北距康家堡子烽火台5400米。全长16米。墙体保存较差，垒砌石块大都脱落。

该段墙体为石墙，以自然山体为基础，墙身用毛石干垒。现宽1、残高0.5米。

裕太长城（210682382301170008）

起于毛甸子乡裕太一队西南350米，村路南侧山崖下，止于毛甸子乡裕太一队西南200米，村路北侧山麓。起点高程161米，止点高程212米。走向南-北。全长473米。该段应为《全辽志》所载的明边墙木柞墙所在，墙体地表已无存，清代在原址上建柳条边。

车头峪长城（210682382301170009）

起于石城乡车头峪村西1000米村路南侧山麓，止于车头峪村西500米村路北侧山崖下。起点高程259米，止点高程188米。走向西南-东北。全长422米，该段墙体地表已无存。该段应为《全辽志》所载的明边墙木柞墙所在，清代在原址上建柳条边。

锅头峪长城1段（210682382105170010）

起于石城乡太阳沟八队东南4000米，止于太阳沟八队东南3900米。起点高程526米，止点高程576米。走向西南-东北，北连锅头峪长城2段。全长127米，墙体保存较差。

该段墙体为山险墙，以自然山体为基础，对东侧山壁劈凿后形成的墙体，北高南低，现残高1.5~2米。

太阳沟长城（210682382301170011）

起于石城乡太阳沟八队东南200米，止于太阳沟八队东南100米处。起点高程161米，止点高程174米。走向西南-东北。太阳沟村-锅头峪山路从墙体上穿过。该段全长75米，墙体地表已无存。

锅头峪长城2段（210682382106170012）

　　起于石城乡太阳沟八队东南 3900 米，止于青椅山乡八棵树村西北 800 米。起点高程 576 米，止点高程 188 米。走向西南－东北，南接锅头峪长城 1 段，北连八棵树长城 1 段。全长 8000 米，整体保存较好。

　　该段墙体为山险，山势陡峭，此地平均海拔在 700 米以上，最高峰的锅头峪海拔 1016 米，山脊两侧多为立陡石崖。

　　八棵树长城 1 段（210682382301170013）

　　起于青椅山乡八棵树村西北 800 米河岸南侧山脚下，止于青椅山乡八棵树村西北 810 米，河岸北侧。起点高程 188 米，止点高程 206 米。走向南－北，南接锅头峪长城 2 段，北连八棵树长城 2 段。该段全长 50 米，墙体地表已无存。

　　八棵树长城 2 段（210682382102170014）

　　起于青椅山乡八棵树村西北 810 米，止于青椅山乡八棵树村西北 820 米山崖下。起点高程 206 米，止点高程 203 米。走向南－北，南接八棵树长城 1 段，北连罗汉沟－边门岭长城。全长 7 米。墙体保存差。

　　该段墙体为石墙，以自然山体为基础，墙身用毛石干垒。宽 4、残高 1～1.5 米。

　　罗汉沟－边门岭长城（210682382301170015）

　　起于青椅山乡八棵树村西北 820 米山崖下，止于暖阳城村东南 2000 米的边门岭。起点高程 203 米，止点高程 279 米。走向南－北，南接八棵树长城 2 段，北连边门岭长城。该段全长 15900 米，未见墙体遗迹。附近居民称此山顶原有壕沟，顺山脊南北走向，依此为界东为边外，西为边内，推测应该是清柳条边沿用了明辽东长城的遗迹。

　　边门岭长城（210682382301170016）

　　起于暖阳城东南 2000 米的边门岭，止于暖阳城东 1000 米大背山山顶。起点高程 279 米，止点高程 527 米。走向南－北，南接罗汉沟－边门岭长城，北连丛家堡子长城 1 段。南 500 米为暖河。该段全长 1500 米，未见墙体遗迹。

　　丛家堡子长城 1 段（210682382301170017）

　　起于暖阳城东 1000 米大背山山顶，止于暖阳丛家堡子东南 1500 米山脚下。起点高程 527 米，止点高程 398 米。走向西南－东北，南接边门岭长城，北连丛家堡子长城 2 段，西距头台子烽火台 500 米。该段全长 2300 米，未见墙体遗迹。

　　头台子长城（210682382102170018）

　　起于暖阳城村东北 1500 米，止于暖阳城村东北龙道－暖阳公路北 50 米处。起点高程 289 米，止点高程 209 米。走向东南－西北。西北距暖河 100 米。全长 334 米。墙体保存差，严重坍塌。

　　该段墙体为石墙，以自然山体为基础，墙身用毛石干垒。现顶宽 1.2、底宽 4、残高 1.3～2 米。

　　丛家堡子长城 2 段（210682382301170019）

　　起于暖阳丛家堡子东南 1500 米山脚下，止于暖阳丛家堡子东 1000 米的山脊上。起点高程 398 米，止点高程 436 米。走向西南 - 东北，南接丛家堡子长城 1 段，北连胖顶子 - 金家岭长城。该段全长 955 米，未见墙体遗迹。

胖顶子 - 金家岭长城（210682382106170020）

起于叆阳丛家堡子东 1000 米的山脊上，止于叆阳金家堡子东 1500 米山顶。起点高程 436 米，止点高程 414 米。走向南 - 北，南接丛家堡子长城 2 段，北连金家岭 - 牡丹顶长城，胖顶子 - 金家岭长城 1 号、2 号敌台建于山险之上。墙体西距叆河支流 1500 米。

该段墙体全长 5200 米。全部为山险，利用山体陡峭、多悬崖的有利地势，形成天然屏障。

金家岭 - 牡丹顶长城（210682382301170021）

起于叆阳金家堡子东 1500 米山顶，止于凤城、宽甸、本溪县交界处的牡丹顶。起点高程 414 米，止点高程 1021 米。走向南 - 北，南接胖顶子 - 金家岭长城，北连本溪县境内的牡丹顶 - 瓜瓢沟长城，金家岭 - 牡丹顶长城敌台位于该段墙体上。该段全长 8100 米，未见墙体遗迹。该段墙体应为《全辽志》中记载的明木柞墙所在，清初延此段墙建柳条边，现存部分柳条边壕遗迹，壕宽 2、深 0.5 米。

凤城境内明长城由牡丹顶向北进入本溪县境内。

②敌台及保存现状

凤城市共发现敌台 3 座。

胖顶子 - 金家岭长城 1 号敌台（210682352101170011）

位于叆阳镇龙道徐家堡子东 2500 米胖顶子山顶上胖顶子山 - 金家岭长城，高程 788 米。建于北距胖顶子 - 金家岭长城 2 号敌台 2000 米。西 200 米有叆河支流。

平面为方形，剖面为梯形。保存较好，构筑台体岩石部分脱落。台体用土、石混筑，四周建围墙。台顶边长 7 米，底东西长 20、南北宽 17 米，残高 4.5 米。距台体 4.2 米外有长方形围墙，东西长 28、南北宽 20 米，北墙保存较好宽 3.5、高 1.3 米，其他三面墙体都已坍塌。台顶被破坏，有一人为掘出的深坑，直径约 1、深 1.5 米。（图三）

胖顶子 - 金家岭长城 2 号敌台（210682352101170012）

位于叆阳镇龙道金家堡子东 3000 米山顶的胖顶子 - 金家岭长城上，高程 660 米。南距胖顶子 - 金家岭长城 1 号敌台 2000 米。

平面为圆形，剖面为梯形。保存较差。台体用土、石混筑，外包石，内填土。现存顶径 1.5、底径 6、高 4 米。

金家岭 - 牡丹顶长城敌台（210682352101170013）

位于叆阳镇龙道村高家堡子东 800 米山顶金家岭 - 牡丹顶长城上，高程 460 米。南距胖顶子 - 金家岭长城 2 号敌台 2000 米。西 800 米有叆河支流及龙道 - 叆阳公路。

平面为圆形，剖面为梯形。保存一般。包砌石块多已脱落，内填土暴露。台体外包石，内填土。现存台顶径 1.5、底径 6、高 4 米。台顶部有石块围砌的浅坑，存深 0.3 米。距台体 3 米处有围壕，存深 1 米。（图四）

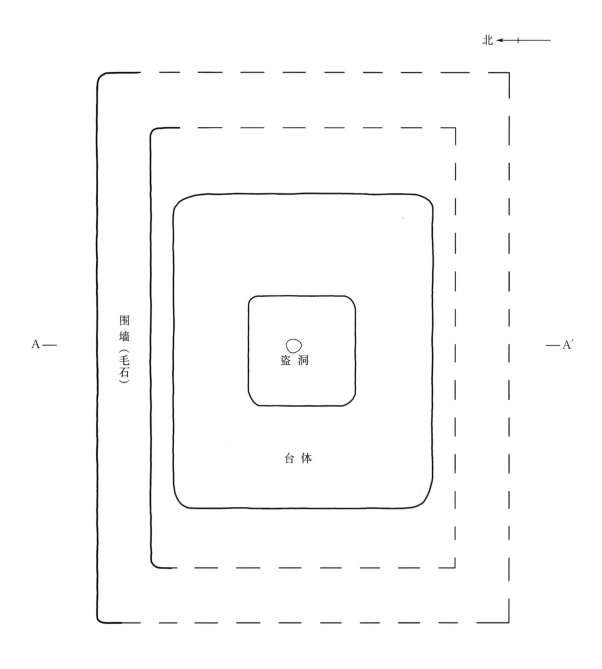

北 ←—

围墙（毛石）

A —　　　　　　　　　　　　　　　　　　　　　—A′

盗 洞

台 体

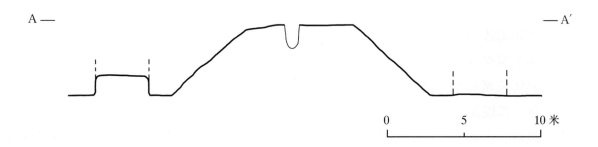

A —　　　　　　　　　　　　　　　　　　　　　—A′

0　　　　5　　　　10 米

图三　胖顶子－金家岭长城 1 号敌台平、剖面示意图

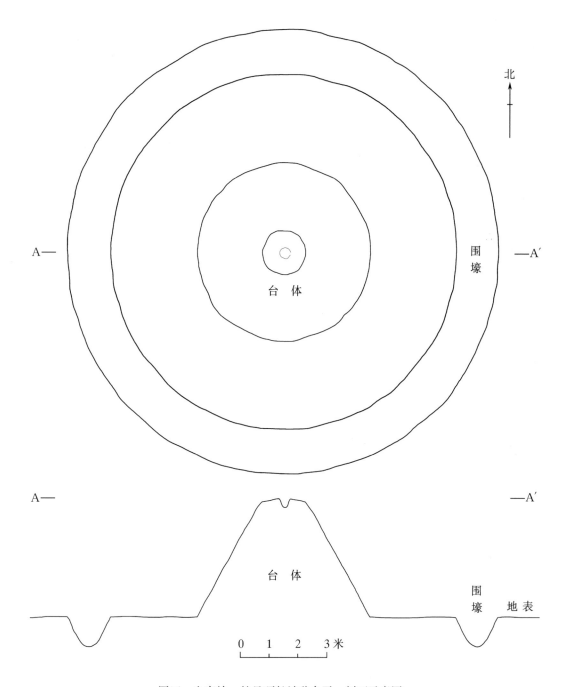

图四　金家岭－牡丹顶长城敌台平、剖面示意图

（3）本溪满族自治县

①墙体及保存现状

本溪县明长城总长 46104 米，可分为 33 段。

牡丹顶－瓜瓢沟长城（210521382106170001）

起于凤城、宽甸、本溪县交界的牡丹顶，止于东营房红土甸子村西 500 米山脊上。起点高程 1021 米，止点高程 611 米。走向南－北，南接凤城境内的金家岭－牡丹顶长城，北连东营房瓜瓢沟长城。全长 14400 米。

该段墙体全部为山险,是利用山体陡峭、多悬崖的地势,形成天然屏障。

东营房瓜瓢沟长城(210521382101170002)

起于红土甸子村瓜瓢沟西南 200 米,止于红土甸子村瓜瓢沟西北 200 米。起点高程 611 米,止点高程 608 米。走向东南－西北,南接牡丹顶－瓜瓢沟长城,北连东营房红土甸子长城。东 1500 米为红土甸子至东营房乡公路。全长 422 米,墙体保存较差。

该段墙体为土墙,以自然山脊为基础,掘土向东侧堆筑成墙,内为壕。现外墙顶宽 0.7、底宽 2.75、残高 1 米。

东营房红土甸子长城(210521382106170003)

起于东营房乡红土甸子村瓜瓢沟西北 200 米,止于东营房乡南营房村湖里东北 1000 米太子河支流东岸。起点高程 608 米,止点高程 428 米。走向东南－西北,南接东营房瓜瓢沟长城。东 1000 米为红土甸子－东营房乡公路。全长 3700 米。

该段墙体全部为山险,是利用山体陡峭、多悬崖的地势,形成天然屏障。

塔耙沟长城 1 段(210521382106170004)

起于东营房乡红土甸子村至湖里公路北侧山崖,止于东营房乡东营房村西南 2300 米山顶。起点高程 428 米,止点高程 567 米。走向东南－西北,北连塔耙沟长城 2 段。东距本桓公路 1000 米,西为南营房－东营房公路。全长 4700 米。

该段墙体全部为山险,是利用山体陡峭、多悬崖的地势,形成天然屏障。

塔耙沟长城 2 段(210521382102170005)

起于东营房乡东营房村西南 2300 米山顶,止于东营房乡塔耙沟西北 200 米山脊上。起点高程 567 米,止点高程 495 米。走向西南－东北,南接塔耙沟长城 1 段,北连塔耙沟长城 3 段。东北距本桓公路 1700 米。全长 125 米,墙体保存较差。

该段墙体为石墙,以自然山体为基础,墙身用毛石干垒。现顶宽 1.8、底宽 4.4、残高 0.8 米。

塔耙沟长城 3 段(210521382101170006)

起于东营房乡塔耙沟西北 200 米山脊上,止于东营房乡塔耙沟口西南 200 米。起点高程 495 米,止点高程 393 米。走向南－北,南接塔耙沟长城 2 段,止点为塔耙沟 2 号敌台。东北距本桓公路 250 米。全长 1500 米,墙体保存较差。

该段墙体为土墙,就地掘土堆筑,顶窄底宽,外(东)掘壕,向内(西)堆土。现墙顶宽 1.2、底宽 2.1~3、残高 0.8~1.5 米;壕宽 2~3 米。

东营房岔路沟长城(210521382301170007)

起于东营房乡东营房村岔路沟西北 50 米山脊上,止于东营房乡东营房村岔路沟西北 200 米。起点高程 404 米,止点高程 466 米。走向西南－东北,西南接岔路沟敌台,东北连东营房阳地沟长城 1 段。该段全长 894 米,墙体地表已无存。

东营房阳地沟长城 1 段(210521382101170008)

起于东营房乡东营房村岔路沟西北 200 米,止于东营房乡阳地沟西 500 米山脊上。起点高程 466 米；止点高程 430 米。走向南 – 北，南接东营房岔路沟长城，北连东营房阳地沟长城 2 段。西南距本桓公路 1600 米。全长 527 米。墙体保存较差，大部分坍塌，墙土脱落将壕淤塞。

该段墙体为土墙，是利用自然山体，就地掘土堆筑，外为（东）壕，内为（西）墙。现墙顶宽 0.6～1、底宽 2.7～3.5、残高 0.7～1.5 米；壕宽 1.8～2.5 米。

东营房阳地沟长城 2 段（210521382301170009）

起于东营房乡阳地沟西 500 米山脊上，止于东营房阳地沟西北 500 米。起点高程 430 米，止点高程 452 米。走向南 – 北，南接东营房阳地沟长城 1 段，北连东营房阳地沟长城 3 段。该段全长 99 米，墙体地表已无存。

东营房阳地沟长城 3 段（210521382102170010）

起于东营房乡阳地沟西北 500 米，止于东营房阳地沟西北 520 米。起点高程 452 米，止点高程 457 米。走向南 – 北，南接东营房阳地沟长城 2 段，北连东营房阳地沟长城 4 段。西南距本桓公路 2000 米。全长 44 米。墙体保存较差，坍塌严重。

该段墙体为石墙，以自然山体为基础，墙身用毛石干垒。现顶宽 0.6、底宽 2.5、残高 0.5～0.8 米。所用石料为山间采集的自然石未经加工而砌筑。

东营房阳地沟长城 4 段（210521382106170011）

起于东营房阳地沟西北 520 米，止于东营房乡阳地沟西北 580 米山脊上。起点高程 457 米，止点高程 492 米。走向西南 – 东北，南接东营房阳地沟长城 3 段，北连李家堡子长城 1 段。全长 78 米。

该段墙体全部为山险，是利用山体陡峭、多悬崖的地势，形成天然屏障。

李家堡子长城 1 段（210521382102170012）

起于碱厂镇李家堡子村东北 800 米山脊上，止于碱厂镇李家堡子村东北 500 米山脊上。起点高程 492 米，止点高程 568 米。走向东南 – 西北，南接东营房阳地沟长城 4 段，北连李家堡子长城 2 段。西南距本桓公路 2000 米，北距白堡至金家堡子公路 900 米。全长 949 米。墙体保存较差，大部分坍塌。

该段墙体为石墙，以自然山脊为基础，用毛石干垒。现存墙体大约为 3～6 层，墙体东侧（外侧）垒砌相对较高。现顶宽 1.2～3.1、底宽 3.1～4、残高 0.5～0.8 米。（图五；彩图三三、三四）

李家堡子长城 2 段（210521382106170013）

起于碱厂镇李家堡子村东北 500 米山脊上，止于碱厂镇李家堡子村东北 400 米山崖上。起点高程 568 米，止点高程 578 米。走向东北 – 西南，东北接李家堡子长城 1 段。西南距本桓公路 2000 米，北距白堡至金家堡公路 900 米。

该段墙体全部为山险，全长 732 米，是利用山体陡峭、多悬崖的地势，形成天然屏障。

石墙沟长城 1 段（210521382301170014）

起于碱厂镇碱厂村六组东 100 米，止于碱厂镇碱厂村六组西 20 米。起点高程 369 米，止

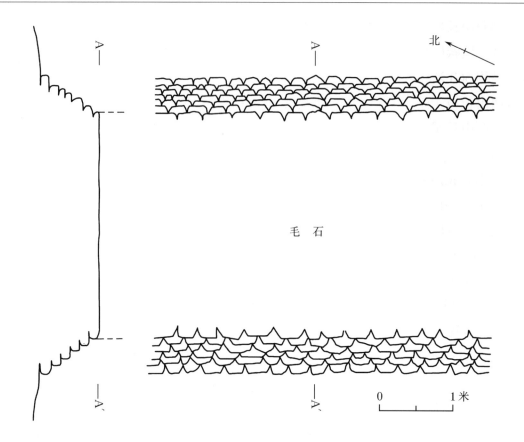

北

毛 石

0   1米

图五 李家堡子长城 1 段平、剖面示意图

点高程 382 米。走向东－西，西连石墙沟长城 2 段。碱厂－化皮峪公路从墙体上穿过。该段全长 249 米，墙体地表已无存。

石墙沟长城 2 段（210521382101170015）

起于碱厂镇碱厂村六组西 20 米，止于碱厂镇碱厂村六组西 100 米。起点高程 382 米，止点高程 416 米。走向东－西，东接石墙沟长城 1 段，西连石墙沟西山长城 1 段。西南 50 米为碱厂－小夹河公路。全长 97 米。墙体保存差，大部分坍塌。

该段墙体为土墙，就地掘土堆筑，掘壕向北侧翻土堆筑。现顶宽 0.8、底宽 3.2、残高 0.7 米；壕宽 2 米。

石墙沟西山长城 1 段（210521382301170016）

起于碱厂镇碱厂村六组西 100 米，止于碱厂镇碱厂村六组西 400 米山脊上。起点高程 416 米，止点高程 556 米。走向东－西，东接石墙沟长城 2 段，西北连石墙沟西山长城 2 段。东距碱厂－小夹河公路 300 米。该段全长 374 米，墙体地表已无存。

石墙沟西山长城 2 段（210521382102170017）

起于碱厂镇碱厂村六组西 400 米山脊上，止于碱厂镇碱厂村六组西 450 米的山脊上。起点高程 556 米，止点高程 560 米。走向南－北，南接石墙沟西山长城 1 段，北连石墙沟西山长城 3 段。东 600 米碱厂－小夹河公路。全长 32 米，墙体保存较差。

该段墙体为石墙，以自然山体为基础，用石块干垒。现顶宽 0.6、底宽 2.5、残高 0.7 米。

石墙沟西山长城 3 段（210521382301170018）

起于碱厂镇碱厂村六组西 450 米的山脊上，止于碱厂镇碱厂村六组西北 1000 米的山脊上。起点高程 560 米，止点高程 625 米。走向东南－西北，东南接石墙沟西山长城 2 段，西北连石墙沟西山长城 4 段。东距碱厂－小夹河公路 600 米。该段全长 615 米，墙体地表已无存。

石墙沟西山长城 4 段（210521382102170019）

起于碱厂镇碱厂村六组西北 1000 米的山脊上，止于碱厂镇碱厂村六组西北 1150 米。起点高程 625 米，止点高程 627 米。走向南－北，南接石墙沟西山长城 3 段，北连化皮峪长城 1 段。东距碱厂－小夹河公路 600 米。全长 150 米。墙体保存较差，严重坍塌。

该段墙体为石墙，以自然山体为基础，墙身用毛石垒砌，石块大小不一，极不规整。现顶宽 1.2、底宽 2.5、残高 0.3～1 米。

化皮峪长城 1 段（210521382105170020）

起于碱厂镇碱厂村六组西北 1150 米，止于化皮峪村西南 2000 米的山脊上。起点高程 627 米，止点高程 644 米。走向东南－西北，南接石墙沟西山长城 4 段，北连化皮峪长城 2 段，东北距化皮峪烽火台 2500 米。东距碱厂－小夹河公路 1500 米。全长 861 米，整体保存较差。

该段墙体为山险墙，以自然山体为基础，将山体东侧劈凿形成立陡的墙体，现高 5～11 米。

化皮峪长城 2 段（210521382102170021）

起于化皮峪村西南 2000 米的山脊上，止于化皮峪村西北 2200 米山脊上。起点高程 644 米，止点高程 624 米。走向东南－西北，东南接化皮峪长城 1 段，西北连化皮峪长城 3 段，东距化皮峪品字窖 40 米。东距碱厂－小夹河公路 1500 米。全长 418 米。墙体保存一般。

该段墙体为石墙，可分主墙与附属设施。主墙以自然山体为基础，墙体用毛石干垒，现存 5～7 层，现顶宽 1.5、底宽 2.7、残高 0.8～1.3 米。在主墙体上建有附属设施，分别为三段石墙，砌筑方式与主墙体一样，且皆在主墙体东侧面，由南向北排列，分别是第一段现长 28、宽 1.5、残高 0.4 米；第二段现长 40、宽 1.5、残高 0.8 米；第三段现长 11、宽 1.1、残高 0.8 米。这三道附墙与品字窖和主墙构成了一个完整防御体系。（彩图三五）

化皮峪长城 3 段（210521382105170022）

起于化皮峪村西北 2200 米山脊上，止于段家沟西南 1000 米。起点高程 624 米，止点高程 522 米。走向东南－西北，东南接化皮峪长城 2 段，西北连段家沟长城 1 段，化皮峪 2 号铺舍位于墙体之上。东距碱厂－小夹河公路 1500 米。全长 1400 米，整体保存较差。

该段墙体为山险墙，将山脊东侧劈凿呈墙体，现高 5～8 米。

段家沟长城 1 段（210521382301170023）

起于段家沟西南 1000 米，止于段家沟西南 900 米山麓。起点高程 522 米，止点高程 512 米。走向东南－西北，东南接化皮峪长城 3 段，西北连段家沟长城 2 段，西南距赵堡烽火台 2500 米。该段全长 100 米，墙体地表已无存。

段家沟长城 2 段（210521382102170024）

起于段家沟西南 900 米山麓，止于段家沟西南 800 米。起点高程 512 米，止点高程 510 米。走向东南－西北，东南接段家沟长城 1 段，西北连段家沟长城 3 段，西南 2500 米为赵堡烽火台。东 1200 米为碱厂－小夹河公路。全长 133 米，墙体保存较差。

该段墙体为石墙，以自然山体为基础，用毛石干垒。现顶宽 0.8、底宽 2.7、残高 0.7 米。

段家沟长城 3 段（210521382105170025）

起于段家沟西南 800 米，止于段家沟西南 600 米。起点高程 510 米，止点高程 491 米。走向东南－西北，东南接段家沟长城 2 段，西北连段家沟长城 4 段。东 1200 米碱厂－小夹河公路。整体保存一般，原墙体劈凿痕迹已很难辨认。总长 104 米。

该段墙体为山险墙，以自然山体为基础，将山体东侧人工劈凿形成墙体，顶部平坦。

段家沟长城 4 段（210521382301170026）

起于段家沟西南 600 米，止于段家沟西 600 米。起点高程 491 米，止点高程 521 米。走向南－北，南接段家沟长城 3 段，北连段家沟长城 5 段。东 1200 米为碱厂－小夹河公路。该段全长 385 米，墙体地表已无存。

段家沟长城 5 段（210521382105170027）

起于段家沟西 600 米，止于化皮峪村四道沟南 1500 米。起点高程 521 米，止点高程 637 米。走向东南－西北，东南接段家沟长城 4 段，西北连四道沟长城。东 1200 米为碱厂－小夹河公路。全长 681 米。整体保存较差，风化严重。

该段墙体为山险墙，在山体东侧人工劈凿形成坚固陡峭的墙体。

四道沟长城（210521382106170028）

起于化皮峪村四道沟南 1500 米，止于新宾、本溪县交界处山崖下。起点高程 637 米，止点高程 314 米。西南－东北走向，西南接段家沟长城 5 段。东距碱厂－小夹河公路 500 米。全长 2900 米。

该段墙体全部为山险，是利用山体陡峭、多悬崖的地势，形成天然屏障。山体东侧坡度多在 80 度以上，西侧较缓。

东山坡长城（210521382102170029）

起于化皮峪东山坡村北 300 米山麓，止于碱厂镇化皮峪东山坡村北 400 米。起点高程 325 米，止点高程 427 米。走向西－东，西北距四道沟长城 160 米，北侧 30 米有东山坡长城居住址。西侧碱厂至小夹河公路南北向通过。全长 350 米。墙体保存较差，严重坍塌。

该段墙体为石墙，以自然山体为基础，用毛石干垒。现顶宽 5.1～5.3、底宽 7.2～7.6、残高 1.3～1.5 米。

滴塔畜牧场长城（210521382101170030）

起于碱厂赵堡村西北 2000 米，止于新宾本溪县交界处老光顶山崖下。起点高程 597 米，止点高程 531 米。走向东－西，西连老光顶长城，东 2500 米为段家沟长城 5 段。东距碱厂赵堡－平河村村路 500 米。全长 844 米。墙体保存差，仅留低矮土塄。

该段墙体为土墙，以山脊为基础，南（内）掘壕向北（外）堆土形成墙体。现顶宽 0.8、底宽 2.2、残高 0.2 米~0.5 米；壕深 0.5、宽 1 米。

老光顶长城（210521382106170031）

起于新宾本溪县交界处老光顶山崖，止于南甸镇马城子村二道河子东 2500 米。起点高程 531 米，止点高程 767 米。走向东南－西北，东南接滴塔畜牧场长城，西北连李王沟长城 1 段。全长 6600 米。

该段墙体全部为山险，是利用山体陡峭、多悬崖的地势，形成天然屏障。

李王沟长城 1 段（210521382102170032）

起于南甸镇马城子村二道河子东 2500 米，止于南甸镇马城子村二道河子东 2300 米。起点高程 767 米，止点高程 765 米。走向东南－西北，东南接老光顶长城，西北连李王沟长城 2 段。全长 141 米，墙体保存一般。

该段墙体为石墙，构筑于山腰之上，对自然山体进行平整后，依托自然山势，用条石垒砌，内填充碎石块。墙体将两端山险连接起来。现墙宽 1.5、残高 1~1.7 米。所用石块规格不一，风化较严重，但体积较大，最大一块长 1.5、宽 0.4、厚 0.25 米。（图六、彩图三六）

李王沟长城 2 段（210521382106170033）

起于南甸镇马城子村二道河子东 2300 米，止于南甸镇马城子村二道河子东北 2000 米。起点高程 765 米，止点高程 563 米。走向东南－西北，东南接李王沟长城 1 段，东北距马城子后泉眼烽火台 1400 米。全长 1500 米。

该段墙体全部为山险，是利用山体陡峭、多悬崖的地势，形成天然屏障。

②敌台及保存现状

本溪县共发现敌台 5 座。

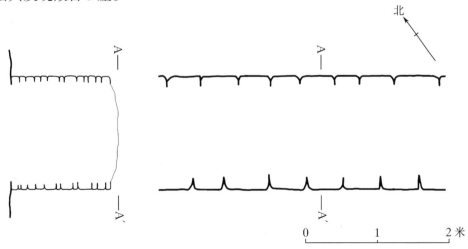

图六　李王沟长城 1 段平、剖面示意图

塔耙沟长城 1 号敌台（210521352101170004）

位于东营房镇东营房村塔耙沟南 500 米山脊上，高程 567 米。北距塔耙沟长城 2 号敌台 2200 米。东北 2400 米为本桓公路。

平面为圆形，剖面为梯形。保存较差。台体用土、石混筑，利用自然山崖为基础，周围用石块包砌而成。现存顶径 2.6、底径 8、残高 3 米。

塔耙沟长城 2 号敌台（210521352101170005）

位于东营房镇东营房村塔耙沟口西北 200 米山脊上，高程 393 米。南距塔耙沟长城 1 号敌台 2200 米。北 100 米为季节性小河，东北 200 米为本桓公路。

平面为圆形，剖面为梯形。保存较差。台体用土、石混筑，外以毛石包砌，内填土，顶部砌砖。现存顶径 1.6、底径 11、残高 3 米。

东营房岔路沟长城敌台（210521352101170007）

位于东营房村岔路沟的山峰上，高程 404 米。台体建于岔路沟长城上，西南距塔耙沟长城 2 号敌台 900 米。南 500 米为季节性河流，西南 500 米为本桓公路。

平面为圆形，剖面为梯形。保存较差。台体用土、石混筑，外侧以毛石包砌、内填土、顶部施砖。现存顶径 3、底径 9、残高 2.5 米。

李家堡子长城敌台（210521352101170008）

位于碱厂镇李家堡子村民组北 100 米山顶，李家堡子长城 2 段止点处，高程 578 米。北距白堡烽火台 1500 米。西南 2000 米为本桓公路，北 900 米为白堡至金家堡子村公路。

平面为圆形，剖面为梯形。保存较差。台体用土、石混筑，内填土、外利用毛石包砌（有施砖的痕迹）。现存顶径 5、底径 10、残高 2.7 米。

滴塔村畜牧场长城敌台（210521352101170017）

位于南甸镇滴塔村畜牧场小队北 1500 米的山峰上，滴塔畜牧场长城起点处，高程 597 米。东 500 米是碱厂赵堡至平河村路。

平面为圆形，剖面为梯形。保存较差。台体北侧借助自然山崖，东、南、西三面用毛石包砌，内填土。台体四周有围壕。现存顶径 4、底径 8、残高 1.8 米。围壕现宽 2.5、深 0.5 米，周长 26 米。

（4）新宾满族自治县

①墙体及保存现状

新宾满族自治县明长城总长 10780 米，可分为 10 段。

小夹河长城 1 段（210423382301170001）

起于下夹河乡平河村小夹河屯东南 1000 米的山坡，止于下夹河乡平河村小夹河屯东南 600 米山坡。起点高程 427 米，止点高程 396 米。走向南－北。西接本溪市境内的东山坡长城，北连小夹河长城 2 段。该段全长 950 米，墙体地表已无存。

小夹河长城 2 段（210423382106170002）

起于下夹河乡平河村小夹河屯东南 600 米山坡上，止于下夹河乡平河村小夹河屯东南

400 米的山腰。起点高程 396 米，止点高程 373 米。走向东南－西北。南接小夹河长城 1 段，北连小夹河长城 3 段。北侧有小夹河至大四平公路东西向穿过。全长 200 米，整体保存较好。

该段墙体为山险，直接利用自然山体为屏障，其外侧为陡峭的山坡和断崖，内侧为平缓的山坡。

小夹河长城 3 段（2104223821021700003）

起于下夹河乡平河村小夹河屯东南 400 米的山腰，止于下夹河乡平河村小夹河屯东南 180 米山坡上。起点高程 373 米，止点高程 329 米。走向东南－西北。北接小夹河长城 4 段，南连小夹河长城 2 段。墙体西侧铁（岭）长（甸）线公路南北向通过，北侧有小夹河至大四平公路东西向穿过。全长 220 米。整体保存差，两侧有大面积的坍塌堆积。

该段墙体为石墙，自然基础，用毛石干垒。现顶宽 2.1～3、底宽 16～20、残高 1.3～1.5 米。剖面为梯形。

小夹河长城 4 段（2104223821021700004）

起于下夹河乡平河村小夹河屯东南 180 米山坡上，止于下夹河乡平河村小夹河屯东 20 米的小夹河北侧山脚。起点高程 329 米，止点高程 308 米。走向东南－西北。南接小夹河长城 3 段，北接小夹河长城 5 段。全长 170 米。整体保存差，墙体坍塌，石块保留很少。

该段墙体为石墙，自然基础，在山下平地仅见稍高的土石混合的凸棱，再向北被修建的公路和水坝破坏殆尽，已见不到任何迹象。现存墙体顶宽 1.1～1.5、底宽 3.1～3.6、残高 0.5～1.1 米。

按照保存状况可分为 2 段：

第一段起点高程 329 米，止点高程 311 米。全长 80 米，走向东南－西北，墙体保存差，墙体顶宽 1.1～1.5、底宽 3.1～3.6、残高 0.5～1.1 米。

第二段起点高程 311 米，止点高程 308 米。全长 90 米，走向东南－西北，墙体地面遗迹消失。

小夹河长城 5 段（2104223821051700005）

起于下夹河乡平河村小夹河屯东 20 米的小夹河北侧山脚，止于下夹河乡平河村小夹河屯东北 120 米山坡上。起点高程 308 米，止点高程 356 米。走向西南－东北。南接小夹河长城 4 段，北接小夹河长城 2 号敌台，向北与山脊相连。墙体西侧铁（岭）长（甸）线公路南北向通过，南侧有小夹河至大四平公路东西向穿过。全长 140 米，整体保存较好。

该段墙体为山险墙，系利用自然的断崖为屏障，局部缝隙处用石块封堵，内侧为平缓的坡地。在小夹河长城 2 号敌台西南方向的山坡上发现 1 个居住址，应是守卫敌台的戍卒居住之处。（彩图三七）

下夹河长城 1 段（2104223821021700006）

起于下夹河乡双河村东南 1900 米秋皮沟南山腰，止于下夹河乡双河村东 1600 米秋皮沟北山下。起点高程 594 米，止点高程 331 米。走向东南－西北。北连下夹河长城 2 段。墙体西侧铁（岭）长（甸）线公路南北向通过。全长 1000 米。整体保存较好，局部毁坏严重；较好

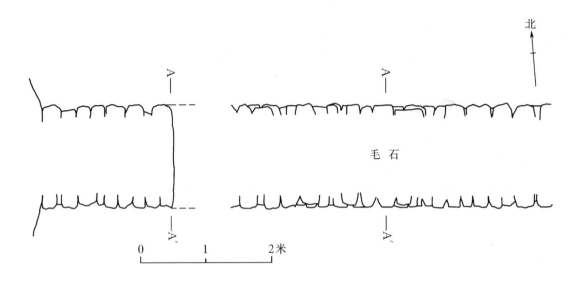

北

毛　石

0　　　　1　　　　2米

图七　下夹河长城1段平、剖面图

段落顶部坍塌，两侧有塌落的毛石；毁坏严重的地段仅可见基础痕迹，在沟谷底部的小溪段落墙体毁坏消失。

该段墙体为石墙，自然基础，用毛石干垒。现宽1.3~1.5、高1.8~2米，部分段落坍塌，残宽5.3~5.6米。（图七；彩图三八）

下夹河长城2段（210422382106170007）

起于下夹河乡双河村东1600米秋皮沟北山下，止于下夹河乡大背村荒碑子屯西北1000米。起点高程331米，止点高程439米。走向东南－西北。南接下夹河长城1段，北连荒碑子长城，双河东山烽火台、太子城北山烽火台位于该段墙体内侧。西侧和北侧有铁（岭）长（甸）线南北向通过。全长3800米，整体保存较好。

该段墙体为山险，以自然的山势为屏障，墙体外侧面多为笔直的断崖和陡峭的山坡，内侧山坡平缓。

荒碑子长城（210422382102170008）

起于下夹河乡大背村荒碑子屯西北1000米，止于下夹河大背村荒碑子屯西北1500米，太子河左岸河边。起点高程439米，止点高程281米。走向东南－西北。南接下夹河长城2段，西北越太子河与岗东长城1段相延续。墙体中部有铁（岭）长（甸）线公路东西向穿过。全长700米，整体保存较差。

该段墙体为石墙，自然基础，用土、石混筑。现顶宽1.3~1.5、底宽5.3~5.6、残高1.8~2米。剖面为梯形。

该段墙体按保存现状可分为3段：

第一段起点高程439米，止点高程345米。全长200米，走向南－北，墙体保存一般。

第二段起点高程345米，止点高程402米。全长100米，走向西南－东北，墙体所在的山体被铁（岭）长（甸）线公路切断，墙体彻底消失。

第三段起点高程 402 米，止点高程 281 米。全长 400 米，走向东南－西北，墙体保存差。

岗东长城 1 段（210422382106170009）

起于下夹河乡岗东村东北 1500 米山坡上，止于下夹河乡岗东村大央屯北 300 米山上。起点高程 330 米，止点高程 419 米。走向东南－西北。北接岗东长城 2 段，东南越太子河与荒碑子长城相延续。南侧铁（岭）长（甸）线公路东西向通过，西部有苇（子峪）下（下夹河）南北向通过。全长 1400 米，整体保存较好。

该段墙体为山险，利用断崖壁立千仞之势形成自然屏障。墙体外侧面多为笔直的断崖和陡峭的山坡，内侧山坡平缓。该段墙体的起点为岗东 1 号敌台，处于太子河右岸断崖之上，地势高敞，向东顺太子河谷极目远眺，由苇子峪方向沿太子河谷所来之敌很远即可尽收眼底。

岗东长城 2 段（210422382106170010）

起于下夹河乡岗东村大央屯北 300 米山上，止于下夹河乡岗东村松树口屯北 1700 米山上。起点高程 419 米，止点高程 495 米。走向东南－西北。南接岗东长城 1 段，北连抚顺县境内的千河岭长城。墙体所在的西部有太子河支流向南汇入太子河。东侧有苇（子峪）下（夹河）线公路南北向通过，西部有下夹河乡至马圈子乡的公路。全长 2200 米，整体保存较好。

该段墙体为山险，利用自然断崖为屏障。墙体外侧面多为笔直的断崖和陡峭的山坡，内侧山坡平缓。在墙体的两端沟谷之处设立敌台。

②敌台及保存现状

新宾满族自治县共发现敌台 6 座。

小夹河长城 1 号敌台（210422352101170003）

位于下夹河乡平河村小夹河屯东南 180 米山坡上，高程 329 米。南接小夹河长城 3 段，北连小夹河长城 4 段，西南距离小夹河西山 2 号烽火台 700 米。西侧铁（岭）长（甸）线公路南北向通过，北侧有小夹河至大四平县级公路东西向穿过。

平面为圆形，剖面略呈梯形。保存较好，台体周围散见塌落的毛石。台体用土、石混筑，外壁用毛石垒砌，内部土筑。现存台体直径 8.2、周长 25、残高 4 米。（图八、彩图三九）

小夹河长城 2 号敌台（210422352101170004）

位于下夹河乡平河村小夹河屯东北 120 米山坡上，高程 356 米。南接小夹河长城 5 段。西侧铁（岭）长（甸）线公路南北向通过，南侧有小夹河至大四平县级公路东西向穿过。

平面为方形，剖面为梯形。保存一般，顶部坍塌，台顶和台体周围散见塌落的毛石和青砖残块。台体用土、石混筑，外侧用石块包砌，内填土，推测青砖砌在顶部。现存台体边长 5.9、残高 3.5 米。（图九、彩图四〇）

荒碑子长城敌台（210422352101170007）

位于下夹河乡大背村荒碑子屯西 1000 米，高程 439 米。北接荒碑子长城，西距岗东长城 1 号敌台 2000 米。北侧铁（岭）长（甸）线公路东西向通过。

平面为椭圆形，顶部平坦，剖面为梯形。整体保存状况差，残存如一座土丘。建筑结构不清。现顶部南北长 4.9、东西宽 3.5 米，底部南北长 9.9、东西宽 8 米，残高 1.3 米。台体

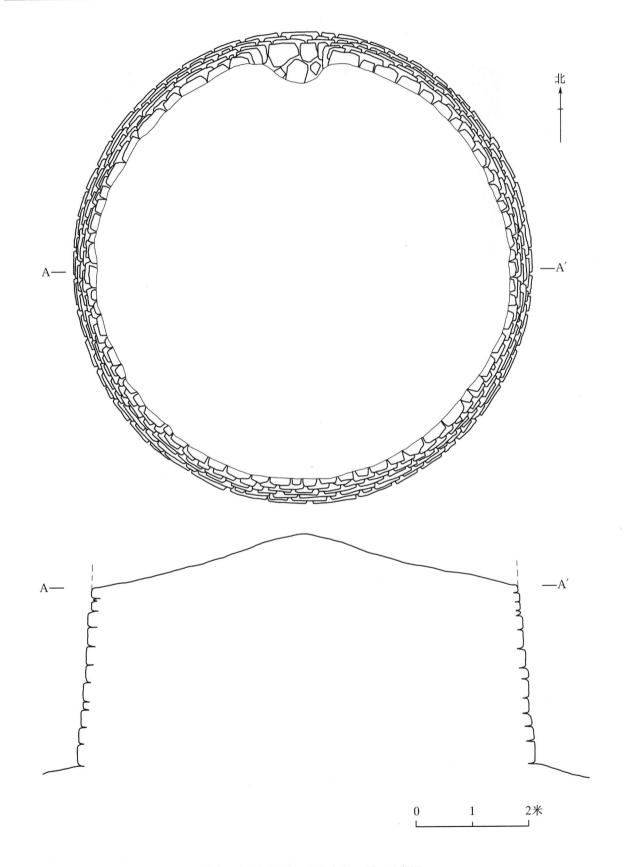

北

图八　小夹河长城 1 号敌台平、剖面示意图

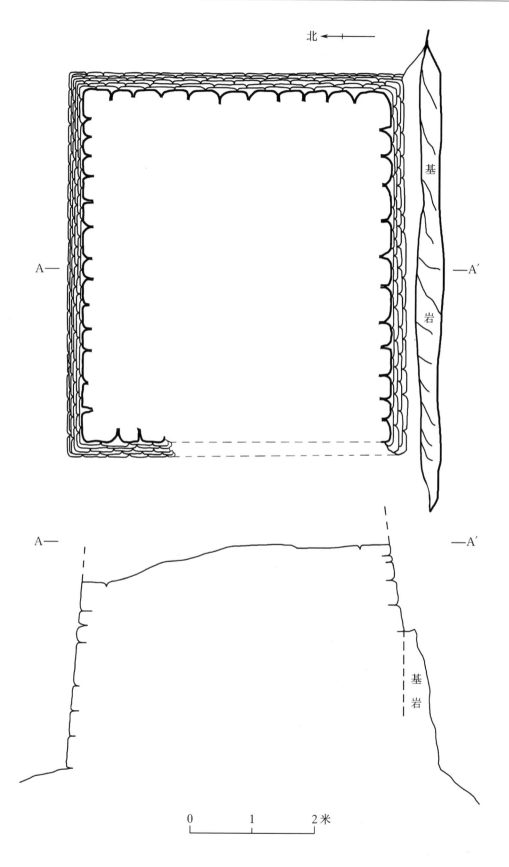

图九　小夹河长城 2 号敌台平、剖面图

南侧有一道壕沟，推测为修筑敌台时取土所致。

岗东长城 1 号敌台（210422352101170008）

位于下夹河乡岗东村东北 1500 米山坡上，高程 330 米。北接岗东长城 1 段，北距岗东长城 2 号敌台 1200 米，东距荒碑子长城敌台 2000 米。南侧有铁（岭）长（甸）线公路。

平面为方形，剖面为梯形。保存一般，台体顶部坍塌，底部周围散见塌落的石块。北面利用自然山体，南、东、西面为石块垒砌。建筑结构不清。现底边长 11.2 米；顶部为圆形，直径 3.4 米，整体残高 3.5 米。

另敌台有围墙见于东、南、西三面。其东西围墙北接敌台北侧的峭壁，南围墙中部有门道。东围墙保存差，全部坍塌，全长 6 米，墙体宽度和高度不清；西围墙保存较好，仅南端有少许坍塌，全长 15 米，墙体宽 1.6 米，最高处 2 米；南围墙保存较好，全长 15 米，墙体宽 1.6~1.7 米，最高处 1.7 米，墙体中部有一处门道，面阔 1.5 米。（图一〇）

岗东长城 2 号敌台（210422352101170009）

位于下夹河乡岗东村大央屯北 300 米山上，高程 419 米。南接岗东长城 1 段，北接岗东长城 2 段，南距岗东长城 1 号敌台 1200 米，西北距离岗东长城 3 号敌台 2200 米。东侧苇（子峪）下（下夹）线公路南北向通过。

平面为矩形，剖面为梯形。保存一般，台体四周可见垒砌的包石，顶部露出填土，台体周围散见塌落的青砖残块和石块。台体外壁用石块垒砌，内填土，推测顶部砌砖。现台体南北长 4.8、东西宽 4.5、残高 3.5 米。青砖残长 14、宽 15、厚 8.5 厘米。（彩图四一）

岗东长城 3 号敌台（210422352101170010）

位于下夹河乡岗东村松树口屯北 1700 米山上，高程 495 米。南接岗东长城 2 段，北接抚顺县境内的千河岭长城，东南距离岗东长城 2 号敌台 2200 米。西侧有下夹河乡至马圈子乡公路南北向通过。

平面为圆形，剖面为梯形。保存较好，台体四周可见石块垒砌的包石，西南侧包石坍塌，露出填土；顶部可见青砖残块，台体周围散见塌落的石块。可知该敌台的结构为台体外壁用石块垒砌，内填土，顶部砌砖。现顶径 1.8、底径 6.1、残高 4.4 米。（图一一、彩图四二）

新宾县境内明长城至此向西进入抚顺县境内。

（5）抚顺县（南段）

①墙体及保存现状

抚顺县（南段）明长城总长 18900 米，可分为 13 段。

千河岭长城（210421382106170001）

起于新宾满族自治县下夹河乡岗东村松树口屯北 1700 米山上，止于抚顺县马圈子乡东沟村东南 2000 米的千河岭山顶。起点高程 495 米，止点高程 548 米。走向南－北。南接新宾满族自治县境内的岗东长城 2 段，北连抚顺县境内的东沟长城；金斗峪二顶子烽火台位于该段墙体内侧。东西两侧有太子河支流。北部有金（斗峪）桦（皮峪）线公路穿过。

该段墙体全部为山险，全长 7500 米，以自然山势为屏障，外侧陡峭，内侧平缓。

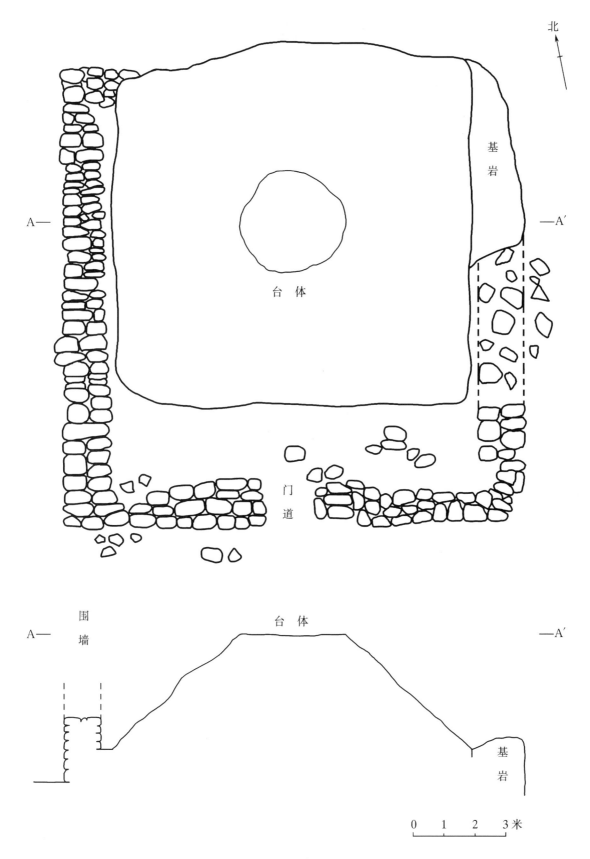

北

基岩

A—　　　　　　　　　　　　　　　　　—A′

台　体

门
道

围
墙

A—　　　　　　　台　体　　　　　—A′

基
岩

0　1　2　3米

图一〇　岗东长城1号敌台平、剖面图

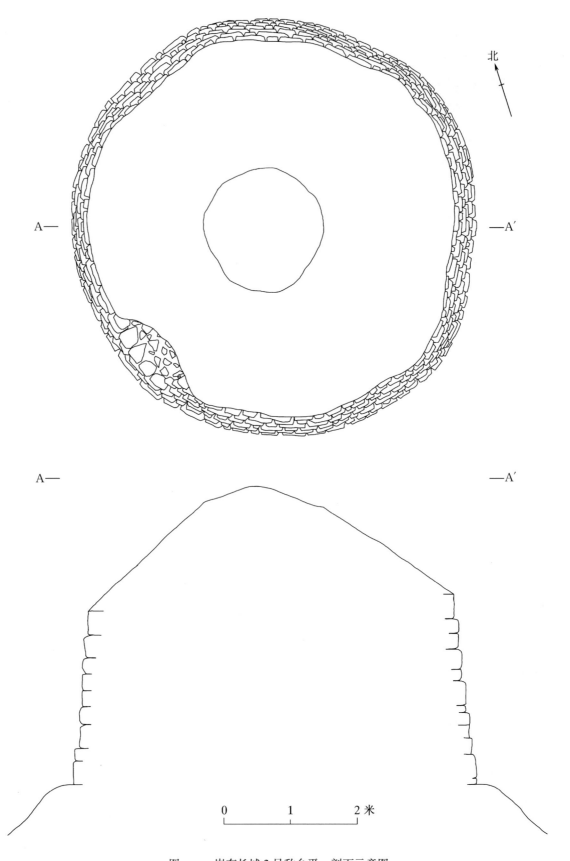

图一一　岗东长城 3 号敌台平、剖面示意图

东沟长城（210421382105170002）

起于马圈子乡东沟村东南 2000 米的千河岭山顶，止于马圈子乡东沟村西北 1700 米的山顶。起点高程 548 米，止点高程 345 米。走向东南－西北。南接千河岭长城，东沟南山烽火台位于该段墙体内侧。墙体西侧有太子河支流，南侧有金（斗峪）桦（皮峪）线公路。全长 3200 米，整体保存较好。

该段墙体为山险墙，劈山为墙，外侧陡峭，内侧平缓。现顶宽 2.1、底宽 4.2、残高 2～2.5 米。墙体外侧有壕堑，宽 2～4、存深 0.6～1.1 米。墙体剖面为梯形，壕堑断面也为梯形。

马圈子长城（210421382101170003）

起于马圈子乡马圈子村西北 500 米的后山上，止于马圈子乡马圈子村东南 500 米的前阳沟口。起点高程 358 米，止点高程 349 米。走向东南－西北。东南距离东沟长城 6 公里，西北距离王家店长城 10 公里。附近有太子河支流，南距沈（阳）通（化）线公路 90 米。全长 760 米。墙体整体保存一般，受长期风雨侵蚀、植物生长的破坏，现存一条土棱及其南侧壕堑。

该段墙体为土墙，自然基础，掘壕堆土为墙，墙与壕沟并行，壕堑位于墙体的内侧（南侧）。现墙顶宽 1、底宽 2.2、残高 2～2.4 米。墙体南侧有壕堑，现口宽 4.6～5、底宽 1.7～2、存深 1.6～2.2 米。墙体剖面为梯形，壕堑断面为上大下小的梯形。

王家店长城（210421382102170004）

起于后安镇王家店村东南 100 米，王家店至台沟公路南侧山坡下，止于后安镇王家店村中王家店小学校北侧山崖处。起点高程 359 米，止点高程 360 米。走向东南－西北。东南距离马圈子长城 10 公里，西北距离四道河子长城 3 公里。附近有社河上游支流。西距沈（阳）通（化）线公路 100 米。全长 120 米。南段 20 米墙体消失；北段 100 米墙体保存差，地表可见一道凸棱。

该段墙体为石墙，自然基础，用土、石混筑。现顶宽 1、底宽 3.2、残高 1.2 米。墙体剖面为梯形。

四道河子长城（210421382102170005）

起于后安镇四道河子村东 400 米的四道河子沟东侧断崖处，止于后安镇四道河子村东 400 米的四道河子沟西侧山坡断崖处。起点高程 344 米，止点高程 359 米。走向东南－西北。东南距离王家店长城 3 公里。附近有社河上游支流。全长 170 米。西侧 500 米有沈（阳）通（化）线公路。南段 50 米墙体地面遗迹消失；北段 120 米墙体保存差，现地表可见一道夹杂土、石的凸棱。

该段墙体为石墙，自然基础，用土、石混筑。现顶宽 1、底宽 2.5、残高 0.9～1.2 米。墙体剖面为梯形。

下马古长城 1 段（210421382105170006）

起于后安镇下马古村东南 4800 米社河左岸的西山上，止于后安镇下马古村东南 1000 米社河左岸的西山上。起点高程 292 米，止点高程 283 米。走向东南－西北。西北连接下马古长城 2 段，向东南方向临社河河谷；下马古东山烽火台位于该段墙体内侧。东侧 1000 米有沈（阳）通（化）线公路。全长 600 米，整体保存较好。

该段墙体为山险墙，劈山为墙，外侧为陡峭的山坡或断崖，内侧平缓。现墙宽 1～2、残高 2～5 米。不见其他设施。

下马古长城 2 段（210421382105170007）

起于后安镇下马古村东南 1000 米，社河左岸的西山上，止于后安镇下马古村东 500 米，小溪右岸的东山上。起点高程 283 米，止点高程 250 米。走向东南－西北。东南接下马古长城 1 段，西北距离抄道长城 1 段 5.8 公里。东侧为社河，北侧 200 米有沈（阳）通（化）线公路。全长 500 米，整体保存较好。

该段墙体为山险墙，利用自然山脊，外侧掘壕或劈削，形成内外高差；平缓之处掘壕向两侧堆土形成两条凸棱夹一道壕堑的状况。现墙顶宽 1～2、底宽 3～4.3、残高 1.3～1.5 米。壕堑口宽 4.8～5、底宽 0.4～0.8、存深 0.9～1.2 米。壕堑断面为上大下小的梯形。

抄道长城 1 段（210421382101170008）

起于上马乡抄道村北 100 米的山坡，止于上马乡抄道村西北 500 米的小溪南岸。起点高程 171 米，止点高程 157 米。走向东南－西北。东南距离下马古长城 2 段 5800 米，北连抄道长城 2 段。东距社河 1300 米，东距抚（顺）金（斗峪）线公路 1000 米。全长 450 米。整体保存差，现存一条慢坡状凸棱痕迹。

该段墙体为土墙，结构不清。

抄道长城 2 段（210421382105170009）

起于上马乡抄道村西北 500 米的小溪南岸，止于兰山乡簸箕沟村东北 1300 米东山顶部。起点高程 157 米，止点高程 272 米。走向东南－西北。南接抄道长城 1 段，北连兰山长城 1 段。东侧 1000 米为社河、1700 米为抚（顺）金（斗峪）线公路。全长 1000 米。南段 300 米墙体保存差，北段 700 米墙体保存较好。

该段墙体为山险墙，劈山为墙，外侧掘壕形成内外高差。现墙顶宽 2、底宽 4.3、残高 0.4～0.7 米。壕堑口宽 5.2、底宽 3、存深 0.4～0.8 米。壕堑断面为上大下小的梯形。外侧较陡峭，落差可达 6 米。

兰山长城 1 段（210421382105170010）

起于兰山乡簸箕沟村东北 1300 米东山顶部，止于兰山乡簸箕沟村东北 1000 米东山顶部。起点高程 272 米，止点高程 290 米。走向东南－西北。南接抄道长城 2 段，北连兰山长城 2 段。东侧有社河流向大伙房水库。全长 800 米，整体保存一般。

该段墙体为山险墙，劈山为墙，外侧掘壕形成内外高差。墙体受长期风雨侵蚀，植物根系生长造成松动的破坏，现存一条夹杂土、石的凸棱，其东侧的壕堑几乎被填平。现顶宽 2、底宽 4.3、残高 0.4～0.7 米。壕堑断面为上大下小的梯形。外侧较陡峭，落差达 7 米。

兰山长城 2 段（210421382105170011）

起于兰山乡簸箕沟村东北 1000 米东山顶部，止于兰山乡兰山村东沟西南 200 米的南山脚下。起点高程 290 米，止点高程 159 米。走向东南－西北。南接兰山长城 1 段，北连兰山长城 3 段；兰山东沟南烽火台位于该段墙体内侧。东侧有社河。全长 1000 米。整体保存一般。

该段墙体为山险墙，劈山为墙，外侧掘壕形成内外高差。现墙顶宽 3~4、底宽 4.5、残高 0.3~0.8 米。壕堑口宽 5、底宽 1.5~1.7、存深 0.5~0.8 米。壕堑断面为上大下小的梯形。

兰山长城 3 段（210421382105170012）

起于兰山乡兰山村东沟西南 200 米的南山脚下，止于兰山乡兰山村对沟西南 300 米的南山脚下。起点高程 159 米，止点高程 165 米。走向东南－西北。南接兰山长城 2 段，西北距金家沟长城 2200 千米；兰山东沟北大台子烽火台位于该段墙体内侧。东侧有社河，北距抚（顺）金（斗峪）线公路 2000 米。全长 1100 米，整体保存状况一般。

该段墙体为山险墙，劈山为墙，外侧掘壕形成内外高差。现墙顶宽 3~4、底宽 4.5~5、残高 0.3~0.8 米。壕堑口宽 5、底宽 1.5~1.7、存深 0.5~0.7 米。壕堑断面为上大下小的梯形。

金家沟长城（210421382105170013）

起于兰山乡金家沟村西北 200 米的北山脚下，止于兰山乡五味村北 500 米的榆树沟口。起点高程 155 米，止点高程 122 米。走向东南－西北。东南距兰山长城 3 段 2200 米，金家沟北山烽火台、五味西山烽火台位于该段墙体内侧。西侧有浑河支流。全长 1700 米，整体保存状况一般。

该段墙体为山险墙，劈山为墙，外侧掘壕形成内外高差。现墙顶宽 3~4、底宽 4.5~5、残高 1.5~3 米。壕堑口宽 5、底宽 1.1~1.3、存深 0.5~0.7 米。壕堑断面为上大下小的梯形。

②敌台及保存现状

抚顺县（南段）共发现敌台 3 座。

千河岭长城敌台（210421352101170002）

位于马圈子乡东沟村东南 2000 米的千河岭山顶，高程 548 米。南接千河岭长城，西北距东沟南山烽火台 2500 米，西南距金斗峪二顶子烽火台 3500 米。敌台北山坡下为金（斗峪）桦（皮峪）线公路。

平面为圆形，剖面为梯形。保存一般，建筑结构不清。只在台体上及其周围散见青砖残块等建筑构件。现存台体顶径 9、底径 16、残高 3.6 米。

兰山长城 1 号敌台（210421352101170033）

位于兰山乡簸箕沟村东北 1300 米东山顶部，高程 275 米。南接抄道长城 2 段，北接兰山长城 1 段，西北距兰山长城 2 号敌台 660 米。东侧为社河。

平面为圆形，剖面为梯形。保存一般，现存一座突起的土丘，建筑结构不清。只在台体上及其周围散见青砖残块。现存台体顶径 2.4、底径 8.6、残高 3.5 米。

兰山长城 2 号敌台（210421352101170034）

位于兰山乡簸箕沟村东北 1000 米东山顶部，高程 290 米。南接兰山长城 1 段，北接兰山长城 2 段，东南距兰山长城 1 号敌台 660 米。东侧为社河。

平面为圆形，剖面为梯形。保存一般，现存一座突起的土丘，建筑结构不清。只在台体上及其周围散见青砖残块。现存台体顶径 4.2、底径 11、残高 1 米。台顶中央有一处圆形锅底状土坑，口径 1.5、存深 0.3 米。

（6）东洲区

东洲区明长城总长 4000 米，仅有 1 段。

阿金沟长城（210403382101170001）

起于东洲街道阿金沟东南 1000 米的南山顶上，止于东洲街道吴家堡东北 500 米浑河河道（东洲区与顺城区交界）。起点高程 132 米，止点高程 117 米。走向东南－西北。北接顺城区境内的抚顺关长城，南侧墙体已消失。小台沟烽火台、阿金沟南山烽火台、抚顺市石油二厂职工医院东山烽火台、抚顺市第三医院东山烽火台、吴家堡西山烽火台位于该段墙体内侧，距离墙体较远。北侧有浑河，西侧为东洲区。全长 4000 米。南段 3400 米墙体保存一般，残存一条夹杂土、石的凸棱，部分地段壕堑明显；北段 600 米墙体地面遗迹消失。

该段墙体为土墙，绝大部分中部挖壕，壕土向两侧堆放，以内侧墙体较高；少部分地方只有墙体，不见壕堑。墙体顶宽 1.3～2.2、底宽 4.3～5、残高 2～3 米。墙体剖面为梯形，壕堑断面为上大下小的梯形。因为这段墙体所经为丘陵地带，构筑上因地制宜，出现几种不同的结构情况：①在较为平坦的地方，挖壕取土，壕内侧墙体较为高大，形成墙体的主线，壕外侧也形成较为低矮的土棱，中间壕沟也较为宽大。②在经过山丘的东坡时，采取劈削的方式使面向外面的坡度更加陡峭，增加防御的优势。③在经过山丘的西坡时，采取挖壕的方式，使局部坡度发生改变，原为平缓的坡地形成一条壕堑。④处于山梁脊部部分地段只见墙体，不见壕堑。

（7）顺城区

顺城区明长城总长 3000 米，仅有 1 段。

抚顺关长城（210411382301170001）

起于东洲街道吴家堡村东北 500 米浑河河道（东洲区与顺城区界），止于顺城区前甸镇关岭村东北 1000 米（顺城区与抚顺县界）。起点高程 117 米，止点高程 114 米。走向东南－西北。南接东洲区境内阿金沟长城，北接抚顺县境内边墙子长城 1 段，关岭鹰嘴砬子烽火台、关岭南台烽火台、关岭西台烽火台、李其南山烽火台位于该段墙体内侧。浑河从墙体南段穿过，202 国道、沈吉铁路、沈吉高速公路从北段东西向穿过。该段全长 3000 米，墙体地表已无存。

（8）抚顺县（北段）

①墙体及保存现状

抚顺县（北段）明长城总长 18730 米，可分为 16 段。

边墙沟长城 1 段（210421382102170014）

起于顺城区前甸镇关岭村东北 1000 米（顺城区与抚顺县界），止于抚顺县章党乡张木匠沟村西南 1500 米的石花顶子山顶上。起点高程 114 米，止点高程 330 米。走向南－北。南接顺城区境内的抚顺关长城，北连边墙沟长城 2 段；李其西山烽火台、李其北山烽火台、李其沟北山烽火台、桦树岭烽火台、边墙沟西山烽火台、边墙沟北山烽火台、公家寨二台子烽火台、公家寨大台子烽火台位于该段墙体内侧。附近有浑河支流向南注入浑河。全长 8500 米。南段 6000 米墙体南北向穿过浑河谷地、边墙沟沟谷，墙体地面迹象消失；北段 2500 米墙体位于山坡上，保存状况一般，现存一条夹杂土、石的凸棱，部分段落可见毛石垒砌的迹象。

该段墙体为石墙，自然基础，墙身用土、石混筑。现墙顶宽 1.3～1.6、底宽 4.5～6、残高 1.8～2.2 米。剖面为梯形。

边墙沟长城 2 段（210421382102170015）

起于章党乡张木匠沟村西南 1500 米的石花顶子山顶上，止于章党乡张木匠沟村西北 1000 米的北山顶部。起点高程 330 米，止点高程 240 米。走向南－北。南接边墙沟长城 1 段，北连东堡长城 1 段；黑石沟山烽火台位于该段墙体内侧。附近有浑河支流向南注入浑河。全长 2900 米，整体保存状况一般。

该段墙体为石墙，自然基础，墙身用土、石混筑。现墙顶宽 1.6～3.5、底宽 1.6～3.5、残高 2～3.2 米。剖面为梯形。

东堡长城 1 段（210421382102170016）

起于章党乡张木匠沟村西北 1000 米的北山顶部，止于章党乡张木匠村西北 2000 米的山脊上。起点高程 240 米，止点高程 310 米。走向东南－西北。南接边墙沟长城 2 段，北连东堡长城 2 段。附近有浑河支流向南注入浑河。全长 850 米，整体保存状况一般。

该段墙体为石墙，自然基础，墙身用土、石混筑。现墙顶宽 1.3～1.7、底宽 3.1～3.5、残高 0.8～1.2 米。剖面为梯形。

东堡长城 2 段（210421382102170017）

起于章党乡张木匠村西北 2000 米的山脊上，止于章党乡张木匠沟村西北 2200 米的北山顶部。起点高程 310 米，止点高程 346 米。走向东南－西北。南接东堡长城 1 段，北连东堡长城 3 段。附近有浑河支流向南注入浑河。全长 140 米，整体保存状况一般。

该段墙体为石墙，自然基础，墙身用土、石混筑。现墙顶宽 1.3～1.6、底宽 3.1～3.5、残高 1～1.2 米。剖面为梯形。

东堡长城 3 段（210421382102170018）

起于章党乡张木匠沟村西北 2200 米的北山顶部，止于哈达镇富尔哈村五冲屯西南 1800 米的板石沟西南山顶。起点高程 346 米，止点高程 400 米。走向南－北。南接东堡长城 2 段，北连东堡长城 4 段。附近有浑河支流，北侧有铁岭县三岔子村至抚顺县富尔哈公路。全长 400 米，整体保存状况一般，现存一条夹杂土、石的凸棱。

该段墙体为石墙，自然基础，墙身用土、石混筑。现墙顶宽 1.2～1.6、底宽 3.5～4、残高 1.5～2 米。剖面为梯形。

东堡长城 4 段（210421382102170019）

起于哈达镇富尔哈村五冲屯西南 1800 米的板石沟西南山顶，止于哈达镇富尔哈村五冲屯西南 1700 米的板石沟西南山。起点高程 400 米，止点高程 426 米。走向东南－西北。南接东堡长城 3 段，北连东堡长城 5 段。附近有浑河支流。全长 200 米，整体保存状况一般，现存一条夹杂土、石的凸棱。

该段墙体为石墙，自然基础，用土、石混筑。现墙顶宽 1.3～1.5、底宽 3.3～4.1、残高 1.5～2.4 米。剖面为梯形。

东堡长城 5 段（210421382102170020）

起于哈达镇富尔哈村五冲屯西南 1700 米的板石沟西南山，止于哈达镇富尔哈村东堡屯西南 2000 米的南山上。起点高程 426 米，止点高程 418 米。走向东南－西北。南接东堡长城 4 段，北连东堡长城 6 段。附近有浑河支流。北侧有铁岭县三岔子村至抚顺县富尔哈公路。全长 420 米，整体保存状况一般，现存一条夹杂土、石的凸棱。

该段墙体为石墙，自然基础，用土、石混筑。现墙顶宽 1.5～1.8、底宽 1.6～3.5、残高 2～3 米。剖面为梯形。

东堡长城 6 段（210421382102170021）

起于哈达镇富尔哈村东堡屯西南 2000 米的南山上，止于哈达镇富尔哈村东堡屯西南 1500 米的山脊上。起点高程 418 米，止点高程 429 米。走向西南－东北。南接东堡长城 5 段，北连东堡长城 7 段。附近有浑河支流。北侧有铁岭县三岔子村至抚顺县富尔哈公路。全长 310 米，整体保存状况一般。

该段墙体为石墙，自然基础，用土、石混筑。现墙顶宽 2、底宽 3.5、残高 0.7～1.5 米。剖面为梯形。

东堡长城 7 段（210421382102170022）

起于哈达镇富尔哈村东堡屯西南 1500 米的山脊上，止于哈达镇富尔哈村东堡屯西南 1000 米的山脊上。起点高程 429 米，止点高程 389 米。走向西南－东北。南接东堡长城 6 段，北连东堡长城 8 段。全长 550 米，整体保存一般。

该段墙体为石墙，自然基础，用土、石混筑。现墙顶宽 2、底宽 3.5、残高 1～1.5 米。剖面为梯形。

东堡长城 8 段（210421382102170023）

起于哈达镇富尔哈村东堡屯西南 1000 米的山脊上，止于哈达镇富尔哈村东堡屯西南 600 米南山阶地上。起点高程 389 米，止点高程 280 米。走向西南－东北。南接东堡长城 7 段，北连东堡长城 9 段。附近有浑河支流。北侧有铁岭县三岔子村至抚顺县富尔哈公路。全长 710 米，墙体整体保存一般。

该段墙体为石墙，自然基础，墙体用土、石混筑。现墙顶宽 2、底宽 3.5、残高 1.5 米。剖面为梯形。

东堡长城 9 段（210421382101170024）

起于哈达镇富尔哈村东堡屯西南 600 米南山阶地上，止于哈达镇富尔哈村东堡屯东北 400 米河谷平地上。起点高程 280 米，止点高程 172 米。走向西南－东北。南接东堡长城 8 段，北连东堡长城 10 段。附近有浑河支流。北侧有铁岭县三岔子村至抚顺县富尔哈公路。全长 800 米，整体保存较差。

该段墙体为土墙，自然基础，构筑方式、结构不清。现墙顶宽 1.5～2、底宽 3.5、残高 1.5 米。剖面为梯形。

东堡长城 10 段（210421382101170025）

起于哈达镇富尔哈村东堡屯东北 400 米河谷平地上，止于哈达镇富尔哈村青石岭屯西 800 米的西山顶上。起点高程 172 米，止点高程 268 米。走向西南－东北。南接东堡长城 9 段，北连青石岭长城 1 段。附近有浑河支流。南侧有铁岭县三岔子村至抚顺县富尔哈公路。全长 820 米，整体保存状况较差。

该段墙体为土墙，自然基础，构筑方式、结构不清。现墙顶宽 1.5～2、底宽 3.5、残高 1.5 米。剖面为梯形。

青石岭长城 1 段（210421382105170026）

起于哈达镇富尔哈村青石岭屯西 800 米的西山顶上，止于哈达镇富尔哈村青石岭屯西北 1200 米的北山上。起点高程 268 米，止点高程 359 米。走向西南－东北。南接东堡长城 10 段，北连青石岭长城 2 段。附近有浑河支流，南侧有铁岭县三岔子村至抚顺县富尔哈公路。全长 700 米，整体保存较好。

该段墙体为山险墙，劈山为墙，外侧陡峭，内侧较为平缓。现墙顶宽 1.5、底宽 3.5、残高 1～2 米。剖面为梯形。

青石岭长城 2 段（210421382105170027）

起于哈达镇富尔哈村青石岭屯西北 1200 米的北山上，止于哈达镇富尔哈村青石岭屯西北 1300 米的山顶上。起点高程 359 米，止点高程 381 米。走向西南－东北。南接青石岭长城 1 段，北连青石岭长城 3 段。附近有浑河支流。南侧 1500 米有铁岭县三岔子村至抚顺县富尔哈公路。全长 200 米，整体保存较好。

该段墙体为山险墙，劈山为墙，外侧陡峭，内侧较为平缓。现顶宽 1.5、底宽 3.5、残高 1～2 米。

青石岭长城 3 段（210421382105170028）

起于哈达镇富尔哈村青石岭屯西北 1300 米的山顶上，止于哈达镇富尔哈村青石岭屯北 2000 米的北山上。起点高程 381 米，止点高程 444 米。走向西南－东北。南接青石岭长城 2 段，北连青石岭长城 4 段。附近有浑河支流，南侧 2000 米有铁岭县三岔子村至抚顺县富尔哈公路。全长 350 米，整体保存较好。

该段墙体为山险墙，劈山为墙，外侧陡峭，内侧较为平缓。墙体顶宽 1.3、底宽 4.5～5、残高 1～2 米。

青石岭长城 4 段（210421382105170029）

起于抚顺县哈达镇富尔哈村青石岭屯北 2000 米的北山上，止于铁岭县大甸子镇大椴木冲村边墙子屯南 1500 米南山上。起点高程 444 米，止点高程 493 米。西南－东北走向。南接青石岭长城 3 段，北连铁岭县境内的边墙子长城 1 段。附近有浑河支流，北侧 1300 米有沈平线公路。全长 880 米，整体保存状况较好。

该段墙体为山险墙，劈山为墙，外侧陡峭，内侧较为平缓。现顶宽 1.3～1.6、底宽 4.3～5.7 米、残高 2～3 米。

②敌台及保存现状

抚顺县（北段）共发现敌台 14 座。

边墙沟长城敌台（210421352101170052）

位于章党乡张木匠沟村西南 1500 米的石花顶子山顶上，高程 330 米。南接边墙沟长城 1 段，北接边墙沟长城 2 段，西 1500 有前甸镇通往山城堡村的道路。

现存一座突起的土丘，平面为圆形，剖面为梯形。台体上及其周围散见塌落的毛石。建筑结构不清。现存台体顶径 3.4、底径 11.4、残高 4.5 米。

东堡长城 1 号敌台（210421352101170054）

位于章党乡张木匠沟村西北 1000 米的北山顶部，高程 240 米。南接边墙沟长城 2 段，北接东堡长城 1 段；西北距东堡长城 2 号敌台 900 米。

现存为一座突起的土丘，平面为圆形，剖面为梯形。台体上及其周围散见青砖残块。建筑结构不清。现存台体顶径 4.8、底径 12.8、残高 4 米。

东堡长城 2 号敌台（210421352101170055）

位于章党乡张木匠村西北 2000 米的山脊上，高程 310 米。南接东堡长城 1 段，北接东堡长城 2 段；西北距东堡长城 3 号敌台 100 米，东南距东堡长城 1 号敌台 900 米。

现存为一座突起的土丘，平面为圆形，剖面为梯形。台体上及其周围散见塌落的石块。建筑结构不清。现存台体顶径 5.4、底径 9.5、残高 1 米。

东堡长城 3 号敌台（210421352101170056）

位于章党乡张木匠沟村西北 2200 米的北山顶部，高程 346 米。南接东堡长城 2 段，北接东堡长城 3 段；北距东堡长城 4 号敌台 600 米，东南距东堡长城 2 号敌台 100 米。

现存为一座突起的土丘，平面为圆形，剖面为梯形。台体上及其周围散见塌落的石块。建筑结构不清。现存台体顶径 2.6、底径 8.6、残高 3 米。台顶中央有一处圆形锅底状土坑，口径 0.8 米、存深 0.2 米。

东堡长城 4 号敌台（210421352101170057）

位于哈达镇富尔哈村五冲屯西南 1700 米的板石沟西南山，高程 426 米。南接东堡长城 4 段，北接东堡长城 5 段；西北距东堡长城 5 号敌台 400 米，南距东堡长城 3 号敌台 600 米。北侧有哈达镇通往横道河子乡的道路。

现存为一座突起的土丘，平面为圆形，剖面为梯形。台体上及其周围散见塌落的石块。建筑结构不清。现存台体顶径 3.5、底径 13.5、残高 4.5 米。台顶中央有一处圆形锅底状土坑，口径 1、存深 0.2 米。

东堡长城 5 号敌台（210421352101170058）

位于哈达镇富尔哈村东堡屯西南 2000 米的南山上，高程 418 米。南接东堡长城 5 段，北接东堡长城 6 段；北距东堡长城 6 号敌台 300 米，东南距东堡长城 4 号敌台 400 米。

平面为圆形，剖面为梯形。整体保存状况差。现残存一座突起的土丘，台体上及其周围散见塌落的石块。建筑结构不清。现存台体顶径 5、底径 11、残高 2.8 米。

东堡长城 6 号敌台（210421352101170059）

位于哈达镇富尔哈村东堡屯西南 1500 米的山脊上，高程 429 米。南接东堡长城 6 段，北接东堡长城 7 段；北距东堡长城 7 号敌台 550 米，南距东堡长城 5 号敌台 300 米。

平面为圆形，剖面为梯形。保存差，现存一座突起的土丘，台体上及其周围散见塌落的石块。建筑结构不清。现存台体顶径 5.6、底径 14.5、残高 4 米。

东堡长城 7 号敌台（210421352101170060）

位于哈达镇富尔哈村东堡屯西南 1000 米的山脊上，高程 389 米。南接东堡长城 7 段，北接东堡长城 8 段；北距东堡长城 8 号敌台 700 米，南距东堡长城 6 号敌台 550 米。

平面为圆形，剖面为梯形。保存差，现残存一座突起的土丘，台体上及其周围散见青砖残块。建筑结构不清。现存台体顶径 3.1、底径 11.1、残高 5 米。台顶中央有一处圆形锅底状土坑，口径 1.5、存深 0.2 米。

东堡长城 8 号敌台（210421352101170061）

位于哈达镇富尔哈村东堡屯西南 600 米南山阶地上，高程 280 米。南接东堡长城 8 段，北接东堡长城 9 段；东北距东堡长城 9 号敌台 790 米，南距东堡长城 7 号敌台 700 米。北部有浑河支流自西北向东南流淌。东北距铁岭县三岔子村至抚顺县富尔哈公路 600 米。

平面为圆形，剖面为梯形。保存差，台体受长期的风雨侵蚀，植物生长的破坏，现残存一座突起的土丘，台体上及其周围散见青砖残块。建筑结构不清。现存台体顶径 4、底径 14、残高 4.5 米。

东堡长城 9 号敌台（210421352101170062）

位于哈达镇富尔哈村东堡屯东北 400 米河谷平地上，高程 172 米。南接东堡长城 9 段，北接东堡长城 10 段；东北距青石岭长城 1 号敌台 830 米，西南距东堡长城 8 号敌台 790 米。西南距铁岭县三岔子村至抚顺县富尔哈公路 200 米。

平面为圆形，剖面为梯形。保存差，现存一座突起的土丘，台体上及其周围散见青砖残块和白灰残渣。建筑结构不清。现存台体顶径 2、底径 12、残高 1.5 米。

青石岭长城 1 号敌台（210421352101170063）

位于哈达镇富尔哈村青石岭屯西 800 米的西山顶上，高程 268 米。南接东堡长城 10 段，北接青石岭长城 1 段；东北距青石岭长城 2 号敌台 648 米，西南距东堡长城 9 号敌台 830 米。

平面为圆形，剖面为梯形。保存差，现残存一座突起的土丘，台体上及其周围散见青砖残块。建筑结构不清。现存台体顶径 3、底径 13、残高 4 米。台顶中央有一处圆形锅底状土坑，口径 0.4、存深 0.2 米。

青石岭长城 2 号敌台（210421352101170064）

位于哈达镇富尔哈村青石岭屯西北 1200 米的北山上，高程 359 米。南接青石岭长城 1 段，北接青石岭长城 2 段；北距青石岭长城 3 号敌台 190 米，西南距青石岭长城 1 号敌台 648 米。

平面为圆形，剖面为梯形。保存一般，现存一座突起的土丘，台体上及其周围散见塌落的石块。台体基础系利用自然山尖修整加工。台体建筑结构不清。现存台体顶径 2.5、底径 3、残高 4 米。

青石岭长城 3 号敌台（210421352101170065）

位于哈达镇富尔哈村青石岭屯西北 1300 米的山顶上，高程 381 米。南接青石岭长城 2 段，北接青石岭长城 3 段；东北距青石岭长城 4 号敌台 360 米，南距青石岭长城 2 号敌台 190 米。

平面为圆形，剖面为梯形。保存一般，现残存一座突起的土丘，台体上及其周围散见塌落的石块。建筑结构不清。现存台体顶径 1.3、底径 12.1、残高 3.5 米。

青石岭长城 4 号敌台（210421352101170066）

位于哈达镇富尔哈村青石岭屯北 2000 米的北山上，高程 444 米。南接青石岭长城 3 段，北接青石岭长城 4 段；北距边墙子长城 1 号敌台 750 米，西南距青石岭长城 3 号敌台 360 米。

平面为圆形，剖面为梯形。保存一般，现残存一座突起的土丘，台体上及其周围散见塌落的石块。建筑结构不清。现存台体顶径 2.5、底径 12.5、残高 4.5 米。

（9）铁岭县（东线）

①墙体及保存现状

铁岭县（东线）明长城总长 16430 米，可分为 11 段。

边墙子长城 1 段（211221382102170001）

起于大甸子镇大椴木冲村边墙子屯南 1500 米，止于大甸子镇大椴木冲村边墙子屯南 600 米。起点高程 493 米，止点高程 352 米。走向东南－西北。南接抚顺县境内的青石岭长城 4 段，北连边墙子长城 2 段。附近有洪水河、季节河，北侧有沈平线公路。全长 1000 米，整体保存一般，地表仅见一条夹杂土、石的凸棱。

该段墙体为石墙，自然基础，用土、石混筑。现墙顶宽 1.5、底宽 3、残高 1～2 米。剖面为梯形。

边墙子长城 2 段（211221382102170002）

起于大甸镇大椴木冲村边墙子屯南 600 米，止于大甸子镇大椴木冲村边墙子屯北 300 米的北山顶上。起点高程 352 米，止点高程 368 米。走向南－北。南接边墙子长城 1 段，北连边墙子长城 3 段。沈平线公路穿墙而过。全长 900 米。南段墙体保存一般，长 370 米；北段墙体消失，长 530 米。

该段墙体为石墙，自然基础，构筑方式不清。南段墙体现顶宽 0.5～0.8、底宽 2.8～3.3、残高 1～1.3 米。墙体剖面为梯形。其东侧有平行布局的复墙，构筑方式不清，走向南－北，长 200 米，现顶宽 0.8～1、底宽 2.7～3.3、残高 0.7～1.1 米。

边墙子长城 3 段（211221382106170003）

起于大甸子镇大椴木冲村边墙子屯北 300 米的北山顶上，止于大甸子镇黄泥洼村东北 800 米的山顶。起点高程 368 米，止点高程 552 米。走向西南－东北。南接边墙子长城 2 段，北连椴木冲长城 1 段。南侧有沈平线公路。全长 880 米，整体保存较好。

该段墙体为山险，利用陡峭的山体为屏障，以山为险。

椴木冲长城 1 段（211221382106170004）

起于大甸子镇黄泥洼村东北 800 米的山顶，止于大甸子镇大椴木冲村北 1400 米的北山顶部。起点高程 552 米，止点高程 478 米。走向西南－东北。南接边墙子长城 3 段，北连椴木冲长城 2 段。全长 950 米，整体保存较好。

该段墙体为山险，利用陡峭的山体为屏障，以山为险。

椴木冲长城 2 段（211221382106170005）

起于大甸子镇大椴木冲村北 1400 米的北山顶部，止于大甸子镇大椴木冲村东北 1500 米的东北沟西侧。起点高程 478 米，止点高程 554 米。走向西南－东北。南接边墙子长城 1 段，北连椴木冲长城 3 段。全长 1000 米，整体保存较好。

该段墙体为山险，利用陡峭的山体为屏障，以山为险。

椴木冲长城 3 段（211221382106170006）

起于大甸子镇大椴木冲村东北 1500 米的东北沟西侧，止于大甸子镇大椴木冲村小椴木冲屯西北 1000 米的锅底沟北山顶。起点高程 554 米，止点高程 581 米。走向西南－东北。南接椴木冲长城 2 段相连，北连椴木冲长城 4 段。全长 1000 米，整体保存较好。

该段墙体为山险，利用陡峭的山体为屏障，以山为险。

椴木冲长城 4 段（211221382106170007）

起于大甸子镇大椴木冲村小椴木冲屯西北 1000 米的锅底沟北山顶，止于大甸子镇二道沟村西北 1200 米的北山顶。起点高程 581 米，止点高程 476 米。走向西南－东北。南接椴木冲长城 3 段，北连椴木冲长城 5 段。全长 1600 米，整体保存较好。

该段墙体为山险，利用陡峭的山体为屏障，以山为险。

椴木冲长城 5 段（211221382106170008）

起于大甸子镇二道沟村西北 1200 米的北山顶，大甸子镇二道沟村北 1000 米的北山顶。起点高程 476 米，止点高程 525 米。走向西南－东北。南接椴木冲长城 4 段，北连椴木冲长城 6 段。全长 600 米，整体保存较好。

该段墙体为山险，利用陡峭的山体为屏障，以山为险。

椴木冲长城 6 段（211221382106170009）

起于大甸子镇二道沟村北 1000 米的北山顶，止于大甸子镇英树沟村南 1000 米的南山顶。起点高程 525 米，止点高程 336 米。走向西南－东北。南接椴木冲长城 5 段，北连英树沟长城。全长 1000 米，整体保存较好。

该段墙体为山险，利用陡峭的山体为屏障，以山为险。

英树沟长城（211221382106170010）

起于大甸子镇英树沟村南 1000 米的南山顶，止于大甸子镇老边台村东 200 米的东山顶上。起点高程 336 米，止点高程 220 米。走向西南－东北。南接椴木冲长城 6 段，英树沟北山 1 号烽火台、英树沟北山 2 号烽火台、下三家子东山烽火台位于该段墙体内侧。东侧有汎河的支流龙泉河，北侧有汎河。西侧有沈平线公路。全长 6200 米，整体保存较好。

该段为河险，南段利用汎河支流龙泉河左岸峭壁为屏障，北段利用汎河宽阔的河谷为天险。以河为险，以岸为墙。

按照墙体结构特点可分为 2 段：

第一段起点高程 336 米，止点高程 176 米。全长 4600 米，走向西南－东北。以汎河的支流龙泉河及其左岸峭壁为屏障。

第二段起点高程 176 米，止点高程 220 米。全长 1600 米，走向西南－东北。以汎河宽阔的河谷为天险。

上三道沟长城（211221382105170011）

起于铁岭县大甸子镇上三道沟村北 1000 米的山顶上，止于开原市靠山镇尹家堡村南 1300 米的大顶子山。起点高程 338 米，止点高程 381 米。走向西南－东北。北连开原市境内彭家堡子长城 1 段。墙体附近有汎河支流，东侧有沈平线公路。全长 1300 米。整体保存一般，部分段落人工垒砌的石墙坍塌。

该段墙体为山险墙，劈山为墙，在地势低矮处毛石垒砌石墙。现顶宽 1.4～1.8、底宽 2.2～4.3、残高 1.1～1.8 米。

②敌台及保存现状

铁岭县（东线）共发现敌台 11 座。

边墙子长城 1 号敌台（211221352101170001）

位于大甸子镇大椴木冲村边墙子屯南 1500 米的南山上，当地居民称之为"大墩台"，高程 493 米。南接抚顺县境内的青石岭长城 4 段，北接铁岭县境内的边墙子长城 1 段；西北距边墙子长城 2 号敌台 950 米，西南距离青石岭长城 4 号敌台 750 米。

平面为圆形，剖面为梯形。保存较差，现残存一座突起的土丘。表面可见塌落的石块。建筑结构不清。现存台体顶径 3.8、底径 17.8、残高 5.6 米。台体下有一圈圆形环壕，周长 25 米，口宽 4、底宽 0.7～1、存深 1 米。

边墙子长城 2 号敌台（211221352101170002）

位于大甸子镇大椴木冲村边墙子屯南 600 米南山顶上，高程 352 米。南接边墙子长城 1 段，北接边墙子长城 2 段；西北距边墙子长城 3 号敌台 880 米，东南距边墙子长城 1 号敌台 950 米。

平面为圆形，剖面为梯形。保存较差，现残存一座突起的土丘。表面可见塌落的青砖残块。建筑结构不清。现存台体顶径 3、底径 14、残高 2.5 米。台体下有一圈方形环壕，边长 30 米，口宽 8、底宽 1、存深 1 米。

边墙子长城 3 号敌台（211221352101170003）

位于大甸子镇大椴木冲村边墙子屯北 300 米的北山顶上，高程 368 米。南接边墙子长城 2 段，北接边墙子长城 3 段；东北距边墙子长城 4 号敌台 880 米，东南距边墙子长城 2 号敌台 880 米。

平面为圆形，剖面为梯形。保存较差，现残存一座突起的土丘。表面可见塌落的青砖残块。建筑结构不清。现存台体顶径 3.6、底径 13.6、残高 3.5 米。台体下有方形台基，边长 19、高 1 米。台基下有一圈圆形环壕，口宽 3.6、底宽 1.4、存深 0.45 米。

边墙子长城 4 号敌台（211221352101170004）

位于大甸子镇大椴木冲村边墙子屯东北 1200 米的山顶，高程 552 米。南接边墙子长城 3 段，北接椴木冲长城 1 段；东北距椴木冲长城 1 号敌台 900 米，西南距边墙子长城 3 号敌台 880 米。

平面为圆形，剖面为梯形。保存较差，现残存一座突起的土丘。表面可见塌落的石块和砖块。建筑结构不清。现存台体顶径 4.8、底径 14.6、残高 4 米。台顶部中央有一处圆形锅底状土坑，口径 2.1、深 0.7 米。

椴木冲长城 1 号敌台（211221352101170005）

位于大甸子镇大椴木冲村西北 1400 米的北山顶部，高程 478 米。南接椴木冲长城 1 段，北接椴木冲长城 2 段；东北距椴木冲长城 2 号敌台 1000 米，西南距边墙子长城 4 号敌台 900 米。

平面为圆形，剖面为梯形。保存较差，现残存一座突起的土丘。表面可见塌落的青砖残块。建筑结构不清。现存台体顶径 3.6、底径 13.6、残高 4.2 米。

椴木冲长城 2 号敌台（211221352101170006）

位于大甸子镇大椴木冲村西北 1500 米的东北沟西侧，高程 554 米。南接椴木冲长城 2 段，北接椴木冲长城 3 段；东北距椴木冲长城 3 号敌台 1000 米，西南距椴木冲长城 1 号敌台 1000 米。附近有洪水河、季节河，为汛河支流。沈平线公路从敌台东南 1500 米处穿过。

平面为圆形，剖面为梯形。保存较差。现残存一座突起的土丘，表面可见塌落的青砖残块。建筑结构不清。现存台体顶径 3、底径 11、残高 2.5 米。

椴木冲长城 3 号敌台（211221352101170007）

位于大甸子镇大椴木冲村小椴木冲屯西北 1000 米的锅底沟北山顶，高程 581 米。南接椴木冲长城 3 段，北接椴木冲长城 4 段；东北距椴木冲长城 4 号敌台 1600 米，西南距椴木冲长城 2 号敌台 1000 米。

平面为圆形，剖面为梯形。保存较差。现残存一座突起的土丘，表面可见塌落的石块。台体外包石，内填土。现存台体顶径 4.3、底径 11、残高 1.9 米。台顶部中央有一处圆形锅底状土坑，口径 1.2、存深 0.2~0.25 米。

椴木冲长城 4 号敌台（211221352101170008）

位于大甸子镇二道沟村西北 1200 米的北山顶，高程 476 米。南接椴木冲长城 4 段，北接椴木冲长城5段；东北距椴木冲长城5号敌台600米，西南距椴木冲长城3号敌台1600米。

平面为圆形，剖面为梯形。保存较差。现残存一座突起的土丘，表面可见塌落的石块。建筑结构不清。现存台体顶径3.1、底径11.1、残高3.5米。台体下有利用自然基岩加工成的方形台基，边长18.3、高2.5米。台基下有圆形环壕，口宽5.3、底宽1.5、存深1.5米。

椴木冲长城5号敌台（211221352101170009）

位于大甸子镇二道沟村北1000米的北山顶，高程525米。南接椴木冲长城5段，北接椴木冲长城6段；东北距椴木冲长城6号敌台1000米，西南距椴木冲长城4号敌台600米。

平面为圆形，剖面为梯形。保存较差。现残存一座突起的土丘，表面可见塌落的石块。建筑结构不清。现存台体顶径3、底径10、残高3.5米。

椴木冲长城6号敌台（211221352101170010）

位于大甸子镇英树沟村南1000米的南山顶，高程336米。南接椴木冲长城6段，北接英树沟长城；东北距英树沟北山1号烽火台1900米，西南距椴木冲长城5号敌台1000米。

平面为圆形，剖面为梯形。保存较差。现残存一座突起的土丘，表面可见塌落的石块，顶部平坦。现存台体顶径5.6、底径15.6、残高3.5米。

上三道沟长城敌台（211221352101170022）

位于大甸子镇上三道沟村北1000米的山顶上，高程338米。北接上三道沟长城，东北距彭家堡子长城1号敌台1200米，西南距平安堡4号烽火台2200米。南、东侧有乡道。

平面为圆形，剖面为梯形。保存较差。现残存一座突起的土丘，表面可见塌落的石块。建筑结构不清。现存台体顶径3.5、底径11.5、残高4.5米。

（10）开原市（东线南段）

①墙体及保存现状

开原市（东线南段）明长城总长26900米，可分为11段。

彭家堡子长城1段（211282382105170001）

起于靠山镇尹家窝堡村彭家堡子屯南1300米的大顶子山上，止于靠山镇尹家窝堡村彭家堡屯东500米的东山顶上。起点高程381米，止点高程352米。走向西南－东北。南接铁岭县境内的上三道沟长城，北连彭家堡子长城2段。附近有柴河支流，附近的乡道与省道沈平线相连。全长2600米。墙体整体保存一般，墙体受长期风雨侵蚀、山体滑坡和植物生长的破坏，墙体外侧的壕堑几乎被泥土淤积填平。

该段墙体为山险墙，利用自然山脊，劈山为墙，在墙外侧掘壕，形成内外高差。现墙顶宽1.5～2、底宽4.8～6、残高2～3.5米。墙体东侧的壕堑，口宽4.8～5、底宽1.5～2、存深0.4～0.8米。壕堑断面为上大下小的梯形。

彭家堡子长城2段（211282382105170002）

起于靠山镇尹家窝堡村彭家堡屯东500米的东山顶上，止于靠山镇尹家窝堡村阎家堡子屯东南300米的山顶上。起点高程352米，止点高程305米。走向东南－西北。南接彭家堡子长城1段，北连彭家堡子长城3段。全长1000米。墙体整体保存一般，墙体受长期风雨侵蚀、山体滑坡和植物生长的破坏，墙体外侧的壕堑几乎被泥土淤积填平。

该段墙体为山险墙，利用自然山脊，劈山为墙，在墙外侧掘壕，形成内外高差。现墙顶宽1.5~2、底宽4.8~6、残高2~2.5米。墙体东侧的壕堑，口宽4.8~5、底宽1.5~2、存深0.4~0.8米。壕堑断面为梯形。

彭家堡子长城3段（211282382105170003）

起于靠山镇尹家窝堡村阎家堡子屯东南300米的山顶上，止于靠山镇肖家崴子村老边屯南1000米的老墩台山顶上。起点高程305米，止点高程332米。走向西南－东北。南接彭家堡子长城2段，北连肖家崴子长城1段。全长800米。墙体整体保存一般，墙体受长期风雨侵蚀、山体滑坡和植物生长的破坏，墙体外侧的壕堑几乎被泥土淤积填平。

该段墙体为山险墙，利用自然山脊，劈山为墙，在墙外侧掘壕，形成内外高差。现墙顶宽1.5~2、底宽4.8~6、残高2~4.5米。墙体东侧的壕堑，口宽4.8~5、底宽1.5~2、存深0.4~0.8米。在地势低矮处砌筑石墙，宽1.5、残高1.2米。壕堑断面为梯形。

肖家崴子长城1段（211282382105170004）

起于靠山镇肖家崴子村老边屯南1000米的老墩台山顶上，止于靠山镇肖家崴子村老边屯南550米处断崖。起点高程332米，止点高程281米。走向西南－东北。南接彭家堡子长城3段，北连肖家崴子长城2段。附近有柴河支流。全长200米。墙体整体保存一般，墙体受长期风雨侵蚀、山体滑坡和植物生长的破坏，墙体外侧的壕堑几乎被泥土淤积填平。

该段墙体为山险墙，利用自然山脊，劈山为墙，在墙外侧掘壕，形成内外高差。现墙顶宽1.3~2、底宽4.6~6.6、残高1.7~4.6米。墙体东侧的壕堑，口宽4.7~5、底宽1.5~2.1、存深0.4~0.8米。在地势低矮处砌筑石墙，宽2.1、残高1.5米。壕堑断面为梯形。

肖家崴子长城2段（211282382102170005）

起于靠山镇肖家崴子村老边屯南550米处断崖，止于靠山镇肖家村老边屯东北600米的稻田中。起点高程281米，止点高程123米。走向西南－东北。南接肖家崴子长城1段，北连靠山长城。附近有柴河。全长1100米。墙体整体保存较差，墙体受长期风雨侵蚀、山体滑坡、植物生长和当地居民生产生活活动的破坏，残存一条夹杂土、石的凸棱。

该段墙体为石墙，用土、石混筑。现墙顶宽1.3~2、底宽3.2~4.6、残高0.7~1.2米。墙体东侧有壕堑，口宽2.7~3、底宽0.5~1.1、存深0.8~1米。墙体剖面为梯形，壕堑断面为梯形。

靠山长城（211282382301170006）

起于靠山镇肖家村老边屯东北600米的稻田中，止于靠山镇郭蒋村板石沟屯北100米处。起点高程123米，止点高程249米。走向西南－东北。南接肖家崴子长城2段，北连古砬沟长城。该段全长9000米，墙体地表已无存。

古砬沟长城（211282382105170007）

起于靠山镇郭蒋村板石沟屯北100米处，止于松山堡乡古砬沟村西500米的山下。起点高程249米，止点高程241米。走向西南－东北。南接靠山长城，北连山槐长城1段。板石沟东山烽火台、山槐半岭沟烽火台位于该段墙体内侧。附近有沙河及其支流。整体保存一般，墙体受长期风雨侵蚀、山体滑坡和植物生长的破坏，土层脱落、塌颓，墙体全长3100米。东侧的壕堑被泥土淤积填平。

该段墙体为山险墙，利用自然山势，在外侧劈削、掘壕形成内外落差。现墙顶宽1.3～2、底宽3.2～5.2、残高0.7～1.2米。墙体东侧有壕堑，口宽2.5～3.2、底宽0.5～1.1、存深0.8～1米。壕堑断面为梯形。

山槐长城1段（211282382102170008）

起于松山堡乡古砬沟村西500米的山下，止于松山堡乡山槐村平房屯南300米的山顶上。起点高程241米，止点高程302米。走向西南－东北。南接古砬沟长城，北连山槐长城2段。附近有沙河及其支流。全长400米。墙体整体保存一般，残存一条夹杂土、石的凸棱。

该段墙体为石墙，自然基础，用土、石混筑。现墙顶宽1.5、底宽8、残高1.3米。墙体东侧有壕堑，口宽7、底宽2、存深1.7米。墙体剖面为梯形，壕堑断面为梯形。

山槐长城2段（211282382102170009）

起于松山堡乡山槐村平房屯南300米的山顶上，止于松山堡乡山槐村平房屯东北900米的山顶上。起点高程302米，止点高程440米。走向西南－东北。南接山槐长城1段，北连山槐长城3段。附近有沙河。全长1450米。保存一般的墙段长1050米，残存一条夹杂土、石的凸棱；消失墙体长400米，墙体位于山谷间，被耕地和道路毁坏。

该段墙体为石墙，自然基础，用土、石混筑。现顶宽1.3、底宽6、残高1.5米。墙体东侧有壕堑，口宽5、底宽1、存深1.2米。墙体剖面为梯形，壕堑断面为梯形。

山槐长城3段（211282382102170010）

起于松山堡乡山槐村平房屯东北900米的山顶上，止于松山堡乡二道沟村东北3000米的山顶。起点高程440米，止点高程687米。走向西南－东北。南接山槐长城2段，北连大荒顶子长城。上冰峪北山烽火台、二道沟西山1号烽火台、二道沟西山2号烽火台、北台山烽火台位于该段墙体内侧。附近有沙河支流，西面有关门山水库。保存一般的段落长2450米，墙体受到风雨侵蚀、山体滑坡、人畜踩踏等破坏，残存一道凸棱。全长6750米。整体保存差的段落长1000米，墙体位于居民区及其附近耕地，残存一条夹杂土、石的凸棱，多被住宅和耕地破坏；地面遗迹消失的段落长3300米，墙体被耕地破坏。

该段墙体为石墙，自然基础，用土、石混筑。现墙顶宽2.3、底宽4.8、残高0.8米。墙体外侧有壕堑，口宽3.6、底宽1.1、存深0.6米。墙体剖面为梯形，壕堑断面为上大下小的梯形。

按照保存情况可分为4段：

第一段起点高程440米，止点高程282米。全长1000米，走向西南－东北，墙体保存一般。

第二段起点高程282米，止点高程284米。全长1000米，走向西南－东北，墙体保存现状差，多处被当地居民耕地破坏。

第三段起点高程 284 米，止点高程 346 米。全长 3300 米，走向东南－西北，墙体被耕地和河流破坏，地面遗迹消失。

第四段起点高程 346 米，止点高程 687 米。全长 1450 米，走向西南－东北，墙体保存一般。

大荒顶子长城（211282382102170011）

起于开原市松山堡乡二道沟村东北 3000 米的山顶上，止于清河区聂家乡腰堡村苇子沟屯西南 1500 米的西山顶。起点高程 687 米，止点高程 643 米。走向西南－东北。南接山槐长城 3 段，北连清河区境内的苇子沟长城 1 段。附近有清河支流。全长 500 米。墙体整体保存较差，墙体受风雨侵蚀、山体滑坡和植物生长的破坏，残存一条夹杂土、石的凸棱。

该段墙体为石墙，自然基础，用土、石混筑。现墙顶宽 2.4、底宽 6、残高 1.2 米。墙体东侧有壕堑，口宽 4.5、底宽 1.1、存深 0.5 米。墙体剖面为梯形，壕堑断面为梯形。

②敌台及保存现状

开原市（东线南段）共发现敌台 7 座。

彭家堡子长城 1 号敌台（211282352101170001）

位于靠山镇尹家窝堡村彭家堡子屯南 1300 米的大顶子山上，高程 381 米。南接铁岭县境内的上三道沟长城，北接开原市境内的彭家堡子长城 1 段；西南距上三道沟长城敌台 1200 米，东北距彭家堡子长城 2 号敌台 2500 米。

平面为圆形，剖面为梯形。保存较差，台体塌颓，地表残存一座突起的土丘，台体上及其周围散见塌落的石块。建筑结构不清。现存台体顶径 3.6、底径 11.6、残高 3.5 米。

彭家堡子长城 2 号敌台（211282352101170004）

位于靠山镇尹家窝堡村彭家堡屯东 500 米的东山顶上，高程 352 米。南接彭家堡子长城 1 段，北接彭家堡子长城 2 段；西北距彭家堡子长城 3 号敌台 900 米，西南距彭家堡子长城 1 号敌台 2500 米。

平面为圆形，剖面为梯形。保存较差，台体塌颓，地表残存一座突起的土丘，台体上及其周围散见塌落的石块。建筑结构不清。现存台体顶径 3.8、底径 11.8、残高 4 米。

彭家堡子长城 3 号敌台（211282352101170005）

位于靠山镇尹家窝堡村阎家堡子屯东南 300 米的山顶上，高程 305 米。南接彭家堡子长城 2 段，北接彭家堡子长城 3 段；东北距肖家崴子长城敌台 700 米，东南距彭家堡子长城 2 号敌台 900 米。

平面为圆形，剖面为梯形。保存较差，台体塌颓，地表残存一座突起的土丘，台体上及其周围散见塌落的石块。建筑结构不清。现存台体顶径 5.2、底径 14、残高 4 米。台顶有一处圆形锅底状土坑，口径 1.4、存深 0.5 米。

肖家崴子长城敌台（211282352101170006）

位于靠山镇肖家崴子村老边屯南 1000 米的老墩台山顶上，高程 332 米。南接彭家堡子长城 3 段，北接肖家崴子长城 1 段；西南距彭家堡子长城 3 号敌台 700 米。

平面为圆形，剖面为梯形。保存较差，台体塌颓，地表残存一座突起的土丘，台体上及其周围散见塌落的石块。建筑结构不清。现存台体顶径3.1、底径15、残高3.5米。

山槐长城1号敌台（211282352101170021）

位于松山堡乡山槐村平房屯南300米的山顶上，高程302米。南接山槐长城1段，北接山槐长城2段；东北距山槐长城2号敌台1400米。

平面为圆形，剖面为梯形。保存较差，台体塌颓，残存一座土丘，台体上及其周围散见青砖残块。建筑结构不清。现存台体顶径4.2、底径13、残高3.5米。台体下有方形台基，边长20、高4米。台基外有方形环壕，边长30、口宽5.2、底宽1.3、高1.7米。（图一二）

山槐长城2号敌台（211282352101170022）

位于松山堡乡山槐村平房屯东北900米的山顶上，高程440米。南接山槐长城2段，北接山槐长城3段；西南距山槐长城1号敌台1400米。

平面为矩形，剖面为梯形。保存较差，台体塌颓，残存一座土丘，台体上及其周围散见青砖残块。建筑结构不清。现存台体东西长4.3、南北宽2.6、残高3米。

大荒顶子长城敌台（211282352101170027）

位于松山堡乡二道沟村东北3000米的山顶上，高程687米。南接山槐长城3段，北接大荒顶子长城；东北距苇子沟长城1号敌台1200米。

平面为圆形，剖面为梯形。保存较差，台体塌颓，残存一座土丘，台体上及其周围散见青砖残块。建筑结构不清。现存台体顶径4.3、底径15、残高7米。

（11）清河区

①墙体及保存现状

清河区明长城墙体总长17270米，可分为12段。

苇子沟长城1段（211204382102170001）

起于聂家乡腰堡村苇子沟屯西南1500米的西山顶，止于聂家乡腰堡村苇子沟屯西南1300米的山脊上。起点高程643米，止点高程447米。走向西南-东北。南接开原市境内的大荒顶子长城，北连苇子沟长城2段。附近有清河支流。全长650米。墙体整体保存一般，残存一条夹杂土、石的凸棱。

该段墙体为石墙，自然基础，用土、石混筑。现墙顶宽1.1～1.4、底宽3～5、残高1.1～1.6米。墙体剖面为梯形。

苇子沟长城2段（211204382102170002）

起于聂家乡腰堡村苇子沟屯西南1300米的山脊上，止于聂家乡腰堡村苇子沟屯西南1400米的山顶上。起点高程447米，止点高程438米。走向西南-东北。南接苇子沟长城1段，北连苇子沟长城3段。附近有清河支流。全长100米。整体保存较一般，墙体受长期风雨侵蚀、山体滑坡和植物生长的破坏，残存一条夹杂土、石的凸棱，墙体西侧的壕堑，几乎被淤土填平。

该段墙体为石墙，自然基础，用土、石混筑。现墙顶宽1.5、底宽5、残高0.5～1米。墙

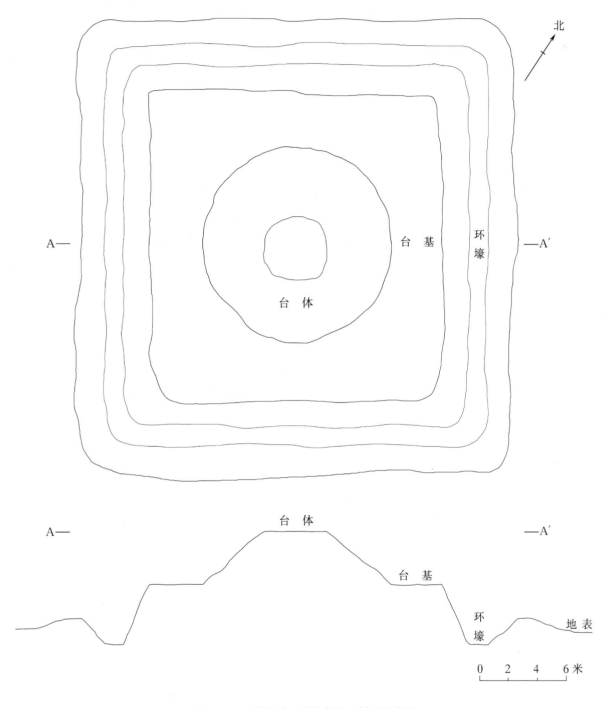

图一二　山槐长城 1 号敌台平、剖面示意图

体西侧有壕堑，口宽 2.6～3、底宽 1.8～2.2、存深 0.5～0.8 米。墙体剖面为梯形，壕堑断面为梯形。

苇子沟长城 3 段（2112043821021700003）

起于聂家乡腰堡村苇子沟屯西南 1400 米的山顶上，止于聂家乡腰堡村苇子沟屯西南 1200 米大顶子山顶上。起点高程 438 米，止点高程 422 米。走向西南－东北。南接苇子沟长城 2 段，北连苇子沟长城 4 段。附近有清河支流。全长 120 米。整体保存一般，受长期风雨侵蚀、山体滑坡和植物生长的破坏，残存一条夹杂土、石的凸棱，墙体西侧的壕堑，几乎被淤土填平。

该段墙体为石墙，自然基础，用土、石混筑。现墙顶宽1～2、底宽4、残高0.8～1.2米。墙体西侧有壕堑，口宽2.7～3、底宽1.8～2.4、存深0.5～0.7米。墙体剖面为梯形，壕堑断面为梯形。

苇子沟长城4段（211204382102170004）

起于聂家乡腰堡村苇子沟屯西南1200米大顶子山顶上，止于聂家乡广东山村东南600米的山顶上。起点高程422米，止点高程322米。走向西南－东北。南接苇子沟长城3段，北连广东山长城1段。苇子沟老墩台烽火台在墙体内侧。附近有清河支流。全长1500米。整体保存一般，墙体受长期风雨侵蚀、山体滑坡和植物生长的破坏，残存一条夹杂土、石的凸棱。

该段墙体为石墙，自然基础，用土、石混筑。现墙顶宽1.5、底宽8、残高1～1.5米。剖面为梯形。

广东山长城1段（211204382102170005）

起于聂家乡广东山村东南600米的山顶上，止于聂家乡广东山村东500米的东山顶部。起点高程322米，止点高程317米。走向东南－西北。南接苇子沟长城4段，北连广东山长城2段。附近有清河支流，附近乡道与沈平线公路相连。全长1000米。墙体整体保存一般，残存一条夹杂土、石的凸棱。

该段墙体为石墙，自然基础，用土、石混筑。现墙顶宽1.5、底宽5、残高1.2米。墙体剖面为梯形。

广东山长城2段（211204382102170006）

起于聂家乡广东山村东500米的东山顶部，止于聂家乡广东山村东北700米的山顶上。起点高程317米，止点高程308米。走向西南－东北。南接广东山长城1段，北连广东山长城3段。附近有清河支流。全长600米。整体保存一般，残存一条夹杂土、石的凸棱。

该段墙体为石墙，自然基础，用土、石混筑。现墙顶宽1.5、底宽5、残高1～1.2米。剖面为梯形。

广东山长城3段（211204382102170007）

起于聂家乡广东山村东北700米的山顶上，止于聂家乡聂家村西南1200米的南台山顶上。起点高程308米，止点高程299米。走向西南－东北。南接广东山长城2段，北连广东山长城4段。附近有清河支流。全长900米。整体保存一般，残存一条夹杂土、石的凸棱，东侧壕堑几乎被淤土漫平。

该段墙体为石墙，自然基础，用土、石混筑。现墙顶宽1.5～2、底宽4.4～5.2、残高1～1.2米。墙体东侧有壕堑，口宽4.4～5、底宽1.1～1.3、存深1～1.2米。墙体剖面为梯形，壕堑断面为梯形。

广东山长城4段（211204382102170008）

起于聂家乡聂家村西南1200米的南台山顶上，止于杨木林子乡石人沟村西600米的台子山顶上。起点高程 299 米，止点高程 269 米。走向西南－东北。南接广东山长城 3 段，北连石人沟长城 1 段。聂家西台山烽火台、湾子屯南山烽火台、湾子屯北山 1 号、2 号烽火台位于该段墙体内侧。清河穿墙而过，墙体所过之处有清河水库。全长 7700 米。南段墙体保存一般，残存一条夹杂土、石的凸棱，墙体东侧壕堑几乎被淤土漫平；北段墙体地面遗迹消失，墙体位于清河河谷，部分段落被河水冲毁，部分段落淹没于清河水库水面以下。

该段墙体为石墙，自然基础，用土、石混筑。北段墙体现顶宽 1.5～2、底宽 4.4～5.2、残高 1.2～1.5 米。墙体东侧有壕堑，口宽 4.4～5、底宽 1.1～1.3、存深 0.4～0.6 米。墙体剖面为梯形，壕堑断面为梯形。

广顺关作为辽东镇长城辽东开原段重要的关口之一，位于该段墙体上，与位于长城线内的靖安堡（现淹没于清河水库中）一起扼守清河河谷。

按照保存现状可分为 2 段：

第一段起点高程 299 米，止点高程 193 米。走向西南－东北，全长 300 米，墙体保存状况一般。

第二段起点高程 193 米，止点高程 269 米。走向西南－东北，全长 7400 米，墙体地面遗迹消失。

石人沟长城 1 段（2112043821021700009）

起于杨木林子乡石人沟村西 600 米的台子山顶上，止于杨木林子乡石人沟村西北 1500 米的柴岭西山顶上。起点高程 269 米，止点高程 292 米。走向东南－西北。南接广东山长城 4 段，北连石人沟长城 2 段。南侧有清河和清河水库。全长 1800 米。整体保存一般，墙体受长期风雨侵蚀，现残存一条夹杂土、石的凸棱，东西两侧壕堑几乎被淤土漫平。

该段墙体为石墙，自然基础，用土、石混筑。现墙顶宽 1.5、底宽 3、残高 1.5 米。墙体东侧壕堑，口宽 5.5、底宽 1.5、存深 1.6 米；西侧壕堑，口宽 7、底宽 1.1、存深 0.3 米。墙体剖面为梯形，壕堑断面为梯形。

石人沟长城 2 段（2112043821021700010）

起于杨木林子乡石人沟村西北 1500 米的柴岭西山顶上，止于杨木林子乡柴家岭村东南 600 米的台子山上。起点高程 292 米，止点高程 264 米。走向东南－西北。南接石人沟长城 1 段，北连柴家岭长城 1 段。南侧有清河和清河水库。全长 1300 米。墙体整体保存一般，残存一条夹杂土、石的凸棱，东侧壕堑几乎被淤土漫平。

该段墙体为石墙，自然基础，用土、石混筑。现墙顶宽 1.5、底宽 5、残高 1.5 米。墙体东侧有壕堑，口宽 4、底宽 1.5、存深 0.5 米。墙体剖面为梯形，壕堑断面为梯形。

柴家岭长城 1 段（2112043821021700011）

起于杨木林子乡柴家岭村东南 600 米的台子山上，止于杨木林子乡柴家岭村东北 800 米的山顶上。起点高程 264 米，止点高程 283 米。走向南－北。南接石人沟长城 2 段，北连柴家岭长城 2 段。南侧有清河和清河水库。墙体整体保存一般。全长 800 米。墙体受长期风雨侵蚀，局部石墙坍塌，残存一条夹杂土、石的凸棱，东侧壕堑几乎被淤土漫平。

　　该段墙体为石墙，自然基础，用土、石混筑。现墙顶宽 1.5、底宽 5、残高 1.7 米。墙体东侧有壕堑，口宽 5.6、底宽 1.5、存深 1 米。墙体剖面为梯形，壕堑断面为上大下小的梯形。

　　按照保存现状和走向可分为 4 段：

　　第一段起点高程 264 米，止点高程 177 米。走向东南－西北，全长 200 米，墙体保存状况一般。

　　第二段起点高程 177 米，止点高程 190 米。走向东南－西北，全长 260 米，墙体保存状况一般。

　　第三段起点高程 190 米，止点高程 203 米。走向南－北，全长 60 米，墙体地面遗迹消失。

　　第四段起点高程 203 米，止点高程 283 米。走向西南－东北，全长 280 米，墙体保存状况一般。

　　柴家岭长城 2 段（21120438210 2170012）

　　起于杨木林子乡柴家岭村东北 800 米的山顶上，止于杨木林子乡关家屯村西南 1200 米的大台子山顶上。起点高程 283 米，止点高程 334 米。走向西南－东北。南接柴家岭长城 1 段，北连西丰县境内的会英长城。南侧有清河和清河水库。全长 800 米，墙体保存状况一般。

　　该段墙体为石墙，自然基础，用土、石混筑。现墙顶宽 2、底宽 8、残高 1.5～2.5 米。墙体东侧有壕堑，口宽 5.6、底宽 1、存深 0.6 米。墙体剖面为梯形，壕堑断面为上大下小的梯形。

　　清河区境内的长城由该段进入西丰县境内。

　　②敌台及保存现状

　　清河区共发现敌台 11 座。

　　苇子沟长城 1 号敌台（211204352101170001）

　　位于聂家乡腰堡村苇子沟屯西南 1400 米的山顶上，高程 438 米。南接苇子沟长城 2 段，北接苇子沟长城 3 段；东北距苇子沟长城 2 号敌台 100 米，西南距开原市境内的大荒顶子长城敌台 1200 米。

　　平面为圆形，剖面为梯形。保存一般，台体塌颓，残存一座土丘，台体上及其周围散见塌落的石块。建筑结构不清。现存台体顶径 3.5、底径 11.5、残高 5 米。

　　苇子沟长城 2 号敌台（211204352101170002）

　　位于聂家乡腰堡村苇子沟屯西南 1200 米大顶子山顶上，高程 422 米。南接苇子沟长城 3 段，北接苇子沟长城 4 段；西南距苇子沟长城 1 号敌台 100 米，东北距苇子沟老墩台烽火台 500 米。

　　平面为圆形，剖面为梯形。保存一般，台体塌颓，残存一座土丘，台体上及其周围散见塌落的石块。建筑结构不清。现存台体顶径 3.2、底径 14.5、残高 4 米。

　　广东山长城 1 号敌台（211204352101170004）

　　位于聂家乡广东山村东南 600 米的山顶上，高程 322 米。南接苇子沟长城 4 段，北接广东山长城 1 段；西北距广东山长城 2 号敌台 950 米。

平面为圆形，剖面为梯形。保存一般，台体塌颓，残存一座土丘，台体上及其周围散见青砖残块。建筑结构不清。现存台体顶径 4.1、底径 16、残高 8 米。台体下有方形台基，边长 22、残高 2 米。台基外有圆形环壕，口宽 2.6～3、底宽 0.7～1、存深 0.3 米。

广东山长城 2 号敌台（211204352101170005）

位于聂家乡广东山村东 500 米的东山顶部，高程 317 米。南接广东山长城 1 段，北接广东山长城 2 段；东北距广东山长城 3 号敌台 600 米，东南距广东山长城 1 号敌台 950 米。

平面为圆形，剖面为梯形。保存一般，台体塌颓，残存一座土丘，台体上及其周围散见青砖及残块。建筑结构不清。现存台体顶径 4.5、底径 14.5、残高 4 米。台体下有圆形台基，直径 20、高 2 米。台基外有圆形环壕，口宽 2.6～3、底宽 0.7～1、存深 0.6 米。

广东山长城 3 号敌台（211204352101170006）

位于聂家乡广东山村东北 700 米的山顶上，高程 308 米。南接广东山长城 2 段，北接广东山长城 3 段；东北距广东山长城 4 号敌台 900 米，西南距广东山长城 2 号敌台 600 米。

平面为圆形，剖面为梯形。保存一般，台体塌颓，残存一座土丘，台体上及其周围散见青砖残块。建筑结构不清。现存台体顶径 5.2、底径 19.2、残高 5 米。台体下有方形台基，边长 20、高 2 米。台基外有圆形环壕，口宽 2.6～3、底宽 0.7～1、存深 0.5 米。

广东山长城 4 号敌台（211204352101170007）

位于聂家乡聂家村西南 1200 米的南台山顶上，高程 299 米。南接广东山长城 3 段，北接广东山长城 4 段；西南距广东山长城 3 号敌台 900 米。

平面为圆形，剖面为梯形。保存一般，台体塌颓，残存一座土丘，台体上及其周围散见青砖残块。建筑结构不清。现存台体顶径 5.1、底径 19.1、残高 8 米。

石人沟长城 1 号敌台（211204352101170012）

位于杨木林子乡石人沟村西 600 米的台子山顶上，高程 269 米。南接广东山长城 4 段，北接石人沟长城 1 段；西北距石人沟长城 2 号敌台 1700 米。南临清河水库。

平面为圆形，剖面为梯形。保存一般，台体塌颓，残存一座土丘，台体上及其周围散见青砖残块。建筑结构不清。现存台体顶径 5.4、底径 15.4、残高 11 米。台顶中央有一处圆形锅底状土坑，口径 2.1、存深 1.1 米。台体下有圆形环壕，口宽 2.6～3、底宽 0.8～1.1、存深 1.2～1.5 米。

石人沟长城 2 号敌台（211204352101170013）

位于杨木林子乡石人沟村西北 1500 米的柴家岭西山顶上，高程 292 米。南接石人沟长城 1 段，北接石人沟长城 2 段；西北距石人沟长城 3 号敌台 1200 米，东南距石人沟长城 1 号敌台 1700 米。

平面为圆形，剖面为梯形。保存一般，台体塌颓，残存一座土丘，台体上及其周围散见青砖残块。建筑结构不清。现存台体顶径 4.5、底径 12.5、残高 3.5 米。台顶中央有一处圆形锅底状土坑，口径 2.6、存深 0.3 米。

石人沟长城 3 号敌台（211204352101170014）

位于杨木林子乡柴家岭村东南 600 米的台子山上，高程 264 米。南接石人沟长城 2 段，北接柴家岭长城 1 段；西北距柴家岭长城 1 号敌台 750 米，东南距石人沟长城 2 号敌台 1200 米。

平面为圆形，剖面为梯形。保存一般，台体塌颓，残存一座土丘，台体上及其周围散见青砖残块。建筑结构不清。现存台体顶径 4.8、底径 15、残高 2.5 米。台顶中央有一处圆形锅底状土坑，口径 2.8、存深 0.6 米。

柴家岭长城 1 号敌台（211204352101170015）

位于杨木林子乡柴家岭村东北 800 米的山顶上，高程 283 米。南接柴家岭长城 1 段，北接柴家岭长城 2 段；东北距柴家岭长城 2 号敌台 750 米，东南距石人沟长城 3 号敌台 750 米。

平面为圆形，剖面为梯形。保存一般，台体塌颓，残存一座土丘，台体上及其周围散见青砖残块。建筑结构不清。现存台体顶径 4.3、底径 12.5、残高 4.5 米。

柴家岭长城 2 号敌台（211204352101170016）

位于杨木林子乡关家屯村西南 1200 米的大台子山顶上，高程 334 米。南接柴家岭长城 2 段，北接西丰县境内的会英长城，西南距柴家岭长城 1 号敌台 750 米。

平面为圆形，剖面为梯形。保存一般，台体塌颓，残存一座土丘，台体上及其周围散见青砖残块。建筑结构不清。现存台体顶径 5.5、底径 14、残高 3.5 米。

（12）西丰县

①墙体及保存现状

西丰县明长城墙体总长 18900 米，可分为 7 段。

会英长城（211223382105170001）

起于清河区杨木林子乡关家屯村西南 1200 米的大台子山顶上，止于西丰县成平乡清井村南 1500 米的歪石砬子山顶上。起点高程 334 米，止点高程 408 米。走向东南－西北。南接开原市境内的柴家岭长城 2 段，北连清井长城。会英西山烽火台、守信南山烽火台、七道沟南山烽火台位于该段墙体内侧。附近有清河支流苔碧河。全长 5200 米。保存较好的墙段位于山坡上，劈山为墙，形成内外高差；保存状况一般的墙段位于山脚下，劈山墙的内外高差已经不明显；保存状况差的段落位于耕地中，几乎被夷平。

该段墙体为山险墙，劈山为墙，形成内外高差。

按照保存现状可分为 5 段：

第一段起点高程 334 米，止点高程 198 米。全长 2300 米，走向东南－西北，墙体保存一般，山险墙的内外高差已经不明显。现墙顶宽 1.1～1.2、底宽 3.2～5、残高 1.4～1.6 米；外侧壕堑口宽 5、底宽 0.9、存深 0.5 米。

第二段起点高程 198 米，止点高程 192 米。全长 500 米，走向东南－西北，墙体保存较好，劈山为墙，形成内外高差。现墙顶宽 1.1～1.2、底宽 3.2～5、残高 1.4～1.6 米；外侧壕堑口宽 5.8、底宽 1.2、存深 1.2 米。

第三段起点高程 192 米，止点高程 194 米。全长 500 米，走向东南－西北，保存状况差，几乎被夷平。

第四段起点高程 194 米，止点高程 216 米。全长 800 米，走向东南－西北，墙体保存一般，山险墙的内外高差已经不明显。现墙顶宽 1.3～1.7、底宽 2～3.5、残高 0.7～2.3 米。

第五段起点高程 216 米，止点高程 408 米。长 1100 米，走向东南－西北，墙体保存一般，山险墙的内外高差已经不明显。现墙顶宽 1～1.3、底宽 2～3.3、残高 0.7～1.4 米。

清井长城（2112233821021700002）

起于成平乡清井村南 1500 米的歪石砬子山顶上，止于成平乡清井村北 600 米的二道沟北山顶上。起点高程 408 米，止点高程 320 米。走向东南－西北。南接会英长城，北连兴德长城，清井南山烽火台在墙体内侧。附近有寇河支流。保存较好的墙体长 850 米，现地表可见三道墙体夹二道壕堑，墙体和壕堑平行布局。全长 2300 米。保存一般的墙体长 800 米，三道墙体夹二道壕堑，墙体和壕堑平行布局；保存差的墙体长 550 米，三道墙体夹二道壕堑消失，仅见一道墙体；消失墙体长 100 米，位于居民区，被住宅和耕地破坏，墙体地面遗迹无存。

该段墙体为石墙，自然基础，用土、石混筑。墙体结构为三道墙体夹二道壕堑，墙体和壕堑平行布局：

东侧墙体，顶宽 1.2～1.4、底宽 5.1～6、残高 1.1～1.5 米；

中间墙体，顶宽 1.1～1.3、底宽 5.7～7.3、残高 1.4～1.9 米；

西侧墙体，顶宽 0.9～1.2、底宽 4.7～5.3、残高 0.9～1.1 米；

东侧壕堑，口宽 3.4～3.6、底宽 0.8～1、存深 0.7 米；

西侧壕堑，口宽 4.9～5.4、底宽 0.8～1.1、存深 0.9 米。

墙体剖面为梯形，壕堑断面为梯形。

按照保存现状可分为 4 段：

第一段起点高程 408 米，止点高程 248 米。全长 850 米，走向东南－西北，墙体保存较好，三道墙体夹二道壕堑，墙体和壕堑平行布局。

第二段起点高程 248 米，止点高程 216 米。全长 550 米，走向东南－西北，三道墙体夹二道壕堑消失，仅见一道墙体，保存差，现顶宽 0.9～1、底宽 2.7～3.1、残高 0.7～0.8 米。

第三段起点高程 216 米，止点高程 221 米。全长 100 米，走向东南－西北，墙体消失。

第四段起点高程 221 米，止点高程 320 米。全长 800 米，走向东南－西北，墙体保存一般，三道墙体夹二道壕堑，墙体和壕堑平行布局。

兴德长城（2112233821021700003）

起于成平乡清井村北 600 米的二道沟北山顶上，止于成平乡兴德村北 1200 米的赵罗锅山顶。起点高程 320 米，止点高程 330 米。走向东南－西北。南接清井长城，北连中和长城，台子山烽火台、兴德北山烽火台、赵罗锅山烽火台位于该段墙体内侧。附近有寇河支流。全长 3200 米。保存较好的墙段，长 2100 米，位于山坡上，三道墙体夹二道壕堑，墙体和壕堑平行布局；保存一般的墙段，长 200 米，位于山坡下，现地表可见三道墙体夹二道壕堑，墙体受长期的风雨侵蚀，壕堑几乎被填平，迹象不清晰；地面遗迹消失的墙段，长 900 米，墙体位于河谷平地，被居民区和河流破坏。

该段墙体为石墙，自然基础，用土、石混筑。墙体结构为三道墙体夹二道壕堑，墙体和壕堑平行布局：

东侧墙体，现顶宽1.2~1.4、底宽5.1~6、残高1.1~1.5米；

中间墙体，现顶宽1.1~1.3、底宽5.7~7.3、残高1.4~1.9米；

西侧墙体，现顶宽0.9~1.2、底宽4.7~5.3、残高0.9~1.1米；

东侧壕堑，现口宽3.3~3.4、底宽0.8~1、存深0.8米；

西侧壕堑，现口宽4.9~5.4、底宽0.8~1.1、存深0.9米。

墙体剖面为梯形，壕堑断面为上大下小的梯形。

按照保存现状可分为4段：

第一段起点高程320米，止点高程212米。全长1200米，走向西南－东北。墙体保存较好，三道墙体夹二道壕堑，墙体和壕堑平行布局。

第二段起点高程212米，止点高程192米。全长900米，走向东南－西北。墙体消失。

第三段起点高程192米，止点高程285米。全长900米，走向西南－东北。墙体保存较好，毛石干垒，墙体顶宽1.1~1.3、底宽3.7~4.3、残高1.1~1.3米。

第四段起点高程285米，止点高程330米。全长200米，走向东南－西北。墙体保存一般。

中和长城（211223382102170004）

起于成平乡兴德村北1200米的赵罗锅山顶，止于成平乡中和屯村北1200米的老罗北沟山顶上。起点高程330米，止点高程298米。走向东南－西北。南接兴德长城，北连巨祥长城，赵罗锅山烽火台、中和南山烽火台、中和北山烽火台位于该段墙体内侧。附近有寇河支流。全长3000米。保存较好的段落，长1500米，地表可见四道墙体夹二道壕堑，墙体和壕堑平行布局；保存一般的段落，长1200米，现地表可见两道墙体夹一道壕堑，墙体和壕堑平行布局，墙体受长期的风雨侵蚀，壕堑几乎被淤土填平；保存较差的段落，长60米，残存一道墙体；墙体地面遗迹消失的段落，长240米。

该段墙体为石墙，自然基础，用土、石混筑。墙体结构为四道墙体夹二道壕堑，墙体和壕堑平行布局：

从东向西，第一道墙体，现顶宽1.8~2.1、底宽6.6~7.9、残高1.1~1.3米；

第二道墙体，现顶宽1.9~2.1、底宽5.7~6.1、残高0.9~1.1米；

第三道墙体，现顶宽1.7~2.1、底宽5.7~6.1、残高0.7~1米；

第四道墙体，现顶宽1.8~2.1、底宽4.5~5.3、残高0.7~1.2米。

从东往西，第一道壕堑，现口宽4.3~5.1、底宽0.8~1、存深0.8米；位于第一道墙体和第二道墙体之间；

第二道壕堑，现口宽4.9~5.4、底宽0.8~1.1、存深0.9米；位于第二道墙体和第三道墙体之间；

第一、二、三道墙体间距5.1~5.3米，三道墙体之间为两道壕堑。第三道墙体与第四道墙体间距 15 米。

墙体剖面为梯形，壕堑断面为上大下小的梯形。

按照保存现状和走向可分为 12 段：

第一段起点高程 330 米，止点高程 266 米。走向东南－西北，全长 200 米。墙体保存较好，四道墙体夹二道壕堑，墙体和壕堑平行布局。

第二段起点高程 266 米，止点高程 219 米。走向南－北，全长 460 米。墙体保存较好，四道墙体夹二道壕堑，墙体和壕堑平行布局。

第三段起点高程 219 米，止点高程 212 米。走向东南－西北，全长 60 米，墙体保存较差。仅见一道墙体。

第四段起点高程 212 米，止点高程 194 米。走向南－北，全长 240 米。墙体地面遗迹消失。

第五段起点高程 194 米，止点高程 202 米。走向东南－西北，全长 40 米，墙体保存较好，四道墙体夹二道壕堑，墙体和壕堑平行布局。

第六段起点高程 202 米，止点高程 194 米。走向西南－东北，全长 100 米，墙体保存较好，四道墙体夹二道壕堑，墙体和壕堑平行布局。

第七段起点高程 194 米，止点高程 200 米。走向西南－东北，全长 50 米，墙体保存较好，四道墙体夹二道壕堑，墙体和壕堑平行布局。

第八段起点高程 200 米，止点高程 181 米。走向东南－西北，全长 100 米，墙体保存较好，四道墙体夹二道壕堑，墙体和壕堑平行布局。

第九段起点高程 181 米，止点高程 174 米。走向东南－西北，全长 200 米。墙体保存较好，四道墙体夹二道壕堑，墙体和壕堑平行布局。东侧墙体现顶宽 0.8～1.2、底宽 2.6～3.2、残高 1.3～1.6 米，西侧墙体现顶宽 0.8～1.1、底宽 2.8～3.3、残高 1.1～1.5 米；墙体之间的壕堑现口宽 5.4～5.6、底宽 1.2～1.6、存深 2.2～2.6 米。

第十段起点高程 174 米，止点高程 185 米。走向东南－西北，全长 350 米。墙体保存较好。四道墙体夹二道壕堑，墙体和壕堑平行布局。东侧墙体现顶宽 0.8～1.3、底宽 2.4～3.3、残高 1.4～1.6 米；西侧墙体现顶宽 0.9～1.2、底宽 2.8～3.3、残高 1.2～1.5 米；墙体之间的壕堑现口宽 5.4～5.5、底宽 1.3～1.6、存深 2.1～2.6 米。

第十一段起点高程 185 米，止点高程 215 米。走向东南－西北，全长 800 米。墙体保存一般。两道墙体夹一道壕堑，墙体和壕堑平行布局。东侧墙体现顶宽 0.8～1.9 米、底宽 2.3～3 米、残高 1.2～1.6 米；西侧墙体现顶宽 0.9～1.2、底宽 2.7～3.1 米、残高 1.2～1.6 米；墙体之间的壕堑现口宽 5.1～5.5 米、底宽 1.1～1.4 米、存深 2.1～2.4 米。

第十二段起点高程 215 米，止点高程 298 米。全长 400 米，走向东南－西北。墙体保存一般。两道墙体夹一道壕堑，墙体和壕堑平行布局。东侧墙体现顶宽 0.8～1.9、底宽 2.3～3.1、残高 1.2～1.7 米；西侧墙体现顶宽 0.9～1.3、底宽 2.7～3.2、残高 1.2～1.6 米；墙体之间的壕堑现口宽 5.2～5.5、底宽 1.1～1.3、存深 2.1～2.4 米。

巨祥长城（2112233382102170005）

起于成平乡中和屯村北1200米的老罗北沟山顶上，止于成平乡石祥村巨祥屯北1700米的袁大台子山顶。起点高程298米，止点高程299米。走向南－北。南接中和长城，北连乱柴长城。巨祥北山烽火台、袁大台子烽火台位于该段墙体内侧。附近有寇河支流。全长1500米。整体保存一般，墙体受长期的风雨侵蚀，河水冲刷，植物生长的破坏，表面土层剥落，现地表可见二道墙体夹一道壕堑，墙体和壕堑平行布局。

该段墙体为石墙，自然基础，用土、石混筑。墙体结构为二道墙体夹一道壕堑，墙体和壕堑平行布局：

东侧墙体，现顶宽1.1～1.6、底宽5.1～5.2、残高1.1～1.3米；

西侧墙体，现顶宽1.2～1.3、底宽4.8～5.1、残高0.9～1.1米；

墙体中间的壕堑现口宽4.9～5.4、底宽0.8～1.1、存深0.9米。

墙体剖面为梯形，壕堑断面为上大下小的梯形。

乱柴长城（2112233382102170006）

起于成平乡石祥村巨祥屯北1700米的袁大台子山顶，止于郜家店镇下永兴村乱柴屯北300米的山顶上。起点高程299米，止点高程246米。走向东南－西北。南接巨祥长城，北连下永兴长城，袁大台子烽火台位于该段墙体内侧。附近有寇河支流。全长1600米。整体保存一般，墙体受长期的风雨侵蚀，现地表可见三道墙体平行布局。

该段墙体为石墙，自然基础，用土、石混筑。墙体结构为三道墙体平行布局：东侧墙体，现顶宽1.1～1.3、底宽5.1～5.2、残高1.1～1.3米；中间墙体，现顶宽1～1.2、底宽4.9～5.1、残高0.9～1.1米；西侧墙体，现顶宽1.1～1.3、底宽4.8～5.2、残高0.9～1.2米。

三道墙体分布于同一山坡地东西两侧，其间距50米。墙体剖面为梯形。

下永兴长城（2112233382102170007）

起于郜家店镇下永兴村乱柴屯北300米的山顶上，止于郜家店镇下永兴村下永兴屯北800米，开西线公路南侧。起点高程246米，止点高程125米。走向东南－西北。南接乱柴长城。北连开原市境内的北沟长城，下永兴北山烽火台位于该段墙体内侧。附近有寇河支流，北端有开西线公路。全长2100米。墙体保存一般的段落，长1900米，墙体受长期的风雨侵蚀，现地表可见三道墙体平行布局；墙体保存较差的段落，长200米，地表仅见东侧墙体。

该段墙体为石墙，自然基础，用土、石混筑。三道墙体平行布局于同一山坡的东西两侧，西侧墙体和中间墙体在山坡上，东侧墙体在山腰，西侧墙体与中间墙体间距5米，东侧墙体与中间墙体间距50米。东侧墙体，现顶宽1.1～1.2、底宽5.1～5.2、残高1.1～1.3米；中间墙体，现顶宽1～1.2、底宽4.9～5.1、残高0.8～1.1米；西侧墙体，现顶宽1～1.3、底宽4.9～5.2、残高0.9～1.1米。墙体剖面为梯形。

按照墙体的保存现状可分为3段：

第一段起点高程246米，止点高程182米。全长600米，走向东南－西北。墙体保存一般，三道墙体平行布局。

第二段起点高程 182 米，止点高程 165 米。全长 200 米，走向东南－西北。墙体保存较差，西侧墙体和中间墙体消失，残存东侧墙体。

第三段起点高程 165 米，止点高程 125 米。全长 1300 米，走向东南－西北。墙体保存一般，三道墙体平行布局。

西丰境内的长城由此向西进入开原市。

②敌台及保存现状

西丰县共发现敌台 4 座。

清井长城 1 号敌台（211223352101170004）

位于成平乡清井村南 1500 米的歪石砬子山顶上，高程 408 米。南接会英长城，北接清井长城。

平面为圆形，剖面为梯形。保存一般，台体塌颓，残存一座土丘，台体上及其周围散见青砖残块。建筑结构不清。现存台体顶径 3.6、底径 13.6、残高 3 米。台顶有一处圆形锅底状土坑，口径 0.9、存深 0.35 米。

清井长城 2 号敌台（211223353201170006）

位于成平乡清井村北 600 米的二道沟北山顶上，高程 320 米。南接清井长城，北接兴德长城。

平面为圆形，剖面为梯形。保存一般，台体塌颓，残存一座土丘，台体上及其周围散见青砖残块。建筑结构不清。现存台体顶径 5.6、底径 13.6、残高 3.5 米。台顶中央有一处圆形锅底状土坑，口径 3.1、存深 0.4 米。台下有方形环壕，绕台一周，宽 3、存深 0.6、边长 24 米。

中和长城敌台（211223353201170012）

位于成平乡中和屯村北 1200 米的老罗北沟山顶上，高程 298 米。南接中和长城，北接巨祥长城。

平面为圆形，剖面为梯形。保存一般，台体塌颓，残存一座土丘，台体上及其周围散见青砖残块。建筑结构不清。现存台体顶径 4.2、底径 18.2、残高 6.3 米。

乱柴长城敌台（211223353201170015）

位于郜家店镇下永兴村乱柴屯北 300 米的山顶上，高程 246 米。南接乱柴长城，北接下永兴长城。

平面为圆形，剖面为梯形。保存一般，台体塌颓，残存一座土丘，台体上及其周围散见青砖残块。建筑结构不清。现存台体顶径 6.2、底径 23、残高 4 米。

（13）开原市（东线北段）

①墙体及保存现状

开原市（东线北段）明长城总长 9900 米，可分为 4 段。

北沟长城（211282382102170012）

起于西丰县郜家店镇下永兴村屯北 800 米开西线公路南侧，止于开原市威远堡镇南城子村北沟屯东 700 米的山上。起点高程 125 米，止点高程 204 米。走向西南－东北。南接西丰县境内的下永兴长城，北连茶棚长城 1 段。南端有寇河。墙体南部有开西线公路穿过。全长 2400 米。南段墙体地面遗迹消失，长 1300 米，墙体位于寇河河谷；北段墙体保存一般，长 1100 米，墙体位于山坡上，受长期的风雨侵蚀，现残存一道夹杂土、石的凸棱。

该段墙体为石墙，自然基础，用土、石混筑。现墙顶宽 1～1.6、底宽 6～7、残高 1～2 米。墙体剖面为梯形。

按照保存现状可分为 2 段：

第一段起点高程 125 米，止点高程 144 米。走向西南－东北，长 1300 米，墙体消失。

第二段起点高程 144 米，止点高程 204 米。走向西南－东北，长 1100 米，墙体保存一般。

茶棚长城 1 段（211282382102170013）

起于威远堡镇南城子村北沟屯东 700 米的山上，止于威远堡镇茶棚村南 100 米的山上。起点高程 204 米，止点高程 172 米。走向西南－东北。南接北沟长城，北连茶棚长城 2 段，南城子北沟烽火台位于该段墙体内侧。西面有南城子水库，寇河支流。全长 4200 米。南段保存一般，长 3600 米，墙体受长期的风雨侵蚀，现残存一座突起的夹杂土、石的凸棱；北段墙体保存较差，长 600 米，当地居民在墙体本体及其两侧开辟耕地，破坏了墙体。

该段墙体为石墙，自然基础，用土、石混筑。现墙顶宽 1.2～3、底宽 5.3～6、残高 1～2.3 米。墙体剖面为梯形。

茶棚长城 2 段（211282382102170014）

起于威远堡镇茶棚村南 100 米的山上，止于威远堡镇茶棚村东北 2500 米的南城子水库东岸台地上。起点高程 172 米，止点高程 164 米。走向西南－东北。南接茶棚长城 1 段，北连茶棚长城 3 段。西面有南城子水库，寇河支流。全长 1600 米。整体保存较差，墙体受长期的风雨侵蚀，现残存一道突起的夹杂土、石的凸棱，呈慢坡状。

该段墙体为石墙，自然基础，用土、石混筑。现墙顶宽 1～3、底宽 8～10、残高 1～2 米，呈慢坡状。墙体剖面为梯形。

茶棚长城 3 段（211282382301170015）

起于威远堡镇茶棚村东北 2500 米的南城子水库东岸台地上，止于莲花镇罗家屯村西南 2300 米的南城子水库西岸山坡上。起点高程 164 米，止点高程 199 米。走向东南－西北。南接茶棚长城 2 段，北连罗家屯长城 1 段。全长 1700 米，墙体淹没于南城子水库下。

该段墙体淹没在南城子水库水面之下，从两端与之相连墙体的材质推测应是石墙，墙体用土、石混筑。

②敌台及保存现状

开原市（东线北段）共发现敌台 3 座。

北沟长城敌台（211282352101170029）

位于威远堡镇南城子村北沟屯东 700 米的山上，高程 204 米。南接北沟长城，北接茶棚长城 1 段；东北距南城子北沟烽火台 1000 米。北临南城子水库。

平面为圆形，剖面为梯形。保存较差，台体塌颓，残存一座土丘，台顶有盗坑，台体上及其周围散见青砖残块。建筑结构不清。现存台体顶径3.4、底径15、残高1.8米。

茶棚长城1号敌台（2112823521011700031）

位于威远堡镇茶棚村南100米的山上，高程172米。南接茶棚长城1段，北接茶棚长城2段；东北距茶棚长城2号敌台1500米。

平面为圆形，剖面为梯形。保存较差，台体几乎被夷平，辟为耕地，周围散见青砖残块。建筑结构不清。现存台体顶径6、底径25、残高1.1米。

茶棚长城2号敌台（2112823521011700032）

位于威远堡镇茶棚村东北2500米的南城子水库东岸台地上，高程164米。南接茶棚长城2段，北接茶棚长城3段；西北距罗家屯长城1号敌台1600米，西南距茶棚长城1号敌台1500米。西临南城子水库。

平面为圆形，剖面为梯形。保存较差，台体西面和北面被切掉，台体本体被辟为耕地，周围散见青砖残块。建筑结构不清。现存台体顶径4、底径16、残高2.6米。

2. 辽河平原明长城本体及保存现状

辽河平原地区的明长城现状，按传统的长城分区，东以今开原市威远堡乡"镇北关"为限。由此以西至黑山县白土厂关一线，划为明长城的"辽河平原"地区。

（1）开原市（东北角段）

①墙体及保存现状

开原市（东北角段）明长城总长8370米，可分为8段。

罗家屯长城1段（2112823821021700016）

起于莲花镇罗家屯村西南2300米的南城子水库西岸山坡上，止于莲花镇罗家屯村西南3000米的南城子水库西岸山上。起点高程199米，止点高程319米。走向东南－西北。南接茶棚长城3段，北连罗家屯长城2段。南面有南城子水库，附近乡道与开西线公路相连。全长600米。南段墙体保存较差，长280米，可见一道凸起的夹杂土、石头的慢坡状凸棱；北段墙体保存一般，长320米，墙体受长期的风雨侵蚀、河水冲刷、植物生长的破坏，表面土层剥落，现残存一道突起的夹杂土、石的凸棱。

该段墙体为石墙，自然基础，用土、石混筑。现墙顶宽0.6～1.5、底宽4.8～5.1、残高0.6～1.5米。墙体剖面为梯形。

罗家屯长城2段（2112823821021700017）

起于莲花镇罗家屯村西南3000米的南城子水库西岸山上，止于莲花镇石龙村南2500米的南山上。起点高程319米，止点高程315米。西南－东北走向。南接罗家屯长城1段，北连石龙长城1段。南面有南城子水库。全长230米。

该段墙体为石墙，自然基础，用土、石混筑。现墙顶宽1～1.6、底宽4.8～5.1、残高1.4～1.9米。东侧有壕堑，现口宽0.9～1.1、底宽0.7～0.9、存深0.4～0.6米。墙体剖面为梯形，壕堑断面为上大下小的梯形。

按照墙体保存现状和走向可分为 2 段：

第一段起点高程 319 米，止点高程 300 米。长 130 米，走向西南－东北，墙体保存较差，可见一道慢坡状的凸棱。

第二段起点高程 300 米，止点高程 315 米。长 100 米，走向南－北，墙体保存一般，可见一道夹杂土、石的凸棱。

石龙长城 1 段（2112823821021700018）

起于莲花镇石龙村南 2500 米的南山上，止于莲花镇石龙村石匠沟屯南 1200 米的南山顶上。起点高程 315 米，止点高程 306 米。走向东南－西北。南接罗家屯长城 2 段，北连石龙长城 2 段。附近有寇河支流。全长 640 米。墙体整体保存较差，墙体受长期的风雨侵蚀，现残存三道突起的夹杂土、石的凸棱。

该段墙体为石墙，自然基础，用土、石混筑。墙体结构为三道墙体平行布局，间距均为 10 米，西侧墙体相对较高。东侧墙体，现顶宽 1.8～2.1、底宽 4.8～5.8、残高 1.1～1.3 米；中间墙体，现顶宽 1.9～2.1、底宽 4.3～5、残高 1～1.3 米；西侧墙体，现顶宽 1.9～2.2、底宽 4.8～5.1、残高 1.5～2.1 米。墙体剖面为梯形。

石龙长城 2 段（2112823821021700019）

起于莲花镇石龙村石匠沟屯南 1200 米的南山顶上，止于莲花镇石龙村石匠沟屯北 500 米的北山顶上。起点高程 306 米，止点高程 285 米。走向东南－西北。南接石龙长城 1 段，北连石龙长城 3 段。附近有寇河支流。全长 1100 米。墙体整体保存一般，墙体受长期的风雨侵蚀，现残存三道突起的夹杂土、石的凸棱。

该段墙体为石墙，自然基础，用土、石混筑。墙体结构为三道墙体平行布局：东侧墙体，现顶宽 1.8～2.1、底宽 4.8～6.1、残高 0.8～1.4 米；中间墙体，现顶宽 1.9～2.1、底宽 4.3～5.1、残高 0.8～1.3 米；西侧墙体，现顶宽 1.4～1.7、底宽 4.8～5.1、残高 1.3～1.7 米。西侧墙体和中间墙体间距为 10 米，其间有壕堑，现口宽 8.4～8.7、底宽 1.2～1.5、存深 0.9 米。东侧墙体和中间墙体间距为 50 米。墙体剖面为梯形，壕堑断面为上大下小的梯形。

石龙长城 3 段（2112823821021700020）

起于莲花镇石龙村石匠沟屯北 500 米的北山顶上，止于莲花镇糖房村学房沟屯西北 700 米的西山顶上。起点高程 285 米，止点高程 285 米。走向东南－西北。附近有寇河支流。全长 1600 米。整体保存一般，墙体受长期的风雨侵蚀，现残存三道突起的夹杂土、石的凸棱。

该段墙体为石墙，自然基础，用土、石混筑。墙体结构为三道墙体平行布局：东侧墙体，现顶宽 1.6～2.2、底宽 4.7～5.1、残高 1～1.4 米；中间墙体，现顶宽 1.8～2.3、底宽 4.6～5.1、残高 0.7～1.1 米；西侧墙体，现顶宽 1.3～1.5、底宽 4.8～5.4、残高 1.2～1.7 米。三道墙体间距为 10 米，其中中间墙体南接石龙长城 3 号敌台，北接糖房长城敌台，东西两侧墙体分别从敌台东西两侧通过。墙体剖面为梯形。

糖房长城 1 段（2112823821021700021）

起于莲花镇糖房村学房沟屯西北 700 米的西山顶上，止于莲花镇糖房村南 700 米的南山

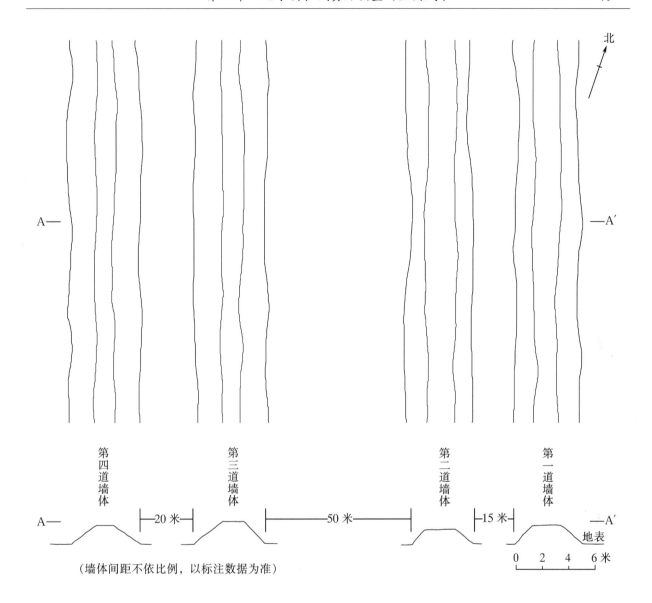

第四道墙体　　　　第三道墙体　　　　第二道墙体　　　第一道墙体

A—　　　├—20米—┤　　├——50米——┤　　├15米┤　　　　—A′
地表

0　2　4　6米

（墙体间距不依比例，以标注数据为准）

图一三　糖房长城1段平、剖面示意图

脚下。起点高程 285 米，止点高程 208 米。走向东南－西北。南接石龙长城 3 段，北连糖房长城 2 段，糖房小台山烽火台位于该段墙体内侧。附近有寇河支流。全长 1200 米。墙体整体保存一般，墙体受长期的风雨侵蚀，现残存四道突起的夹杂土、石的凸棱。

该段墙体为石墙，自然基础，用土、石混筑。墙体结构为四道墙体平行布局：从东往西，第一道墙体，现顶宽 1.6～2、底宽 4.7～5.1、残高 1～1.4 米；第二道墙体，现顶宽 1.8～2.3、底宽 4.6～5.1、残高 0.7～1.1 米；第三道墙体，现顶宽 1.3～1.5、底宽 4.8～5.4、残高 1.2～1.7 米；第四道墙体，现顶宽 1.4～1.5、底宽 4.9～5.3、残高 1.1～1.4 米。

四道墙体间距从东往西依次为 15 米、50 米、20 米。

墙体剖面为梯形。（图一三）

糖房长城 2 段（211282382102170022）

起于莲花镇糖房村南 700 米的南山脚下，止于莲花镇糖房村西北 1000 米的小台子山顶。起点高程 208 米，止点高程 287 米。走向东南－西北。南接糖房长城 1 段，北连糖房长城 3 段。附近有寇河支流。全长 1500 米。墙体整体保存一般，墙体受长期的风雨侵蚀，雨水冲刷，植物生长的破坏，表面土层剥落，现地表可见三道夹杂土、石的凸棱，平行布局。

该段墙体为石墙，自然基础，用土、石混筑。墙体结构为三道墙体平行布局：东侧墙体，现顶宽 1.8~2、底宽 7.6~8、残高 1~1.4 米；中间墙体，现顶宽 1.8~2.1、底宽 7.5~8.1、残高 1~1.3 米；西侧墙体，现顶宽 1.3~1.5、底宽 6.8~7.4、残高 1.2~1.5 米。西侧、中间两道墙体平行布局于山坡上，间距 10 米；东侧墙体位于山腰，距离中间墙体 20 米。墙体剖面为梯形。

糖房长城 3 段（211282382102170023）

起于莲花镇糖房村西北 1000 米的小台子山顶，止于开原市莲花镇糖房村西北 2300 米的大台山顶，即开原市和昌图县的交界线与长城线交点。起点高程 287 米，止点高程 430 米。走向东南－西北。南接糖房长城 2 段，北连昌图县境内的农林长城 1 段。大台山烽火台位于该段墙体内侧。附近有寇河支流。全长 1500 米。墙体整体保存一般，墙体受长期的风雨侵蚀，现地表可见三道夹杂土、石的凸棱，平行布局。

该段墙体为石墙，自然基础，用土、石混筑。墙体结构为三道墙体平行布局：东侧墙体，现顶宽 1.8~2.2、底宽 7.6~8.1、残高 1~1.2 米；中间墙体，现顶宽 1.7~2.1、底宽 7.5~8、残高 1.1~1.3 米；西侧墙体，现顶宽 1.1~1.5、底宽 6.8~7.2、残高 1.2~1.4 米。西侧、中间两道墙体平行布局于山坡上，间距 12 米；东侧墙体位于山腰，距离中间墙体 20 米。墙体剖面为梯形。

按照保存现状和走向可分为 4 段：

第一段起点高程 287 米，止点高程 270 米。走向东南－西北，全长 400 米，保存一般，三道墙体平行布局。

第二段起点高程 270 米，止点高程 355 米。走向东南－西北，全长 800 米，保存一般，三道墙体平行布局，墙体本体及其左右被辟为耕地。

第三段起点高程 355 米，止点高程 355 米。走向东南－西北，全长 100 米，保存一般，三道墙体平行布局。

第四段起点高程 355 米，止点高程 355 米。走向东南－西北，全长 100 米，保存一般，可见两道墙体。

开原市境内的长城由此进入昌图县。

②敌台及保存现状

开原市（东北角段）共发现敌台 6 座。

罗家屯长城 1 号敌台（211282352101170033）

位于莲花镇罗家屯村西南 2300 米的南城子水库西岸山坡上，高程 199 米。南接茶棚长城 3 段，北接罗家屯长城 1 段；西北距罗家屯长城 2 号敌台 580 米，东南距茶棚长城 2 号敌台

1600 米。南临南城子水库。

平面为椭圆形，剖面为梯形。保存一般，现残存一座突起的土丘。表面可见塌落的石块。建筑结构不清。现存台体顶径南北最大径 3.5、东西最大径 2.5 米，底径南北最大径 19、东西最大径 16 米，残高 6 米。

罗家屯长城 2 号敌台 （211282352101170034）

位于莲花镇罗家屯村西南 3000 米的南城子水库西岸山上，高程 319 米。南接罗家屯长城 1 段，北接罗家屯长城 2 段；东北距石龙长城 1 号敌台 240 米，东南距罗家屯长城 1 号敌台 580 米。

平面为圆形，剖面为梯形。保存一般，现残存一座突起的土丘。表面可见塌落的石块。建筑结构不清。现存台体顶径 4、底径 16、残高 8 米。台顶中央有一处圆形锅底状土坑，口径 1.2、存深 0.3 米；台体下有一圈环壕，现口宽 1.8~2、底宽 0.7~1.1、存深 0.4 米。

石龙长城 1 号敌台 （211282352101170035）

位于莲花镇石龙村南 2500 米的南山上，高程 315 米。南接罗家屯长城 2 段，北接石龙长城 1 段；西北距石龙长城 2 号敌台 600 米，西南距罗家屯长城 2 号敌台 240 米。

平面为圆形，剖面为梯形。保存一般，现残存一座突起的土丘。表面可见塌落的石块。建筑结构不清。现存台体顶径 8、底径 22、残高 4 米。台顶中央有一处圆形锅底状土坑，口径 3、存深 0.9 米。

石龙长城 2 号敌台 （211282352101170036）

位于莲花镇石龙村石匠沟屯南 1200 米的南山顶上，高程 306 米。南接石龙长城 1 段，北接石龙长城 2 段；西北距石龙长城 3 号敌台 1100 米，东南距石龙长城 1 号敌台 600 米。

平面为圆形，剖面为梯形。保存一般，现残存一座突起的土丘。表面可见塌落的青砖。建筑结构不清。现存台体顶径 4.5、底径 20、残高 8 米。台顶中央有一处圆形锅底状土坑，口径 2、存深 0.8 米。

石龙长城 3 号敌台 （211282352101170037）

位于莲花镇石龙村石匠沟屯北 500 米的北山顶上，高程 285 米。南接石龙长城 2 段，北接石龙长城 3 段；西北距糖房长城敌台 1600 米，东南距石龙长城 2 号敌台 1100 米。

平面为圆形，剖面为梯形。保存一般，现残存一座突起的土丘。表面可见塌落的青砖。建筑结构不清。现存台体顶径 4.6、底径 22、残高 4 米。台顶中央有一处圆形锅底状土坑，口径 1.7、存深 0.3 米。

糖房长城敌台 （211282352101170038）

位于莲花镇糖房村学房沟屯西北 700 米的西山顶上，高程 285 米。南接石龙长城 3 段，北接糖房长城 1 段；东南距离石龙长城 3 号敌台 1600 米。

平面为圆形，剖面为梯形。保存一般，现残存一座突起的土丘。表面可见塌落的青砖残块。建筑结构不清。现存台体顶径 5.3、底径 20、残高 6 米。台顶中央有一处圆形锅底状土坑，口径 2.6、存深 0.7 米。

（2）昌图县

①墙体及保存现状

昌图县明长城总长66200米，可分为18段。

农林长城1段（211224382101170001）

起于开原市莲花镇糖房村西北2300米的大台山顶，开原市和昌图县的交界线与长城线交点，止于泉头镇农林村三组（穷棒子沟）西50米。起点高程430米，止点高程249米。走向东-西。东接开原境内的糖房长城3段，西连农林长城2段，小台山烽火台在墙体内侧。附近有寇河支流。全长1500米。东段墙体保存一般，长1100米，墙体受长期的风雨侵蚀，现地表可见三道土棱平行布局；西段墙体地面遗迹消失，长400米，墙体位于山谷间，被耕地、居民区和河流破坏。

该段墙体为土墙，自然基础，构筑方式不清。由三道平行分布的墙体构成：南侧墙体，北距中间墙体20米，现顶宽1.5~1.7、底宽5~5.6、残高2~2.3米；中间墙体，北距北侧墙体50米，现顶宽1.6~1.7、底宽5~5.4、残高1.8~2.2米；北侧墙体，现顶宽1.5~1.7、底宽5.2~5.5、残高1.7~2.3米。

墙体剖面为梯形。

农林长城2段（211224382101170002）

起于泉头镇农林村三组（穷棒子沟）西50米，止于泉头镇农林村于家屯北900米的山顶。起点高程249米，止点高程301米。走向东南-西北。东接农林长城1段，西连农林长城3段，关家屯小台子烽火台在墙体内侧。附近有寇河支流。全长1100米。整体保存一般，墙体受长期的风雨侵蚀，现存三道平行布局的土棱。

该段墙体为土墙，自然基础，构筑方式不清。该段墙体由三道平行分布的墙体构成：南侧墙体，北距中间墙体20米，现顶宽1.4~1.7、底宽3.9~4.6、残高1.7~2米；中间墙体，北距北侧墙体20米，现顶宽1.2~1.5、底宽4.3~5.1、残高1.8~2米；北侧墙体，现顶宽0.9~1.1、底宽3.7~4.2、残高1.4~1.9米。

墙体剖面为梯形。

农林长城3段（211224382101170003）

起于泉头镇农林村于家屯北900米的山顶，止于泉头镇农林村七组北600米的小台子山顶。起点高程301米，止点高程257米。走向东南-西北。东接农林长城2段，西连石虎子长城1段。吴家屯小台子烽火台在墙体内侧。全长1900米。整体保存一般，墙体受长期的风雨侵蚀，可见三道平行布局的土棱，表面土层剥落。

该段墙体为土墙，自然基础，构筑方式不清。该段墙体由三道平行分布的墙体构成：南侧墙体，北距中间墙体20米，现顶宽1.2~1.4、底宽5.6~6、残高1~1.2米；中间墙体，北距北侧墙体50米，现顶宽1.1~1.2、底宽4.8~5.1、残高1.1~1.3米；北侧墙体，现顶宽1.1~1.3、底宽4.8~5.1、残高1~1.2米。墙体剖面为梯形。

石虎子长城1段（211224382101170004）

起于泉头镇农林村七组北 600 米的小台子山顶，止于泉头镇石虎子村北 1200 米的山顶上。起点高程 257 米，止点高程 252 米。走向东 - 西。东接农林长城 3 段，西连石虎子长城 2 段。附近有寇河支流。全长 1700 米。墙体整体保存一般，墙体长期受风雨侵蚀，现地表可见三道平行布局的土楞。

该段墙体为土墙，自然基础，构筑方式不清。该段墙体由三道平行分布的墙体构成：南侧墙体，北距中间墙体 20 米，现顶宽 1.4～1.5、底宽 4.6～5、残高 2～2.2 米；中间墙体，北距北侧墙体 100 米，现顶宽 1.2～1.4、底宽 4.8～5、残高 1.9～2 米；北侧墙体，现顶宽 1.1～1.3、底宽 4.1～4.5、残高 2～2.2 米。墙体剖面为梯形。

石虎子长城 2 段（211224382101170005）

起于泉头镇石虎子村北 1200 米的山顶上，止于泉头镇石虎子村北 800 米的山顶上。起点高程 252 米，止点高程 287 米。走向东北 - 西南。东接石虎子长城 1 段，西连石虎子长城 3 段。附近有二道河支流上游。全长 1600 米。整体保存一般，现地表可见一道突起的土楞。

该段墙体为土墙，自然基础，构筑方式不清。现墙顶宽 1.4～1.5、底宽 4.6～5、残高 2～2.2 米。墙体剖面为梯形。

石虎子长城 3 段（211224382101170006）

起于泉头镇石虎子村北 800 米的山顶上，止于泉头镇石虎子村胡家屯北 500 米山顶上。起点高程 287 米，止点高程 221 米。走向东 - 西。东接石虎子长城 2 段，西连石虎子长城 4 段。附近有二道河支流上游。全长 1000 米。东段墙体受长期的风雨侵蚀，现地表可见一道突起的土楞，长 500 米；西段墙体地面遗迹消失，长 500 米。

该段墙体为土墙，自然基础，构筑方式不清。现墙顶宽 1.4～1.5、底宽 4.6～5、残高 2～2.2 米。墙体剖面为梯形。

按照保存现状可分为 2 段：

第一段起点高程 287 米，止点高程 244 米。全长 500 米，走向东 - 西，墙体保存一般。

第二段起点高程 244 米，止点高程 221 米。全长 500 米，走向东 - 西，墙体地面遗迹消失。

石虎子长城 4 段（211224382101170007）

起于泉头镇石虎子村胡家屯北 500 米山顶上，止于泉头镇石虎子村孙家窑屯西北 200 米的高台庙山顶。起点高程 221 米，止点高程 272 米。走向东北 - 西南。东接石虎子长城 3 段，西连泉头长城。附近有二道河支流上游。全长 1200 米。整体保存一般，受长期的风雨侵蚀，现地表可见一道突起的土楞。

该段墙体为土墙，自然基础，构筑方式不清。现墙顶宽 0.8～1.4、底宽 4.3～4.6、残高 1.1～1.4 米。墙体剖面为梯形。

泉头长城（211224382101170008）

起于泉头镇石虎子村孙家窑屯西北 200 米的高台庙山顶，止于沈哈高速公路东侧墙体断点。起点高程 272 米，止点高程 183 米。走向东南 - 西北。东接石虎子长城 4 段，西连塔西长城。泉头小台子烽火台位于该段墙体内侧。附近有二道河支流上游。全长 1100 米。整体保存一般，现地表可见一道突起的土棱。

该段墙体为土墙，自然基础，构筑方式不清。现墙顶宽1.2～1.4、底宽4.5～5.3、残高1～1.3米。墙体剖面为梯形。

塔西长城（211224382101170009）

起于沈哈高速公路东侧墙体断点，止于泉头镇八家子村朝阳堡屯800米北山顶上。起点高程183米，止点高程184米。走向东－西。东接泉头长城，西连朝阳堡长城。塔西烽火台位于该段墙体内侧。墙体东侧有沈哈高速公路，102国道和京哈铁路从墙体中段穿过。全长5800米。东段墙体位于沈哈高速公路和102国道之间，修路施工破坏了墙体，地面遗迹消失，长700米；西段墙体位于泉头镇居民区，保存较差，当地修建公路、民宅，破坏了部分墙段，现地表可见一道突起的土棱，长5100米。

该段墙体为土墙，自然基础，构筑方式不清。现墙顶宽0.8～1.1、底宽3.7～6.3、残高0.9～1.6米。墙体剖面为梯形。

朝阳堡长城（211224382101170010）

起于泉头镇八家子村朝阳堡屯800米北山顶上，止于昌图镇河信村金山堡屯北1000米的北山上。起点高程184米，止点高程178米。走向东北－西南。东接塔西长城，西连河信长城。八家子1号、2号烽火台位于该段墙体内侧。附近有乡道，与沈哈高速公路和102国道相连。全长3000米。整体保存较差，墙体受长期的风雨侵蚀，现存一道突起的土棱。

该段墙体为土墙，自然基础，构筑方式不清。现墙顶宽5.8～6.2、底宽18.6～20、残高1.8～2.1米。墙体剖面为梯形。

河信长城（211224382101170011）

起于昌图镇河信村金山堡屯北1000米的北山上，止于老城镇长青堡村西北1000米。起点高程178米，止点高程175米。走向东－西。东接朝阳堡长城，南连长青堡长城。金山堡烽火台和护山屯北山烽火台位于该段墙体内侧。全长4700米。整体保存较差，现地表可见一道突起的土棱。

该段墙体为土墙，自然基础，构筑方式不清。现墙顶宽5.1～5.7、底宽11.6～16、残高1.8～2.1米。剖面为梯形。

长青堡长城（211224382101170012）

起于老城镇长青堡村西北1000米，止于老城镇张家店村西北500米，老城镇至头道乡公路与墙体交点。起点高程175米，止点高程145米。走向东北－西南。北接河信长城，南接大台庙长城。全长8100米。整体保存较差，墙体本体现被辟为乡道。

该段墙体为土墙，自然基础，构筑方式不清。现墙顶宽5.1～5.6、底宽11.6～15、残高2.1～2.6米。剖面为梯形。

大台庙长城（211224382101170013）

起于老城镇张家店村西北500米，止于老城镇大台庙村西南600米，老城镇至大兴乡公路与墙体交点。起点高程145米，止点高程138米。走向东北－西南。北接长青堡长城，南连八家子长城 1 段。大台庙烽火台位于该段墙体内侧。附近乡道与 302 省道相连。全长 4800 米。整体保存较差，墙体现被辟为乡道。

该段墙体为土墙，自然基础，构筑方式不清。现墙顶宽 5.1～5.6、底宽 11.6～14、残高 2.1～2.5 米。墙体剖面为梯形。

八家子长城 1 段（211224382101170014）

起于老城镇大台庙村西南 600 米，老城镇至大兴乡公路与墙体交点，止于亮中桥乡杨木村孤家子屯南 500 米。起点高程 138 米，止点高程 130 米。走向东北－西南。北接大台庙长城，南连八家子长城 2 段。全长 4300 米。整体保存较差。

该段墙体为土墙，自然基础，构筑方式不清。现墙顶宽 2.1～2.3、底宽 11.6～14、残高 1.5～2 米。墙体剖面为梯形。

八家子长城 2 段（211224382101170015）

起于亮中桥乡杨木村孤家子屯南 500 米，止于亮中桥乡十间村瓦盆窑屯南 500 米。起点高程 130 米，止点高程 120 米。走向东北－西南。北接八家子长城 1 段，南连兴隆台长城 1 段，后兴隆台烽火台位于该段墙体内侧。全长 3800 米。北段整体保存较差，墙体塌颓、低矮，长 3200 米；南段墙体部分被村庄占据，或被砖厂取土而消失，长 600 米。

该段墙体为土墙，自然基础，构筑方式不清。现墙顶宽 2.1～2.4、底宽 10～11、残高 1.1～1.5 米。墙体剖面为梯形。

兴隆台长城 1 段（211224382101170016）

起于良中桥乡十间村瓦盆窑屯南 500 米，止于亮中桥乡前兴隆台村东北 100 米。起点高程 120 米，止点高程 134 米。走向东北－西南。北接八家子长城 2 段。南连兴隆台长城 2 段，后兴隆台烽火台位于该段墙体内侧。全长 1800 米。整体保存较差，墙体塌颓、低矮，部分墙体被利用修建为道路。

该段墙体为土墙，自然基础，构筑方式不清。现墙顶宽 5～6.2、底宽 9～10、残高 1.5～2 米。墙体剖面为梯形。

兴隆台长城 2 段（211224382101170017）

起于亮中桥乡前兴隆台村东北 100 米，止于通江口镇四方台村前四方台屯北 500 米。起点高程 134 米，止点高程 128 米。走向东北－西南。北接兴隆台长城 1 段，南连四方台长城。齐家窝堡烽火台、白台子烽火台、牛庄烽火台、三家子烽火台、炮手屯烽火台、前四方台烽火台位于该段墙体内侧。全长 12000 米。整体保存较差，墙体本体现被辟为乡路。

该段墙体为土墙，自然基础，构筑方式不清。现墙顶宽 5～6.2、底宽 11～14、残高 1.5～2 米。墙体剖面为梯形。

四方台长城（211224382101170018）

起于通江口镇四方台村前四方台屯北 500 米，止于通江口镇四方台村孙家窝棚西 200 米昌图县、开原市交界处。起点高程 128 米，止点高程 92 米。走向西北－东南。北接兴隆台长城 2 段，南连开原市境内的双楼台长城 1 段。前四方台烽火台、前四方台南台烽火台、贾家店烽火台、鹿场烽火台、土台子烽火台位于该段墙体内侧。全长6800米。整体保存较差，墙体本体及其两侧现被辟为耕地。

该段墙体土墙，自然基础，构筑方式不清。现墙顶宽5～6.2、底宽11～14、残高1.5～2米。墙体剖面为梯形。（图一四）

②敌台及保存现状

昌图县共发现敌台11座。

农林长城1号敌台（211224352101170003）

位于泉头镇农林村于家屯北900米的山顶，高程301米。东接农林长城2段，西接农林长城3段；西南距吴家屯小台子烽火台700米，东南距关家屯小台子烽火台800米。

平面为圆形，剖面为梯形。保存较差，现残存一座突起的土丘。表面可见塌落的青砖残块。建筑结构不清。现存台体顶径4.2、底径10.2、残高3.5米。台

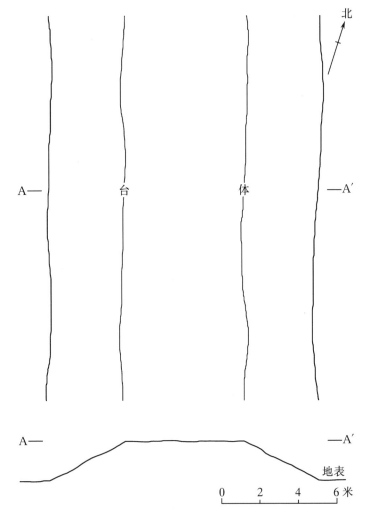

图一四　四方台长城平、剖面示意图

顶有一处圆形锅底状土坑，口径2.1、深0.4米。台体下有方形台基，边长20、高1.5米。台基下有方形围壕，边长23米，口宽3、底宽1、存深1.2米。

农林长城2号敌台（211224352101170005）

位于泉头镇农林村七组北600米的小台子山顶，高程257米。东接农林长城3段，西接石虎子长城1段；西南距石虎子北山烽火台570米，东南距吴家屯小台子烽火台1100米。

平面为圆形，剖面为梯形。保存较差，现残存一座突起的土丘。表面可见塌落的青砖残块。建筑结构不清。现存台体顶径3.5、底径13.5、残高4.5米。

石虎子长城1号敌台（211224352101170007）

位于泉头镇石虎子村北1200米的山顶上，高程252米。东接石虎子长城1段，西接石虎子长城2段；西南距石虎子长城2号敌台1600米。南侧有乡道。

平面为圆形，剖面为梯形。保存较差，现残存一座突起的土丘。表面可见塌落的青砖残块。建筑结构不清。现存台体顶径4、底径8、残高2.5米。台体下有方形环壕，边长16米，

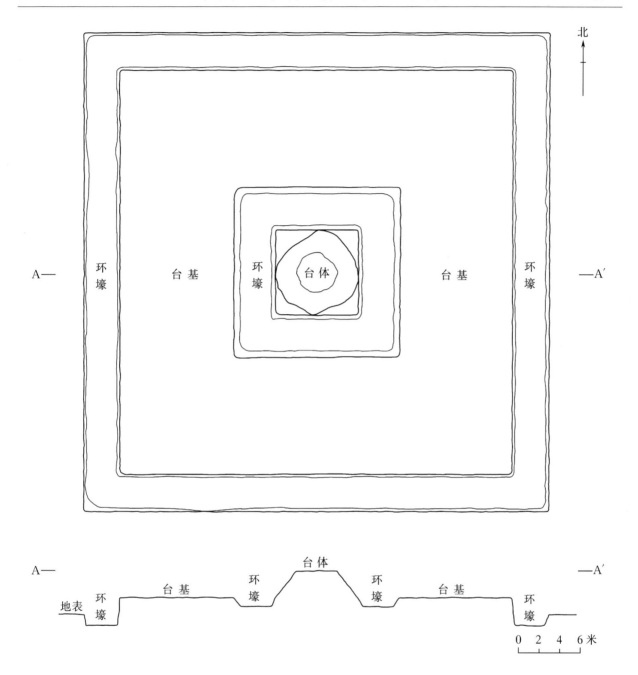

图一五　石虎子长城 1 号敌台平、剖面示意图

口宽 4.2、底宽 3、深 0.8 米；环壕外有方形台基，边长 31、高 1.6 米，台基外有方形环壕，边长 45 米，口宽 3.5、底宽 3.1、深 1 米。（图一五）

石虎子长城 2 号敌台（211224352101170008）

位于泉头镇石虎子村北 800 米的山顶上，高程 287 米。东接石虎子长城 2 段，西接石虎子长城 3 段；西北距石虎子长城 3 号敌台 900 米，东北距石虎子长城 1 号敌台 1600 米。

平面为圆形，剖面为梯形。保存较差，现残存一座突起的土丘。表面可见塌落的青砖残块。建筑结构不清。现存台体顶径 5、底径 13、残高 2.5 米。台顶中心有一处圆形锅底状土坑，口径 2、深 0.6 米。台体下有方形台基，边长 38、高 1.5 米；台基外有方形环壕，边长

42 米，口宽 5.7、底宽 0.5 米。

石虎子长城 3 号敌台（211224352101170009）

位于泉头镇石虎子村胡家屯北 500 米山顶上，高程 221 米。东接石虎子长城 3 段，西接石虎子长城 4 段；西北距泉头长城敌台 1100 米，东南距石虎子长城 2 号敌台 900 米。

平面为圆形，剖面为梯形。保存较差，现残存一座突起的土丘。表面可见塌落的青砖残块。建筑结构不清。现存台体顶径 4.2、底径 16.5、残高 3.5 米。

泉头长城敌台（211224352101170010）

位于泉头镇石虎子村孙家窑屯西北 200 米的高台庙山顶，高程 272 米。东接石虎子长城 4 段，西接泉头长城；东南距石虎子长城 3 号敌台 1100 米。

平面为圆形，剖面为梯形。保存较差，现存一座突起的土丘。表面可见塌落的青砖残块，建筑结构不清。现存台体顶径 9.5、底径 19.5、残高 4 米。台体下有方形台基，边长 30 米、高 1.5 米；台基外有方形环壕，边长 33 米，口宽 3、底宽 0.5 米。

朝阳堡长城敌台（211224352101170013）

位于泉头镇八家子村朝阳堡屯 800 米北山顶上，高程 184 米。东接塔西长城，西接朝阳堡长城；西南距八家子 1 号烽火台 1000 米。

平面为方形，剖面为梯形。保存较差，现存一座凸起的土丘。表面可见塌落的青砖残块。建筑结构不清。现存台体顶边长 5.6、底边长 27、残高 6 米。台体下有方形台基，边长 32、残高 2 米。

河信长城敌台（211224352101170016）

位于昌图镇河信村金山堡屯北 1000 米的北山上，高程 178 米。东接朝阳堡长城，西接河信长城；西南距金山堡烽火台 850 米，东北距八家子 2 号烽火台 620 米。

平面为方形，剖面为梯形。保存较差，现存一座慢坡状的土丘。表面可见塌落的青砖残块。建筑结构不清。现存台体顶边长 3.6 米、底边长 17 米、残高 1.3 米。

长青堡长城敌台（211224352101170019）

位于老城镇长青堡村西北 1000 米，高程 175 米。东接河信长城，西接长青堡长城；东南距护山屯北山烽火台 2500 米。

平面为方形，剖面为梯形。保存较差，现残存一座慢坡状的土丘。表面可见塌落的青砖残块。建筑结构不清。现存台体顶边长 3.2、底边长 18、残高 1.5 米。

八家子长城敌台（211224352101170021）

该敌台位于亮中桥乡杨木村孤家子屯南 500 米，高程 130 米。北接八家子长城 1 段，南接八家子长城 2 段。

平面为方形，剖面为梯形。保存较差，现残存一座慢坡状的土丘。表面可见塌落的青砖残块。建筑结构不清。现存台体顶边长 3.2、底边长 21、残高 1.5 米。

兴隆台长城敌台（211224352101170023）

位于亮中桥乡前兴隆台村东北 100 米，高程 134 米。北接兴隆台长城 1 段，南接兴隆台长城 2 段；东北距后兴隆台烽火台 1600 米。

平面为方形，剖面为梯形。保存较差，现存一座凸起的土丘。表面可见塌落的青砖残块。建筑结构不清。现存台体顶边长 16、底边长 38、残高 9 米。

（3）开原市（西线）

①墙体及保存现状

开原市（西线）明长城总长 19200 米，可分为 4 段。

双楼台长城 1 段（211282382101170024）

起于昌图县通江口镇四方台村孙家窝棚西 200 米昌图县与开原市交界处，止于庆云堡镇双楼台村西北 1300 米的双楼台遗址（明新安关遗址）。起点高程 92 米，止点高程 104 米。走向西北－东南。北接昌图县境内四方台长城，南连双楼台遗址。附近有亮中河。全长 600 米。整体保存一般，墙体本体及其两侧现被辟为耕地，仅见一条突起土棱。

该段墙体为土墙，自然基础，构筑方式不清。现墙顶宽 1.2～1.5、底宽 3.8～4.1、残高 0.8～1.3 米。墙体剖面为梯形。

双楼台长城 2 段（211282382101170025）

起于庆云堡镇双楼台村西北 1300 米，止于庆云堡镇西北 4000 米 303 省道与墙体交叉处。起点高程 104 米，止点高程 88 米。走向北－南。北接双楼台遗址，南连兴隆台长城 1 段。全长 1000 米。整体保存较差，墙体本体及其两侧现被辟为耕地，仅见一条突起的土棱。

该段墙体为土墙，自然基础，构筑方式不清。现墙顶宽 1.2～1.5、底宽 3.8～6、残高 1～1.5 米。墙体剖面为梯形。

兴隆台长城 1 段（211282382101170026）

起于庆云堡镇西北 4000 米 303 省道与墙体交叉处，止于庆云堡镇双楼台村南 1600 米。起点高程 88 米，止点高程 76 米。走向东北－西南。北接双楼台长城 2 段，南连兴隆台长城 2 段。庆云堡在其东侧。南侧为辽河。全长 1600 米。整体保存较差，墙体本体及其两侧现被辟为耕地，仅见一条突起的土棱。

该段墙体为土墙，自然基础，构筑方式不清。现墙顶宽 1.2～1.5、底宽 8～10、残高 1～1.5 米。墙体剖面为梯形。

兴隆台长城 2 段（211282382101170027）

起于开原市庆云堡镇双楼台村南 1600 米，止于铁岭县镇西堡镇西果园村东 1100 米的辽河右岸大堤。起点高程 76 米，止点高程 63 米。走向北－南。北接兴隆台长城 1 段，南接铁岭县境内的果园长城 1 段。二台子烽火台、老虎头烽火台、北台子烽火台、兴隆台烽火台、五棵树烽火台、项家窝棚烽火台位于该段墙体内侧。南部为辽河。乡道与 303 省道相连，可通往铁岭市区。全长 17000 米。北段墙体较差，长 10000 米，本体及其两侧现被辟为耕地，仅见一条慢坡状的土棱；中段墙体保存差，长 5000 米，墙体位于辽河泛滥区；南段墙体地面遗迹消失，长 2000 米，墙体位于辽河河道内，被河水冲毁。

该段墙体为土墙，自然基础，构筑方式不清。现墙顶宽 0.6～1.1、底宽 6～7、残高

0.5～1米。墙体剖面为梯形。

②敌台及保存现状

开原市（西线）共发现敌台1座。

兴隆台长城敌台（211282352101170042）

位于庆云堡镇双楼台村南1600米，高程76米。北接兴隆台长城1段，南接兴隆台长城2段；东南距二台子烽火台1100米。

平面为方形，剖面为梯形。保存状况差，台体被辟为耕地，几乎夷平，周围地表散见青砖残块。建筑结构不清。现存台体顶边长4.6、底边长28、残高2.1米。

（4）铁岭县（西线）

①墙体及保存现状

铁岭县（西线）明长城总长38100米，可分为10段。

果园长城1段（211221382101170012）

起于镇西堡镇果园村东1100米的辽河右岸大堤，止于镇西堡镇果园村西南3200米处。起点高程63米，止点高程65米。走向东北-西南。北接开原市境内的兴隆台长城2段，南连果园长城2段。北侧为辽河。全长400米。整体保存较差，墙体本体及其两侧现被辟为耕地，仅见一条突起的土棱，迹象已经不明显。

该段墙体为土墙，自然基础，构筑方式不清。现墙顶宽1.6～2、底宽6.3～7.9、残高0.5～1.2米。墙体剖面为梯形。

果园长城2段（211221382101170013）

起于镇西堡镇果园村西北3200米处，止于镇西堡镇泉眼沟村东1600米的大台山顶上。起点高程65米，止点高程229米。走向东北-西南。北接果园长城1段，南连大台山长城1段。北侧为辽河。全长1300米。整体保存较差，墙体本体及其两侧现被辟为耕地，仅见一条突起的土棱，迹象已经不明显。

该段墙体为土墙，自然基础，构筑方式不清。现墙顶宽1.6～2、底宽6.3～7.9、残高0.5～1.5米。墙体剖面为梯形。

大台山长城1段（211221382101170014）

起于镇西堡镇泉眼沟村东1600米的大台山顶上，止于镇西堡镇西营盘村东北1500米，大台山公路东侧5米。起点高程229米，止点高程96米。走向东北-西南。北接果园长城2段，南连大台山长城2段。北侧为辽河。全长1700米。整体保存较差，墙体本体及其两侧现被辟为耕地或利用作为田间小路，仅见一条突起的土棱，迹象已经不明显。

该段墙体为土墙，自然基础，构筑方式不清。现墙顶宽0.6～1、底宽2.3～3.2、残高0.5～0.7米。墙体剖面为梯形。

大台山长城2段（211221382101170015）

起于镇西堡镇西营盘村东北1500米，大台山公路东侧5米，止于镇西堡镇西营盘村西北1000米。起点高程96米，止点高程91米。走向东北-西南。北接大台山长城1段，南连营盘长城。北侧为辽河。全长 2500 米。整体保存较差，墙体本体及其两侧现被辟为耕地，仅见一条突起的土棱，迹象已经不明显。

该段墙体为土墙，自然基础，构筑方式不清。现墙顶宽 0.6～1、底宽 2.3～3.2、残高 0.8～1.5 米。墙体剖面为梯形。

营盘长城（2112213821 01170016）

起于镇西堡镇西营盘村西北 1000 米，止于镇西堡镇镇西堡村西北 1500 米。起点高程 91 米，止点高程 90 米。走向东北－西南。北接大台山长城 2 段，南连二公台长城 1 段。北侧和西侧有辽河。全长 1700 米。北段墙体保存较差，长 1200 米，墙体本体及其两侧现被辟为耕地，仅见一条突起的土棱；南段墙体消失，长 500 米，被省道 106 线公路和铁法铁路线打断。

该段墙体为土墙，自然基础，构筑方式不清。现墙顶宽 0.6～0.9、底宽 2.3～3.2、残高 0.8～1.5 米。墙体剖面为梯形。

二公台长城 1 段（2112213821 01170017）

起于镇西堡镇镇西堡村西北 1500 米，铁法铁路线断点，止于蔡牛乡东贝河村东 100 米。起点高程 90 米，止点高程 103 米。走向东北－西南。北接营盘长城，南连二公台长城 2 段。附近有辽河支流。全长 4700 米。整体保存较差，墙体本体及其两侧现被辟为耕地，仅见一条突起的土棱，迹象已经不明显。

该段墙体为土墙。现墙顶宽 0.6～0.9、底宽 2.3～3.2、残高 0.8～1.5 米。墙体剖面为梯形。

二公台长城 2 段（2112213823 01170018）

起于蔡牛乡东贝河村东 100 米，止于新台子镇索龙岗村北 200 米山脚下。起点高程 103 米，止点高程 51 米。走向东北－西南。北接二公台长城 1 段，南连索龙岗长城 1 段，南台子烽火台、北高台烽火台、南高台烽火台、药王庙烽火台、索龙岗北烽火台、宋家泊堡位于墙体内侧。附近有辽河、汎河支流。该段全长 17000 米，墙体地表已无存。

索龙岗长城 1 段（2112213821 01170019）

起于新台子镇索龙岗村北 200 米山脚下，止于新台子镇索龙岗村西北的山冈上。起点高程 51 米，止点高程 70 米。走向东北－西南。北接二公台长城 2 段，南连索龙岗长城 2 段。西侧为辽河。全长 200 米。整体保存较差，部分墙体本体及其两侧现被辟为耕地和坟地，仅见一条突起的土棱。

该段墙体为土墙，自然基础，构筑方式不清。现墙顶宽 0.5～1、底宽 8.8、残高 2～3.5 米。墙体剖面为梯形。

索龙岗长城 2 段（2112213821 01170020）

起于新台子镇索龙岗子村西北的山冈上，止于新台子镇珠尔山村西北 600 米的辽河右岸大堤。起点高程 70 米，止点高程 60 米。走向东北－西南。北接索龙岗长城 1 段，南连帽山长城。西侧为辽河。全长 2400 米。整体保存较差，墙体本体及其两侧现被辟为耕地，仅见 2 道突起的土棱。

该段墙体为土墙。现墙顶宽为 0.5～1、底宽 8.8、残高 2～3.5 米。墙体剖面为梯形。墙体高程 98 米，分做南北两道墙体。其中北侧的墙体为主墙，向西南方向延伸，全长 600 米，止点高程 61 米。南侧墙体为复墙，沿珠尔山山脊延伸至辽河大堤，全长 600 米，止点高程 60 米。

帽山长城（211221382301170021）

起于新台子镇珠尔山村西北 600 米的辽河右岸大堤，止于阿吉镇陈平村南 200 米的帽山北侧。起点高程 60 米，止点高程 85 米。走向东北－西南。东接索龙岗长城 2 段，西连法库县境内的戴荒地长城。南部有辽河。该段全长 6200 米，墙体地表已无存。

②敌台及保存现状

铁岭县（西线）共发现敌台 6 座。

果园长城敌台（211221352101170023）

位于镇西堡镇果园村西北 1200 米处，高程 65 米。北接果园长城 1 段，南接果园长城 2 段，西南距大台山长城 1 号敌台 1000 米，东北距项家窝棚烽火台 2900 米。北侧为辽河。

平面为矩形，剖面为梯形。保存较差。台体被现当地居民利用，建成关帝庙，面目全非。周围散见明代青砖残块。建筑结构不清。现存台体东西长 8、南北宽 6、残高 1.4 米。

大台山长城 1 号敌台（211221352101170024）

位于镇西堡镇泉眼沟村东 1600 米的大台山顶上，高程 229 米。北接果园长城 2 段，南接大台山长城 1 段；西南距大台山长城 2 号敌台 1600 米，东北距果园长城敌台 1000 米。北侧为辽河。

平、剖面形制不清。保存较差，台体现被当地利用，建造灵山寺及天坛，面目全非，周围散见明代青砖残块。建筑结构不清。现存台体顶径 15、底径 25、残高 2.5 米。

大台山长城 2 号敌台（211221352101170025）

位于镇西堡镇西营盘村东北 1500 米，大台山公路东侧 5 米，高程 96 米。北接大台山长城 1 段，南接大台山长城 2 段；西南距营盘长城敌台 2200 米，东北距大台山长城 1 号敌台 1600 米。

平面为圆形，剖面为梯形。保存较差，台体西侧被切掉，台体上及其周围散见青砖残块。建筑结构不清。现存台体顶径 0.5、底径 5、残高 1.1 米。

营盘长城敌台（211221352101170026）

位于镇西堡镇西营盘村西北 1000 米，高程 91 米。北接大台山长城 2 段，南接营盘长城，东北距大台山长城 2 号敌台 2200 米。

平面为矩形，剖面为梯形。保存较差，台体西南侧被切掉，台体上及其周围散见青砖残块。建筑结构不清。现存台体南北长 20、宽 4、残高 3.2 米。

二公台长城敌台（211221352101170027）

位于蔡牛乡东贝河村东 100 米，高程 103 米。北接二公台长城 1 段，南接二公台长城

2 段；西南距南台子烽火台 1000 米，东北距营盘长城敌台 5900 米。

平面为圆形，剖面为梯形。保存较差，台体塌颓，地表残存一座突起的土丘，台体上及其周围散见青砖残块。建筑结构不清。现存台体顶径 10.5、底径 24.5、残高 4.3 米。

索龙岗长城敌台（211221352101170033）

位于新台子镇索龙岗村西北 2000 米的山冈上，高程 70 米。北接索龙岗长城 1 段，南接索龙岗长城 2 段；东北距离索龙岗北烽火台 700 米。

平面为圆形，剖面为梯形。保存较差，台体塌颓，地表残存一座突起的土丘，台体上及其周围散见青砖残块。建筑结构不清。现存台体顶径 11.7、底径 34.7、残高 4.8 米。

（5）法库县

法库县明长城总长 13400 米，地表已无存。

戴荒地长城（210124382301170001）

起于铁岭县阿吉镇陈平村南 200 米的帽山北侧（铁岭、法库界），止于沈北新区石佛寺锡伯族乡马门子村北 1800 米。起点高程 85 米，止点高程 45 米。走向东北－西南。北接铁岭县境内的帽山长城，南连沈北新区境内的马门子长城。辽河穿墙而过。该段全长 13400 米，墙体地表已无存。

（6）沈北新区

沈北新区明长城总长 8300 米，可分为 2 段。

马门子长城（210113382101170001）

起于石佛寺锡伯族乡马门子村北 1800 米，止于石佛寺锡伯族乡马门子村西南 1000 米。起点高程 45 米，止点高程 44 米。走向东北－西南。北接法库县境内的戴荒地长城，南连边墙子长城。十方寺堡、柳蒿台烽火台、白家台烽火台、苏家台烽火台、马门子烽火台位于该段墙体内侧。北侧有辽河。全长 3300 米。

该段墙体为土墙。现顶宽 0.8～1.7、底宽 2.8～3.9、残高 0.5～1.7 米。墙体剖面为梯形。

按照保存现状可分为 3 段：

第一段起点高程 45 米，止点高程 43 米。其间，在距离整段起点 400 米处，高程 51 米，墙体被当地居民取土破坏掉一部分。全长 1000 米，走向东北－西南。保存状况较差，墙体顶宽 0.5～0.8、底宽 1.8～2.4、残高 0.4～1.6 米。

第二段起点高程 43 米，止点高程 48 米。全长 1600 米，走向东北－西南。墙体消失。

第三段起点高程 48 米，止点高程 44 米。全长 700 米，走向东北－西南。保存状况较差，墙体顶宽 0.8～1.7、底宽 2.8～3.9、残高 0.5～1.7 米。

边墙子长城（210113382301170002）

起于石佛寺锡伯族乡马门子村西南 1000 米，止于石佛寺锡伯族乡四龙湾村三组西南 500 米（沈北新区、于洪区界）。起点高程 44 米，止点高程 40 米。走向东北－西南。北接马门子长城，南连于洪区境内的万金台长城。北侧有辽河。该段全长 5000 米，墙体地表已无存。

（7）于洪区

于洪区明长城总长 55800 米，可分为 5 段。

万金台长城（210114382301170001）

起于沈北新区石佛寺锡伯族乡四龙湾村三组西南 500 米（沈北新区、于洪区界），止于于洪区光辉乡四方台村西 300 米。起点高程 40 米，止点高程 38 米。走向东北－西南。北接马门子长城，南连四方台长城。北侧有辽河。该段全长 11500 米，墙体地表已无存。

四方台长城（210114382101170002）

起于光辉乡四方台村西 300 米，止于光辉乡老边台村西南 800 米。起点高程 38 米，止点高程 34 米。走向东北－西南。北接万金台长城，南连三台子长城；四方台烽火台、开隆社烽火台、老边台烽火台位于该段墙体内侧。北侧有辽河支流。全长 6200 米。北段墙体地面遗迹消失，长 4700 米；南段墙体保存差，长 1500 米。

该段墙体为土墙，自然基础，构筑方式不清。顶宽 0.8～1.7、底宽 1.8～2.2、残高 0.5～0.8米。墙体剖面为梯形。

按照保存现状可分为 2 段：

第一段起点高程 38 米，止点高程 36 米。全长 4700 米，走向东北－西南。墙体地面遗迹消失。

第二段起点高程 36 米，止点高程 34 米。全长 1500 米，走向东北－西南。墙体保存差。

三台子长城（210114382101170003）

起于光辉乡老边台村西南 800 米，止于光辉乡高台子村西 240 米。起点高程 34 米，止点高程 41 米。走向东北－西南。北接四方台长城，南连沙岭长城。北侧有辽河。三台子烽火台位于该段墙体的内侧。乡道与 107 省道、101 国道相连，可通往沈阳市区，沈山铁路穿墙而过。全长 3100 米。北段墙体保存差，长 2000 米，基本被夷平；南段墙体地面遗迹消失，长 1100 米。

该段墙体为土墙，自然基础，构筑方式不清。顶宽 0.8～1.4、底宽 1.7～2.1、残高 0.5～0.7米。墙体剖面为梯形。

按照保存现状可分为 2 段：

第一段起点高程 34 米，止点高程 34 米。全长 2000 米，走向东北－西南。墙体保存较差。

第二段起点高程 34 米，止点高程 41 米。全长 1100 米，走向东北－西南。墙体地面遗迹消失。

沙岭长城（210114382301170004）

起于光辉乡高台子村西 240 米，止于沙岭街道西 400 米。起点高程 34 米，止点高程 37 米。走向西北－东南。北接三台子长城，南连彰驿长城。附近有细河。该段全长 15000 米，墙体地表已无存。

彰驿长城（210114382301170005）

起于沙岭街道西 400 米，止于彰驿镇西 1500 米，于洪区、辽中县界。起点高程 37 米，止点高程 27 米。走向东北－西南。北接沙岭长城，南连辽中县境内的四方台长城。附近有浑河支流和沈辽公路、京沈高速公路、秦沈铁路线。该段全长 20000 米，墙体地表已无存。

（8）辽中县

辽中县明长城总长 28700 米，可分为 2 段。

四方台长城（210122382301170001）

起于于洪区彰驿镇西 1500 米，于洪区、辽中县界，止于辽中县茨榆坨镇四方台村西北 1500 米。起点高程 27 米，止点高程 33 米。走向东北－西南。北接于洪区境内的彰驿长城，南连茨榆坨长城。大乌拉烽火台、岳火台烽火台、八音台烽火台、四方台烽火台位于该段墙体内侧。附近有浑河支流，东侧有沈辽公路。该段全长 10000 米，墙体地表已无存。该段墙体地处辽河平原，地势平坦，根据史料记载应为夯土墙。墙体经过之处人烟稠密，农耕发达，是墙体消失的主要原因。

茨榆坨长城（210122382301170002）

起于茨榆坨镇四方台村西北 1500 米，止于辽阳县小北河镇兴隆台村北 1800 米。起点高程 33 米，止点高程 19 米。走向东北－西南。北接四方台长城，南连辽阳县境内的兴隆台长城。偏堡子烽火台、茨榆坨烽火台、三台子烽火台、五台子烽火台、六台子烽火台、七台子烽火台、长胜堡位于该段墙体内侧。附近有浑河支流，沈辽公路穿墙而过。该段全长 18700 米，墙体地表已无存。

（9）辽阳县

辽阳县明长城总长 39800 米，可分为 4 段。

兴隆台长城（211021382301170001）

起于小北河镇兴隆台村北 1800 米，止于黄泥洼乡西 800 米。起点高程 19 米，止点高程 15 米。走向西北－东南。北接辽中县境内的茨榆坨长城，南连黄泥洼长城。兴隆台 1 号烽火台、兴隆台 2 号烽火台、胡家台烽火台、北台子烽火台、河公台烽火台位于该段墙体内侧。北侧有浑河，中部有沙河，南侧有太子河。该段全长 9200 米，墙体地表已无存。

黄泥洼长城（211021382301170002）

起于黄泥洼乡西 800 米，止于柳壕镇南边墙子村东北 1500 米。起点高程 15 米，止点高程 4 米。走向东北－西南。北接兴隆台长城，南连南边墙子长城。二弓台烽火台、三弓台烽火台、四弓台烽火台、五弓台烽火台、六弓台烽火台、八弓台烽火台位于该段墙体内侧。北侧有太子河，南侧有柳壕河。该段全长 9000 米，墙体地表已无存。

南边墙子长城（211021382301170003）

起于柳壕镇南边墙子村东北 1500 米，止于柳壕镇南边墙子村内。起点高程 4 米，止点高程 5 米。走向东北－西南。北接黄泥洼长城，南连高力城子长城。南边墙子烽火台位于该段墙体南端内侧。北侧有太子河，南侧有柳壕河。该段全长 1600 米，墙体地表已无存。

高力城子长城（211021382301170004）

起于柳壕镇南边墙子村内，止于穆家乡大台子村东南 500 米（辽阳、鞍山界）。起点高程

5 米，止点高程 9 米。走向东北－西南。北接南边墙子长城，南连鞍山市海城市境内长城。高力城子烽火台、谷家台烽火台、乔家台烽火台、陈家台烽火台、喜鹊台烽火台、二台子烽火台、大台子烽火台位于该段墙体内侧。西侧有太子河。该段全长 20000 米，墙体地表已无存。

（10）海城市

海城市明长城总长 33000 米，墙体地表已无存。

老墙头长城（210381382301170001）

起于新台子镇老墙头村东北 2000 米，止于西四镇八家子村北 2100 米耕地中。起点高程 9 米，止点高程 9 米。走向东北－西南－西北，东北与辽阳县高力城子长城相接，西北连盘山县八家子长城。北侧有鞍山－羊山（307）公路，西南 1000 米为太子河大桥。该段全长 33000米，墙体地表已无存。

（11）台安县

①墙体及保存现状

台安县明长城总长 58313 米，可分为 17 段。

万家台长城（210321382301170001）

起于韭菜台镇万家台村东 2000 米台安与海城交界处，止于韭菜台镇殷长贺家院内。起点高程 9 米，止点高程 4 米。走向东南－西北。东南接海城市老墙头长城，西北连韭菜台长城，起点西北 2500 米处为万家台烽火台。墙体西侧有太子河通过，韭菜台－高力房子公路在村中穿过。该段全长 4200 米，墙体地表已无存。

韭菜台长城（210321382301170002）

起于韭菜台镇殷长贺家院内，止于韭菜台镇平台村。起点高程 4 米，止点高程 10 米。走向东南－西北，东南接万家台长城，西北连平台村长城。起点处为韭菜台长城敌台，止点处为平台村长城敌台。东侧为拉拉屯－高力房子公路。该段全长 2600 米，墙体地表已无存。

平台村长城（210321382301170003）

起于韭菜台镇平台村，止于韭菜台镇四方台村。起点高程 10 米，止点高程 6 米。走向东南－西北，东南接韭菜台长城，西北连头台屯长城。起点为平台村长城敌台，止点为头台屯长城敌台。东侧为古城子－高力房子公路。该段全长 3500 米，墙体地表已无存。

头台屯长城（210321382301170004）

起于韭菜台镇四方台村，止于高力房子镇乔坨子村乔坨子长城敌台。起点高程 6 米，止点高程 13 米。走向东南－西北，东南接平台村长城，西北连乔坨子长城。起点为头台屯长城敌台，止点为乔坨子长城敌台。东侧为头台屯－乔坨子村级公路。该段全长 3600 米，墙体地表已无存。

乔坨子长城（210321382301170005）

起于高力房子镇乔坨子村乔坨子长城敌台，止于高力房子镇九台子村东台屯长城敌台，起点高程 13 米，止点高程 9 米。走向东南－西北。东南接头台屯长城，西北连东台屯长城。该段全长 2400 米，墙体地表已无存。

东台屯长城（210321382301170006）

起于高力房子镇九台子村东台屯长城敌台，止于高力房子镇九台子村台安与盘锦交界处。起点高程 9 米，止点高程 6 米。走向东南－西北，东南接乔坨子长城，西北连盘山县九台子长城。西侧有太子河通过，东侧为乔坨子－四台子村级公路。该段全长 1000 米，墙体地表已无存。

四台子长城（210321382301170007）

起于富家镇四台子村东南 1800 米台安与盘锦交界处，止于富家镇龙凤村七组范增才家龙凤村长城敌台。起点高程 7 米，止点高程 8 米。走向东南－西北，东南接盘山县九台子长城，西北连龙凤村长城。西侧有太子河通过，东侧为乔坨子－九台子村级公路。该段全长 3000 米，墙体地表已无存。

龙凤村长城（210321382301170008）

起于富家镇龙凤村长城敌台，止于新台镇德生村六台屯长城敌台。起点高程 8 米，止点高程 3 米。走向东南－西北，东南接四台子长城，西北连六台屯长城。该段全长 5700 米，墙体地表已无存。

六台屯长城（210321382101170009）

起于新台镇德生村六台屯西 100 米，止于新台镇德生村六台屯西北 1400 米。起点高程 3 米，止点高程 10 米。走向东南－西北。东南接龙凤村长城，西北连五台岗子长城。全长 1386 米，整体保存较差。

按照保存情况可分为 5 段：

第一段起点高程 3 米，止点高程 4 米。长 420 米，保存状况差，墙体多处被稻田破坏，原始风貌无存，遗迹基本消失。

第二段起点高程 4 米，止点高程 6 米。长 120 米，被稻田破坏，墙体消失。

第三段起点高程 6 米，止点高程 7 米。长 250 米，保存现状差，墙体多处被稻田破坏，遗迹基本消失。

第四段起点高程 7 米，止点高程 6 米。长 70 米，墙体已被村民修成下田拉秋村路，墙体消失。

第五段起点高程 6 米，止点高程 10 米。长 526 米，保存现状差，墙体多处被稻田破坏，原始风貌无存，遗迹基本消失。北段墙体现已种植玉米，只能见高高突起的土垄，现墙宽 6 米、残高约 0.3 米。

五台岗长城（210321382301170010）

起于新台镇德生村六台屯西北 1400 米五台岗子长城敌台，止于新台镇南台村前南台屯西南 500 米南台屯长城 1 号敌台。起点高程 12 米，止点高程 4 米。走向西南－东北。西南接六台屯长城，东北连南台屯长城，西北距四台子屯烽火台 2400 米。鞍山－台安公路在墙体上穿过。该段全长 6100 米，墙体地表已无存。

南台屯长城（210321382301170011）

起于新台镇南台村前南台屯西南 500 米南台屯长城 1 号敌台，止于新台镇新台粮库南 80 米新台村长城 1 号敌台。起点高程 4 米，止点高程 3 米。走向西南－东北。西南接五台岗长城，东北连新台村长城。鞍山－台安公路在墙体上穿过。该段全长 1800 米，墙体地表已无存。

新台村长城（210321382301170012）

起于新台镇新台粮库南 80 米新台村长城 1 号敌台，止于新台镇大台子村七组东 30 米大台子长城 1 号敌台。起点高程 3 米，止点高程 4 米。走向东南－西北。东南接南台屯长城，西北连大台子长城。鞍山－台安公路在墙体上穿过。该段全长 5300 米，墙体地表已无存。

大台子长城（210321382301170013）

起于新台镇大台子村七组东 30 米大台子长城 1 号敌台，止于桑林镇马杖子村北 200 米处耕地中马杖子长城 1 号敌台。起点高程 4 米，止点高程 6 米。走向东南－西北。东南接新台村长城，西北连马杖子长城。东为大台子村－马杖子村级公路。该段全长 6000 米，墙体地表已无存。

马杖子长城（210321382301170014）

起于台安县桑林镇马杖子村东 200 米马杖子长城 1 号敌台，止于台安县桑林镇双台子村东南 1600 米双台子长城 1 号敌台。起点高程 6 米，止点高程 3 米。走向东南－西北。东南接大台子长城，西北连双台子长城。该段全长 1600 米，墙体地表已无存。

双台子长城（210321382301170015）

起于桑林镇双台子村东南 1600 米双台子长城 1 号敌台，止于桑林镇柴家村 4 组徐建民家院内柴家村长城 1 号敌台。起点高程 3 米，止点高程 9 米。走向东南－西北。东南接马杖子长城，西北连柴家村长城。该段全长 3600 米，墙体地表已无存。

柴家村长城（210321382101170016）

起于桑林镇柴家村 4 组徐建民家院内柴家村长城 1 号敌台，止于桑林镇蒋坨子村西 400 米。起点高程 9 米，止点高程 8 米。走向东南－西北。东南接双台子长城，西北连蒋坨子长城。西侧为元台子－蒋坨子村级公路。全长 5152 米。

该段墙体为土墙，地表只残存宽 7～8、高 0.2～0.5 米的土垄，墙体设施无存。

按照保存情况可分为 7 段：

第一段起点高程 9 米，止点高程 13 米。长 361 米，该段墙体被耕地损毁，导致长城墙体地表消失。

第二段起点高程 13 米，止点高程 11 米。长 900 米，保存状况较差，此段墙体现已被村民种植玉米，墙体破坏严重，原始风貌无存。该段墙体现存墙体宽 7～8、高约 0.5～1 米。

第三段起点高程 11 米，止点高程 9 米。长 739 米，该段墙体现已被破坏，修为村路，导致长城墙体地表消失。

第四段起点高程 9 米，止点高程 11 米。长 175 米，保存状况较差，墙体原始风貌无存。墙体宽 7～8、高 0.4～0.6 米。

第五段起点高程 11 米，止点高程 5 米。长 227 米，该段墙体被耕地损毁，导致长城墙体地表消失。

第六段起点高程 5 米，止点高程 5 米。长 550 米，保存状况较差，墙体原始风貌无存。

第七段起点高程 5 米，止点高程 8 米。长 2200 米，该段墙体被耕地损毁，长城墙体消失。

蒋坨子长城（210321382101170017）

起于桑林镇蒋家坨子村西 400 米，止于黑山县四家子镇马圈子村前李家屯南 3000 米台安与黑山交界处。起点高程 8 米，止点高程 8 米。走向东南－西北。东南接柴家村长城，西北连黑山县前李家长城。西侧为柴家村－黑山康家村级公路。全长 1375 米。墙体保存差，破坏严重。

该段墙体为土墙，地表只残存宽 7～10、高 0.2～0.4 米的土垄，墙体设施无存。

按照保存情况可分为 2 段：

第一段起点高程 8 米，止点高程 8 米。长 475 米，保存状况差，此段墙体现已被村民种植玉米，墙体破坏严重。

第二段起点高程 8 米，止点高程 8 米。长 900 米，该段墙体被耕地损毁，导致长城墙体地表消失。

②敌台及保存现状

台安县共发现敌台 26 座。

韭菜台长城敌台（210321352101170002）

位于韭菜台镇万家台村殷长贺家院内，高程 4 米。东南接万家台长城，西北连韭菜台长城；西北距平台村长城敌台 2600 米。东侧为拉拉屯－高力房子公路。

台体地面遗迹消失，现为民宅，周围散见青砖残块。

平台村长城敌台（210321352101170003）

位于韭菜台镇平台村倪少棠家院内，高程 10 米。南接韭菜台长城，北连平台村长城；东南距韭菜台长城敌台 2600 米，西北距头台屯长城敌台 3000 米。东侧有古城子－高力房子乡级公路。

台体地面遗迹消失，现为民宅，周围散见青砖残块。

头台屯长城敌台（210321352101170004）

位于韭菜台镇四方台村头台自然屯西 200 米辽河河床内，高程 6 米。东南接平台村长城，西北连头台屯长城；东南距平台村长城敌台 3000 米，西北距乔坨子长城敌台 3600 米。东侧为头台屯－乔坨子村路。

台体地面遗迹消失，周围散见青砖残块。

乔坨子长城敌台（210321352101170005）

位于高力房子镇乔坨子村乔坨子二队向守正家院内乔坨子长城起点，高程 13 米。东南距头台屯长城敌台 3600 米，西北距东台屯长城敌台 2400 米。东侧为乔坨子－九台子村级公路。

台体地面遗迹消失，现为民宅，周围散见青砖残块。

东台屯长城敌台（210321352101170006）

位于高力房子镇九台子村东台屯杨春成家院内东台屯长城起点，高程 9 米。东南距乔坨子长城敌台 2400 米，西北距四台子长城 1 号敌台 5700 米。东侧为乔坨子－九台子村级公路。

台体地面遗迹消失，现为民宅，周围散见青砖残块。

四台子长城 1 号敌台（210321352101170007）

位于四台子村七组陈国胜家后院，高程 6 米。西距四台子长城敌台 3 米，西北距四台子长城 2 号敌台 871 米。附近有富家－四台子村路。

敌台被住房损毁，遗迹现象消失。

四台子长城 2 号敌台（210321352101170008）

位于四台子村六组田明才家院内，即四台子长城起点西北 1890 米处，高程 6 米。东北距四台子长城 3 米，东南距四台子 1 号长城敌台 871 米，北距龙凤村长城敌台 2100 米。附近有富家－九台子村路。

敌台被耕地损毁，地表有少量青砖碎块。

龙凤村长城敌台（210321352101170009）

位于龙凤村七组范增才家后院龙凤村长城起点处，高程 8 米。南距四台子长城 2 号敌台 2100 米，西北距西兴堡 1300 米，西距台岗子烽火台 3000 米。村内有龙凤村－六台屯村路。

敌台被耕地损毁，地面有青砖残块。

六台屯长城敌台（210321352101170011）

位于德生村六台子屯张振山家后院六台屯长城起点处，高程 3 米。西北距五台岗子长城敌台 1386 米，南距西洋堡 1600 米。村东为富家－六台屯村路。

敌台被耕地损毁，地表发现少量青砖残块。

五台岗子长城敌台（210321352101170012）

位于新台镇德生村北 1000 米五台岗长城起点处，高程 12 米。西北距四台子屯烽火台 2400 米，东南距六台屯长城敌台 1386 米。台安－鞍山公路在长城中通过。

敌台被耕地损毁，遗迹现象消失。

南台屯长城 1 号敌台（210321352101170014）

位于新台镇南台村前南台屯南 300 米南台屯长城起点处，高程 4 米。东北距南台屯长城 2 号敌台 935 米，西南距五台岗子长城敌台 6100 米。东侧为五台岗子村－新台村级公路。

平、剖面形制不清。此处地势略高于周围耕地，被耕地损毁，地面发现少量青砖残块。

南台屯长城 2 号敌台（210321352101170015）

位于新台镇南台村后南台屯张军家院内，高程 3 米。西南距南台屯长城起点 935 米，南台屯长城在敌台东 3 米处通过。西南距南台屯长城 1 号敌台 935 米，东北距新台村长城 1 号敌台 846 米。东侧为五台岗子村－新台村级公路。

保存差，现为菜园，遗迹现象消失。

新台村长城 1 号敌台（210321352101170016）

位于新台镇新台粮库南 80 米处耕地中，新台村长城起点处，高程 3 米。西南距南台屯长城 2 号敌台 846 米，西北距新台村长城 2 号敌台 890 米。南台屯－大台子村级公路南北通过。

此处地势略高于周围耕地，敌台被耕地损毁，地表仅存少量青砖碎块。

新台村长城 2 号敌台（210321352101170017）

位于台安县新台镇政府院内，高程 5 米。东南距新台村长城起点 890 米，西南距新台村长城 3 米。东南距新台村长城 1 号敌台 890 米，西北距新台村长城 3 号敌台 2100 米。南台屯－大台子村级公路南北通过。

被村镇建设破坏，地表无任何遗迹现象。

新台村长城 3 号敌台（210321352101170018）

位于新台镇新台村 4 组西北 500 米周万学家耕地中，高程 9 米。东南距新台长城起点 3000 米，西南距新台村长城 3 米。东南距新台村长城 2 号敌台 2100 米，西北距大台子长城 1 号敌台 2400 米。东侧为南台屯－大台子村级公路。

此处略高于周围耕地，被耕地损毁，遗迹现象消失。

大台子长城 1 号敌台（210321352101170019）

位于新台镇大台子村七组东 30 米大台子长城起点处，高程 4 米。西北距大台子长城 2 号敌台 1700 米，东南距新台村长城 3 号敌台 2400 米。东侧为马杖子村－大台子村级公路。

遗迹现象消失，现地表有少量残砖。

大台子长城 2 号敌台（210321352101170020）

位于新台镇大台子村大台屯三组高井采油厂 23 站东南 20 米处，高程 13 米。东南距大台子长城起点 1700 米，东北距大台子长城 3 米；东南距大台子长城 1 号敌台 1700 米，西北距大台子长城 3 号敌台 1600 米。东侧为马杖子村－大台子村公路。

东侧为砖厂，敌台破坏严重，遗迹现象消失。

大台子长城 3 号敌台（210321352101170021）

位于新台镇大台子村三角泡屯南 600 米处耕地中，高程 3 米。东南距大台子长城起点 3200 米，东北距大台子长城 3 米；东南距大台子长城 2 号敌台 1600 米，西北距马杖子长城 1 号敌台 2800 米。东侧为马杖子村－大台子村公路。

此处地势略高于周围耕地，敌台被耕地损毁，地表仅残存少量砖块。

马杖子长城 1 号敌台（210321352101170022）

位于桑林镇马杖子村东 200 米处耕地中，五马杖子长城起点处，高程 6 米。东南距大台子长城 3 号敌台 2800 米，西北距马杖子长城 2 号敌台 844 米。北侧为高速铁路，南侧为高速公路。

此处地势明显高于周围耕地，敌台被耕地损毁。

马杖子长城 2 号敌台（210321352101170023）

位于桑林镇马杖子村北 800 米处，高程 7 米。东南距马杖子长城起点 844 米，马杖子长城在敌台东北 3 米处通过。东南距马杖子长城 1 号敌台 844 米，西北距双台子长城 1 号敌台

737米。北侧为高速铁路，南侧为高速公路。

此处地势明显高于周围耕地，敌台被耕地损毁，地表发现少量青砖残块。

双台子长城1号敌台（210321352101170024）

位于桑林镇双台子村东南1600米双台子长城起点处，高程3米。东南距马杖子长城2号敌台737米，西北距双台子长城2号敌台914米。马杖子－二台子村级公路在村中通过。

此处地势明显高于周围耕地，台体消失。

双台子长城2号敌台（210321352101170025）

位于桑林镇双台子村东南700米处，高程3米。东南距双台子长城起点927米，东北距双台子长城3米。东南距双台子长城1号敌台914米，西北距双台子烽火台1400米。

此处略高于周围耕地，敌台被耕地损毁。

双台子长城3号敌台（210321352101170027）

位于桑林镇双台子村北600米处，高程4米。东南距双台子长城起点2500米，东北距双台子长城3米。西南距双台子烽火台164米，西北距柴家村长城1号敌台1300米。南侧为新台－大台子公路。

现已被柴家至双台子公路破坏。

柴家村长城1号敌台（210321352101170028）

位于台安县桑林镇柴家村4组徐建民家院内，柴家村长城起点处，高程9米。西北距柴家村长城2号敌台2600米，东南距双台子长城3号敌台1300米。西侧为柴家村－蒋坨子公路。

此处地势明显高于周围地势，地面发现少量青砖残块。

柴家村长城2号敌台（210321352101170029）

位于台安县桑林镇柴家村2组北580米处，高程4米。东南距柴家村长城起点2600米，东北距柴家村长城3米，东南距柴家村长城1号敌台2600米。西侧为柴家村－蒋坨子公路。

此处耕地略高于周围耕地，地表发现散乱青砖残块。

蒋坨子长城敌台（210321352101170030）

位于桑林镇蒋坨子村西400米处，高程12米。东南距蒋坨子长城起点475米，东北距蒋坨子长城3米。南侧20米为蒋坨子－沙坝村级公路。

此处耕地略高于周围耕地，地表发现散乱青砖残块。

（12）盘山县

盘山县明长城总长3600米，墙体地表已无存。

九台子长城（211122382301170001）

起于富家镇九台子村东100米，止于富家镇九台子村。起点高程6米，止点高程7米。走向东南－西北。东南接台安县东台屯长城，西北连台安县四台子长城。东北距九台子－四台子村路200米。该段全长3600米，墙体地表已无存。

（13）北镇市

北镇市明长城总长10823米，可分5段。

东青堆子路河（210782382107170001）

起于柳家乡东青堆子村东南角南 300 米处，止于柳家乡东青堆子村东北角东 10 米处。起点高程 9 米，止点高程 5 米。走向西南 - 东北。北接双家子路河，南与绕阳河会合。内侧河堤现为村级公路。全长 1742 米。保存较差。

该段路河为人工基础，河堤用黄土夯筑。河床现顶宽 15.5、河床宽 7、深 2.5～3.5 米；内侧河堤宽 4～6 米，外侧河堤宽 5～8 米；内、外侧河堤间距 30 米。

双家子路河（210782382107170002）

起于柳家乡东青堆子村东北角东 10 米处，止于柳家乡双家子村双合子屯东北 20 米北镇与黑山交界处。起点高程 5 米，止点高程 9 米。走向东南 - 西北 - 北。南接东青堆子路河，北连黑山县境内的康家路河。内侧河堤现为村级公路，其间大部分河堤均有损坏，保存较差。全长 3936 米。

该段路河为人工基础，河堤为黄土夯筑。河床现顶宽 17、底宽 8.5、深 2.5～3.2 米；内侧河堤宽 4～6 米，外侧河堤宽 5～8 米；内、外侧河堤间距 31 米。

团山沟长城（复线）（210782382102170003）

起于大市镇大一村大碰子山底团山沟屯东北 1000 米，止于大市镇大一村团山沟屯东南 1300 米处。起点高程 181 米，止点高程 420 米。走向东北 - 西南 - 东南 - 西南。北邻阜新县下卡拉房子长城（复线）。304 省道在墙体上穿过。全长 2568 米，保存较差。

该段墙体为石墙，以自然山岩为基础，墙身两侧以石块错缝砌筑，平面朝外，小块碎石塞缝，内填碎石土。墙体向上收分不明显，剖面为梯形。现墙宽 0.4～1.6、残高 0.4～2 米。

分税关长城 1 段（复线）（210782382101170004）

起于富屯乡台子沟村边上屯村东 1000 米处，止于富屯乡台子沟村边上屯村西北 1400 米处。起点高程 202 米，止点高程 167 米。走向东南 - 西北 - 西 - 西北。西北连分税关长城 2 段（复线），东南距边上屯烽火台 262 米。北镇 - 分税关公路在墙体上穿过。全长 2280 米，保存差。

该段墙体为土墙，黄土夯筑基础，墙身用黄土夯筑，大部分濒临消失，只能见到凸起条状土棱。

分税关长城 2 段（复线）（210782382102170005）

起于富屯乡台子沟村边上屯分税关西北 1000 米处，止于富屯乡台子沟村边上屯分税关西北 1300 米处。起点高程 167 米，止点高程 254 米。走向东南 - 西北 - 西南。东南接分税关长城 1 段（复线）。东南侧 1600 米处为北镇 - 分税关公路。全长 297 米，保存较差。

该段墙体为石墙，以自然山体岩石为基础，墙身两侧以石块错缝砌筑，平面朝外，小块碎石塞缝，内填碎石土。墙体向上收分不明显，剖面为梯形。现墙宽 1～2、残高 0.2～1.2 米。

（14）黑山县（东段）

黑山县（东段）明长城总长 24622 米，可分为 10 段。

前李家长城（210726382301170001）

起于四家子镇马圈子村前李家屯南 3000 米，止于四家子镇马圈子村前李家屯西 3500 米。起点高程 8 米，止点高程 8 米。走向东南－西北。东南接台安县蒋坨子长城，西北连康家路河。起点西北距前李家烽火台 800 米，东距马圈子－前李家村路 100 米。该段全长 5200 米，墙体地表已无存。

康家路河（210726382107170002）

起于大虎山镇连城村康家屯南 1200 米，止于大虎山镇连城村康家屯北 900 米。起点高程 8 米，止点高程 12 米。走向西南－东北。西南与北镇双家子路河相连，东南接前李家长城，北连连城路河。西侧为康家－万家壕村级公路。全长 2100 米，路河保存一般。

该段路河两侧河堤为黄土夯筑。河床顶宽 17、底宽 8、深 2.5～3 米；内侧河堤宽 4～6 米，外侧河堤宽 5～8 米，残高 0.5～1 米；内、外侧河堤间距 31 米。（彩图四三）

连城路河（210726382107170003）

起于大虎山镇连城村康家屯北北 900 米，止于大虎山镇七台村西南 200 米。起点高程 12 米，止点高程 16 米。走向西南－东北。西南接康家路河，东北连七台子路河。西侧为康家－万家壕村级公路。全长 2000 米，路河保存一般。

该段路河两侧河堤为人工基础，河堤用黄土夯筑。河床顶宽 17、底宽 8、深 2.5～3.2 米；内侧河堤宽 4～6 米，外侧河堤宽 5～8 米，残高 0.5～1 米；内、外侧河堤间距 31 米。

七台子路河（210726382107170004）

起于大虎山镇七台子村西南 200 米，止于大虎山镇五台子村南 500 米。起点高程 16 米，止点高程 21 米。走向西南－东北。南接连城路河，北连五台子路河。西侧为康家－万家壕村级公路。全长 2900 米。路河保存一般，有少量土质流失。

该段路河两侧河堤为人工基础，河堤用黄土夯筑。河床顶宽 16、底宽 8～10、深 2～2.5 米；内侧河堤宽 4～6 米，外侧河堤宽 5～8 米，残高 0.5～1 米；内、外侧河堤间距 30 米。

按照保存情况可分为 3 段：

第一段起点高程 16 米，止点高程 14 米。长 1326 米。保存状况一般。

第二段起点高程 14 米，止点高程 14 米。长 26 米。被村道路截断，路河消失。

第三段起点高程 14 米，止点高程 21 米。长 1548 米。保存状况一般。

五台子路河（210726382107170005）

起于大虎山镇五台子村南 500 米，止于大虎山镇四台子村东 30 米处。起点高程 21 米，止点高程 14 米。走向南－北－西北。南接七台子路河，北连四台子路河。西侧为康家－万家壕村级公路。全长 2900 米。路河保存一般，有少量土质流失。

该段路河两侧河堤为人工基础，河堤用黄土夯筑。河床顶宽 17、底宽 8、深 2～2.5 米；内侧河堤宽 4～6 米，外侧河堤宽 5～8 米，残高 0.5～1 米；内、外侧河堤间距 31 米。

四台子路河（210726382107170006）

起于大虎山镇四台子村东 30 米，止于大虎山镇三台子村东南 500 米。起点高程 14 米，止点高程 17 米。走向东南－西北。南接五台子路河，北连三台子路河。西侧为康家－万家壕村级公路。全长 1500 米，整体保存一般。

该段路河两侧河堤为人工基础，河堤用黄土夯筑，河床顶宽 17、底宽 8、深 2～2.5 米；内侧河堤宽 4～6 米，外侧河堤宽 5～8 米，残高 0.5～1 米；内、外侧河堤间距 31 米。

三台子路河（210726382107170007）

起于大虎山镇三台子村东南 500 米，止于大虎山镇二台子村东 50 米。起点高程 17 米，止点高程 15 米。走向东南－西北。南接四台子路河，北连二台子路河。西侧为康家－万家壕村级公路。全长 1500 米。保存一般，有少量土质流失。

该段路河两侧河堤为人工基础，河堤用黄沙土夯筑。河床顶宽 17、底宽 8、深 2～2.5 米；内侧河堤宽 4～6 米，外侧河堤宽 5～8 米，残高 0.5～1 米；内、外侧河堤间距 31 米。

二台子路河（210726382107170008）

起于大虎山镇二台子村东 50 米，止于大虎山镇二台子村北 1200 米。起点高程 15 米，止点高程 13 米。走向东南－西北。南接三台子路河，北连龙山路河。西侧为康家－万家壕村级公路。全长 837 米，整体保存一般。

该段路河两侧河堤为人工基础，河堤用黄土夯筑，河床顶宽 16、底宽 8、深 2～2.5 米；内侧河堤宽 4～6 米，外侧河堤宽 5～8 米，残高 0.5～1 米；内、外侧河堤间距 30 米。

龙山路河（210726382107170009）

起于大虎山镇二台子村北 1200 米，止于大虎山镇万家村东 30 米。起点高程 13 米，止点高程 14 米。走向东南－西北－东北－西北。南接二台子路河，北连万家壕路河。西侧为康家－万家壕村级公路。全长 3165 米。整体保存一般，有少量土质流失。

该段路河两侧河堤为人工基础，河堤用黄土夯筑，河床顶宽 17、底宽 8、深 2～2.5 米；内侧河堤宽 4～6 米，外侧河堤宽 5～8 米，残高 0.5～1 米；内、外侧河堤间距 31 米。（图一六；彩图四四）

万家壕路河（210726382107170010）

起于大虎山镇万家村东 30 米，止于镇安乡东边屯村中。起点高程 14 米，止点高程 24 米。走向东南－西北。南接龙山路河，北连东边屯长城。西侧为康家－万家壕村级公路。全长 2520 米，整体保存差。

按照保存情况可分为 2 段：

第一段起点高程 14 米，止点高程 16 米。全长 20 米，保存状况差，地面只存路河痕迹。

第二段起点高程 16 米，止点高程 24 米。全长 2500 米，被村镇阻断，耕地损毁，路河消失。

3. 辽西丘陵明长城本体及保存现状

辽西丘陵段明长城，指从黑山县白土厂西南，直至绥中县锥子山长城。

（1）黑山县（西段）

①墙体及保存现状

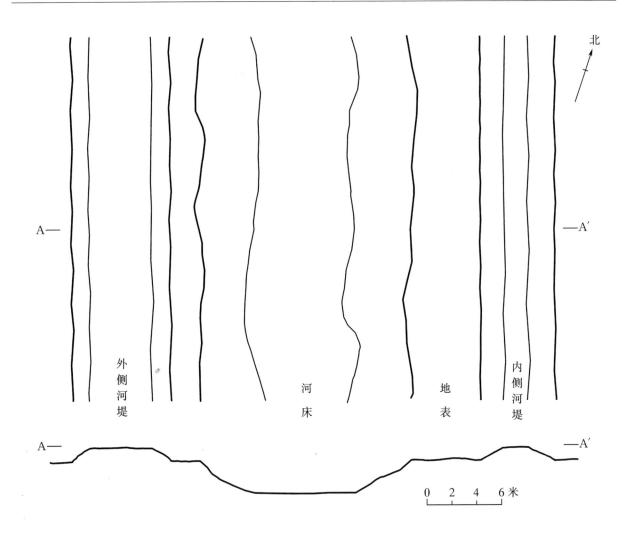

外侧河堤　　　　河床　　　地表　　　内侧河堤

图一六　龙山路河平、剖面示意图

黑山县明长城总长 33657 米，可分为 18 段。

东边屯长城（210726382101170011）

起于镇安乡东边屯村中，止于黑山镇陈屯村小壕屯西 200 米处。起点高程 24 米，止点高程 41 米。走向东南－西北。东南接万家壕路河，西北连小壕长城。南距万家壕－东边屯村路 100 米。全长 5195 米。保存状况差，破坏严重，只残存少量夯土墙基础。

该段墙体为土墙，自然基础，墙身用沙砾土夯筑而成。

按照保存情况可分为 4 段：

第一段起点高程 24 米，止点高程 19 米。长 102 米，保存状况差。现墙顶宽 2、底宽 5 米、残高 0.2～1 米。

第二段起点高程 19 米，止点高程 18 米。长 270 米，被村民建房、耕地破坏，地表墙体消失。

第三段起点高程 18 米，止点高程 21 米。长 823 米，现辟为村路，保存状况差。墙体顶宽 1～2、底宽 4～5、残高 0.7 米。

第四段起点高程 21 米，止点高程 41 米。长 4000 米，现辟为村路，长城地表墙体消失。

小壕长城（210726382101170012）

起于黑山镇陈屯村小壕屯北西 200 米，止于正安乡陈屯村西 300 米。起点高程 41 米，止点高程 32 米。走向东南－西北。东南接东边屯长城，西北连陈屯长城，起点东南距小龙湾烽火台 2300 米。东距小小线公路 100 米。全长 580 米，保存状况较差。

该段墙体为土墙，以自然沉积沙石为基础，用沙砾土夯筑而成。现墙顶宽 0.8～1、底宽 3～4、残高 0.5～1.2 米。

按照保存情况可分为 2 段：

第一段起点高程 41 米，止点高程 41 米。长 55 米，保存状况较差，只残存少量夯土墙墙体基础。

第二段起点高程 41 米，止点高程 32 米。长 525 米，被村民建房及耕地破坏，地表墙体消失。

陈屯长城（210726382101170013）

起于正安乡陈屯村西 300 米，止于正安乡陈屯村西 500 米。起点高程 32 米，止点高程 26 米。走向东南－西北。东南接小壕长城，西北连东张家长城。南距小小线公路 100 米。全长 213 米。保存差，墙体仅留地面痕迹，濒临消失。

该段墙体为土墙，以自然沉积沙石为基础，用沙砾土夯筑而成。

东张家长城（210726382101170014）

起于太和镇胜利村东张家屯东 1000 米，止于太和镇白台子村小壕屯东北 50 米。起点高程 26 米，止点高程 71 米。走向东南－西北。东南接陈屯长城，西北连白台子小壕长城，起点西北距东张家屯烽火台 890 米。全长 3122 米。墙体现辟为村路，保存较差。

该段墙体为土墙，以自然沉积沙石为基础，用沙砾土夯筑而成。

按照保存情况可分为 2 段：

第一段起点高程 26 米，止点高程 26 米。长 522 米，保存状况较差。

第二段起点高程 26 米，止点高程 71 米。长 2600 米，被村民建房及耕地破坏，导致长城地表墙体消失。

白台子小壕长城（210726382101170015）

起于太和镇白台子村小壕屯北 50 米，止于太和镇白台子村小壕屯西北 110 米。起点高程 71 米，止点高程 133 米。走向东南－西北。东南接东张家长城，西北连尖山长城。南距小壕－尖山村路 2000 米。全长 1057 米，整体保存较差。

该段墙体为土墙，人工基础，用黄土、沙砾夯筑，夯土层厚 0.18～0.2 米。

按照保存情况可分为 3 段：

第一段起点高程 71 米，止点高程 72 米。长 367 米，保存状况差，只残存少量夯土墙墙体基础。现墙底宽 10、残高 0.3～0.5 米。

第二段起点高程 72 米，止点高程 81 米。长 144 米，被小壕自然村阻断，导致长城地表墙体消失。

第三段起点高程 81 米，止点高程 133 米。长 546 米，保存状况较差，只残存少量夯土墙墙体基础。墙体由平原逐渐向山上延伸，现墙顶宽 0.5～0.8、底宽 4～6、残高 0.5～2.5 米。

尖山长城（2107263821011170016）

起于太和镇尖山村西南 1500 米，止于太和镇尖山村西 800 米尖山上。起点高程 133 米，止点高程 189 米。走向东南－西北。东南接白台子小壕长城，西北连孔屯长城 1 段。东南距尖山－孔屯公路 500 米。全长 1368 米，整体保存一般。

该段墙体为土墙，以自然沉积沙石为基础夯筑而成。

按照保存情况可分为 3 段：

第一段起点高程 133 米，止点高程 121 米。长 970 米，保存状况一般。现墙顶宽 1.2～4 米、底宽 4～6 米、残高 0.6～2 米。

第二段起点高程 121 米，止点高程 183 米。长 304 米，被开矿所破坏，导致长城地表墙体消失。

第三段起点高程 183 米，止点高程 189 米。长 94 米，该段墙体受风雨侵蚀及人为破坏，保存状况较差，只残存少量夯土墙墙体基础，濒临消失。

孔屯长城 1 段（2107263821011170017）

起于太和镇尖山子村西 800 米，止于八道壕镇孔屯村西南 500 米。起点高程 189 米，止点高程 67 米。走向东南－西北。东南接尖山长城，西北连孔屯长城 2 段。东南距尖山－孔屯公路 500 米。全长 2323 米，整体保存差。

该段墙体为土墙，以自然沉积沙石为基础夯筑而成。

按照保存情况可分为 3 段：

第一段起点高程 189 米，止点高程 162 米。长 283 米，保存状况较差。现墙顶宽 1.5、底宽 4～5、残高 0.2～0.6 米。

第二段起点高程 162 米，止点高程 56 米。长 1800 米，现被辟小路，墙体濒临消失，保存状况差。现墙底宽 4～5、残高 0.4～0.6 米。

第三段起点高程 56 米，止点高程 67 米。长 240 米，现被辟为小路，地表墙体消失。

孔屯长城 2 段（2107263821011170018）

起于八道壕镇孔屯村南 500 米，止于八道壕镇江台村东南 500 米。起点高程 67 米，止点高程 135 米。走向东南－西北－西南。东南接孔屯长城 1 段，西南连江台长城。全长 1153 米，保存差。

该段墙体为土墙，以自然沉积沙石为基础夯筑而成。

按照保存情况可分为 2 段：

第一段起点高程 67 米，止点高程 160 米。长 753 米，保存状况较差，残存少量夯土墙墙体基础。现墙顶宽 1.5、底宽 4～5、残高 0.4～1 米。

第二段起点高程 160 米，止点高程 135 米。长 400 米，被开矿破坏，导致长城地表墙体消失。

江台长城（2107263821011170019）

起于八道壕镇江台村东南 500 米，止于八道壕镇八家子村后壕屯东南 1000 米。起点高程 135 米，止点高程 54 米。走向东南－西北。东北接孔屯长城 2 段，西北连后壕长城，起点南距江台烽火台 118 米。南 400 米为黑山－八道壕公路。全长 2465 米。保存较差。

该段墙体为土墙，以自然沉积沙石为基础夯筑而成。

按照保存情况可分为 4 段：

第一段起点高程 35 米，止点高程 67 米。长 271 米，保存状况较差。墙体为三墙夹两壕，现主墙顶宽 3、底宽 5、残高 0.3 米；副墙 II 顶宽 3、底宽 8、残高 0.3～1 米；副墙 I 顶宽 2、底宽 5、残高 0.4～0.8 米。主墙与副墙 II 间距 40 米，壕深 0.5 米；副墙 I 与副墙 II 间距 5～10 米，壕深 0.6 米。

第二段起点高程 67 米，止点高程 48 米。长 1600 米，被江台村阻断，导致长城地表墙体消失。

第三段起点高程 48 米，止点高程 46 米。长 278 米，保存状况差。顶宽 0.5、底宽 0.8～1.5、残高 0.2～0.4 米。

第四段起点高程 46 米，止点高程 54 米。长 316 米，被耕地损毁，长城地表墙体消失。

后壕长城（2107263821011170020）

起于八道壕镇八道壕子村后壕屯东南 1000 米，止于八道壕镇韦城子村东北 1000 米。起点高程 54 米，止点高程 73 米。走向东南－西北。东南接江台长城，西北连郝屯长城。全长 3302 米。保存一般。

该段墙体为土墙，以自然沉积沙石为基础夯筑而成。

按照保存情况可分为 4 段：

第一段起点高程 54 米，止点高程 61 米。长 747 米，保存状况一般。墙体顶宽 1～1.5、底宽 5～6、残高 0.8～1 米。

第二段起点高程 61 米，止点高程 64 米。长 352 米，被耕地破坏损毁，导致长城地表墙体消失。

第三段起点高程 64 米，止点高程 54 米。长 503 米，该段墙体受风雨侵蚀及人为破坏，保存状况较差。墙体顶宽 0.8～1、底宽 4 米。

第四段起点高程 54 米，止点高程 73 米。长 1700 米，被耕地破坏损毁，导致长城地表墙体消失。

郝屯长城（2107263821011170021）

起于八道壕镇韦城子村东北 1000 米，止于八道壕镇八道壕村半仙屯西 700 米处。起点高程 73 米，止点高程 108 米。走向东南－西北。东南接后壕长城，西北连半仙屯长城。全长 5184 米。整体保存较差。

该段墙体为土墙，以自然沉积沙石为基础，用沙砾土夯筑。现主墙顶宽 1.8～2.5、底宽

4~8、残高 1.2~1.5 米。副墙长 820 米，现顶宽 1.5~1.8、底宽 4~6、残高 1.5 米。

按照保存情况可分为 2 段：

第一段起点高程 73 米，止点高程 102 米。长 984 米，保存状况较差。现顶宽 1.8~2.5、底宽 4~8、残高 0.3~0.5 米。

第二段起点高程 102 米，止点高程 108 米。长 4200 米，被村镇阻断，导致长城地表墙体消失。

半仙屯长城（210726382101170022）

起于八道壕镇八道壕村半仙屯西 700 米，止于八道壕村半仙屯西北 1250 米。起点高程 116 米，止点高程 136 米。走向东南－西北。东南接郝屯长城，西北连石家沟长城 1 段。东北距黑山－白厂门公路 2000 米。全长 310 米。整体保存较好，墙体两侧保存较规整。

该段墙体为土墙，以自然沉积沙石为基础，用沙砾土夯筑。主墙顶宽 1、底宽 6、残高 1 米。剖面呈梯形。主墙南侧有一道副墙，建筑方法同主墙，长 537 米，现顶宽 1.5、底宽 8、残高 1~1.5 米。

石家沟长城 1 段（210726382101170023）

起于白厂门镇石家沟村东 1500 米，止于石家沟村西北 120 米。起点高程 136 米，止点高程 105 米。走向东南－西北。东南接半仙屯长城，西北连石家沟长城 2 段。东北 2300 米为黑山－白厂门公路。长 1622 米，保存一般。

该段墙体为土墙，以自然沉积沙石为基础，夯筑而成。该段主墙现顶宽 2~2.5、底宽 7~8、残高 1.5~1.8 米，夯土层厚 0.18~0.2 米。该段墙体主墙南侧平行分布一段副墙，与主墙间距 40 米，长 16620 米；壕宽 30 米，深 2~3 米。剖面呈梯形。

该段主墙按照保存情况可分为 2 段：

第一段起点高程 136 米，止点高程 107 米。长 1000 米，保存状况一般，部分段墙体有人为挖掘痕迹。现墙顶宽 1.5~2.5、底宽 7~8、残高 1~1.5 米。

第二段起点高程 107 米，止点高程 105 米。长 622 米，被村屯阻断，长城地表墙体消失。

副墙全长 1662 米，按照保存情况可分为 2 段：

第一段起点高程 133 米，止点高程 119 米。长 706 米，保存状况一般。现墙顶宽 1.5~2.5、底宽 5~6、残高 1~1.5 米。

第二段起点高程 119 米，止点高程 109 米。长 956 米，被村屯阻断，长城地表墙体消失。

石家沟长城 2 段（210726382101170024）

起于白厂门镇石家沟村西北 120 米，止于白厂门镇石家沟村翟家沟屯北 1500 米。起点高程 105 米，止点高程 141 米。走向东南－西北。东南接石家沟长城 1 段，西北连翟家沟长城。全长 1106 米。保存一般。

该段墙体为土墙，以自然沉积沙石为基础，用黄土夯筑而成。剖面呈梯形。

按照保存情况可分为四段：

第一段起点高程 105 米，止点高程 137 米。长 331 米，保存状况一般。现墙顶宽 2~2.5、底宽 7~8、残高 1.5~2 米。

第二段起点高程 137 米，止点高程 137 米。长 6 米，被耕地破坏严重，地表墙体消失。

第三段起点高程 137 米，止点高程 140 米。长 448 米，保存一般。现墙顶宽 1~1.5、底宽 5~6、残高 0.5~1 米。

第四段起点高程 140 米，止点高程 141 米。长 321 米，被耕地破坏严重，地表墙体消失。

在该段主墙西南，与主墙平行分布一段副墙，距主墙 37 米，全长 2133 米。该段副墙为土墙，以自然沉积沙石为基础，用黄土夯筑而成。

翟家沟长城（210726382101170025）

起于白厂门镇石家沟村翟家沟屯北 1500 米，止于白厂门镇石家沟村义和屯东北 530 米。起点高程 141 米，止点高程 169 米。走向东南－西北。东南接石家沟长城 2 段，西北连义和屯长城。在西 397~608 米段与主墙平行附属着七条副墙体。主墙与副墙Ⅰ间距 15 米，副墙Ⅰ与副墙Ⅱ间距 17.5 米，副墙Ⅱ与副墙Ⅲ间距 11.5 米，副墙Ⅲ与副墙Ⅴ间距 12 米，副墙Ⅳ与副墙Ⅴ间距 16.5 米，副墙Ⅴ与副墙Ⅵ间距 13 米，副墙Ⅵ与副墙Ⅶ间距 6.5 米，主墙与副墙Ⅳ（明长城）间距 44 米。东北 700 米为黑山－白厂门公路。主墙全长 779 米。保存状况较好。

该段主墙墙体为土墙，以自然沉积沙石为基础，用黄土夯筑而成，夯层厚 0.18~0.2 米。现墙顶宽 2、底宽 10、残高 2~2.5 米。剖面呈梯形。

副墙为土墙，以自然沉积沙石为基础，用黄土夯筑而成。该副墙共七道，全长 785 米。

各道墙体尺寸为：副墙Ⅰ顶宽 2.4、底宽 4.5、残高 0.5~0.8 米；副墙Ⅱ顶宽 1.6、底宽 3.4、残高 0.6 米；副墙Ⅲ顶宽 1.2、底宽 8、残高 2~3 米；副墙Ⅳ顶宽 1.6、底宽 4.5、现存残高 1.5~2 米；副墙Ⅴ顶宽 1.8、底宽 5、残高 1.5~2 米；副墙Ⅵ顶宽 1.5、底宽 3、残高 0.6~1 米；副墙Ⅶ顶宽 2、底宽 4.5、残高 0.6~1 米。（图一七）

义和屯长城（210726382101170026）

起于白厂门镇石沟村义和屯东北 500 米，止于白厂门镇石家沟村义和屯西北 300 米。起点高程 169 米，止点高程 152 米。走向东南－西北。东南接翟家沟长城，西北连二台子长城。西 300 米为黑山－白厂门公路。全长 529 米。保存一般。

该段墙体为土墙，以自然沉积沙石为基础，墙身夯筑而成，夯层厚 0.18~0.2 米。现墙顶宽 1~1.5、底宽 6~8、残高 1.5~3 米。主墙与副墙间距 40 米，壕宽 30 米。

在该段主墙西南，与主墙平行分布一段副墙，全长 477 米，距主墙 40 米。该段墙体为土墙，以自然沉积沙石为基础，墙身用沙砾土夯筑。现墙顶宽 1、底宽 8~10、残高 1.5~4 米。

义和屯长城（外护墙）（210726382101170027）

起于白厂门镇石家沟村义和屯东北，义和屯长城起点西 220 米处，止于白厂门镇石家沟村义和屯西北 600 米。起点高程 169 米，止点高程 152 米。走向东南－西北－北－西－西南。该段墙体与义和屯长城主墙呈半环绕状，属义和屯长城的副墙体，起点、止点都与义和屯长城主墙相接。全长 1530 米。保存一般。

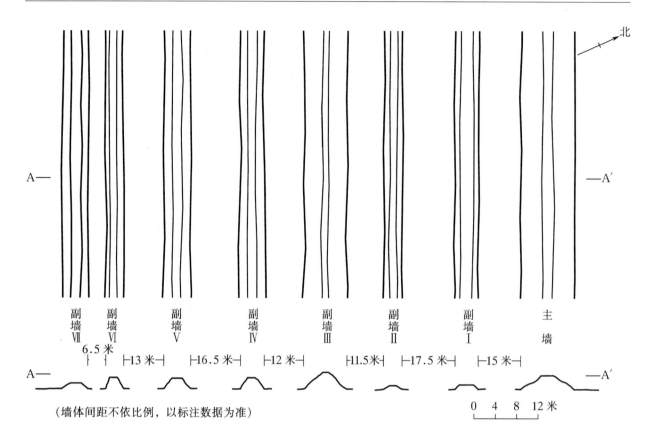

副墙Ⅶ　副墙Ⅵ　副墙Ⅴ　副墙Ⅳ　副墙Ⅲ　副墙Ⅱ　副墙Ⅰ　主墙

6.5米　├13米┤　├16.5米┤　├12米┤　├11.5米┤　├17.5米┤　├15米┤

0　4　8　12米

（墙体间距不依比例，以标注数据为准）

图一七　翟家沟长城平、剖面示意图

该段墙体为土墙，以自然沉积沙石为基础，墙身夯筑而成。现墙顶宽1～1.2、底宽4～8、残高1～2米，夯层厚0.18～0.2米。

二台子长城（210726382101170028）

起于白厂门镇二台子村西南2000米，止于白厂门镇二台子村西南4000米。起点高程150米，止点高程195米。走向东南－西北。东南接义和屯长城，西北连阜新县境内的国华乡三家子长城。黑山－白厂门公路在墙体中穿过。全长1819米，保存一般。

该段墙体为土墙，以自然沉积沙石为基础，墙身用黄土夯筑而成，夯层厚0.18～0.2米。主墙现顶宽2.6～4、底宽5～10、残高1.1～3米。剖面呈梯形。

在该段主墙西南，与主墙平行分布一段副墙，全长1838米，距主墙43米。该段墙体为土墙，以自然沉积沙石为基础，用黄土夯筑而成。现墙顶宽3.4～5.5、底宽8.5～9.5、残高1.1～3.5米。

②敌台及保存现状

黑山县（西段）共发现敌台9座。

郝屯长城1号敌台（210726352101170014）

位于八道壕镇南营子村郝屯北60米耕地之中，高程104米。东距郝屯长城2米，西北距郝屯2号敌台40米。北1700米为黑山－八道壕公路。

平面为圆形，剖面为梯形。保存差，只残留夯土台，台体周围散落青砖碎块。敌台为内夯土、外包砖结构。现存台体顶径 3、底径 10、残高 3 米，夯层厚 0.15 米。

郝屯长城 2 号敌台（210726352101170015）

位于八道壕镇南营子村郝屯北 80 米耕地之中，高程 103 米。东距郝屯长城 2 米，东南距郝屯长城 1 号敌台 40 米。北 1700 米为黑山－八道壕公路。

平面为不规则形。保存差，只残留夯土台，台体周围散落青砖碎块。敌台为内夯土、外包砖结构。顶径 10、底径 15、残高 2 米。

石家沟长城 1 号敌台（210726352101170018）

位于白厂门镇石家沟村（东北 2000 米）丘陵区，高程 136 米。东南接半仙屯长城，西北连石家沟长城 1 段。东北 2000 米为黑山－白厂门公路。

平面为不规则形，保存差，只残留夯土台，台体周围散落青砖碎块。敌台为内夯土、外包砖结构。现存台体东西最大径 8、南北最大径 6、残高 1～1.5 米。东侧有一道夯土墙与内外墙相连。（彩图四五）

石家沟长城 2 号敌台（210726352101170019）

位于白厂门镇石家沟村（东北 1000 米）丘陵区，高程 133 米。东北距石家沟长城 1 段墙体 2 米。东北 2000 米为黑山－白厂门公路。

平面为圆形，剖面为梯形。保存差，只残留夯土台，台体周围散落青砖碎块。敌台为内夯土、外包砖结构。现存台体顶径 6、底径 8、残高 1 米。

石家沟长城 3 号敌台（210726352101170020）

位于白厂门镇石家沟村（西 500 米）耕地之中，高程 140 米。东北距石家沟长城 2 段 2 米。东北 2000 米为黑山－白厂门公路。

平面为方形，剖面为矩形。保存差，只残留夯土台，台体周围散落青砖碎块。敌台为内夯土、外包砖结构。现存台体顶边长 4、底边长 5、残高 1～1.5 米。

义和屯长城敌台（210726352101170021）

位于白厂门镇石家沟村义和屯（东北 1000 米）耕地之中，高程 180 米。东北距义和屯长城（副墙）3 米。西侧 300 米为黑山－白厂门公路。

平面为圆形，剖面为梯形。保存差，只残留夯土台，台体周围散落青砖碎块。敌台为内夯土、外包砖结构。现存台体顶径 4、底径 6、残高 1 米。

二台子长城 1 号敌台（210726352101170024）

位于白厂门镇二台村（西南 2800 米）耕地之中，高程 156 米。东北距二台子长城（副墙）2 米。东侧为黑山－白厂门公路。

平面为不规则形，保存较差，只残留夯土台，台体周围散落青砖碎块。敌台为内夯土、外包砖结构。现存台体顶东西长 15、南北宽 13 米，底东西长 20、南北宽 13 米，残高 5 米。

二台子长城 2 号敌台（210726352101170025）

位于白厂门镇城西村（东北 1500 米）耕地之中，高程 202 米。东北距二台子长城（副墙）2 米，西距二台子长城 3 号敌台 28 米，西南距城西 1 号烽火台 260 米，西北距 205 公路

200 米。

平面为圆形，剖面为梯形。保存较差，只残留夯土台，台体周围散落青砖碎块。敌台为内夯土、外包砖结构。现存台体顶径 4、底径 15、残高 5 米。青砖宽 0.2、厚 0.1 米。

二台子长城 3 号敌台（210726352101170026）

位于白厂门镇城西村（东北 1500 米）耕地之中，高程 201 米。东北距二台子长城（副墙）3 米，东距二台子长城 2 号敌台 28 米，西北距 205 公路 200 米。

平面为矩形，剖面为梯形。保存差，只残留夯土台，台体周围散落青砖碎块。敌台为内夯土、外包砖结构。现存台体顶径 4、底径 20、残高 5 米。青砖宽 0.2、厚 0.1 米。

（2）阜新县

①墙体及保存现状

阜新县明长城总长 38315 米，可分为 22 段。

国华乡三家子长城 1 段（210921382101170001）

起于国华乡十两家子村三家子屯东南 1300 米，止于国华乡十两家子村三家子屯东南 800 米处。起点高程 195 米，止点高程 173 米。走向东南－西北。东南接黑山县二台子长城，西北连国华乡三家子长城 2 段，西南有一条长 750 米的副墙与主墙平行分布。205 省道在起点西 364 米处通过。全长 504 米，整体保存一般。

该段墙体为土墙，以自然沉积沙石为基础，夯筑而成，夯土层厚 0.1～0.15 米。主墙现顶宽 2.6～6、底宽 5～8、残高 0.6～1.1 米。副墙现顶宽 2～3.4、底宽 6～10、残高 1.5～3 米。壕宽 30～36、深 1～1.5 米。中间小墙距外墙 24 米，宽 5、残高 0.2～0.3 米。

主墙按照保存情况可分为 3 段：

第一段起点高程 194 米，止点高程 177 米。长 364 米，保存状况一般。

第二段起点高程 177 米，止点高程 184 米。长 67 米，被 205 省道截断，地面墙体消失。

第三段起点高程 184 米，止点高程 173 米。长 73 米，保存状况一般。

附墙全长 750 米，按照保存情况可分为 3 段：

第一段起点高程 164 米，止点高程 171 米。长 364 米，保存状况一般。

第二段起点高程 171 米，止点高程 180 米。长 97 米，被 205 省道截断，地面墙体消失。

第三段起点高程 180 米，止点高程 196 米。长 289 米，保存状况一般。

国华乡三家子长城 2 段（210921382101170002）

起于国华乡十两家子村三家子屯东南 650 米，止于国华乡十两家子村三家子屯西北 900 米。起点高程 173 米，止点高程 243 米。走向东南－西北。东南接国华乡三家子长城 1 段，西北连十家子长城 1 段。南距二富线公路 300 米。全长 2313 米。保存状况一般。

该段墙体为土墙，以自然沉积沙石为基础，夯筑而成，夯层厚 0.1～0.15 米。剖面呈梯形。

按照保存情况可分为二段：

第一段起点高程 173 米，止点高程 185 米。长 2100 米，长城墙体被村屯阻断，地面墙体消失。

第二段起点高程 185 米，止点高程 243 米。长 213 米，保存状况一般。主墙现顶宽 1.5～3.2、底宽 5～7、残高 0.8～2 米。

副墙起点高程 191 米，止点高程 243 米。长 223 米，保存状况一般。现墙顶宽 1.5～3、底宽 4～6、残高 0.5～1.5 米。壕宽 8、深 1.5～2 米。

十家子长城 1 段（2109213382102170003）

起于国华乡十两家子村十家子屯东 500 米处高山上，止于国华乡十两家子村十家子屯西北 1000 米处。起点高程 243 米，止点高程 256 米。走向东南－西北。东南接国华乡三家子长城 2 段，西北连十家子长城 2 段。南距二富线公路 500 米。全长 2252 米，保存较差。

该段墙体为石墙，以自然山体岩石为基础，两侧以石块错缝砌筑，平面朝外，小块碎石塞缝，内填碎石土并夯实，夯层厚 0.18～0.2 米。墙体向上收分不明显，剖面为梯形。

按照保存情况可分为 4 段：

第一段起点高程 243 米，止点高程 221 米。长 252 米，保存状况较差。

第二段起点高程 221 米，止点高程 221 米。长 285 米，被当地村民开荒耕地占用，地面墙体消失。

第三段起点高程 221 米，止点高程 234 米。长 1330 米，保存状况较差。

第四段起点高程 234 米，止点高程 256 米。长 385 米，被当地村民开荒耕地占用，地面墙体消失。

第一、三段墙体现顶宽 0.5～0.8、底宽 2～3、高 1～1.5 米。

十家子长城 2 段（2109213382102170004）

起于国华乡十两家子村十家子屯东 500 米高山上，止于国华乡十两家子村上两家子屯东北 1500 米处高山上。起点高程 256 米，止点高程 469 米。走向东南－西北。东南接十家子长城 1 段，西北连上两家子长城。南距二富线公路 500 米。全长 2415 米。保存较差，墙体倒塌，毛石脱落。

该段墙体为土墙，以自然山体岩石为基础，毛石干垒，两侧以毛石错缝干垒，平面朝外，小块碎石塞缝。墙体向上收分不明显，剖面为梯形。

按照保存情况可分为 3 段：

第一段起点高程 256 米，止点高程 337 米。长 320 米，此段墙体底宽 2 米，大部分石块散落四周，看不到墙体原貌。

第二段起点高程 337 米，止点高程 506 米。长 285 米，保存状况较差。现墙顶宽 1.5～1.8、底宽 1.8～2、残高 0.3～0.8 米。

第三段起点高程 506 米，止点高程 469 米。长 1557 米，保存状况较好。部分段墙体一侧保持完整，一侧倒塌，高度在 2 米之上。此段墙体有两次加固痕迹，在主墙内侧有石筑墙体，痕迹明显。现墙顶宽 1.2～1.4、底宽 1.5～2.2、残高 2.3 米。

上两家子长城（2109213382102170005）

起于国华乡十两家子村上两家子东北 1500 米高山上，止于国华乡十两家子村马家荒屯西南 400 米处高山上。起点高程 469 米，止点高程 469 米。走向东－西－西南。东南接十家子长城 2 段，西北连马家荒长城，止点西北距马家荒 4 号烽火台 448 米。南距二富线公路 400 米。全长 2161 米。墙体破坏严重，石块严重脱落，保存较差。

该段墙体为石墙，以自然山体岩石为基础，两侧以毛石错缝砌筑，平面朝外，小块碎石塞缝，内填碎石土，墙体向上收分不明显。（彩图四六）

按照保存情况可分为 6 段：

第一段起点高程 469 米，止点高程 425 米。长 207 米，保存状况差。墙体大部分石块脱落。现顶宽 0.4～0.6、底宽 2、残高 0.2～0.6 米。

第二段起点高程 425 米，止点高程 419 米。长 23 米，被当地村民开荒耕地占用，地面墙体消失。

第三段起点高程 419 米，止点高程 488 米。长 920 米，保存状况差。墙体大部分石块脱落。现顶宽 0.4～0.6、底宽 2、残高 0.2～0.6 米。

第四段起点高程 488 米，止点高程 332 米。长 385 米，保存状况较差。大部分石块脱落在墙体周围。现顶宽 0.6～1、底宽 2～2.2、残高 0.2～2 米。

第五段起点高程 332 米，止点高程 332 米。长 100 米，被村道、河沟所占用，地面墙体消失。

第六段起点高程 332 米，止点高程 372 米。长 231 米，保存状况较差。大部分石块脱落在墙体周围。现顶宽 0.6～1、底宽 2～2.2、残高 0.2～2 米。

在马家荒 3 号烽火台南侧主墙 6 米外出现一道附属墙体，用土夯筑，长 130、宽 3、残高 0.6～1 米。

马家荒长城（2109213821021700006）

起于国华乡十两家子村马家荒屯西南 500 米高山上，止于新民乡上排山楼村东南 800 米高山上。起点高程 418 米，止点高程 506 米。走向东南－西北－西－西南。东南接上两家子长城，西连上排山楼长城 1 段。北侧为十两家子－马家荒村级公路。墙体两侧砌筑较规整，全长 1382 米。保存较好。

该段墙体为石墙，以自然山体岩石为基础，墙体两侧以硅石错缝砌筑，平面朝外，小块碎石塞缝，内填碎石土，墙体向上收分不明显。现墙顶宽 0.8～1.6、底宽 1.8～2.2、残高 0.6～1.2 米。

上排山楼长城 1 段（2109213821021700007）

起于新民乡上排山楼村东南 800 米处高山上，止于新民乡上排山楼村东南 1500 米处。起点高程 506 米，止点高程 463 米。走向东北－西南。东北接马家荒长城，西南连上排上楼长城 2 段。南 500 米为二富线公路。全长 1462 米。保存较好，部分段墙体坍塌和少量石块缺失。

该段墙体为石墙，以自然山体岩石为基础，墙体两侧以毛石错缝砌筑，平面朝外，小块碎石塞缝，内填碎石土并夯实，夯土层厚约 0.15 米。墙体向上收分不明显。现墙顶宽

0.8~1.2、底宽1.8~2.2、残高0.2~2.2米。

上排山楼长城2段（2109213821021700008）

起于新民乡上排山楼村东南1500米高山上，止于新民乡上排山楼村下排山楼屯南1000米处高山上。起点高程463米，止点高程418米。走向东北－西南－西－西南。东北接上排山楼长城1段，西北连二道岭长城。南500米为二富线公路。全长1250米。整体保存较好，部分段墙体坍塌，少量石块缺失。

该段墙体为石墙，自然基础，内夯土、外包石，夯土层厚约0.15米；墙体两侧以大块硅石错缝砌筑，平面朝外，块碎石塞缝。现墙顶宽0.6~1、底宽1.5~2、残高0.5~2米。（图一八、彩图四七）

二道岭长城（2109213821021700009）

起于国华乡十两家子村二道岭屯西北100米处高山上，止于国华乡十两家子村二道岭屯西南1500米处高山上。起点高程418米，止点高程453米。走向东北－西南。东北接上排山楼长城2段，西北连卡拉房子长城1段。二富线公路从墙体上穿过。全长2039米，保存一般。

该段墙体为石墙，自然基础，墙身内夯土、外包石。墙体外侧以大块毛石错缝砌筑，平面朝外，碎石塞缝。剖面为梯形。

按照保存情况可分为2段：

第一段起点高程418米，止点高程435米。长334米，保存一般。现墙顶宽0.4~0.9、底宽1.2~1.6、残高0.9~1.8米。

第二段起点高程435米，止点高程453米。长1705米，保存较差。现墙顶宽0.2~0.8、底宽1~2、残高0.3~1米。

卡拉房子长城1段（2109213821021700010）

起于新民乡卡拉房子村北2500米处高山上，止于新民乡卡拉房子村西北2100米处高山上。起点高程453米，止点高程658米。走向东北－西南－西北－西南－南。东北接二道岭

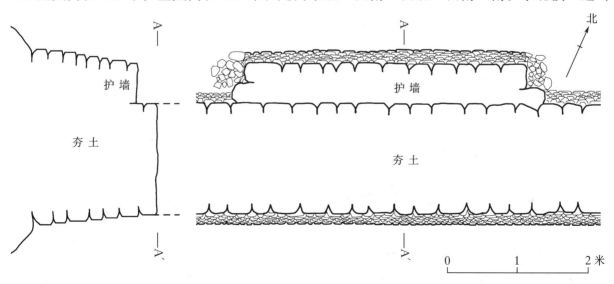

图一八　上排山楼长城2段平、剖面示意图

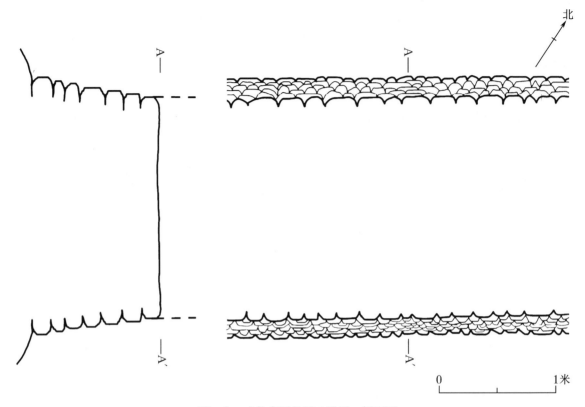

图一九　卡拉房子长城1段平、剖面图

长城，西南连卡拉房子长城2段。全长2680米。整体保存较差。

该段墙体为石墙，自然基础，内夯土、外包石，夯土层不清晰。墙体外侧以大块片石错缝砌筑，平面朝外，块碎石塞缝。剖面为梯形。现墙顶宽0.8～2、底宽1.5～2、残高0.3～2.6米。（图一九）

卡拉房子长城2段（2109213821021700011）

起于新民乡卡拉房子村西北2100米高山上，止于卧凤沟乡翻身村腰窝堡屯北1300米处高山上，起点高程658米，止点高程582米。走向东北－西南。东北接卡拉房子长城1段，西南连翻身沟长城1段。全长1820米，保存较差。

该段墙体为石墙，自然基础，墙内夯土、外包石，夯土层不清晰。墙体外侧以大块片石错缝砌筑，平面朝外，块碎石塞缝。剖面为梯形。

按照保存情况可分为2段：

第一段起点高程658米，止点高程582米。长403米，保存状况一般。现墙顶宽1～1.8、底宽1.8～2.2、残高0.8～2.5米。

第二段起点高程582米，止点高程582米。长1417米，保存状况较差。现墙顶宽1.2～2、底宽1.8～2.2、残高0.2～0.8米。

翻身沟长城1段（2109213821061700012）

起于卧凤沟乡翻身沟村腰窝堡屯西北1300米高山上，止于卧凤沟乡翻身沟村腰窝堡屯西北1200米处高山上。起点高程582米，止点高程586米。走向东北－西南。东北接卡拉房子长城 2 段，西南连翻身沟长城 2 段。南距卧凤沟乡 – 翻身沟公路 1300 米。

该段墙体全部为山险，全长 280 米，是利用山体陡峭、多悬崖的有利地势，形成天然屏障。

翻身沟长城 2 段（210921382102170013）

起于卧凤沟乡翻身沟村腰窝堡屯西北 1300 米高山上，止于卧凤沟乡翻身沟村西腰窝堡屯西北 1200 米处高山上。起点高程 586 米，止点高程 487 米。走向东北 – 西南 – 南 – 西北。东北接翻身沟长城 1 段，西南连翻身沟长城 3 段。南 1200 米为卧凤沟乡 – 翻身沟公路。全长 2600 米。保存较差。

该段墙体为石墙，自然基础，内夯土、外包石，夯土层不清晰，墙体外侧以大块片石错缝砌筑，平面朝外，块碎石塞缝。剖面为梯形。

按照保存情况可分为 2 段：

第一段起点高程 494 米，止点高程 483 米。长 1717 米，保存状况较差。现墙顶宽 0.6～1、底宽 1.5～2、残高 0.4～0.8 米。

第二段起点高程 483 米，止点高程 487 米。长 883 米，保存状况一般。现墙顶宽 1～1.2、底宽 1.5～2、残高 1～2.5 米。

在此段墙体中出现二次加固墙体，长达 60 米，主墙高于加固墙体 0.4 米。此段墙体现顶宽 1.4、底宽 3、残高 1.5～2 米。

翻身沟长城 3 段（210921382102170014）

起于卧凤沟乡翻身沟村西腰窝堡屯西北 1200 米高山上，止于卧凤沟乡翻身沟村孙家梁屯东北 800 米高山上。起点高程 487 米，止点高程 339 米。走向东北 – 西南。东北接翻身沟长城 2 段，西南连翻身沟长城 4 段。全长 1445 米，整体保存较差。

该段墙体为石墙，自然基础，内夯土、外包石，夯土层不清晰，墙体外侧以大块片石错缝砌筑，平面朝外，小块碎石塞缝。剖面为梯形。

按照保存情况可分为 2 段：

第一段起点高程 487 米，止点高程 441 米。长 480 米，保存状况一般。现墙顶宽 0.6～1.5、底宽 1.5～1.8、残高 0.8～2.5 米。

第二段起点高程 441 米，止点高程 339 米。长 883 米，保存状况较差。现墙顶宽 1.5～1.8、底宽 1.8～2.2、残高 0.5～1.5 米。（图二〇、彩图四八）

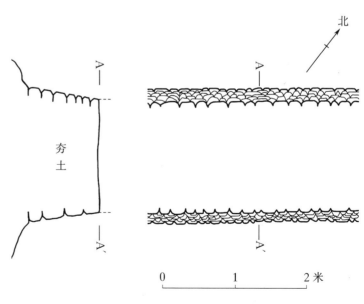

图二〇 翻身沟长城 3 段（第一段）平、剖面示意图

翻身沟长城 4 段（210921382102170015）

起于卧凤沟乡翻身沟村孙家梁屯东北 800 米高山上，止于卧凤沟乡翻身沟村孙家梁屯西北 500 米高山上。起点高程 339 米，止点高程 232 米。走向东北－西南。东北接翻身沟长城 3 段，西南连三家子长城。南 800 米为卧凤沟乡－翻身沟公路。全长 517 米。保存差，其中有 74 米被山口阻断。

该段墙体为石墙，以自然山体岩石为基础，外侧以大块片石错缝砌筑，平面朝外，块碎石塞缝。内填碎石土。剖面为梯形。现墙顶宽 1.5～1.8、底宽 1～2、残高 0.2～0.5 米。

三家子长城（210921382101170016）

起于卧凤沟乡翻身沟村三家子屯北 500 米高山上，止于卧凤沟乡翻身沟村三家子屯西南 1900 米坡地上。起点高程 232 米，止点高程 201 米。走向东北－西南－西－西南。东北接翻身沟长城 4 段，西南连周家窝堡长城 1 段。卧凤沟－翻身沟村级公路在墙体起点西南 1413 米处穿过。全长 1874 米。保存较好。

该段墙体为土墙，人工基础，用黄土夯筑，夯层厚 0.18～0.2 米。剖面呈梯形。

按照保存情况可分为 2 段：

第一段起点高程 232 米，止点高程 207 米。长 1413 米，保存状况较好。现墙顶宽 1.5～2.5、底宽 3～4、残高 1～3.5 米。

第二段起点高程 207 米，止点高程 201 米。长 461 米，被公路阻断及耕地损毁，地面墙体消失。

周家窝堡长城 1 段（210921382101170017）

起于卧凤沟乡翻身沟村周家窝堡屯东北 1500 米，止于卧凤沟乡翻身沟村周家窝堡屯南 900 米。起点高程 201 米，止点高程 171 米。走向东北－西南。东北接三家子长城，西南连周家窝堡长城 2 段。全长 2318 米。保存一般，有多处损毁。

该段墙体为土墙，基础为人工夯筑，用黄土夯筑，夯土层厚 0.18～0.2 米。现墙顶宽 6～8、底宽 10～12、残高 1～2 米。

周家窝堡长城 2 段（210921382101170018）

起于卧凤沟乡翻身沟村周家窝堡屯南 900 米耕地之中，止于卧凤沟乡翻身沟村周家窝堡屯西南 1000 米。起点高程 171 米，止点高程 152 米。走向东南－西北－西南。东接周家窝堡长城 1 段，西连义县北沟长城。全长 1000 米，保存一般。

该段墙体为土墙，基础为人工夯筑，用黄土夯筑，夯土层厚 0.18～0.2 米。现墙顶宽 6～8、底宽 10～12、残高 1～2 米。

翻身沟长城（复线）（210921382102170019）

起于卧凤沟乡翻身沟村腰堡屯北 1500 米高山，止于卧凤沟乡翻身沟村西腰堡屯西北 300 米耕地上。起点高程 474 米，止点高程 272 米。走向北－南－西南－南－西南。北接翻身沟长城 2 段。南距卧凤沟乡－翻身沟村级公路 1500 米。全长 1620 米。整体破坏严重，大部分墙体只残存夯土基础。

该段墙体为石墙，自然基础，墙体两侧以硅石错缝砌筑，平面朝外，小块碎石塞缝，内填碎石土并夯实，夯层厚约 0.8～0.12 米。现墙顶宽 1.5、底宽 2、残高 0.4～0.8 米。

十家子长城（副墙）（2109213382102170020）

起于国华乡十两家子村十家子屯西北 1500 米高山上，止于国华乡十两家子村十家子屯西北 2300 米处。起点高程 396 米，止点高程 437 米。走向东南－西北－西南－西北。北距十家子长城 2 段 73 米，止点为十家子长城 3 号敌台。全长 700 米。墙体破坏严重，大部分段仅残存遗迹。

该段墙体为石墙，自然基础，墙身内夯土、外包石，墙体两侧以石块错缝砌筑，平面朝外，小块碎石塞缝。现墙底宽 1～1.5、残高 0.1～0.2 米。

卡拉房子长城（副墙）（2109213382102170021）

起于新民乡卡拉房子村北 3000 米高山上，止于新民乡卡拉房子村西北 2300 米高山上。起点高程 494 米，止点高程 604 米。走向东北－西南－西－西南－西。西距卡拉房子长城 2 段 5～50 米。全长 3950 米。该段墙体整体为夯土外包石，地势陡峭、险峻；中段墙体损毁较重，墙体消失；两端墙体保存状况一般，墙体坍塌和少量石块缺失。

该段墙体为石墙，以自然山体岩石为基础，墙体外侧以大块石块错缝砌筑，平面朝外，块碎石塞缝；内填碎石、土。剖面为梯形。现墙顶宽 0.4～0.8、底宽 0.8～1、残高 0.6～2 米。（彩图四九）

下卡拉房子长城（复线）（2109213382102170022）

起于新民乡卡拉房子村下卡拉房子屯东南 2000 米高山上，止于大市镇大一村西大碰子山南坡下。起点高程 343 米，止点高程 181 米。走向东北－西南－东南。西南连北镇市团山沟长城（复线），西北距卡拉房子长城 2 段 6000 米。团卡线公路在墙体上穿过。全长 1733 米，墙体保存差。

该段墙体为石墙，以自然山体岩石为基础，墙体外侧以大块片石错缝砌筑，平面朝外，块碎石塞缝；内填碎石、土。剖面为梯形。现墙宽 0.6～2.1、残高 0.3～0.5 米。

②敌台及保存现状

阜新县共发现敌台 19 座。

国华乡三家子长城敌台（2109213352101170002）

位于国华乡十两家子村三家子西北 1800 米山体之上，高程 245 米。东南距三家子长城 2 段起点 2300 米。南距二富线公路 500 米。

平面近似圆形，剖面为梯形。保存较差，包石全部脱落，露出内部夯土，台体周围散见塌落的石块。敌台为内夯土、外包石结构。现存台体顶径 4、底径 10、残高 4 米。

十家子长城 1 号敌台（2109213352101170004）

位于国华乡十两家子村十家子北 500 米北山山体之上，高程 338 米。北距十家子长城 1 段 3 米。南距二富线公路 1000 米。

平面为圆形，剖面为梯形。保存较差，包石全部脱落，露出内部夯土，台体周围散见塌落的石块。敌台为内夯土、外包石结构。现存台体顶径 4、底径 8、残高 6 米。

上家子长城 2 号敌台（210921352101170005）

位于国华乡十两家子村十家子西北 1000 米高山上，高程 506 米。东南距十家子长城 2 段起点 858 米，西北距十家子长城 3 号敌台 680 米。

平面为圆形，剖面为梯形。此敌台西壁有长 5、高 0.8 米一段保存较好外，其余保存较差，包石部分脱落，露出内部夯土，台体周围散见塌落的石块。敌台为内夯土、外包石结构。现存台体顶径 5、底径 12、残高 3 米。

十家子长城 3 号敌台（210921352101170006）

位于国华乡十两家子村十家子西北 2000 米高山上，十家子长城（副墙）止点处，高程 437 米。东南距十家子长城 2 号敌台 680 米。南距二富线公路 500 米。

平面为圆形，剖面为梯形。保存较好，毛石部分脱落。在敌台北侧底部有一人为破坏痕迹，毛石脱落形成直径 2、深 0.6～1.2 米凹坑。敌台用毛石干垒而成。现存台体顶径 5、底径 10、残高 3 米。

上两家子长城 1 号敌台（210921352101170007）

位于国华乡十两家子村上两家子东北 1500 米高山上，上两家长城 1 段起点处，高程 469 米。西北距上两家子长城 2 号敌台 620 米。南 3900 米为二富线公路。

平面为圆形，剖面为梯形。整体状况保存一般，毛石大部分脱落，台体周围散见塌落的石块。敌台用毛石干垒而成。现存台体顶径 4、底径 10、残高 5 米。

上两家子长城 2 号敌台（210921352101170008）

位于国华乡十两家子村上两家子东北 1000 米高山上，高程 463 米。东南距上两家子长城起点 617 米，西南距石门沟烽火台 1000 米。

平面近似圆形，剖面为梯形。保存较差，毛石大部分脱落，台体周围散见塌落的石块。敌台用毛石干垒而成。现存台体顶径 6、底径 12、残高 4 米。

上两家子长城 3 号敌台（210921352101170009）

位于国华乡十两家子村上两家子东北 1500 米高山上，高程 488 米。西北距上两家子长城 4 米，东南距上两家子长城 2 号敌台 556 米。

平面近似圆形，剖面为梯形。保存较差，毛石大部分脱落，台体周围散见塌落的石块。敌台用毛石干垒而成。现存台体顶径 3、底径 8、残高 2～5 米。

上排山楼长城 1 号敌台（210921352101170015）

位于新民乡上排山楼村东南 800 米高山上，上排山楼长城 1 段起点处，高程 506 米。东南距石门沟烽火台 1600 米。

平面近似圆形，剖面为梯形。保存较差，毛石大部分脱落，台体周围散见塌落的石块。推测敌台用毛石干垒而成。现存台体顶径 4、底径 10、残高 1 米。

上排山楼长城 2 号敌台（210921352101170016）

位于新民乡上排山楼村东南 1500 米高山上，高程 433 米。西北距上排山楼长城 2 段 1 米，东北距上排山楼长城 1 号敌台 1700 米，西南距上排山楼 2 号居住址 30 米。

平面为圆形，剖面为梯形。保存较差，东侧有一人为破坏痕迹，口呈方形，长 2、宽 1、深 0.5～1.5 米。毛石大部分脱落，台体周围散见塌落的石块。敌台用毛石干垒而成。现存台体顶径 4、底径 8、残高 5 米。

二道岭长城 1 号敌台（210921352101170017）

位于国华乡十两家子村二道岭屯西北 100 米高山上，高程 454 米。西北距二道岭长城 1 米，西南距二道岭长城 2 号敌台 788 米。

平面为圆形，剖面为梯形。保存较差，毛石大部分脱落，台体周围散见塌落的石块。敌台用毛石干垒而成。现存台体顶径 7、底径 16、残高 3～5 米。

二道岭长城 2 号敌台（210921352101170018）

位于国华乡十两家子村二道岭屯西 500 米高山上，高程 442 米。东北距二道岭长城起点 1000 米，东北距二道岭长城 1 号敌台 788 米，东南距二道岭长城 1 米。

平面近似圆形，剖面为梯形。保存较差，毛石大部分脱落，台体周围散见塌落的石块。敌台用毛石干垒而成。现存台体顶径 6、底径 12、残高 4 米。

卡拉房子长城 1 号敌台（210921352101170023）

位于新民乡卡拉房子村西北 500 米高山上，高程 636 米。东北距卡拉房子长城 2 段起点 538 米，东北距卡拉房子长城 1 段 5 米，西南距卡拉房子长城 2 号敌台 623 米。

平面为圆形，剖面为梯形。保存较差，毛石大部分脱落，台体周围散见塌落的石块。敌台用毛石干垒而成。现存台体顶径 5、底径 8、残高 2～3 米。

卡拉房子长城 2 号敌台（210921352101170024）

位于新民乡卡拉房子村西北 2200 米高山上，高程 612 米。东北距卡拉房子长城（副墙）起点 2600 米，东北距卡拉房子长城 1 号敌台 623 米，西北距卡拉房子长城（副墙）8 米。

平面为圆形，剖面为梯形。保存较差，毛石大部分脱落，台体周围散见塌落的石块。敌台用毛石干垒而成。现存台体顶径 3、底径 6、残高 2 米。

翻身沟长城 1 号敌台（210921352101170027）

位于卧凤沟乡翻身沟村东北 2000 米高山上，高程 568 米。东北距翻身沟长城 2 段起点 1133 米，东南距翻身沟长城 2 段 2 米，西南距翻身沟长城 2 号敌台 623 米。

平面为圆形，剖面为梯形。保存较差，毛石大部分脱落，台体周围散见塌落的石块。敌台用毛石干垒而成。现存台体顶径 10、底径 18、残高 5 米。

翻身沟长城 2 号敌台（210921352101170028）

位于卧凤沟乡翻身沟村东北 2000 米高山上，高程 483 米。东北距翻身沟长城 2 段起点 1717 米，东北距翻身沟长城 1 号敌台 623 米，西北距翻身沟长城 2 段 1 米。

平面为圆形，剖面为梯形。保存较差，毛石大部分脱落，台体周围散见塌落的石块。敌台用毛石干垒而成。现存台体顶径 8、底径 12、残高 3 米。

翻身沟长城 3 号敌台（210921352101170029）

位于卧凤沟乡翻身沟村东北 1000 米高山上，高程 430 米。东北距翻身沟长城 3 段起点 1096 米，西北距翻身沟长城 3 段 2 米，西南距翻身沟 2 号居住址 18 米。

平面为不规则形。保存较差，毛石大部分脱落，台体周围散见塌落的石块。敌台用毛石干垒而成。现存台体顶径东西最长 6、南北最宽 5 米，底径 10 米，残高 3 米。

翻身沟长城 4 号敌台（210921352101170031）

位于卧凤沟乡翻身沟村东北 500 米高山上，高程 296 米。东北距翻身沟长城 4 段起点 397 米，东北距翻身沟长城 3 号敌台 769 米，西北距翻身沟长城 4 段 2 米。

平面为不规则形。保存较差，包石全部脱落，露出内部夯土，台体周围散见塌落的石块。推测敌台为内夯土、外包石结构。现存台体顶径南北长 4、东西宽 2 米，底径 10 米，残高 2 米。

三家子长城敌台（210921352101170034）

位于卧凤沟乡翻身沟村三家子屯西北 2000 米高山上，高程 252 米。东北距三家子长城起点 1190 米，东北距三家子 2 号烽火台 600 米，北距三家子长城 2 米。南距卧凤沟－翻身沟公路 100 米。

平面为圆形，剖面为梯形。保存较差，包石全部脱落，露出内部夯土，台体周围散见塌落的砖块。推测敌台为内夯土、外包砖结构。现存台体顶径 5、底径 10、残高 4 米。

周家窝堡长城敌台（210921352101170036）

位于卧凤沟乡翻身沟村周家窝堡屯南 900 米耕地中，高程 171 米。东北接周家窝堡长城 1 段，西接周家窝堡长城 2 段，西北距周家窝堡 2 号烽火台 916 米。

保存较差，包石全部脱落，露出内部夯土，台体周围散见塌落的砖块。推测敌台为内夯土、外包砖结构。

（3）清河门区

①墙体及保存现状

清河门区明长城总长 17423 米，可分为 10 段。

靠边屯长城（210905382101170001）

起于乌龙坝镇靠边屯村东北 1000 米处耕地中，止于乌龙坝镇靠边屯村西北 400 米处耕地中。起点高程 87 米，止点高程 84 米。走向东北－西南。东北接义县境内的马圈子长城，西南连蒲草泡长城。西距细河 50 米，蒲草泡－八家子村路从墙体上穿过。全长 1258 米，保存较差。

该段墙体为土墙，人工基础，墙身用黄土夯筑，夯层厚 0.1～0.13 米。现墙顶宽 2～6、底宽 6～12、残高 0.6～3 米。

蒲草泡长城（210905382101170002）

起于乌龙坝镇蒲草泡村东北 1400 米耕地中，止于乌龙坝镇蒲草泡村北 1200 米耕地中。起点高程 84 米，止点高程 96 米。走向东北－西南。东北接靠边屯长城，西南连朱家屯长城。

全长 770 米。保存一般，墙体局部损毁。

该段墙体为土墙，人工基础，用黄土夯筑，夯土层厚 0.1~0.13 米。现墙顶宽 5~10、底宽 10~20、残高 1~2 米。

朱家屯长城（210905382301170003）

起于乌龙坝镇朱家屯村东北 1400 米，止于乌龙坝镇朱家屯村西北 1300 米。起点高程 96 米，止点高程 95 米。走向东－西。东接蒲草泡长城，西连岭东长城。该段全长 2700 米，墙体地表已无存。

岭东长城（210905382301170004）

起于乌龙坝镇朱家屯村岭东东北 2400 米，止于乌龙坝镇朱家屯村岭东北 200 米。起点高程 95 米，止点高程 96 米。走向东－西。东接朱家屯长城，西连西梁杠长城。该段全长 2200 米，墙体地表已无存。

西梁杠长城（210905382301170005）

起于乌龙坝镇岭东村西梁杠东北 900 米，止于河西镇河西村后窑屯 400 米。起点高程 96 米，止点高程 116 米。走向东－西。东接岭东长城，西连河西长城 1 段。该段全长 3700 米，墙体地表已无存。

河西长城 1 段（210905382101170006）

起于河西镇河西村后窑屯西 400 米处耕地中，止于河西镇河西村后窑屯西山南 300 米耕地中。起点高程 116 米，止点高程 170 米。走向东－西－西北。东接西梁杠长城，西北连河西长城 2 段，西北 700 米处为河西 1 号烽火台，西南距大清堡 1900 米。锦州－阜新高速公路在墙体上穿过。全长 1288 米，保存较差。

该段墙体为土墙，人工基础，用黄土夯筑，夯土层厚 0.1~0.3 米。现墙顶宽 1~5、底宽 2~6、残高 0.5~3 米。

河西长城 2 段（210905382101170007）

起于河西镇河西村西山屯南 300 米，止于河西镇河西村西山屯南 300 米坡地上。起点高程 170 米，止点高程 239 米。走向东北－西南－西北。东接河西长城 1 段，西连双山口长城 1 段。全长 1387 米。墙体被辟为村道，保存较差。

该段墙体为土墙，人工基础，用黄土夯筑，夯土层厚 0.1~0.3 米。现墙顶宽 1~1.8、底宽 3~5.5、残高 0.5~2.5 米。

双山口长城 1 段（210905382102170008）

起于河西镇河邢家屯村双山口屯北 1100 米高山上，止于河西镇河邢家屯村双山口屯北 650 米山口。起点高程 239 米，止点高程 225 米。走向东北－西南。东接河西长城 2 段，南连双山口长城 2 段。全长 652 米。墙体有多处坍塌，保存差。

该段主墙体为石墙，以自然山体岩石为基础，用石块垒筑，墙体设施无存。现墙顶宽 0.3~0.6、底宽 0.8~1、残高 0.2~0.4 米。

在本段墙体上有一段长 144 米的山口空。起点高程 208 米，止点高程 225 米。

双山口长城 2 段（210905382102170009）

起于河西镇邢家屯村双山口屯西北 1000 米高山上，止于河西镇邢家屯村双山口屯西南 1850 米高山上。起点高程 225 米，止点高程 181 米。走向东北－西南－西北－西南。北接双山口长城 1 段，西南连杨彪沟长城。南侧 50 米处为砬子山－杨彪沟道路。全长 1635 米，保存较差。

该段墙体为石墙，以自然山体岩石为基础，墙体外侧以大块硅石错缝砌筑，平面朝外，块碎石塞缝；内填碎石、土。剖面为梯形。现墙宽 0.6～1.6、残高 0.2～0.3 米。

在本段墙体上有一段长 155 米的山口空。起点高程 210 米，止点高程 181 米。

杨彪沟长城（210905382102170010）

起于河西镇河邢家屯村杨彪沟屯西北 1000 米高山上，止于河西镇河邢家屯村杨彪沟屯西 2000 米高山上。起点高程 181 米，止点高程 446 米。走向东北－西南－西。东北隔双山口空与双山口长城 2 段相邻，西南连义县境内的砬子山长城 1 段。北侧 50 米处为杨彪沟－砬子山道路。全长 1833 米，保存差。

该段墙体为石墙，以自然山体岩石为基础，墙身用石块垒筑。现墙宽 0.5～1、残高 0.2 米。

②敌台及保存现状

清河门区共发现敌台 13 座。

蒲草泡长城敌台（210905352101170002）

位于乌龙坝镇蒲草泡村北 1000 米处耕地中，高程 91 米。东北距蒲草泡长城起点 300 米，北距蒲草泡长城 3 米。

台体基本消失，周围散落零星青砖碎块。

河西长城敌台（210905352101170012）

位于河西镇河西村西南 1800 米处耕地中，高程 205 米。东距河西长城 2 段起点 850 米，东距河西 2 号烽火台 580 米，西北距河西 3 号烽火台 530 米。

台体基本消失，周围散落零星青砖碎块。

双山口长城 1 号敌台（210905352101170014）

位于河西镇邢家屯村双山口屯北 800 米高山上，高程 333 米。东距双山口长城 1 段 430 米，东南距双山口长城 1 段 1 米，西南距双山口长城 2 号敌台 230 米。西南 300 米为双山口－砬子山小路。

平面为圆形，剖面为梯形。保存差，台体大部分倒塌，石块脱落在台体周围，顶部中央有人为盗洞，盗洞呈椭圆形，南北径 1.4、东西径 1.2、深 1.2 米。敌台用毛石干垒。现存台体顶径 4、底径 10、残高 1～2 米。

双山口长城 2 号敌台（210905352101170015）

位于河西镇邢家屯村双山口屯北 600 米高山上，高程 222 米。东距双山口长城 1 段起点 650 米，西距双山口长城 1 段 2 米，东北距双山口长城 1 号敌台 230 米。南侧 80 米为双山口－砬子山小路。

平面为圆形，剖面为梯形。保存较差，台体大部分塌颓，石块脱落在台体周围。敌台用毛石干垒。现存台体顶径 4、底径 7、残高 1.5 米。

双山口长城 3 号敌台（210905352101170016）

位于河西镇邢家屯村双山口屯北 500 米高山上，高程 249 米。东北距双山口长城 2 段起点 72 米，西北距双山口长城 2 段 2 米，西南距双山口长城 4 号敌台 190 米。北侧距双山口－砬子山小路 80 米。

平面为圆形，剖面为梯形。保存差，台体大部分塌颓，石块脱落在台体周围，现只残留部分夯土。推测敌台为内夯土、外包石结构。现存台体顶径 4、底径 8、残高 4 米。

双山口长城 4 号敌台（210905352101170017）

位于河西镇邢家屯村双山口屯北 500 米高山上，高程 278 米。东北距双山口长城 2 段起点 256 米，西北距双山口长城 2 段 2 米；东北距双山口长城 3 号敌台 190 米，西南距双山口长城 5 号敌台 62 米。

平面为圆形，剖面为梯形。保存较差，台体大部分倒塌，台体周围脱落砖块，顶部有人为盗洞。台体内填充毛石、外用青砖错缝砌筑，白灰勾缝。现存台体顶径 9、底径 18、残高 4 米。

双山口长城 5 号敌台（210905352101170018）

位于河西镇邢家屯村双山口屯西 500 米高山上，高程 309 米。东北距双山口长城 2 段起点 310 米，西北距双山口长城 2 段 2 米；东北距双山口长城 4 号敌台 62 米，西南距双山口长城 6 号敌台 618 米。

平面为圆形，剖面为梯形。保存较差，台体大部分倒塌，石块脱落在台体周围，现只残留部分夯土。推测敌台为内夯土、外包石结构。现存台体顶径 3、底径 8、残高 5 米。

双山口长城 6 号敌台（210905352101170019）

位于河西镇邢家屯村双山口屯西 500 米高山上，高程 305 米。东北距双山口长城 2 段起点 1000 米，西距双山口长城 2 段 3 米；东北距双山口长城 5 号敌台 618 米，西南距双山口长城 7 号敌台 550 米。

平面为圆形，剖面为梯形。保存较差，台体大部分倒塌，石块脱落在台体周围，现只残留部分夯土。推测敌台为内夯土、外包石结构。现存台体顶径 4、底径 10、残高 5 米。

双山口长城 7 号敌台（210905352101170020）

位于河西镇邢家屯村双山口屯西南 1000 米高山上，高程 219 米。西南距双山口长城 2 段止点 197 米，西北距双山口长城 2 段 4 米；东北距双山口长城 6 号敌台 550 米，西南距杨彪沟长城 1 号敌台 155 米。南侧 100 米为双山口－砬子山小路。

平面为圆形，剖面为梯形。保存较差，台体大部分倒塌，石块脱落在台体周围，现只残留部分夯土。推测敌台为内夯土、外包石结构。现存台体顶径 3、底径 6、残高 2 米。

杨彪沟长城 1 号敌台（210905352101170021）

位于河西镇邢家屯村杨彪沟屯西北 1000 米高山上，高程 181 米。西南距杨彪沟长城 2 号敌台 374 米。北侧 50 米为杨彪沟-碴子山小路。

平面为圆形，剖面为梯形。保存较差，台体大部分倒塌，石块脱落在台体周围，现只残留部分夯土。推测敌台为内夯土、外包石结构。现存台体顶径 4、底径 8、残高 3 米。

杨彪沟长城 2 号敌台（210905352101170022）

位于河西镇邢家屯村杨彪沟屯西北 1000 米高山上，高程 280 米。东北距杨彪沟长城起点 374 米，西北距杨彪沟长城 2 米；东北距杨彪沟长城 1 号敌台 374 米，西南距杨彪沟长城 3 号敌台 316 米。

平面为圆形，剖面为梯形。保存较差，台体大部分倒塌，石块脱落在台体周围，现只残留部分夯土。推测敌台为内夯土、外包石结构。现存台体顶径 4、底径 8、残高 4 米。

杨彪沟长城 3 号敌台（210905352101170023）

位于河西镇邢家屯村杨彪沟屯西北 1000 米高山上，高程 364 米。东北距杨彪沟长城起点 684 米，西北距杨彪沟长城 2 米；东北距杨彪沟长城 2 号敌台 316 米，西南距杨彪沟长城 4 号敌台 631 米。

平面为圆形，剖面为梯形。保存差，仅存部分夯土。现存台体顶径 5、底径 10、残高 3 米。

杨彪沟长城 4 号敌台（210905352101170024）

位于河西镇邢家屯村杨彪沟屯西南 1000 米高山上，高程 386 米。东北距杨彪沟长城起点 1315 米，北距杨彪沟长城 2 米；东北距杨彪沟长城 3 号敌台 631 米。

平面为圆形，剖面为梯形。保存较差，台体周围散见塌落的石块，露出内部夯土。推测敌台为内夯土、外包石结构。现存台体顶径 5、底径 10、残高 2 米。

（4）北票市

①墙体及保存现状

北票市明长城总长 14928 米，可分为 14 段。

白台沟长城（211381382106170001）

起于常河营乡老爷庙村白台沟屯西北 1350 米高山上，止于常河营乡老爷庙村白台沟屯西南 1200 米。起点高程 683 米，止点高程 534 米。走向北-南-西南。东北接义县境内的小柳河沟长城 11 段，西南连窖梨沟长城。西北 2100 米处为 305 国道。

该段墙体全长 3287 米，全部为山险，系利用山体陡峭、多悬崖的地势，形成天然屏障。

窖梨沟长城（211381382102170002）

起于常河营乡老爷庙村窖梨沟屯南 500 米高山上，止于常河营乡老爷庙村旧烧锅屯南 600 米高山上。起点高程 534 米，止点高程 428 米。走向东-西。东接白台沟长城，西隔旧烧锅山口空与旧烧锅长城相邻。西北距 305 国道 600 米。全长 593 米，保存较好。

该段墙体为石墙，以自然山体岩石为基础，墙身用毛石干垒。剖面为梯形。现墙宽 1～2、残高 1～1.8 米。

旧烧锅长城（2113813821021700003）

起于常河营乡老爷庙村旧烧锅屯西南 500 米高山上窖梨沟长城敌台，止于常河营乡老爷庙村旧烧锅屯西南高山上。起点高程 428 米，止点高程 502 米。走向东南－西北－西南－西－西北－西南。东接窖梨沟长城，西南连上五道沟长城 1 段。东 47 米处为 305 国道。全长 1200 米，保存差。

该段墙体为石墙，以自然山体岩石为基础，外侧以大块硅石错缝砌筑，平面朝外，小块碎石塞缝；内填碎石、土。剖面为梯形。现墙宽 1～3、残高 0.2～0.4 米。

上五道沟长城 1 段（2113813821051700004）

起于常河营乡老爷庙村上五道沟屯东山 1000 米高山上，止于常河营乡老爷庙村上五道沟屯东北 500 米高山上。起点高程 502 米，止点高程 497 米。走向东南－西北－西南。东北接旧烧锅长城，西南连上五道沟长城 2 段。东距 305 国道 90 米。残存墙体总长 118 米，保存较好。

该段墙体为石墙，以自然山体岩石为基础，用毛石垒筑。现墙宽 1.5～2.5、残高 0.4～1 米。

上五道沟长城 2 段（2113813821021700005）

起于常河营乡老爷庙村上五道沟屯东北 500 米高山上，止于常河营乡老爷庙村上五道沟屯东南 500 米高山上。起点高程 497 米，止点高程 473 米。走向东南－西北－西南。东接上五道沟长城 1 段，西南连蕨菜沟长城 1 段。全长 504 米。保存一般，墙体两侧砌筑较规整。

该段墙体为石墙，以自然山体岩石为基础，外侧以毛石错缝砌筑，平面朝外，小块碎石塞缝。内填碎石土。剖面为梯形。

按照保存情况可分为 2 段：

第一段起点高程 497 米，止点高程 415 米。长 244 米，保存状况一般，两侧砌筑较规整。其中，从 244～265 米为五道沟山口空，长 21 米，起点高程 415 米，止点高程 414 米。

第二段起点高程 414 米，止点高程 473 米。长 260 米，保存现状一般，两侧砌筑较规整。现顶宽 1～1.5、底宽 1.8～2.5、残高 0.4～0.6 米。

蕨菜沟长城 1 段（2113813821051700006）

起于常河营乡老爷庙村蕨菜沟屯西 1000 米高山上，止于常河营乡老爷庙村蕨菜沟屯西山。起点高程 473 米，止点高程 432 米。走向东北－西南。东北接上五道沟长城 2 段，南连蕨菜沟长城 2 段。东侧 550 米处为 305 国道。全长 1355 米，整体保存较好，其中 430 米墙体被耕地损毁。

该段墙体为石墙，修筑于蕨菜沟山脉之上，地势高峻，以自然山体岩石为基础，用毛石垒筑。现墙宽 0.5～1.5、残高 0.4～1.5 米。

蕨菜沟长城 2 段（2113813821021700007）

起于常河营乡老爷庙村蕨菜沟屯西 100 米高山上，止于常河营乡老爷庙村蕨菜沟西南 700 米处高山上。起点高程 432 米，止点高程 550 米。走向东北－西南－东南。东北接蕨菜沟长城 1 段，东南连蕨菜沟长城 3 段。东侧 600 米处为 305 国道。全长 712 米，保存差。

该段墙体为石墙，以自然山体岩石为基础，墙体外侧以大块硅石错缝砌筑，平面朝外，小块碎石塞缝；内填碎石、土。现墙宽 1~2、残高 0.1~0.2 米。

蕨菜沟长城 3 段（2113813821 02170008）

起于常河营乡老爷庙村蕨菜沟西 700 米高山上，止于常河营乡老爷庙村蕨菜沟西南 1400 米高山上。起点高程 550 米，止点高程 471 米。走向东北－西南。东北接蕨菜沟长城 2 段，西南连蕨菜沟长城 4 段。东侧 600 米处为 305 国道。保存较差，全长 682 米。

该段墙体为石墙，以自然山体岩石为基础，墙体外侧以大块硅石错缝砌筑，平面朝外，小块碎石塞缝；内填碎石、土。现墙宽 2~4、残高 0.2~0.4 米。

蕨菜沟长城 4 段（2113813821 02170009）

起于常河营乡老爷庙村蕨菜沟西山西南 1400 米高山上，止于常河营乡老爷庙村蕨菜沟西山西南 1700 米高山上。起点高程 471 米，止点高程 387 米。走向东南－西北。东南接蕨菜沟长城 3 段，西北连小真发屯长城。东侧 600 米处为 305 国道。残存墙体总长 324 米。该段墙体修筑于高山之间，地势高峻，墙宽且高，保存较为完整。

该段墙体为石墙，以自然山体岩石为基础，墙体两侧以大块硅石错缝干垒。现墙宽 1.5~2.2、残高 1~1.5 米。（彩图五〇）

小真发屯长城（2113813821 02170010）

起于常河营乡老爷庙村小真发屯东南 1600 米高山上，止于常河营乡老爷庙村小真发屯东南 1650 米高山上。起点高程 387 米，止点高程 490 米。走向东南－西北－西南－东南。东南接蕨菜沟长城 4 段，东南连大真发屯长城。东侧 600 米处为 305 国道。全长 1627 米，保存差。

该段墙体为石墙，以自然山体岩石为基础，墙体外侧以毛石错缝砌筑，平面朝外，小块碎石塞缝；内填碎石、土。剖面为梯形。现墙宽 2~4、残高 0.1~0.4 米。

按照保存情况可分为 2 段：

第一段起点高程 387 米，止点高程 351 米。长 408 米，保存状况差，大部分墙体均坍塌，石块缺失。本段中有一段长 53 米的小真发屯山口空，起点高程 351 米，止点高程 351 米。

第二段起点高程 351 米，止点高程 490 米。长 1219 米，保存现状差，大部分墙体均坍塌，石块缺失。

大真发屯长城（2113813821 06170011）

起于常河营乡老爷庙村大真发屯东南 1900 米高山上，止于常河营乡老爷庙村大真发屯东南 2200 米高山上。起点高程 490 米，止点高程 556 米。走向北－西南。北接小真发屯长城，西南连义县大二台长城。东侧 600 米处为 305 国道。全长 653 米。

该段墙体全部为山险，系利用山体陡峭、多悬崖的地势，形成天然屏障。

马家营长城 1 段（2113813821 06170012）

起于常河营乡老爷庙村马家营屯东南 2200 米高山上，止于常河营乡老爷庙村马家营屯东南 1700 米高山上。起点高程 471 米，止点高程 415 米。走向东南－西北－西南。东南接义县大二台长城，西南连马家营长城 2 段。东侧 600 米处为 305 国道。全长 922 米。

该段墙体全部为山险，系利用山体陡峭、多悬崖的地势，形成天然屏障。

马家营长城 2 段（211381382102170013）

起于常河营乡老爷庙村马家营屯东南 1700 米高山上，止于常河营乡老爷庙村马家营屯东南 2700 米高山上。起点高程 415 米，止点高程 341 米。走向东北－西南－东南。东北接马家营长城 1 段，西南连义县小二台长城。东侧 600 米处为 305 国道。保存一般，全长 1600 米。

该段墙体为石墙，以自然山体岩石基础，用石块砌筑，内填碎石而成。剖面为梯形。现墙宽 1.5~2、残高 0.6~2 米。

白台沟长城（副墙）（211381382106170014）

起于常河营乡老爷庙村白台沟东北 1350 米高山上，止于常河营乡老爷庙村白台沟东 120 米高山上。起点高程 445 米，止点高程 339 米。走向北－南－西南。东北连义县西盘道岭长城 2 段（副墙）。西北 2100 米处为 305 国道。全长 1351 米。

该段墙体全部为山险，是利用其险峻的山体峭壁，随山势起伏而自然形成一道天然屏障。

②敌台及保存现状

北票市共发现敌台 13 座。

窑梨沟长城敌台（211381352101170004）

位于常河营乡老爷庙村窑梨沟屯南 500 米处高山上，高程 428 米。建于窑梨沟长城止点处，西北距旧烧锅 1 号烽火台 260 米。西北距 305 国道 600 米。

平面近似圆形，剖面为梯形。保存较差。敌台用毛石干垒。现存台体顶径 5、底径 10、残高 3 米。

旧烧锅长城 1 号敌台（211381352101170006）

位于常河营乡老爷庙村旧烧锅屯东山 800 米高山上，高程 394 米。东南距旧烧锅长城起点 744 米，东北距旧烧锅长城 2 米，西北距旧烧锅长城 2 号敌台 875 米。北侧距 305 国道 450 米。

平面近似圆形，剖面为梯形。保存差，台体大部分倒塌，现只残留部分夯土，台体周围散落石块。敌台东、南、北侧借助山险，西侧则用石块垒砌，台内用土夯实。现存台体顶径 3、底径 6、残高 0.5 米。

旧烧锅长城 2 号敌台（211381352101170008）

位于常河营乡老爷庙村旧烧锅屯东南山 500 米处高山上，高程 487 米。西南距旧烧锅长城止点 188 米，北距旧烧锅长城 3 米，东南距旧烧锅 2 号烽火台 300 米、距旧烧锅长城 1 号敌台 875 米。北距 305 国道 80 米。

平面为圆形，剖面为梯形。保存较差，台体倒塌，毛石脱落。推断敌台用毛石干垒。现存台体顶径 6、底径 12、残高 4 米。

上五道沟长城 1 号敌台（211381352101170009）

位于常河营乡老爷庙村上五道沟屯东山 500 米处高山上，高程 417 米。东北距上五道沟长城 2 段起点 273 米，西北距上五道沟长城 2 段 5 米，南距上五道沟长城 2 号敌台 15 米。东北侧为上五道沟－蕨菜沟山路。

平面为圆形，剖面为梯形。保存差，台体大部分倒塌，石块脱落在台体周围，现只残留部分夯土，顶部有人为盗洞。推测敌台为内夯土、外包石结构。现存台体顶径 5、底径 10、残高 1~2 米。

上五道沟长城 2 号敌台（211381352101170010）

位于常河营乡老爷庙村上五道沟屯东山 500 米处高山上，高程 416 米。东北距上五道沟长城 2 段起点 280 米，西北距上五道沟长城 2 段 5 米，北距上五道沟长城 1 号敌台 15 米。东侧为上五道沟－蕨菜沟山路。

平面为圆形，剖面为梯形。保存差，台体大部分倒塌，石块脱落在台体周围，现只残留夯土部分。推测敌台为内夯土、外包石结构。现存台体顶径 6、底径 12、残高 3 米。

蕨菜沟长城 1 号敌台（211381352101170011）

位于常河营乡老爷庙村蕨菜沟屯西山 1000 米处高山上，高程 566 米。北距蕨菜沟长城 1 段起点 900 米，西北距蕨菜沟长城 1 段 3 米。东距 305 国道 680 米。

平面为圆形，剖面为梯形。保存差，台体大部分倒塌，石块脱落在台体周围，现只残留夯土部分。敌台东侧借助山险，其余三侧用石块砌筑，内用土夯实。现存台体顶径 5、底径 10、残高 1 米。

蕨菜沟长城 2 号敌台（211381352101170012）

位于常河营乡老爷庙村蕨菜沟屯西 1000 米处高山上，高程 461 米。北距蕨菜沟长城 2 段起点 170 米，西距蕨菜沟长城 2 段 5 米。东距 305 国道 648 米。

平面为圆形，剖面为梯形。保存差，台体大部分倒塌，石块脱落在台体周围，现只残留夯土部分。台体南侧有人为盗洞，盗洞口为圆形，直径 2、深 1.5 米。台体为内夯土、外包石结构。现存台体顶径 4、底径 11、残高 2.5 米。

蕨菜沟长城 3 号敌台（211381352101170013）

位于常河营乡老爷庙村蕨菜沟屯西山 1000 米，高程 566 米。东北距蕨菜沟长城 3 段起点 27 米，西北距蕨菜沟长城 3 段 4 米，西距小真发屯长城敌台 1300 米。东距 305 国道 600 米。

平面为不规则形，剖面为梯形。保存较差，露出内部夯土，台体周围散见塌落的石块。东、南、北面借助山险，西面用石块砌筑，内用土夯实。现存台体东西长 6、南北宽 4、残高 0.6 米。

小真发屯长城敌台（211381352101170014）

位于常河营乡老爷庙村小真发屯东山 800 米，高程 368 米。东南距小真发屯长城起点西北 280 米处，北距小真发屯长城 3 米，东距蕨菜沟长城 3 号敌台 1300 米。东距 305 国道 600 米。

平面为圆形，剖面为梯形。保存较差，台体周围散见塌落的石块，露出内部夯土。推测敌台为内夯土、外包石结构。现存台体顶径 5、底径 12、残高 3 米。

马家营长城 1 号敌台（211381352101170017）

位于常河营乡老爷庙村马家营屯东南 1700 米高山上，高程 505 米。北接马家营长城 1 段，南接马家营长城 2 段。东距 305 国道 600 米。

平面为圆形，剖面为梯形。保存较差。敌台建在山险之上，东、南侧借助山险，其余两侧用石块砌筑。现存台体顶径 4、底径 11、残高 2 米。

马家营长城 2 号敌台（211381352101170018）

位于常河营乡老爷庙村马家营屯东南 1700 米高山上，高程 196 米。东北距马家营长城 2 段起点 524 米，西北距马家营长城 2 段 2 米，东南距马家营烽火台 350 米。

平面为圆形，剖面为梯形。保存较差，台体周围散见塌落的砖块，露出内部夯土。推测敌台为内夯土、外包砖结构。现存台体顶径 4、底径 12、残高 2.5 米。

马家营长城 3 号敌台（211381352101170020）

位于常河营乡老爷庙村马家营屯东南 2500 米高山上，高程 374 米。东北距马家营长城 2 段起点 704 米，西距马家营长城 3 段 3 米。东距 305 国道 600 米。

平面为圆形，剖面为梯形。保存较差，毛石全部脱落，台体周围散见塌落的石块。敌台用毛石干垒。现存台体顶径 5、底径 12、残高 5 米。

白台沟长城敌台（211381352101170022）

位于常河营乡老爷庙村白台沟东北 1000 米高山上，高程 437 米。建于白台沟长城（副墙）墙体上。东距 305 国道 600 米。

平面为圆形，剖面为梯形。保存较差，只存有少部分的台基，台体周围散见塌落的石块，露出内部夯土。推测敌台为内夯土、外包石结构。现存台体顶径 5、底径 8、残高 4 米。

（5）义县

①墙体及保存现状

义县明长城总长 76017 米，可分为 77 段。

北沟长城（210727382101170001）

起于稍户营子镇北沟村东北 500 米耕地之中，止于稍户营子镇北沟村西北 500 米处耕地中。起点高程 152 米，止点高程 146 米。走向东北－西南。东北接阜新县周家窝铺长城 2 段，西南连树林子长城。西 84 米处为稍户营－卧凤沟乡级公路。全长 705 米。保存较差，其中 60 米墙体被公路损毁。

该段墙体为土墙，用黄土夯筑。现墙顶宽 4~6、底宽 6~8、残高 1~1.5 米。（图二一）

树林子长城（210727382101170002）

起于树林子村东北 3000 米耕地之中，止于稍户营子镇树林子村东北 500 米耕地中。起点高程 146 米，止点高程 115 米。走向东北－西南。东北接北沟长城，西南连马圈子长城。东侧稍户营子－卧凤沟乡级公路南北通过。全长 2589 米，保存一般。

该段墙体为土墙，用黄土夯筑。

按照保存情况可分为 5 段：

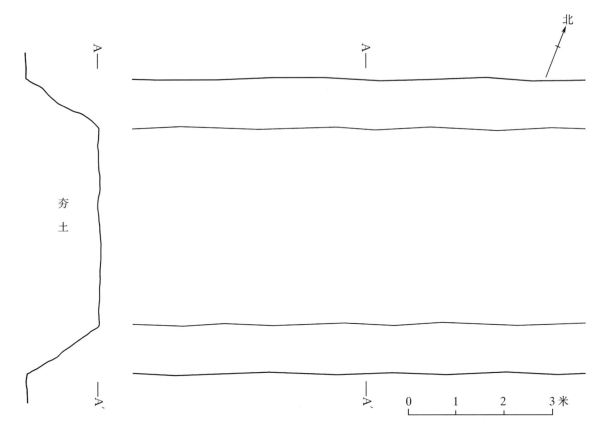

图二一　北沟长城平、剖面示意图

第一段起点高程 146 米，止点高程 150 米。长 400 米，保存状况较差，墙体夯土多处缺失。

第二段起点高程 150 米，止点高程 156 米。长 16 米，被村民开道破坏，长城地表墙体消失。

第三段起点高程 156 米，止点高程 122 米。长 1598 米，保存状况一般，墙体夯土缺失。现墙顶宽 1.5～3、底宽 2～7、残高 0.5～1.1 米。

第四段起点高程 122 米，止点高程 114 米。长 490 米，被耕地损毁，地表墙体消失。

第五段起点高程 114 米，止点高程 115 米。长 85 米，保存状况较差，墙体夯土多处缺失。现墙顶宽 0.5～2、底宽 1～5、残高 0.2～0.8 米。（图二二）

马圈子长城（210727382301170003）

起于稍户营子镇树林子村马圈子屯东北 500 米耕地之中，止于阜新市清河门区乌龙坝镇靠边屯村北 350 米。起点高程 115 米，止点高程 87 米。走向东北－西南。东北接树林子长城，西南连阜新市清河门靠边屯长城。该段全长 4506 米，墙体地表已无存。

砬子山长城 1 段（210727382106170004）

起于高台子镇砬子山村东南 1300 米的砬子山山顶之上的砬子山长城 1 号敌台，止于高台子镇砬子山村东南 1300 米高山上。起点高程 446 米，止点高程 296 米。走向东北－西南。东北接清河门杨彪沟长城，西南连砬子山长城 2 段。西南侧为青山水库。全长 401 米。

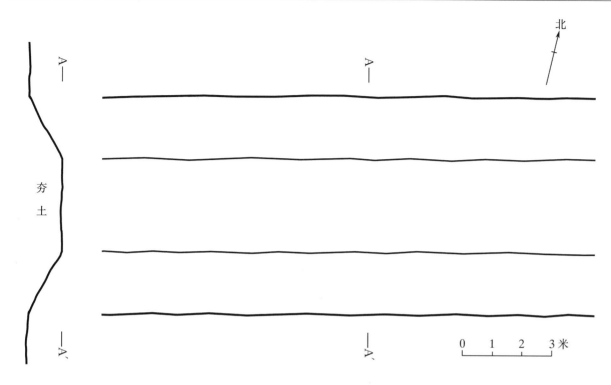

图二二　树林子长城平、剖面示意图

该段墙体全部为山险，是利用其险峻的山体峭壁，随山势起伏而自然形成的一道天然屏障。

砬子山长城 2 段（210727382101170005）

起于高台子镇砬子山村东南 1300 米砬子山山顶之上，止于砬子山北距起点西南 1600 米处。起点高程 296 米，止点高程 251 米。走向东南－西北。东南接砬子山长城 1 段，西北连高台子镇白台沟长城 1 段。西侧为季节河。全长 2100 米。保存状况差，只存基础。

该段墙体为土墙，用黄土沙砾夯筑，夯土层厚 0.18～0.2 米。

按照保存情况可分为 3 段：

第一段起点高程 296 米，止点高程 246 米。长 717 米。保存状况差，村民修路墙体取石、取土，造成墙体多处缺失损毁严重，只存墙的基础部分。现墙宽 2～3、残高 0.1～0.4 米。

第二段起点高程 246 米，止点高程 189 米。长 144 米，保存状况较差，村民修路墙体取石、取土，造成墙体多处缺失损毁严重，只存墙的基础部分。现墙顶宽 3、底宽 4～5、残高 0.4～0.8 米。

第三段起点高程 189 米，止点高程 251 米。长 2100 米，此段墙体被村民辟为小路、耕地，季节河损毁，长城地表墙体消失。

高台子镇白台沟长城 1 段（210727382101170006）

起于高台子镇砬子山村白台沟屯东南 850 米，止于砬子山村白台沟屯东南 800 米。起点高程 251 米，止点高程 247 米。走向东北－西南。东北接砬子山长城 2 段，西南连高台子镇白台沟长城 2 段。北侧 200 米有一条季节河东西流过。全长 175 米。保存差，只存基础。

该段墙体系土墙，人工基础，用黄土、沙砾夯筑。

高台子镇白台沟长城 2 段（210727382301170007）

起于高台子镇砬子山村白台沟屯南 850 米，止于高台子镇砬子山村白台沟屯西 1800 米。起点高程 247 米，止点高程 373 米。走向东南－西北。东南接高台子镇白台沟长城 1 段，西北连石门子长城 1 段。该段全长 4629 米，墙体地表已无存。

石门子长城 1 段（210727382102170008）

起于高台子镇砬子山村白台沟屯南 850 米，止于高台子镇砬子山村白台沟屯西 1800 米。起点高程 247 米，止点高程 373 米。走向东南－西北。东南接高台子镇白台沟长城 1 段，西北连石门子长城 2 段。全长 1049 米，保存较差。

该段墙体为石墙，以自然山体岩石为基础，用毛石错缝干垒，内填碎石。剖面成梯形。现墙顶宽 0.6～0.8、底宽 0.8～1.1、残高 0.4～1 米。

石门子长城 2 段（210727382106170009）

起于高台子镇柳河沟村石门子屯东南 700 米高山上，止于高台子镇柳河沟村石门子屯东南 600 米高山上。起点高程 503 米，止点高程 508 米。走向东南－西北。东南接石门子长城 1 段，西北连石门子长城 3 段。全长 97 米。

该段墙体全部为山险，系利用山体陡峭、多悬崖的地势，形成天然屏障。

石门子长城 3 段（210727382102170010）

起于高台子镇柳河沟村石门子屯东南 600 米高山上，止于高台子镇柳河沟村石门子屯南 300 米处高山上。起点高程 508 米，止点高程 541 米。走向东北－西南。东北接石门子长城 2 段，西南连石门子长城 4 段。全长 285 米。整体保存一般，其中局部墙体一侧保存较好，一侧倒塌。

该段墙体为石墙，以自然山体岩石为基础，用毛石错缝干垒，内填碎石。墙身向上收分不明显，剖面成梯形。现墙顶宽 1～1.5、底宽 1.5～2、残高 0.4～1.2 米。

石门子长城 4 段（210727382106170011）

起于高台子镇柳河沟村石门子屯西南 500 米高山上，止于高台子镇柳河沟村石门子屯西南 650 米高山上。起点高程 541 米，止点高程 587 米。走向东北－西南－西北。东北接石门子长城 3 段，西北连小柳河沟长城 1 段。全长 466 米。

该段墙体全部为山险，系利用山体陡峭、多悬崖的地势，形成天然屏障。（彩图五一）

小柳河沟长城 1 段（210727382102170012）

起于高台子镇柳河沟村小柳河沟屯东北 1000 米高山上，止于高台子镇柳河沟村小柳河沟屯北 1500 米高山上。起点高程 587 米，止点高程 574 米。走向东南－西北。东南接石门子长城 4 段，西北连小柳河沟长城 2 段。西距 305 国道 2700 米。保存较差。全长 872 米，其中 177 米墙体被山道截断而消失。

该段墙体为石墙，以自然山体岩石为基础，用毛石干垒，剖面为梯形。现墙顶宽 0.5～1、底宽 1～1.5、残高 1 米。

小柳河沟长城 2 段（210727382106170013）

起于高台子镇柳河沟村小柳河沟屯北 2000 米处高山上，止于高台子镇柳河沟村小柳河沟屯北 2000 米处高山上。起点高程 574 米，止点高程 760 米。走向东南－西北－西南。东南接小柳河沟长城 1 段，西南连小柳河沟长城 3 段。西距 305 国道 2100 米。全长 1073 米。

该段墙体全部为山险，系利用山体陡峭、多悬崖的地势，形成天然屏障。

小柳河沟长城 3 段（210727382102170014）

起于高台子镇柳河沟村小柳河沟屯北 2000 米高山上，止于高台子镇柳河沟村小柳河沟屯北 1800 米高山上。起点高程 760 米，止点高程 762 米。走向东南－西南－北－西南。东南接小柳河沟长城 2 段，西南连小柳河沟长城 4 段。西距 305 国道 1300 米。全长 92 米，保存一般。

该段墙体为石墙，以自然山体岩石为基础，用毛石垒筑，墙体向上收分不明显，剖面为梯形。现墙顶宽 0.4～0.6、底宽 1、残高 0.8～1.2 米。（彩图五二）

小柳河沟长城 4 段（210727382106170015）

起于高台子镇柳河沟村小柳河沟屯西北 1800 米高山上，止于高台子镇柳河沟村小柳河沟屯西北 1600 米高山上。起点高程 762 米，止点高程 623 米。走向东北－西南。东北接小柳河沟长城 3 段，西南连小柳河沟长城 5 段。全长 474 米。

该段墙体全部为山险，系利用山体陡峭、多悬崖的地势，形成天然屏障。

小柳河沟长城 5 段（210727382102170016）

起于高台子镇柳河沟村小柳河沟西北 1600 米高山上，止于高台子镇柳河沟村小柳河沟西北 800 米高山上，起点高程 632 米，止点高程 448 米。走向东北－西南。东北接小柳河沟长城 4 段，西南连小柳河沟 6 段，起点西南 273 米处为小柳河沟长城 3 号敌台。西距 305 国道 1100 米。大部分墙体坍塌，保存较差。全长 764 米。

该段墙体为石墙，以自然山体岩石为基础，用毛石干垒。剖面为梯形。现墙宽 1～2.5、残高 0.4～0.6 米。

小柳河沟长城 6 段（210727382301170017）

起于高台子镇柳河沟村小柳河沟西北 800 米高山上，止于高台子镇柳河沟村小柳河沟西北 600 米高山上。起点高程 448 米，止点高程 491 米。走向东北－西南。东北接小柳河沟长城 5 段，西南连小柳河沟 7 段。该段全长 300 米，墙体地表已无存。

小柳河沟长城 7 段（210727382102170018）

起于高台子镇柳河沟村小柳河沟西北 600 米高山上，止于高台子镇柳河沟村小柳河沟西南 1200 米高山上。起点高程 491 米，止点高程 454 米。走向东北－西南－东南－西南。东北接小柳河沟长城 6 段，西南连小柳河沟 8 段。西距 305 国道 1100 米，南 500 米为下平房－小柳河沟山路。全长 660 米，保存较差。

该段墙体为石墙，以自然山体岩石为基础，墙身用毛石干垒。剖面为梯形。现墙顶宽 1～1.5、底宽 1.8～2.5、残高 0.4～0.6 米。

小柳河沟长城 8 段 (210727382101170019)

起于高台子镇柳河沟村小柳河沟屯西北 1200 米坡地上, 止于高台子镇柳河沟村小柳河沟屯西南 1600 米处高山上。起点高程 454 米, 止点高程 521 米。走向东北－西南。东北接小柳河沟长城 7 段, 西南连小柳河沟长城 9 段。全长 486 米, 保存一般。

该段墙体为土墙, 人工基础, 墙身用黄土沙砾夯筑, 夯土层厚 0.18～0.2 米。现墙顶宽 2～3、底宽 4～5、残高 1～2 米。

小柳河沟长城 9 段 (210727382106170020)

起于高台子镇柳河沟村小柳河沟屯西南 1600 米高山上, 止于高台子镇柳河沟村小柳河沟屯西南 1800 米处高山上。起点高程 521 米, 止点高程 609 米。走向西北－东南。东北接小柳河沟长城 8 段, 东南连小柳河沟长城 10 段。西侧为季节河。全长 170 米。

该段墙体全部为山险, 系利用山体陡峭、多悬崖的地势, 形成天然屏障。

小柳河沟长城 10 段 (210727382102170021)

起于高台子镇柳河沟村小柳河沟屯西南 1800 米处高山上, 止于高台子镇柳河沟村小柳河沟屯西南 1900 米处高山上。起点高程 609 米, 止点高程 645 米。走向西北－东南－南。西北接小柳河沟长城 9 段, 南连小柳河沟长城 11 段。全长 105 米, 保存差。

该段墙体为石墙, 以自然山体岩石为基础, 用毛石干垒。剖面为梯形。现墙顶宽 0.5～0.7、底宽 0.7～1、残高 0.3～0.6 米。

小柳河沟长城 11 段 (210727382106170022)

起于高台子镇柳河沟村小柳河沟屯西南 1900 米高山上, 止于高台子镇柳河沟村小柳河沟屯西南 2300 米处高山上。起点高程 645 米, 止点高程 683 米。走向西北－东南－东南。西北接小柳河沟长城 10 段, 南连北票境内的白台沟长城。西侧为季节河。全长 1542 米。

该段墙体全部为山险, 系利用山体陡峭、多悬崖的地势, 形成天然屏障。

大二台长城 (210727382106170023)

起于头台乡大二台村西北 3000 米高山上, 止于头台乡大二台村西北 2200 米高山上。起点高程 556 米, 止点高程 471 米。走向东北－西南－东南－西南。东北接北票市境内的大真发屯长城, 西南连北票市马家营长城。东侧 2000 米处为 305 国道。全长 1135 米。

该段墙体全部为山险, 系利用山体陡峭、多悬崖的地势, 形成天然屏障。

小二台长城 1 段 (210727382102170024)

起于头台乡大二台村小二台西北 2600 米高山上, 止于头台乡大二台村小二台西北 2800 米处。起点高程 341 米, 止点高程 321 米。走向东北－西南－西－西南。东北接北票市马家营长城 2 段, 西南连小二台长城 2 段。东侧 3200 米处为 305 国道。全长 585 米。大部分墙体保存一般; 局部墙体一侧保存完整, 另一侧倒塌。

该段墙体为石墙, 以自然山体岩石为基础, 用石块砌筑, 内填碎石而成。剖面为梯形。现墙宽 1.5～2、残高 0.6～2 米。

小二台长城 2 段 (210727382102170025)

起于头台乡大二台村小二台西北 2800 米高山上，止于头台乡大二台村小二台西 3600 米处高山上。起点高程 321 米，止点高程 363 米。走向东北－西南。东北接小二台长城 1 段，西南连白台沟长城。全长 625 米，保存较好。

该段墙体为石墙，以自然山体岩石为基础，用石块垒筑，剖面为梯形。现墙宽 1.8～2.8、残高 0.4～0.8 米。（彩图五三）

白台沟长城（210727382102170026）

起于头台乡三台村白台沟屯北 2700 米处高山上，止于头台乡三台村白台沟台西北 1950 米杨孟沟北山坡下。起点高程 363 米，止点高程 259 米。走向东北－西南。东北接小二台长城 2 段，西南连杨孟沟长城 1 段。西距大凌河 2200 米。全长 2894 米，整体保存较差。

该段墙体为石墙，以自然山体岩石为基础，用石块砌筑，内填碎石而成，剖面为梯形。现墙宽 1.3～3.5、残高 0.2～2 米。

杨孟沟长城 1 段（210727382102170027）

起于头道河乡范家屯村杨孟沟屯东北 2000 米山北坡下，止于头道河乡范家屯村杨孟沟屯北 600 米处。起点高程 259 米，止点高程 188 米。走向东北－西南－西北－西南。东北接白台沟长城，西南连杨孟沟长城 2 段。南侧距大凌河 500 米。全长 2241 米，整体保存一般。

该段墙体为石墙，以自然山体岩石为基础，用石块垒筑，剖面为梯形。现墙宽 1～1.2、残高 1.2～1.4 米。

杨孟沟长城 2 段（210727382102170028）

起于头道河乡范家屯村杨孟沟屯北 600 米处，止于头道河乡范家屯村杨孟沟屯北 450 米处。起点高程 188 米，止点高程 139 米。走向东北－西南。东北接杨孟沟长城 1 段，西南侧隔河（大凌河空）与五台长城 1 段相望。西侧距大凌河 500 米。全长 141 米，保存差。

该段墙体为石墙，以自然山体岩石为基础，用石块垒筑，内填碎石土而成，剖面为梯形。现墙宽 0.5～1、残高 0.2～0.8 米。

五台长城 1 段（210727382301170029）

起于头道河乡五台村东北 2400 米处低矮山梁上，止于头道河乡五台村东南 850 米处耕地中。起点高程 109 米，止点高程 169 米。走向东南－西北。西南连五台长城 2 段。该段全长 1874 米，墙体地表已无存。

五台长城 2 段（210727382101170030）

起于头道河乡五台村东南 850 米处，止于头道河乡五台村东南 1000 米处低山上。起点高程 169 米，止点高程 151 米。走向西北－东南－西南。西北接五台长城 1 段，西南连夹山长城。东侧距大凌河 3200 米。北 1700 米为头道河－五台村村级公路。全长 149 米，保存差。

该段墙体为土墙，仅存地面遗迹。

夹山长城（210727382301170031）

起于头道河乡金家沟村夹山西北 1650 米，止于头道河乡金家沟村夹山西南 1700 米处。起点高程 151 米，止点高程 247 米。走向北－南－东南。北接五台长城 2 段，东南连上马三沟长城。夹山－破台子村道在长城中穿过。全长 3450 米，该段墙体地表已无存。

上马三沟长城（210727382301170032）

起于头道河乡腰马三沟村上马三沟屯西北 1100 米低矮山梁上，止于头道河乡腰马三沟村上马三沟屯西南 1400 米处丘陵耕地上。起点高程 247 米，止点高程 202 米。走向西北－东南。西北接夹山长城，东南连三道壕长城。该段全长 1381 米，墙体地表已无存。

三道壕长城（210727382301170033）

起于头道河乡三道壕村老虎沟屯东北 1700 米处低矮山梁上，止于头道河乡三道壕村东北 50 米处。起点高程 202 米，止点高程 146 米。走向北－南－东南。北接上马三沟长城，东南连侯家岭长城 1 段。南 100 米为义县－朝阳公路。该段全长 2331 米，墙体地表已无存。

侯家岭长城 1 段（210727382301170034）

起于头道河乡侯家岭村西北 1500 米处，止于侯家岭村西北 1050 米处。起点高程 146 米，止点高程 184 米。走向西北－东南。西北接三道壕长城，东南连侯家岭长城 2 段。北 50 米为义县－朝阳公路。该段全长 611 米，墙体地表已无存。

侯家岭长城 2 段（210727382102170035）

起于头道河乡侯家岭村西北 1050 米处，止于侯家岭村西 900 米处丘陵耕地上。起点高程 184 米，止点高程 155 米。走向西北－东南。西北接侯家岭长城 1 段，东南连邸家沟长城。北 500 米为义县－朝阳公路。全长 255 米。保存差，仅存部分基础。

该段墙体为石墙，基础为人工夯筑，墙体外侧以毛石错缝砌筑，平面朝外，小块碎石塞缝。

邸家沟长城（210727382301170036）

起于头道河乡侯家岭村北 2000 米丘陵耕地上，止于头道河乡侯家岭村西邸家沟南 300 米丘陵耕地上。起点高程 155 米，止点高程 175 米。走向北－南－西南。北接侯家岭长城 2 段，西南连小闫家屯长城 1 段。该段全长 2462 米，墙体地表已无存。

小闫家屯长城 1 段（210727382301170037）

起于头道河乡砖城子村小闫家屯西北 1000 米处山梁上，止点为小闫家屯长城 1 号敌台。起点高程 175 米，止点高程 188 米。走向北－南。北接邸家沟长城，南连小闫家屯长城 2 段。该段全长 160 米，墙体地表已无存。

小闫家屯长城 2 段（210727382102170038）

起于头道河乡砖城子村小闫家屯西北 900 米山梁上小闫家屯长城 1 号敌台，止于头道河乡砖城子村小闫家屯西南 1200 米处。起点高程 188 米，止点高程 237 米。走向西北－东南－西南。西北接小闫家屯长城 1 段，西南连羊乃沟长城 1 段。东南 3400 米为义县－留龙沟公路。整体保存一般。全长 1080 米，其中 184 米墙体被耕地损毁，导致地表墙体消失。

该段墙体为石墙，以自然山体岩石为基础，用石块垒筑，内填碎石、土而成，剖面为梯形。现墙宽 2～3、残高 0.2～0.8 米。（彩图五四）

羊乃沟长城 1 段（210727382102170039）

起于头道河乡李西沟村刀把地西北 1400 米山上，止于头道河乡李西沟村羊乃沟西 1000 米处。起点高程 237 米，止点高程 273 米。走向东北－西南。东北接小闫家屯长城 2 段，西南连羊乃沟长城 2 段。东南 3000 米为义县－留龙沟公路。全长 1056 米。整体保存一般，墙体多处坍塌。

该段墙体为石墙，以自然山体岩石为基础，用石块垒筑，内填碎石土而成。墙体向上收分不明显。现墙宽 1.5～3、残高 0.2～1 米。

羊乃沟长城 2 段（210727382301170040）

起于头道河乡李西沟村羊乃沟西 1000 米处西山上，止于南范家沟屯东北山上。起点高程 273 米，止点高程 210 米。走向西北－东南。西北接羊乃沟长城 1 段，东南连前范家屯长城 1 段。该段全长 2188 米，墙体地表已无存。

前范家屯长城 1 段（210727382102170041）

起于头台乡李西沟村上范家屯东北 2000 米处山体之上，止于李西沟村下范家屯东北 800 米处。起点高程 210 米，止点高程 209 米。走向北－南－西南－东南。北接羊乃沟长城 2 段，东南连前范家屯长城 2 段。东侧 1900 米处为义县－锦州（西线）公路。全长 1676 米，整体保存较差。

该段墙体为石墙，以自然山体岩石为基础，用石块垒筑，内填碎石土而成，剖面为梯形。现墙宽 1.5～2.2、残高 0.5～1.5 米。

前范家屯长城 2 段（210727382301170042）

起于头道河乡李西沟村下范家屯丘陵及耕地上东北 800 米，止于李西沟村下范家屯东南 800 米处丘陵耕地上。起点高程 209 米，止点高程 202 米。走向西北－东南。西北接前范家屯长城 1 段，东南连下高家沟长城 1 段。东侧 1900 米处为义县－锦州（西线）公路。该段全长 262 米，墙体地表已无存。

下高家沟长城 1 段（210727382102170043）

起于留龙沟乡下高家沟村低矮山体上西北 2400 米处，止于留龙沟乡下高家沟村西北 1400 米处。起点高程 202 米，止点高程 246 米。走向西北－东南－西南－东南。西北接前范家屯长城 2 段，东南连下高家沟长城 2 段。东侧 1700 米处为义县－锦州（西线）公路。全长 926 米，整体保存较差。

该段墙体为石墙，以自然山体岩石为基础，用毛石垒筑。剖面为梯形。现墙宽 1.5～2、残高 0.4～0.8 米。

下高家沟长城 2 段（210727382102170044）

起于留龙沟乡下高家沟村西北 1400 米处低矮山上，止于留龙沟乡下高家沟村西南 400 米。起点高程 246 米，止点高程 198 米。走向西北－东南。西北接下高家沟长城 1 段，东南连下高家沟 3 段。东侧 1000 米处为义县－留龙沟（西线）公路。全长 976 米。地面仅残留墙基痕迹，保存差。

该段墙体为石墙，以自然山体岩石为基础，墙身用毛石垒筑。现墙宽 1～1.6、残高

0.1～0.2米。

按照保存情况可分为2段：

第一段起点高程246米，止点高程221米。长583米，被耕地损毁，导致长城地表墙体消失。

第二段起点高程221米，止点高程198米。长393米，保存状况差，墙体大面积坍塌，石块脱落。

下高家沟长城3段（210727382301170045）

起于留龙沟乡下高家沟村西南350米低矮山体上，止于留龙沟乡留龙沟村西南1000米。起点高程198米，止点高程166米。走向西北－东南。西北接下高家沟长城2段，东南连留龙沟长城1段。东侧300米处为义县－锦州（西线）公路。该段全长832米，墙体地表已无存。

留龙沟长城1段（210727382102170046）

起于留龙沟乡留龙沟村北2300米处低矮山上，止于留龙沟乡留龙沟村北700米处。起点高程166米，止点高程178米。走向西北－东南－西南－东南。西北接下高家沟长城3段，东南连留龙沟长城2段。南侧50米处为留龙沟－大定堡乡级公路，西侧300米为锦州－义县（西线）公路。全长2068米，保存差。

该段墙体为石墙，以自然山体岩石为基础，用毛石包砌，墙体两侧以毛石错缝包砌，平面朝外，小块碎石塞缝。现墙宽1.5～3、残高0.2～0.4米。

留龙沟长城2段（210727382301170047）

起于留龙沟乡留龙沟村东北700米低矮山梁上，止于留龙沟乡留龙沟村东1200米。起点高程178米，止点高程251米。走向西北－东南。西北接留龙沟长城1段，东南连留龙沟长城3段。北侧500米处为留龙沟－大定堡乡级公路。该段全长1300米，墙体地表已无存。

留龙沟长城3段（210727382102170048）

起于留龙沟乡留龙沟村东1200米高山上，止于留龙沟乡留龙沟村东1250米高山上。起点高程251米，止点高程319米。走向北－南－东南。北接留龙沟长城2段，东南连石家岭长城。北侧1000米处为留龙沟－大定堡乡级公路。全长515米，保存差。

该段墙体为石墙，以自然山体岩石为基础，用毛石垒砌。现墙宽1.2～1.7、残高0.2～0.3米。

石家岭长城（210727382102170049）

起于留龙沟乡留龙沟村石家岭屯东北1500米山上，止于留龙沟乡留龙沟村石家岭屯东南400米。起点高程319米，止点高程248米。走向东北－西南。西北接留龙沟长城3段，东北连小西沟长城2段（副墙），西南隔石家岭山口空与上潘庄子长城1段相邻。西670米为锦州－义县（西线）公路。全长1780米。大部分墙体均有坍塌，石块脱落，部分墙体保持较完整。

该段墙体为石墙，以自然山体岩石为基础，用毛石垒筑，墙体两侧以毛石错缝干垒，平面朝外，小块碎石塞缝。剖面为梯形。现墙宽1～2、残高0.5～1.5米。

按照保存情况可分为 2 段：

第一段起点高程 319 米，止点高程 340 米。长 980 米，保存状况较差，墙体有多处坍塌，石块脱落。

第二段起点高程 340 米，止点高程 248 米。长 800 米，保存一般，部分墙体保持较完整。该段墙体西南 1780～1830 米（止点），为石家岭山口空，长 50 米。

上潘庄子长城 1 段（210727382102170050）

起于大定堡乡南树林子村上潘庄子屯西北 1300 米高山上，止于南树林子村上潘庄子屯西北 1100 米高山上。起点高程 243 米，止点高程 293 米。走向东北－西南－东南。东北隔石家岭山口空与石家岭长城相邻，西南连上潘庄子长城 2 段。西侧 580 米处为锦州－义县（西线）公路。全长 706 米。大部分墙体坍塌，石块脱落。

该段墙体为石墙，以自然山体岩石为基础，用毛石垒筑，剖面为梯形。现墙宽 1.5～1.8、残高 0.5～1.5 米。局部墙体两侧保持完整。

上潘庄子长城 2 段（210727382105170051）

起于南树林子村上潘庄子屯西北 1100 米高山上，止于南树林子村上潘庄子屯西南 1100 米高山上。起点高程 293 米，止点高程 310 米。走向东北－西南。东北接上潘庄子长城 1 段，西南连上潘庄子长城 3 段。西侧 580 米处为锦州－义县（西线）公路。全长 97 米，保存较好。

该段墙体为山险墙，大部分利用自然山体，在山体低洼处用毛石垒筑。（彩图五五）

上潘庄子长城 3 段（210727382102170052）

起于南树林子村上潘庄子西南 1100 米高山上，止于大定堡乡南树林子村上潘庄子西南 1300 米高山上。起点高程 310 米，止点高程 315 米。走向北－南。北接上潘庄子长城 2 段，南连上潘庄子长城 4 段。西侧 580 米处为锦州－义县（西线）公路。全长 200 米，保存较好。

该段墙体为石墙，以自然山体岩石为基础，用毛石垒筑，墙体两侧以大块毛石错缝干垒，平面朝外，小块碎石塞缝。剖面为梯形。现墙宽 1.5～2、残高 1～1.6 米。局部墙体两侧保存较完整。

上潘庄子长城 4 段（210727382105170053）

起于南树林子村上潘庄子屯西北 1000 米高山上，止于南树林子村上潘庄子屯东南 950 米高山上。起点高程 315 米，止点高程 320 米。走向西北－东南。西北接上潘庄子长城 3 段，东南连上潘庄子长城 5 段。西侧 580 米处为锦州－义县（西线）公路。全长 57 米，保存较好。

该段墙体为山险墙，部分利用自然山体，在山体低洼处用毛石垒筑。

上潘庄子长城 5 段（210727382102170054）

起于南树林子村上潘庄子屯西南 950 米高山上，止于南树林子村上潘庄子屯西南 900 米高山上。起点高程 320 米，止点高程 321 米。走向北－南。北接上潘庄子长城 4 段，南连李家沟长城 1 段。西侧 580 米处为锦州－义县（西线）公路。全长 70 米，保存较差。

该段墙体为石墙，以自然山体岩石为基础，墙身用毛石垒筑，墙体两侧以大块毛石错缝干垒，平面朝外，小块碎石塞缝。剖面为梯形。现墙宽 1～1.5、残高 0.4～0.8 米。

李家沟长城 1 段 （210727382102170055）

起于南树林子村李家沟屯西北 1100 米高山上，止于大定堡乡南树林子村李家沟屯西北 750 米高山上。起点高程 321 米，止点高程 307 米。走向东北－西南。东北接上潘庄子长城 5 段，西南连李家沟长城 2 段。西侧 700 米处为锦州－义县（西线）公路。全长 446 米，保存一般。

该段墙体为石墙，以自然山体岩石为基础，用毛石垒筑，两侧以大块毛石错缝干垒，平面朝外，小块碎石塞缝。剖面为梯形。现墙宽 1.8～2、残高 1～2 米。局部墙体两侧保存完整。

李家沟长城 2 段 （210727382102170056）

起于南树林子村李家沟屯西北 750 米高山上，止于大定堡乡南树林子村李家沟屯西 650 米高山上。起点高程 307 米，止点高程 322 米。走向东北－西南转。西北接李家沟长城 1 段，东南连李家沟长城 3 段。西侧 700 米处为锦州－义县（西线）公路。全长 501 米，保存差。

该段墙体为石墙，以自然山体岩石为基础，用毛石包砌，两侧以毛石错缝砌筑，平面朝外，小块碎石塞缝，中间填土。现墙宽 1.2～1.5、残高 0.4～0.6 米。

李家沟长城 3 段 （210727382105170057）

起于大定堡乡南树林子村李家沟屯西 650 米高山上，止于大定堡乡南树林子村李家沟屯西南 600 米高山上。起点高程 322 米，止点高程 310 米。走向西北－东南。西北接李家沟长城 2 段，东南连李家沟长城 4 段。西距锦州－义县（西线）公路 700 米。全长 118 米，保存较好。

该段墙体为山险墙，部分利用自然山体，在山体低洼处用毛石垒筑。

李家沟长城 4 段 （210727382102170058）

起于南树林子村李家沟屯西南 600 米高山上，止于大定堡乡南树林子村李家沟屯西南 600 米高山上。起点高程 310 米，止点高程 307 米。走向西北－东南。西北接李家沟长城 3 段，东南连南树林子长城。西侧 1100 米处为锦州－义县（西线）公路。全长 116 米，保存较差。

该段墙体为石墙，以自然山体岩石为基础，用毛石垒筑，两侧以大块毛石错缝干垒，平面朝外，小块碎石塞缝。剖面为梯形。现墙宽 2～2.5、残高 0.4～0.6 米。

南树林子长城 （210727382102170059）

起于大定堡乡南树林子村西北 2000 米高山上，止于南树林子村西南 2000 米高山上。起点高程 307 米，止点高程 306 米。走向西北－东南－南。北接李家沟长城 4 段，南连石桥子长城 1 段。西侧 1200 米处为锦州－义县（西线）公路。全长 2867 米。墙体整体保存一般，局部墙体保存较好，墙体两侧砌筑较规整。

该段墙体为石墙，以自然山体岩石为基础，用大块毛石错缝干垒，小块碎石塞缝，石块平面朝外，砌筑较为规整。墙宽且保存较高，剖面呈梯形。现墙宽 2.5～3、残高 0.5～3.5 米。（图二三；彩图五六、五七）

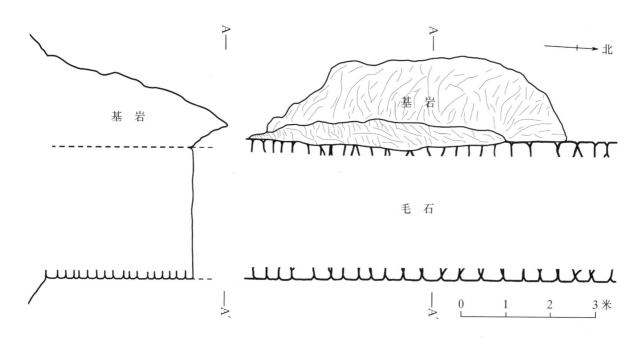

图二三　南树林子长城平、剖面示意图

石桥子长城 1 段（210727382102170060）

起于大定堡乡石桥子村西北 1550 米高山上，止于大定堡乡石桥子村西北 1150 米高山上。起点高程 306 米，止点高程 266 米。走向北－南。北接南树林子长城，南连石桥子长城 2 段。东南 1000 米处为锦州－义县（西线）公路。全长 477 米。保存较好。

该段墙体为石墙，以自然山体岩石为基础，用大块毛石错缝干垒，砌筑较为规整。墙宽且保存较高，剖面呈梯形。现墙宽 1.5～2、残高 1～3 米。

石桥子长城 2 段（210727382102170061）

起于大定堡乡石桥子村西北 1150 米高山上，止于大定堡乡石桥子村西北 950 米高山上。起点高程 266 米，止点高程 208 米。走向北－南。北接石桥子长城 1 段，南连石桥子长城 3 段。东南 1000 米处为锦州－义县（西线）公路。全长 249 米，保存较差。

该段墙体为石墙，以自然山体岩石为基础，用毛石包砌。现墙宽 2～2.5、残高 0.2～0.4 米。

石桥子长城 3 段（210727382102170062）

起于大定堡乡石桥子村西北 1000 米高山上，止于大定堡乡石桥子村西北 500 米高山上。起点高程 208 米，止点高程 194 米，走向北－南－东南。北接石桥子长城 2 段，东南连石桥子长城 4 段。西南 550 米处为锦州－义县（西线）公路。全长 330 米，保存较差。

该段墙体为石墙，以自然山体岩石为基础，用毛石包砌。墙宽 1.5～2、残高 0.2～0.4 米。（彩图五八）

按照保存情况可分为 3 段：

第一段起点高程 208 米，止点高程 210 米。长 130 米，被耕地损毁，地表墙体消失。

第二段起点高程 210 米，止点高程 204 米。长 77 米，保存状况较差，墙体现状有多处坍塌，石块脱落。

第三段起点高程 204 米，止点高程 194 米。长 123 米，被耕地损毁，地表墙体消失。

石桥子长城 4 段（210727382102170063）

起于大定堡乡石桥子村西北 600 米低矮山上，止于大定堡乡石桥子村西北 300 米。起点高程 194 米，止点高程 197 米。走向北－南。北接石桥子长城 3 段，南连石桥子长城 5 段。西南 300 米处为锦州－义县（西线）公路。全长 264 米。保存较差，其中 80 米被耕地损毁。

该段墙体为石墙，以自然山体岩石为基础，用毛石包砌。现墙残宽 0.6～0.8、残高 0.4～0.6 米。

石桥子长城 5 段（210727382102170064）

起于大定堡乡石桥子村西北 300 米处低矮山上，止于大定堡乡石桥子村西南 300 米处。起点高程 197 米，止点高程 233 米。走向北－南。北接石桥子长城 4 段，南隔石桥子路空与石桥子长城 6 段相邻。南 200 米处为锦州－义县（西线）公路。全长 165 米，保存较差。

该段墙体为石墙，以自然山体岩石为基础，用毛石包砌。现墙残宽 0.8～1、残高 0.4～0.6 米。

石桥子长城 6 段（210727382102170065）

起于大定堡乡石桥子村西南 300 米处低矮山上，止于大定堡乡石桥子村西南 700 米处。起点高程 233 米，止点高程 278 米。走向北－南。北侧隔石桥子路口空与石桥子长城 5 段相邻，南连石桥子长城 7 段。东北侧 300 米处为锦州－义县（西线）公路。全长 495 米。保存较差，大部分墙体只残存地面夯土痕迹。

该段墙体为石墙，以自然山体岩石为基础，墙体内夯土，外用毛石包砌。现墙残宽 0.8～1、残高 0.4～0.6 米。

石桥子长城 7 段（210727382102170066）

起于大定堡乡石桥子村西南 700 米高山上，止于大定堡乡石桥子村西南 1200 米高山上。起点高程 278 米，止点高程 318 米。走向东北－西南。东北接石桥子长城 6 段，西南连凌海市境内的乱泥塘子长城 1 段。东北侧 960 米处为锦州－义县（西线）公路。全长 274 米。大部分墙体只残存地面夯土痕迹，保存较差。

该段墙体为石墙，以自然山体岩石为基础，用毛石包砌。现墙残宽 0.8～1、残高 0.3～0.5 米。

北五台沟长城（复线）（210727382102170067）

起于稍户营子镇南五台沟村北五台沟屯西 600 米高山上，止于稍户营子镇南五台沟村北五台沟屯西 500 米高山上。起点高程 258 米，止点高程 289 米。走向东南－西北。西北与北沟长城相望。东南侧有 1 条季节河，北 500 米为小小线省级公路。全长 184 米，保存差。

该段墙体为石墙，仅存地面遗迹。

上盘道岭长城（副墙）（210727382105170068）

起于高台子镇下盘道岭村上盘道岭屯西北 2100 米高山上，止于高台子镇下盘道岭村西盘道岭屯西 1100 米高山上。起点高程 481 米，止点高程 315 米。走向东北－西南－西。西北与小柳河沟长城 8 段相望，南连西盘道岭长城 1 段（副墙）。西侧 2300 米处为 305 国道。全长 1868 米，保存较好。

该段墙体为山险墙，部分利用自然山体，山体低洼处用毛石垒筑。其中，有一段长 220 米山口空，起点高程 369 米，止点高程 315 米。

西盘道岭长城 1 段（副墙）（210727382105170069）

起于高台子镇下盘道岭村西盘道岭屯西 1150 米高山上，止于高台子镇下盘道岭村西盘道岭屯西南 1800 米高山上。起点高程 315 米，止点高程 445 米。走向东北－西南。东北接上盘道岭长城（副墙），西南连西盘道岭长城 2 段（副墙）。西北 2300 米处为 305 国道。全长 700 米。保存较好。

该段墙体为山险墙，部分利用自然山体，山体低洼处用毛石垒筑。

西盘道岭长城 2 段（副墙）（210727382106170070）

起于高台镇下盘道岭村西盘道岭屯西南 1180 米高山上，止于高台镇下盘道岭村西盘道岭屯西南 1500 米。起点高程 445 米，止点高程 445 米。走向东北－西南。东北接西盘道岭长城 1 段（副墙），西南连白台沟长城（副墙）。西北 2300 米处为 305 国道。全长 235 米。

该段墙体全部为山险，系利用山体陡峭、多悬崖的地势，形成天然屏障。

白台子长城 1 段（复线）（210727382102170071）

起于头道河乡魏家沟村白台子屯西北 900 米高山上，止于头道河乡魏家沟村白台子西 500 米高山上。起点高程 206 米，止点高程 246 米。走向西北－东南。南接白台子长城（复线）2 段。西 1500 米为义县－锦州（西线）公路。全长 954 米。保存差，地面仅残存土基痕迹。

该段墙体为石墙，基础为黄色夯土，用毛石砌筑，中间填土。

白台子长城 2 段（复线）（210727382102170072）

起于头道河乡魏家沟村白台子屯西 500 米高山上，止于白台子屯南 1000 米高山上。起点高程 246 米，止点高程 314 米。走向西北－东南－南。西北接白台子长城 1 段（复线），南连小西沟长城 1 段（复线）。西北 1600 米为义县－锦州（西线）公路。全长 1709 米，保存差。

该段墙体为石墙，用毛石砌筑，中间填土。现墙宽 0.5~1.7、残高 0.2~0.4 米。

小西沟长城 1 段（复线）（210727382106170073）

起于大定堡乡北孟家屯村小西沟屯西北 2400 米高山上，止于大定堡乡北孟家屯村小西沟屯西北 1200 米高山上。起点高程 314 米，止点高程 222 米。走向东北－西南。北接白台沟长城 2 段（复线）。全长 1100 米。

该段墙体全部为山险，系利用山体陡峭、多悬崖的地势，形成天然屏障。其中有一段长 60 米山口空，起点高程 222 米，止点高程 222 米。

小西沟长城 2 段（复线）（210727382106170074）

起于大定堡乡北孟家屯村小西沟屯西北 1200 米高山上，止于大定堡乡北孟家屯村小西沟屯西 1000 米高山上。起点高程 222 米，止点高程 319 米。走向东北－西南－西。北隔小西沟山口空与小西沟长城 1 段（复线）相邻，南连石家岭长城。西南 1300 米处为锦州－义县（西线）公路。全长 546 米。

该段墙体全部为山险，系利用山体陡峭、多悬崖的地势，形成天然屏障。（彩图五九）

石家岭长城（副墙）（210727382102170075）

起于留龙沟乡留龙沟村石家岭屯东北 600 米高山上，止于留龙沟村石家岭屯东南 450 米处高山上。起点高程 251 米，止点高程 275 米。走向北－南。东南与上潘庄子长城 1 段相邻。西侧 170 米处为锦州－义县（西线）公路。全长 760 米。保存差。

该段墙体为石墙，以自然山体岩石为基础，用毛石包砌。现墙宽 1.8～2、残高 0.3～0.5 米。

上潘庄子长城 1 段（副墙 I）（210727382102170076）

起于大定堡乡南树林子村上潘庄子屯西北 1200 米高山上，止于南树林子村上潘庄子屯西北 700 米高山上。起点高程 274 米，止点高程 269 米。走向北－南。该段墙体西侧与上潘庄子长城 1 段、石家岭长城相邻，东与上潘庄子长城 1 段（副墙 II）相邻。西侧距锦州－义县（西线）公路 800 米。全长 748 米，保存差。

该段墙体为石墙，以自然山体岩石为基础，用毛石包砌。

上潘庄子长城 1 段（副墙 II）（210727382105170077）

起于大定堡乡南树林子村上潘庄子屯西北 750 米高山上，止于大定堡乡南树林子村上潘庄子屯西北 350 米高山上。起点高程 270 米，止点高程 313 米。走向北－南－东南。西与上潘庄子长城 1 段（副墙 I）相邻。西北距 305 国道 800 米。全长 430 米，保存一般。

该段墙体为山险墙，部分利用自然山体，山体低洼处用毛石垒筑。

②敌台及保存现状

义县共发现敌台 76 座。

树林子长城敌台（210727352101170005）

位于稍户营子镇树林子村东北 1000 米，高程 152 米。东北距树林子长城起点 439 米，西北距树林子长城 3 米。东距稍户营子－卧凤乡公路 350 米。

保存较差，现只残留夯土部分，周围散落青砖，形状不清。

砬子山长城 1 号敌台（210727352101170010）

位于高台子镇砬子山村东南 1250 米处山上，高程 446 米。北接杨彪沟长城，西南接砬子山长城 1 段；西距砬子山长城 2 号敌台 343 米。西南为青山水库。

平面为圆形，剖面为梯形。保存较差，包石完全脱落，露出内部夯土，台体周围散见塌落的石块。推测敌台为内夯土、外包石结构。现存台体顶径 4、底径 8、残高 2 米。

砬子山长城 2 号敌台（210727352101170011）

位于高台子镇砬子山村东南 1000 米处，高程 270 米。东南距砬子山长城 2 段起点 502 米，东北距碰子山长城 2 段 3 米，东距碰子山长城 1 号敌台 343 米。

平面为圆形，剖面为梯形。保存较差，台体周围散见塌落的石块，露出内部夯土。推测敌台为内夯土、外包石结构。现存台体顶径 4、底径 10、残高 3 米。

石门子长城 1 号敌台（210727352101170018）

位于高台子镇柳河沟村石门子屯西南山上，高程 407 米。东南距石门子长城 1 段起点西北 630 米处，西南距石门子长城 1 段 5 米，西北距石门子长城 2 号敌台 436 米。

平面为圆形，剖面为梯形。保存较差，露出内部夯土，台体周围散见塌落的石块。推测敌台为内夯土、外包石结构。现存台体顶径 6、底径 12、残高 5 米。

石门子长城 2 号敌台（210727352101170019）

位于高台子镇柳河沟村石门子村西 600 米山上，高程 507 米。西接石门子长城 1 段，东接石门子长城 2 段；东南距石门子长城 1 号敌台 436 米。

平面为圆形，剖面为梯形。保存较差，露出内部夯土，台体周围散见塌落的石块。推测敌台为内夯土、外包石结构。现存台体顶径 4、底径 10、残高 3~5 米。

小柳河沟长城 1 号敌台（210727352101170020）

位于高台子镇柳河沟村小柳河沟屯北山 1300 米处高山上，高程 540 米。东南距小柳河沟长城 1 段起点 365 米，东北距小柳河沟长城 1 段 3 米；西北距石门子长城 2 号敌台 1000 米。

平面为圆形，剖面为梯形。保存较差，露出内部夯土，台体周围散见塌落的石块。推测敌台为内夯土、外包石结构。现存台体顶径 3、底径 12、残高 5 米。

小柳河沟长城 2 号敌台（210727352101170021）

位于高台子镇柳河沟村小柳河沟北山 2000 米高山上，高程 783 米。东北接小柳河沟长城 2 段，西南连小柳河沟长城 3 段；东南距小柳河沟长城 1 号敌台 1300 米。

平面为圆形，剖面为梯形。保存较差，毛石完全脱落，台体周围散见塌落的石块。敌台用毛石干垒。现存台体顶径 5、底径 10、残高 4 米。

小柳河沟长城 3 号敌台（210727352101170022）

位于高台子镇柳河沟村小柳河沟屯西北 1400 米高山上，高程 621 米。东北距小柳河沟长城 5 段起点 273 米，东南距小柳河沟长城 5 段 3 米。

平面为圆形，剖面为梯形。保存较差，台体倒塌。敌台用毛石干垒。现存台体顶径 5、底径 12、残高 3 米。

小柳河沟长城 4 号敌台（210727352101170023）

位于小高台子镇柳河沟村小柳河沟屯西北 400 米高山上，高程 547 米。东北距小柳河沟长城 7 段起点 213 米，西南距小柳河沟长城 7 段 2 米。

平面近似圆形，剖面为梯形。保存较差，露出内部夯土，台体周围散见塌落的石块。推测敌台为内夯土、外包石结构。现存台体顶径 5、底径 18、残高 6 米。

小柳河沟长城 5 号敌台（210727352101170026）

位于高台子镇柳河沟村小柳河沟屯西南 2800 米山上，高程 665 米。建于小柳河沟长城

11 段墙体上，东距小柳河沟 1 号烽火台 2200 米。北侧 500 米为下平房－小柳河沟山路。

平面为圆形，剖面为梯形。保存较差，包石完全脱落，露出内部夯土，台体周围散见塌落的石块。推测敌台为内夯土、外包石结构。现存台体顶径 3、底径 6、残高 1.2 米。

上盘道岭长城 1 号敌台（210727352101170027）

位于高台子镇下盘道岭村上盘道岭屯西北 2000 米高山上盘道岭长城（副墙）墙体上，高程 479 米。西南距上盘道岭长城 2 号敌台 840 米。

平面为圆形，剖面为梯形。保存较差，毛石大部分脱落，台体周围散见塌落的石块。台体南、北两侧借助山险，东、西两侧用毛石干垒。现存台体顶径 4、底径 8、残高 2 米。

上盘道岭长城 2 号敌台（210727352101170028）

位于高台子镇下盘道岭村上盘道岭屯西北山 2000 米高山上盘道岭长城（副墙）墙体上，高程 505 米。东北距上盘道岭长城 1 号敌台 840 米，西南距上盘道岭长城 3 号敌台 620 米。

平面近似矩形，剖面为梯形。保存较差，包石大部分脱落，露出内部夯土。东、西侧利用山险，南、北接山险墙，敌台为内夯土、外包石结构。现存台体南北长 8、东西宽 5、残高 0.8 米。

上盘道岭长城 3 号敌台（210727352101170029）

位于高台子镇下盘道岭村上盘道岭屯西北山 1500 米高山上盘道岭长城（副墙）墙体上，高程 471 米。东北距上盘道岭长城 2 号敌台 620 米。

平面为圆形，剖面为梯形。保存较差，台体周围散见塌落的砖块，露出内部夯土。推测敌台为内夯土、外包砖。现存台体顶径 4、底径 12、残高 5 米。

西盘道岭长城敌台（210727352101170030）

位于高台子镇下盘道岭村西盘道岭屯西山 1000 米高山上，高程 445 米。北接西盘道岭长城 2 段（副墙），南接白台沟长城敌台。

平面为矩形。保存较差，包石全部脱落，台体周围散见塌落的石块，露出内部夯土。台体东、西侧借助山险，其余两侧用石块砌筑，内夯土。现存台体南北长 5、东西宽 3、残高 1 米。

大二台长城敌台（210727352101170031）

位于头台乡大二台村西北 3000 米高山大二台长城上，高程 458 米。东南距大平堡 5100 米。

平面为圆形，剖面为梯形。保存较差，台体周围散见塌落的石块，露出内部夯土。敌台以自然岩石为基础，内夯土、外包石。现存台体顶径 4、底径 10、残高 4 米。

小二台长城 1 号敌台（210727352101170032）

位于头台乡小二台村西 2000 米山上，高程 375 米。东北距小二台长城 1 段起点 513 米，北距小二台长城 1 段 2 米。

平面为圆形，剖面为梯形。保存较差，毛石全部脱落，台体周围散见塌落的石块。敌台用毛石干垒。现存台体顶径 5、底径 15、残高 6 米。

小二台长城 2 号敌台（210727352101170033）

位于头台乡小二台村西 2000 米山上，高程 377 米。东北距小二台长城 2 段起点 504 米，西北距小二台长城 2 段 2 米，东北距小二台长城 1 号敌台 859 米。

平面为圆形，剖面为梯形。保存较差，包石全部脱落，露出内部夯土。推测敌台为内夯土、外包石结构。现存台体顶径 5、底径 12、残高 5 米。

白台沟长城 1 号敌台（210727352101170034）

位于头台乡三台子村白台沟北 3000 米山上，高程 284 米。东北距白台沟长城起点 549 米，西南距白台沟长城 2 号敌台 125 米。

平面为圆形，剖面为梯形。保存较差，包石全部脱落，露出内部夯土。推测敌台为内夯土、外包石结构。现存台体顶径 4、底径 8、残高 3 米。

白台沟长城 2 号敌台（210727352101170035）

位于头台乡三台子村白台沟北山 3000 米，高程 277 米。东北距白台沟长城起点 689 米，西北距白台沟长城 2 米，东北距白台沟长城 1 号敌台 125 米。

平面为圆形，剖面为梯形。保存较差，包石全部脱落，露出内部夯土。推测敌台为内夯土、外包石结构。现存台体顶径 3、底径 6、残高 2.5 米。

白台沟长城 3 号敌台（210727352101170036）

位于头台乡三台子村白台沟屯北山 3000 米，高程 245 米。东北距白台沟长城起点 897 米，西北距白台沟长城 2 米，东北距白台沟长城 2 号敌台 251 米。

平面为圆形，剖面不清。保存较差，地表以上包砖全部脱落，地表以下东侧南段墙体剖面明显，西北面墙体人为破坏严重，青砖墙体被拆除约 12 米长豁口，台体周围散见塌落的砖块。敌台为内夯土、外包砖结构。现存台体顶径 8、底径 15、残高 4 米。青砖长 0.4、宽 0.18、厚 0.12 米。

白台沟长城 4 号敌台（210727352101170037）

位于头台乡三台子村白台沟西北山 2000 米，高程 292 米。东北距白台沟长城起点 1600 米，西北距白台沟长城 2 米，东北距白台沟长城 3 号敌台 687 米。

平面为不规则形。保存较差，残存近似柱形夯土台，台体周围散见塌落的砖块。敌台为内夯土、外包砖结构。现存台体顶东西最长 0.8 米，南北最长 0.6 米，底东西最长 7 米，南北最宽 6 米，残高 4 米。

白台沟长城 5 号敌台（210727352101170038）

位于头台乡三台子村白台沟西山 2000 米，高程 278 米。东北距白台沟长城起点 2400 米，北距白台沟长城 3 米，东北距白台沟长城 4 号敌台 809 米。

平面为圆形，剖面为梯形。保存较差，台体周围散见塌落的石块，露出内部夯土。推测敌台为内夯土、外包石结构。现存台体顶径 3、底径 8、残高 2.5 米。

杨孟沟长城 1 号敌台（210727352101170039）

位于头道河乡范家屯村杨孟沟屯东北山 2000 米，高程 281 米。东北距杨孟沟长城 1 段起点 50 米，西南距杨孟沟长城 2 号敌台 220 米。

平面为圆形，剖面为梯形。保存较差，台体周围散见塌落的青砖碎块，露出内部夯土。敌台为内夯土、外包砖结构。现存台体顶径 3、底径 6、残高 2.5 米。

杨孟沟长城 2 号敌台（210727352101170040）

位于头道河乡范家屯村杨孟沟屯东北 800 米，高程 294 米。东北距杨孟沟长城 1 段起点 936 米，西北距杨孟沟长城 3 号敌台 574 米。南侧 1000 米为大凌河。

平面近似圆形，剖面为梯形。保存较差，台体周围散见塌落的石块。敌台用毛石干垒。现存台体顶径 5、底径 12、残高 3 米。

杨孟沟长城 3 号敌台（210727352101170041）

位于头道河乡范家屯村杨孟沟北山 800 米，高程 308 米。东北距杨孟沟长城 1 段起点 1524 米，北距杨孟沟长城 1 段 3 米。东南距杨孟沟长城 2 号敌台 574 米。南侧 600 米为大凌河。

平面为圆形，剖面为梯形。保存较差，台体周围散见塌落的石块，台顶凸凹不平。敌台用毛石干垒。现存台体顶径 6、底径 10、残高 2～2.5 米。

杨孟沟长城 4 号敌台（210727352101170042）

位于头道河乡范家屯村杨孟沟屯北山 600 米，高程 188 米。北接杨孟沟长城 1 段，南接杨孟沟长城 2 段，东南距杨孟沟烽火台 230 米。南侧 600 米为大凌河。

平面为圆形，剖面为梯形。保存较差，台体周围散见塌落的石块。敌台为毛石干垒。现存台体顶径 4、底径 8、残高 3 米。

五台长城 1 号敌台（210727352101170045）

位于头道河乡五台村东北 1500 米，高程 109 米。东南接五台长城 1 段，东北距马家岭烽火台 1000 米。东距大凌河 1000 米，南距锦（州）承（德）铁路 300 米。

平面近似方形，剖面为矩形，保存较差，台体周围散见塌落的砖块，露出内部夯土。推测敌台为内夯土、外包砖结构。现存台体顶边长 5、底边长 15、残高 4～6 米。

五台长城 2 号敌台（210727352101170046）

位于头道河乡五台村东北 1000 米，高程 140 米。东北距五台长城 1 段起点 1055 米，西北距五台长城 1 段 2 米，西南距五台长城 3 号敌台 860 米。西 200 米为柳河，西北距义县刘龙台镇－北票上园镇乡级公路 814 米。

平面近似圆形，剖面为梯形。保存较差，台体周围散见塌落的砖块，露出内部夯土。推测敌台为内夯土、外包砖结构。现存台体顶径 3、底径 10、残高 2 米。

五台长城 3 号敌台（210727352101170048）

位于头道河乡五台村东南山 1000 米，高程 165 米。东北距五台长城 1 段起点 1930 米，西北距五台长城 1 段 2 米，东北距五台长城 2 号敌台 860 米，西南距五台长城 4 号敌台 780 米。北 200 米为柳河，西北距义县刘龙台镇－北票上园镇乡级公路 1200 米。

平面近似圆形，剖面为梯形。保存较差，台体周围散见塌落的砖块，露出内部夯土。推测敌台为内夯土、外包砖结构。现存台体顶径 3、底径 10、残高 2～4 米。

五台长城 4 号敌台（210727352101170049）

位于头道河乡五台村东南山 1000 米，高程 169 米。西北接五台长城 1 段，东南接五台长城 2 段，东北距五台长城 3 号敌台 780 米。北侧 400 米为柳河。

平面近似圆形，剖面为梯形。保存较差，台体周围散见塌落的砖块，露出内部夯土。推测敌台为内夯土、外包砖结构。现存台体顶径 4、底径 10、残高 5 米。

夹山长城 1 号敌台（210727352101170051）

位于头道河乡金家沟村夹山屯北山 2000 米，高程 203 米。北距夹山长城起点 508 米，西距夹山长城 3 米，南距夹山长城 2 号敌台 1300 米。

平面近似圆形，剖面为梯形。保存较差，台体周围散见塌落的石块，露出内部夯土。推测敌台为内夯土、外包砖结构。现存台体顶径 4、底径 10、残高 5 米。

夹山长城 2 号敌台（210727352101170053）

位于头道河乡金家沟村夹山西山 500 米，高程 261 米。北距夹山长城起点 1800 米，西距夹山长城 3 米，北距夹山长城 1 号敌台 1300 米，南距夹山长城 3 号敌台 1100 米。

平面近似圆形，剖面为梯形。保存较差，台体周围散见塌落的石块，露出内部夯土。推测敌台为内夯土、外包石结构。现存台体顶径 5、底径 12、残高 5 米。

夹山长城 3 号敌台（210727352101170054）

位于头道河乡金家沟村夹山南山 1000 米，高程 256 米。北距夹山长城起点 2900 米、距夹山长城 2 号敌台 1100 米，东南距上马三沟烽火台 636 米。

平面近似矩形，剖面为矩形。保存较差，台体周围散见塌落的砖块，露出内部夯土。推测敌台为内夯土、外包石结构。现存台体顶径东西长 3、南北宽 2.5，底径 5，残高 3 米。在主台体周围有一圈护台，护台与主墙之间有一圈壕沟相隔，护台宽 2、残高 0.6～0.8 米；壕沟宽 3 米。

上马三沟长城敌台（210727352101170056）

位于头道河乡腰马三沟村上马三沟西山 1500 米，高程 256 米。西北距上马三沟长城起点东南 457 米，西南距上马三沟长城 2 米。

平面近似圆形，剖面为梯形。保存较差，台体周围散见塌落的石块，露出内部夯土。推测敌台为内夯土、外包石结构。现存台体顶径 6、底径 10、残高 3 米。

三道壕长城 1 号敌台（210727352101170058）

位于头道河乡三道壕村老虎沟北山 500 米，高程 215 米。北距三道壕长城起点 141 米，西距三道壕长城 2 米，南距三道壕长城 2 号敌台 600 米。西南为青山水库。

平面为圆形，剖面为梯形。保存较差，台体周围散见塌落的砖块，露出内部夯土。推测敌台为内夯土、外包砖结构。现存台体顶径 4、底径 8、残高 3 米。台体周围有一圈石筑护台，宽 1.5、高 1 米。

三道壕长城 2 号敌台（210727352101170059）

　　位于头道河乡三道壕村老虎沟西南 300 米，高程 181 米。北距三道壕长城起点 736 米，西距三道壕长城 2 米，北距三道壕长城 1 号敌台 600 米，南距三道壕长城 3 号敌台 550 米。

　　平面近似圆形，剖面为梯形。保存较差，台体周围散见塌落的石块，露出内部夯土。推测敌台为内夯土、外包石结构。现存台体顶径 4、底径 10、残高 5 米。

　　三道壕长城 3 号敌台（210727352101170060）

　　位于头道河乡三道壕村北山 800 米，高程 226 米。北距三道壕长城起点 1266 米、距三道壕长城 2 号敌台 550 米，东南距三道壕长城 4 号敌台 630 米。南距 307 省道 719 米。

　　平面近似圆形，剖面为梯形。保存较差，包石全部脱落，露出内部夯土。推测敌台为内夯土、外包石结构。现存台体顶径 4、底径 8、残高 2 米。

　　三道壕长城 4 号敌台（210727352101170061）

　　位于头道河乡三道壕北山 20 米，高程 144 米。西北距三道壕长城起点 1923 米、距三道壕长城 3 号敌台 630 米。南距 307 省道 200 米。

　　平面近似圆形，剖面为梯形。保存较差，只残存夯土。现存台体顶径 2、底径 5、残高 0.7 米。

　　侯家岭长城 1 号敌台（210727352101170062）

　　位于头道河乡侯家岭村西北山 2000 米，高程 153 米。西北距侯家岭长城 1 段起点 46 米，南距侯家岭长城 2 号敌台 570 米。

　　平面近似圆形，剖面为梯形。保存较差，露出内部夯土，周围散落青砖。推测敌台为内夯土、外包砖结构。现存台体顶径 4、底径 10、残高 3～5 米。

　　侯家岭长城 2 号敌台（210727352101170063）

　　位于头道河乡侯家岭村西北山 1000 米，高程 184 米。北接侯家岭长城 2 段起点，北距侯家岭长城 1 号敌台 570 米。

　　平面近似圆形，剖面不清。保存较差，包石全部脱落，露出内部夯土。敌台为内夯土、外包砖结构。现存台体顶径 11、底径 16、残高 3 米。

　　邸家沟长城 1 号敌台（210727352101170065）

　　位于头道河乡侯家岭村邸家沟北山，高程 181 米。北距邸家沟长城起点 276 米，西南距邸家沟长城 2 米，南距邸家沟长城 2 号敌台 669 米。

　　平面近似圆形，剖面为梯形。保存较差，台体周围散见塌落的石块，露出内部夯土。推测敌台为内夯土、外包砖结构。现存台体顶径 8、底径 10、残高 3～5 米。

　　邸家沟长城 2 号敌台（210727352101170066）

　　位于头道河乡侯家岭村邸家沟北山，高程 202 米。北距邸家沟长城起点 923 米，西南距邸家沟长城 3 米；北距邸家沟长城 1 号敌台 669 米，南距邸家沟长城 3 号敌台 645 米。

　　平面近似圆形，剖面为梯形。保存较差，台体周围散见塌落的石块，露出内部夯土。推测敌台为内夯土、外包砖结构。现存台体顶径 5、底径 10、残高 3 米。

　　邸家沟长城 3 号敌台（210727352101170068）

位于头道河乡侯家岭村邸家沟北 1000 米，高程 171 米。北距邸家沟长城起点 1600 米，西距邸家沟长城 3 米，北距邸家沟长城 2 号敌台 645 米。

平面近似圆形，剖面为梯形。保存较差，台体周围散见塌落的砖块，露出内部夯土。推测敌台为内夯土、外包砖结构。现存台体顶径 5、底径 10、残高 1.5 米。

小闫家屯长城 1 号敌台（210727352101170069）

位于头道河乡侯家岭村邸家沟南山处，高程 188 米。北接小闫家屯长城 1 段，南接小闫家屯长城 2 段，南距邸家沟烽火台 377 米。

平面近似圆形，剖面为梯形。保存较差，台体周围散见塌落的石块，露出内部夯土。推测敌台为内夯土、外包石结构。现存台体顶径 5、底径 12、残高 3～5 米。

小闫家屯长城 2 号敌台（210727352101170071）

位于头道河乡侯家岭村小闫家屯西北山处，高程 251 米。东北距小闫家屯长城 2 段起点 465 米，西北距小闫家屯长城 2 段 2 米；东北距小闫家屯长城 1 号敌台 440 米。

平面近似圆形，剖面为梯形。保存较差，台体周围散见塌落的石块。推断敌台用毛石干垒。现存台体顶径 14、底径 18、残高 3 米。

羊乃沟长城 1 号敌台（210727352101170073）

位于头道河乡李西沟村羊乃沟西北山 3000 米，高程 340 米。东北距羊乃沟长城 1 段起点 580 米，东距羊乃沟长城 1 段 3 米，东南距羊乃沟 1 号烽火台 780 米。

平面近似圆形，剖面为梯形。保存较差，台体周围散见塌落的石块。推测敌台用毛石干垒。现存台体顶径 6、底径 8、残高 1.5～2 米。

羊乃沟长城 2 号敌台（210727352101170076）

位于头道河乡李西沟村羊乃沟屯西北山 1500 米，高程 222 米。西北距羊乃沟长城 2 段起点 1200 米、距羊乃沟长城 2 段 2 米，南距羊乃沟长城 3 号敌台 613 米，北距羊乃沟 2 号烽火台 627 米。

平面近似圆形，剖面为梯形。保存较差，台体周围散见塌落的石块，露出内部夯土。推测敌台为内夯土、外包石结构。现存台体顶径 3、底径 10、残高 4 米。

羊乃沟长城 3 号敌台（210727352101170077）

位于头道河乡李西沟村羊乃沟西南山 500 米，高程 210 米。西北距羊乃沟长城 2 段起点 1700 米，西北距羊乃沟长城 2 段 2 米，北距羊乃沟 2 号烽火台 613 米。

平面近似圆形，剖面为梯形。保存较差，台体周围散见塌落的砖块，露出内部夯土。推测敌台为内夯土、外包砖结构。现存台体顶径 8、底径 12、残高 0.5～1 米。

前范家屯长城 1 号敌台（210727352101170078）

位于头道河乡李西沟村前范家屯东北山，高程 210 米。东南距前范家屯长城 1 段起点 612 米，西南距前范家屯长城 1 段 5 米，东南距前范家屯长城 2 号敌台 810 米。

平面近似圆形，剖面为梯形。保存较差，台体周围散见塌落的石块，露出内部夯土。推测敌台为内夯土、外包石结构。现存台体顶径 4、底径 10、残高 5 米。

前范家屯长城 2 号敌台（210727352101170079）

位于头道河乡李西沟村前范家屯东北山，高程 233 米。西北距前范家屯长城 1 段起点 1428 米，西南距前范家屯长城 1 段 2 米，北距前范家屯长城 1 号敌台 810 米。

平面近似圆形，剖面为梯形。保存较差，台体周围散见塌落的砖块，露出内部夯土。推测敌台为内夯土、外包砖结构。现存台体顶径 4、底径 6、残高 2.5 米。在台体外有一圈护台，宽 0.8、残高 1 米。

下高家沟长城 1 号敌台（210727352101170080）

位于留龙沟乡下高家沟村北山，高程 289 米。西北距下高家沟长城 1 段起点 210 米，西南距下高家沟长城 1 段 3 米，东南距下高家沟长城 2 号敌台 637 米。

平面近似圆形，剖面为梯形。保存较差，仅存部分台基，台体周围散见塌落的石块。敌台用毛石干垒。现存台体顶径 7、底径 13、残高 2 米。

下高家沟长城 2 号敌台（210727352101170081）

位于留龙沟乡下高家沟村北山，高程 251 米。西北距下高家沟长城 1 段起点 860 米，西南距下高家沟长城 1 段 2 米；西北距下高家沟长城 1 号敌台 637 米。

平面近似圆形，剖面为梯形。保存较差，台体周围散见塌落的砖块，露出内部夯土。推测敌台为内夯土、外包砖结构。现存台体顶径 3、底径 8、残高 4 米。

下高家沟长城 3 号敌台（210727352101170082）

位于留龙沟乡下高家沟村北山，高程 230 米。西北距下高家沟长城 2 段起点 107 米，西南距下高家沟长城 2 段 3 米；西北距下高家沟长城 2 号敌台 643 米。

平面近似圆形，剖面为梯形。保存较差，台体周围散见塌落的砖块，露出内部夯土，在台体北侧有一圆形人为盗洞，直径 1.5、深 2 米。推测敌台为内夯土、外包砖结构。现存台体顶径 3、底径 13、残高 3 米。

下高家沟长城 4 号敌台（210727352101170083）

位于留龙沟乡下高家沟村北山，高程 200 米。西北距下高家沟长城 3 段起点 258 米，距下高家沟长城 3 号敌台 603 米。东距义县－留龙沟乡公路 732 米。

平面近似圆形，剖面为梯形。保存较差，台体周围散见塌落的砖块，露出内部夯土。推测敌台为内夯土、外包砖结构。现存台体顶径 5、底径 10、残高 4.5 米。在台体外有一圈壕沟，已被脱落的碎砖、石块、沙砾土填平。壕沟外有一圈护台，宽 0.8、残高 1 米。

留龙沟长城 1 号敌台（210727352101170084）

位于留龙沟乡留龙沟村北山 1000 米，高程 228 米。西北距留龙沟长城 1 段起点 248 米，南距留龙沟长城 1 段 2 米，距留龙沟长城 2 号敌台 791 米。西距义县－留龙沟乡公路 13 米。

平面近似圆形，剖面为梯形。保存较差，露出内部夯土，台体周围散见塌落的砖块。台体顶部东南面有一圆形盗洞，直径 3、深 2.5 米；北部顶上有一圆形盗洞，直径 0.8 米、深 0.8 米。推测敌台为内夯土、外包砖结构。现存台体顶径 6、底径 12、残高 3 米。

留龙沟长城 2 号敌台（210727352101170085）

位于留龙沟乡留龙沟村北山 1000 米，高程 242 米。西北距留龙沟长城 1 段起点 1100 米，西北距留龙沟长城 1 段 2 米；北距留龙沟长城 1 号敌台 791 米，南距留龙沟长城 3 号敌台 595 米。西距义县－留龙沟乡公路 136 米。

平面近似圆形，剖面为梯形。保存较差，台体周围散见塌落的石块。推测敌台用毛石干垒。现存台体顶径 5、底径 12、残高 2～3 米。

留龙沟长城 3 号敌台（210727352101170086）

位于留龙沟乡留龙沟村北山 1000 米，高程 262 米。西北距留龙沟长城 1 段起点 1700 米，西南距留龙沟长城 1 段 2 米，北距留龙沟长城 2 号敌台 595 米。西距义县－留龙沟乡公路 27 米。

平面近似圆形，剖面为梯形。保存较差，台体周围散见塌落的石块，露出内部夯土。推测敌台为内夯土、外包石结构。现存台体顶径 6、底径 8、残高 2～3 米。台体外有一圈壕沟及护台，壕沟宽 1、深 0.4～0.6 米；护台宽 1.1、残高 1～1.5 米。

留龙沟长城 4 号敌台（210727352101170087）

位于留龙沟乡留龙沟村东 850 米处，高程 214 米。西北距留龙沟长城 2 段起点 820 米，西南距留龙沟长城 2 段 2 米，西北距留龙沟长城 3 号敌台 1200 米。西距义县－留龙沟乡公路 910 米。

保存较差，几乎成为平地，台体周围散落有青砖碎块。

白台子长城 1 号敌台（210727352101170089）

位于留龙沟乡留龙沟村东土城子屯东山 1000 米，高程 319 米。西北距白台沟长城 2 段（复线）起点 973 米，西距白台子长城 2 段（复线）2 米，南距白台子长城 2 号敌台 18 米。

平面近似圆形，剖面为梯形。保存较差，毛石脱落严重，台体周围散见塌落的石块。推测敌台用毛石干垒。现存台体顶径 5.5、底径 10、残高 5 米。

白台子长城 2 号敌台（210727352101170090）

位于留龙沟乡留龙沟村东城子东山 1000 米，高程 320 米。北距白台子长城 2 段（复线）起点 990 米，西距白台子长城 2 段（复线）2 米，北距白台子长城 1 号敌台 18 米。

平面近似圆形，剖面为梯形。保存较差，毛石脱落严重，台体周围散见塌落的石块。敌台用毛石干垒。现存台体顶径 4、底径 10、残高 3 米。台体北侧有两道间距为 8 米的毛石干垒长城墙体，墙体宽 1.7、残高 0.7 米，敌台南侧中部与墙体相接。

小西沟长城敌台（210727352101170091）

位于大定堡乡北孟家屯村小西沟屯西北山 1000 米小西沟长城 1 段（复线）墙体上，高程 252 米。北 300 米为留龙沟－大定堡公路。

平面近似圆形，剖面为梯形。保存状况较差，毛石脱落严重，台体周围散见塌落的石块。敌台用毛石干垒。现存台体顶径 5、底径 10、残高 4 米。

石家岭长城 1 号敌台（210727352101170092）

位于留龙沟乡留龙沟村石家岭东北山 1450 米，高程 327 米。西北距石家岭长城起点 7 米，西距留龙沟烽火台 348 米，西距石家岭长城 2 米，南距石家岭长城 2 号敌台 840 米。

平面近似圆形，剖面为梯形。保存较差，台体大部分倒塌。敌台用毛石干垒。现存台体顶径 4、底径 8、残高 4 米。

石家岭长城 2 号敌台（210727352101170094）

位于留龙沟乡留龙沟村石家岭东北 850 米，高程 366 米。北距石家岭长城起点 970 米，西北距石家岭长城 3 米，北距石家岭长城 1 号敌台 840 米。

平面近似矩形，剖面为矩形。保存较差，包石全部脱落，台体周围散见塌落的石块，露出内部夯土。台体顶部南侧有一现代盗洞，南北长 2.3、东西宽 1.9、深 2 米；北面有一现代盗洞，呈方形，边长 1、深 0.8 米。敌台东、西两侧利用山险，推测敌台为内夯土、外包石结构。现存台体南北长 10、东西宽 8、残高 3 米。

石家岭长城 3 号敌台（210727352101170095）

位于留龙沟乡留龙沟村石家岭东北 450 米，高程 296 米。北距石家岭长城（副墙）起点 190 米，西距石家岭长城（副墙）3 米。

平面近似圆形，剖面为梯形。保存较差，台体周围散见塌落的石块，露出内部夯土。推测敌台为内夯土、外包石结构。现存台体顶径 5、底径 10、残高 5 米。

石家岭长城 4 号敌台（210727352101170096）

位于留龙沟乡留龙沟村石家岭东南山 500 米，高程 278 米。西南距石家岭长城止点 30 米，西距石家岭长城 9 米。西距锦州－义县（西线）公路 700 米。

平面近似月牙形。保存较差，台体周围散见塌落的石块，在台体顶部有一现代盗洞，盗洞长 4、宽 4、深 4 米。敌台用毛石垒筑。现存台体顶南北最长 5、东西最宽 3 米，底径 10 米，残高 5 米。

上潘庄子长城 2 号敌台（210727352101170098）

位于大定堡乡下潘庄子村上潘庄子西北 500 米，高程 325 米。西北距上潘庄子长城 1 段（副墙Ⅱ）起点 536 米，北距上潘庄子 1 号烽火台 330 米。西距锦州－义县（西线）公路 1000 米。

平面近似矩形，剖面为矩形。保存较差，包石全部脱落，仅存夯土台基。推测敌台为内夯土、外包石结构。现存台体东西长 4.5、南北宽 3.6、残高 0.5～1 米。

上潘庄子长城 1 号敌台（210727352101170099）

位于大定堡乡南树林子村上潘庄子西北山 500 米，高程 321 米。西北距上潘庄子长城 4 段 13 米，西南距上潘庄子长城 4 段 3 米。西距锦州－义县（西线）公路 660 米。

平面近似圆形，剖面为梯形。保存较差，毛石全部脱落，台体周围散见塌落的石块。推测敌台用毛石干垒。现存台体顶径 4、底径 8、残高 4 米。

李家沟长城 1 号敌台（210727352101170100）

位于大定堡乡南树林子村李家沟西北山 750 米，高程 321 米。北接李家沟长城 1 段，南接李家沟长城 2 段；南距李家沟 2 号敌台 525 米。西距义县－留龙沟乡公路 820 米。

平面近似圆形，剖面为梯形。保存较差，仅残存有夯土基础，周围散落青砖。推测敌台为内夯土、外包砖结构。现存台体顶径 4、底径 8、残高 2 米。

李家沟长城 2 号敌台（210727352101170101）

位于大定堡乡南树林子村李家沟屯西南 650 米，高程 322 米。北接李家沟长城 2 段，南连李家沟长城 3 段；北距李家沟长城 1 号敌台 525 米。

平面近似圆形，剖面为梯形。保存较差，台体周围散见塌落的石块。敌台用毛石干垒。现存台体顶径 6、底径 12、残高 5 米。

南树林子长城 1 号敌台（210727352101170102）

位于大定堡乡南树林子村李家沟屯西南 1200 米，高程 355 米。北距南树林子长城起点 760 米，西南距南树林子长城 2 米；西南距南树林子长城 2 号敌台 783 米。

平面近似圆形。保存较差，台体周围散见塌落的石块。敌台用毛石干垒。现存台体顶径 6、底径 12、残高 5 米。

南树林子长城 2 号敌台（210727352101170103）

位于大定堡乡南树林子村台子沟屯西北山 2000 米，高程 295 米。东北距南树林子长城起点 1620 米，西距南树林子长城 3 米；东北距南树林子长城 1 号敌台 783 米，南距南树林子长城 3 号敌台 1100 米。

平面近似圆形。保存较差，台体周围散见塌落的石块。敌台用毛石干垒。现存台体顶径 6.3、底径 8.5、残高 1.5~2 米。

南树林子长城 3 号敌台（210727352101170104）

位于大定堡乡南树林子村台子沟西南山 2000 米，高程 308 米。北距南树林子长城起点 2700 米，西南距南树林子长城 2 米；北距南树林子长城 2 号敌台 1100 米，西南距石桥子长城 1 号敌台 146 米。

平面近似圆形。保存较差，台体周围散见塌落的石块。敌台用毛石干垒。现存台体顶径 6、底径 12、残高 5 米。

石桥子长城 1 号敌台（210727352101170105）

位于大定堡乡石桥子村西北 1400 米，高程 299 米。东北距石桥子长城 1 段起点 150 米，西北距石桥子长城 1 段 3 米，东北距南树林子长城 3 号敌台 146 米。南距锦州－义县（西线）公路 1300 米。

平面为圆形，剖面为梯形。保存较差，台体周围散见塌落的石块，在台体顶部西侧有一现代盗洞，口宽 0.8、深 5 米。推测敌台为内夯土、外包石结构。现存台体顶径 5、底径 12、残高 6 米。

石桥子长城 2 号敌台（210727352101170106）

位于大定堡乡石桥子村西北 800 米，高程 219 米。西北距石桥子长城 3 段起点 150 米，西南距石桥子长城 3 段 2 米，北距石桥子长城 1 号敌台 627 米。南距锦州－义县公路（西线）704 米。

平面为圆形，剖面为梯形。保存较差，仅存夯土台基，周围散落青砖。台体顶部东侧有一现代盗洞，盗洞口宽 1.2、深 2.2 米。推测敌台为内夯土、外包砖结构。现存台体顶径 3、底径 8、残高 3 米。

石桥子长城 3 号敌台（210727352101170110）

位于大定堡乡石桥子村西南 350 米，高程 241 米。北距石桥子长城 6 段起点 20 米，西距石桥子长城 6 段 5 米；北距石桥子长城 2 号敌台 1100 米，南距石桥子长城 4 号敌台 435 米。北距锦州－义县公路（西线）340 米。

平面为圆形，剖面为梯形。保存较差，台体周围散见塌落的石块。敌台用毛石干垒。现存台体顶径 4、底径 8、残高 2～3 米。在敌台外 2 米处有一圈护台，台宽 2.5、残高 0.2～0.4 米，在护台北有一夯土通道与敌台在一个平面上相接。

石桥子长城 4 号敌台（210727352101170111）

位于大定堡乡石桥子村西南 800 米，高程 302 米。北距石桥子长城 6 段起点 482 米，西距石桥子长城 6 段 5 米；北距石桥子长城 3 号敌台 435 米，东南距石桥子 4 号烽火台 260 米。

平面近似圆形，剖面为梯形。保存较差，台体周围散见塌落的石块，露出内部夯土。推测敌台为内夯土、外包石结构。现存台体顶径 4、底径 8、残高 3 米。

（6）凌海市

①墙体及保存现状

凌海市明长城总长 24485 米，可分为 23 段。

乱泥塘子长城 1 段（210781382102170001）

起于温滴楼乡上苏村乱泥塘子东北 1600 米高山上，止于温滴楼乡上苏村乱泥塘子东北 550 米高山上。起点高程 318 米，止点高程 295 米。走向东北－西南－南。东北接义县境内的石桥子长城 7 段，南连乱泥塘子长城 2 段。西侧 300 米处为乱泥塘子－曹家窝棚小路。全长 1190 米，保存差。

该段墙体为石墙，以自然山体岩石为基础，用毛石包砌。现墙宽 2～2.7、残高 0.3～0.5 米。

乱泥塘子长城 2 段（210781382102170002）

起于温滴楼乡上苏村乱泥塘子东北 550 米高山上，止于温滴楼乡上苏村乱泥塘子东北 200 米高山上。起点高程 295 米，止点高程 233 米。走向东北－西南。东北接乱泥塘子长城 1 段，西南连于家沟长城。西侧 300 米处为于家沟－乱泥塘子村级公路。全长 615 米。保存较差，其中 170 米墙体被耕地损毁。

该段墙体为石墙，以自然山体岩石为基础，用毛石包砌。现墙宽 1.5～2.8、残高 0.2～0.6 米。

于家沟长城（210781382102170003）

起于温滴楼乡上苏村于家沟东北 1800 米高山上，止于翠岩镇上苏村老虎沟东北 1500 米高山上。起点高程 233 米，止点高程 227 米。走向西北－东南－西南。北接乱泥塘子长城 2

段，西南连老虎沟长城。西侧 300 米处为于家沟－乱泥塘子村级公路。全长 2172 米。保存较差，其中 572 米墙体被耕地损毁。

该段墙体为石墙，以自然山体岩石为基础，用毛石包砌。现墙宽 1.5～2.5、残高 0.4～0.8 米。

老虎沟长城（210781382102170004）

起于翠岩镇上苏村老虎沟屯东北 1500 米高山上，止于翠岩镇上苏村老虎沟屯东南 150 米高山上。起点高程 227 米，止点高程 192 米。走向东北－西南－东南－南。东北接于家沟长城，南连台子沟长城。西侧 300 米处为台子沟－老虎沟村级公路。全长 1943 米。保存差，地面仅残留遗迹；其中 400 米墙体被耕地损毁。

该段墙体为石墙，以自然山体岩石为基础，用毛石包砌。墙体两侧以大块硅石错缝砌筑，平面朝外，以小块碎石塞缝；内填碎石、土。现墙宽 1.5～2.5、残高 0.4～0.8 米。

台子沟长城（210781382102170005）

起于温滴楼乡上苏村台子沟屯北 1300 米高山上，止于温滴楼乡下梯子沟村东边屯东北 2300 米高山上。起点高程 192 米，止点高程 187 米。走向北－东南－西南。北接老虎沟长城，东南连东边屯长城 1 段。西侧为翠岩－台子沟公路。全长 1923 米。保存差，地面仅残存基础，其中 386 米墙体被耕地损毁。

该段墙体为石墙，以自然山体岩石为基础，用毛石包砌。

东边屯长城 1 段（210781382102170006）

起于温滴楼乡下梯子沟村东边屯东北 2300 米高山上，止于温滴楼乡下梯子沟村东边屯东北 1250 米高山上。起点高程 187 米，止点高程 283 米。走向西北－东南－西南。西北接台子沟长城，西南连东边屯长城 2 段。西侧为麻地－乱泥塘子村级公路。长 1482 米，保存一般。

该段墙体为石墙，以自然山体岩石为基础，用毛石包砌。墙体两侧以硅石错缝砌筑，平面朝外，小块碎石塞缝；内填碎石、土。（彩图六〇）

按照保存状况可分为 2 段：

第一段起点高程 187 米，止点高程 396 米。长 820 米，保存状况较差。

第二段起点高程 396 米，止点高程 283 米。长 662 米，保存状况一般。

东边屯长城 2 段（210781382105170007）

起于温滴楼乡下梯子沟村东边屯东北 1250 米高山上，止于温滴楼乡下梯子沟村东边屯东北 850 米高山上。起点高程 283 米，止点高程 172 米。走向东北－西南。东北接东边屯长城 1 段，西南连东边屯长城 3 段。西侧为麻地－乱泥塘子村级公路。全长 475 米，保存较好。

该段墙体为山险墙，部分利用自然山体，在山体低洼处用毛石垒筑。

东边屯长城 3 段（210781382301170008）

起于温滴楼乡下梯子沟村东边屯东北 850 米高山上，止于温滴楼乡下梯子沟村东边屯东北 350 米处。起点高程 172 米，止点高程 131 米。走向东北－西南。东北接东边屯长城 2 段，西南连东边屯长城 4 段。该段全长 532 米，墙体地表已无存。

东边屯长城 4 段（210781382102170009）

起于温滴楼乡下梯子沟村东边屯东北 350 米，止于温滴楼乡下梯子沟村东边屯西南 1250 米高山上。起点高程 131 米，止点高程 151 米。走向东北－西南。东北接东边屯长城 3 段，西南连西边屯长城 1 段。西侧为麻地－乱泥塘子村级公路。全长 1153 米。整体保存较差，其中 1000 米墙体被耕地损毁。

该段墙体为石墙，以自然山体岩石为基础，用毛石包砌。墙体两侧以毛石错缝砌筑，平面朝外，以小块碎石塞缝；内填碎石、土。现墙宽 1～4.5、残高 0.4～1 米。

西边屯长城 1 段（210781382102170010）

起于温滴楼乡下梯子沟村西边屯西 300 米，止于温滴楼乡下梯子沟村西边屯西南 500 米高山上。起点高程 151 米，止点高程 213 米。走向北－南。北接东边屯长城 4 段，南连西边屯长城 2 段，起点南距西边屯长城 1 号敌台 163 米。西侧为麻地－乱泥塘子村级公路。全长 438 米，保存差。

该段墙体为石墙，以自然山体岩石为基础，用毛石包砌。墙体两侧以毛石错缝砌筑，平面朝外，以小块碎石塞缝；内填碎石、土。现墙宽 0.5～1.5、残高 0.2～0.4 米。

西边屯长城 2 段（210781382106170011）

起于温滴楼乡下梯子沟村西边屯西南 500 米高山上，止于温滴楼乡下梯子沟村西边屯西南 1300 米。起点高程 213 米，止点高程 163 米。走向东北－西南－南。东北接西边屯长城 1 段，南连西边屯长城 3 段。锦朝公路在墙体上通过。全长 1059 米。整体保存较好，其中 79 米墙体被公路破坏。

该段墙体为山险，系由自然形成的褶皱山体岩石构成，地势高峻、陡峭。

西边屯长城 3 段（210781382106170012）

起于温滴楼乡下梯子沟村西边屯西南 1350 米，止于温滴楼乡下梯子沟村西边屯西南 1400 米高山上。起点高程 163 米，止点高程 209 米。走向西北－东南。西北接西边屯长城 2 段，东南连西边屯长城 4 段。起点西侧为锦（州）－朝（阳）公路。全长 212 米。

该段墙体全部为山险，系由自然形成的褶皱山体岩石构成，地势高峻、陡峭。

西边屯长城 4 段（210781382105170013）

起于温滴楼乡下梯子沟村西边屯西南 1400 米高山上，止于温滴楼乡下梯子沟村西边屯西南 1700 米高山上。起点高程 209 米，止点高程 223 米。走向西北－东南－西南。西北接东边屯长城 3 段，西南连大胜堡长城。西北 600 米处为锦州－朝阳公路。全长 569 米，保存一般。

该段墙体为山险墙，部分利用自然山体，在山体低洼处用毛石垒筑。

大胜堡长城（210781382102170014）

起于温滴楼乡大胜堡村西北 1700 米高山上，止于翠岩镇刘家沟村花楼北山 1000 米。起点高程 223 米，止点高程 156 米。走向东北－西南－东南。东北接西边屯长城 4 段，西南连花楼北山长城。北侧为锦州－朝阳公路。全长 821 米。整体保存较差，其中 250 米墙体被耕地损毁。

该段墙体为石墙，以自然山体岩石为基础，用毛石垒筑。现墙宽 1～1.7、残高 0.4～0.8 米。

花楼北山长城（210781382102170015）

起于翠岩镇刘家沟村花楼屯北山 1000 米，止于翠岩镇刘家沟村花楼屯北山 60 米。起点高程 156 米，止点高程 132 米。走向东北－西南－东南。东北接大胜堡长城，西南隔小凌河空与大牛屯长城相邻。东侧为大胜堡－花楼沟村级公路。全长 1427 米，保存一般。

该段墙体为石墙，以自然山体岩石为基础，用毛石垒筑，内填碎石而成，剖面为梯形。现墙宽 1～2.8、残高 0.4～2.5 米。（彩图六一、六二）

刘家沟长城（210781382105170016）

起于翠岩镇刘家沟村东 1100 米鸡冠山上，止于翠岩镇郭荒地村东 650 米大青山上。起点高程 277 米，止点高程 300 米。走向西北－东南－西南。西北 3000 米与花楼北山长城相望，该段墙体上建有刘家沟长城 1 号、2 号敌台。西侧 300 米处为板石沟－刘家沟村级公路、1000 米为小凌河。全长 3818 米，保存较好。

该段墙体为山险墙，部分利用自然山体，在山体低洼处用毛石垒筑。此段为人工砌筑墙体，现顶宽 0.5～1、底宽 1～2、残高 0.5～1.5 米。

大牛屯长城（210781382102170017）

起于板石沟乡大牛屯村东北 600 米，止于板石沟乡大牛屯村东 400 米。起点高程 61 米，止点高程 91 米。走向西北－东南－西南。东北隔小凌河空与花楼北山长城相望，西南连牛大沟长城。南侧为牛大沟－大牛屯公路。全长 1133 米。整体保存较差，其中 600 米墙体被耕地损毁。

该段墙体为石墙，以自然山体岩石为基础，用石块砌筑，内填碎石而成，剖面为梯形。现墙宽 2～2.5、残高 0.4～0.8 米。

牛大沟长城（210781382102170018）

起于板石沟乡大牛村东北 850 米，止于板石沟乡大牛村牛大沟屯东南 100 米。起点高程 91 米，止点高程 88 米。走向东北－西南。东北接大牛屯长城，西南隔牛大沟山口空与龟山长城 1 段相邻。南侧为大马村－牛大沟村级公路。全长 960 米，整体保存较差。

该段墙体为石墙，以自然山体岩石为基础，用石块砌筑，内填碎石而成，墙体向上收分不明显，剖面为梯形。现墙宽 2.2～5、残高 0.4～1 米。

该段墙体中，有一段长 161 米的牛大沟山口空，起点高程 97 米，止点高程 88 米。

龟山长城 1 段（210781382102170019）

起于板石沟乡大牛村牛大沟屯东南 100 米处耕地上，止于板石沟乡下板石沟村东北 1100 米龟山上。起点高程 88 米，止点高程 258 米。走向东北－西南－东南。东北隔牛大沟山口空与牛大沟长城相邻，南连龟山长城 2 段。北侧为大牛屯－牛大沟小路。全长 970 米，局部墙体保存较好。

该段墙体为石墙，以自然山体岩石为基础，内夯土、外包石，剖面为梯形。

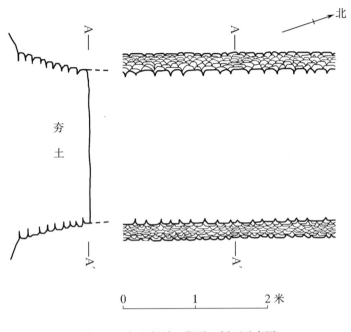

图二四　龟山长城1段平、剖面示意图

按照保存情况可分为3段：

第一段起点高程88米，止点高程104米。长162米，地表墙体消失，被耕地损毁。

第二段起点高程104米，止点高程213米。长303米，整体保存较差，墙体现状有多处坍塌，大部分石块滑落墙体的外侧。现墙宽2～4、残高0.2～0.8米。

第三段起点高程213米，止点高程258米。长505米，整体保存较好，两侧石块垒筑较规整。现墙顶宽2～2.5、底宽3～3.3、残高0.4～2.75米。（图二四、彩图六三）

龟山长城2段（210781382105170020）

起于板石沟乡下板石沟村东北1100米龟山上，止于板石沟乡下板石沟村东北950米龟山上。起点高程258米，止点高程225米。走向西北－东南。西北接龟山长城1段，东南连龟山长城3段。南侧1000米处为锦州－板石沟公路。全长137米，保存一般。

该段墙体为山险墙，以自然山体岩石为基础，山体低洼处用毛石垒筑。

龟山长城3段（210781382102170021）

起于板石沟乡下板石沟村东北950米龟山上，止于板石沟乡下板石沟村东北900米龟山上。起点高程225米，止点高程214米。走向西北－东南。西北接龟山长城2段，南连龟山长城4段。南侧1000米处为锦州－板石沟公路。全长85米，保存一般。

该段墙体为石墙，以自然山体岩石为基础，用毛石垒筑。现墙宽1.8～2.3、残高0.5～0.7米。

龟山长城4段（210781382102170022）

起于板石沟乡下板石沟村东北900米龟山上，止于板石沟乡下板石沟村东北450米处。起点高程214米，止点高程81米。走向东北－西南－东南。东北接龟山长城3段，南连下板石沟长城。南侧200米处为锦州－板石沟公路。全长571米，保存较差。

该段墙体为石墙，以自然山体岩石为基础，内为夯土、外用石块包砌。剖面为梯形。现墙宽0.8～3.5、残高0.2～0.8米。

下板石沟长城（210781382301170023）

起于板石沟乡下板石沟村东北450米，止于板石沟乡下板石沟村东南750米丘陵耕地上。起点高程81米，止点高程99米。走向西北－东南。西北接龟山长城4段，南连太和区境内的花楼沟长城 1 段。该段全长 800 米，墙体地表已无存。

凌海市境内的长城向西进入太和区。

②敌台及保存现状

凌海市共发现敌台 36 座。

乱泥塘子长城 1 号敌台（210781352101170001）

位于温滴楼乡上苏村乱泥塘子屯东北 1270 米高山上，高程 356 米。东北距乱泥塘子长城 1 段起点 470 米，西距乱泥塘子长城 1 段 3 米，南距乱泥塘子长城 2 号敌台 720 米。西侧 350 米为曹家窝堡－乱泥塘子小路。

平面近似圆形，剖面为梯形。保存较差，台体周围散见塌落的石块，露出内部夯土。推测敌台为内夯土、外包石结构。现存台体顶径 5、底径 8、残高 3 米。

乱泥塘子长城 2 号敌台（210781352101170002）

位于翠岩镇上苏村乱泥塘东北 800 米高山上，高程 295 米。北接乱泥塘长城 1 段，西南接乱泥塘长城 2 段；西南距乱泥塘长城 3 号敌台 414 米。西侧有一条季节河。

平面近似圆形，剖面为梯形。台体西壁完整，其他三面墙体倒塌。敌台用毛石干垒。现存台体顶径 5.3、底径 6.5、残高 2.5 米。（彩图六四）

乱泥塘子长城 3 号敌台（210781352101170003）

位于翠岩镇上苏村乱泥塘子东北 400 米高山上，高程 265 米。西南接乱泥塘子长城 2 段，东南接于家沟长城。

平面近似圆形，剖面为梯形。保存较差，台体周围散落毛石碎块。建筑结构不清。现存台体顶径 3、底径 7、残高 2.5 米。

于家沟长城 1 号敌台（210781352101170004）

位于翠岩镇上苏村于家沟北山处高山上，高程 264 米。北距于家沟长城起点 447 米，西距于家沟长城墙体 2 米，南距于家沟长城 2 号敌台 378 米。西侧有一条季节河。

平面近似圆形，剖面为梯形。保存较差，台体周围散落毛石碎块。建筑结构不清。现存台体顶径 5、底径 7、残高 2.5 米。

于家沟长城 2 号敌台（210781352101170005）

位于翠岩镇上苏村于家沟北山 1000 米高山上，高程 264 米。西南距于家沟长城止点 375 米，北距于家沟长城墙体 3 米，北距于家沟长城 1 号敌台 378 米。西侧 500 米为乱泥塘－麻地村路。

平面近似圆形，剖面为梯形。保存较差，台体周围散落毛石碎块。建筑结构不清。现存台体顶径 6.3、底径 7.5、残高 1.5 米。

老虎沟长城 1 号敌台（210781352101170006）

位于翠岩镇上苏村老虎沟南山上，高程 230 米。东北距老虎沟长城起点 36 米，西北距老虎沟长城 1 米，西南距老虎沟长城 2 号敌台 690 米。西侧 500 米为上苏－于家沟村路。

平面为不规则形。保存较差，台体大部分倒塌，周围散落砖块。推测敌台为内夯土、外包砖结构。现存台体顶径 2、底径 5、残高 1～2 米。

老虎沟长城 2 号敌台（210781352101170007）

位于岩镇上苏村老虎沟屯长岭沟南高山上，高程 298 米。东北距老虎沟长城起点 750 米，西北距老虎沟长城 2 米；东北距老虎沟长城 1 号敌台 690 米，西南距老虎沟长城 3 号敌台 303 米。西侧为台子沟 - 老虎沟村路。

平面为圆形，剖面为梯形。保存较差，台体周围散落大量毛石。敌台用毛石干垒。现存台体顶径 3、底径 6、残高 3 米。

老虎沟长城 3 号敌台（210781352101170008）

位于翠岩镇上苏村老虎沟东北 200 米高山上，高程 254 米。东南距老虎沟烽火台 477 米，东北距老虎沟长城 2 号敌台 303 米。西侧为台子沟 - 老虎沟村路。

平面为圆形，剖面为梯形。保存较差，台体周围散落大量毛石。敌台用毛石干垒。现存台体顶径 9.6、底径 14.6、残高 1.3 米。敌台周围有一圈石块垒筑的护台，护台宽 3、残高 0.2～0.4 米。

台子沟长城 1 号敌台（210781352101170010）

位于温滴楼乡上苏村台子沟北 1000 米高山上，高程 260 米。东北距台子沟长城起点 421 米，西北距台子沟长城 2 米，西南距台子沟长城 2 号敌台 500 米。

平面为圆形，剖面为梯形。保存较差，台体周围散落大量毛石。推断敌台用毛石干垒。现存台体顶径 16、底径 26、残高 3 米。敌台周围有一圈壕沟，宽 4、深 0.4～0.6 米。

台子沟长城 2 号敌台（210781352101170011）

位于翠岩镇上苏村台子沟北高山上，高程 230 米。东北距台子沟长城起点 931 米，西北距台子沟长城 2 米；东北距台子沟长城 1 号敌台 500 米，西南距台子沟长城 3 号敌台 450 米。西侧为上苏 - 老虎沟村路。

平面近似圆形，剖面为梯形。保存差，现只残留夯土部分，周围散落石块。推测敌台为内夯土、外包石结构。现存台体顶径 3、底径 6、残高 2.5 米。

台子沟长城 3 号敌台（210781352101170012）

位于翠岩镇上苏村台子沟北山 200 米高山上，高程 215 米。东南距台子沟长城止点 168 米，西距台子沟长城 3 米，东北距台子沟长城 2 号敌台 450 米。西侧为翠岩 - 台子沟村路。

平面为圆形，剖面为梯形。保存较好。台壁通体为青砖砌筑，南壁残存 93 行砖，台体四周有通体纵向裂缝，由下至上逐渐内收，三顺一丁错缝砌筑，白灰勾缝。敌台顶径残存 10.4、底径 11.4、残高 11.2 米。在东侧距地表 6.8 米处，有一券门，呈长方形，残高 2.1、宽 1.1 米。券门上有一门额已毁，砖券被人为拆除；石门槛尚存。该敌台券门往上为平台，周围有女墙，女墙顶部被破坏，原始形制不清。女墙下有月台，此处应为当时守台士兵瞭望、活动场所。在南侧距地表 9.1 米处有一方形瞭望孔，直径为 0.3 米；西面距地表 9.4 米处有一长方形瞭望窗，长 1.1、宽 0.65 米。青砖长 0.4、宽 0.18、厚 0.1 米；灰缝宽 0.02 米，墙体厚 1.3 米。（图二五；彩图六五、六六）

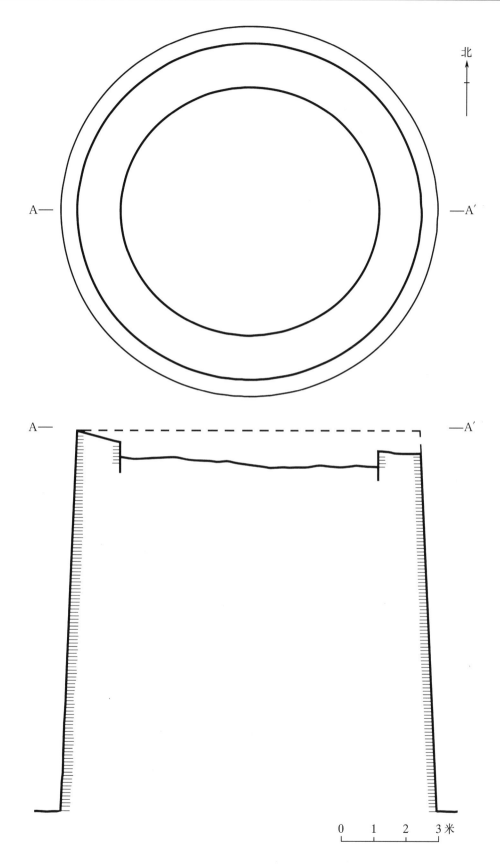

图二五　台子沟长城 3 号敌台平、剖面示意图

东边屯长城 1 号敌台（210781352101170014）

位于翠岩镇上苏村台子沟东边屯东山 400 米高山上，高程 295 米。西北距东边屯长城 1 段起点 330 米，西南距东边屯长城 1 段 2 米，南距东边屯长城 2 号敌台 1100 米，东南距东边屯烽火台 687 米。西侧为东边屯 - 台子沟村路。

平面近似圆形，剖面为梯形。保存较差，台体周围散落大量毛石。推断敌台用毛石干垒。现存台体顶径 5、底径 7、残高 3 米。

东边屯长城 2 号敌台（210781352101170016）

位于翠岩镇上苏村东北 1500 米高山上，高程 283 米。东北接东边屯长城 1 段，西南接东边屯长城 2 段；东北 675 米为东边屯烽火台。西侧为东边屯 - 台子沟村路。

平面为不规则形。保存较差。敌台东侧利用山险，南北接山险墙。台体用毛石干垒。现存台体顶径南北 5、东西 3 米，底径南北 8、东西 6、残高 2 米。

东边屯长城 3 号敌台（210781352101170017）

位于温滴楼乡下梯子沟村东边屯东北 550 米耕地上，高程 151 米。东北距东边屯长城 3 段起点 335 米，西北距东边屯长城 3 段 2 米。西侧为东边屯 - 台子沟村路。

平面近似圆形，剖面为梯形。保存较好，现只在台体东北壁残存部分夯土。现东北壁残长 5、宽 1.8、残高 1.2 米。敌台基础用条石砌筑，台体内夯土、外包青砖构筑，白灰勾缝。现存顶径 14、底径 15、残高 1～1.2 米。基础条石高 0.3 米。青砖宽 0.18、厚 0.1 米。

西边屯长城 1 号敌台（210781352101170018）

位于温滴楼乡下梯子沟村西边屯西南 700 米山梁上，高程 185 米。北距西边屯长城 1 段起点 163 米，西北距西边屯长城 1 段 3 米。西侧为东边屯 - 台子沟村路。

平面为方形，剖面为梯形。以三行条石为基础；台身用青砖三顺一丁错缝砌筑，共 75 行，白灰勾缝，夯土封顶。通高 8.5 米，条石基础高 0.65 米，砖砌部分高 7.85 米，顶边长 9 米，底东西长 9.5 米、南北因为青砖残损现长 9.1 米。砖长 0.38、宽 0.185、厚 0.09 米。台体的南面在墙体中间从上至下有一道通体纵向裂缝，西南底角的青砖损毁较甚；东面中部从上至下有长约 8 米的裂缝，北面靠西半部，墙体坍塌，青砖脱落严重；西面靠西北下部有一椭圆形缺口，青砖脱落；顶部青砖脱落严重，形成 V 形缺口。（图二六；彩图六七～六九）

西边屯长城 2 号敌台（210781352101170019）

位于温滴楼乡下梯子沟村西边屯西南 1750 米，高程 167 米。北接西边屯长城 1 段，南接西边屯长城 2 段。东侧 100 米为锦州 - 朝阳公路。

平面近似圆形，剖面为梯形。保存较差，只残留夯土部分。敌台东面利用山险，南北面接山险。敌台为青砖包土结构。现存台体顶径 4、底径 8、残高 6 米。

西边屯长城 3 号敌台（210781352101170020）

位于温滴楼乡大胜堡村翠岩山风景区南 100 米，高程 207 米。西北距西边屯长城 4 段起点 50 米，西距西边屯长城 4 段 2 米。东侧 50 米为锦州 - 朝阳公路。

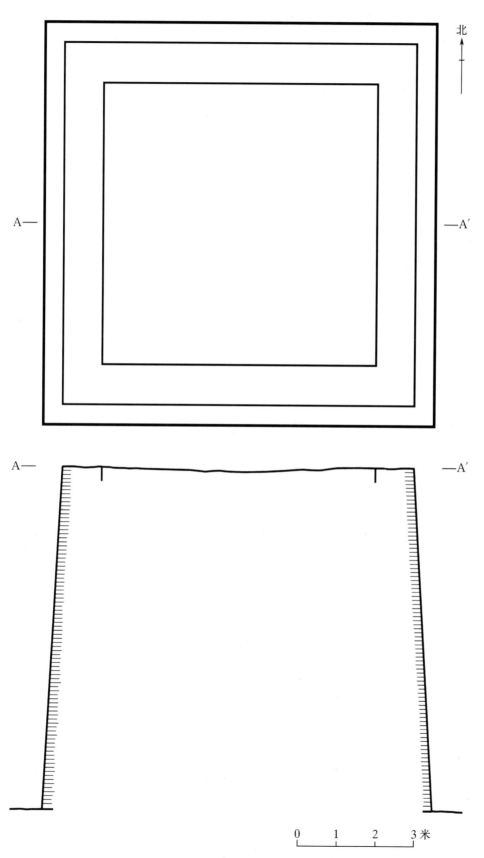

北

A——　　　　　　　——A´

A——　　　　　　　——A´

0　　1　　2　　3 米

图二六　西边屯长城 1 号敌台平、剖面示意图

平面近似矩形，剖面为梯形。保存较差，只残留夯土部分，台体周围散落青砖碎块。推测敌台内夯土、外包砖结构。现存台体顶径南北 4、东西 2.5 米，底径 7 米，残高 2.5 米。夯土层厚 0.1～0.2 米。（彩图七〇）

大胜堡长城 1 号敌台（210781352101170021）

位于温滴楼乡大胜堡村西北 1700 米高山上，高程 243 米。西北距大胜堡长城起点 50 米，西距大胜堡长城 3 米，南距大胜堡长城 2 号敌台 470 米。西侧 300 米为锦州－朝阳公路。

平面近似圆形，剖面为梯形。保存较差，现只残留夯土部分，周围散落石块。推测敌台为内夯土、外包石结构。现存台体顶径 4、底径 8、残高 3 米。

大胜堡长城 2 号敌台（210781352101170022）

位于温滴楼乡大胜堡村西山 1650 米，高程 165 米。西南距大胜堡长城止点 312 米，西距大胜堡长城 3 米，北距大胜堡长城 1 号敌台 470 米。西侧 300 米为锦州－朝阳公路。

平面近似圆形，剖面为梯形。保存较差，只残留夯土部分，台体周围散落青砖碎块，顶部有多处人为盗洞。推测敌台内夯土、外包砖结构。现存台体顶径 5、底径 12、残高 4 米。敌台周围有一圈护台，护台宽 4、残高 0.4～0.8 米。

花楼北山长城 1 号敌台（210781352101170023）

位于翠岩镇刘家村花楼沟屯北 750 米，高程 179 米。东北距花楼北山长城起点 90 米，西距花楼北山长城 2 米，西南距花楼北山长城 2 号敌台 278 米。东侧为花楼沟－大胜堡村级公路。

平面近似圆形，剖面为梯形。保存较差，现只残留夯土部分，周围散落石块。推测敌台为内夯土、外包石结构。现存台体顶径 5、底径 10、残高 5 米。敌台周围有一圈护台，护台宽 3 米，墙宽 0.6 米。

花楼北山长城 2 号敌台（210781352101170025）

位于翠岩镇刘家村花楼屯北山北坡 300 米高山上，高程 240 米。东北距花楼北山长城起点 368 米，西距花楼北山长城 2 米，东北距花楼北山长城 1 号敌台 278 米，南距花楼北山长城 3 号敌台 280 米。东侧 300 米为大胜堡－花楼沟村级公路。

平面近似圆形，剖面为梯形。保存差，只残留夯土部分，台体周围散落青砖碎块。推测敌台内夯土、外包砖结构。现存台体顶径 5、底径 12、残高 4～5 米。

花楼北山长城 3 号敌台（210781352101170026）

位于翠岩镇刘家村花楼屯北山上，高程 305 米。东北距花楼北山长城起点 664 米，西南距花楼北山长城 3 米，北距花楼北山长城 2 号敌台 280 米。

平面为圆形，剖面为梯形。保存较差，台体周围散落大量毛石。推断敌台用毛石干垒。现存台体顶径 5.4、底径 8.5、残高 1～1.2 米。敌台周围有一圈方形护台，宽 1、残高 1.4～3 米。

花楼北山长城 4 号敌台（210781352101170027）

位于翠岩镇刘家村花楼屯北山南 350 米高山上，高程 240 米。建于花楼北山长城止点东北 400 米处，西距花楼北山长城 2 米，北距花楼北山长城 3 号敌台 400 米，西南距花楼北山长城 5 号敌台 226 米。

平面为圆形，剖面为梯形。保存较差，台体周围散落大量毛石。推断敌台用毛石干垒。现存台体顶径 10、底径 15、残高 1～3 米。

花楼北山长城 5 号敌台（210781352101170028）

位于翠岩镇刘家村花楼屯北山西南 600 米，高程 168 米。西南距花楼北山长城止点 170 米，东北距花楼北山长城 4 号敌台 226 米。

平面为不规则形。保存较差，只残留夯土部分，台体周围散落青砖碎块。敌台为内夯土、外包砖结构，夯层厚 0.18～0.2 米。现存台体东西长 2.5、南北宽 2.3、残高 2.5～3 米。

刘家沟长城 1 号敌台（210781352101170030）

位于翠岩镇刘家沟村东南 2000 米鸡冠山上，高程 397 米。西北距刘家沟长城起点 524 米，南距刘家沟 1 号贮水池 15 米。西侧 300 米为板石沟 - 刘家沟村级公路。

平面为不规则形。保存较差。台体周围散落大量毛石。推断敌台用毛石干垒。现存台体顶径 7、底径 15、残高 7～8 米。

刘家沟长城 2 号敌台（210781352101170031）

位于翠岩镇刘家沟村东南 2100 米鸡冠山上，高程 380 米。北距刘家沟长城起点 1700 米，南 6 米为刘家沟 2 号贮水池，东北 284 米为刘家沟采石场。东侧为板石沟 - 刘家沟村级公路。

平面为不规则形。保存较差。台体周围散落大量毛石。敌台西壁利用山险，台身用毛石干垒。现存台体顶径东西长 3、南北宽 2 米，底径东西长 6、南北宽 5 米，残高 4 米。

刘家沟长城 3 号敌台（210781352101170032）

位于翠岩镇刘家沟村南山，观音洞西山（原光学仪器厂北山处），高程 333 米。东北距刘家沟长城起点 2417 米，西南距刘家沟长城 3 米，东北距刘家沟 4 号贮水池 30 米。东侧为板石沟 - 刘家沟村级公路。

平面为圆形，剖面为梯形。保存较好，顶部石块有脱落。敌台用毛石干垒。现存台体顶径 6、底径 8、残高 4.36～4.7 米，周长 25 米。敌台周围有方形护台，护台墙体宽 1.2、残高 0.4～1.2 米。（图二七、彩图七一）

刘家沟长城 4 号敌台（210781352101170033）

位于翠岩镇刘家沟村东 600 米大青山上，高程 305 米。东北距刘家沟长城止点 29 米。西侧 200 米为四方台 - 郭荒地村级公路。

平面为不规则形。保存差，北侧靠东、西两端各有 4 米墙体倒塌，西北角毛石脱落严重。敌台为毛石干垒，东、南、西面靠南端利用山险。北壁顶长 20、底长 22、残高 6.7 米，东壁残长 10 米，西壁残长 5 米。

大牛屯长城敌台（210781352101170034）

位于板石沟乡大牛屯村东北 1500 米耕地上，高程 63 米。东北距大牛屯长城起点 19 米，西北距大牛屯长城 3 米，东南距小后屯烽火台 511 米。小凌河从东北至西南绕过敌台流过。

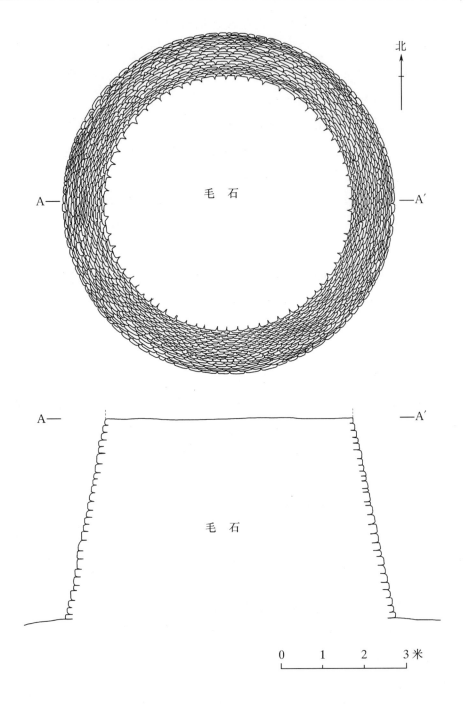

图二七　刘家沟长城3号敌台平、剖面示意图

　　平面近似圆形，剖面为梯形。保存较差，只残留夯土部分，台体周围散落青砖碎块。敌台为内夯土、外包砖结构。现存台体顶径4、底径12、残高2米。残砖宽0.2、厚0.09米。

　　牛大沟长城1号敌台（210781352101170036）

　　位于板石沟乡大牛屯村东300米耕地上，高程98米。东北距牛大沟长城起点23米，西北距牛大沟长城1米，西南距牛大沟长城2号敌台366米。小凌河从东北至西南在敌台北侧流过，东侧100米为大齐屯－大牛屯村级公路。

平面不规则形。保存较差，只残留夯土部分，台体周围散落青砖碎块。敌台为内夯土、外包砖结构。现存台体顶东西 3.2、南北 3 米，底东西 7.7、南北 6 米，残高 1.2~2 米。

牛大沟长城 2 号敌台（210781352101170037）

位于板石沟乡牛大沟屯东北 500 米耕地上，高程 183 米。东北距建于牛大沟长城起点 388 米，东北距牛大沟长城 1 号敌台 366 米。南侧 500 米为大马村-牛大沟屯小路。

平面为圆形，剖面为梯形。保存差，只残留夯土部分，台体周围散落青砖碎块。敌台为内夯土、外包砖结构。现存台体顶径 4.4、底径 14、残高 2~2.5 米。

龟山长城 1 号敌台（210781352101170039）

位于板石沟乡大牛村牛大沟屯东南 100 米耕地上，高程 100 米。北距龟山长城挡马墙起点 63 米，西北距龟山长城 1 米，南距龟山烽火台 620 米。北侧 70 米为大牛村-牛大沟屯小路。

平面为不规则形。保存差，只残留夯土部分，台体周围散落青砖碎块。敌台为内夯土、外包砖结构。现存台体顶径 8、底径 12、残高 0.5~1.5 米。

龟山长城 2 号敌台（210781352101170041）

位于板石沟乡下板石沟村东北 1000 米龟山上，高程 217 米。西南距龟山长城 3 段止点 9 米，东北距龟山长城 3 段 3 米。南侧 800 米为锦州-板石沟公路。

平面为圆形，剖面为梯形。保存较差，毛石散落在台体周围。敌台用毛石干垒。现存台体顶径 8、底径 13、残高 1.5~4 米。

龟山长城 3 号敌台（210781352101170042）

位于板石沟乡下板石沟村东北 550 米，高程 102 米。南距龟山长城 4 段止点 118 米，西距龟山长城 4 段 3 米，南距龟山长城 4 号敌台 57 米，北距龟山采石场 249 米。南侧 300 米为锦州-板石沟公路。

平面近似矩形，剖面为梯形。保存差，只残留夯土部分，台体周围散落青砖碎块。敌台为内夯土、外包砖结构。现存台体顶径南北长 8.5 米，东西宽 6.5、底边长 12 米，残高 2 米。

龟山长城 4 号敌台（210781352101170043）

位于板石沟乡下板石沟村东北 500 米，高程 96 米。南距龟山长城 4 段止点 61 米，西距龟山长城 4 段 3 米，北距龟山长城 3 号敌台 57 米。南侧 240 米为锦州-板石沟公路。

平面近似矩形，剖面为梯形。保存差，只残留夯土部分，台体周围散落青砖碎块。敌台为内夯土、外包砖结构。现存台体南北长 13、东西宽 11、残高 1.5 米。

下板石沟长城敌台（210781352101170044）

位于板石沟乡下板石沟村东南 750 米耕地上，高程 99 米。建于下板石沟长城止点处。北侧 500 米为锦州-板石沟公路。

平面近似矩形，剖面为梯形。保存较差，只残留夯土部分，台体周围散落青砖碎块。敌台为内夯土、外包砖结构。现存台体顶东西长 5、南北宽 2.5 米，底东西长 9.5、南北宽 8.5 米，残高 1.2 米。距敌台 2 米处有一圈护坡墙，墙体宽 1.5、残高 1.4 米。

（7）太和区

①墙体及保存现状

太和区明长城总长 8266 米，可分为 7 段。

花楼沟长城 1 段（210711382301170001）

起于女儿河乡王胡台村花楼沟屯北 1000 米，止于王胡台村花楼沟屯东南 250 米。起点高程 99 米，止点高程 125 米。走向西北－东南－西南－东南。西北接下板石沟长城，东南连花楼沟长城 2 段。北侧 800 米处为王胡沟－下板石沟村级公路。该段全长 1757 米，墙体地表已无存。

花楼沟长城 2 段（210711382105170002）

起于女儿河乡王胡台村花楼沟屯东南 250 米，止于王胡台村花楼沟屯西南 600 米。起点高程 125 米，止点高程 151 米。走向东北－西南。东北接花楼沟长城 1 段，西南连花楼沟长城 3 段。北侧 400 米处为王胡台－下板石沟村级公路。全长 653 米，保存较好。

该段墙体为山险墙，以自然山体岩石为基础，低洼处用毛石垒筑。墙宽 0.3~2.5、残高 0.4~3 米。

花楼沟长城 3 段（210711382102170003）

起于女儿河乡王胡台村花楼沟屯西南 600 米处，止于女儿河乡王胡台村花楼沟屯西南 1400 米处。起点高程 151 米，止点高程 141 米。走向东北－西南。东北接花楼沟长城 2 段，西南连王胡沟长城。北 500 米为王胡台村－花楼沟村级公路。保存较差，墙体残存总长 650 米。

该段墙体为石墙，以自然山体岩石为基础，用石块垒筑，内填碎石土而成。现墙宽 1.2~4.2、残高 0.3~0.5 米。

王胡沟长城（210711382301170004）

起于女儿河乡王胡沟村西北 1350 米，止于女儿河乡王胡沟村西南 1700 米。起点高程 141 米，止点高程 123 米。走向东北－西南。北接花楼沟长城 3 段，南连小边外长城。西南 400 米处为花楼沟－王胡沟村级公路。该段全长 1700 米，墙体地表已无存。

小边外长城（210711382301170005）

起于女儿河乡华山村小边外屯东北 400 米，止于女儿河乡华山村小边外屯西南 500 米。起点高程 123 米，止点高程 84 米。走向东北－西南－东南。东北接王胡沟长城，西南连华山长城 1 段。西南 400 米处为花楼沟－王胡沟村级公路。该段全长 1520 米，墙体地表已无存。

华山长城 1 段（210711382102170006）

起于女儿河乡华山村南 300 米，止于女儿河乡华山村南 900 米华山上。起点高程 84 米；止点高程 228 米。走向北－南－西南。北接花楼沟长城 4 段，西南连华山长城 2 段。西侧 900 米处为汤河子－板石沟乡级公路。保存差，大部分墙体地面只残存基础遗迹。全长 654 米。

该段墙体为石墙，以自然山体岩石为基础，用石块垒筑。

华山长城 2 段（210711382105170007）

起于上女儿河乡华山村南 1000 米华山上，止于女儿河乡华山村西南 800 米鹰嘴山上。起点高程 233 米，止点高程 46 米。走向东－西－西南。东与华山长城 1 段相连，西南连葫芦岛市连山区境内的边口子长城。汤河子－板石沟乡级公路在长城中穿过。全长 1350 米，整体保存较好。

该段墙体为山险墙，以自然山体岩石为基础，山体低洼处用毛石垒筑。

按照保存情况可分为 2 段：

第一段起点高程 233 米，止点高程 103 米。长 850 米，整体保存较好。

第二段起点高程 103 米，止点高程 46 米。长 500 米，被公路建设破坏，墙体消失。

②敌台及保存现状

太和区共发现敌台 9 座。

花楼沟长城 1 号敌台（210711352101170001）

位于太和区王胡台村花楼沟屯北 500 米，高程 90 米。西北距花楼沟长城 1 段起点 700 米，西距花楼沟长城 1 段 2 米，西南距花楼沟长城 2 号敌台 158 米。北侧 800 米处为王胡沟－下板石沟村级公路。

平面为不规则形，剖面为梯形。保存较差，台体倒塌，青砖脱落严重，只残留夯土台。推测敌台为内夯土、外包砖结构。现存台体顶径南北长 4.7、东西宽 2.2 米，底径 7 米，残高 1 米，夯土层厚 0.13～0.15 米。残存的青砖带有勾纹。（彩图七二）

花楼沟长城 2 号敌台（210711352101170002）

位于太和区王胡台村花楼沟屯北 350 米，高程 93 米。北距花楼沟长城 1 段起点 800 米，西距花楼沟长城 1 段墙体 2 米；东北距花楼沟长城 1 号敌台 158 米，东南距花楼沟长城 3 号敌台 297 米。

平面为不规则形，剖面为梯形。保存较差，现只残留夯土部分，周围散落青砖碎块。推测敌台为内夯土、外包砖结构。现存台体顶径 6、底径 17、残高 6 米。残存的青砖带有勾纹。

花楼沟长城 3 号敌台（210711352101170003）

位于太和区王胡台村花楼沟屯东北 250 米，高程 124 米。西北距花楼沟长城 1 段起点 1100 米，西南距花楼沟长城 1 段 3 米；西北距花楼沟长城 2 号敌台 297 米。南约 50 米有王胡沟－花楼沟山道。

平面为不规则形，剖面为梯形。保存较差，台体东壁破损严重，只残留夯土部分。现存台体顶径 3.5、底径 15、残高 3 米，夯土层约 0.22 米。青砖宽 0.2、厚 0.1 米，并有两道勾纹，勾宽 0.04 米。（彩图七三）

花楼沟长城 4 号敌台（210711352101170004）

位于太和区王胡台村花楼沟屯南 600 米，高程 158 米。东北距花楼沟长城 2 段起点 635 米。北 150 米为王胡沟－下板石沟乡级公路。

平面为圆形，剖面为梯形。保存较差，青砖脱落严重，只残留夯土部分。敌台为内夯土、外包砖结构。现存台体顶径 12、底径 28、残高 6 米。

花楼沟长城 5 号敌台（210711352101170005）

位于女儿河王胡台村花楼沟屯西北 1350 米，高程 164 米。西南距花楼沟长城 3 段止点 100 米，花楼沟长城 3 段墙体从敌台西北侧 2 米处通过。北侧为花楼沟－王胡台村级公路。

平面为圆形，剖面为梯形。保存较差，台体砖砌结构破坏严重，只残留夯土部分。敌台为内夯土、外包砖结构。现存台体顶径 4、底径 26、残高 4 米。青砖宽 0.17、厚 0.095 米。

王胡沟长城敌台（210711352101170006）

位于女儿河乡王胡沟村西 1400 米处，高程 145 米。东北距王胡沟长城起点 650 米，西北距王胡沟长城墙体 2 米，南距小边外长城 1 号敌台 1100 米。西南 400 米为王胡沟－花楼沟村级公路。

平面为不规则形，剖面为梯形。保存较差，台体大部分倒塌，只残留夯土部分，周围散落青砖。推测敌台为内夯土、外包砖结构。现存台体顶部东西最大径 4.5、南北最大径 2 米，底部东西最大径 18、南北最大径 16 米，残高 4 米；夯土层厚 0.18～0.2 米。

小边外长城 1 号敌台（210711352101170007）

位于女儿河乡华山村小边外屯东北 400 米，高程 123 米。北接王胡沟长城，西南距小边外长城 2 号敌台 171 米。南侧 650 米为地藏寺－小边外村级公路。

平面为不规则形。保存较差，台体大部分倒塌，只残留夯土部分，周围散落青砖。推测敌台为内夯土、外包砖结构。现存台体顶部南北最大径 3.5、东西最大径 3.0 米，底部南北最大径 19（西面）、东西最大径 17 米（北面），残高 3 米。

小边外长城 2 号敌台（210711352101170008）

位于女儿河乡华山村小边外屯东北 300 米，高程 117 米。东北距小边外长城起点 171 米，西北距小边外长城墙体 2 米；东北距小边外长城 1 号敌台 171 米。南侧 600 米为崔吉岭－小边外村级公路。

平面近似圆形，剖面为梯形。保存较差，只残留夯土。现存台体顶径 5、底径 11、残高 2.6 米。

华山长城敌台（210711352101170009）

位于太和区女儿河乡华山村东南 800 米，高程 228 米。东北接华山长城 1 段，西接华山长城 2 段。西 850 米为汤河子－板石沟公路。

平面为圆形，剖面为梯形。保存较差，只残留夯土台，石块脱落在台体周围。敌台为内夯土、外包石结构。现存台体顶径 8、底径 16、残高 2～5 米。

（8）连山区

①墙体及保存现状

连山区明长城总长 51568 米，可分为 41 段。

边口子长城（211402382301170001）

起于锦州与葫芦岛两市交界处的鹰嘴山，止于台集屯镇长岭沟村东山北坡。起点高程 170 米，止点高程 113 米。走向东北－西南。东北接锦州境内长城华山长城 2 段，西南连长岭沟长城 1 段。东北约 1000 米处为女儿河至板石沟乡的乡级公路，南有锦州至南票的铁路和公路。该段全长 3800 米，墙体地表已无存。

长岭沟长城 1 段（211402382101170002）

起于台集屯镇长岭沟村东山北坡，止于台集屯镇长岭沟村东山南坡。起点高程 113 米，止点高程 89 米。走向东北－西南。东北接边口子长城，西南连长岭沟长城 2 段。长岭沟长城 1 号敌台建于墙体内侧。南距 1000 米为女儿河。全长 410 米。墙体顶部辟为小路，保存差。

该段墙体为土墙，以自然沉积砂石为基础，构筑方式不清。

长岭沟长城 2 段（211402382301170003）

起于台集屯镇长岭沟村东山南坡，止于孟家砬子村金家砬子屯金家砬子山上。起点高程 89 米，止点高程 140 米。走向东北－西南。东北接长岭沟长城 1 段，西南连金家砬子长城 1 段。墙体内侧建有长岭沟长城 2 号敌台。南距女儿河 1000 米。该段全长 1100 米，墙体地表已无存。

金家砬子长城 1 段（211402382102170004）

起于台集屯镇孟家砬子村金家砬子屯金家砬子山上，止于台集屯镇孟家砬子村金家砬子屯金家砬子山西南坡。起点高程 140 米，止点高程 137 米。走向东北－西南。东北接长岭沟长城 2 段，西南连金家砬子长城 2 段。金家砬子长城敌台建在该段墙体上。南距女儿河 300 米，南票至锦州市女儿河的铁路在墙体上穿过。全长 150 米。现墙体只存部分遗迹，濒临消失。

该段墙体为石墙，仅存基础，结构不清。

金家砬子长城 2 段（211402382301170005）

起于台集屯镇孟家砬子村金家砬子屯金家砬子山顶，止于虹螺蚬镇火台子村西山北坡。起点高程 137 米，止点高程 78 米。走向东北－西南。东北接金家砬子长城 1 段，西南连火台子西山长城 1 段。该段全长 3400 米，墙体地表已无存。

火台子西山长城 1 段（211402382101170006）

起于虹螺蚬镇火台子村西山东北坡，止于虹螺蚬镇火台子村西山西南坡。起点高程 78 米，止点高程 98 米。走向东北－西南。东北接金家砬子长城 2 段，西南连火台子西山长城 2 段。火台子西山敌台就建在这段墙体内侧。北侧 1500 米为女儿河，西南 1000 米为锦大公路。全长 218 米。墙体保存差，全部坍塌。

该段墙体为土墙，以自然沉积砂石为基础，用土夯筑而成。剖面呈梯形。

火台子西山长城 2 段（211402382301170007）

起于虹螺蚬镇火台子村西山南坡，止于虹螺蚬镇靠山屯南山东坡。起点高程 98 米；止点高程 118 米。走向东北－西南。东北接火台子西山长城 1 段，西南连植股山长城 1 段。该段全长 4500 米，墙体地表已无存。

植股山长城 1 段（211402382102170008）

起于虹螺蚬镇靠山屯村南山东坡，止于虹螺蚬镇靠山屯村南山顶。起点高程 118 米，止点高程 194 米。走向东北－西南。东北接火台子西山长城 2 段，西南连植股山长城 2 段。植股山长城 1 号敌台建于该段墙体内侧。北 800 米为女儿河支流，锦大公路在墙体北 1 公里处通过。全长 645 米。墙体多处坍塌，保存较差。

该段墙体为石墙，以自然沉积砂岩为基础，用毛石干垒，内填碎石而成。墙体在干垒时向上有较大收分，剖面为梯形。现墙宽 2.5～3.3、残高 1～1.4 米。（彩图七四）

植股山长城 2 段（211402382105170009）

起于虹螺岘镇靠山屯村南山顶，止于虹螺岘镇靠山屯村南山顶西 40 米处。起点高程 194 米，止点高程 219 米。走向东－西。东北接植股山长城 1 段，西南连植股山长城 3 段。北 800 米处是女儿河，锦州至山神庙乡公路在其北侧通过。全长 40 米。

该段墙体全部为山险，系利用自然形成的褶皱山体形成一道屏障。

植股山长城 3 段（211402382102170010）

起于虹螺岘镇靠山屯村南山顶西 40 米处，止于虹螺岘镇靠山屯村南植股山北坡。起点高程 219 米，止点高程 323 米。走向北－南。东北接植股山长城 2 段，西南连植股山长城 4 段。墙体内侧建有植股山长城 2 号、3 号敌台。北 800 米为女儿河支流，锦大公路在其北 1000 米处通过。全长 824 米，保存一般。

该段墙体为石墙，以自然沉积砂石为基础，用毛石干垒，内填碎石而成。剖面为梯形。现墙顶宽 1.3、底宽 1.6、残高 1.1～1.8 米。（彩图七五）

植股山长城 4 段（211402382105170011）

起于虹螺岘镇靠山屯村南植股山北坡，止于靠山屯村南植股山南坡。起点高程 323 米，止点高程 389 米。走向东北－西南。东北接植股山长城 3 段，西南连植股山长城 5 段。植股山长城 4 号敌台建于墙体上。北为女儿河支流，锦州至山神庙乡公路在其北侧通过。全长 959 米，保存较好。

该段墙体为山险墙，利用险峻的山体及山势走向，人为进行修整，形成天然墙体。在山势较缓处或鞍部，用毛石干垒成低矮石墙，现墙宽 1.3～1.6、残高 0.5～1.3 米。

植股山长城 5 段（211402382102170012）

起于虹螺岘镇靠山屯村南植股山南坡，止于虹螺岘镇团山子村小毛家沟屯南 200 米。起点高程 389 米，止点高程 127 米。走向东北－西南。东北接植股山长城 4 段，西南连小虹螺山长城 1 段。墙体内侧建有植股山长城 5 号、6 号、7 号、8 号、9 号敌台。附近有女儿河支流，北 1800 米为葫（芦岛）金（星）线公路。全长 1934 米。墙体外侧保存较好，内侧保存差。

该段墙体为石墙，以自然沉积砂岩为基础，均用毛石干垒，中间用碎石填充，墙体自下向上有较大的收分。现墙宽 1.15～2、残高 1.36～1.93 米。在 9 号敌台西侧发现一段长 40 米的墙体有两次修筑的痕迹，宽 1.1、残高 1.2 米。

按照保存现状可分 2 段：

第一段起点高程 389 米，止点高程 245 米。长 404 米，保存一般。

第二段起点高程 245 米，止点高程 127 米。长 1530 米，保存较好。虽大部分墙体上半部也出现坍塌，但墙体内外墙面可见，基本形制尚存，少量墙体顶部封土仍在（6号敌台西南墙体绕敌台转角处），保存完整（长约6米）。现墙宽1.15~2、残高1.36米~2.6米。（图二八、彩图七六）

小虹螺山长城1段（211402382101170013）

起于虹螺蚬镇团山子村小毛家沟屯南200米处，止于虹螺蚬镇团山子村小毛家沟屯西南500米处。起点高程127米，止点高程173米。走向东北－西南。东北接植股山长城5段，西南连小虹螺山长城2段。墙体内侧建有小虹螺山长城1号敌台。全长435米，保存较好。

该段墙体为土墙，以自然沉积砂石为基础，用土夯筑而成，夯层厚0.17米。现墙顶宽4.5、底宽6、残高2.7米。（图二九、彩图七七）

小虹螺山长城2段（211402382102170014）

起于虹螺蚬镇团山子村小毛家沟屯西南500米，止于虹螺蚬镇团山子村小毛家沟屯西2500米。起点高程173米，止点高程393米。走向东北－西南－南。东北接小虹螺山长城1段，西南连小虹螺山长城3段。墙体内侧建有小虹螺山长城2号、3号、4号、5号4座敌台及一处居住址；墙体两侧各有一处采石厂。全长1855米，保存较好。

该段墙体为石墙，以自然沉积砂石为基础，用毛石干垒，中间碎石填充。墙体收分较大，墙体顶宽0.8~1.1、底宽1.6~2.1、残高2.05~2.2米。（彩图七八）

小虹螺山长城3段（211402382106170015）

起于虹螺蚬镇团山子村小毛家沟屯西2500米，止于虹螺蚬镇团山子村小毛家沟屯西南的小虹螺山上。起点高程393米，止点高程404米。走向东北－西南。东北接小虹螺山长城2段，西南连小虹螺山长城4段。墙体上建有小虹螺山长城6号敌台。西侧2800米为虹螺山

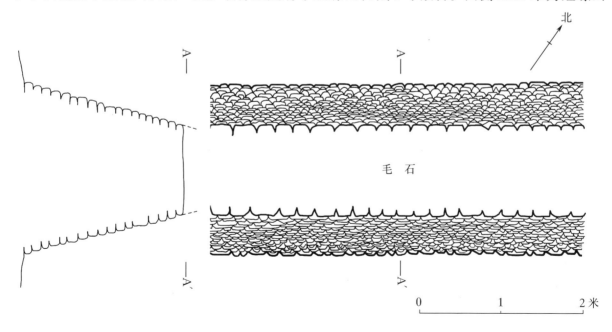

毛　石

0　　　　　　1　　　　　　2 米

图二八　植股山长城5段平、剖面示意图

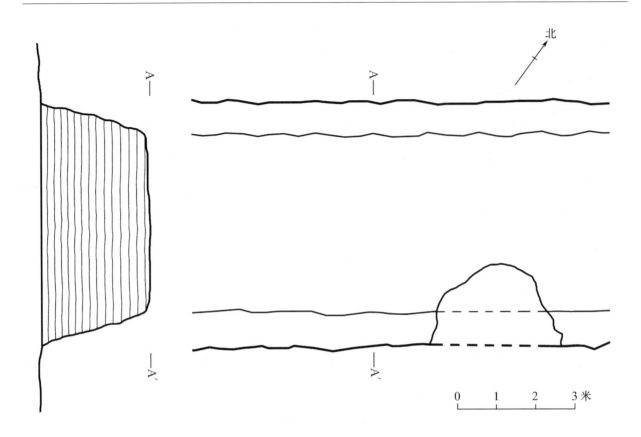

图二九　小虹螺山长城 1 段平、剖面示意图

水库。全长 730 米。

　　该段墙体全部为山险，系由自然形成的褶皱山体岩石构成的，山势陡峭、险峻。

　　小虹螺山长城 4 段（211402382102170016）

　　位于虹螺蚬镇团山子村小毛家沟屯西南的小虹螺山上。起点高程 404 米，止点高程 401 米。走向北－南。北接小虹螺山长城 3 段，南连小虹螺山长城 5 段。全长 730 米，保存较好。

　　该段墙体为石墙，以自然山体和自然沉积砂石为基础，毛石干垒。为了增加墙体的牢固性，在干垒时墙体收分较大。现墙顶宽 0.8~1.1、底宽 1.6~2.1、残高 1.65~2.2 米。（彩图七九）

　　小虹螺山长城 5 段（211402382106170017）

　　起于虹螺蚬镇团山子村小毛家沟屯西南的虹螺山上，止于大兴乡毛家沟村西南 2500 米的小虹螺山脉上。起点高程 401 米，止点高程 546 米。走向北－南－西南。东北接小虹螺山长城 4 段，西南连小虹螺山长城 6 段。墙体上建有小虹螺山长城 7 号敌台。全长 1300 米。

　　该段墙体全部为山险，系利用自然山体陡峭悬崖绝壁形成屏障。（彩图八〇）

　　小虹螺山长城 6 段（211402382102170018）

　　起于大兴乡毛家沟村西南 2500 米的小虹螺山脉上，止于大兴乡毛家沟村西南 3000 米的小虹螺山脉上。起点高程 546 米，止点高程 605 米。走向东北－西南。东北接小虹螺山长城 5 段，西南连小虹螺山长城 7 段。全长 578 米，保存较差。

该段墙体为石墙，以自然沉积砂石为基础，用毛石干垒，内填碎石而成。墙体干垒时向上有收分，剖面为梯形。现墙顶宽 1.3、底宽 1.6、残高 0.3~1.6 米。

小虹螺山长城 7 段（211402382106170019）

起于大兴乡毛家沟村西南 3000 米的小虹螺山脉上，止于塔山乡盘道沟村盘道沟北山屯西北 1500 米的小虹螺山脉上。起点高程 605 米，止点高程 477 米。走向东北－西南。东北接小虹螺山长城 6 段，西南连小虹螺山长城 8 段。

该段墙体全部为山险，全长 2709 米，系利用自然山体陡峭悬崖绝壁形成屏障。

小虹螺山长城 8 段（211402382102170020）

起于塔山乡盘道沟村盘道沟北山屯西北 1500 米的小虹螺山脉上，止于塔山乡盘道沟村盘道沟北山屯西北 1200 米的小虹螺山脉上。起点高程 477 米，止点高程 546 米。走向东北－西南。东北接小虹螺山长城 7 段，西南连小虹螺山长城 9 段。西侧为虹螺山水库及葫芦岛至张相公的县级公路。全长 370 米，整体保存较好。

该段墙体为石墙，以自然沉积砂石为基础，两侧用大块较为规整的毛石错缝包砌，内用毛石叠砌，中间填碎石。现墙宽 7.4、残高 5.4 米。自 10 号敌台向西南 30 米处的墙体上有一便门，石筑，保存较差，残存基础高 0.8~1 米，门道窄处进深 3.4、面阔 1.72 米；门道宽处进深 3.9、面阔 2.75 米。（彩图八一）

小虹螺山长城 9 段（211402382106170021）

起于塔山乡盘道沟村盘道沟北山屯西北 1200 米的小虹螺山脉上，止于塔山乡盘道沟村盘道沟北山屯西约 2100 米的小虹螺山脉上。起点高程 546 米，止点高程 537 米。走向东北－西南。东北接小虹螺山长城 8 段，西南连小虹螺山长城 10 段。墙体上建有小虹螺山长城 11 号敌台。全长 620 米。

该段墙体全部为山险，系利用自然山体陡峭悬崖绝壁形成屏障。

小虹螺山长城 10 段（211402382102170022）

起于塔山乡盘道沟村盘道沟北山屯西约 2100 米的小虹螺山脉上，止于塔山乡大四台村西 2300 米的西边山山脊上。起点高程 537 米，止点高程 262 米。走向西北－东南－南。西北接小虹螺山长城 9 段，南连西边山长城 1 段。小虹螺山长城 12 号敌台建于墙体内侧，墙体止点为小虹螺山长城 13 号敌台。全长 1400 米，保存较差。

该段墙体为石墙，以自然沉积砂石为基础，采用大块毛石干垒，光面朝外，小石塞缝，内填碎石而成。墙体在干垒时自下而上有收分，剖面呈梯形。现墙基础宽 2.5 米，残高 0.9~1.2 米。

西边山长城（211402382102170023）

起于自塔山乡大四台村西 2300 米的西边山山脊上，止于塔山乡南长岭山村西 1000 米的长岭山上。起点高程 262 米，止点高程 313 米。走向西北－东南。西北接小虹螺山长城 10 段，东南连长岭山长城 1 段。附近有多条季节河，系女儿河支流。西侧有葫芦岛至张相公的县级公路。全长 2100 米，整体保存差。

　　该段墙体为石墙，借助自然山体岩石为基础，用大块毛石干垒，平整面朝外，小石塞缝，内填碎石而成。现墙宽 2.5 米，残高 0.8～1.2 米。（彩图八二）

　　长岭山长城 1 段（2114023821021 70024）

　　起于塔山乡南长岭山村北长岭山屯西约 1000 米的长岭山上，止于塔山乡南长岭山村北长岭山屯西约 600 米的长岭山上。起点高程 313 米，止点高程 258 米。走向北－南。北接西边山长城，南连长岭山长城 2 段。墙体内侧建有长岭山长城 1、2、3、4 号 4 座敌台；墙体外侧建有长岭山长城 1、2、3 号 3 处障墙。附近有多条季节河，系女儿河支流。西侧有葫芦岛至张相公的县级公路。全长 1600 米，整体保存较差。

　　该段墙体为石墙，借助自然山体岩石为基础，用大块毛石错缝垒砌，平面朝外，小石塞缝，内填碎石而成。现墙宽 2.3 米，残高 0.3～1.3 米。

　　长岭山长城 2 段（2114023821021 70025）

　　起于塔山乡南长岭山村北长岭山屯西北约 600 米的长岭山上，止于沙河营乡黄土坎村二道沟屯东南约 1500 米的山梁上。起点高程 258 米，止点高程 184 米。走向东北－西南。北接长岭山长城 1 段，西南连二道沟长城 1 段。全长 965 米，整体保存差。

　　该段墙体为石墙，借助于自然山体岩石为基础，用毛石干垒，中间填充碎石和土。现墙宽 2.7 米，残高 0.3～1.1 米。

　　二道沟长城 1 段（2114023821011 70026）

　　起于沙河营乡黄土坎村二道沟屯东南约 1500 米的山梁上，止于沙河营乡黄土坎村二道沟屯西南约 1000 米的路边。起点高程 184 米，止点高程 128 米。走向东北－西南。东北接长岭山长城 2 段，西南连二道沟长城 2 段。相连墙体内侧建有二道沟长城 1 号敌台。附近有季节河，西侧有葫芦岛至张相公的县级公路。全长 926 米，保存较差，仅存基础。

　　该段墙体为土墙，自然基础，墙体用黄沙土夯筑而成，内含有碎石块。根据现存较高处的墙体断面来看，剖面呈梯形。现墙顶宽 1.1、底宽 2.5、残高 0.45～1.8 米。

　　二道沟长城 2 段（2114023821011 70027）

　　起于二道沟屯东南约 1000 米的小路南侧山坡上，止于沙河营乡黄土坎村二道沟屯西南约 1800 米处，起点高程 128 米，止点高程 142 米。走向东北－西南。东北接二道沟长城 1 段，西南连二道沟长城 3 段。二道沟长城 2 号、3 号敌台建于墙体内侧。附近有季节河，西侧有葫芦岛至张相公的县级公路。全长 1400 米。保存较差，仅存基础。

　　该段墙体为土墙，自然基础，墙体用黄沙土夯筑而成，内含有碎石块。现墙顶宽 1.1 米、底宽 2.5、残高 0.45～2.2 米。2.2 米高的墙体只有两段保存较好，长度只有 3 米和 5 米，其余皆在 0.45 米左右。

　　二道沟长城 3 段（2114023823011 70028）

　　起于自沙河营乡黄土坎村二道沟屯西南 1800 米处，止于沙河营乡金水村水口子屯西南的尖顶子山东北脚下。起点高程 142 米，止点高程 90 米。走向东北－西南。东北接二道沟长城 2 段，西南连尖顶子山长城 1 段。附近有季节河，葫（芦岛）－六（家子）线公路和葫芦岛至张相公的县级公路都在附近通过。该段全长 6300 米，墙体地表已无存。

尖顶山长城 1 段（211402382102170029）

起于沙河营乡金水村水口子屯西南的尖顶子山东北脚下，止于沙河营乡金水村水口子屯南的尖顶子山西南山下山沟东侧。起点高程 90 米，止点高程 108 米。走向东北－西南。东北接二道沟长城 3 段，西南连尖顶山长城 2 段。东北为葫芦岛至张相公县级公路，南为葫芦岛至钢屯的县级公路。全长 1000 米。保存差，仅存基础。

该段墙体为石墙，利用自然沉积砂岩为基础，用毛石干垒，中间用碎石填实。现墙基础宽 2 米、残高 0.3~0.9 米。

尖顶山长城 2 段（211402382102170030）

起于沙河营乡金水村水口子屯南的尖顶子山西南山下山沟东侧，止于寺儿堡镇前峪村北山。起点高程 108 米，止点高程 111 米。走向东北－西南－南。东北接尖顶山长城 1 段，西南连尖顶山长城 3 段。东北为葫芦岛至张相公县级公路，南为葫芦岛至钢屯的县级公路。全长 1600 米。保存状况差，仅存基础。

该段墙体为石墙，利用自然形成的沉积砂岩石为基础，用毛石干垒，中间用碎石填实，剖面呈梯形。现墙基础宽 2、残高 0.3~0.9 米。（彩图八三）

尖顶山长城（复线 1）（211402382102170031）

起于沙河营乡水口子屯南的尖顶山长城 1 号敌台北侧，止于沙河营乡金水村水口子屯南的尖顶子山西南山下山沟东侧。起点高程 211 米，止点高程 108 米。走向东北－西南。自尖顶山长城 1 号敌台北侧起向西顺山脊，绕过尖顶山长城 2 号、3 号敌台与尖顶山长城 1 段止点相接。东北为葫芦岛－张相公县级公路，南为葫芦岛－钢屯的县级公路。全长 466 米。保存差。

该段墙体为石墙，利用自然山体为基础，用毛石干垒，中间填充碎石。现墙宽 1.6、残高 0.5 米。

尖顶山长城（复线 2）（211402382102170032）

起于沙河营乡金水村水口子屯南的尖顶山长城 1 号敌台东南 330 米处，止于沙河营乡金水村水口子屯南的尖顶子山 4 号敌台。起点高程 196 米，止点高程 140 米。走向东北－西南。与尖顶山长城（复线 1）基本平行，相距约 150 米。全长 140 米，保存差。

该段墙体为石墙，利用自然山体为基础，用毛石干垒，中间填充碎石。现墙宽 1.5、残高 0.5 米。

尖顶山长城（复线 3）（211402382102170033）

起于沙河营乡金水村水口子屯南的尖顶子山，止于沙河营乡金水村水口子屯西南山沟的季节河。起点高程 198 米，止点高程 101 米。该段墙体与尖顶山长城（复线 2）平行，相距 30 米。全长 479 米，整体保存差。

该段墙体为石墙，利用自然山体为基础，用毛石干垒，中间填充碎石。剖面呈梯形。现宽 1.6 米、残高 0.2 米。

尖顶山长城 3 段（211402382301170034）

起于寺儿堡镇前峪村北山，止于寺儿堡镇老边村北老边屯西南夹山西北坡。起点高程 111 米，止点高程 85 米。走向北－南。北接尖顶山长城 2 段，南连夹山长城 1 段。五里河主流横穿墙体。葫芦岛至杨家仗子铁路、葫芦岛至钢屯的公路横穿墙体。该段全长 1600 米，墙体地表已无存。

夹山长城 1 段（211402382102170035）

起于寺儿堡镇老边村北老边屯西南夹山西北坡，止于寺儿堡镇老边村北老边屯西南夹山的西北山脚下。起点高程 85 米，止点高程 78 米。走向西北－东南－南。西北接尖顶山长城 3 段，南连夹山长城 2 段。夹山北侧 300 米为五里河，南为五里河支流，葫（芦岛）六（家子）线公路在其南侧通过。全长 168 米，整体保存差，仅存基础部分。

该段墙体为石墙，自然基础，用毛石干垒，中间填充碎石和土。现存基础宽 2.5、高 0.3 米。

夹山长城 2 段（211402382301170036）

起于寺儿堡镇老边村北老边屯西南夹山的西北山脚下起，止于寺儿堡镇老边村北老边屯西南夹山长城敌台。起点高程 78 米，止点高程 68 米。走向西北－东南。西北接夹山长城 1 段，东南连夹山长城 3 段。五里河支流、锦（州）－叶（柏寿）铁路穿过该段墙体。该段全长 350 米，墙体地表已无存。

夹山长城 3 段（211402382301170037）

起于寺儿堡镇老边村北老边屯西南的夹山长城敌台，止于寺儿堡镇老边村西张家沟屯南平顶山东北侧山脚下。起点高程 68 米，止点高程 103 米。走向北－南。北接夹山长城 2 段，南连平顶山长城 1 段。葫（芦岛）六（家子）线公路穿过墙体。该段全长 553 米，墙体地表已无存。

平顶山长城 1 段（211402382102170038）

起于寺儿堡镇老边村西张家沟南平顶山东北侧山脚下，止于寺儿堡镇老边村西张家沟屯南平顶山北侧山崖处。起点高程 103 米，止点高程 173 米。走向北－南－西南。北接夹山长城 3 段，西南连平顶山 2 段。北侧 1200 米为五里河。全长 244 米，保存较差。

该段墙体为石墙，利用自然山体为基础，用毛石干垒，中间填充碎石。现存墙体宽 2.5、残高 0.2~0.9 米。

平顶山长城 2 段（211402382105170039）

起于寺儿堡镇老边村西张家沟屯南平顶山北侧山崖处，止于寺儿堡镇南蜜蜂沟村东南歪桃山北坡。起点高程 173 米，止点高程 306 米。走向东北－西南。东北接平顶山长城 1 段，西南连歪桃山长城 1 段。平顶山长城 1 号、2 号敌台建于墙体上。北侧 1200 米为五里河，葫（芦岛）六（家子）线公路在长城北侧通过。全长 1200 米，保存较好。

该段墙体为山险墙，利用险峻的山体及山势走向，人为进行修整形成墙体。在局部地势较缓处或山峰间的鞍部，用毛石干垒成低矮的石墙，用以加强整体防御。

歪桃山长城1段（211402382102170040）

起于寺儿堡镇南蜂蜜沟村东南歪桃山北坡，止于寺儿堡镇南蜂蜜沟村东南歪桃山东北坡。起点高程306米，止点高程426米。走向东北－西南。东北接平顶山长城2段。西南连歪桃山长城2段，歪桃山长城1号敌台建于墙体内侧。葫（芦岛）六（家子）线公路在长城北侧通过。全长1100米，保存差。

该段墙体为石墙，利用自然山体为基础，用毛石干垒，中间填充碎石。现存墙体基础宽2.5、残高0.2～0.7米。

歪桃山长城2段（211402382105170041）

起于寺儿堡镇南蜂蜜沟村东南歪桃山东北坡，止于寺儿堡镇南蜂蜜沟村东南歪桃山东北坡。起点高程426米；止点高程418米。走向西北－东南－西南。西北接歪桃山长城1段，西南连兴城市境内的孙家沟里北山长城1段。全长1200米，保存较好。

该段墙体为山险墙，利用险峻的山体及山势走向，人为进行修整，形成天然墙体，并在山势较缓处或鞍部，毛石干垒成低矮的石墙，以加强防御。墙宽2～2.1、残高0.2～0.4米。

②敌台及保存现状

连山区共发现敌台56座。

边口子长城1号敌台（211402352101170001）

位于边口子村北侧50米的农田里，边口子长城的内侧，高程65米。西南距边口子长城2号敌台765米。东200米是女儿河至板石沟村乡级公路。

平面为圆形，剖面呈梯形。保存状况差，台体仅存部分夯土，濒临消失。台体建筑结构不清。现存台体顶径6.8、残高1.55米。夯土层厚0.17米，夯土层间夹有0.1米的碎石层。

边口子长城2号敌台（211402352101170002）

位于台集屯镇景家口子村白台子山上边口子长城内侧，高程89米。东北距边口子长城1号敌台765米，西南距边口子长城3号敌台1600米。

平、剖面不清。整体损毁严重，仅存部分夯土及坍塌砖块，中部被掏空，南侧开一豁口，濒临消失。推断敌台为内夯土、外包砖结构。青砖厚0.09米，长、宽不详。

边口子长城3号敌台（211402352101170003）

位于台集屯镇景家口子村西山边口子长城内侧，高程127米。东北距边口子长城2号敌台1600米，西南距长岭沟长城1号敌台568米。

平面为圆形，剖面不清。保存差，台体全部坍塌，只存台内部分夯土，周围散落青砖，台顶有两个人为盗洞。推断敌台为内夯土、外包砖结构。现存台体顶径8、残高3.3米。

长岭沟长城1号敌台（211402352101170004）

位于台集屯镇长岭沟东山上长岭山长城1段内侧，高程142米。东北距边口子长城3号敌台568米，西南距长岭沟长城2号敌台796米。南1000米是女儿河。

平面为圆形，剖面呈梯形。保存差，台体全部坍塌，只存部分基石和夯土。台体建筑结构不清。现存台体顶径5.8、残高0.8米。

长岭沟长城 2 号敌台（211402352101170005）

位于台集屯镇长岭沟村南山长岭沟长城 2 段内侧，高程 92 米。东北距长岭沟长城 1 号敌台 796 米，西南 688 米为金家砬子长城敌台。东 800 米是女儿河，南 500 米为锦州至南票的铁路。

平面为矩形，剖面呈梯形。整体保存较差，仅东、北两侧现存部分墙体，余部青砖全部脱落。敌台以条石做基础，台内黄土夯筑，外以青砖包砌，逐层收分，白灰勾缝。现存敌台长 10、宽 8、残高 7 米。青砖尺寸为长 0.4、宽 0.18、厚 0.1 米。灰口 0.025 米。条石大部分埋于土内，尺寸、层数不详。北壁残存砖墙外高约 2、长约 7 米。

金家砬子长城敌台（211402352101170006）

位于台集屯镇孟家砬子村金家砬子山上，高程 137 米。东北接金家砬子长城 1 段，西南接金家砬子长城 2 段；东北距长岭沟长城 2 号敌台 688 米。南 300 米为锦州至南票的铁路。

平面为圆形，剖面呈梯形。整体保存较差，大部分坍塌。敌台为内夯土、外包砖结构，白灰勾缝。外砌青砖墙宽 1.35 米，台内紧靠砖墙堆砌一周宽 1.55 米的大块毛石。现存台体直径 11.5、残高 2.16 米。青砖尺寸为长 0.4、宽 0.19、厚 0.1 米。灰口 0.025 米。该敌台外围 5 米处有一道壕沟，环绕敌台一周，存宽 0.9 米～1.2 米，深度约 0.6 米。沟外与沟相邻有一圈土梁，残高不一，约 0.6 米～0.9 米，宽 0.5 米左右。（彩图八四）

火台子西山长城敌台（211402352101170007）

位于虹螺岘镇火台子村西山火台子西山长城墙体内侧，高程 119 米。西北距火台子西山长城 3 米。北 1200 米是女儿河，西南 1000 米为锦大公路。

平面为圆形，剖面呈梯形。保存差，台体全部坍塌，台上有一测绘定点坐标桩。台体为内夯土、外包砖结构。现存台体顶径 5、残高 2.02 米。

植股山长城 1 号敌台（211402352101170008）

位于虹螺岘镇靠山屯村植股山北面山坡上，植股山长城 1 段内侧，高程 164 米。西距长城墙体 3 米，东南距墩台山 1 号烽火台 525 米。北 800 米为女儿河支流。

平面为圆形，剖面为梯形。整体保存一般，台体内砖砌结构墙被人为拆毁大半，西面拆毁成"U"字形大豁口，顶部垛口皆无，东、南两侧各有一道宽 0.1～0.4 米通体裂缝，台内也向下坍塌，台体结构很不稳定。敌台以 1 层条石做基础，内用黄土和碎石填筑，外用青砖包砌，白灰勾缝，砖墙自底向上逐层内收，墙体周围每隔 1.8 米就有一筑洞，上中下分三层，应为当时建台时架杆之孔。顶部残存部分铺有青砖。敌台顶径 11、残高为 9.46 米，外包砌青砖墙厚 1.6 米。条石长 1、宽 0.3、厚 0.2 米。青砖长 0.45、宽 0.18、厚 0.11 米。灰口 0.025 米。（图三〇、彩图八五）

植股山长城 2 号敌台（211402352101170011）

位于虹螺岘镇靠山屯村西南山上，植股山长城 3 段内侧，高程 231 米。西距长城墙体 7 米。东北距植股山长城 1 号敌台 572 米，东距墩台山 1 号烽火台 480 米，东南距植股山长城 3 号敌台 522 米。

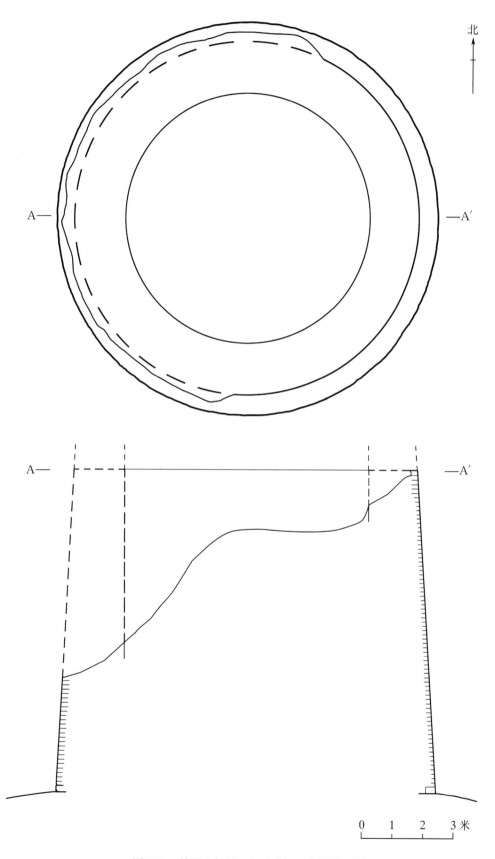

北

图三〇 植股山长城 1 号敌台平、剖面示意图

平面为圆形，剖面不清。保存差，坍塌后的土、石呈锥状堆积，毛石大量流失，人为破坏迹象明显。台体内以土、石填充，外用大块毛石包砌。现存台体直径 7 米，基础高 0.3 米。

植股山长城 3 号敌台（211402352101170012）

位于虹螺岘镇靠山屯村西南山上，植股山长城 3 段内侧，高程 296 米。西距长城墙体 4 米。南距植股山 1 号烽火台 549 米，西北距植股山长城 2 号敌台 522 米，西南距植股山长城 4 号敌台 567 米。

平面为圆形，剖面为梯形。保存差，台主体现已大部分坍塌，毛石大量流失，人为破坏迹象明显。台体内以土、石填充，外用大块毛石包砌。现存台体直径 7.4、存高 4.3 米。

植股山长城 4 号敌台（211402352101170014）

位于虹螺岘镇靠山屯村南，植股山长城 4 段上，高程 451 米。东北距植股山 1 号烽火台 185 米、植股山长城 3 号敌台 567 米。该敌台处于植股山主峰山顶，海拔 451 米，地势险峻。

平面为圆形，剖面为梯形。保存差，主体现已大部分坍塌。台体以山体岩石为基础，用毛石干垒，中间填充碎石。现存台体顶径 8.2、残高 1.6 米。

植股山长城 5 号敌台（211402352101170016）

位于虹螺岘镇团山子村小毛家沟村，植股山长城 5 段墙体内侧，高程 233 米。西距长城墙体 3 米。东北距植股山长城 4 号敌台 642 米，东距植股山 2 号烽火台 140 米。

平面为矩形，剖面为梯形。保存较差，台体倒塌严重，周边散落大量倒塌后的毛石。台体以山体岩石为基础，用毛石干垒，中间用碎石填充。现存台体东西长 9.2、南北宽 7.2、残高 2.8 米。（彩图八六）

植股山长城 6 号敌台（211402352101170017）

位于虹螺岘镇团山子村小毛家沟屯，植股山长城 5 段墙体内侧，高程 267 米。墙体在该台北、西、南三面呈环形饶过。西南距植股山长城 7 号敌台 277 米，东北距植股山长城 5 号敌台 480 米，南距植股山 3 号烽火台 647 米。西侧 200 米处有季节性河流。

平面为矩形，剖面为梯形。保存较差，台体大部坍塌。台体在自然山体上用大块毛石干垒，内填碎石。现存台体南北长 5.8、东西宽 6.8、残高 1.8 米。

从现场调查来看，该敌台正坐落于 5 段墙体环绕敌台南、北两个起点的连线上，墙体于敌台北至南约 15~20 米远处呈环形绕过，在敌台与墙体间形成一片较大的场院，另有一段较窄的墙体，将 5 段墙体于敌台东侧连接起来，将 6 号敌台围在其中，其建筑用意不清。

植股山长城 7 号敌台（211402352101170018）

位于虹螺岘镇团山子村小毛家沟屯，植股山长城 5 段墙体内侧 4 米处，高程 252 米。墙体在该台西北面呈环形饶过。东北距植股山长城 6 号敌台 277 米，东南距植股山 3 号烽火台 392 米。西侧有季节性河流，东侧 200 米是大兴至虹螺岘的乡级公路。

平面为矩形，剖面为梯形。保存较差。台体大部坍塌，石块缺失严重，仅存基础部分。建筑结构不清。现存台体南北长 7.8、东西宽 8.2、残高 3 米。

植股山长城 8 号敌台（211402352101170020）

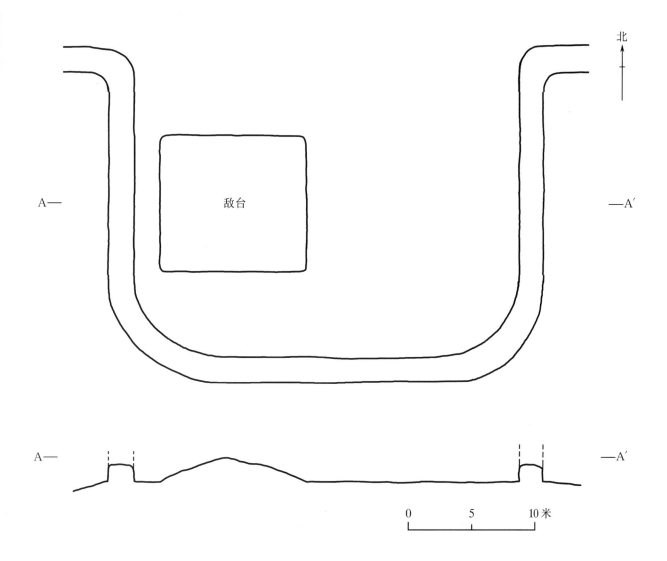

图三一　植股山长城 8 号敌台平、剖面示意图

位于虹螺岘镇团山子村小毛家沟屯植股山长城 5 段内侧，高程 185 米。北距墙体 2 米，东距植股山 3 号烽火台 555 米，东南距植股山 4 号烽火台 318 米，东北距植股山长城 7 号敌台 588 米。西侧是季节性河流。

平面为矩形，剖面为梯形。保存较差，台体全部坍塌。敌台基础用条砌筑，台体用青砖包砌，白灰勾缝。现存台体东西长 11.4、南北宽 10.4、残高 1.8 米。该敌台东、西、南三面均利用长城墙体作为围墙，东西长 30、南北宽 21.56、残高 1.3 米。走访村民得知，该台原有的条石基础现已被村民拆走。（图三一、彩图八七）

植股山长城 9 号敌台（211402352101170022）

位于虹螺岘镇团山子村小毛家沟屯东南植股山长城 5 段墙体内侧，高程 139 米。东北距植股山长城 8 号敌台 141 米、植股山 3 号烽火台 669 米，东南距植股山 4 号烽火台 326 米。西侧 100 米处是季节性河流，东侧是大兴至虹螺岘的乡级公路。

平面为矩形，剖面为梯形。保存较差。当地称为"古戏台"。该敌台的台基是在山坡上用大块石灰岩石叠砌，从周围遗存青砖碎块推测，敌台台身用青砖包砌，白灰勾缝，内部及顶部结构不详。现存台体东西长 11.7、南北宽 10.35、台基残高 1.3 米。

小虹螺山长城 1 号敌台（211402352101170023）

位于虹螺岘镇团山子村小毛家沟屯，小虹螺山长城 1 段内侧，高程 160 米。东北距植股山长城 9 号敌台 298 米、距小虹螺山长城 2 号敌台 342 米。东侧 150 米为季节性河流、大兴至虹螺砚的乡级公路。

平面为矩形，剖面为梯形。保存较差，坍塌严重。根据调查村民得知，该敌台原为矩形，条石基础，其上以青砖包砌，白灰勾缝。现场调查发现该敌台的基础是在山坡上用条石垒砌，现存的部分条石基础埋于坍塌的碎砖下，层数尺寸不详。现存台体基础东西长 10.7、南北宽 9.7、残高 3.5 米。

小虹螺山长城 2 号敌台（211402352101170024）

位于虹螺岘镇团山子村小毛家沟屯，小虹螺山长城 2 段内侧，高程 263 米。东北距小虹螺山长城 1 号敌台 342 米，南距小虹螺山长城 3 号敌台 157 米。东侧 600 米是大（大兴）至虹（虹螺砚）乡路。

平面为圆形，剖面为梯形。保存较差。台体以山体岩石为基础，毛石干垒而成。现存台体直径 7、残高 1.8 米。

小虹螺山长城 3 号敌台（211402352101170025）

位于大兴乡毛家沟村西 1200 米，小虹螺山长城 2 段内侧，高程 263 米。北距小虹螺山长城 2 号敌台 157 米，西南距小虹螺山长城 4 号敌台 183 米。

平面为矩形，剖面为梯形。保存较差，台体坍塌严重，仅存有少量基础。台体以山体岩石为基础，用毛石干垒。现存台体东西长 10、南北宽 9、残高 3.8 米。

小虹螺山长城 4 号敌台（211402352101170026）

位于大兴乡毛家沟村西，高程 337 米。小虹螺山长城 2 段在敌台的北、西两侧成弧状，环形绕过敌台，利用长城墙体形成护台围墙，台体与墙体两者的距离约 3～4 米。东北距小虹螺山长城 3 号敌台 183 米，东南距小虹螺山长城 5 号敌台 204 米。

平面为圆形，剖面为梯形。保存较差。台体以山体岩石为基础，用毛石干垒，中间填充土、碎石。敌台东北、西南两面均用大块毛石砌有护坡。现存台体直径 7.6、残高 2.1 米。

小虹螺山长城 5 号敌台（211402352101170027）

位于大兴乡毛家沟村西 2500 米小虹螺山长城 2 段内侧，高程 337 米。距墙体 2 米，长城墙体在敌台外侧形成弧状绕行。西北距小虹螺山长城 4 号敌台 204 米，南距小虹螺山长城 6 号敌台 642 米。

平面为圆形，剖面为梯形。保存较差，形制基本完整。台体以山体岩石为基础，用毛石干垒，中间填充土、碎石。现存台体直径 7.6、残高 2.1 米。

小虹螺山长城 6 号敌台（211402352101170028）

位于大兴乡毛家沟村西 2500 米，高程 417 米。北接小虹螺山长城 3 段，南接小虹螺山长城 4 段；南距小虹螺山长城 7 号敌台 476 米，北 642 米为小虹螺山长城 5 号敌台。

平面为矩形，剖面为梯形。保存较差，台体坍塌严重，部分边缘保存较完整。敌台内为天然巨石，外用毛石包砌干垒。现存台体东西长 7.2、南北宽 6、残高 2.8 米。该敌台建在一处突出于山体之外的山岩上，其地理位置不但有利于观察，更是一处险要的防御阵地。

小虹螺山长城 7 号敌台（211402352101170029）

位于大兴乡毛家沟村西 2500 米，高程 472 米。北接小虹螺山长城 4 段，南接小虹螺山长城 5 段；北距小虹螺山长城 6 号敌台 476 米。

平面为矩形，剖面为梯形。保存较差，台体自然坍塌严重，但部分边缘保存较完整。敌台利用其地形叠砌 4 层台阶式基础，台身用毛石包砌干垒，中间填碎石，北、西、南三面为石砌，东半部则利用天然巨石。现存台体南北长 6、东西宽 2.8、残高 4.5 米。

小虹螺山长城 8 号敌台（211402352101170030）

位于大兴乡三台子村小虹螺山脉支脉山脊之上，高程 546 米。东北接小虹螺山长城 5 段，西南接小虹螺山长城 6 段；西南 567 米为小虹螺山长城 9 号敌台，北距小虹螺山长城 7 号敌台 430 米。

平、剖面不清。整体保存差，濒临消失。台体为黄土夯筑，残高 1.6 米。

小虹螺山长城 9 号敌台（211402352101170031）

位于大兴乡三台子村西的小虹螺山上，高程 605 米。东北接小虹螺山长城 6 段，西南接小虹螺山长城 7 段；西南距小虹螺山长城 10 号敌台 2700 米，东北距小虹螺山长城 8 号敌台 567 米。

平面为圆形，剖面为梯形。保存较差。以自然山体为基础，台身用毛石包砌干垒，中间填充碎石。现存台体直径 5、残高 2 米。

小虹螺山长城 10 号敌台（211402352101170035）

位于塔山乡盘道沟村北沟屯西北 1500 米的小虹螺山脉上，高程 477 米。东北接小虹螺山长城 7 段，西南接小虹螺山长城 8 段。

平面为矩形，剖面为梯形。保存一般。敌台底部西侧以较规整的山石垫高，其上垒砌 6 层条石作为基础，基础上以青砖砌筑空心楼座，楼座平面为长方形。外为直壁，顶部略有内收。敌台内部为回字形结构，中间设一券室（已坍塌），顶部建有铺舍（现已坍塌）、垛口墙、瞭望孔及吐水嘴。该台体于南侧墙体中间位置设门，门两侧各设一箭窗，东、西侧墙体各辟二箭窗，台体内中间是券室，现已毁。南侧箭窗高 0.95、宽 1、进深 0.75 米，起券高 0.55 米，西侧箭窗同南侧。券室和箭窗均为一伏一券结构。顶部东、西两侧有吐水嘴各一，顶部残留垛口，墙宽 0.6、高 0.85 米，铺舍皆毁。西侧墙外侧有通体裂缝一道，宽 0.04~0.1 米。台体西南 74 米处墙体有一便门，结构为毛石垒砌，白灰勾缝，现已坍塌，残高 0.8~1 米。门窄处进深 3.4、宽 1.72 米，门宽处进深 3.9、宽 2.75 米，通长 7.3 米。台体通高 11 米，条石基础高 1.55 米，上部砖砌墙体残高 9.45 米，台体平面南北长 9.26 米，东西长 13.1 米。（彩图

八八～九一）

小虹螺山长城 11 号敌台（211402352101170037）

位于塔山乡盘道沟村北沟屯小虹螺山上，高程 614 米。东北接小虹螺山长城 9 段，西南接小虹螺山长城 10 段；东北距小虹螺山长城 10 号敌台 875 米，距小虹螺山长城 12 号敌台 1100 米。该敌台建在小虹螺山山脉西南支脉山脊之上，山势险峻，山高谷深，四周皆是群山。

平面为圆形，剖面为梯形。保存较差。台体以自然山体为基础，用毛石干垒，中间填充碎石。现存台体直径 4、残高 2 米。

小虹螺山长城 12 号敌台（211402352101170038）

位于塔山乡盘道沟村北沟屯西北小虹螺山上，小虹螺山长城 10 段墙体内侧，西距墙体 2.2 米。高程 355 米。西北距小虹螺山长城 11 号敌台 1100 米，南距小虹螺山长城 13 号敌台 346 米。

平面为圆形，剖面为梯形。保存较差，坍塌较为严重。台体以自然山体为基础，用毛石干垒，中间填充碎石。现存台体直径 6、残高 2 米。

小虹螺山长城 13 号敌台（211402352101170039）

位于塔山乡盘道沟村北沟屯西北小虹螺山上小虹螺山长城 10 段墙体内侧，西距墙体 3 米，高程 262 米。北距小虹螺山长城 12 号敌台 346 米。西侧 150 米有季节性河流。

平面为圆形，剖面为梯形。保存较差，仅存台基部分，四周散落石块。推测台体用毛石干垒，中间填充碎石。现存台体直径 6、残高 2 米。

西边山长城 1 号敌台（211402352101170041）

位于塔山乡盘道沟村西的西边山上西边山长城墙体内侧，西距墙体 3 米。高程 284 米。东南距西边山长城 2 号敌台 262 米，北距西边山 1 号烽火台 420 米。西侧 150 米是季节性河流。

平面为圆形，剖面为梯形。保存较差，严重坍塌，四周散落石块。台体以自然山体为基础，用毛石干垒，中间填充碎石。现存台体直径 6.5、残高 6.5 米。

西边山长城 2 号敌台（211402352101170042）

位于塔山乡盘道沟村西南的西边山上西边山长城墙体内侧，西距墙体 3 米，高程 303 米。墙体在该敌台外侧呈弧状绕行。西北距西边山长城 1 号敌台 262 米，东南距西边山长城 3 号敌台 283 米。

平面为圆形，剖面为梯形。保存较差，严重坍塌，四周散落石块。台体以自然山体为基础，用毛石干垒，中间填充碎石。现存台体直径 6.5、残高 4.5 米。

西边山长城 3 号敌台（211402352101170043）

位于塔山乡盘道沟村西南（山脊）西边山长城内侧，西南距墙体 2.5 米，高程 307 米。墙体在该敌台外侧呈弧状绕行。西北距西边山长城 2 号敌台 283 米，东南距西边山长城 4 号敌台 326 米、距西边山长城 2 号烽火台 613 米。

平面为圆形，剖面为梯形。保存较差，仅存基础部分，四周散落石块。台体以自然山体为基础，用毛石干垒，中间填充碎石。现存台体直径 5、残高 1.9 米。

西边山长城 4 号敌台（211402352101170044）

位于塔山乡盘道沟村西南（山脊）西边山长城内侧，西南距墙体 3.5 米，高程 295 米。墙体在该敌台外侧呈弧状绕行。西北距西边山长城 3 号敌台 326 米，东南距西边山 2 号烽火台 313 米。

平面为圆形，剖面为梯形。保存较差，仅存基础部分，四周散落石块。台体以自然山体为基础，用毛石干垒，中间填充碎石。现存台体直径 5、残高 2.8 米，

长岭山长城 1 号敌台（211402352101170046）

位于塔山乡大四台村西的长岭山上，长岭山长城 1 段墙体内侧，西距墙体 2 米。高程 313 米。南距长岭山长城 2 号敌台 379 米，北距西边山长城 4 号敌台 405 米。附近有多条季节河（系女儿河支流）。

平面为圆形，剖面为梯形。保存较差，台体大部坍塌，西侧保存有部分台基，石块散落四周，北侧有一个直径 1.1、深 2.3 米的人为盗洞。台体用毛石干垒，中间填充碎石。现存台体直径 8.2、残高 2.5 米。

长岭山长城 2 号敌台（211402352101170047）

位于塔山乡大四台村西山顶上长岭山长城 1 段墙体内侧 3 米，高程 313 米。北距长岭山长城 1 号敌台 379 米，南距长岭山长城 3 号敌台 440 米，东南距长岭山堡城约 3800 米。附近有多条季节河（系女儿河支流）。

平面为圆形，剖面为梯形。保存较差，台体大部坍塌，西侧保存有部分台基，石块散落四周。台体用毛石干垒，中间填充碎石。现存台体直径 10、残高 4.5 米。

长岭山长城 3 号敌台（211402352101170048）

位于塔山乡大四台村西侧山顶上长岭山长城 1 段墙体内侧，西距墙体 3 米，高程 348 米。北距长岭山长城 2 号敌台 440 米，南距长岭山长城 4 号敌台 512 米。附近有多条季节河（系女儿河支流）。

平面为圆形，剖面为梯形。保存较差，台体大部坍塌，四周散落石块。用毛石干垒，中间填充碎石。现存台体直径 9.5、残高 3.5 米。

长岭山长城 4 号敌台（211402352101170049）

位于塔山乡南长岭山村北长岭山屯西北 1000 米的山顶上长岭山长城 1 段墙体内侧，西距墙体 3 米，高程 303 米。北距长岭山长城 3 号敌台 512 米，东南距长岭山长城 5 号敌台 282 米。

平面为圆形，剖面为梯形。保存较差，台体大部坍塌，基础部分较完整，四周散落石块，顶部有一个人为盗洞，直径 1.3、深 0.6 米。台身用毛石包砌干垒，中间填充碎石。现存台体直径 6.3、残高 3.1 米。

长岭山长城 5 号敌台（211402352101170050）

位于塔山乡南长岭山村北长岭山屯西北 780 米的山脊上长岭山长城 2 段墙体内侧，西距墙体 2 米，高程 270 米。西北距长岭山长城 4 号敌台 282 米，西南距长岭山长城 6 号敌台

319 米。

平面为圆形，剖面为梯形。保存较差，台体大部坍塌，基础部分较完整，四周散落石块。用毛石干垒，中间填充碎石。现存台体直径 8、残高 3 米。

长岭山长城 6 号敌台（211402352101170051）

位于塔山乡南长岭山村北长岭山屯西北侧山顶上长岭山长城 2 段墙体内侧，西距墙体 2 米，高程 314 米。东北距长岭山长城 5 号敌台 319 米，西南距长岭山长城 7 号敌台 414 米。

平面为圆形，剖面为梯形。保存较差，台体大部坍塌，基础部分较完整，四周散落石块。用毛石干垒，中间填充碎石。现存台体直径 6.5、残高 3 米。

长岭山长城 7 号敌台（211402352101170052）

位于塔山乡南长岭山村北长岭山屯西北侧山顶上长岭山长城 2 段内侧，西南距墙体 3 米，高程 314 米。东北距长岭山长城 6 号敌台 414 米，西南距二道沟长城 1 号敌台 330 米，东南距长岭山 1 号烽火台 345 米。

平面为圆形，剖面为梯形。保存较差，台体大部坍塌，基础部分较完整，四周散落石块。用毛石干垒，中间填充碎石。现存台体直径 8.2、残高 1.8 米。

二道沟长城 1 号敌台（211402352101170053）

位于沙河营乡黄土坎村二道沟屯东南 1000 米的山顶之上二道沟长城 1 段内侧，西北距墙体 5 米，高程 172 米。西南距二道沟长城 2 号敌台 920 米。

平面为圆形，剖面为梯形。保存较差，台体大部坍塌，基础部分较完整，四周散落石块。用毛石干垒，中间填充碎石。现存台体直径 10、残高 1.7 米。

二道沟长城 2 号敌台（211402352101170057）

位于沙河营乡黄土坎村二道沟屯东南 800 米的平缓山冈上二道沟长城 2 段内侧，西北距墙体 2 米，高程 153 米。西南距二道沟长城 3 号敌台 702 米，东北距二道沟长城 1 号敌台 920 米。南侧为北长岭山至二道沟乡路。

平面为圆形，剖面为梯形。保存较差，台体大部坍塌。台体以自然山体为基础，用土、石混筑，外用毛石包砌，中间填土、碎石。现存台体顶径 5.5、底径 12、存高 2.6 米。

二道沟长城 3 号敌台（211402352101170058）

位于沙河营乡黄土坎村二道沟屯东南平缓的山冈上二道沟长城 2 段内侧，高程 141 米。东北距二道沟长城 2 号敌台 702 米。

平面为矩形，剖面为梯形。保存较差，台体大部坍塌。台体以自然山体为基础，用土、石混筑，外用毛石包砌，中间填土、碎石。现存台体南北长 9.5、东西宽 8.9、残高 2.8 米。

尖顶山长城 1 号敌台（211402352101170059）

位于沙河营乡金水村水口子屯西南 300 米的尖顶山上尖顶山长城 1 段墙体内侧，北距墙体 2 米，高程 211 米。西南距尖顶山长城 2 号敌台 334 米。北侧 200 米是季节性河流。

平面为圆形，剖面为梯形。保存较差，台体大部坍塌，石块散落四周。台体以自然山体为基础，用毛石干垒，中间填充碎石。现存台体直径 7.8、残高 1.85 米。

尖顶山长城 2 号敌台（211402352101170060）

位于沙河营乡金水村水口子屯西南 300 米的尖顶山西南坡上尖顶山长城 1 段墙体内侧，高程 134 米。东北距尖顶山长城 1 号敌台 334 米，西北距尖顶山长城 3 号敌台 41 米。

平面为圆形，剖面为梯形。保存状况较差，台体大部分坍塌，大量石块由于人为拆毁散落在台体四周。台体以自然山体为基础，用毛石干垒，中间填充碎石。现存台体直径 8、残高 1.5 米。

尖顶山长城 3 号敌台（211402352101170061）

位于沙河营乡金水村水口子屯西南 300 米的尖顶山西南坡上尖顶山长城 1 段墙体内侧，高程 127 米。东距尖顶山长城 2 号敌台 41 米，西南距尖顶山长城 4 号敌台 447 米。北侧有季节性河流。

平面为圆形，剖面为梯形。保存较差，台体大部坍塌。台体以自然山体为基础，用毛石干垒，中间填充碎石。现存台体直径 8.2、残高 1.6 米。

尖顶山长城 4 号敌台（211402352101170062）

位于在寺儿堡镇前峪村东北 1000 米山顶之上尖顶山长城 2 段内侧，西北距墙体 2 米，高程 184 米。东北距尖顶山长城 3 号敌台 447 米，南距尖顶山长城 5 号敌台 459 米。

平面为圆形，剖面为梯形。保存较差，台体大部坍塌。台体以自然山体为基础，用毛石干垒，中间填充碎石。现存台体直径 9、残高 2.85 米。

尖顶山长城 5 号敌台（211402352101170063）

位于在寺儿堡镇前峪村东北 1000 米山顶上尖顶山长城 2 段内侧，高程 184 米。西南距尖顶山长城 6 号敌台 418 米，北距尖顶山长城 4 号敌台 459 米。

平面为圆形，剖面为梯形。保存较差，台体大部坍塌。台体以自然山体为基础，用毛石干垒，中间填充碎石。现存台体直径 8.2、残高 1.8 米。

尖顶山长城 6 号敌台（211402352101170064）

位于在寺儿堡镇前峪村东北 300 米山顶之上尖顶山长城 2 段内侧，高程 195 米。东北距尖顶山长城 5 号敌台 418 米、距尖顶山烽火台 965 米。

平面为圆形，剖面为梯形。保存较差，台体大部坍塌。台体以自然山体为基础，用毛石干垒，中间填充碎石。现存台体直径 6.5、残高 1.6 米。

尖顶山长城（复线 3）敌台（211402352101170065）

位于沙河营金水村水口子屯尖顶山主峰南侧山上尖顶山长城（复线 3）墙体内侧，高程 151 米。西距尖顶山长城 4 号敌台 639 米，西南距尖顶山长城 5 号敌台 748 米，东南距尖顶山烽火台 645 米。

平面为圆形，剖面为梯形。保存较差，台体大部坍塌。台体以自然山体为基础，用毛石干垒，中间填充碎石。现存台体直径 8、残高 1.7 米。

夹山长城敌台（211402352101170068）

位于寺儿堡镇蜂蜜沟村西张家沟屯，高程 68 米。北接夹山长城 2 段，南接夹山长城 3 段，东北距夹山烽火台 421 米。

平面为矩形，剖面为梯形。保存较差，台体大部坍塌，仅存部分夯土。台体以自然山体为基础，台身内夯土、外用毛石包砌，白灰勾缝。现存台体东西长 11.8、南北宽 7.8、残高 3 米。

平顶山长城 1 号敌台（211402352101170069）

位于寺儿堡镇南蜂蜜沟村西张家沟屯南平顶山上，高程 249 米。北接平顶山长城 1 段，西南接平顶山长城 2 段；北距夹山长城敌台 926 米，西南距平顶山长城 2 号敌台 467 米。

平面为圆形，剖面为梯形。保存较差，保留部分基础。台体以自然山体为基础，用毛石干垒，中间填充碎石。现存台体直径 9、残高 2.2 米。

平顶山长城 2 号敌台（211402352101170070）

位于寺儿堡镇南蜂蜜沟村西张家沟屯南平顶山上平顶山长城 2 段上，高程 325 米。东北距平顶山长城 1 号敌台 467 米。

平面为圆形，剖面为梯形。保存较差，台体大部坍塌，四周散落石块。台体以自然山体为基础，用毛石干垒，中间填充碎石。现存台体直径 6.5、残高 2.3 米。

歪桃山长城 1 号敌台（211402352101170071）

位于寺儿堡镇南蜂蜜沟村歪桃山上歪桃山长城 1 段内侧，西距墙体 3 米，高程 317 米。东北距平顶山长城 2 号敌台 935 米，南距歪桃山长城 2 号敌台 973 米。

平面为圆形，剖面为梯形。保存较差，台体大部坍塌，四周散落石块。台体以自然山体为基础，用毛石干垒，中间填充碎石。现存台体直径 9、残高 2.1 米。

歪桃山长城 2 号敌台（211402352101170072）

位于寺儿堡镇南蜂蜜沟村歪桃山歪桃山长城 2 段上，高程 488 米。北距歪桃山长城 1 号敌台 973 米，西南距歪桃山长城 3 号敌台 520 米。

平面为圆形，剖面为梯形。保存较差，台体大部坍塌，四周散落石块。台体以自然山体为基础，用毛石干垒，中间填充碎石。现存台体直径 5、残高 1.8 米。

歪桃山长城 3 号敌台（211402352101170073）

位于寺儿堡镇南蜂蜜沟村歪桃山歪桃山长城 2 段上，高程 466 米。东北距歪桃山长城 2 号敌台 520 米。

平面为圆形，剖面为梯形。保存较差，台体大部坍塌，四周散落石块。台体以自然山体为基础，用毛石干垒，中间填充碎石。现存台体直径 4.5、残高 2 米。

（9）兴城市

①墙体及保存现状

兴城市明长城总长 81856 米，可分为 87 段。

孙家沟里北山长城 1 段（211481382102170001）

起于元台子乡孙家沟村孙家沟里屯北山上，止于元台子乡孙家沟村孙家沟里屯北山西南梁上。起点高程 418 米，止点高程 376 米。走向东北－西南。东北接连山区境内的歪桃山长城 2 段，西南连孙家沟里北山长城 2 段，墙体内侧建有孙家沟里北山长城 1 号、2 号敌台。附近有一条小季节河。总长 733 米。保存较差，现已大部分坍塌，墙石散落两侧。

该段墙体为石墙，借助自然山体岩石为基础，墙体两侧以大块毛石包砌干垒，中间填充碎石，剖面呈梯形。现存墙体基础宽 2.1 米，存高 0.5～0.9 米。

孙家沟里北山长城 2 段（211481382105170002）

起于元台子乡孙家沟村孙家沟里屯北山西南梁上，止于元台子乡孙家沟村孙家沟里屯北山上。起点高程 376 米，止点高程 400 米。走向东－西－西北。东接孙家沟里北山长城 1 段，西北连孙家沟里北山长城 3 段，孙家沟里北山长城 2 号敌台、3 号敌台建于此段墙上。全长 848 米，保存较好。

该段墙体为山险墙，系利用险峻的山体及山势走向，人为进行修整，形成天然墙体，并在山势较缓处或鞍部，用毛石干垒成低矮的石墙，以加强防御。墙体宽 1.2～1.5、残高 0.2～0.5 米。

孙家沟里北山长城 3 段（211481382102170003）

起于元台子乡孙家沟村孙家沟里屯北山上，止于元台子乡孙家沟村孙家沟里屯北乌云山东南坡。起点高程 376 米，止点高程 400 米。走向东－西。东接孙家沟里北山长城 2 段，西连乌云山长城。附近有一条小季节河。全长 320 米。保存较差，现已大部分坍塌，墙石散落两侧。

该段墙体为石墙，借助自然山体岩石为基础，墙体用毛石干垒，中间充填碎石，剖面呈梯形。现存墙体基础宽 1.5 米，存高 0.2～0.7 米。

乌云山长城（211481382106170004）

起于元台子乡孙家沟村孙家沟里屯北乌云山东南坡，止于元台子乡孙家沟村炭厂沟屯北山。起点高程 376 米，止点高程 400 米。走向东－西－西北－西南。东南接孙家沟里北山长城 3 段，西北连炭厂沟北山长城。墙体上建有乌云山长城 1 号、2 号敌台。南约 500 米处有条小盖州至炭长沟的乡村路。全长 1200 米。

该段墙体全部为山险，系利用险峻的山体及山势走向，形成天然屏障。

炭厂沟北山长城 1 段（211481382102170005）

起于元台子乡孙家沟村炭厂沟屯北山，止于元台子乡孙家沟村炭厂沟屯西北约 1000 米处的老包山东侧山脚下。起点高程 248 米，止点高程 112 米。走向东北－西南。东北接乌云山长城，西南连炭厂沟长城 2 段。墙体内侧建有炭厂沟长城 1、2 号敌台。墙体两侧均有季节河，三官庙至水口子乡路在该段墙体上通过。全长 1500 米。保存较差。

该段墙体为石墙，借助自然山体岩石为基础，墙体系用毛石包砌干垒，中间充填碎石而成，剖面呈梯形。现存墙体基础宽 1.6、残高 0.3～0.5 米。（彩图九二）

炭厂沟北山长城 2 段（211481382301170006）

起于元台子乡孙家沟村炭厂沟屯西北老包山东侧山脚下，止于元台子乡孙家沟村炭厂沟屯西北老包山东侧山脚下西南 104 米处。起点高程 112 米，止点高程 120 米。走向东北－西南。东北接炭厂沟长城 1 段，西南连老包山长城 1 段。该段全长 104 米，墙体地表已无存。

老包山长城1段（211481382102170007）

起于元台子乡孙家沟村炭厂沟屯西北老包山东侧山脚下西南104米处，止于元台子乡孙家沟村和气沟屯北（老包山南侧沟底）。起点高程120米，止点高程130米。走向东北－西南。北接炭厂沟长城2段，西南连老包山长城2段。墙体内侧建有老包山长城敌台。东侧为季节河，三官庙至水口子乡路在墙体东侧通过。全长376米，保存差。

该段墙体为石墙，借助自然山体岩石为基础，用毛石干垒，中间填充碎石而成。现存墙体基础宽1.5、残高0.4米。

老包山长城2段（211481382301170008）

起于元台子乡孙家沟村和气沟屯北（老包山南侧沟底），止于元台子乡孙家沟村和气沟屯北（老包山西南侧沟底）。起点高程130米，止点高程129米。走向东北－西南。东北接老包山长城1段，西南连杏山长城。东侧为季节河，三官庙至水口子乡路在该段墙体东约300米处通过。该段全长78米，墙体地表已无存。

杏山长城（211481382102170009）

起于元台子乡孙家沟村和气沟屯北（老包山西南侧沟底），止于元台子乡孙家沟村和气沟屯北（老包山西南侧沟底）。起点高程129米，止点高程212米。走向东北－西南。东北接老包山长城2段，西南连九龙山长城1段。在墙体内侧建有杏山长城1、2、3号敌台。全长2300米。东侧为季节河。保存较差，墙石大量流失。

该段墙体为石墙，以自然山体为基础，用土、石混筑，墙体两侧以大块毛石包砌，内部以碎石和土充填。部分墙体残存底部，最高点为1.4、宽1.5米。大部分墙体已坍塌，残高0.2～1.2米。（彩图九三）

小盖州长城1段（复线）（211481382102170010）

起于元台子乡灰山堡村小盖州屯西1200米歪桃山西南的山脊上，止于元台子乡灰山堡村小盖州屯西南1500米的山梁上。起点高程302米，止点高程257米。走向北－南。南连小盖州长城2段（复线）。西南约1500米为三合水库，灰山村－孙家沟乡路在该段墙体上通过。全长522米。保存差，仅存基础。

该段墙体为石墙，借助自然山体岩石为基础，用土、石混筑。现存墙体基础宽1.6、残高0.2～0.4米。

小盖州长城2段（复线）（211481382102170011）

起于元台子乡灰山堡村小盖州屯西南1500米的山梁上，止于元台子乡孙家沟村孙家沟里屯南山北坡上。起点高程257米，止点高程256米。走向北－南。北接小盖州长城1段（复线），南连小盖州长城3段（复线）。全长760米。保存差，濒临消失。

该段墙体为石墙，借助自然山体岩石为基础，用土、石混筑。现存墙体基础宽1.6、残高为0.2～0.4米。

小盖州长城3段（复线）（211481382102170012）

起于孙家沟村孙家沟里屯南山北坡上，止于元台子乡孙家沟村孙家沟里屯南山上。起点高程256米，止点高程306米。走向北－南－西。北接小盖州长城2段（复线），西北连小盖州长城4段（复线）。西南约1500米为三合水库，灰山村至孙家沟乡路在该段墙体上通过。全长1600米。保存较差，大部分坍塌，仅存基础。

该段墙体为石墙，借助自然山体岩石为基础，用土、石混筑，即墙体两侧以大块毛石包砌，内部以碎石和土填充。墙体收分较大，剖面呈梯形。现墙顶宽1.2～1.8、底宽1.6～2.5、残高0.2～1.2米。

小盖州长城4段（复线）（211481382105170013）

起于元台子乡孙家沟村孙家沟里屯南山上，止于元台子乡孙家沟村孙家沟里屯南山西坡。起点高程306米，止点高程226米。走向东南－西北。东南接小盖州长城3段（复线），西北连小盖州长城5段（复线）。西南约1200米为三合水库，北约800米是灰山村至孙家沟乡路。全长293米。保存一般。

该段墙体为山险墙，系利用险峻的山体及山势走向，人为进行修整，形成天然墙体。在山势较缓处或鞍部利用山体岩石做基础，用毛石干垒成低矮石墙，为加强防御。

小盖州长城5段（复线）（211481382102170014）

起于元台子乡孙家沟村孙家沟里屯南山西坡，止于元台子乡三官庙村河北屯北山西南坡下。起点高程226米，止点高程94米。走向东－西－西南。东接小盖州长城4段（复线），西南连和气沟南山长城（复线）。墙体西南为三合水库，北约800米是灰山村至孙家沟乡路。全长1700米。保存差，现已大部分坍塌，仅存基础。

该段墙体为石墙，以自然山体为基础，用土、石混筑，即墙体两侧以大块毛石包砌，内部以碎石和土填充。剖面呈梯形。现存墙体基础宽1.6～2、残高0.1～0.4米。

和气沟南山长城（复线）（211481382102170015）

起于元台子乡三官庙村河北屯北山西南坡下，止于元台子乡和气沟屯西南1500米的小高山脚下。起点高程94米，止点高程254米。走向东－西－西北－西南。东接小盖州长城5段（复线）。东南约2500米为三合水库，东约1000米是下砟山至水口子乡路。全长1800米，保存差。

该段墙体为石墙，以自然山体为基础，用土、石混筑，即墙体两侧以大块毛石包砌，内部以碎石和土填充。剖面呈梯形。现存墙体基础宽1.2～2、残高0.2～0.4米。

九龙山长城1段（211481382102170016）

起于元台子乡东南沟南九龙山主峰北坡，止于元台子乡东南沟南九龙山主峰北坡山崖处。起点高程212米，止点高程314米。走向东北－西南。东北接杏山长城，西南连九龙山长城2段。墙体两侧有季节河。全长530米。整体保存较差。

该段墙体为石墙，以自然山体为基础，用土、石混筑，墙体两侧以大块毛石包砌，内部以碎石和土充填。剖面呈梯形。现存墙体基础宽0.9～1.5、存高0.3～1.1米。

九龙山长城2段（211481382106170017）

起于元台子乡东南沟南约1600米九龙山主峰北坡山崖处，止于元台子乡东南沟南约

1600 米九龙山主峰西 330 米处。起点高程 314 米，止点高程 510 米。走向北－南－西－西南。北接九龙山长城 1 段，西南连九龙山长城 3 段，九龙山长城 2 号、3 号、4 号敌台均建在该段墙体上。全长 1100 米。

该段墙体全部为山险，系利用险峻的山体及山势走向，形成天然屏障。

九龙山长城 3 段（2114813821021701170018）

起于元台子乡东南沟南九龙山主峰西 330 米处，止于白塔乡西塔沟村东北九龙山支脉上。起点高程 510 米，止点高程 273 米。走向东北－西南－南。东北接九龙山长城 2 段，南连九龙山长城 4 段。墙体西侧有兴城西河支流和兴城－杨家杖子的公路。全长 1400 米。保存较差，现已大部分坍塌。

该段墙体为石墙，以自然山体为基础，墙体外以大块毛石包砌，内部填充碎石。剖面呈梯形。现存墙体基础宽 1.5～2、存高 0.2～1 米。在本段墙体中，有少量墙体是直接利用了自然山体，高且险，但长度较短，3～10 米不等。

九龙山长城 4 段（2114813821021701170019）

起于白塔乡西塔沟村东北九龙山支脉上九龙山长城 7 号敌台，止于白塔乡塔沟村西北九龙山支脉上九龙山长城 10 号敌台。起点高程 273 米，止点高程 254 米。走向北－南。北接九龙山长城 3 段，西南连九龙山长城 5 段。西侧有兴城西河支流和兴城至杨家杖子的公路。全长 1200 米，保存较差。

该段墙体为石墙，以自然山体为基础，墙体外以大块毛石包砌，内部填充碎石。剖面呈梯形。存宽 1.7～2.2、存高 0.2～1.1 米。

九龙山长城 5 段（2114813821021701170020）

起于白塔乡塔沟村西北九龙山支脉上九龙山长城 10 号敌台，止于白塔乡西塔沟村南山西面山脚下。起点高程 254 米，止点高程 88 米。走向东北－西南。北接九龙山长城 4 段，西南连九龙山长城 6 段。墙体内侧建有九龙山长城 11 号、12 号、13 号敌台。西 2200 米是兴城西河支流，西 100 米是兴城至杨家杖子的公路。全长 930 米，保存较差。

该段墙体为石墙，借助自然山体岩石为基础，用毛石干垒，中间填充碎石。现存墙体基础宽 1.5～2、存高 1.1 米。坍塌后的高度为 0.2～0.8、宽为 1.7～2.2 米。根据坍塌墙体的断面看，墙体干垒时向上收分较大，剖面呈梯形。

九龙山长城 6 段（2114813823011701170021）

起于白塔乡西塔沟村南山，止于白塔乡摸虎村摸虎山东北山脚下。起点高程 88 米，止点高程 100 米。走向东北－西南。东北接九龙山长城 5 段，西南连摸虎山长城 1 段。兴城至杨家杖子的公路穿过该段墙体。该段全长 242 米，墙体地表已无存。该段墙体地处九龙山与摸虎山之间的低洼地带。因常年的山水冲刷，且距离村庄较近，又有兴城至杨家杖子的公路横穿墙体等原因，是造成墙体消失的重要因素。

大摸虎山长城 1 段（2114813821021701170022）

起于白塔乡摸虎村摸虎山东北山脚下，止于白塔乡摸虎村摸虎山东北侧山崖下。起点高

程 100 米，止点高程 248 米。走向东北－西南。东北接九龙山长城 6 段，西南连大摸虎山长城
2 段。墙体内侧建有摸虎山长城 1 号、2 号敌台。墙体西 1200 米是兴城西河支流，东约 30 是
兴城至杨家杖子的公路。全长 1200 米。保存较差，仅存部分墙体基础。

该段墙体为石墙，以自然山体为基础，用土、石混筑，墙体外以大块毛石包砌，中间填
充碎石，剖面呈梯形。现存墙体宽 1.7~2.3、存高 0.2~0.6 米。

大摸虎山长城 2 段（211481382106170023）

起于白塔乡摸虎村摸虎山东北侧山崖下，止于白塔乡摸虎村摸虎山西南山脉峭壁上。起
点高程 248 米，止点高程 166 米。走向东北－西南。东北接大摸虎山长城 1 段，西南连大摸虎
山长城 3 段。全长 420 米。

该段墙体全部为山险，系利用险峻的山体及山势走向，形成天然屏障。

大摸虎山长城 3 段（211481382102170024）

起于白塔乡摸虎村摸虎山西南山脉峭壁上，止于白塔乡摸虎村大摸虎山西南山下果园地。
起点高程 166 米，止点高程 75 米。走向东北－西南。东北接大摸虎山长城 2 段，西北连大摸
虎山长城 4 段，南距小摸虎山长城 2 段（复线）450~570 米。墙体西 1200 米是兴城西河支
流，东约 1500 是兴城至杨家杖子的公路。全长 301 米。保存差，墙体大部分坍塌。

该段墙体为石墙，以自然山体为基础，用毛石干垒。剖面呈梯形。残存的墙体宽
1.1~1.5、存高 0.6 米。

大摸虎山长城 4 段（211481382301170025）

起于白塔乡摸虎村大摸虎山西南山下果园地，止于白塔乡摸虎村大摸虎山西侧山脚下。
起点高程 75 米，止点高程 100 米。走向东南－西北。东南接大摸虎山长城 3 段，西北连冰沟
山长城 1 段。墙体内侧建有冰沟山长城 1 号敌台。墙体西侧为兴城西河支流黑泥河，东北
1100 米是兴城至华山镇公路。该段全长 928 米，墙体地表已无存。从现场调查推测，原墙体
应为石墙。

小摸虎山长城 1 段（复线）（211481382106170026）

起于白塔乡摸虎村大摸虎山东北侧山崖下，止于白塔乡摸虎村小摸虎山西南峭壁上。起
点高程 265 米，止点高程 165 米。走向东北－西南－东南。北接大摸虎山长城 2 段，西南连小
摸虎山长城 2 段（复线）。墙体西 800 米是兴城西河支流，东约 1200 米是兴城至杨家杖子的公
路。全长 924 米。

该段墙体全部为山险，系利用险峻的山体及山势走向，形成天然屏障。

小摸虎山长城 2 段（复线）（211481382102170027）

起于白塔乡摸虎村小摸虎山西南峭壁上，止于白塔乡摸虎村小摸虎山西南山脚下。起点
高程 165 米，止点高程 63 米。走向东北－西南。东北接小摸虎山长城 1 段（复线），墙体内侧
建有小摸虎山长城 1 号、2 号敌台。全长 542 米。保存差，现已全部坍塌，只存部分基础。

该段墙体为石墙，以自然山体为基础，用土、石混筑，墙体外以大块毛石包砌，中间填
充碎石，剖面呈梯形。现墙基础宽 1.7~2.1、残高 0.1~0.65 米。

冰沟山长城 1 段（211481382102170028）

起于白塔乡摸虎村大摸虎山西北侧山脚下，止于白塔乡锦山厂大门南（黑泥河东岸）。起点高程 100 米，止点高程 44 米。走向东北－西南。东北接摸虎山长城 4 段，西南连冰沟山长城 2 段。墙体内侧建有冰沟山长城 2 号敌台、3 号敌台。墙体东约 1500 米是兴城西河支流，西距兴城至建昌的公路约 2700 米。全长 620 米。保存差，墙石大量流失。

该段墙体为石墙，均建在半山腰处，借助自然山体岩石为基础，用毛石干垒，中间填充碎石而成。墙体干垒时向上收分较大，剖面呈梯形。现存墙体基础宽 1.5～2、存高 0.2～0.9 米。

冰沟山长城 2 段（211481382301170029）

起于白塔乡锦山厂大门南（黑泥河东岸），止于白塔乡锦山厂围墙内西南角。起点高程 44 米，止点高程 165 米。走向东北－西南。东北接冰沟长城 1 段，西南连冰沟长城 3 段。该段全长 1800 米，墙体地表已无存。

冰沟山长城 3 段（211481382102170030）

起于白塔乡锦山厂围墙内西南角，止于白塔乡锦山厂围墙外西南约 100 米处。起点高程 165 米，止点高程 214 米。走向东北－西南。东北接冰沟长城 2 段，西南连冰沟长城 4 段。墙体东距兴城西河支流约 1500 米，西距兴城至建昌的公路约 2700 米。全长 210 米，保存较差。

该段墙体为石墙，建在半山腰处，借助自然山体岩石为基础，用毛石干垒，中间填充碎石，剖面呈梯形。现存墙体基础宽 1.5～2、高 0.2～0.9 米。

冰沟山长城 4 段（211481382301170031）

起于白塔乡锦山厂围墙外西南约 100 米处，止于白塔乡朗月沟村西山北坡。起点高程 214 米，止点高程 212 米。走向东北－西南－南。东北接冰沟长城 3 段，西南连郎月西山长城 1 段。该段全长 384 米，墙体地表已无存。

朗月西山长城 1 段（211481382102170032）

起于白塔乡朗月沟村西山北坡，止于白塔乡朗月沟村西山西南坡。起点高程 212 米，止点高程 253 米。走向北－南。东北接冰沟山长城 4 段，东南连朗月西山长城 2 段，墙体内侧建有朗月西山长城 1 号敌台。东距兴城西河支流约 500 米，西距兴城至建昌的公路约 1700 米。全长 710 米，保存较差。

该段墙体为石墙，以自然山体为基础，用毛石干垒，中间填充碎石，剖面呈梯形。现存墙体基础宽 1.6～2、残高 0.7～1.1 米。

朗月西山长城 2 段（211481382106170033）

起于白塔乡朗月沟村西山西南坡，止于旧门乡樊家屯村二道河子屯东沟。起点高程 253 米，止点高程 127 米。走向西北－东南－西南。北接朗月西山长城 1 段，南连磨盘山长城 1 段。全长 835 米。

该段墙体全部为山险，系利用险峻的山体及山势走向，形成天然屏障。

磨盘山长城 1 段（211481382102170034）

起于旧门乡樊家屯村二道河子屯东沟，止于旧门乡头道河村东的磨盘山梁上。起点高程127米，止点高程107米。走向北－南－西南－东南。东北接朗月西山长城2段，东南连磨盘山长城2段，墙体内建有磨盘山长城1号敌台。西约1100米是兴城至建昌的公路。全长1180米，保存较差。

该段墙体为石墙，以自然山体为基础，用毛石干垒，中间填充碎石，剖面呈梯形。现存墙体基础宽1.5～2、残高0.3～0.9米。

磨盘山长城2段（211481382102170035）

起于旧门乡头道河村东的磨盘山梁上，止于白塔乡朗月村三家子屯西山上。起点高程107米，止点高程188米。走向西北－东南。北接磨盘山长城1段，东南连磨盘山长城3段，墙体内侧建有磨盘山长城3号敌台。全长1330米，保存较差。

该段墙体为石墙，以自然山体为基础，用毛石干垒，中间填充碎石，剖面呈梯形。现存墙体基础宽1.5～2、残高0.3～0.7米。

磨盘山长城3段（211481382102170036）

起于白塔乡朗月村三家子屯西山上（磨盘山长城4号敌台），止于朗月村三家子屯西南山上（磨盘山长城6号敌台）。起点高程188米，止点高程200米。走向西北－东南。西北接磨盘山长城2段，南连磨盘山长城4段。墙体内侧建有磨盘山长城5号敌台。全长1100米。保存较差。

该段墙体为石墙，以自然山体为基础，用毛石干垒，中间填充碎石，剖面呈梯形。现存墙体基础宽1.5～1.8、残高0.3～0.6米。

磨盘山长城4段（211481382102170037）

起于白塔乡朗月村三家子屯西南山上，止于红崖子乡头道沟村南的西河北岸。起点高程200米，止点高程75米。走向西北－东南－西南。西北接磨盘山长城3段，西南连磨盘山长城5段。全长1080米，保存较差。

该段墙体为石墙，以自然山体为基础，用毛石干垒，中间填充碎石，剖面呈梯形。现墙基础宽1.5～1.8、残高0.2～0.46米。

磨盘山长城5段（211481382301170038）

起于红崖子乡头道沟村南的西河北岸，止于红崖子乡二道边村边头子屯兴城西河南岸。起点高程75米，止点高程34米。走向西北－东南。西北接磨盘山长城4段，南连边头子长城1段。该段全长1800米，墙体地表已无存。

边头子长城1段（211481382101170039）

起于红崖子乡二道边村边头子屯西北兴城西河支流南岸120米处，止于红崖子乡二道边村边头子屯西。起点高程34米，止点高程42米。走向北－南。北接磨盘山长城5段，南连边头子长城2段。兴城至三道沟的公路在此通过。全长140米。保存较差，墙体现已大部分坍塌，局部可见夯土。现存墙体西侧是耕地，东侧是村庄，住宅及院落距墙体最近处不足1米。

该段墙体为土墙，自然基础，用黄土夯筑，夯层厚0.22米左右。现墙宽5.9、残高

0.6～1.9 米。

边头子长城 2 段（2114813823011170040）

起于红崖子乡二道边村边头子屯西，止于红崖子乡梁家屯村东（兴西公路与通向正业园区的公路交会处）。起点高程 42 米，止点高程 40 米。走向东北－西南。东北接边头子长城 1 段，西南连梁家屯长城 1 段。该段全长 1600 米，墙体地表已无存。

梁家屯长城 1 段（2114813821011170041）

起于红崖子乡梁家屯村东，止于红崖子乡梁家屯村东通向正业园区的公路东 40 米。起点高程 40 米，止点高程 60 米。走向北－南。北接边头子长城 2 段，南连梁家屯长城 2 段。兴城－三道沟公路在此通过。全长 860 米。保存差，墙体现已全部坍塌，仅存一道土塄子。

该段墙体为土墙，自然基础，用黄土夯筑。现存墙体最宽 4.2、最高 1.4 米。

梁家屯长城 2 段（2114813821011170042）

起于红崖子乡梁家屯村东通向正业园区的公路东 40 米处，止于红崖子乡梁家屯村东正业园区大门外停车场北侧。起点高程 60 米，止点高程 72 米。走向北－南。北接梁家屯长城 2 段，南连梁家屯长城 3 段。全长 365 米。墙体整体保存差，现已全部坍塌，仅存一道土塄子。

该段墙体为土墙，自然基础，用黄土夯筑，夯土层厚 0.22 米左右。现存墙体最宽 4.9、最高 1.7 米。

梁家屯长城 3 段（2114813823011170043）

起于红崖子乡梁家屯村东正业园区大门外停车场北侧处，止于红崖子乡梁家屯村东南正业园区办公室西 2 米处。起点高程 72 米，止点高程 90 米。走向北－南。北接梁家屯长城 2 段，南连梁家屯长城 4 段。该段全长 422 米，墙体地表已无存。

梁家屯长城 4 段（2114813821011170044）

起于红崖子乡梁家屯村东南黑凤山北山北坡，止于红崖子乡梁家屯村东南黑凤山北山北侧约 500 米处。起点高程 90 米，止点高程 112 米。走向北－南。北接梁家屯长城 3 段，南连梁家屯长城 5 段。全长 205 米，保存较差。

该段墙体为土墙，自然基础，用黄土夯筑，夯土层厚 0.2 米。现存墙体宽 3.5～5、残高 1.9 米。

梁家屯长城 5 段（2114813823011170045）

起于红崖子乡梁家屯村东南黑凤山北山北坡，止于红崖子乡梁家屯村东南黑凤山北山北侧约 500 米处。起点高程 112 米，止点高程 186 米。走向北－南。北接梁家屯长城 4 段，南连黑凤山长城 1 段。该段全长 209 米，墙体地表已无存。

黑凤山长城 1 段（2114813821021170046）

起于红崖子乡梁家屯村东南黑凤山北侧山脚下，止于红崖子乡梁家屯村东南黑凤山主峰北山崖下。起点高程 186 米，止点高程 316 米。走向北－南－东南。北接梁家屯长城 5 段，东南连黑凤山长城 2 段。墙体内侧建有黑凤山长城 1 号、2 号敌台。墙体北侧 1500 米为兴城西河。全长 496 米，保存较差。

该段墙体为石墙，以自然山体为基础，用毛石干垒，中间填充碎石，剖面呈梯形。现存墙体基础宽1.5~2.3、残高0.4~1.4米。

黑凤山长城2段（211481382106170047）

起于红崖子乡梁家屯村东南黑凤山主峰北山崖下，止于红崖子乡梁家屯村东南黑凤山主峰西北。起点高程316米，止点高程358米。走向西北－东南。东北接黑凤山长城1段，西南连黑凤山长城3段。墙体北距兴城西河及兴城－三道沟的公路1500米。全长76米。

该段墙体全部为山险，利用险峻的山体及山势走向，形成天然屏障。

黑凤山长城3段（211481382102170048）

起于红崖子乡梁家屯村东南黑凤山主峰西北，止于红崖子乡梁家屯村东南黑凤山主峰。起点高程358米，止点高程378米。走向西北－南－西南。西北接黑凤长城2段，南连黑凤山长城4段。墙体内侧建有黑凤山长城3号敌台。全长618米，保存较差。

该段墙体为石墙，以自然山体为基础，用毛石干垒，中间填充碎石，剖面呈梯形。现存的墙体基础宽1.4~1.7、残高0.6~1.4米。

黑凤山长城4段（211481382106170049）

起于红崖子乡梁家屯村东南黑凤山主峰西南，止红崖子乡梁家屯村东南黑凤山主峰西南约800米处。起点高程378米，止点高程283米。走向西北－东南－西。西北接黑凤山长城3段，西连黑凤山长城5段，墙体上建有黑凤山长城4号、5号敌台。全长810米。

该段墙体全部为山险，系利用险峻的山体及山势走向，形成天然屏障。

黑凤山长城5段（211481382102170050）

起于红崖子乡梁家屯村东南黑凤山主峰西南约800米处，止于红崖子乡边壕子村东山西南坡。起点高程283米，止点高程103米。走向东北－西南。东北接黑凤山长城4段，西南连边壕子长城1段，墙体内侧建有黑凤山长城6号、7号、8号、9号敌台。墙体西南约800米为东沙河、约500米是闻家－拣金的公路。全长2800米，保存较差。

该段墙体为石墙，以自然山体为基础，用毛石干垒，中间填充碎石，剖面呈梯形。现存墙体基础宽1.8、残高0.2~1.2米。

边壕子长城1段（211481382101170051）

起于红崖子乡边壕子村东山西南坡，止于红崖子乡边壕子村东南东沙河北岸。起点高程103米，止点高程62米。走向东北－西南。东北接黑凤山长城5段，西南连边壕子长城2段，墙体内侧建有边壕子长城1号敌台。墙体西南约50米为东沙河，闻家至拣金的公路在墙体上通过。全长1200米。墙体现已全部坍塌，仅存一道土塄子。

该段墙体为土墙，自然基础，用黄土夯筑，夯土层厚约0.23米。剖面呈梯形。现存墙体宽3.5~5、残高1.9米。从断点的剖面可测量出墙宽6、残高1.5米。

边壕子长城2段（211481382301170052）

起于红崖子乡边壕子村东南200米的东沙河北岸起，止于红崖子乡边壕子村西山。起点高程62米，止点高程83米。走向东北－西南。东北接边壕子长城1段，西南连边壕子长城3

段。该段全长 1400 米，墙体地表已无存。

边壕子长城 3 段（211481382101170053）

起于红崖子乡边壕子村西山，止于红崖子乡裴家沟西北（边壕子长城 4 号敌台北侧）。起点高程 83 米，止点高程 111 米。走向东北－西南。东北接边壕子长城 2 段，西南连边壕子长城 4 段。墙体内侧建有边壕子长城 2 号、3 号敌台，边壕子长城 4 号敌台位于墙体的止点。东北约 700 米为东沙河。全长 1000 米，保存差。

该段墙体为土墙，自然基础，用黄土夯筑，夯土层厚 0.23 米。现存墙体残高 0.3～0.8 米。

边壕子长城 4 段（211481382101170054）

起于红崖子乡裴家沟西北（边壕子长城 4 号敌台北侧），止于红崖子乡施家屯南。起点高程 111 米，止点高程 129 米。走向东北－西南。东北接边壕子长城 3 段，西连边壕子长城 5 段，边壕子长城 5 号敌台位于墙体的止点。墙体南约 700 米是狼洞子水库。全长 1500 米，保存差。

该段墙体为土墙，自然基础，用黄土夯筑，夯土层厚 0.2 米。现存墙体宽 2.4、残高 0.3～0.8 米。

边壕子长城 5 段（211481382101170055）

起于红崖子乡施家屯南，止于红崖子乡施家屯老石山东坡。起点高程 129 米，止点高程 146 米。走向东北－西南－西。东北接边壕子长城 4 段，西连老石山长城。墙体南约 700 米是狼洞子水库。全长 694 米，保存较差。

该段墙体为土墙，自然基础，用黄土夯筑，夯土层厚 0.2 米。现存墙体高 0.3～1.2 米。

老石山长城（211481382102170056）

起于红崖子乡施家屯老石山东坡，止于红崖子乡施家屯村南马鞍山东侧山坡。起点高程 146 米，止点高程 148 米。走向东南－西北－西南。东接边壕子长城 5 段，西南连马鞍山长城，墙体内侧建有施家屯老石山长城敌台。东南约 1000 米是狼洞水库。全长 527 米。整体保存较差，现已全部坍塌，内外土、石大量流失，地面两侧或一侧仅可见有排列整齐的石块。

该段墙体为石墙，以自然山体为基础，用土、石混筑而成，即墙体两侧以石块垒砌，内部以土和少量碎石填充构筑而成。从现存的内外墙石看，墙体宽 1.8 米左右，残高 0.4～0.8 米。此段长城墙体除老石山东坡修筑于山脊外，在其西侧均修筑在山腰处。

马鞍山长城（211481382101170057）

起于施家屯村南马鞍山东侧山坡，止于南大乡北大山东沟屯东侧北大山东北坡。起点高程 148 米，止点高程 125 米。走向东南－西北－西南。东北接老石山长城，西南连北大山东沟长城 1 段，墙体内建有马鞍山长城敌台。东南约 1200 米是狼洞水库。全长 1210 米。保存较差，现已全部坍塌，形成一道土塄子，局部墙体只存遗迹。

该段墙体为土墙，自然基础，用黄土夯筑，夯土层厚 0.2 米。现存墙体底宽 6、残高 0.95～3 米。

北大山东沟长城 1 段（211481382102170058）

起于南大乡北大山东沟屯东侧北大山东北坡，止于南大乡北大山东沟屯东侧北大山西坡。起点高程 125 米，止点高程 91 米。走向东北－西南－西北。东北接马鞍山长城，西南连北大山东沟长城 2 段，墙体内侧建有北大山东沟长城敌台。墙体西南约 1500 米为烟台河，1800 米为兴城至高家岭的公路。全长 550 米，保存差。

该段墙体为石墙，以自然山体为基础，用土、石混筑，即墙体两侧以石块垒砌，内部填充少量碎石、土。现存墙体宽 1.8 米左右，残高 0.4～0.8 米。

北大山东沟长城 2 段（211481382301170059）

起于南大乡北大山东沟屯东侧北大山西坡，止于南大乡三家子村南山东北坡。起点高程 91 米，止点高程 76 米。走向东北－西南。东北接北大山东沟长城 1 段，西南连三家子南山长城 1 段。该段全长 7500 米，墙体地表已无存。

三家子南山长城 1 段（211481382101170060）

起于南大乡三家子村南山东北坡，止于南大乡三家子村南山西南坡。起点高程 76 米，止点高程 82 米。走向东北－西南。东北接北大山东沟长城 2 段，西北连三家子南山长城 2 段。东北和西南方向分别有三家子至白庙子和杨家屯至前台的村级公路。全长 768 米，保存较差。

该段墙体为土墙，自然基础，用黄土夯筑，夯土层厚 0.2 米。现存墙体底宽 1.2～6、残高 0.8～2.6 米。

三家子南山长城 2 段（211481382301170061）

起于南大乡三家子村南山西南坡，止于南大乡长垄村边里屯东侧。起点高程 82 米，止点高程 57 米。走向东南－西北。东北接三家子南山长城 1 段，西连边里长城 1 段。该段全长 871 米，墙体地表已无存。

边里长城 1 段（211481382101170062）

起于南大乡长垄村边里屯东侧，止于南大乡长垄村边里屯西北 200 米处。起点高程 57 米，止点高程 74 米。走向东－西－西南。东接三家子南山长城 2 段，西连边里长城 2 段，墙体内侧建有边里长城 1 号敌台。墙体北 40 米处为季节河，东 20 米为前台至杨家屯村级公路。全长 516 米，保存较差。

该段墙体为土墙，自然基础，用黄土夯筑。现墙顶宽 0.6～1.2、底宽 1.4～2.6、残高 0.8～2 米。

边里长城 2 段（211481382301170063）

起于南大乡长垄村边里屯西北 200 米处，止于南大乡长垄村边里屯西 350 米。起点高程 74 米，止点高程 92 米。走向东－西。东接边里长城 1 段，西南连边里长城 3 段。该段全长 291 米，墙体地表已无存。

边里长城 3 段（211481382101170064）

起于南大乡长垄村边里屯西 350 米，止于南大乡长垄村边里屯西南 450 米。起点高程 92 米，止点高程 127 米。走向东北－西南－西。东北接边里长城 2 段，西南连边里长城 4 段。

墙体北 40 米处为季节河、东 20 米为前台至杨家屯村级公路。全长 660 米，保存较差。

该段墙体为土墙，自然基础，用黄土夯筑。现墙顶宽 1.2、底宽 2.8、残高 0.8～2.8 米。

边里长城 4 段（211481382101170065）

起于南大乡长垒村边里屯西南 450 米，止于围屏乡陈良村东南沟至夏家沟公路 850 米处。起点高程 127 米，止点高程 115 米。走向东北－西南。东接边里长城 3 段，西南连东南沟长城。墙体北 40 米处为季节河，东 20 米为前台至杨家屯村级公路。全长 993 米，保存较差。

该段墙体为土墙，自然基础，用黄土夯筑，夯层厚 0.2～0.25 米。现墙顶宽 0.6～1.2、残高 0.8～2.8 米。

东南沟长城（211481382101170066）

起于围屏乡陈良村东南沟至夏家沟公路 850 米处，止于围屏乡陈良村东南沟至云台寺公路（980 米处）西北 50 米处。起点高程 115 米，止点高程 114 米。走向东北－西南。东北接边里长城 4 段，西南连云台寺长城 1 段，墙体内侧建有东南沟长城 1 号敌台、2 号敌台。东南沟至黑庄窠的村级公路在此段墙体上通过。全长 1610 米，保存较差。

该段墙体为土墙，自然基础，用黄土夯筑。现墙宽 1.2～2.7 米，保存最高处有 2.2 米，最低处只在地面留有遗迹。

云台寺长城 1 段（211481382101170067）

起于围屏乡陈良村东南沟至云台寺公路（980 米处）西北 50 米，止于围屏乡云台寺村台子沟屯北山的东坡下。起点高程 114 米，止点高程 146 米。走向东北－西南－西。东北接东南沟长城，西连云台寺长城 2 段，墙体内侧建有云台寺长城 1 号敌台、2 号敌台。东南是云台寺至贾家屯村级公路。全长 1120 米，保存一般。

该段墙体为土墙，自然基础，用黄土夯筑，夯土层厚 0.22 米。现墙顶宽 1.6、底宽 5.8～8.2、残高 1.8～3.8 米。

云台寺长城 2 段（211481382102170068）

起于围屏乡云台寺村台子沟屯北山的东坡下，止于围屏乡柴家屯南 750 米处的丘陵上。起点高程 146 米，止点高程 118 米。走向东南－西北－西南。东接云台寺长城 1 段，西连小团瓢长城 1 段。墙体西南有台子沟至小团瓢屯的村级公路。全长 601 米，保存差。

该段墙体为石墙，以自然山体为基础，用土、石混筑而成，即墙体两侧以石块垒砌，内部以土和少量碎石填充而成。从现存的内外墙石看，墙体宽 1.7～2 米；坍塌后的宽为 2.3～3、高 0.4～1.6 米。

小团瓢长城 1 段（211481382101170069）

起于围屏乡柴家屯南 750 米处的丘陵上，止于围屏乡曹屯南山东北山坡下。起点高程 118 米，止点高程 93 米。走向东－西－西北－西。东接云台寺长城 2 段，西连小团瓢长城 2 段，墙体内侧建有小团瓢长城敌台。附近有季节河。全长 1410 米，保存一般。

该段墙体为土墙，自然基础，用黄土夯筑，夯土层厚 0.2～0.3 米。墙体剖面呈梯形。现墙顶宽 0.5～2.4、残高 0.8～2.5 米。（彩图九四）

小团瓢长城 2 段（211481382301170070）

起于围屏乡曹屯南山东北山坡下，止于围屏乡团瓢村曹屯南山东北坡。起点高程 93 米；止点高程 105 米。走向东北－西南。东北接小团瓢长城 1 段，西南连曹屯南山长城 1 段。该段全长 295 米，墙体地表已无存。

曹屯南山长城 1 段（211481382102170071）

起于围屏乡团瓢村曹屯南山东北坡，止于围屏乡团瓢村曹屯南山西北山坡下。起点高程 105 米，止点高程 86 米。走向东南－西北。东南接小团瓢长城 2 段，西北连曹屯南山长城 2 段。附近有季节河。大寨至围屏的公路就在此墙体上通过。全长 171 米。保存差，现只存地面遗迹，濒临消失。

该段墙体为石墙，以自然山体为基础，用毛石干垒。

曹屯南山长城 2 段（211481382301170072）

起于围屏乡团瓢村曹屯南山西北山坡下，止于围屏乡茶家村潘屯南山。起点高程 86 米，止点高程 88 米。走向东南－西北。东南接曹屯南山长城 1 段，西北连潘屯南山长城。大寨至围屏的公路穿过该段墙体。该段全长 295 米，墙体地表已无存。

潘屯南山长城（211481382101170073）

起于围屏乡茶家沟村潘屯南山，止于高家岭乡山西村石家沟屯东山梁南。起点高程 88 米，止点高程 133 米。走向东南－西北。东北接曹屯南山长城 2 段，西连牛心山长城 1 段。附近有季节性河流。全长 811 米，保存差。

该段墙体为土墙，自然基础，用黄土夯筑，夯土层厚 0.2 米。现墙宽 1.4～2.5、残高 1.3 米。

牛心山长城 1 段（211481382101170074）

起于高家岭乡山西村石家沟屯东山梁南，止于高家岭乡山西村山后屯牛心山东坡。起点高程 133 米，止点高程 172 米。走向东－西－西北。东接潘屯南山长城，西连牛心山长城 2 段，牛心山长城敌台建在墙体内侧。保存差，全长 1060 米。

该段墙体为土墙，自然基础，用黄土夯筑。现墙宽 3.5、残高 0.6～2 米。

牛心山长城 2 段（211481382106170075）

起于高家岭乡山西村石家沟屯北侧牛心山东山坡，止于高家岭乡山西村沟门屯北牛心山西南坡。起点高程 172 米，止点高程 145 米。走向东北－西南。东接牛心山长城 1 段，西南连牛心山长城 3 段。墙体北 600 米有季节性河流，东 1000 米处有围屏到兴城线公路南北通过。全长 187 米。

该段墙体全部为山险，是利用牛心山自然山体的走向和其险峻的山势，形成天然屏障。

牛心山长城 3 段（211481382101170076）

起于高家岭乡山西村沟门屯北牛心山西南山坡，止于高家岭乡山西村沟门屯北山梁。起点高程 145 米，止点高程 76 米。走向东北－西南。东北接牛心山长城 2 段，西南连牛心山长城 4 段。南 500 米处有季节性河流。全长 302 米，整体保存差。

该段墙体为土墙，自然基础，用黄土夯筑。现墙宽4.3、残高0.5米。

牛心山长城4段（211481382301170077）

起于高家岭乡山西村沟门屯北山梁，止于高家岭乡山西村沟门屯南山。起点高程76米，止点高程58米。走向东北－西南。东北接牛心山长城3段，西南连沟门长城1段。该段全长329米，墙体地表已无存。

沟门长城1段（211481382101170078）

起于高家岭乡山西村沟门屯屯南，止于高家岭乡山西村沟门屯南山，起点高程58米，止点高程71米。走向东北－西南。东北接牛心山长城4段，西南连沟门长城2段。墙体东500米处是六股河，西100米处是沙上线公路。全长306米。墙体整体保存差，现已全部坍塌，夯土大量流失，坍塌后的堆积形成一道高出地面的土梁。

该段墙体为土墙，自然基础，用黄土夯筑。现墙宽3.5、残高1.8米。

沟门长城2段（211481382301170079）

起于高家岭乡山西村沟门屯南山，止于高家岭乡壕头子西南500米处。起点高程71米，止点高程70米。走向东北－西南。东北接沟门长城1段，西南连沟门长城3段。该段全长817米，墙体地表已无存。

沟门长城3段（211481382101170080）

起于高家岭乡壕头子西南500米处起，止于高家岭乡边壕子村北约200米处止，起点高程70米，止点高程67米。走向东北－西南。东北接沟门长城2段，西南连沟门长城4段，墙体内侧建有沟门长城2号敌台，起点处东南距周屯长城（复线）止点848、距赵西沟南山烽火台2500米，西南约2800米为朝阳寺烽火台。墙体东500米处是六股河，西100米处是沙上线公路。全长1100米，保存差。

该段墙体为土墙，自然基础，用黄土夯筑。现存墙体宽1.3～2、残高1.1米。

沟门长城4段（211481382301170081）

起于高家岭乡边壕子村北200米沟门长城3号敌台东北，止于大寨乡汤上村南的季节河东侧。起点高程67米，止点高程9米。走向东北－西南。东北接沟门长城3段，墙体南侧500米处有边壕子长城（复线）与之并行。西100米处是沙上线公路。该段全长1905米，墙体地表已无存。

肖家岭北山长城（复线）（211481382101170082）

起于围屏乡肖家岭村北山东坡，止于围屏乡云台寺村南山西坡。起点高程112米，止点高程104米。走向东－西，墙体内侧建有肖家岭北山长城敌台，西北1220米处有东南沟长城并行。墙体南北两侧100米处皆为季节性河流。全长825米，保存较差。

该段墙体为土墙，自然基础，用黄土夯筑。现墙宽2.5～3.1、残高3.5～4米。

小团瓢东山长城（复线）（211481382101170083）

起于围屏乡台子沟村北山东坡，止于围屏乡小团瓢村东山西坡。起点高程96米，止点高程94米。走向东－西。墙体东、南200米处是季节性河流，西300米处围屏至大寨的乡级公路。全长 870 米。保存差，现已全部坍塌，内外土、石大量流失，地面仅可见两侧或一侧有排列整齐的石块。

该段墙体为石墙，以自然山体为基础，墙身用土、石混筑而成，即墙体两侧以石块垒砌，内部以土和少量碎石填充构筑而成。现存墙体宽 2～2.8、残高 0.6～1.5 米。

下坡子长城（复线）（211481382101170084）

起于围屏乡团瓢村下坡子屯南山东坡，止于围屏乡团瓢村下坡子屯南山西坡。起点高程 102 米，止点高程 92 米。走向东－西－西南，墙体内建有下坡子长城敌台，北侧 1100 米有小团瓢长城 1 段与之并行。墙体西侧 500 米是围屏至大寨的乡级公路。全长 229 米，保存差。

该段墙体为土墙，以自然山体为基础，用黄沙土夯筑。现存墙体底宽 1.7～2.1、残高 0.5～1.3 米。

赵西沟长城（复线）（211481382101170085）

起于围屏乡团瓢村赵西沟屯西南山上，止于围屏乡团瓢村赵西沟屯西南山西侧梁上。起点高程 110 米，止点高程 102 米。走向东南－西北。西接周屯长城（复线）。墙体内侧建有赵西沟长城 1 号、2 号敌台，西南距赵西沟南山烽火台 80 米，止点西南 2600 米是朝阳寺烽火台，东南 2200 米为西南屯西山敌台。墙体东 1000 米处有季节性河流。全长 1600 米，保存差。

该段墙体为土墙，自然基础，用黄土夯筑，夯土层厚 0.23 米。现墙顶宽 2.5、底宽 5.2、残高 0.5～1.8 米。

周家屯北山长城（复线）（211481382101170086）

起于围屏乡团瓢村赵西沟屯西南山西侧梁上，止于围屏乡汤上村边壕子屯东山东坡。起点高程 102 米，止点高程 101 米。走向东－西。东接赵西沟长城（复线），墙体内侧建有周家屯北山长城敌台。南 400 米处为周家屯水库。全长 523 米，保存差。

该段墙体为土墙，自然基础，用黄土夯筑，夯土层厚 0.24 米。现墙底宽 5、残高 0.5～1.2 米。

高家岭边壕子长城（复线）（211481382101170087）

位于高家岭乡汤上村边壕子屯北侧村边。起点高程 48 米，止点高程 45 米。走向东－西。墙体西 600 米处为六股河。全长 60 米。墙体保存差，现已全部坍塌。

该段墙体为土墙，自然基础，用黄土夯筑。现墙宽 4.1、残高 0.5～1.5 米。

②敌台及保存现状

兴城市共发现敌台 89 座。

孙家沟里北山长城 1 号敌台（211481352101170001）

位于元台子乡孙家沟村孙家沟里屯北山上，孙家沟里北山长城 1 段内侧，高程 422 米。西南距孙家沟里北山长城 2 号敌台 450 米。

平面为圆形，剖面为梯形。保存较差，台体全部坍塌。台体基础用大块毛石叠砌，外用块石包砌，中间填充碎石、土。现存台体顶径 5、残高 2.5 米。

孙家沟里北山长城 2 号敌台（211481352101170002）

位于元台子乡孙家沟村孙家沟里屯北山上，北山长城 1 段内侧，高程 376 米。东北距孙家沟里北山长城 1 号敌台 450 米，西距孙家沟里孙家沟烽火台 688 米。

平面为圆形，剖面为梯形。保存较差，台体严重坍塌，四周散落石块。台体以自然山体为基础，外用大块较为规整的毛石包砌，中间填充碎石、土。现存台体顶径 5.6、残高 1.7 米。

孙家沟里北山长城 3 号敌台（211481352101170004）

位于在元台子乡孙家沟村孙家沟里屯北山上，孙家沟里北山长城 3 段内侧，高程 400 米。东南距孙家沟里北山烽火台 245 米。

平面为圆形，剖面为梯形。保存较差，台体严重坍塌，四周散落石块。台体以自然山体为基础，外用大块较为规整的毛石包砌，中间填充碎石、土。现存台体顶径 7、残高 2.2 米。

乌云山长城 1 号敌台（211481352101170005）

位于元台子乡孙家沟村炭厂沟屯东北的乌云山上，高程 407 米。东接孙家沟里长城 3 段，北接乌云山长城；西北距乌云山长城 2 号敌台 420 米，东距孙家沟里长城 3 号敌台 670 米。

平面为圆形，剖面为梯形。保存较差，台体严重坍塌，四周散落石块。台体以自然山体为基础，外用大块较为规整的毛石包砌，中间填充碎石、土。现存台体顶径 5.3、残高 1.6 米。

乌云山长城 2 号敌台（211481352101170006）

位于元台子乡孙家沟村炭厂沟屯东北的乌云山长城上，高程 317 米。西南距炭厂沟北山长城 1 号敌台 970 米。

平面为圆形，剖面为梯形。保存较差，台体严重坍塌，四周散落石块。台体以自然山体为基础，外用大块较为规整的毛石包砌，中间填充碎石、土。现存台体顶径 5.3、残高 1.4 米。

炭厂沟北山长城 1 号敌台（211481352101170007）

位于元台子乡孙家沟村炭厂沟屯北山上，炭厂沟长城 1 段内侧，高程 196 米。西南距炭厂沟北山长城 2 号敌台 770 米。两侧均为季节河。

平面为圆形，剖面为梯形。保存较差，台体严重坍塌，四周散落石块。台体以自然山体为基础，台身外用大块较为规整的毛石包砌，中间填充碎石、土。现存台体顶径 6、残高 1.2 米。在台体外侧筑有一圈围墙，距台体 1.8 米，用毛石干垒而成，周长为 75 米，墙宽 1.5、残高 0.9 米。

炭厂沟北山长城 2 号敌台（211481352101170008）

位于元台子乡孙家沟村炭厂沟屯北山上，炭厂沟北山长城 1 段内侧，高程 198 米。西南距老包山长城敌台 690 米。

平面为圆形，剖面为梯形。保存较差，台体全部坍塌，四周还存有大量残碎青砖。台体以自然山体为基础，外用大块较为规整的毛石包砌，中间填充碎石、土。推测台体顶部建有砖垛口和铺舍。现存台体顶径 8.2、残高 3 米。

老包山长城敌台（211481352101170009）

位于元台子乡孙家沟村炭厂沟屯西北老包山上，老包山长城 1 段内侧，高程 171 米。西南距杏山长城 1 号敌台 1000 米。两侧均为季节河。

平面为圆形，剖面为梯形。保存较差，台体严重坍塌，四周散落石块。台体以自然山体为基础，外用大块较为规整的毛石包砌，中间填充碎石、土。现存台体顶径 6.4、残高 1.6 米。

杏山长城 1 号敌台（211481352101170011）

位于元台子乡孙家沟村和气沟屯西北的杏山长城内侧，高程 246 米。西南距杏山长城 2 号敌台 560 米，东北距杏山烽火台 530 米。东侧有季节河。

平面为圆形，剖面为梯形。保存较差，台体严重坍塌，四周散落石块。台体以自然山体为基础，外用大块较为规整的毛石包砌，中间填充碎石、土。现存台体顶径 7、残高 1.8 米。

杏山长城 2 号敌台（211481352101170012）

位于元台子乡孙家沟村和气沟屯西北的杏山长城内侧，高程 203 米。西距墙体 2 米，西南距杏山长城 3 号敌台 640 米。

平面为圆形，剖面为梯形。保存较差，台体严重坍塌，四周散落石块。台体以自然山体为基础，外用大块较为规整的毛石包砌，中间填充碎石、土。现存台体顶径 6、残高 1.4 米。

杏山长城 3 号敌台（211481352101170013）

位于元台子乡孙家沟村和气沟屯西北的杏山长城内侧，高程 304 米。西距墙体 3 米，东北距杏山长城 2 号敌台 640 米。

平面为方形，剖面为梯形。保存较差，台体严重坍塌，四周散落石块。台体以自然山体为基础，外用大块较为规整的毛石包砌，中间填充碎石、土。现存台体顶边长 7、残高 2.5 米。

小盖州长城 1 号敌台（211481352101170016）

位于元台子乡灰山堡村小盖州屯西的秦台子山，小盖州长城 1 段（复线）内侧，高程 257 米。南距小盖州长城 2 号敌台 800 米，东北距小盖州北山烽火台 1300 米，东南距小盖州南山烽火台 1300 米。

平面为圆形，剖面为梯形。保存较差，台体全部坍塌，四周还存有大量残碎青砖。台体以自然山体为基础，台身外用大块较为规整的毛石包砌，中间填充碎石、土。推测台体顶部原建有砖筑铺舍。现存台体直径 8、残高 2.6 米。

小盖州长城 2 号敌台（211481352101170017）

位于元台子乡灰山堡村小盖州屯西的白台子山上，小盖州长城 2 段（复线）内侧，高程 256 米。南距小盖州白台子烽火台 280 米，东南距小盖州南山烽火台 1000 米。

平面为方形，剖面为梯形。保存较差，四周散落石块及砖块。台体以自然山体为基础，台身外用大块较为规整的毛石包砌，中间填充碎石、土。推测台体顶部原建有铺舍。现存台体边长 8、残高 0.8 米。

小盖州长城 3 号敌台（211481352101170019）

位于元台子乡灰山堡村小盖州屯西南的山上，小盖州长城 3 段（复线）内侧，高程 298 米。东北距小盖州长城 2 号敌台 620 米，西距小盖州长城 4 号敌台 780 米。

平面为方形，剖面为梯形。保存较差，四周散落石块及砖块。台体以自然山体为基础，台身外用大块较为规整的毛石包砌，中间填充碎石、土。推测台体顶部原建有铺舍。现存台体边长 8.5、残高 1.2 米。

小盖州长城 4 号敌台（211481352101170020）

位于元台子乡孙家沟村孙家沟里屯南山小盖州长城 4 段（复线）上，高程 306 米。西北距小盖州长城 5 号敌台 420 米。南 500 米为三合水库。

平面为方形，剖面为梯形。保存一般。台体以自然山体岩石为基础，外用不规则的片石叠砌，缝隙较大处用小块毛石填塞，内填碎石、土，砌筑时向上有收分。现存台体边长 8.5、残高 1.3～3 米。台顶还存有铺舍的遗迹（该敌台所处的地理位置较高，顶部有青砖排列），有散落的青砖，铺舍呈长方形，面宽 4、进深 2.8 米。

小盖州长城 5 号敌台（211481352101170021）

位于元台子乡三官庙村北山上，小盖州长城 5 段（复线）内侧，高程 202 米。西距小盖州长城 6 号敌台 700 米。

平面为方形，剖面为梯形。保存较差。台体以自然山体岩石为基础，外用不规则的毛石包砌，缝隙较大处用小块毛石填塞，内填碎石、土，砌筑时向上有收分。边长 8.5、残高 2.3 米。台顶存有散落的青砖，推测当时台上有砖结构的铺舍。

小盖州长城 6 号敌台（211481352101170022）

位于元台子乡三官庙村北山上，小盖州长城 5 段（复线）内侧，高程 298 米。西南距和气沟长城 1 号敌台 1100 米。

平面为矩形，剖面为梯形。保存差，台体严重坍塌，建筑结构不清。

和气沟南山长城 1 号敌台（211481352101170023）

位于元台子乡和气沟屯南山上，和气沟南山长城（复线）内侧，高程 217 米。西南距和气沟南山长城 2 号敌台 530 米，南距上砟山台子山烽火台 1200 米。

平面圆形，剖面为梯形。保存较差，台体严重坍塌，四周散落石块。台体以自然山体为基础，外用大块较为规整的毛石包砌，中间填充碎石、土。现存台体顶径 5、残高 1.5 米。

和气沟南山长城 2 号敌台（211481352101170024）

位于元台子乡和气沟屯南山上，和气沟南山长城（复线）内侧，高程 174 米。西南距距和气沟南山长城 3 号敌台 350 米，南距上砟山台子山烽火台 930 米。

平面圆形，剖面为梯形。保存较差，台体严重坍塌，四周散落石块。台体以自然山体为基础，台身外用大块较为规整的毛石包砌，中间填充碎石、土。现存台体顶径 8、残高 1.5 米。

和气沟南山长城 3 号敌台（211481352101170025）

位于元台子乡和气沟屯南山上，和气沟南山长城（复线）内侧，高程198米。东南距上砟山台子山烽火台700米。

平面为矩形，剖面为梯形。保存较差，台体严重坍塌，四周散落石块。台体以自然山体为基础，外用大块较为规整的毛石包砌，中间填充碎石、土。现存台体边长8、残高为0.5米。

九龙山长城1号敌台（211481352101170028）

位于元台子乡孙家沟村和气沟屯南的九龙山上，九龙山长城1段墙体内侧，高程262米。东北距杏山长城3号敌台600米，南距九龙山长城2号敌台580米。两侧有季节河。

平面为圆形，剖面为梯形。保存较差，台体严重坍塌，四周散落石块。台体以自然山体为基础，外用大块较为规整的毛石包砌，中间填充碎石、土。现存台体顶径5.6、残高1.8米。

九龙山长城2号敌台（211481352101170029）

位于元台子乡孙家沟村和气沟屯南的九龙山长城2段上，高程463米。南距九龙山长城3号敌台460米。

平面为圆形，剖面为梯形。保存较差，台体严重坍塌，四周散落石块。台体以自然山体为基础，外用大块较为规整的毛石包砌，中间填充碎石、土。现存台体顶径5.6、残高1.8米。

九龙山长城3号敌台（211481352101170030）

位于在白塔乡塔沟村北的九龙山长城2段上，高程558米。西距九龙山长城4号敌台90米。

平面为圆形，剖面为梯形。保存较差，台体严重坍塌，四周散落石块。台体以自然山体为基础，外用大块较为规整的毛石包砌，中间填充碎石、土。现存台体顶径7.6、残高1.7米。

九龙山长城4号敌台（211481352101170031）

位于在白塔乡塔沟村北的九龙山长城2段上，高程550米。西南距九龙山长城5号敌台370米。

平面为矩形，剖面为梯形。保存较差，台体严重坍塌，四周散落石块。台体以自然山体为基础，台身外用大块较为规整的毛石包砌，中间填充碎石、土。现存台体南北长5.6、东西宽5、残高0.8米。

九龙山长城5号敌台（211481352101170032）

位于在白塔乡塔沟村北的九龙山长城3段内侧，高程432米。西南距九龙山长城6号敌台760米，东距上砟山台子山烽火台2600米。

平面为圆形，剖面为梯形。保存较差，台体严重坍塌，四周散落石块。台体以自然山体为基础，外用大块较为规整的毛石包砌，中间填充碎石、土。现存台体顶径6、残高2米。

九龙山长城6号敌台（211481352101170033）

位于在白塔乡塔沟村北的九龙山长城 3 段内侧，高程 328 米。南距九龙山长城 7 号敌台 460 米。

平面为圆形，剖面为梯形。保存较差，台体严重坍塌，四周散落石块。台体以自然山体为基础，外用大块较为规整的毛石包砌，中间填充碎石、土。现存台体顶径 7.2、残高 1.8 米。

九龙山长城 7 号敌台（211481352101170034）

位于在白塔乡塔沟村北的九龙山长城 3 段内侧，高程 273 米。南距九龙山长城 8 号敌台 470 米。

平面为圆形，剖面为梯形。保存较差，台体严重坍塌，四周散落石块。台体以自然山体为基础，外用大块较为规整的毛石包砌，中间填充碎石、土。现存台体顶径 6.5、残高 1.8 米。

九龙山长城 8 号敌台（211481352101170035）

位于在白塔乡塔沟村北的九龙山长城 4 段内侧，高程 344 米。南距九龙山长城 9 号敌台 300 米，东南距白塔村北台山烽火台 3700 米。

平面为圆形，剖面为梯形。保存较差，台体严重坍塌，四周散落石块。台体直接砌在山体的岩石上，外用大块较为规整的毛石包砌，中间填充碎石、土。现存台体顶径 7.2、残高 2 米。

九龙山长城 9 号敌台（211481352101170036）

位于在白塔乡塔沟村北的九龙山长城 4 段内侧，高程 274 米。南距九龙山长城 10 号敌台 400 米。

平面为圆形，剖面为梯形。保存较差，台体严重坍塌，四周散落石块。台体以自然山体为基础，外用大块较为规整的毛石包砌，中间填充碎石、土。现存台体顶径 8、残高 2 米。

九龙山长城 10 号敌台（211481352101170037）

位于在白塔乡塔沟村北的九龙山长城 4 段内侧，高程 254 米。西南距九龙山长城 11 号敌台 306 米。

平面为圆形，剖面为梯形。保存较差，台体严重坍塌，四周散落石块。台体直接砌在山体的岩石上，外用大块较为规整的毛石包砌，中间填充碎石、土。现存台体顶径 5.4、残高 2.2 米。

九龙山长城 11 号敌台（211481352101170038）

位于在白塔乡塔沟村北的九龙山长城 5 段内侧，高程 189 米。西距九龙山长城 12 号敌台 230 米。

平面为圆形，剖面为梯形。保存较差，台体严重坍塌，四周散落石块。台体直接砌在山体的岩石上，外用大块较为规整的毛石包砌，中间填充碎石、土。现存台体顶径 8、残高 2.3 米。

九龙山长城 12 号敌台（211481352101170039）

位于在白塔乡塔沟村北的九龙山长城 5 段内侧，高程 200 米。西南距九龙山长城 13 号敌台 200 米。西 600 米是兴城至杨家杖子的公路。

平面为圆形，剖面为梯形。保存较差，台体严重坍塌，四周散落石块。台体直接砌在山体的岩石上，外用大块较为规整的毛石包砌，中间填充碎石、土。现存台体顶径 7.5、残高 2.1 米。

九龙山长城 13 号敌台 （211481352101170040）

位于在白塔乡塔沟村北的九龙山长城 5 段内侧，高程 171 米。东南距白塔村北台山烽火台 2900 米。西 400 米是兴城至杨家杖子的公路。

平面为圆形，剖面为梯形。保存较差，台体严重坍塌，四周散落石块。台体直接砌在山体的岩石上，台身外用大块较为规整的毛石包砌，中间填充碎石、土。现存台体顶径 10.8、残高 3.2 米。

大摸虎山长城 1 号敌台 （211481352101170041）

位于白塔乡摸虎山村西北的大摸虎山长城 1 段内侧，高程 267 米。西南距大摸虎山长城 2 号敌台 450 米。

平面为圆形，剖面为梯形。保存较差，台体严重坍塌，四周散落石块。台体直接砌在山体的岩石上，外用大块较为规整的毛石包砌，中间填充碎石、土。现存台体顶径 7.2、残高 1 米。

大摸虎山长城 2 号敌台 （211481352101170042）

位于白塔乡摸虎山村西北的大摸虎山长城 1 段内侧，高程 234 米。东北距大摸虎山长城 1 号敌台 450 米，东南距白塔峪堡城 3900。西 800 米是兴城西河支流。

平面为圆形，剖面为梯形。保存较差，台体严重坍塌，四周散落石块。台体直接砌在山体的岩石上，外用大块较为规整的毛石包砌，中间填充碎石、土。现存台体顶径 7.4、残高 2.3 米。

小摸虎山长城 1 号敌台 （211481352101170044）

位于白塔乡摸虎村小摸虎山长城 2 段（复线）内侧，高程 108 米。北 450 米为摸虎山长城，西南 270 米与小摸虎山长城 2 号敌台相呼应城。西 500 米是兴城西河支流，东距兴城 – 杨家杖子的公路约 1200 米。

平面为矩形，剖面为梯形。保存较差。台体以自然山体岩石为基础，外用不规则的毛石包砌，白灰勾缝，缝隙较大处用小块毛石填塞，内填碎石、土。砌筑时向上有收分。现存台体南北长 10.7、东西宽 9.8、残高 2.8 米。

小摸虎山长城 2 号敌台 （211481352101170045）

位于白塔乡摸虎村小摸虎山长城 2 段（复线）上，高程 63 米。东北距小摸虎山长城 1 号敌台 270 米。西距兴城西河支流 300 米。

平面为矩形，剖面为梯形。保存较差。台体以自然山体岩石为基础，外用不规则的毛石包砌，白灰勾缝，缝隙较大处用小块毛石填塞，内填碎石、土。现存台体南北长 5.25、东西宽 5.2、残高 1.53 米。

冰沟山长城 1 号敌台（211481352101170046）

位于白塔乡摸虎村摸虎山下，高程 112 米。建于冰沟山长城 1 段内侧，西南距冰沟长城 2 号敌台 370 米。东距兴城西河支流 500 米。

台体全部坍塌，四周散落石块。具体建筑结构不清。残高为 2.9 米。

冰沟山长城 2 号敌台（211481352101170047）

位于白塔乡摸虎村摸虎山下，高程 68 米。建于冰沟长城 1 段内侧，西南距冰沟山长城 3 号敌台 260 米。东距兴城西河支流 800 米。

台体全部坍塌，北侧由于早年修建锦山厂被辟为采石厂，将其毁掉三分之二，现残高 2.6 米。

冰沟山长城 3 号敌台（211481352101170048）

位于白塔乡摸虎村摸虎山下，高程 68 米。建于冰沟长城 1 段内侧，东北距冰沟山长城 2 号敌台 260 米。东距兴城西河支流约 900 米，西距兴城至建昌的公路约 2400 米。

平面为圆形，剖面为梯形。保存差。台体以自然山体岩石为基础，外用毛石包砌，内填碎石、土。现存台体顶径 9、残高 4.5 米。

朗月西山长城 1 号敌台（211481352101170049）

位于白塔乡朗月沟村西山上，高程 184 米。建于朗月沟村西山长城 1 段内侧，南距朗月西山长城 2 号敌台 530 米。东距兴城西河支流 500 米。

平面为圆形，剖面为梯形。保存较差，台体全部坍塌。台体以自然山体岩石为基础，外用毛石包砌，内填碎石、土。现存台体顶径 8.9、残高 3.1 米。

朗月西山长城 2 号敌台（211481352101170050）

位于白塔乡朗月沟村西山上，高程 184 米。建于朗月沟西山长城 1 段内侧，长城墙体绕台而行，北距朗月西山长城 1 号敌台 530 米。东距兴城西河支流约 500 米。

平面为圆形，剖面为梯形。保存差，坍塌严重。台体以自然山体岩石为基础，外用毛石包砌，内填碎石、土。现存台体顶径 7.5、残高 1.85 米。

磨盘山长城 1 号敌台（211481352101170051）

位于红崖子乡头道河子村东的磨盘山长城 1 段内侧，高程 203 米。东南距磨盘山长城 2 号敌台 720 米，东北距磨盘山 1 号烽火台 560 米。

台体濒临消失，具体建筑结构不清。

磨盘山长城 2 号敌台（211481352101170052）

位于红崖子乡头道河子村东的磨盘山长城 2 段上，高程 107 米。东南距磨盘山长城 3 号敌台 470 米，东北距磨盘山 2 号烽火台 760 米。

台体濒临消失，具体建筑结构不清。

磨盘山长城 3 号敌台（211481352101170053）

位于红崖子乡头道河子村东的磨盘山城 2 段内侧，高程 209 米。东南距磨盘山长城 4 号敌台 540 米，东北距磨盘山 2 号烽火台 640 米。

平面为圆形，剖面为梯形。保存较差，台体严重坍塌，四周散落石块。台体直接砌在山体的岩石上，外用大块较为规整的毛石包砌，中间填充碎石、土。现存台体顶径 8.5、残高 2.2 米。

磨盘山长城 4 号敌台（211481352101170054）

位于红崖子乡头道河子村东的磨盘山磨盘山长城内侧，高程 188 米。东南距磨盘山长城 5 号敌台 520 米。

平面为圆形，剖面为梯形。保存较差，台体基础除少部分露在外面其大多都被坍塌的毛石掩埋。台体直接砌在山体的岩石上，外用大块较为规整的毛石包砌，中间填充碎石、土。现存台体顶径 8.3、残高 3.6 米。

磨盘山长城 5 号敌台（211481352101170055）

位于红崖子乡头道河子村东的磨盘山长城 3 段内侧，高程 108 米。东南距磨盘山长城 6 号敌台 500 米。

台体濒临消失，具体建筑结构不清。现存台体高 1.5 米。

磨盘山长城 6 号敌台（211481352101170056）

位于红崖子乡头道河子村东的磨盘山磨盘山长城 4 段内侧，高程 200 米。西南距磨盘山长城 7 号敌台 900 米，东南距磨盘山 3 号烽火台 120 米。

台体濒临消失。具体建筑结构不清。现存台体高 1.5 米。

磨盘山长城 7 号敌台（211481352101170057）

位于红崖子乡头道河子村东的磨盘山长城 5 段内侧，高程 75 米。东北距磨盘山 3 号烽火台 980 米。西距兴城西河的支流 600 米，南距兴城－建昌的公路 140 米。

台体濒临消失，具体建筑结构不清。

梁家屯长城敌台（211481352101170061）

位于红崖子乡梁屯村东南的磨盘山北侧（正业园区大门外），高程 60 米。北接梁家屯长城 1 段，南接梁家屯长城 2 段；南距磨盘山长城 1 号敌台 1200 米。兴城－三道沟的公路在敌台北侧通过。

保存较差，现只存台体中间的部分夯土，被雨水冲刷已呈圆锥状。具体建筑形制不清。现存台体高 2.6 米。

黑凤山长城 1 号敌台（211481352101170062）

位于红崖子乡梁家屯村东南的黑凤山长城内侧，高程 203 米。南距黑凤山长城 2 号敌台 440 米。

平面为圆形，剖面为梯形。保存较差，台体基础除少部分露在外面其大多都被坍塌的毛石掩埋。台体直接砌在山体的岩石上，外用大块较为规整的毛石包砌，中间填充碎石、土。现存台体顶径 6.5、残高 2.4 米。

黑凤山长城 2 号敌台（211481352101170063）

位于红崖子乡梁家屯村东南的黑凤山长城 1 段内侧，高程 309 米。南距黑凤山长城 3 号敌台 460 米。

平面为矩形，剖面为梯形。保存较差，台体基础除少部分露在外面其大多都被坍塌的毛石掩埋。台体直接砌在山体的岩石上，外用大块较为规整的毛石包砌，中间填充碎石、土。现存台体南北长 5.6、东西宽 4.6、残高 1.7 米。

黑凤山长城 3 号敌台（211481352101170064）

位于红崖子乡梁家屯村东南的黑凤山长城 3 段内侧，高程 395 米。西南距黑凤山长城 4 号敌台 680 米。

平面为圆形，剖面为梯形。保存较差，台体基础除少部分露在外面其大多都被坍塌的毛石掩埋。台体直接砌在山体的岩石上，外用大块较为规整的毛石包砌，中间填充碎石、土。现存台体顶径 9.1、残高 0.5 米。

黑凤山长城 4 号敌台（211481352101170065）

位于红崖子乡梁家屯村东南的黑凤山长城 4 段上，高程 279 米。东南距黑凤山长城 5 号敌台 280 米。

平面为圆形，剖面为梯形。保存较差，台体严重坍塌。台体直接砌在山体的岩石上，外用大块较为规整的毛石包砌，中间填充碎石、土。现存台体顶径 6.5、残高 1.75 米。

黑凤山长城 5 号敌台（211481352101170066）

位于红崖子乡梁家屯村东南的黑凤山长城 4 段上，高程 321 米。西南距黑凤山长城 6 号敌台 190 米。

平面为圆形，剖面为梯形。保存较差，台体严重坍塌。台体直接砌在山体的岩石上，外用大块较为规整的毛石包砌，中间填充碎石、土。现存台体顶径 8.5、残高 3.2 米。

黑凤山长城 6 号敌台（211481352101170067）

位于红崖子乡梁家屯村东南的黑凤山长城 5 段内侧，高程 287 米。西南距黑凤山长城 7 号敌台 500 米。

台体濒临消失，具体建筑结构不清。

黑凤山长城 7 号敌台（211481352101170068）

位于红崖子乡梁家屯村东南的黑凤山长城 5 段内侧，高程 221 米。西南距黑凤山长城 8 号敌台 300 米。

平面为圆形，剖面为梯形。保存较差，台体严重坍塌。台体直接砌在山体的岩石上，外用大块较为规整的毛石包砌，中间填充碎石、土。现存台体顶径 7.1、残高 2.7 米。

黑凤山长城 8 号敌台（211481352101170069）

位于红崖子乡梁家屯村东南的黑凤山主峰西南支脉黑凤山长城 5 段内侧，高程 221 米。西南距黑凤山长城 9 号敌台 450 米。

平面为圆形，剖面为梯形。保存较差，台体严重坍塌。台体直接砌在山体的岩石上，外用大块较为规整的毛石包砌，中间填充碎石、土。现存台体顶径 8.2、残高 2.7 米。

黑凤山长城 9 号敌台（211481352101170070）

位于红崖子乡梁家屯村东南的黑凤山主峰西南支脉黑凤山长城 5 段内侧，高程 218 米。西南距黑凤山 1 号烽火台 420 米。

平面为圆形，剖面为梯形。保存较差，台体严重坍塌。台体直接砌在山体的岩石上，外用大块不规整的毛石包砌，中间填充碎石、土。现存台体顶径 6.6、残高 1.75 米。

边壕子长城 1 号敌台（211481352101170073）

位于红崖子乡边壕子村东山边壕子长城 1 段的内侧，高程 127 米。西南距边壕子长城 2 号敌台 2300 米，东北距黑凤山 2 号烽火台 920 米。

保存差，濒临消失，形制不清。根据现场调查判断敌台应为石头结构，外为毛石包砌，中间填充碎石和土。

边壕子长城 2 号敌台（211481352101170074）

位于红崖子乡边壕子村西山边壕子长城 3 段内侧，高程 106 米。东北距边壕子长城 1 号敌台 2300 米，西南距边壕子长城 3 号敌台 400 米。附近有东沙河，闻家至拣金的公路在台体东侧通过。

台体濒临消失，具体建筑结构不清。

边壕子长城 3 号敌台（211481352101170075）

位于红崖子乡郝家屯村南山边壕子长城 3 段内侧，高程 114 米。西距墙体 3 米，西南距边壕子长城 4 号敌台 350 米。

平面为圆形，剖面为梯形。保存较差，台体严重坍塌。台体直接砌在山体的岩石上，外用大块不规整的毛石包砌，中间填充碎石、土。现存台体顶径 6.1、残高 2.6 米。

边壕子长城 4 号敌台（211481352101170076）

位于红崖子乡郝家屯村南山边壕子长城 4 段内侧，高程 111 米。西南距边壕子长城 5 号敌台 1500 米，西南距边壕子 1 号烽火台 1200 米。

平面为圆形，剖面为梯形。保存较差，台体严重坍塌。台体直接砌在山体的岩石上，内夯土、外用大块不规整的毛石包砌。现存台体顶径 9.2、残高 2.1 米。

边壕子长城 5 号敌台（211481352101170078）

位于红崖子乡郝家屯村南山坡上，边壕子长城 5 段内侧，高程 129 米。西南距边壕子 2 号烽火台 440 米，东南距边壕子 1 号烽火台 430 米。

平面为圆形，剖面为梯形。保存较差，台体严重坍塌。台体以自然山体岩石为基础，内夯土、外用大块不规整的毛石包砌。现存台体顶径 9.1、残高 3 米。在台体附近发现有大量的青砖碎块，台顶原应有铺舍。

老石山长城敌台（211481352101170080）

位于红崖子乡施家屯村南老石山长城内侧，高程 183 米。西北距墙体 4 米，东北距边壕子长城 5 号敌台 850 米，西南距马鞍山烽火台 420 米。

平面为圆形，剖面为梯形。保存较差，台体严重坍塌。台体以自然的山体岩石为基础，外用大块不规整的毛石包砌，中间填充土。现存台体顶径 6.7、残高 2.6 米。

马鞍山长城敌台（211481352101170082）

位于拣金乡施家屯南的马鞍山长城内侧，西距墙体 3 米，高程 127 米。北距施家屯 500 米，东北距马鞍山烽火台 638 米，西南距北大山东沟长城敌台 600 米。

平面为圆形，剖面为梯形。保存较差，台体严重坍塌。台体直接砌在山体的岩石上，外用大块不规整的毛石包砌，中间填充碎石、土。现存台体顶径 6.5、残高 1.7 米。

北大山东沟长城敌台（211481352101170083）

位于南大乡东沟村北大山东沟长城 1 段内侧，高程 184 米。东南距大北沟村东烽火台 1200 米，南距大北沟村南烽火台 1600 米。西距烟台河 600 米。

台体濒临消失，具体建筑结构不清。

三家子南山长城敌台（211481352101170089）

位于南大乡三家子村南山长城 1 段内侧，高程 110 米。东北距红旗门南山烽火台 665 米。东北 200 米有乡级公路。

敌台保存差，濒临消失。地表散落石块、青砖。具体建筑结构不清。

边里长城 1 号敌台（211481352101170090）

位于南大乡长垄沟村边里屯北侧，边里长城 1 段内侧，高程 78 米。西南距边里长城 2 号敌台 458 米，东距三家子南山长城敌台 1300 米。东 100 米为乡间小路。

平面为圆形，剖面为梯形。保存较差，现存一长满杂草灌木的大土堆，部分暴露面上可见一层层夯土，厚薄不一。台体附近有青砖残块。推断台体为内夯土、外包砖结构。现存台体直径 5.5、残高 4.2 米。

边里长城 2 号敌台（211481352101170091）

位于南大乡长垄沟村边里屯北侧，边里长城 3 段内侧，北距墙体 1.8 米，高程 92 米。西距边里长城 3 号敌台 962 米。

平面为圆形，剖面为梯形。保存较差，台体附近有青砖残块。推断台体为内夯土、外包砖结构。现存台体直径 5.2 米，台内的夯土高 5.3、夯土层厚 0.15～0.3 米。

边里长城 3 号敌台（211481352101170092）

位于南大乡长垄沟村边里屯北侧，边里长城 3 段内侧，高程 127 米。西距边里长城 4 号敌台 411 米。北 400 米有季节性河流。

平面为圆形，剖面为梯形。保存较差，台体附近有青砖残块。推断台体为内夯土、外包砖结构。现存台体直径 5.6 米，台内的夯土高 3.6 米，夯土层厚 0.15～0.3 米。

边里长城 4 号敌台（211481352101170093）

位于南大乡长垄村西沟里屯南山边里长城 4 段内侧，高程 127 米。西南距东南沟长城 1 号敌台 969 米。北 500 米为季节性河流，附近皆为乡间小路。

平面为圆形，剖面为梯形。保存较差，台体附近有青砖残块。推断台体为内夯土、外包砖结构。现存台体直径 5.8 米，台内的夯土高 1.9 米。

东南沟长城 1 号敌台（211481352101170094）

位于围屏乡陈良村东南沟屯南山上，东南沟长城内侧，西北距墙体 1.5 米，高程 119 米。西南距东南沟长城 2 号敌台 770 米。

台体全部坍塌，现只存台内的夯土，周围散落青砖。推断台体为内夯土、外包砖结构。

东南沟长城 2 号敌台（211481352101170095）

位于围屏乡陈良村东南沟屯南山上，东南沟长城内侧，高程 121 米。西南距云台寺长城 1 号敌台 664 米。东侧 500 米处为季节性河流。

台体全部坍塌，现只存台内的夯土，呈锥状，周围散落青砖。推断台体为内夯土、外包砖结构。现存台体直径 4.2 米，台内的夯土高 2.1 米。

云台寺长城 1 号敌台（211481352101170096）

位于围屏乡云台寺村云台寺屯北山上，云台寺长城 1 段内侧，高程 136 米。西距云台寺长城 2 号敌台 580 米。

平面为圆形，剖面为梯形。保存较差，周围散落青砖。台体为内夯土、外包砖结构。现存夯土顶径 4.3、残高 1.6 米。台体外侧 5 米处有一圈宽 1.5、高 1 米用土修筑的护台。

云台寺长城 2 号敌台（211481352101170097）

位于围屏乡云台寺村云台寺屯北山上，云台寺长城 1 段内侧，高程 134 米。西距云台寺台子沟北山烽火台 280 米。东侧 500 米处为季节性河流。

平面为圆形，剖面为梯形。保存较差，毛石已全部脱落。台体以自然山体岩石为基础，内夯土、外用毛石包砌。现存台体顶径 5.2 米，台内夯土高 1.8 米。

小团瓢长城敌台（211481352101170100）

位于围屏乡团瓢村小团瓢屯西北，小团瓢屯长城 1 段南侧，高程 93 米。东南距小团瓢烽火台 700 米，西距曹屯南山烽火台 860 米。南 300 米处有季节性河流，西是围屏－大寨的乡级公路 200 米。

保存差，台体全部坍塌，已濒临消失。但调查发现该敌台为了增加台体高度，在建台前用黄土夯筑直径 18、高 3.8 米的圆形基础台基。

潘屯南山长城 1 号敌台（211481352101170102）

位于围屏乡茶家村潘屯南山上，潘屯南山长城南侧，距墙体 4.5 米，高程 88 米。西北距潘屯南山长城 2 号敌台 805 米，西距石家沟东山烽火台 588 米。东距围屏－大寨的乡级公路 300 米。

平面为圆形，剖面不清。台体以自然山体岩石为基础，内夯土、外用毛石包砌。现存台体顶径 9.1、残高 2.1 米。

潘屯南山长城 2 号敌台（211481352101170104）

位于高家岭乡山西村石家沟屯东山梁上，潘屯南山长城内侧，北距墙体 4.7 米，高程 133 米。南距石家沟东山烽火台 534 米。

平面为圆形，剖面不清。保存差，台体全部坍塌，存留的夯土已被雨水冲刷成圆锥状的土丘，濒临消失。现存台体直径 6.2、残高 2.1 米。

牛心山长城敌台（211481352101170105）

位于高家岭乡山西村石家沟屯北牛心山东北侧山梁上，牛心山长城 1 段内侧，高程 115 米。西北距牛心山烽火台 570 米。西侧 600 米有季节性河流。

平面为矩形，剖面为梯形。保存较差，只存留台内夯土，周围散落石块。台体以自然山体岩石为基础，台身内夯土、外用毛石包砌。现存台体东西长 12、南北宽 12、残高 1.6 米。

沟门长城 1 号敌台（211481352101170107）

位于高家岭乡山西村沟门屯南山，沟门长城 1 段内侧，西距墙体 4 米，高程 71 米。西南距沟门长城 2 号敌台 990 米，东北距牛心山长城烽火台 1000 米。

平面为矩形，剖面为梯形。保存较差，现只存留台内夯土，夯土层厚 0.2 米。东西长 8.9、南北宽 8.9、残高 3.4 米。

沟门长城 2 号敌台（211481352101170108）

位于高家岭乡山西村壕头子屯南山上，沟门长城 3 段内侧，西距墙体 10 米，高程 84 米。西南距沟门长城 3 号敌台 910 米。

平面为矩形，剖面为梯形。保存较差，现只存留台内夯土，夯土层厚 0.15～0.2 米。现存台体边长为 9.5、残高 1.8 米。

沟门长城 3 号敌台（211481352101170109）

位于高家岭乡汤上村东山屯，沟门长城 4 段内侧，高程 67 米。西距沙上线县级公路 500 米。

台体濒临消失，具体建筑结构不清。

肖家岭北山长城敌台（211481352101170110）

位于围屏乡肖家岭村北山，肖家岭北山长城（复线）内侧，北距墙体 5 米，高程 131 米。西南距肖家岭烽火台 580 米。

台体濒临消失，具体建筑结构不清。

小团瓢东山长城敌台（211481352101170112）

位于围屏团瓢村小团瓢屯东山，小团瓢东山长城（复线）内侧，高程 94 米。北距小团瓢烽火台 667 米。

台体濒临消失，具体建筑结构不清。

下坡子长城敌台（211481352101170113）

位于围屏乡团瓢村下坡子屯南山上，下坡子长城（复线）内侧，高程 115 米。西南距西南屯南山烽火台 1800 米。

平面为圆形，剖面为梯形。保存较差，存留部分夯土基础，周围散落石块。台体直接砌在山体的岩石上，内夯土、外用毛石包砌。现存台体夯土顶径 7.5、残高 2.1 米。在距敌台 4.5 米处修建有护台壕，夯筑而成，宽 1.2、残高 1 米。

赵西沟长城 1 号敌台（211481352101170117）

位于围屏乡团瓢村赵西沟屯南山上，赵西沟长城（复线）内侧，北距墙体 2.5 米，高程 116 米。西北距赵西沟长城 2 号敌台 680 米，东南距赵西沟南山烽火台 573 米。

平面为圆形，剖面为梯形。保存差，台体全部坍塌，存留的夯土已被雨水冲刷成圆锥状的土丘。台体以自然山体岩石为基础，内夯土、外用毛石包砌。现存台体顶径 8.2、残高 2.4 米。

赵西沟长城 2 号敌台（211481352101170118）

位于围屏乡团瓢村赵西沟屯南山上，赵西沟长城（复线）内侧，高程 120 米。西南距高家岭边壕子东山烽火台 1400 米。西南 600 米处是周家屯水库。

平面为方形，剖面为梯形。保存较差，台体坍塌较为严重，只存台体中间的夯土部分。现存台体顶边长 8.3、残高 3 米。

周家屯北山长城敌台（211481352101170119）

位于高家岭乡周家屯村北山，周家屯北山长城（复线）内侧 5 米处，高程 118 米。东南距赵西沟长城 2 号敌台 558 米，西南距高家岭边壕子东山烽火台 888 米。南距周家屯水库 400 米。

平面为方形，剖面不清。保存较差，台坍塌较为严重，根据现场调查推测，台体以自然山体岩石为基础，外用不规则的毛石包砌，内填黄土。现存台体边长 8.2、残高 2.8 米。

（10）绥中县

①墙体及保存现状

绥中县明长城总长 104692 米，可分为 146 段。

牛彦章后山长城 1 段（211421382102170001）

起于高台堡镇牛彦章村北后山东坡（六股河西岸），止于高台堡镇牛彦章村北后山梁西坡。起点高程 8 米，止点高程 82 米。走向东南－西北。东与兴城市境内的沟门长城 4 段隔河相望，南接牛彦章后山长城 2 段。墙体东侧约 1300 米为六股河，北约 1600 米为黑水河，牛彦章－高台堡公路在墙体南 500 米通过。全长 808 米。墙体保存差，多处坍塌，两侧包砌的石块散落在墙体两侧，其中 460 米墙体已经消失。

该段墙体为石墙，以自然山体为基础，中间用黄土夯筑，两侧用毛石包砌。现存墙体宽 2.5、残高 0.9 米。

牛彦章后山长城 2 段（211421382301170002）

起于高台堡镇牛彦章村北后山梁西坡，止于高台堡镇牛彦章村穆家沟屯北山顶东侧山坡。起点高程 82 米，止点高程 146 米。走向东北－西南。东北接牛彦章后山长城 1 段，西南连穆家沟北山长城 1 段。该段全长 1800 米，墙体地表已无存。

穆家沟北山长城 1 段（211421382102170003）

起于高台堡镇牛彦章村穆家沟屯北山顶东侧山坡，止于高台堡镇牛彦章村穆家沟屯北山顶西侧山坡。起点高程 146 米，止点高程 167 米。走向东北－西南。东北接牛彦章后山长城 2 段，西南连穆家沟北山长城 2 段。墙体北为黑水河，南侧 500 米是牛高线公路（牛彦章至高台堡）。全长185米。墙体多处坍塌，保存差。

该段墙体为石墙，以自然沉积岩石为基础，用毛石干垒，中间填碎石。墙体在干垒时向上有较大收分，剖面为梯形，墙体顶部设施无存。现存墙体宽1.8、残高0.5～0.8米。

穆家沟北山长城2段（211421382301170004）

起于高台堡镇牛彦章村穆家沟屯北山顶西侧山坡，止于高台堡镇万陈村张家沟屯南山东坡。起点高程167米，止点高程183米。走向东北－西南。东北接穆家沟北山长城1段，西南连张家沟南山长城。墙体北侧约2500米处是黑水河，南侧约600处是牛彦章－高台堡公路。该段全长1300米，墙体地表已无存。

张家沟南山长城（211421382102170005）

起于高台堡镇万陈村张家沟屯南山东坡，止于高台堡镇黑水台村八将沟屯北山南坡。起点高程183米，止点高程109米。走向东北－西南。东北接穆家沟北山长城2段，西南连八将沟北山长城。墙体内侧建有张家沟南山长城1、2、3、4号敌台。墙体北约2000米处是黑水河，南约2000米处有牛彦章－高台堡乡级公路通过。全长2910米，墙体整体保存较差。

该段墙体为石墙，以自然山体岩石为基础，用毛石干垒，中间填碎石或土。剖面呈梯形。现存墙宽1.3～2、残高0.5～1.6米。

八将沟北山长城（211421382301170006）

起于高台堡镇黑水台村八将沟屯北山南坡，止于高台堡镇水口村西沟屯北山东侧果园。起点高程109米，止点高程53米。走向东北－西南。东北接张家沟南山长城，西南连水口西沟长城1段。该段全长4800米，墙体地表已无存。

水口西沟长城1段（211421382101170007）

起于高台堡镇水口村西沟屯北山东侧果园，止于高台堡镇水口村西沟屯北山1号敌台西侧。起点高程53米，止点高程73米。走向东北－西南。东北接八将沟北山长城，西南连水口西沟长城2段，水口西沟长城敌台建于该段墙体内侧。东北约1000米处是王宝河，北约800米是213省道。全长120米。整体保存差，多处坍塌或被挖断。

该段墙体为土墙，自然基础，用黄土夯筑，夯土层厚0.2米。现存墙体宽4.6、残高0.8米。

水口西沟长城2段（211421382301170008）

起于高台堡镇水口村西沟屯北山1号敌台西侧，止于高台堡镇水口村西岭屯西南干沟东侧。起点高程73米，止点高程62米。走向东北－西南。东北接水口西沟长城1段，西南连水口西岭长城1段。墙体南约100米有季节性河流，北约300米是陈荫沟至水口的村路。全长800米，墙体地表已无存。

水口西岭长城1段（211421382101170009）

起于高台堡镇水口村西岭屯西南干沟东侧，止于高台堡镇水口村西岭屯西山东侧山坡。起点高程62米，止点高程60米。走向东北－西南。北接水口西沟长城2段，西南连水口西岭长城2段。西南距陈荫沟东沟烽火台339米。墙体南有季节性河流，北有陈荫沟至水口的村路。全长 800 米，保存差。

该段墙体为土墙，自然基础，用黄土夯筑，夯土层厚 0.2 米。现存墙体宽 3.5、残高 1.4 米。

水口西岭长城 2 段（2114213823011170010）

起于高台堡镇水口村西岭屯西山东侧山坡，止于高甸子乡陈荫沟村东沟屯东山。起点高程 60 米，止点高程 68 米。走向东北－西南。东北接水口西岭长城 1 段，西南连陈荫沟长城 1 段。全长 510 米，墙体地表已无存。

陈荫沟长城 1 段（2114213821011170011）

起于高甸子乡陈荫沟村东沟屯东山，止于高甸子乡陈荫沟村南渡槽东侧。起点高程 68 米，止点高程 55 米。走向东北－西南。东北接水口西岭长城 2 段，西南连陈荫沟长城 2 段。墙体北约 2000 米处是王宝河。全长 150 米，保存差。

该段墙体为土墙，自然基础，用黄土夯筑，夯土层厚 0.25 米。剖面呈梯形。现存墙体宽 2.5、残高 0.8 米。

陈荫沟长城 2 段（2114213823011170012）

起于高甸子乡陈荫沟村南渡槽东侧，止于高甸乡陈荫沟村南龙屯水库干渠渡槽西侧。起点高程 55 米，止点高程 59 米。走向东北－西南。东北接陈荫沟长城 1 段，西南连陈荫沟长城 3 段。墙体北约 2100 米处是王宝河。该段全长 850 米，墙体地表已无存。

陈荫沟长城 3 段（2114213821011170013）

起于高甸乡陈荫沟村南龙屯水库干渠渡槽西侧，止于高甸乡陈荫沟村西南干沟东侧。起点高程 59 米，止点高程 68 米。走向东北－西南。东北接陈荫沟长城 2 段，西南连狼洞子东山长城 1 段。陈荫沟长城 1 号、2 号敌台均建于该段墙体内侧。墙体北约 2000 米处是王宝河。当地村民利用该段墙体平整土地及在墙体上修筑干渠渡槽、建高压线塔，致使墙体多处坍塌、冲断或人为挖断、铲平。全长 1144 米。

该段墙体为土墙，自然基础，用黄土夯筑，夯土层厚 0.25 米。剖面呈梯形。现存墙宽 6.6、残高 0.9 米。

狼洞东山长城 1 段（2114213821011170014）

起于高甸子乡大狼洞子村小狼洞子屯东山（陈荫沟村西南干沟东侧），止于高甸子乡大狼洞子村小狼洞子屯东山西坡。起点高程 68 米，止点高程 102 米。走向东北－西南。北接陈荫沟长城 3 段，西南连狼洞东山长城 2 段。狼洞东山长城 1 号、2 号、3 号敌台建于该段墙体内侧。墙体北侧约 100 米处为季节性河流。全长 2800 米，大部分墙体已坍塌，保存差。

该段墙体为土墙，自然基础，用黄土夯筑，夯土层厚 0.2 米。剖面呈梯形。现存墙宽 2.1、残高 1.6 米。

狼洞东山长城 2 段（2114213823011170015）

起于高甸子乡大狼洞子村小狼洞子屯东山西坡，止于高甸子乡糜子沟村南山东坡。起点高程 102 米，止点高程 80 米。走向东北－西南。东北接狼洞东山长城 1 段，西南连糜子沟南山长城 1 段。该段全长 1000 米，墙体地表已无存。

糜子沟南山长城 1 段（211421382101170016）

起于高甸子乡糜子沟村南山东坡，止于高甸子乡糜子沟村牤牛沟屯东侧山坡（南山西坡）。起点高程 80 米，止点高程 88 米。走向东北－西南。东北接狼洞子东山 2 段，西南连糜子沟南山长城 2 段。墙体东约 300 米处为季节性河流，北 200 米处沙范线公路东西通过。全长 113 米，保存差。

该段墙体为土墙，自然基础，用黄土夯筑，夯土层厚 0.24 米。剖面呈梯形。现存墙体宽 2.4、残高 1.6 米。

糜子沟南山长城 2 段（211421382301170017）

起于高甸子乡糜子沟村牤牛沟屯东侧山坡（南山西坡），止于高甸子乡糜子沟村牤牛沟屯西山东坡。起点高程 88 米，止点高程 87 米。走向东北－西南。东北接糜子沟南山长城 1 段，西南连牤牛沟长城 1 段。该段全长 650 米，墙体地表已无存。

牤牛沟长城 1 段（211421382101170018）

起于高甸子乡糜子沟村牤牛沟屯西山东坡，止于高甸子乡顺山堡村三姓屯东。起点高程 87 米，止点高程 91 米。走向东北－西南。东北接糜子沟南山长城 2 段，西南连牤牛沟西山长城 2 段。墙体东有季节性河流，北有沙范线公路东西通过。全长 272 米，保存差。

该段墙体为土墙，自然基础，用黄土夯筑，夯土层厚 0.2 米。剖面呈梯形。现存墙体宽 4.5、残高 0.6～1.2 米。

牤牛沟长城 2 段（211421382301170019）

起于高甸子乡顺山堡村三姓屯东，止于高甸子乡顺山堡村三姓屯圆山东北坡。起点高程 91 米，止点高程 115 米。走向东北－西南。东北接牤牛沟长城 1 段，西南连三姓屯圆山长城 1 段。墙体北约 800 米处是季节性河流，范线公路在其北约 600 米处通过。该段全长 840 米，墙体地表已无存。

三姓屯圆山长城 1 段（211421382102170020）

起于高甸子乡顺山堡村三姓屯圆山东北坡，止于高甸子乡顺山堡村三姓屯圆山北坡。起点高程 115 米，止点高程 185 米。走向东北－西南。东北接牤牛沟长城 2 段，西南连三姓屯圆山长城 2 段。三姓屯圆山长城敌台建于该段墙体内侧。墙体北有季节性河流。全长 224 米。墙体多处坍塌，保存差。

该段墙体为石墙，为自然山体岩石基础，用毛石干垒，内填碎石或沙砾，墙体顶部设施无存。剖面呈梯形。现存墙体宽 1.8～2、残高 0.5～0.9 米。

三姓屯圆山长城 2 段（211421382106170021）

起于高甸子乡顺山堡村三姓屯西南圆山北坡，止于范家乡涝豆沟村南圆山西坡（高城沟东侧）。起点高程 185 米，止点高程 122 米。走向南北－东西。北接三姓屯圆山长城 1 段，西连涝豆沟尖山长城 1 段，三姓屯圆山长城敌台建在墙体上。墙体西侧约 200 米是季节性河流。全长 718 米。

该段墙体全部为山险，系利用自然山体而形成天然屏障。

涝豆沟尖山长城 1 段（211421382102170022）

起于范家乡涝豆沟村南高城沟东侧山坡，止于范家乡涝豆沟村南尖山北侧山上。起点高程 122 米，止点高程 176 米。走向东北－西南。东北接三姓屯圆山长城 2 段，西南连涝豆沟尖山长城 2 段，涝豆沟尖山长城敌台建于墙体内侧。墙体东侧约 300 米处是涝豆沟河。全长 352 米，保存差。

该段墙体为石墙，为自然山体岩石基础，用毛石干垒，内填碎石或沙砾。剖面呈梯形。现存墙体宽 2.1、残高 0.5 米。

涝豆沟尖山长城 2 段（211421382301170023）

起于范家乡涝豆沟村南尖山北侧山上，止于范家乡后喊过岭村西山东坡。起点高程 176 米，止点高程 100 米。走向东北－西南。东北接涝豆沟尖山长城 1 段，西南连后喊过岭西山长城 1 段。该段全长 680 米，墙体地表已无存。

后喊过岭西山长城 1 段（211421382102170024）

起于范家乡后喊过岭村西山东坡，止于范家乡后喊过岭村西山的西南山顶。起点高程 100 米，止点高程 175 米。走向东北－西南－西。东北接涝豆沟尖山长城 2 段，西连后喊过岭西山长城 2 段。后喊过岭西山长城 1 号、2 号、3 号敌台建于该段墙体内侧。墙体东约 500 米处有季节性河流，北约 800 米是沙范线公路。全长 1300 米。保存较差，现已大部分坍塌，内外土、石大量流失，地面仅存部分基础（两侧或一侧有排列整齐的石块，且高出地面）。

该段墙体为石墙，以自然山体为基础，墙身用土、石混筑，墙体两侧以石块垒砌，内部填充土和少量碎石。现存墙宽 1.6～2、残高 0.5～1.15 米。该段墙体坐落在海拔较低的丘陵地带，在防御上有一定的不足，因此在该段墙体的内侧修筑后喊过岭尖山长城、前喊过岭西山长城两条复线。

后喊过岭西山长城 2 段（211421382102170025）

起于范家乡后喊过岭村西山的西南山顶，止于范家乡弯土墙村齐家屯东山梁。起点高程 175 米，止点高程 143 米。走向东－西－西北－西南。东接后喊过岭西山长城 1 段，西南连齐家屯长城 1 段。后喊过岭西山长城 4 号敌台建于该段墙体内侧。墙体北约 200 米处是季节性河流。全长 1200 米，保存较差。

该段墙体为石墙，以自然山体为基础，用土、石混筑，即墙体两侧以片石垒砌，内部填充少量土和碎石。现存墙宽 1.6～2、残高 0.5～1.15 米。

齐家屯长城 1 段（211421382102170026）

起于范家乡弯土墙村齐家屯东山梁上，止于范家乡弯土墙村齐家屯东南山梁上。起点高程 143 米，止点高程 210 米。走向东北－西南。东北接后喊过岭西山长城 2 段，西南连齐家屯长城 2 段。齐家屯长城 1 号、2 号敌台均建于该段墙体内侧。墙体南约 50 米处是范家至平川营村路、300 米处有季节性河流。全长 1500 米，保存较差。

该段墙体为石墙，以自然山体为基础，用土、石混筑，即墙体两侧以片石垒砌，内部填充土和少量碎石。现存墙宽 1.5~2、残高 0.3~0.8 米。根据墙体被破坏的断面来看，墙体剖面呈梯形。该段墙体坐落在海拔较低的丘陵地带，在防御上有一定的不足，因此在该段墙体的内侧分别修筑了五台北沟北山长城和五台子东山长城两条复线，以加强防御能力。

齐家屯长城 2 段（211421382102170027）

起于范家乡弯土墙村齐家屯东南山梁上，止于范家乡弯土墙村刘家屯东山南坡。起点高程 210 米，止点高程 83 米。走向东北－西南。东北接齐家屯长城 1 段，西南连齐家屯长城 3 段。齐家屯长城 3 号、4 号敌台建于该段墙体内侧。墙体南约 200 米处有季节性河流、300 米处有刘把屯至田家屯村路。全长 1200 米，保存较差。

该段墙体为石墙，以自然山体为基础，用土、石混筑，即墙体两侧以石块垒砌，内部填充土和少量碎石。剖面呈梯形。现存墙宽 1.5~2、残高 0.3~1.4 米。

齐家屯长城 3 段（211421382301170028）

起于范家乡弯土墙村刘家屯东山南坡，止于范家乡弯土墙村刘家屯东山北坡。起点高程 83 米，止点高程 90 米。走向东北－西南。东北接齐家屯长城 2 段，西南连弯土墙东山长城 1 段。该段全长 100 米，墙体地表已无存。

弯土墙东山长城 1 段（211421382102170029）

起于范家乡弯土墙村刘屯东山北坡，止于范家乡弯土墙村田家屯北（范家乡至平川营村公路北）。起点高程 90 米，止点高程 75 米。走向东北－西南。东北接齐家屯长城 3 段，西南连弯土墙东山长城 2 段。墙体西约 2000 米处是狗河，南约 100 米是弯土墙至平川营的村级公路。全长 188 米。保存较差，大部分墙体坍塌。

该段墙体为石墙，以自然山体岩石为基础，用毛石包砌，中间填碎石、土。剖面呈梯形。现存墙体宽 2、残高 0.5~1.1 米。

弯土墙东山长城 2 段（211421382301170030）

起于范家乡弯土墙村田家屯北，止于范家乡钓鱼石村三道河子屯后山（狗河东岸悬崖）。起点高程 75 米，止点高程 77 米。走向东北－西南。东北接弯土墙长城 1 段，西南连三道河子后山长城 1 段。墙体西约 500 米处是狗河，范前线乡级公路在该段墙体中间南北通过。该段全长 1100 米，墙体地表已无存。

三道河子后山长城 1 段（211421382102170031）

起于绥中县范家乡钓鱼石村三道河子屯后山（狗河东岸悬崖），止于范家乡钓鱼石村三道河子屯后山（三道河子后山 3 号烽火台西南河岸）。起点高程 77 米，止点高程 78 米。走向东北－西南。东北接弯土墙东山长城 2 段，西南连三道河子后山长城 2 段。墙体西侧是狗河，东侧约 800 米有范前公路。全长 181 米，保存现状差。

该段墙体为石墙，以山体岩石为基础，用砂岩石干垒，中间填碎石。墙体剖面呈梯形。现存墙宽 1.6、残高 0.3~0.5 米。

三道河子后山长城 2 段（211421382301170032）

起于绥中县范家乡钓鱼石村三道河子屯后山（三道河子后山 3 号烽火台西南河岸），止于范家乡钓鱼石村南钓鱼石后台子山东北山顶（狗河西岸）。起点高程 78 米，止点高程 86 米。走向东北－西南。东北接三道河子后山长城 1 段，西南连南钓鱼石屯后台子山长城 1 段。墙体西侧是狗河，东侧是范前公路。该段全长 320 米，墙体地表已无存。

南钓鱼石屯后台子山长城 1 段（211421382102170033）

起于范家乡钓鱼石村南钓鱼石后台子山东北山顶（狗河西岸），止于范家乡钓鱼石村南钓鱼石后台子山西南山下。起点高程 86 米，止点高程 87 米。走向东北－西南。该段墙体东北被狗河隔断，西南连南钓鱼石屯后台子山长城 2 段。南钓鱼石后台子山长城 2 号敌台建于该段墙体内侧。全长 296 米。墙体有两处人为破坏的缺口，踩踏严重，保存较差。

该段墙体为石墙，以自然沉积岩石为基础，用毛石干垒，内填黄土及少量碎石。墙体剖面呈梯形。现墙顶宽 1.1、底宽 2.3、残高 0.8 米。

南钓鱼石屯后台子山长城 2 段（211421382301170034）

起于范家乡钓鱼石村南钓鱼石后台子山西南山下，止于范家乡钓鱼石村西沟屯狼洞沟沟门。起点高程 87 米，止点高程 109 米。走向东北－西南。东北接南钓鱼石屯后台子山长城 1 段，西南连钓鱼石西沟狼洞沟长城 1 段。该段全长 780 米，墙体地表已无存。

钓鱼石西沟狼洞沟长城 1 段（211421382102170035）

起于范家乡钓鱼石村西沟屯狼洞沟沟门，止于范家乡小胡口村杨树沟。起点高程 109 米，止点高程 141 米。走向东北－西南。东北接南钓石屯后台子山长城 2 段，西南连钓鱼石西沟狼洞沟长城 2 段。东南方向有腰钓鱼石屯西沟南山长城、南钓鱼石西沟南山长城两条长城复线。墙体北约 800 米处为狗河、100 米处有条山间小路，东北约 1500 米处为范家－前卫公路。全长 1318 米，整体保存较差。

该段墙体为石墙，为自然沉积岩石基础，用毛石包砌，内填碎石而成。剖面呈梯形。现存墙宽 1.4～2、残高 0.5～1.1 米。

钓鱼石西沟狼洞沟长城 2 段（211421382301170036）

位于范家乡小胡口村杨树沟。起点高程 141 米，止点高程 139 米。走向东北－西南。东北接钓鱼石西沟狼洞沟长城 1 段，西南连小胡口杨树沟长城 1 段。该段全长 119 米，墙体地表已无存。

小胡口杨树沟长城 1 段（211421382102170037）

起于绥中县范家乡小胡口村杨树沟，止于范家乡小胡口村小胡口至梨树沟路上。起点高程 139 米，止点高程 144 米。走向东北－西南。东北接钓鱼石西沟狼洞沟长城 2 段，西南连小胡口杨树沟长城 2 段，东南方向有南钓鱼石西沟南山长城（复线 1）。墙体北约 1000 米处为狗河。全长 490 米，保存较差。

该段墙体为石墙，以自然岩石为基础，墙体用毛石包砌，中间填碎石。剖面呈梯形。现存墙体宽 1.4、残高 0.6 米。

小胡口杨树沟长城 2 段（211421382301170038）

起于范家乡小胡口村小胡口至梨树沟路上，止于范家乡小胡口村南沟屯西山坡。起点高程 144 米，止点高程 149 米。走向东北－西南。东北接小胡口杨树沟长城 1 段，西南连小胡口南沟长城。该段全长 400 米，墙体地表已无存。

小胡口南沟长城（2114213821021700039）

起于范家乡小胡口村南沟屯西山坡，止于范家乡小胡口村南沟屯西山坡长城敌台。起点高程 149 米，止点高程 236 米。走向东北－西南。东北接小胡口杨树沟长城 2 段，西南连小胡口黑洞沟长城 1 段。东北约 1000 米处为狗河。全长 449 米，保存较差。

该段墙体为石墙，以自然沉积砂岩石为基础，用毛石包砌，内填碎石。剖面呈梯形。现存墙体宽 1.4、残高 0.3~1.05 米。

小胡口黑洞沟长城 1 段（2114213821021700040）

起于范家乡小胡口村南沟南山，止于范家乡上九门台村。起点高程 236 米，止点高程 136 米。走向东北－西南。东北与小胡口南沟长城和小胡口南沟长城（复线 1）相接，西南连小胡口黑洞沟长城 2 段。墙体内侧建有小胡口黑洞沟长城 1 号、2 号、3 号敌台。前卫－范家公路在其中间南北通过。全长 2330 米，保存较差。

该段墙体为石墙，以自然沉积砂砾石为基础，用砂岩砾石包砌，中间填充碎石。墙体收分较大，剖面呈梯形。现墙顶宽 1.2、底宽 2、残高 0.85~1.9 米。

小胡口黑洞沟长城 2 段（2114213823011700041）

起于范家乡上九门台村西南前大线公路东侧，止于范家乡上九门台村西南前大线公路西侧。起点高程 136 米，止点高程 147 米。走向东南－西北。东南接小胡口黑洞沟长城 1 段，西北连上九门台三山长城 1 段。该段全长 150 米，墙体地表已无存。

上九门台三山长城 1 段（2114213821021700042）

起于范家乡上九门台村南，止于范家乡上九门台村西南。起点高程 147 米，止点高程 290 米。走向东南－西北。东南接小胡黑洞长城 2 段，西北接山崖处连上九门台三山长城 2 段。上九门台三山长城敌台建于该段墙体内侧。全长 669 米。墙体东约 50 米处为范家－前卫公路。墙体轻微坍塌，保存一般。

该段墙体为石墙，以自然山岩为基础，用毛石包砌。剖面呈梯形。现墙顶宽 2.1、底宽 2.4、残高 0.8~1.5 米。（彩图九五）

上九门台三山长城 2 段（2114213821061700043）

起于范家乡上九门台村西南三山东侧山崖处，止于前卫镇背荫障村三山沟屯东北三山西侧山崖处。起点高程 290 米，止点高程 243 米。走向东南－西北－西南。东南接上九门台三山长城 1 段，西南与三山沟长城 1 段和上九门台三山长城 3 段相连。墙体南约 3500 米处为石河，东约 800 米是范家－前卫公路。全长 1538 米。

该段墙体全部为山险，系利用自然山体陡峭悬崖形成天然屏障。

三山沟长城 1 段（2114213821021700044）

起于前卫镇背荫障村三山沟屯西侧山崖下，止于前卫镇背荫障村三山沟屯西北。起点高程 243 米，止点高程 198 米。走向东－西－西南。东北接上九门台三山长城 2 段，西南连三山沟长城 2 段。墙体南约 2000 米处为大风口水库、1500 米处为背荫嶂至前卫村级公路。全长 666 米，保存较好。

该段墙体为石墙，为自然山体岩石基础，墙身用毛石包砌。现存墙宽 1.9、残高 1.4～1.7 米。（彩图九六）

三山沟长城 2 段（211421382301170045）

起于前卫镇背荫嶂村三山沟屯西北，止于前卫镇背荫嶂村三山沟屯西北的碾子沟。起点高程 198 米，止点高程 286 米。走向东南－西北。东南接三山沟长城 1 段，西北连碾子沟长城 1 段。该段全长 760 米，墙体地表已无存。

碾子沟长城 1 段（211421382102170046）

起于前卫镇背荫嶂村三山沟屯西北的碾子沟，止于前卫镇背荫嶂村楼子沟屯南山东坡。起点高程 286 米，止点高程 277 米。走向东北－西南。北接三山沟长城 2 段，西南连碾子沟长城 2 段。墙体南约 800 米处为大风口水库，600 米处背荫嶂至前卫的村级公路。全长 135 米，保存差。

该段墙体为石墙，以自然山体岩石为基础，用毛石干垒。剖面呈梯形。现存墙宽 1.5、高 0.3 米。

碾子沟长城 2 段（211421382106170047）

起于前卫镇背荫嶂村楼子沟屯南山东坡，止于前卫镇背荫嶂村楼子沟屯南山西坡。起点高程 277 米，止点高程 110 米。走向东－西。东接碾子沟长城 1 段，西连碾子沟长城 3 段，墙上建有碾子沟长城 2 号、3 号敌台。全长 1183 米。

该段墙体全部为山险，系利用险峻的山体及山势走向，形成天然屏障。

碾子沟长城 3 段（211421382301170048）

起于前卫镇背荫嶂村楼子沟屯南山西坡，止于前卫镇背荫嶂村楼子沟屯南。起点高程 110 米，止点高程 177 米。走向东南－西北。东南接碾子沟长城 2 段，西北连楼子沟长城 1 段。该段全长 200 米，墙体地表已无存。

楼子沟长城 1 段（211421382102170049）

起于前卫镇背荫嶂村楼子沟屯南，止于前卫镇背荫嶂村楼子沟屯南山。起点高程 177 米，止点高程 137 米。走向东－西。东接碾子沟长城 3 段，西连楼子沟长城 2 段。全长 67 米。墙体坍塌严重，多毁于人为拆石砌河坝。

该段墙体为石墙，以自然山体岩石为基础，用毛石包砌，中间填碎石。剖面呈梯形。现存墙体宽 1.2、残高 0.3 米。

楼子沟长城 2 段（211421382106170050）

起于前卫镇背荫嶂村楼子沟屯南山山梁，止于前卫镇背荫嶂村下霍家沟屯。起点高程 137 米，止点高程 146 米。走向东南－西北。东南接楼子沟长城 1 段，西北连楼子沟长城 3 段。墙体南约 2500 米为石河及大风口水库，东西两侧分别有楼子沟通往背荫嶂和上霍家沟通往背荫嶂的村路。全长 2421 米。

该段墙体全部为山险,系利用自然山体陡峭悬崖形成天然屏障。

楼子沟长城 3 段 (211421382301170051)

位于前卫镇背荫障村下霍家沟屯。起点高程 146 米,止点高程 154 米。走向西北－东南。西北接楼子沟长城 2 段,东南连下霍家沟西山长城 1 段。该段全长 1200 米,墙体地表已无存。

下霍家沟西山长城 1 段 (211421382102170052)

位于前卫镇背荫障村下霍家沟屯。起点高程 154 米,止点高程 168 米。走向东北－西南。东北接楼子沟长城 3 段,西南连下霍家沟西山长城 2 段。东西两侧分别为上霍家沟通往北荫嶂和张家房子通往小山口的村路。全长 88 米,保存状况差。

该段墙体为石墙,以自然山体岩石为基础,用毛石包砌。剖面呈梯形。现存墙体宽 1.5、残高 0.4 米。

下霍家沟西山长城 2 段 (211421382106170053)

起于前卫镇背荫障村下霍家沟屯,止于永安堡乡塔子沟村康家房子屯。起点高程 168 米,止点高程 149 米。走向东北－西南。东北接下霍家沟西山长城 1 段,西南连下霍家沟西山长城 3 段,墙体上建有下霍家沟西山长城 1 号、2 号、3 号三座敌台。全长 1563 米。

该段墙体全部为山险,系利用自然山体陡峭悬崖形成天然屏障。

下霍家沟西山长城 3 段 (211421382301170054)

起于永安堡乡塔子沟村康家房子屯,止于永安堡乡塔子沟村康家房子屯砂山下。起点高程 149 米,止点高程 127 米。走向东北－西南。东北接下霍家沟西山长城 2 段,西南连康家房子长城。墙体东约 2300 米是大风口水库,西为永安堡至塔子沟的乡路。该段全长 50 米,墙体地表已无存。

康家房子长城 (211421382102170055)

起于永安堡乡塔子沟村康家房子屯砂山下,止于永安堡乡塔子沟村康家房子屯蚂蚱沟。起点高程 127 米,止点高程 135 米。走向东北－西南。东北接下霍家沟西山长城 3 段,西南连康房子蚂蚱沟长城。东南约 1200 米为康家房子至小山口村级公路。全长 274 米,保存一般。

该段墙体为石墙,以河床为基础,用毛石包砌,内填河卵石。剖面呈梯形。现存墙宽 5.5、残高 0.8～1.6 米。

康家房子蚂蚱沟长城 (211421382106170056)

起于永安堡乡塔子沟村康家房子屯西北的山上,止于永安堡乡獐狼铳村小山口屯黑洞沟。起点高程 135 米,止点高程 165 米。走向东北－西南。东北接康家房子长城,西南连杨四北沟长城,康家房子蚂蚱沟长城敌台建于该段墙体上。东南约 600 米为石河,东侧为永安堡至塔子沟乡级公路。全长 2500 米。

该段墙体全部为山险,系利用自然山体陡峭悬崖形成天然屏障。

杨四北沟长城 (211421382102170057)

起于永安堡乡獐狼铳村小山口屯边墙东山,止于永安堡乡獐狼铳村小山口屯黑洞沟。起点高程 165 米;止点高程 167 米。走向东北－西南。东北接康家房子蚂蚱沟长城,西南连金牛洞长城 1 段。东南约 2300 米为大风口水库，1200 米为康家房子至小山口村级公路。全长 123 米，保存差。

该段墙体为石墙，自然基础，用毛石包砌，剖面呈梯形。现墙宽 1.5、残高 0.3～0.8 米。

金牛洞长城 1 段（211421382106170058）

起于永安堡乡獐狼铳村小山口屯黑洞沟，止于永安堡乡边外村河口屯东南金牛山西南山崖下。起点高程 167 米，止点高程 181 米。走向东北－西南。东北接杨四北沟长城，西南连金牛洞长城 2 段。西南约 150 米是石河，东南约 1200 米为康家房子－小山口村级公路。全长 1200 米。

该段墙体全部为山险，系利用自然形成的褶皱山体岩石形成屏障，其地势高耸险峻，与其两侧的人工墙体（石墙）组成了统一的防御体系。

金牛洞长城 2 段（211421382102170059）

起于永安堡乡边外村河口屯东南金牛山西南山崖下，止于永安堡乡边外村河口屯南石河东岸。起点高程 181 米，止点高程 135 米。走向东北－西南。北接金牛洞长城 1 段，西南连金牛洞长城 3 段。石河在墙体西侧南北流过，南约 1800 米为前大线公路。全长 147 米，保存较好。

该段墙体为石墙，依山势直接砌筑在山体的基岩上，用较规整的大块毛石错缝垒砌，白灰勾缝，墙体中间填充碎石。现存墙体宽 6.4～7.6、残高 6 米左右。墙体顶部外侧砌有垛口墙，部分段还砌有女墙。女墙大部分已坍塌，顶部结构不详。垛口墙现存最高点 1.6、宽 0.87 米，女墙现存最高点 0.4、宽 0.87 米。

墙体内侧依山势分别砌筑两道副墙，副墙起点依主线墙体内侧而起，顺主线的走势与主线墙体并行，其墙体相对主墙窄。副墙Ⅰ全长 32 米，走向北－南，宽 4.5、残高 1.8 米。副墙Ⅱ全长 53 米，走向西北－东南，宽 2.2、残高 1.8 米。副墙构筑方式与主线相同。从石河水冲断的裸露的墙体断面来看，剖面为梯形。（测绘图一）

该段墙体起点处似一道水坝横切两山之间形成的沟壑，在墙体的上下分别石砌大小不等的两个排水口。大的位于墙体的下部，具有排放顺沟壑而下山水的作用，方形，石筑，边长 0.85 米，排水口底部距可见沟底 0.74 米，内部堵满淤泥，墙体内侧堆积已将排水口内侧覆盖，结构不详。小的与大的排水口形制相同，位于墙体顶部垛口墙下，为墙上排水口。

从该段墙体的地理位置及石河两岸长城均在此采用顺河内收的构筑方式来看，该段墙体原应有水门或关口，两侧内收墙体，形似城门外的瓮城，沿河而筑，是很好的防御工事。（彩图九七～九九）

金牛洞长城 3 段（211421382301170060）

起于永安堡乡边外村河口屯南石河东岸，止于永安堡乡边外村河口屯南石河西岸。起点高程 135 米，止点高程 127 米。走向东北－西南。东北接金牛洞长城 2 段，西南连金牛洞长城 4 段。该段全长 78 米，墙体地表已无存。

金牛洞长城 4 段（211421382102170061）

起于永安堡乡边外村河口屯南石河西岸，止于永安堡乡边外村河口屯南鼓山东侧山崖下。起点高程 127 米，止点高程 134 米。走向东北－西南。东北接金牛洞长城 3 段，西南连鼓山长城 1 段。石河在墙体东、北侧南北流过。全长 342 米，整体保存较好。

该段墙体为石墙，基础不清，用较规整的大块毛石错缝垒砌，白灰勾缝，墙体中间填充碎石。现存墙体宽 7.6、残高 0.2～6.2 米。墙体顶部用青砖垒砌垛口墙，局部残存 1～2 层青砖，宽 0.62 米；局部段落还残存石筑女墙，现存最高点 0.35、宽 0.62 米。从石河水冲断的墙体裸露的断面来看，剖面为梯形。

墙体按照保存现状分为 2 段：

第一段起点高程 127 米，止点高程 135 米。长 114 米，墙体保存差，墙体紧靠河岸，邻近养猪场，且有村路穿过，致使墙体严重坍塌。墙宽 7.6、残高 0.2～0.4 米。

第二段起点高程 135 米，止点高程 134 米。长 228 米，墙体保存较好。墙体宽 7.6、残高 6.2 米。（图三二、彩图一○○）

鼓山长城 1 段（211421382106170062）

起于永安堡乡边外村河口屯南鼓山东侧山崖下，止于永安堡乡边外村鼓山西侧的山坡上。起点高程 134 米，止点高程 201 米。走向东北－西南。东北接金牛洞长城 4 段，西南连鼓山长城 2 段。北侧山下是从西向东流向的石河（季节性河流）。全长 972 米。

该段墙体全部为山险，系利用自然形成的褶皱山体岩石形成屏障，其地势高耸险峻，与其两侧的人工墙体组成了统一的防御体系。

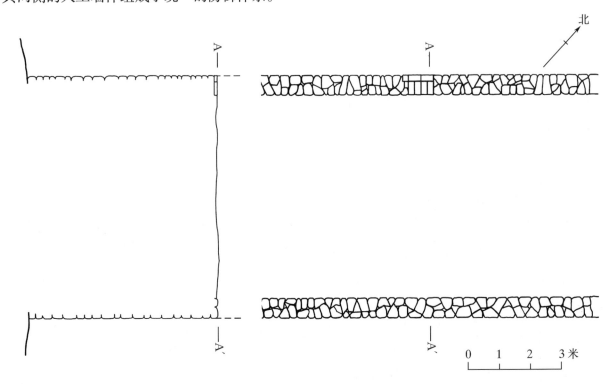

图三二　金牛洞长城 4 段平、剖面示意图

鼓山长城 2 段（211421382102170063）

起于永安堡乡边外村鼓山西侧的山坡上，止于永安堡乡边外村鼓山长城 1 号敌台。起点高程 201 米，止点高程 188 米。走向东-西。东接鼓山长城 1 段，西连鼓山长城 3 段。北侧有边外通向永安堡的村路。全长 102 米，整体保存一般。

该段墙体为石墙，以自然山体为基础，采用大块毛石错缝垒砌，白灰勾缝，中间填充碎石。墙体剖面呈梯形。墙体大部分建筑在陡峭狭窄的山脊上，并有在山脊两侧人为铲削山体的迹象，既提高了墙体本身高度，也加强了自身的防御能力。现存墙体宽 2.4 米，较好墙体外侧残高 3.6 米，内侧残高 2.7 米，一般墙体残高 0.7~2.6 米。墙体之上残存垛口墙，宽 0.7、残高 1~1.2 米。内侧没有女墙，顺山势而筑成的阶梯式墙体，每层阶梯宽 0.4~1.4、高 0.4~0.8 米。

墙体按照保存现状分为 2 段：

第一段起点高程 201 米，止点高程 206 米。长 36 米，保存较好。墙体是依山势建筑在陡峭狭窄的山脊上，并对山脊进行了人工处理，墙体顶部呈阶梯状，墙体之上残存垛口墙。（图三三、彩图一〇一）

第二段起点高程 206 米，止点高程 188 米。长 66 米，保存一般。墙体建于较平缓处，顶部石块残缺，垛口墙被毁。

鼓山长城 3 段（211421382102170064）

起于永安堡乡边外村鼓山长城 1 号敌台，止于永安堡乡边外村南鼓山长城 2 号敌台东侧 64 米处。起点高程 188 米，止点高程 150 米。走向东北-西南。东接鼓山长城 2 段，西南连鼓山长城 4 段。北侧有边外通向永安堡的村路。全长 410 米。

该段墙体为石墙，以自然沉积岩石为基础，采用大块毛石错缝垒砌，白灰勾缝，中间填充碎石。墙体在高处及靠近山体处较窄，且无女墙；在平缓及离山体较远处较宽，且筑有垛口墙、女墙，现已全部坍塌，局部存有遗迹，顶部结构不详。现存墙体宽 2.4~7.2、残高 0.4~5.4 米。

按照墙体保存现状，可将墙体分为 5 段：

第一段起点高程 188 米，止点高程 158 米。长 40 米，保存一般。墙体石块散落其两侧，垛口墙被毁。墙体宽 2.4、残高 0.7~2.6 米。

第二段起点高程 158 米，止点高程 154 米。长 119 米，保存较差。墙体大部坍塌，墙体外侧包石全部脱掉，墙体顶部两侧垛口、女墙无存。

第三段起点高程 154 米，止点高程 149 米。长 73 米，保存较好。墙体依山而建，顶部垛口墙已毁。墙体宽 2.4、残高 3.6 米。

第四段起点高程 154 米，止点高程 148 米。长 48 米，保存较差。墙体人为破坏严重，仅存基础，墙体宽 7.2、残高 0.4 米~0.7 米。

第五段起点高程 148 米，止点高程 150 米。长 130 米，保存较好。墙体石块散落其两侧，垛口墙被毁。外侧墙高 5.4、内侧墙高 1.8 米，宽 7.2 米。（彩图一〇二）

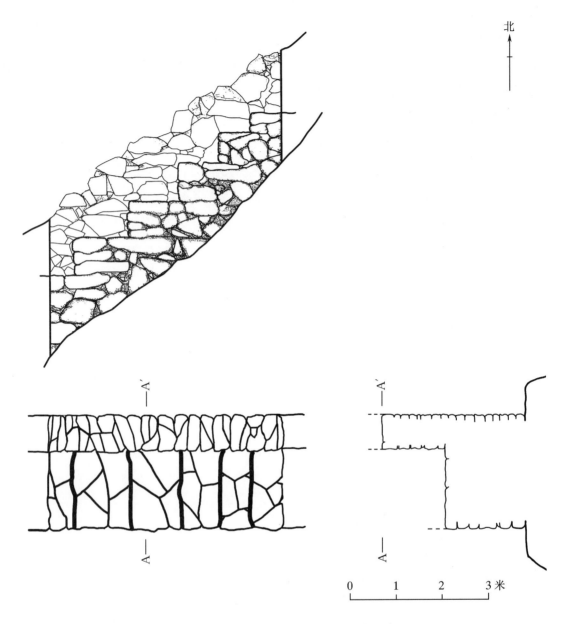

图三三 鼓山长城 2 段平、剖面图和南立面图

鼓山长城 4 段（211421382105170065）

起于永安堡乡边外村南鼓山长城 2 号敌台东侧 64 米处，止于永安堡乡边外村河口屯东南。起点高程 150 米，止点高程 153 米。走向东北–西北。东北接鼓山长城 3 段，西北连鼓山长城 5 段，鼓山长城 2 号敌台建于该段墙体之上。北侧有边外通向大甸子的村路。保存较好，全长 587 米。

该段墙体为山险墙，是利用自然陡峭的山体岩石，人为加以铲削、修整而形成的墙体，山险墙宽 5、高 10 米。在山险墙内侧开凿有供人上下阶梯。为加强哑口处的防御，加筑了一道 20 米的石墙，墙体用大块毛石错缝垒砌，白灰勾缝，中间填充碎石。（彩图一〇三）

鼓山长城 5 段（211421382102170066）

起于永安堡乡边外村河口屯东南，止于永安堡乡边外村河口屯。起点高程 153 米，止点高程 151 米。走向东－西。东南接鼓山长城 4 段，西南连鼓山长城 6 段。北侧有边外通向大甸子的村路。全长 157 米，保存一般。

该段墙体为石墙，建于河套地上，多年的淤泥和坍塌的墙石，堆积在墙体的两边，并长满杂草，墙的基础情况不清。从残存墙体看，墙身用较规整的毛石错缝垒砌，白灰勾缝，墙体中间填充碎石。剖面呈梯形。现墙体宽 6.6、残高 5.5 米。墙身两侧面用片石垒砌两道带状石线，其间距为 1.8 米。

鼓山长城 6 段（211421382102170067）

起于永安堡乡边外村河口屯南，止于永安堡乡边外村石匣口屯北。起点高程 151 米，止点高程 150 米。走向东南－西北。东南接鼓山长城 5 段，西北连石匣口长城。鼓山长城 4 号敌台建于该段墙体水门上方。北侧有边外通向大甸子的村路。全长 766 米，保存一般。

该段墙体为石墙，以自然山体岩石为基础，用毛石包砌而成，白灰勾缝，剖面呈梯形。现存墙体宽 1.1～6.6、残高 0.8～5.5 米。

石匣口长城（211421382105170068）

起于永安堡乡边外村石匣口屯北，止于永安堡乡大甸子村蔓枝草屯东南。起点高程 150 米，止点高程 433 米。走向东北－西南。东北接鼓山长城 6 段，西南连蔓枝草长城 1 段。全长 1970 米，保存较好。

该段墙体为山险墙，将自然山体经人工铲削、修整为墙体。

蔓枝草长城 1 段（211421382102170069）

起于永安堡乡大甸子村蔓枝草屯东南头道楼子山东侧山崖下，止于永安堡乡大甸子村蔓枝草屯东南头道楼子山北侧山腰处。起点高程 433 米，止点高程 422 米。走向东－西－北。东接石匣口长城，北连蔓枝草长城 2 段。蔓枝草长城 1 号敌台建于墙体内侧高阜之处。前所至大甸子公路在山下西侧通过。全长 165 米，保存较好。

该段墙体为石墙，以自然山体为基础，依山势呈阶梯状直接砌筑在山体的基岩上，形成墙顶面由不同层位多个大的梯式单元组成的墙体。墙体两侧及梯形单元一侧采用大块毛石错缝垒砌，白灰勾缝；墙体的内部以碎石填充；墙顶海墁用片石铺砌。墙体宽 4.5～6、残高 3.5～6 米。墙体的阶梯式，是先把墙顶面依山体坡度逐层砌成许多个大的梯式单元，每层高 1.8～2.5 米不等，单元之间修有障墙，使每个大的梯式单元形成一个独立的防御工事。单元内砌有小阶梯上下相连。小阶梯以较规整的条状毛石砌筑，6～10 级不等，每级高 0.2、宽 0.7 米左右。各个单元之间的小阶梯位置不同，即采用上下错位砌筑的方法，分别靠近垛口墙或女墙。墙体上的垛口墙宽 0.64、高 1.7 米；女墙宽 0.7 米、现存最高处 1.6 米。吐水口在每个大的梯式单元内，呈方形，高 0.16、宽 0.16 米，距墙体底部 1.8～2.2 米不等，顺山势由上至下形成排水系统。墙体的内外两侧的墙面，分别有二至三道不等的石线，所用石料为片状毛石。根据墙体的断面来看，墙体在砌筑时自下向上内收，但收分不大。墙体剖面呈梯形。

该段墙体中部内侧有约 10 多米长的悬崖巨石，墙体修筑时充分利用了这一有利地形，修筑了一段石筑阶梯状墙体，墙体外侧与其他墙体一样建有垛口墙。

从现存的女墙、垛口墙坍塌后与阶梯平台之间无接口的现状看，墙体在砌筑时，是先砌筑阶梯平台，后砌筑两侧女墙、垛口墙。垛口墙采用青砖与石头砌筑，女墙坍塌较多，未发现青砖，仅存石墙。（彩图一〇四、一〇五）

蔓枝草长城 2 段（211421382102170070）

起于永安堡乡大甸子村蔓枝草屯东南头道楼子山北侧山腰，止于永安堡乡大甸子村蔓枝草屯东南头道楼子山北侧 2 号敌台西 30 米处。起点高程 422 米，止点高程 336 米。走向东南－西北。南接蔓枝草长城 1 段，西北连蔓枝草长城 3 段。蔓枝草长城 2 号敌台建于墙体之上。前所至大甸子公路在山下西侧通过。全长 228 米，保存较好。

该段墙体为石墙。以自然山体为基础，墙体依山势呈阶梯状直接砌筑在山体的基岩上，形成一道由不同层位多个大的梯式单元组成的墙体。墙体两侧及梯形单元一侧采用大块毛石错缝垒砌，并分别用片状毛石砌有带状石线二道，其间距 1.8 米。墙面白灰勾缝，墙体内部以碎石填充，墙顶海墁以黄土夯实。墙体宽 4.5～5、残高 3～5 米。阶梯式墙体是先把墙面依山体坡度逐层砌成多个大的梯式单元，每层高约 1 米左右，每个大的梯式单元可成为一个独立的防御工事，并在单元内砌有小阶梯便于上下相连。小阶梯以较规整的条状毛石砌筑，4～6 级不等，每级高 0.2 米左右，宽 0.7 米左右，单元之间的小阶梯位置不同，即上下错位砌筑，分别靠近垛口墙或女墙。墙体内侧在 2 号敌台东南约 30 米处有一石质吐水嘴，伸出墙体，吐水嘴（已残）平面为梯形，顶宽下窄，残存长 0.83 米，顶宽 0.6、底宽 0.7 米。垛口墙体为青砖或毛石砌筑，宽 0.64、残高 0.7～1.2 米；女墙石筑，宽 0.7、残高 0.8 米左右。每个大的梯式单元正中也砌有方形吐水口，高 0.16、宽 0.16 米，顺山势由上至下形成排水系统。根据墙体倒塌的断面来看，墙体在砌筑时自下向上内收，但收分不大。墙体剖面呈梯形。

从其现存的女墙、垛口墙坍塌后与阶梯平台之间无接口的现状看，墙体在砌筑时，是先砌筑阶梯平台，后砌筑两侧女墙、垛口墙。

从现存的垛口墙可知，垛口墙系采用青砖与石块分上下砌筑的。2 号敌台东南侧的女墙坍塌较多，仅残存石墙，且未发现青砖遗存，故无法确定女墙的顶部构筑方式。但 2 号敌台西北墙体止点处的女墙顶部为青砖砌筑，其下为石砌，因此推断该段墙体女墙亦为砖石混筑。（彩图一〇六、一〇七）

蔓枝草长城 3 段（211421382102170071）

起于永安堡乡大甸子村蔓枝草屯东南头道楼子山北侧 2 号敌台西 30 米处，止于永安堡乡大甸子村蔓枝草屯西南头道楼子山西北侧缓坡。起点高程 336 米，止点高程 284 米。走向东南－西北。东南接蔓枝草长城 2 段，西北连蔓枝草长城 4 段。前所至大甸子公路在山下西侧通过。全长 228 米，整体保存较好。

该段墙体为石墙，以自然山体岩石为基础，并以人工在不易垒砌墙体的岩石上开凿石槽，在石槽上垒砌墙体，凹槽尺寸不等，抽测的一处为宽 0.7、深 0.1 米。墙体紧靠陡峭山岩，内侧依附山体，外侧墙体采用大块毛石错缝垒砌，用片状毛石垒砌两道带状石线，墙面白灰勾缝，墙体的中间以碎石填充，墙宽 2.7~4.7、残高 3~3.6 米。墙体顺山势呈阶梯式修筑，分设三个缓冲台，台上以平整的片石铺设海墁，海墁上有一层坚实的黄土。缓冲台之间垒砌阶梯，阶梯分三跑，计 84 级。第一跑台阶为 25 级，第二跑台阶为 32 级，第三跑台阶为 27 级，台阶宽 0.7 米，每级高 0.2~0.25 米不等。阶梯宽 2.4、高 2.3 米。墙上内侧依山无女墙，垛口墙已全部坍塌，仅存遗迹。

从其现存的垛口墙坍塌后与阶梯平台、阶梯之间无接口的现状看，墙体在砌筑时，是先砌筑阶梯平台、阶梯，后砌筑垛口墙。

在本段墙体基础所发现的人工凿刻于自然山体岩石上的凹槽，是本次长城资源调查中的唯一一处。凹槽的作用不仅仅是可以铺放基石，更主要的是可以卡住基石，起到加固基础作用。（彩图一〇八、一〇九）

蔓枝草长城 4 段（211421382102170072）

起于永安堡乡大甸子村蔓枝草屯西南头道楼子山西北侧缓坡处，止于永安堡乡大甸子村蔓枝草屯西南前大线公路东侧。起点高程 284 米，止点高程 168 米。走向东南－西北。东南接蔓枝草长城 3 段，西北连蔓枝草长城 5 段。前所至大甸子公路在山下西侧通过。全长 309 米，保存较好。

该段墙体为石墙，人工石筑基础（因墙体两侧有较多坍塌石块，仅可见一层凸出墙体基础，高度、结构不详）。墙身用大块毛石包砌，白灰勾缝，中间填碎石，墙顶用片石铺砌。现墙体宽 7.1、残高 5.4 米。此段墙保存状况较好，墙体内外两侧有少量水毁现象，也有人为拆毁部分，造成墙局部坍塌，其内外两侧面用片石垒砌二道至三道带状石线，其间距为 1.8 米，墙体顶部两侧砌有垛口及女墙，现已大部分坍塌，只残留基础痕迹。墙体依山势而建，呈阶梯式，阶梯之间形成的缓冲台宽 1.7、高 0.96 米。在每个缓冲台的内侧用石块垒砌横向台阶 3~5 级，宽 0.67、级高 0.3 米。根据墙体倒塌的断面来看，墙体在砌筑时自下向上内收，但收分不大，剖面呈梯形。

蔓枝草长城 5 段（211421382301170073）

起于永安堡乡大甸子村蔓枝草屯西南约 500 米的前大线公路东侧崖下，止于永安堡乡大甸子村蔓枝草屯西南约 500 米的西侧。起点高程 168 米，止点高程 160 米。走向东南－西北。东南接蔓枝草长城 4 段，西北连蔓枝草长城 6 段。该段全长 40 米，墙体地表已无存。该段墙体主要被公路和河流所破坏，其类别应与两侧墙体相同。

蔓枝草长城 6 段（211421382102170074）

起于永安堡乡大甸子村蔓枝草屯西南前大线公路西北侧，止于永安堡乡大甸子村蔓枝草屯西山东侧山崖下。起点高程 160 米，止点高程 191 米。走向东南－西北。东南接蔓枝草长城 5 段，西北连蔓枝草长城 7 段。前所至大甸子公路在山下东南侧通过。全长 102 米，保存一般。

该段墙体为石墙，人工基础，墙体内外两侧以大块毛石错缝垒砌，白灰勾缝，中间填充碎石和沙砾。剖面呈梯形。现墙宽7.1、残高3.3米。

蔓枝草长城7段（211421382102170075）

起于永安堡乡大甸子村蔓枝草屯西南前大线公路西北侧山崖下，止于永安堡乡大甸子村蔓枝草屯西南（约500米）的西山东南坡。起点高程191米，止点高程199米。走向东南－西北－东北。东南接蔓枝草长城6段，西北连蔓枝草长城8段，南约4700米处建有南线长城鸡冠山长城。前所至大甸子公路在墙体东南山下通过。全长38米，整体保存较差，仅存部分基础。

该段墙体为石墙，人工基础，墙体内外两侧以大块毛石错缝垒砌，白灰勾缝，中间填充碎石和沙砾。剖面呈梯形。现存墙体宽2、残高0.8～1.9米。局部较好处顶部有残存垛口墙基础及用青砖铺成的海墁，垛口墙残高0.2、宽0.5米；海墁砖的尺寸，长0.37、宽0.18、厚0.1米。

从其现存的垛口墙坍塌后与阶梯平台、阶梯之间无接口的现状看，墙体在砌筑时，是先砌筑阶梯平台、阶梯，后砌筑垛口墙。

蔓枝草长城8段（211421382102170076）

起于永安堡乡大甸子村蔓枝草屯西南（约500米）的西山东南坡，止于永安堡乡大甸子村蔓枝草屯西南冠石碴子山东侧山崖下。起点高程199米，止点高程337米。走向东南－西北－东北。东南接蔓枝草长城7段，西连蔓枝草长城9段。蔓枝草3号敌台建于墙体内侧高阜之处。前所至大甸子公路在墙体东南山下通过。全长568米，保存较好。

该段墙体为石墙，以自然山体为基础，依山势呈阶梯状直接砌筑在山体的基岩上，形成一道由不同层位多个大的梯式缓冲台组成的墙体。墙体两侧面及梯形缓冲台一侧采用大块毛石错缝垒砌，白灰勾缝，墙体中间填充碎石。外侧面用石片垒砌带状石线二道，其间距1.8米。墙顶海墁用黄土夯实，墙体宽7.3、现残高5.7～6米。墙体顶部外侧垛口墙大部皆无，仅残存少量的基础，垛口墙用青砖砌筑，宽0.65、残高0.2米；内侧女墙残存基础，残高0.6、宽0.7米。缓冲台之间修有小阶梯便于上下相连。小阶梯以较规整的条状毛石砌筑，缓冲台之间的小阶梯位置不同，前部分小阶梯靠垛口墙横向修筑，后则修筑于缓冲台中部，3～5级不等。台阶宽1、高0.35米。（彩图一一〇）

从其现存的垛口墙坍塌后与阶梯平台、阶梯之间无接口的现状看，墙体在砌筑时，是先砌筑阶梯平台、阶梯，后砌筑垛口墙。

女墙从现存部分看，墙上及周围不见有青砖遗存，无法准确判定其具体结构，但从邻近墙体女墙结构推断，其顶部应为砖石混筑。

蔓枝草长城9段（211421382106170077）

起于永安堡乡大甸子村蔓枝草屯西南冠石碴子山东侧山崖下，止于永安堡乡大甸子村曹家房子屯南梁东侧山崖下。起点高程337米，止点高程366米。走向东－西。东接蔓枝草长城8段，西连椴木冲长城1段。全长423米。

该段墙体全部为山险，系利用险峻的山体及山势走向，形成天然屏障。

椴木冲长城1段（2114213821021700078）

起于永安堡乡大甸子村曹家房子屯南梁东侧山崖下，止于永安堡乡大甸子村曹家房子屯南面的山梁上。起点高程366米，止点高程468米。走向东－西。东接蔓枝草长城9段，西北连椴木冲长城2段。墙体北侧800米为石河，东约1000米为前大线公路。全长446米，整体保存较好。

该段墙体为石墙，以自然山体为基础，依山势平缓或呈阶梯状直接砌筑在山体的基岩上，墙体两侧面采用大块毛石错缝垒砌，白灰勾缝，中间以碎石填充，墙顶海墁多见黄沙土，少量可见片状毛石。墙宽3.7～7.4、残高4～6.7米。墙体两侧分别用片石砌有带状石线两道，其间距1.8米。墙体在山体陡峭处为阶梯式构造，形成一道由不同层位多个大的梯式缓冲台组成的墙体。缓冲台之间修有小阶梯便于上下相连。小阶梯以较规整的条状毛石砌筑，5～10级不等。小阶梯宽0.59米，单级高0.2～0.34米。墙体顶部垛口墙、女墙大部分坍塌，仅存石筑基础，顶部结构不详。垛口墙残高0.8米左右、宽0.9米，女墙残高0.75米左右、宽0.8米。剖面呈梯形。（彩图一一一、一一二）

椴木冲长城2段（2114213821021700079）

起于永安堡乡大甸子村曹家房子屯南面的山梁上，止于永安堡乡花户庄村杨树沟屯南。起点高程468米，止点高程402米。走向东南－西北－西南。东接椴木冲长城1段，西南连椴木冲长城3段。墙体两侧山下均有季节性河流，东约1400米为前大线公路。全长248米，保存较好。

该段墙体为石墙，以自然山体为基础，依山势平缓或呈阶梯状直接砌筑在山体的基岩上，墙体两侧面采用大块毛石错缝垒砌，白灰勾缝，中间以碎石填充，墙顶海墁多见黄沙土，少量可见片状毛石。剖面呈梯形。墙体宽2.3～3.7、残高2.3～4.7米。墙身外侧面用石片垒砌带状石线二至三道，其间距1.8米。墙体在山体陡峭处为阶梯式构造，形成一道由不同层位多个大的梯式缓冲台组成的墙体。在缓冲台的内侧或中间修有小阶梯上下相连，分别用较规整的条状毛石砌筑横向或纵向台阶，台阶3～5级不等。每级高0.2米左右，宽0.7米。垛口墙、女墙大部分坍塌，仅存少量石筑基础，上部结构不详。垛口墙宽0.9米，现存最高点0.5米；女墙宽0.8米，现存最高点0.6米。另外在锻木冲长城敌台西侧80米处的墙体内侧发现吐水嘴1个，用砂岩凿制而成，长0.8、宽0.28米。（测绘图二）

椴木冲长城3段（2114213821021700080）

起于永安堡乡花户庄村杨树沟屯南，止于永安堡乡花户庄村杨树沟屯南山的东北梁上。起点高程402米，止点高程517米。走向东北－西南。东北接椴木冲长城2段，西南连椴木冲长城4段，椴木冲烽火台建于该段墙体止点。墙体北约2000米为前大线公路。全长713米，整体保存一般。

该段墙体为石墙，以自然山体为基础，依山势平缓或呈阶梯状直接砌筑在山体的基岩上，墙体两侧面采用大块毛石错缝垒砌，白灰勾缝，中间填充碎石，墙顶海墁多见黄沙土，少量可见片状毛石。剖面呈梯形。现存墙体宽2.3~3.7、高2.2~3.5米。墙体在山体陡峭处作成阶梯式，形成一道由大梯式缓冲台组成的墙体，缓冲台高低不等，高度在0.35~0.5米之间，未发现小阶梯。墙体顶部外侧用毛石垒砌垛口墙，现仅存基础，宽0.6、残高0.3米。女墙仅在平缓处存有基础。此段墙体在山脊狭窄和陡峭之处，仅砌筑一道垛口墙，垛口墙内侧利用山脊作为墙体。（彩图一一三）

椴木冲长城4段（211421382106170081）

起于永安堡乡花户庄村杨树沟屯南山的东北梁上，止于永安堡乡花户庄村杨树沟屯南山的西南梁上。起点高程517米，止点高程470米。走向东北－西南。东北接椴木冲长城3段，西南连锥子山长城1段。全长1600米。

该段墙体全部为山险，系利用险峻的山体及山势走向，形成天然屏障。

锥子山长城1段（211421382102170082）

起于永安堡乡花户庄村杨树沟屯南山的西南梁上，止于永安堡乡花户庄村南。起点高程470米，止点高程431米。走向东南－西北－西。东南接椴木冲长城4段，西南连锥子山长城2段。全长211米，整体保存较好。

该段墙体为石墙，以自然山体为基础，墙身采用大块毛石错缝垒砌，白灰勾缝，中间填充碎石，局部墙体利用自然陡峭的山体作为墙体，墙顶海墁仅见黄沙土和碎石。现存墙体宽1.8~1.9、残高2.9~9.8米。墙体剖面呈梯形。墙体顶部用毛石垒砌垛口墙，宽0.65~1.1、残高1.4~1.6米。（测绘图三）

该处墙体建筑在陡峭的山脊上，山势险峻、狭窄，不利施工，因此墙体大多较窄，并仅建有垛口墙。只在较平缓处墙体加宽，并修筑有女墙。该处墙体的构筑方式与山势险峻，易守难攻有关。（彩图一一四）

锥子山长城2段（211421382106170083）

起于永安堡乡花户庄村南山，止于永安堡乡花户庄村南山。起点高程431米，止点高程404米。走向东北－西南。北接锥子长城1段，西南连锥子山长城3段。全长95米。

该段墙体全部为山险，系利用险峻的山体及山势走向，形成天然屏障。

锥子山长城3段（211421382102170084）

起于永安堡乡花户庄村南侧山脉，止于永安堡乡花户庄村南侧山脉。起点高程404米，止点高程403米。走向东北－西南。东北接锥子山长城2段，西南连锥子山长城4段。全长231米，保存较好。

该段墙体为石墙，以自然山体为基础，墙身采用大块毛石错缝垒砌，白灰勾缝，中间填充碎石，局部墙体利用自然陡峭的山体作为墙体，墙顶海墁仅见黄沙土和碎石。现存墙体宽1.8~4.3、残高1.8~4.5米。墙体顶部外侧用毛石垒砌垛口墙，垛口墙宽0.8~1、残高0.75~0.9米；女墙宽0.63、现存最高点0.3米。墙体剖面呈梯形。（测绘图四）

该处墙体建筑在陡峭的山脊上，山势险峻、狭窄，不利施工，因此墙体大多较窄，并大多只建有垛口墙，在较平缓处墙体加宽，并修筑有女墙。其构筑方式与山势险峻、易守难攻

有关。（彩图一一五）

锥子山长城 4 段（211421382106170085）

起于永安堡乡花户庄村西南棒槌砬子山东北，止于永安堡乡花户庄村西南棒槌砬子山西南。起点高程 403 米、止点高程 444 米。走向东北－西南。东北接锥子山长城 3 段，西南连锥子山长城 5 段。全长 221 米。

该段墙体全部为山险，系利用棒槌砬子山的险峻山体而形成屏障。

锥子山长城 5 段（211421382102170086）

起于永安堡乡花户庄村西南棒槌砬子山西南，止于永安堡乡花户庄村西南山峰东北侧山崖下。起点高程 444 米，止点高程 422 米。走向东－西。东接锥子山长城 4 段，西连锥子山长城 6 段。全长 188 米，保存较好。

该段墙体为石墙，以自然山体为基础，墙身采用大块毛石错缝垒砌，白灰勾缝，中间填充碎石，局部墙体利用自然陡峭的山体作为墙体。现存墙体宽 1.5~3.3、残高 1.25~4 米。墙体上砌有垛口墙，且有不同程度的坍塌，顶部结构不详。垛口墙宽 0.8、现存最高点 0.9 米。（测绘图五、彩图一一六）

锥子山长城 6 段（211421382106170087）

起于永安堡乡花户庄村西南山峰东北侧山崖下，止于永安堡乡花户庄村西南山峰西侧山崖下。起点高程 422 米，止点高程 419 米。走向东－西。东接锥子山长城 5 段，西连锥子山长城 7 段。金家沟－锥山沟的盘山土路墙体西南侧山下通过。全长 98 米。

该段墙体全部为山险，系利用险峻的山体及山势走向，形成天然屏障。

锥子山长城 7 段（211421382102170088）

起于永安堡乡花户庄村西南山峰西侧山崖下，止于永安堡乡西沟村金家沟屯。起点高程 419 米，止点高程 435 米。走向东南－西北。东南接锥子山长城 6 段，西北连锥子山长城 8 段，锥子山 1 号烽火台建于该段墙体中部。金家沟－锥山沟的盘山土路从墙体南侧山下通过。全长 316 米，整体保存较好。

该段墙体为石墙，以自然山体为基础，墙身采用大块毛石错缝垒砌，白灰勾缝，中间以碎石填充，局部利用自然陡峭的山体作为墙体。墙体均建在山脊上，并在墙体底部山脊两侧有人为铲削山体的迹象，这既提高了墙体本身高度，也加强了自身的防御能力。现存墙体宽 3.1~3.7、残高 4~6 米。排水系统位于墙体顶部内侧，均为石质滴水，滴水残长 1.02、宽 0.35~0.42、高 0.2 米。陡坡处修筑有梯式缓冲台，以顺墙体修筑的小阶梯上下，3~5 级不等，阶梯宽 0.5 米左右，单级高 0.3 米左右。墙体上仅砌有垛口墙（石筑），且有不同程度的坍塌，顶部结构不详，垛口墙宽 0.73、现存最高点 0.8 米。墙体剖面呈梯形。（彩图一一七）

锥子山长城 8 段（211421382102170089）

起于永安堡乡西沟村金家沟屯东南，止于永安堡乡西沟村金家沟屯东南的锥子山长城 2 号敌台。起点高程 435 米，止点高程 390 米。走向东南－西北。东南接锥子山长城 7 段，西北连锥子山长城 9 段。锥子山 2 号烽火台建于墙体中部。金家沟－锥山沟的盘山土路从墙体南侧山下通过。全长 313 米，保存较好。

该段墙体为石墙，以自然山体为基础，墙身采用大块毛石错缝垒砌，白灰勾缝，中间填充碎石，局部墙体利用自然陡峭的山体作为墙体。墙体均建在山脊上，现存墙体宽 7 米、残高 4~6 米。陡坡处修筑有梯式缓冲台，并顺墙体方向修筑的小阶梯，分别位于中间部位或两侧（即女墙、垛口墙内侧），3~5 级不等。台阶宽 0.75、高 0.35 米。墙体上砌有垛口墙、女墙，均有不同程度的坍塌，顶部结构不详，墙宽 0.56、残高 0.6 米。（测绘图六、彩图一一八）

锥子山长城 9 段（2114213821021700090）

起于永安堡乡西沟村金家沟屯东南的锥子山长城 2 号敌台，止于永安堡乡西沟村金家沟屯东南（锥子山东侧）。起点高程 390 米，止点高程 465 米。走向东北－西南。东接锥子山长城 8 段，西连锥子山长城 10 段。在该段墙上建有锥子山长城 3 号敌台、锥子山 3 号烽火台。西距蓟镇长城 146 米；金家沟－锥山沟的盘山土路从该段墙体中穿过。全长 669 米。整体保存较好，因人工修路形成长 10 米的缺口。

该段墙体为石墙，以自然山体为基础，墙身采用大块毛石错缝垒砌，白灰勾缝，中间以碎石填充，墙体均建在山脊上，并在墙体底部山脊两侧有人为铲削山体的迹象，这既提高了墙体本身高度，也加强了自身的防御能力。墙体宽 4.6、残高 4.3 米。陡坡处修筑有梯式缓冲台，以顺墙体的方向修筑的小阶梯上下，分别位于中间部位或两侧（即女墙、垛口墙内侧），3~5 级不等，台阶宽 0.75、高 0.35 米。墙体上存有部分用片状毛石铺设的海墁，两侧砌有垛口墙、女墙，均有不同程度的坍塌，顶部结构不详，垛口墙宽 0.6、现存最高点 0.4~0.6 米；女墙宽 0.56、现存最高点 0.3 米。（测绘图七、彩图一一九）

锥子山长城 10 段（2114213821061700091）

起于永安堡乡西沟村金家沟屯东南（锥子山东侧），止于永安堡乡西沟村金家沟屯东南（锥子山顶部）。起点高程 465 米，止点高程 524 米。走向东－西。东接锥子长城 9 段，西、南分别与蓟镇长城相连，止于锥子山 4 号烽火台；墙体东南距南线的荆条沟北山长城约 4100 米。全长 146 米。

该段墙体全部为山险，系利用险峻的山体及山势走向，形成天然屏障。

在锥子山一带，锥子山长城被称作"东龙"，与南、西两个方向的蓟镇长城，在锥子山长城 10 段上会合，形成了"三龙交汇"的奇观。（彩图一二〇）

上九门台三山长城（南线）（2114213821061700092）

起于范家乡上九门台村西南三山南侧山顶上，止于高岭镇四方村柳沟屯西北山上。起点高程 617 米，止点高程 283 米。走向东北－西南。东北接上九门台长城 2 段，西南连柳沟屯黑洞沟长城（南线）。墙体西南 1000 米为大风口水库，东唬范家－前卫公路约 400 米。全长 3500 米。

该段墙体全部为山险，系利用险峻的山体及山势走向，形成天然屏障。

柳沟屯黑洞沟长城（南线）（211421382106170093）

起于高岭镇四方村柳沟屯西北山上，止于永安堡乡獐狼铳村东沟屯东南山梁上。起点高程 283 米，止点高程 337 米。走向东北－西南。东北接上九门台三山长城，西南连獐狼铳南岭长城 1 段（南线）。北临石河及大风口水库。全长 2000 米。

该段墙体为山险，系利用险峻的山体及山势走向，形成天然屏障。

獐狼铳南岭山长城 1 段（南线）（211421382102170094）

起于永安堡乡獐狼铳村东沟屯东南山梁上，止于永安堡乡獐狼铳村沟外屯。起点高程 337 米，止点高程 335 米。走向北－南。北接柳沟屯黑洞沟长城（南线），南连獐狼铳南岭长城 2 段（南线）。东北临大风口水库。全长 73 米，保存较差。

该段墙体为石墙，以自然山体岩石为基础，用毛石包砌，即两侧以大块砂岩石错缝包砌，其平面朝外，以小石块塞缝，墙体中间以碎石填充。现存墙体宽 1.4、残高 0.1～0.8 米。剖面呈梯形。

獐狼铳南岭长城 2 段（南线）（211421382106170095）

起于永安堡乡獐狼铳村东沟屯东南的南岭山东侧山崖处，止于永安堡乡獐狼铳村东沟屯东南的南岭山东北侧山崖。起点高程 335 米，止点高程 321 米。走向北－南－西南。北接獐狼铳南岭山长城 1 段（南线），西南连獐狼铳南岭山长城 3 段（南线）。东北临大风口水库。全长 160 米。

该段墙体全部为山险，系利用险峻的山体及山势走向，形成天然屏障。

獐狼铳南岭山长城 3 段（南线）（211421382102170096）

起于永安堡乡獐狼铳村东沟屯东南的山梁上，止于永安堡乡獐狼铳村南侧的南岭山中段。起点高程 321 米，止点高程 268 米。走向东北－西南。东北接獐狼铳南岭山长城 2 段（南线），西南连獐狼铳南岭山长城 4 段（南线）。西南距鸽子洞－沟外屯村级公路约 800 米。全长 1112 米。

该段墙体为石墙，以自然山体岩石为基础，用土、石混筑，即墙体两侧以大块毛石包砌干垒，其平面朝外，以小石块塞缝，中间填充沙土和碎石。现存墙体宽 1.2～1.6、残高 0.3～1.2 米。

獐狼铳南岭山长城 4 段（南线）（211421382106170097）

起于永安堡乡獐狼铳村南侧的南岭山中段，止于永安堡乡獐狼铳村南侧的南岭山西南坡。起点高程 268 米，止点高程 290 米。走向东北－西南。东北接狼铳南岭山长城 3 段（南线），西南连獐狼铳南岭山长城 5 段（南线）。獐狼铳南岭山 1 号烽火台建于墙体内侧。全长 225 米。

该段墙体全部为山险，系利用险峻的山体及山势走向，形成天然屏障。

獐狼铳南岭山长城 5 段（南线）（211421382102170098）

位于永安堡乡獐狼铳村南。起点高程 290 米，止点高程 260 米。走向东北－西南。东北接獐狼铳南岭山长城 4 段（南线），西南接獐狼铳南岭山长城 6 段（南线）。东北为大风口水库。全长 180 米。保存较差，大部分坍塌，仅残存部分墙体及基础。

　　该段墙体为石墙，以自然山体岩石为基础，墙体用土、石混筑，即墙体两侧以大块毛石包砌干垒，其平面朝外，以小石块塞缝，中间填充沙土和碎石。剖面呈梯形。现存墙体宽2、残高0.4～0.9米。

　　獐狼铳南岭山长城6段（南线）（211421382106170099）

　　位于永安堡乡獐狼铳村南侧。起点高程260米，止点高程274米。走向东北－西南。东北接獐狼铳南岭山长城5段（南线），西南连獐狼铳南岭山长城7段（南线）。东北为大风口水库。全长259米。

　　该段墙体全部为山险，系利用险峻的山体及山势走向，形成天然屏障。

　　獐狼铳南岭山长城7段（南线）（211421382102170100）

　　起于永安堡乡獐狼铳村南侧，止于永安堡乡獐狼铳村西南侧。起点高程274米，止点高程277米。走向东北－西南。东北接獐狼铳南岭山长城6段（南线），西南连獐狼铳南岭山长城8段（南线）。东北为大风口水库。全长107米，保存较差。

　　该段墙体为石墙，以自然山体岩石为基础，墙体用土、石混筑，即墙体两侧以大块毛石包砌干垒，其平面朝外，以小石块塞缝，中间填充沙土和碎石。剖面呈梯形。现存墙体宽1.6、残高0.4～0.7米。

　　獐狼铳南岭山长城8段（南线）（211421382106170101）

　　起于永安堡乡獐狼铳村西南南岭山西侧，止于永安堡乡獐狼铳村宁子沟屯东山上。起点高程277米，止点高程351米。走向东北－西南。东北接獐狼铳南岭山长城7段（南线），西南连宁子沟长城（南线）。獐狼铳南岭山2号烽火台建于墙体内侧。全长1336米。

　　该段墙体全部为山险，系利用险峻的山体及山势走向，形成天然屏障。

　　宁子沟长城（南线）（211421382106170102）

　　位于永安堡乡獐狼铳村宁子沟屯东山。起点高程351米，止点高程275米。走向东北－西南。东北接獐狼铳南岭山长城8段（南线），西南连宁子沟南山五道岭长城1段（南线），宁子沟烽火台建于墙体内侧。全长598米。

　　该段墙体全部为山险，系利用险峻的山体及山势走向，形成天然屏障。

　　宁子沟南山五道岭长城1段（南线）（211421382102170103）

　　位于永安堡乡獐狼铳村。起点高程275米，止点高程260米。走向东北－西南。东接宁子沟长城（南线），西连宁子沟南山五道岭长城2段（南线），宁子沟南山五道岭长城1号、2号敌台建于墙体内侧。东北距大风口水库约2500米。全长1220米，保存较差。

　　该段墙体为石墙，以自然山体岩石为基础，墙体用土、石混筑，即墙体两侧以大块毛石包砌干垒，其平面朝外，以小石块塞缝，中间填充沙土和碎石。剖面呈梯形。现存墙体宽1.5、残高0.8～1.5米。

　　宁子沟南山五道岭长城2段（南线）（211421382106170104）

　　起于永安堡乡獐狼铳村宁子沟南山五道岭西山坡，止于永安堡乡獐狼铳村宁子沟南山五道岭东山坡。起点高程260米，止点高程258米。走向东－西。东接宁子沟南山五道岭长城

1 段（南线），西连宁子沟南山五道岭长城 3 段（南线）。全长 101 米。

该段墙体全部为山险，系利用险峻的山体及山势走向，形成天然屏障。

宁子沟南山五道岭长城 3 段（南线）（211421382102170105）

起于永安堡乡獐狼铳村宁子沟南山五道岭。起点高程 258 米，止点高程231 米。走向东－西。东接宁子沟南山五道岭长城 2 段（南线），西连宁子沟南山五道岭长城 4 段（南线）。全长 191 米。墙体坍塌严重，仅存基础，保存差。

该段墙体为石墙，以自然山体岩石为基础，用土、石混筑，即墙体两侧以大块毛石包砌干垒，其平面朝外，以小石块塞缝，中间填充沙土和碎石。剖面呈梯形。现存墙体宽 1.2、残高 0.5 米。

宁子沟南山五道岭长城 4 段（南线）（211421382106170106）

起于永安堡乡獐狼铳村宁子沟南，止于西甸子镇安马堡村坡山洞屯东北。起点高程 231 米，止点高程 239 米。走向东北－西南。东北接宁子沟南山五道岭长城 3 段（南线），西南连歪桃山长城 1 段（南线）。全长 1930 米。

该段墙体全部为山险，系利用险峻的山体及山势走向，形成天然屏障。

歪桃山长城 1 段（南线）（211421382102170107）

起于西甸子镇安马堡村坡山洞屯东北歪桃山主峰西北，止于西甸子镇安马堡村坡山洞屯北侧前大线公路东侧。起点高程 239 米，止点高程 237 米。走向东－西。东南接宁子沟南山五道岭长城 4 段（南线），西连歪桃山长城 2 段（南线）。西侧是前大线公路。全长 127 米。保存差，人为开山采石或拆墙取土，致使墙体濒临消失。

该段墙体为石墙，以自然岩石为基础，用毛石包砌。现存墙宽 1.4、残高 0.3 米。

歪桃山长城 2 段（南线）（211421382301170108）

起于西甸子镇安马堡村坡山洞屯北侧前大线公路东侧，止于西甸子镇安马堡村坡山洞屯北侧前大线公路西侧。起点高程 237 米，止点高程 231 米。走向东南－西北。东南接歪桃山长城 1 段（南线），西北连坡山洞松岭子长城 1 段（南线）。前大线公路从墙体上穿过。该段全长 60 米，墙体地表已无存。

坡山洞松岭子长城 1 段（南线）（211421382102170109）

起于西甸子镇安马堡村坡山洞屯北侧松岭子的山脊之上（前大线公路西侧），止于西甸子镇安马堡村坡山洞屯北侧前大线公路西侧。起点高程 231 米，止点高程 270 米。走向东南－西北。西北接坡山洞松岭子长城 2 段（南线），东南连歪桃山长城 2 段（南线）。坡山洞松岭子长城 1 号敌台建于墙体内侧。墙体西南是坡山洞水库，东侧是原前大线公路。全长 1008 米。

该段墙体为石墙，以自然岩石为基础，用毛石干垒，中间填碎石。剖面呈梯形。现墙顶宽 1.1、底宽 1.4、残高 0.8～1.6 米。

按照现存状况分为 3 段：

第一段起点高程 231 米，止点高程 273 米。长 564 米，保存差，由于开山采石与拆墙取石，大部分墙体仅存基础。墙体宽 1.3、残高 0.35～0.5 米。

第二段起点高程 273 米，止点高程 250 米。长 284 米，保存较好。墙体顶宽 1.1、底宽 1.4 米、残高 0.80～1.6 米。

第三段起点高程 250 米，止点高程 270 米。长 160 米，墙体基本消失，少数地段存有地表痕迹。

坡山洞松岭子长城 2 段（南线）（211421382106170110）

起于西甸子镇安马堡村坡山洞屯西北的松岭子东侧山崖下，止于西甸子镇安马堡村坡山洞屯西北的松岭子西侧山崖下。起点高程 270 米，止点高程 297 米。走向东北 - 西南。东北接坡山洞松岭子长城 1 段（南线），西南连坡山洞松岭子长城 3 段（南线）。西南是坡山洞水库，东侧是原前大线公路。全长 1100 米。

该段墙体全部为山险，系利用险峻的山体及山势走向，形成天然屏障。

坡山洞松岭子长城 3 段（南线）（211421382102170111）

起于西甸子镇安马堡村坡山洞屯西北的松岭子西侧山崖下，止于西甸子镇安马堡村坡山洞屯西北松岭子的山脊上。起点高程 297 米，止点高程 321 米。走向北 - 南。北接坡山洞松岭子长城 2 段（南线），南连坡山洞松岭子长城 4 段（南线），全长 76 米。整体保存差，仅存基础部分，濒临消失。

该段墙体为石墙，以自然火山沉积岩石为基础，墙身用毛石干垒。现存墙宽 1.3、残高 0.2 米。

坡山洞松岭子长城 4 段（南线）（211421382106170112）

起于西甸子镇安马堡村坡山洞屯，止于永安堡乡北河村暖泉子屯。起点高程 321 米，止点高程 327 米。走向北 - 南 - 西南。北接坡山洞松岭子长城 3 段（南线），西南连西松岭子长城 1 段（南线），坡山洞松岭子长城 2 号敌台建于墙体上。墙体西南是坡山洞水库，东侧是原前大线公路。全长 2100 米。

该段墙体全部为山险，系利用险峻的山体及山势走向，形成天然屏障。

西松岭子长城 1 段（南线）（211421382102170113）

起于永安乡堡北河村暖泉子屯老贺沟东山，止于永安堡乡北河村西松岭子前大线公路东侧。起点高程 327 米，止点高程 235 米。走向东北 - 西南。东北接坡山洞松岭子长城 4 段（南线），西南连西松岭子长城 2 段（南线），西松岭子长城 1 号敌台建在此段墙体内侧。墙体西南为秋皮水库。全长 2100 米，整体保存较差。

该段墙体为石墙，以自然沉积砂岩石为基础，墙体用毛石干垒，中间填充碎石。墙体垒砌时向上有收分，剖面为梯形。现存墙体宽 1～2、残高 0.5～1.7 米。

西松岭子长城 2 段（南线）（211421382301170114）

起于永安堡乡北河村西松岭子前大线公路东侧，止于永安乡堡北河村西松岭子前大线公路西侧。起点高程 235 米，止点高程 234 米。走向东北 - 西南。东北接西松岭子长城 1 段（南线），西南连西松岭子长城 3 段（南线）。该段全长 2100 米，墙体地表已无存。

西松岭子长城3段（南线）（211421382102170115）

起于永安乡堡北河村西松岭子前大线公路西侧，止于永安乡堡北河村西松岭子原前大线公路上。起点高程234米，止点高程223米。走向东北－西南。东北接西松岭子长城2段（南线），西南连西松岭子长城4段（南线），西松岭子长城2号敌台建于墙体内侧。墙体西南有秋皮水库。全长727米。

该段墙体为石墙，以自然沉积沙砾岩石为基础，墙体用石块包砌，中间填充碎石。剖面为梯形。现存墙体宽1.5～1.8、残高0.3～0.6米。

西松岭子长城4段（南线）（211421382301170116）

起于永安乡堡北河村西松岭子原前大线公路上，止于李家乡铁厂堡村松岭子屯原前大线公路西南的山上。起点高程223米，止点高程185米。走向东北－西南。东北接西松岭子长城3段（南线），西南连鸡冠山长城1段（南线）。该段全长290米，墙体地表已无存。

鸡冠山长城1段（南线）（211421382102170117）

起于李家乡铁厂堡村松岭子屯原前大线公路西南的山上，止于李家乡铁厂堡村松岭子屯鸡冠山主峰东坡。起点高程185米，止点高程170米。走向东北－西南。东北接西松岭子长城4段（南线），西南连鸡冠山长城2段（南线），鸡冠山长城1号敌台建在墙体内侧。山下为秋皮水库，李家至锥山沟的乡级公路在附近通过。全长664米，保存较差。

该段墙体为石墙，以自然沉积沙砾石为基础，墙体用毛石干垒，中间填充碎石。剖面呈梯形。现墙顶宽1.5、底宽2、残高0.4～0.85米。

鸡冠山长城2段（南线）（211421382106170118）

起于李家乡铁厂堡村松岭子屯鸡冠山主峰东坡，止于李家乡铁厂堡村松岭子屯鸡冠山主峰西坡。起点高程170米，止点高程180米。走向东－西。东接鸡冠山长城1段（南线），西连鸡冠山长城3段（南线）。全长664米。

该段墙体全部为山险，系利用险峻的山体及山势走向，形成天然屏障。

鸡冠山长城3段（南线）（211421382102170119）

起于李家乡铁厂堡村松岭子屯鸡冠山主峰西坡，止于李家乡铁厂堡村松岭子屯鸡冠山西南侧山下的水库边。起点高程180米，止点高程81米。走向东北－西南。东北接鸡冠山长城2段（南线），西连鸡冠山长城4段（南线），鸡冠山长城2号敌台就建于墙体内侧。山下为秋皮水库。李家至锥山沟的乡级公路在附近通过。全长664米，保存较差。

该段墙体为石墙，以自然沉积砂岩为基础，墙体用毛石包砌，中间填充碎石，剖面呈梯形。现存墙宽1.5～2、残高0.2～1.5米。

鸡冠山长城4段（南线）（211421382301170120）

起于李家乡铁厂堡村松岭子屯鸡冠山西南侧山下的水库边，止于李家堡乡娄家沟村李家窝堡屯苇子冲前山。起点高程81米，止点高程93米。走向东北－西南。东北接鸡冠山长城3段（南线），西南连苇子冲前山长城（南线）。该段全长560米，墙体地表已无存。

苇子冲前山长城（南线）（211421382102170121）

起于李家堡乡娄家沟村李家窝堡屯苇子冲前山，止于李家堡乡娄家沟村荆条沟屯北山。起点高程93米，止点高程247米。走向东－西。东接鸡冠山长城4段（南线），西连荆条沟北山长城（南线），苇子冲前山长城敌台建于墙体内侧。整体保存较差，其中71米墙体被村民种植果树损毁。全长2379米。

该段墙体为石墙，以自然火山沉积岩为基础，用土、石混筑，即墙体两侧以大块毛石包砌干垒，其平面朝外，以小石块塞缝，中间填充沙土和碎石。剖面呈梯形。现存墙宽1.6～2.8、残高0.6～1.5米。

荆条沟北山长城（南线）（211421382106170122）

起于李家堡乡娄家沟村荆条沟屯北山，止于李家堡乡娄家沟村荆条沟屯北山。起点高程247米，止点高程396米。走向东－西。东接苇子冲前山长城（南线），西与蓟镇长城相望。全长973米。

该段墙体全部为山险，系利用险峻的山体及山势走向，形成天然屏障。

狼洞南山长城（复线）（211421382102170123）

起于高甸子乡大狼洞子村小狼洞子屯南山东坡山崖下，止于高甸子乡大狼洞子村小狼洞子屯南山西侧山梁。起点高程180米，止点高程193米。走向东北－西南。西北距狼洞东山长城1段1800米。北约200米处为季节性河流。全长309米，整体保存差。

该段墙体为石墙，以自然山体岩石为基础，用毛石干垒，内填碎石或沙砾。剖面呈梯形。现存墙宽0.8～1.6、残高0.5～0.8米。该段墙体建在两山之间，为长城隘口。

后喊过岭尖山长城（复线）（211421382102170124）

起于范家乡后喊过岭村东尖山西坡，止于范家乡平川营村前喊过岭屯西北（鹰山与杏山之间大沟东北沿）。起点高程189米，止点高程86米。走向东北－西南。西北侧与后喊过岭西山长城1段并行，东南侧与后喊过岭西山长城（复线）和前喊过岭杏山长城复线并行。西距喊过岭－前喊过岭的村路约500米。总长1960米，整体保存较差。

该段墙体为石墙，以自然山体岩石为基础，用毛石干垒，中间填碎石、沙砾。剖面呈梯形。现存墙宽1.5～2、残高0.4～1.1米。

后喊过岭西山长城（复线）（211421382102170125）

起于范家乡后喊过岭村西山山脊上，止于范家乡平川营村前喊过岭屯北台山西坡。起点高程154米，止点高程81米。走向东北－西南。墙体南约500米有季节性河流，西距后喊过岭－前喊过岭的村路约500米。全长518米，整体保存差。

该段墙体为石墙，以自然山体为基础，用土、石混筑，墙体两侧以石块垒砌，内部填充土和碎石。剖面呈梯形。现存墙宽1～2.1、残高0.25～0.5米。

前喊过岭杏山长城（复线）（211421382102170126）

起于范家乡平川营村前喊过岭屯北台子山西南沟里，止于范家乡平川营村前喊过岭屯杏山与鹰山之间东北沟沿。起点高程90米，止点高程86米。走向东北－西南。东北为后喊过岭西山长城（复线），西北为后喊过岭尖山长城（复线）。墙体东南有季节性河流及后喊过岭至平川营村级公路。全长 289 米。保存差，仅存基础。

该段墙体为石墙，以自然沉积岩石为基础，墙身用毛石包砌，内填碎石、土。剖面为梯形。现存墙体宽 1.8、残高 0.3 米。

前喊过岭西山长城（复线）（211421382102170127）

起于范家乡平川营村前喊过岭屯鹰山东南坡上，止于范家乡平川营村前喊过岭屯鹰山山顶上。起点高程 113 米，止点高程 119 米。走向东北－西南－西北。东北分别为后喊过岭尖山长城（复线）和前喊岭杏山长城（复线）。墙体东南有季节性河流。全长 318 米。整体保存差，其中 94 米墙体已消失。

该段墙体为石墙，以自然沉积岩石为基础，墙身用毛石包砌，内填碎石。剖面呈梯形。现存墙宽 1.9～2.3、残高 0.6～0.9 米。

五台北沟北山长城（复线）（211421382102170128）

起于范家乡五台子村五台子北沟屯北山（鹰山西北 50 米槐树林内），止于范家乡弯土墙村田家屯北山西南坡。起点高程 134 米，止点高程 160 米。走向东北－西南。五台北沟北山长城 1 号、2 号敌台均建于墙体内侧。田家屯至平川营子村级公路在此通过。全长 1456 米，整体保存较差。

该段墙体为石墙，以自然沉积岩石为基础，墙身用毛石包砌，内填碎石、黄土。剖面呈梯形。现存墙宽 1.4～1.7、残高 0.3～1.1 米。

五台子东山长城（复线）（211421382102170129）

起于范家乡五台子村五台子北沟屯东 100 米，止于范家乡五台子村五台子北沟屯东 300 米。起点高程 175 米，止点高程 110 米。走向东北－西南。北与五台北沟北山长城（复线）隔沟相望。西侧约 200 米处为季节性河流。全长 204 米。保存较差，仅存基础部分。

该段墙体为石墙，为自然沉积沙砾岩石基础，用毛石包砌，中间填碎石。

田家屯南山长城（复线 1）（211421382102170130）

起于范家乡弯土墙村田家屯南山东北坡，止于范家乡弯土墙村田家屯南山西南坡。起点高程 111 米，止点高程 105 米。走向东北－西南。西侧约 400 米处是范前公路。全长 52 米，保存差。

该段墙体为石墙，以自然山体岩石为基础，用毛石干垒，中间填碎石。剖面呈梯形。现存墙宽 1.9、残高 0.5 米。

田家屯南山长城（复线 2）（211421382102170131）

起于范家乡弯土墙村田家屯南山东侧大沟，止于范家乡弯土墙村田家屯南山西坡（范前公路东侧）。起点高程 100 米，止点高程 97 米。走向东北－西南。西侧约 100 米处是范前公路。全长 161 米。保存差。

该段墙体为石墙，以自然山体岩石为基础，用土、石混筑。剖面呈梯形。现存墙宽 1.9、残高 0.5 米。

三道河子后山长城（复线）（211421382102170132）

起于范家乡钓鱼石村三道河子屯后山东坡，止于范家乡钓鱼石村三道河子屯后山西侧沟沿。起点高程90米，止点高程87米。走向东北－西北。东距范前公路300米。全长115米，保存差。

该段墙体为石墙，以山体岩石为基础，用砂岩石干垒，内填碎石或沙砾。剖面呈梯形。现存墙宽1.9、残高0.5～0.9米。

腰钓鱼石西沟南山长城（复线1）（211421382102170133）

起于范家乡钓鱼石村腰钓鱼石屯西沟南山东沟沿，止于范家乡钓鱼石村南钓鱼石屯通往小胡口的山路旁。起点高程127米，止点高程143米。走向东北－西南。西南接南钓鱼石西沟南山（复线1）。墙体北距狗河约1000米。全长889米，保存较差。

该段墙体为石墙，以自然岩石为基础，用毛石包砌，中间填碎石。剖面呈梯形。现存墙宽1.8、残高0.6米。

南钓鱼石西沟南山长城（复线1）（211421382102170134）

起于范家乡钓鱼石村南钓鱼屯南山，止于范家乡小胡口村南沟屯南山北坡。起点高程143米，止点高程121米。走向东北－西南。东北接腰钓鱼石屯西沟南山长城（复线1）。北侧约100米处为山间小路。全长1016米。

该段墙体为石墙，以自然岩石为基础，用砂岩石包砌，内填碎石。剖面呈梯形。保存差的墙段只存墙基，宽1.4米；到山顶时墙体变窄为1～1.2米；保存较差的墙体现宽1.6、残高0.7米。

腰钓鱼石西沟南山长城（复线2）（211421382102170135）

起于范家乡钓鱼石村腰钓鱼石西沟南山东北坡，止于范家乡钓鱼石村南钓鱼石西沟南山西南山下通往小胡口的路上。起点高程103米，止点高程104米。走向东北－西南。东北距南钓鱼石后台子长城1段2000米处。北侧跑狗河约1000米，东侧距范家－前卫公路约1200米。全长545米，保存一般。

该段墙体为石墙，以自然沉积岩石为基础，用毛石包砌，内填碎石、土。剖面呈梯形。现墙宽2.1、残高0.3～1.1米。

南钓鱼石西沟南山长城（复线2）（211421382102170136）

起于范家乡钓鱼石村南钓鱼石屯，止于范家乡小胡口村小胡口南沟屯。起点高程103米，止点高程125米。走向东北－西南。整体保存较差，其中110米墙体被村民平整土地，修筑果园、梯田时损毁。全长1643米。

该段墙体为石墙，以自然沉积沙砾石为基础，用毛石包砌，中间填充碎石。剖面呈梯形。现墙宽2、残高0.5～1.1米。

小胡口南沟长城（复线1）（211421382102170137）

起于范家乡小胡口村南沟屯南山，止于范家乡小胡口村南沟屯长城敌台。起点高程136米，止点高程236米。走向东北－西南。西南接小胡口南沟长城（长城主线）。东北约

1000米处为狗河。全长502米，保存较差。

该段墙体为石墙，以自然山岩石为基础，用砂岩砾石包砌，中间填充碎石。剖面呈梯形。墙体基础宽1.4米。

小胡口南沟长城（复线2）（211421382102170138）

起于范家乡小胡口村南沟屯南山北坡，止于范家乡小胡口村南沟屯南山南坡下。起点高程139米，止点高程162米。走向东北－西南。南侧为大岭北山长城1段（复线），北侧为小胡口南沟长城（复线1）。东北约1000米处为狗河。全长239米。保存差，只存地表遗迹，濒临消失。

该段墙体为石墙，以自然岩石为基础，用砂岩砾石包砌，中间填充碎石。墙基现宽1.4米。

小胡口南沟长城（复线3）（211421382102170139）

起于范家乡小胡口村小胡口南沟屯南山东坡，止于前卫镇三山营村大岭屯北山东南坡。起点高程126米，止点高程206米。走向东北－西南。东北接南钓鱼石西沟南山长城（复线1）。东北距狗河约1000米。整体保存一般，局部墙体濒临消失。全长1008米。

该段墙体为石墙，以自然山体岩石为基础，用毛石错缝包砌，中间填充碎石。墙宽1.8～2、残高0.5～1.4米。

大岭北山长城1段（复线）（211421382106170140）

起于前卫镇三山营村大岭屯北山东坡，止于前卫镇三山营村大岭屯北山西坡。起点高程206米，止点高程127米。走向东北－西南。东北接小胡口南沟长城（复线3），西南连大岭北山长城2段（复线），北侧为大岭北山长城主线。西约100米处有季节性河流。全长211米。

该段墙体全部为山险，系利用险峻的山体及山势走向，形成天然屏障。

大岭北山长城2段（复线）（211421382102170141）

起于前卫镇三山营村大岭屯，止于前卫镇三山营村康家屯。起点高程127米，止点高程116米。走向东北－西南。东北接大岭北山长城1段（复线）。墙体西侧约200米处为季节性河流。全长1750米。墙体整体保存一般，局部保存较差。

该段墙体为石墙，以自然裸露的岩石为基础，用毛石包砌，中间填充碎石。剖面呈梯形。现墙宽1.5～2.1、残高0.3～1.8米。

大岭北山长城3段（复线）（211421382102170142）

起于前卫镇三山营村大岭屯，止于前卫镇三山营村康家屯。起点高程126米，止点高程118米。走向东北－西南。墙体整体保存一般，局部被附近居民利用搭建房屋使墙体受损。全长1277米。

该段墙体为石墙，以自然裸露山体岩石为基础，用毛石包砌，中间填充碎石。剖面呈梯形。现墙宽1.5～1.6、残高0.5～1.1米。

狐狸山长城（复线3）（211421382102170143）

起于前卫镇三山营村康家屯东北的狐狸山南坡，止于前卫镇三山营村康家屯东北的狐狸山南面的山脊。起点高程 162 米，止点高程 119 米。走向东北－西南。墙体南距石河约 1800 米、距范家－前卫公路约 1600 米。全长 262 米。保存差，仅存基础部分。

该段墙体为石墙，以自然山体岩石为基础，用毛石包砌，中间填充碎石。剖面呈梯形。现墙宽 0.8~1.5 米、残高 0.5~0.8 米。

康家屯背荫子山长城（复线 1）（211421382102170144）

起于前卫镇三山营村康家屯背荫子山东北沟，止于前卫镇三山营村康家屯背荫子山南坡。起点高程 98 米，止点高程 87 米。走向东北－西南。整体保存较差，局部消失。全长 379 米。

该段墙体为石墙，以自然山体岩石为基础，用毛石包砌。剖面呈梯形。现墙宽 1.7、残高 0.5~0.8 米。

康家屯背荫子山长城（复线 2）（211421382102170145）

起于前卫镇三山营村康家屯背荫子山北坡，止于前卫镇三山营村康家屯后果园。起点高程 107 米，止点高程 94 米。走向东北－西南。南距石河约 1500 米、距范家－前卫公路 1400 米。全长 364 米，保存差。

该段墙体为石墙，以自然山体岩石为基础，用毛石包砌，中间充碎石。剖面呈梯形。现墙宽 1.4、残高 0.35~0.5 米。

蔓枝草长城（副墙）（211421382102170146）

起于永安堡乡大甸子村蔓枝草屯西南（前大线公路西北侧），止于永安堡乡大甸子村蔓枝草屯西山东侧山崖下。起点高程 162 米，止点高程 174 米。走向东南－西北。东北约 30 米与蔓枝草长城主墙平行。前所－大甸子在公路其东侧通过。全长 89 米，保存一般。

该段墙体为石墙，人工基础，墙身用大块毛石包砌，白灰勾缝，中间填碎石。墙体两侧墙身的中部有一道石线。墙体顶部垛口、女墙皆无。现墙宽 2.9、残高 3.3 米。剖面呈梯形。

②敌台及保存现状

绥中县共发现敌台 66 座。

穆家沟北山长城敌台（211421352101170005）

位于高台镇牛彦章村穆家沟屯北山顶部，穆家沟北山长城 1 段内侧，高程 146 米。西南距张家沟南山长城 1 号敌台 1400 米。南距牛彦章至高台堡公路 500 米。

平面为圆形，剖面为梯形。保存差，仅存基础部分。台体以自然山体为基础，台体外用大块毛石包砌，中间填充碎石。现存台体直径 5.6、残高 2.2 米。

张家沟南山长城 1 号敌台（211421352101170007）

位于高台镇万陈村张家沟屯的南山上，张家沟南山长城内侧，高程 207 米。西距墙体 3 米，西南距 420 米张家沟南山长城 2 号敌台，东南距穆家沟南山烽火台 2700 米。

平面为圆形，剖面为梯形。保存较差，仅存基础。台体以自然山体为基础，台体外用大块毛石包砌，中间填充碎石。现存台体直径 8.6、残高 1.7 米。

张家沟南山长城 2 号敌台（211421352101170008）

位于高台镇万陈村张家沟屯的南山上，张家沟南山长城内侧，西距墙体 3 米，高程

223 米。西南距张家沟南山长城 3 号敌台 50 米。

平面为圆形，剖面为梯形。保存差，台体坍塌严重。台体以自然山体为基础，台体外用大块毛石包砌，中间填充碎石、土。现存台体直径 9、残高 2.1 米。

张家沟南山长城 3 号敌台（211421352101170009）

位于高台镇万陈村张家沟屯的南山上，张家沟南山长城内侧，西距墙体 2 米，高程 244 米。南距张家沟南山长城 4 号敌台 1200 米。

平面为圆形，剖面为梯形。保存较差，台体坍塌严重，仅存基础。台体以自然山体为基础，台体外用大块毛石包砌，中间填充碎石、土。现存台体直径 8.5、残高 2.1 米。

张家沟南山长城 4 号敌台（211421352101170010）

位于高台镇黑水台村八将沟屯北侧山上，张家沟南山长城内侧，高程 166 米。东南距八将沟北山长城敌台 950 米。

平面为圆形，剖面为梯形。保存状况差，台体坍塌严重，仅存地表遗迹。具体建筑结构不清。

八将沟北山长城敌台（211421352101170011）

位于高台镇黑水台村八将沟屯的北山上，八将沟北山长城内侧，高程 93 米。西北距张家沟南山长城 4 号敌台 950 米，东南距八将沟南山烽火台 980 米，东距三道沟堡城 4400 米。西侧 1700 米为 306 国道。

平面为圆形，剖面为梯形。保存差，现只存夯土台体，残高 3.1 米。

水口西沟长城敌台（211421352101170013）

位于高台镇水口村西沟屯北山上，水口西沟长城 1 段内侧，高程 72 米。东北距高台堡城约 3200 米。

台体损毁严重，台体附近有零星的青砖残块。具体建筑结构不清。

陈荫沟长城 1 号敌台（211421352101170016）

位于高甸子乡陈荫沟村西南山坡上，陈荫沟长城 3 段内侧，高程 65 米。西南距陈荫沟长城 2 号敌台 870 米，东北距陈荫沟烽火台 700 米。

现仅存遗迹，濒临消失。从现存台体遗迹判断，台体以自然山体为基础，台体外用大块毛石包砌，中间填充碎石、土。在距台体 7 米处有一圈护台围墙，墙体用毛石干垒，墙宽 1.2、残高 1.8 米。

陈荫沟长城 2 号敌台（211421352101170017）

位于高甸子乡陈荫沟村西南沈家地上，陈荫沟长城 3 段内侧，高程 80 米。西北距墙体 3 米，西南距狼洞东山长城 1 号敌台 350 米。

平面为圆形，剖面不清。保存较差，人为破坏严重，仅存基础。台体以自然山体为基础，台体外用大块毛石包砌，中间填充碎石、土。现存台体直径 10、残高 1.8 米。从周围青砖残块判断该台体上原来应该有用青砖建的铺舍。外侧四周有一圈护台围墙，毛石干垒而成。宽 1.5、残高 0.5～1.2 米。

狼洞东山长城 1 号敌台（211421352101170018）

位于高甸子乡狼洞子村小狼洞子屯南，狼洞东山长城 1 段内侧，高程 90 米。西南距狼洞东山长城 2 号敌台 1400 米，西南距狼洞西山烽火台 1500 米。

平面为圆形，剖面不清。保存差，现仅存基础。推测敌台以自然山体为基础，台体用黄土夯筑而成。现存台体顶径 8、残高 1.8 米。

狼洞东山长城 2 号敌台（211421352101170021）

位于高甸子乡糜子沟村小糜子沟屯西南山上，狼洞东山长城 1 段内侧，高程 104 米。东西南距狼洞东山长城 3 号敌台 1200 米，东南距狼洞西山烽火台 400 米。

平面为圆形，剖面不清。保存差，仅存基础部分，四周散落大量毛石。台体以自然山体为基础，台身外用大块毛石包砌，中间填充碎石、土。现存台体直径 8.1、残高 1.2 米。

狼洞东山长城 3 号敌台（211421352101170025）

位于高甸子乡糜子沟村小糜子沟屯西南山上，狼洞东山长城 1 段内侧，高程 102 米。西南距糜子沟烽火台 1100 米。

台体已经全部坍塌，四周散落大量毛石。具体建筑结构不清。

三姓屯圆山长城敌台（211421352101170028）

位于高甸子乡顺山堡村三姓屯圆山北侧的山上，三姓屯圆山长城 1 段内侧，高程 167 米。西南距涝豆沟尖山长城敌台 818 米，东北距牤牛沟西山烽火台 980 米。

平面为圆形，剖面为梯形。保存较差，台体坍塌严重，现存台体呈圆锥状。台体以自然山体为基础，台身外用大块毛石包砌，中间填充碎石、土。现存台体直径 5、残高 1.3 米。

涝豆沟尖山长城敌台（211421352101170030）

位于范家乡涝豆沟村南侧尖山上，涝豆沟尖山长城 1 段内侧，高程 176 米。北距墙体 3 米，东南距涝豆沟尖山长城烽火台 83 米。

平面为圆形，剖面为梯形。保存较差，台体坍塌严重，四周散落大量毛石。具体建筑结构不清。现存台体直径 8.1、残高 2.6 米。

后喊过岭西山长城 1 号敌台（211421352101170031）

位于范家乡后喊过岭村西山，后喊过岭西山长城 1 段内侧，高程 152 米。西南距后喊过岭西山长城 2 号敌台 500 米。

平面为圆形，剖面为梯形。保存较差，台体坍塌严重，四周散落大量毛石。具体建筑结构不清。现存台体直径 8.6、残高 2.6 米。

后喊过岭西山长城 2 号敌台（211421352101170032）

位于范家乡后喊过岭屯北山脊上，后喊过岭西山长城 1 段内侧，北距墙体 4 米，高程 183 米。西北距后喊过岭西山长城 3 号敌台 380 米。

平面为圆形，剖面为梯形。保存较差，台体坍塌严重，四周散落大量毛石。推测台体外用不规则的大块毛石包砌，内填充碎石、土。现存台体直径 7.6、残高 4 米。

后喊过岭西山长城（复线）敌台（211421352101170033）

位于范家乡前喊过岭北台山上，后喊过岭西山长城（复线）内侧，高程 135 米。西北距后喊过岭西山烽火台 550 米。

平面为圆形，剖面为梯形。保存较差，台体坍塌严重，仅存基础，四周散落大量毛石。推测台体外用不规则的大块毛石包砌，内填充碎石、土。现存台体直径 4.8、残高 2.2 米。

后喊过岭西山长城 3 号敌台（211421352101170035）

位于范家乡平川营村前喊过岭屯西北的山脊上，后喊过岭西山长城 1 段内侧，北距墙体 5 米，高程 175 米。西北距后喊过岭西山长城 4 号敌台 600 米。

平面为圆形，剖面为梯形。保存较差，台体坍塌严重，仅存基础，四周散落大量毛石。推测台体外用不规则的大块毛石包砌，内填充碎石、土。现存台体直径 7.8、残高 3.8 米。

后喊过岭西山长城 4 号敌台（211421352101170036）

位于范家乡弯土墙村齐家屯东北山上，后喊过岭西山长城 2 段内侧，北距墙体 4 米，高程 202 米。西南距齐家屯长城 1 号敌台 782 米。

平面为圆形，剖面为梯形。保存较差，台体坍塌严重，仅存基础，四周散落大量毛石。具体建筑结构不清。距台体 10 米外有一圈护台墙遗迹，坍塌严重，墙体用毛石干垒。

齐家屯长城 1 号敌台（211421352101170038）

位于范家乡弯土墙村齐家屯东南的山上，齐家屯长城 1 段内侧，西距墙体 4 米，高程 177 米。西南距齐家屯长城 2 号敌台 480 米。

平面为圆形，剖面为梯形。保存较差，台体坍塌严重，仅存基础，四周散落大量毛石。推测台体外用不规则的大块毛石包砌，内填充碎石、土。现存台体直径 8.1、残高 4.2 米。

齐家屯长城 2 号敌台（211421352101170039）

位于范家乡弯土墙村齐家屯东南的山上，齐家屯长城 1 段内侧，西距墙体 4 米，高程 215 米。西南距齐家屯长城 3 号的敌台 639 米。

平面为圆形，剖面为梯形。保存较差，台体坍塌严重，仅存基础，四周散落大量毛石。推测台体外用不规则的大块毛石包砌，内填充碎石、土。现存台体直径 6、残高 4.8 米。

五台北沟北山长城 1 号敌台（211421352101170040）

位于范家乡五台子村五台北沟屯北山上，五台北沟北山长城（复线）墙体内侧，高程 170 米。西北距齐家屯长城 3 号敌台 610 米，西南距五台北沟北山长城 2 号敌台 650 米，东南距五台北沟北山烽火台 145 米。

保存差，台体坍塌严重，四周散落大量毛石。具体建筑结构不清。残高 2.6 米。

齐家屯长城 3 号敌台（211421352101170042）

位于范家乡弯土墙村小张屯东南的山上，高程 210 米。北接齐家屯长城 1 段，南接齐家屯长城 2 段，东南距五台北沟北山长城 1 号敌台 617 米。

平面为圆形，剖面为梯形。保存较差，台体坍塌严重，仅存基础，四周散落大量毛石。推测台体外用不规则的大块毛石包砌，内填充碎石、土。现存台体直径 7、残高 3.5 米。

五台北沟北山长城 2 号敌台（211421352101170045）

位于范家乡五台子村五台北沟屯北山上，五台北沟北山长城（复线）内侧，高程177米。东北五台北沟北山烽火台705米。

保存差，台体坍塌严重，四周散落大量毛石。具体建筑结构不清。残高2.8米。

齐家屯长城4号敌台（211421352101170046）

位于范家乡弯土墙村小张屯东山上，齐家屯长城2段内侧，北距墙体5米，高程189米。东北距齐家屯长城3号敌台612米。南300米处有狗沟支流。

平面为圆形，剖面为梯形。保存较差，台体坍塌严重，仅存基础，四周散落大量毛石。推测台体外用不规则的大块毛石包砌，内填充碎石、土。现存台体直径8、残高3.6米。

南钓鱼石屯后台子山长城1号敌台（211421352101170053）

位于范家乡钓鱼石村南钓鱼石后台子山，南钓石屯后台子山长城1段墙体上，高程86米。西南距南钓鱼石屯后台子山长城2号敌台170米，东北距三道河子后山3号烽火台340米。东北50米为狗河。

平、剖面不清。保存状况差，台体坍塌严重，仅存基础，四周散落大量毛石。推测台体外用不规则的大块毛石包砌，内填充碎石、土。残高1.5米。

南钓鱼石屯后台子山长城2号敌台（211421352101170054）

位于范家乡钓鱼石村南钓鱼石后台子山上，南钓石屯后台子山长城1段墙体内侧，高程98米。东北510米为三道河子后山3号烽火台。

平、剖面不清。保存状况差，台体坍塌严重，仅存基础，四周散落大量毛石。推测台体外用不规则的大块毛石包砌，内填充碎石、土。

腰钓鱼石西沟南山长城（复线2）敌台（211421352101170056）

于范家乡钓鱼石村腰钓鱼石西沟南山，腰钓鱼石西沟南山长城（复线2）内侧，高程156米。西北距腰钓鱼石西沟南山烽火台78米。

平面为圆形，剖面为梯形。保存状况差，台体坍塌严重，仅存基础，四周散落大量毛石。具体建筑结构不清。现存台体顶径5.7、残高2.45米。

小胡口南沟长城（复线3）敌台（211421352101170062）

位于范家乡小胡口村小胡口南沟屯，小胡口南沟长城（复线3）内侧，西距墙体3米，高程192米。东南距小胡口南沟梨树沟2号烽火台320米。

平面为圆形，剖面为梯形。保存差，台体坍塌严重，仅存基础，四周散落大量毛石。具体建筑结构不清。现存台体顶径7.2、残高2.6米。

小胡口南沟长城敌台（211421352101170063）

位于范家乡小胡口村小胡口南沟屯，小胡口南沟长城墙体内侧，高程236米。东南距小胡口南沟梨树沟3号烽火台210米。

平面为圆形，剖面为梯形。保存差，台体坍塌，台体的基础部分大都被倒塌的毛石淹埋。具体建筑结构不清。现存台体顶径6.7、残高1.8米。

小胡口黑洞沟长城1号敌台（211421352101170065）

位于范家乡小胡口村黑洞沟，小胡口黑洞沟长城 1 段内侧，高程 196 米。西侧距小胡口黑洞沟长城 2 号敌台 690 米，东南距大岭北山 3 号烽火台 260 米。

平面为圆形，剖面为梯形。保存较差，台体严重坍塌，台体的基础部分大都被倒塌的毛石淹埋。具体建筑结构不清。现存台体残高 2.5 米。

小胡口黑洞沟长城 2 号敌台 （211421352101170066）

位于范家乡小胡口村黑洞沟，小胡口黑洞沟长城 1 段内侧，北距墙体 5 米，高程 231 米。西北距小胡口黑洞沟长城 3 号敌台 620 米。

平面为圆形，剖面为梯形。保存较差，台体严重坍塌，周围散落大量毛石。具体建筑结构不清。

小胡口黑洞沟长城 3 号敌台 （211421352101170067）

位于范家乡上九门台村东南的山梁上，小胡口黑洞沟长城 1 段内侧，北距墙体 10 米，高程 163 米。西北距九门台三山长城敌台 480 米。

平面为圆形，剖面为梯形。保存较差，台体严重坍塌，周围散落大量毛石。具体建筑结构不清。

大岭北山长城敌台 （211421352101170070）

位于前卫镇三山营村康家屯北狐狸山南面平缓山脊之上，大岭北山长城 2 段（复线）墙体内侧，高程 134 米。东北距大岭北山 1 号烽火台 600 米，南距康家屯东山烽火台 1000 米。

平面为圆形，剖面为梯形。保存较差，现存台体包砌的毛石大部剥落或坍塌，周围散落大量的毛石。具体建筑结构不清。现存台体顶径 7、残高 1.8 米。在台体周围住有长方形毛石干垒围墙，现已坍塌，周长 44.4、宽 1.5、残高 0.8 米。

上九门台三山长城敌台 （211421352101170073）

位于范家乡上九门台村西南三山东侧的山坡上，上九门台三山长城 1 段内侧，高程 217 米。东南距胡口黑洞沟长城 3 号敌台 480 米，西距三山沟长城敌台 2100 米。

平面为圆形，剖面为梯形。保存较差，台体严重坍塌，周围散落大量毛石。具体建筑结构不清。现存台体顶径 8.1 米、残高 3.5 米。

三山沟长城敌台 （211421352101170074）

位于前卫镇背荫障村三山沟北的山上，上三山沟长城 1 段内侧，高程 198 米。西北距碾子沟长城 1 号敌台 650 米，西南距三山沟 1 号烽火台 855 米、距三山沟 2 号烽火台 712 米。

平面为圆形，剖面为梯形。保存较差，台体严重坍塌，周围散落大量毛石。具体建筑结构不清。现存台体顶径 10、残高 1.6 米。

碾子沟长城 1 号敌台 （211421352101170075）

位于前卫镇背荫障村三山沟屯西北的碾子沟山脊上，碾子沟长城 1 段内侧，北距墙体 5 米，高程 286 米。西南距碾子沟长城 2 号敌台 508 米。

平面为圆形，剖面为梯形。保存较差，台体严重坍塌，周围散落大量毛石。具体建筑结构不清。残高 4.1 米。

碾子沟长城 2 号敌台（211421352101170078）

位于前卫镇背荫障村楼子沟屯东南的碾子沟山脊上，碾子沟长城 2 段上，高程 288 米。西北距碾子沟长城 3 号敌台 390 米。南临大风口水库及石河。

平面为圆形，剖面为梯形。保存较差，台体严重坍塌，周围散落大量毛石。具体建筑结构不清。残高 1.8 米。

碾子沟长城 3 号敌台（211421352101170079）

位于前卫镇背荫障村楼子沟屯东南的碾子沟山脊上，碾子沟长城 2 段墙体上，高程 248 米。西南距楼子沟长城敌台 810 米。

平面为圆形，剖面为梯形。保存较差，台体严重坍塌，周围散落大量毛石。具体建筑结构不清。现存台体顶径 6.1、残高 2 米。

楼子沟长城敌台（211421352101170080）

位于前卫镇背荫障村楼子沟屯西南山上，楼子沟长城 2 段墙体上，高程 258 米。东南距楼子沟烽火台 690 米。南临大风口水库，南北两侧分别为背隐嶂至下霍家沟、背荫嶂至楼家沟的乡村小路。

平面为圆形，剖面为梯形。保存较差，台体严重坍塌，周围散落大量毛石。具体建筑结构不清。现存台体顶径 7.3、残高 2.6 米。

下霍家沟西山长城 1 号敌台（211421352101170083）

位于前卫镇背荫障村下霍家沟屯西北山上，下霍家沟西山长城 2 段墙体上，高程 227 米。西南距霍家沟长城 2 号敌台 630 米，东北距楼子沟长城敌台 1300 米，东南距楼子沟烽火台 1700 米、距背荫嶂堡城 2300 米。东南距大风口水库约 1800 米，东西两侧分别有上霍家沟通往北荫嶂和张家房子通往小山口的村路。

平面为圆形，剖面为梯形。保存较差，台体坍塌后遗散有大量的毛石，推测该台体应为石头结构。现存台体顶径 7.2 米，坍塌后的高度为 2.7 米。

下霍家沟西山长城 2 号敌台（211421352101170084）

位于前卫镇背荫障村下霍家沟屯西北山上，下霍家沟西沟长城 2 段墙体上，高程 337 米。西距下霍家沟西山长城 3 号敌台 430 米。

平面为圆形，剖面为梯形。保存较差，台体严重坍塌，周围散落大量毛石。具体建筑结构不清。现存台体顶径 6.5、残高 1.8 米。

下霍家沟西山长城 3 号敌台（211421352101170085）

位于永安乡塔子沟村康家房子屯砂山上，下霍家沟西山长城 2 段墙体上，高程 265 米。西南距康家房子蚂蚱沟长城敌台 820 米，南距康家房子后山烽火台 400 米。

台体坍塌严重。具体建筑结构不清。台体坍塌后的高度为 2.1 米。

康家房子蚂蚱沟长城敌台（211421352101170091）

位于永安乡塔子沟村康家房子蚂蚱山上，康家房子蚂蚱沟长城上，高程 250 米。东北距康家房子后山烽火台 600 米，东南距康家房子腰岭烽火台 1200 米。

台体坍塌严重。具体建筑结构不清。台体坍塌后的高度为 1.8 米。

鼓山长城 1 号敌台（211421352101170095）

位于永安乡边外村鼓山西南山梁上，鼓山长城 2 段之上，高程 188 米。西南距鼓山长城 2 号敌台 430 米，南距鼓山 2 号烽火台 175 米，东北距鼓山 1 号烽火台 610 米。西北 120 米为石河，北侧有边外通向大甸子村的村路。

平面为矩形，剖面为梯形。保存一般。北墙与鼓山长城 2 段长城的石墙处于同一平面，台体用三层花岗岩条石做基础，台身用青砖包砌，白灰勾缝，台内用毛石叠砌和黄土夯筑，青砖在砌筑时自下而上逐层内收。台体现残高 4.6 米；条石基础高 1.4 米；残存最高的北面台体残存砖墙 16 行，高 3.2 米。

鼓山长城 2 号敌台（211421352101170097）

位于永安乡边外村东南鼓山西侧，鼓山长城 4 段墙体上，高程 193 米。西距鼓山长城 3 号敌台 670 米，东南距鼓山 2 号烽火台 430 米，西南距鼓山 3 号烽火台 420 米。北侧 50 米为石河，北侧有边处通向大甸子村的村路。

平面为矩形，剖面为梯形，保存较好。敌台为空心三层，平面为长方形，内部建筑形式为回字形，以条石为基础，其上为青砖包砌至台顶，敌台南侧墙体设券门一，券门两侧各设一箭窗，北侧墙体设三箭窗，东、西两侧墙体各设二箭窗。券室为二伏二券结构，券门、箭窗皆二伏二券结构。台体中间券室东南侧设砖结构的登顶梯道，台体顶部建有垛口墙，中间建有砖结构的铺舍。

该敌台基础是因地势而设，为 5~7 层条石不等，呈阶梯式垒砌。高 1.84~2.52 米，条石一般长 1.02、宽 0.4、厚 0.46 米。条石上以砖砌台体，残高 8.16 米。台体东西长 12、南北宽 11、通高 10 米。于南侧墙体设券门一，门高 2.2、宽 1.28 米，起券高 1.24、进深 0.5 米。门轴石为方形，轴边长 0.36 米。券门用青砖砌成边框，长 0.89、宽 0.79 米；券门上方原有石质门额，现已无存。北侧墙体设箭窗三，窗高 0.87、宽 0.67、进深 0.54、起券高 0.51 米。箭窗券室高 1.05、宽 1.02、进深 0.82 米，起券高 0.5 米。台体中间内部建筑形式为回字形，中间为车棚券室一，四周皆为回廊式通道。券室南北长 3.5、东西长 4.8、高 3.19、起券高 1.8 米，南北方向通道长 6.85、高 2.5、宽 1.1、起券高 2 米。东西方向通道长 7.84、高 2.6、宽 1.09、起券高 2.24 米。券室东、西各设券窗一，南面设券门一。券窗高 0.82、宽 0.63、进深 0.38 米，券室宽 1.01、高 1.07、进深 0.37 米。券室券门宽 0.8、高 1.8、进深 0.79 米。中间券室东南角设登顶梯道，呈曲尺形，现已毁。台顶之上原建有铺舍，现已毁，台体之上原有垛口墙已无存；台体东墙外侧出现一宽 0.02 米左右的裂缝。（彩图一二一～一二三）

鼓山长城 3 号敌台（211421352101170099）

位于永安乡边外村河口屯西南的鼓山北侧山坡上，鼓山长城 5 段墙体上，高程 151 米。西北距鼓山长城 4 号敌台 640 米，东距鼓山 2 号烽火台 420 米，东南距鼓山 3 号烽火台 520 米，西距鼓山 4 号烽火台 450 米。

平面为矩形，剖面为梯形。保存差。主体全部坍塌，现存台体呈圆锥状，台体附近散落青砖残块、碎石。具体建筑结构不清。

鼓山长城 4 号敌台（2114213521011 70101）

位于永安乡边外村石匣口屯北侧石河支流的河道上，鼓山长城 6 段墙体内侧，高程 146 米。东南距鼓山 4 号烽火台 220 米。北侧为石河，台下为石河支流。

平面为矩形，剖面为梯形。保存差，台体早年被当地村民拆毁用于建民房，现仅存基础，濒临消失。敌台为条石基础，基础之上为青砖砌筑，白灰勾缝。敌台下原有一道水门，水门遗迹现存宽度为 8.8、进深 10.4 米，西侧高 2.4、东侧高 5.3 米，原台体应与其长、宽相同。

蔓枝草长城 1 号敌台（2114213521011 70102）

位于永安堡乡大甸子村蔓枝草屯东南方向的头道楼子山上，蔓枝草长城 1 段内侧，高程 479 米。西北距蔓枝草长城 2 号敌台 280 米。

平面为矩形，剖面为梯形。保存较好，西侧台体稍有坍塌。以条石为基础，共六层，高 1.8 米，其上用青砖包砌至顶，砖体残高 9 米。台体东西长 11.6、南北宽 7.8、通高 10.08 米。

台体中间设券室和券门。于西侧墙体设券门一，券门高 1.45、宽 0.84 米。在东、南、北侧墙体都设有箭窗，东侧墙体设箭窗二，南、北两侧各设箭窗三，箭窗均为二伏二券结构，窗高 0.81、宽 0.65、进深 0.38 米，箭窗券室高 1、宽 1.03、进深 0.41 米。

顶部四周有残存的垛口墙，垛口墙宽 0.61、残高 1.23 米。垛口南北各三，东西各二，宽 0.61、垛口残高 0.6 米。顶部北侧设有吐水嘴两个。台顶原建有铺舍，现仅存基础和残墙，铺舍基础为砖结构，东西长 7.6、南北宽 3.8、墙厚 0.56、残高 0.3 米。

台体内部为空心，三层，呈回字形：中间为一长方形车棚券室，中间券室东西长 5.57、南北宽 2.3、高 2.38、起券高 1.3 米；券室东开券门一，门高 1.24、宽 0.72、进深 1.3、起券高 1.15 米。四周为环绕一圈回廊式通道，通道东西长 8.2、宽 0.92、高 2.38、起券高 1.87 米；南北通道长 4.37、宽 0.9、高 2.29、起券高 1.87 米；西、南两侧墙体各开一券窗，高 0.81、宽 0.66、进深 1.3 米。中间券室东侧券门南设登顶梯道，呈曲尺形，梯间高 1.9 米；台阶宽 0.72、高 0.38 米，一跑共计 4 级台阶，二跑共计 7 级台阶，条石砌筑。（图三四；彩图一二四～一二七）

蔓枝草长城 2 号敌台（2114213521011 70103）

位于永安堡乡大甸子村蔓枝草屯东南方向的头道楼子山上，蔓枝草长城 2 段墙体上，高程 340 米。西北距蔓枝草长城 3 号敌台 830 米。

平面为矩形，剖面为梯形。保存状况较好。空心三层，以条石为基础，共 5 层条石垒砌，高 2 米，条石一般长 0.84、宽 0.41、厚 0.4 米。其上为青砖至顶，砖体残高 8.08 米。青砖长 0.37、宽 0.17、厚 0.1 米。台体通高 10.08 米，东西长 10.38、南北长 7.4 米。

墙体于东、西侧墙体各设券门一，门高 1.5、宽 0.81、起券高 1.24、进深 0.5 米。券门上方有石质门额，上隐约有字迹，已不清。南北侧墙体上各设箭窗三，窗高 0.85、宽 0.64、

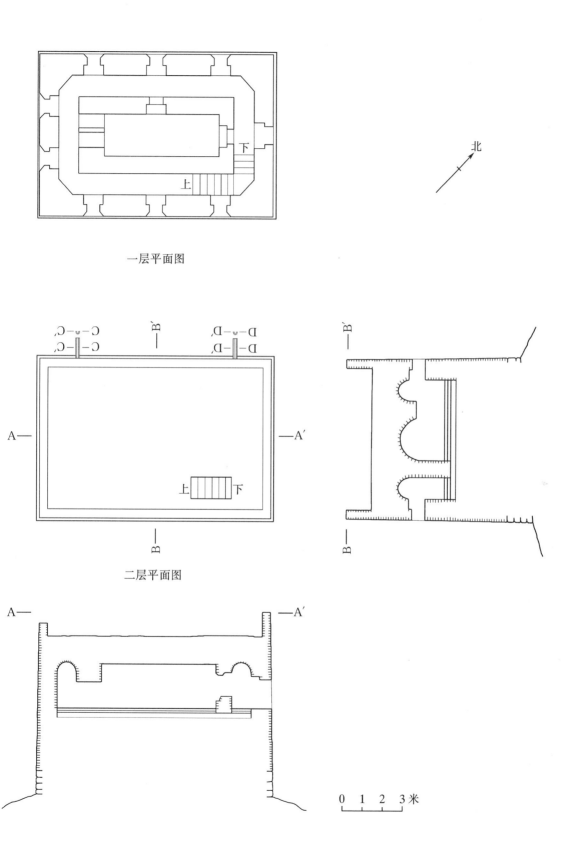

一层平面图

二层平面图

北

0 1 2 3米

图三四 蔓枝草长城1号敌台平、剖面图

进深0.53米，箭窗券室高1.04、宽0.9、进深0.41米。券门、券室和箭窗皆二伏二券结构。台体顶部四周建有垛口墙，宽0.56、残高1.23米。四周墙体设垛口10个，东西各二，南北各三，垛口宽0.63、高0.3米。顶部中间建有砖结构的铺舍，现仅存基础，南北长3.8、东西长7.6米。

台体内部建筑形式为回字形，中间为车棚券室一，四周皆为回廊式通道。券室南北长2.31、东西长5.05、高2.59米。起券高1.85米，南北方向通道长2.85、高2.32、宽0.91米，东西方向通道长7.55、高2.33、宽0.86米。券室东、西各设券窗一，北面设券门一，券窗高0.82、宽0.63、进深0.38米，券室宽1.01、高1.07、进深0.37米。券室券门宽0.73、高1.3、进深0.79米。中间券室东南角设登顶梯道，呈曲尺形，一跑共计4级台阶，二跑共计7级台阶，宽0.72米。（彩图一二八、一二九）

蔓枝草长城3号敌台（211421352101170105）

位于永安堡乡大甸子村蔓枝草屯西南冠石碴子山东北山脊上，蔓枝草长城8段内侧，高程290米。东南距蔓枝草烽火台300米。东侧有石河支流和前所－大甸子县级公路。

平面为矩形，剖面为梯形。保存较好。条石基础共三层，石质为花岗岩。台身是用青砖包砌至顶，台身在砌筑时向上逐层有收分，用白灰勾缝，台体东侧辟有三箭窗，南侧辟有一门、二箭窗，西侧辟有三箭窗，北侧辟有二箭窗，门和箭窗皆为二券式。顶部四周建有垛口墙，东西为三个垛口、南北为两个垛口，在台西侧还设置两个用花岗岩凿成的吐水嘴。由于台体券门高悬，人无法攀爬至台内，其内部结构不清。条石基础高0.73米，尺寸长0.94、宽0.34、厚0.28米；砖砌台体残高9.87米，青砖80行，青砖长0.37、宽0.18、厚0.11米。台体南北长12.41、东西宽8.38、通高10.6米。（测绘图八；彩图一三〇～一三三）

椴木冲长城敌台（211421352101170106）

位于永安堡乡花户村杨树沟屯东南，高程468米。东接椴木冲长城1段，西北接椴木冲长城2段，西南距椴木冲烽火台905米。

平面为矩形，剖面为梯形。保存较好。内部建筑形式为回字形，为空心三层式敌台。台体底部用毛石砌出平面，其上为4层条石基础，石质为花岗岩，高1.5米，基础之上为青砖垒砌至顶，白灰勾缝。砖体高9.85米。整个台体东西长11.86、南北宽8.72、通高11.35米。

台体南侧墙体中间位置设券门一，门高1.64、宽0.91、进深0.55米，门券洞高1.84米，起券高1.17米。券室高1.03、宽0.99、进深0.71米，起券高0.48米。券门两侧各设箭窗一，北侧墙体设箭窗二，东西两侧墙体设箭窗各二，箭窗高0.83、宽0.66、进深0.52米。在台北侧还设置两个用花岗岩凿成的吐水嘴。台体内部中间券室东南角设登顶梯道。券室为二伏二券结构。券室东侧设券门一，西、南各设一券窗，北无券窗。顶部四周有垛口墙，墙宽0.57、残高1.4米。垛口南北两侧各设三，东西两侧各设二，垛口宽0.6米，残高0.7米。青砖长0.37、宽0.18、厚0.11米；条石长0.92、宽0.55、厚0.47米。顶部中间原建有铺舍，已毁。

台体内部建筑形式为回字形。中间为一车棚券室，券室为东西向，东西长5.9、南北长2.9、高3.2、起券高1.7米。结构为二伏二券。东侧设券室门，南、西设券窗各一，券室门高1.5、宽0.58、进深1.29米，为二券结构，券室窗高0.78、宽0.67、进深0.67米。东西向通道长8.64、宽1.01、高2.43米，起券高1.95米。在券室东南角设登顶梯道，宽0.59米，台阶高0.34、宽0.33米，7级台阶。

原顶部西北角处有"明万历五年椴木冲楼"题铭记石碑一通。被村民将石碑从台顶滚下，将石碑损坏。现碑的碎座在长城北侧山沟内，石碑在敌台西100米处的墙体上。（图三五；彩图一三四、一三五）

锥子山长城1号敌台（211421352101170109）

位于永安堡乡花户村杨树沟屯西南的山上，高程435米。东南接锥子山长城7段，西北接锥子山长城8段；西北距锥子山长城2号敌台220米，东南距锥子山1号烽火台190米，北距锥子山2号烽火台110米。

平面为矩形，剖面为梯形。保存较好。敌台直接建在墙体上，以墙体为基础，其上青砖垒砌至顶。内部建筑形式为回字形，中间是车棚券室，四周呈回字形通道。券室东侧设门一，西、南设券窗各一，台体西侧中间位置设券门一，北侧墙体设箭窗三，东侧墙体设箭窗二，南侧墙体设箭窗二；中间券室东南角设登顶梯道，结构为二伏二券。顶部西侧设有两个石质预制吐水嘴，顶部四周砌有垛口墙，中间的铺舍已毁。台体残高5.95、南北长6.8、东西长9.6、高0.85、宽0.6米，箭窗券室宽0.98、进深0.37米。台体内部中间为回字形券室，高2.52、券室东西长426、南北长2.18、起券高1.87米；券室南设门，宽0.7、高2.53米，东、西各有一券窗，券门高1.5米，起券高2.09米；东西向通道长6.13、宽0.85、高2.51、起券高2.09米。顶部四周的垛口墙，宽0.56、高0.7米。青砖尺寸长0.37、宽0.18、厚0.11米。（测绘图九；彩图一三六、一三七）

锥子山长城2号敌台（211421352101170111）

位于永安堡乡西沟村金家沟屯东南的锥子山东侧山脊上，高程390米。东接锥子山长城7段，西接锥子山长城8段；西南距锥子山长城3号敌台220米，东南距锥子山2号烽火台190米。

平面为矩形，剖面为梯形。保存一般。为空心三层式敌台，内部结构是回字形，中间券室，敌台东侧辟有一券门和一箭窗、门上有一石质的门额，南侧辟有三箭窗，北侧辟有二箭窗。券室和箭窗皆为二券，西侧坍塌严重，已经不清。回廊及地面现已被人为损毁，台体内部砖结构被拆除，台体其他设施无存，台体结构不稳定，东西长11.36、南北宽7.8米，条石基础5层，高1.7米，台体高7.4米，由于该敌台门窗及内部结构破坏严重，顶部坍塌，故无法测量。（测绘图一○；彩图一三八、一三九）

锥子山长城3号敌台（211421352101170112）

位于永安堡乡西沟村金家沟屯东南的锥子山东侧山脊上，锥子山长城9段墙体上。高程410米。东北距锥子山2号烽火台389米，西南距锥子山3号烽火台375米。

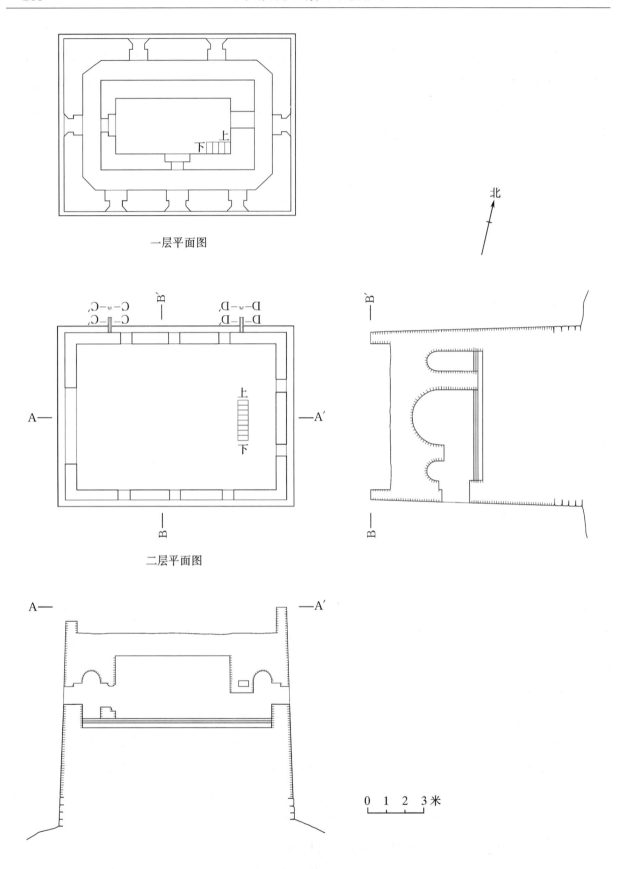

一层平面图

二层平面图

北

图三五　椴木冲长城敌台平、剖面图

0　1　2　3米

平面为矩形，剖面为梯形。敌台依山势而建，以条石为基础，所用条石不够规则。台体南侧中间位置设券门、箭窗，东侧设箭窗二，两窗之间的上部有方形石质的门额。从坍塌处观察为二伏二券的建筑结构。敌台的内部结构是回字形，中间是券室，为车棚券，四周皆为通道。券室南设门。于台体正南中间位置设门。在其南侧加砌长方形附属建筑，东侧设一门，是进入台内的第一道门。条石基础 11 层，其上青砖 46 行，残高 7 米，台体南北长 7.1、东西长 10.63 米。门为二伏二券，宽 0.81、高 1.5 米。台体内部及其他均严重坍塌，故无法测量。南侧券门外用青砖砌长方形围墙。东西长 5.31、宽 2.23 米，东侧墙体设券门一，门宽 0.66、高 1.52 米，围墙高 1.5、宽 0.76 米。（彩图一四〇～一四二）

獐狼铳南岭山长城敌台（211421352101170117）

位于永安堡乡獐狼铳村东沟屯东南南岭山上，獐狼铳南岭山长城 3 段（南线）内侧，高程 308 米。东北距乱石磋南山烽火台 586 米，西南距獐狼铳南岭山 1 号烽火台 1000 米。

平面为矩形，剖面为梯形。保存较差，台体坍塌，四周散落石块。台体以自然山体为基础，外用毛石包砌，中间填充碎石。现存台体东西长 9.1、南北宽 8.4、残高 1.8 米。

宁子沟南山五道岭长城 1 号敌台（211421352101170121）

位于永安堡乡獐狼铳村宁子沟南山上，宁子沟南山五道岭长城 1 段（南线）内侧，北距墙体 1 米，高程 262 米。西南距宁子沟长城 2 号敌台 345 米，东北距宁子沟 1 号烽火台 805 米。

平面为矩形，剖面为梯形。保存较差，台体坍塌，四周散落石块。台体以自然山体为基础，外用毛石包砌，中间填充碎石。台体砌筑时向上有收分。现存台体长 6.2、宽 5.2、残高 1.6 米。台体南侧有护台围墙，呈方形，现只存遗迹。

宁子沟南山五道岭长城 2 号敌台（211421352101170122）

位于永安堡乡獐狼铳村宁子沟南山上，宁子沟南山五道岭长城 1 段（南线）内侧，北距墙体 2 米，高程 270 米。东北距宁子沟长城 1 号敌台 345 米，西南距歪桃山烽火台 1500 米。

保存差，台体严重坍塌。具体建筑结构不清。推测此敌台建筑方法同宁子沟南山五道岭长城 1 号敌台。

歪桃山敌台（211421352101170124）

位于西甸子镇安马堡村坡山洞屯北，歪桃山长城 1 段（南线）内侧，高程 237 米。西北距坡山洞松岭子山长城 1 号敌台 600 米，东南距歪桃山烽火台 950 米。西南临坡山洞水库。

平面为圆形，剖面为梯形。保存较差，台体坍塌，四周散落石块。台体以自然山体为基础，外用毛石包砌，中间填充碎石。现存台体顶径 9.3、残高 1.4 米。

坡山洞松岭子长城 1 号敌台（211421352101170126）

位于西甸子镇安马堡村坡山洞屯北松岭子山上，坡山洞松岭子长城 1 段（南线）的内侧，高程 273 米。西南距坡山洞松子岭长城 2 号敌台 1500 米，东北距坡山洞松岭子烽火台 450 米。东南临坡山洞水库。

平面为方形，剖面为梯形。保存较差，台体坍塌，四周散落石块。台体以自然山体为基础，外用毛石包砌，中间填充碎石。现存台体顶边长 8、残高 1.8 米。

坡山洞松岭子长城 2 号敌台（211421352101170129）

位于西甸子镇安马堡村坡山洞屯北松岭子山上，坡山洞松岭子长城 4 段（南线）内侧，高程 397 米。东南距坡山洞 1 号烽火台 1600 米、距坡山洞 2 号烽火台 1900 米。西南临坡山洞水库。

平面为矩形，剖面不清。保存差，台体坍塌，台体的东南角还保存有部分遗迹。台体以自然山体为基础，外用毛石包砌，中间填充碎石。

西松岭子长城 1 号敌台（211421352101170130）

位于永安乡北河村暖泉子屯西松岭上，西松岭子长城 1 段（南线）内侧，北距墙体 1 米，高程 293 米。西南距西松岭子长城 2 号敌台 1200 米，东北距坡山洞松子岭长城 2 号敌台 2100 米。

平面为矩形，剖面为梯形。保存较差，台体坍塌，四周散落石块。台体以自然山体为基础，外用毛石包砌，中间填充碎石。墙体向上有收分。现存台体东西长 9.5、南北宽 8、残高 0.3~0.8 米。台体东、西、南三面都有护台围墙，北侧则借助于长城墙体，围墙呈长方形，东西长 20、南北宽 12、残高 0.8 米；墙体宽 1.2 米。

西松岭子长城 2 号敌台（211421352101170131）

位于永安乡北河村暖泉子屯西松岭上，西松岭子长城 3 段（南线）内侧，高程 256 米。西南距鸡冠山长城 1 号敌台 1000 米。

保存差，台体严重坍塌，周围散落石块及青砖残块。具体建筑结构不清。

鸡冠山长城 1 号敌台（211421352101170132）

位于李家乡铁厂堡村松岭子屯北鸡冠山上，鸡冠山长城 1 段（南线）内侧，北距墙体 1 米，高程 172 米。西南距鸡冠山长城 2 号敌台 950 米。

平、剖面不清。保存差，台体坍塌严重。具体建筑结构不清。台体坍塌后高度为 1.8 米。台体东、南侧建有护台围墙，仅存遗迹；西、北侧护台围墙则借助于长城墙体。

鸡冠山长城 2 号敌台（211421352101170133）

位于李家乡铁厂堡村松岭子屯北鸡冠山上，鸡冠山长城 3 段（南线）内侧，高程 136 米。西南距苇子冲前山长城敌台 1400 米。

平、剖面不清。保存差，台体坍塌严重。具体建筑结构不清。台体坍塌后高度为 2.2 米。台体外有护台围墙，平面为矩形，东西长 20、南北宽 16 米，东、南、西三侧护台围墙仅存遗迹；北侧则借助长城墙体。现墙宽 1.1 米、残高 0.6~0.9 米。

苇子冲前山长城敌台（211421352101170134）

位于李家堡乡娄家沟村李家窝堡屯北苇子冲前山上，苇子冲前山长城（南线）内侧，北距墙体 2 米，高程 172 米。东南距苇冲前山烽火台 340 米、铁厂堡城 2600 米。

平面为方形，剖面为梯形。保存较差，多处包砌的石块缺失。台体以自然山体为基础，台身外壁用毛石包砌，中间填充碎石。顶边长 9.1、残高 2.1 米。台体四周有方形的护台围墙，北面借用长城墙体，其他三面则用毛石干垒，边长 15.5、残高 1~1.5 米；墙宽 1.5 米。

（二）辽宁明长城关堡及保存现状

本次共调查明长城关、堡计 103 座，其中关城及守备城 6 座、堡城 97 座。试分区介绍如下。

1. 辽东山地明长城关堡现状

（1）宽甸满族自治县

宽甸满族自治县共调查堡城 7 座。

安平城（210624353102170001）

位于宽甸满族自治县杨木川乡边沟村 13 组，高程 224 米。城东 500 米为 201 国道，西 500 米为安平河。城东为边沟村，居民约 800 余人。南距蚂蚁岭长城 4000 米，西南距蚂蚁顶烽火台 4400 米。

该城破坏严重，现城址都已变成耕地，只有部分土垄还能辨城墙所在，平面形制及四至已不清。尚有保存的部分南墙，残长 33 米，顶宽 1.6、底宽 7、残高 2.5 米。据当地人讲，城平面为矩形，墙体内为夯土、外用青砖包砌。原有四门，在城内采集到青砖 2 块。

杨木川土城子堡（210624353102170002）

位于宽甸满族自治县杨木川乡土城子村南 500 米处，东北 2 米为土城子小学，高程 113 米。城东 500 米为蒲石河。城西南距蚂蚁岭长城 17300 米，西距杨木沟烽火台 7500 米。

平面为方形，周长约 1100 米，面积 77000 平方米。堡城整体保存差，可见夯筑墙体、角台、城门。从周围散布的遗物推测，墙外包石和青砖现已无存。西墙和北墙破坏严重，部分已为村民住宅所占据，西墙以门为界，南段尚存有近 150 米，北段则被民居占用，遗迹已经不明显。南墙和东墙保存较多，残宽 1~2.5、高 1.5~2.6 米。堡城现存门址三处，分别为西门、北门、南门。南门外有瓮城，平面为矩形，长 42、宽 16.5 米。角台现存三座，尚存遗迹，西北角台被拆毁。该堡城为《全辽志》记载的大甸堡。

长甸城（210624353102170003）

位于宽甸满族自治县长甸镇长甸村，高程 106 米。城四周有多条季节性小河。东 50 米为丹东至长甸铁路，东 1000 米为铁长线公路。附近的长甸村有居民 1120 户，人口约 4100 余人。城址西南距古楼子长城 22500 米，东距长甸东山烽火台 1800 米。

堡城整体保存差，堡城的原貌无存，四至不清。据当地居民讲，城平面为矩形。现存堡城北墙一段墙基，残长约 45、高约 0.5 米。又据刘谦《明辽东镇长城及防御考》："南城墙设一门。"宽甸县档案馆资料记录："门有面额，上刻'长奠堡'三个大字，下款刻'明万历三年十月朔日'等字样。"《创筑大奠堡碑记》也载，堡城万历三年建成，原名为长奠堡。万历末旧江沿台堡移曾建于此。

永甸城（210624353102170004）

位于宽甸满族自治县永甸镇永甸村，高程 142 米。城东 500 米有季节性小河，南距丹东至长甸铁路 50 米，南距铁（岭）长（甸）线公路 200 米。附近的永甸村，有居民约 3400 余人。堡城南距长甸城 8700 米，北距坦甸城 6600 米。

堡城整体保存差，城内外皆为居民区，堡城大部无存，仅存东门城墙和城西南角，调查可确定堡城大致范围。堡城平面为矩形，周长约 1234 米，面积 95100 平方米。城墙内用土夯筑，夯层大约 0.1 米，墙外包石，现存城西南角墙体，存宽约 5、高 4 米，城东门处保留的一段城墙，存长 20、宽 5、高 4 米。据刘谦《明辽东镇长城及防御考》，城四角各有角台，城角台宽 9、高 4 米。该文所绘永甸堡城平面图，只开一南门。

又据《创筑大奠堡碑记》载，该堡城万历三年建成，原名永奠堡，旧宁东堡移建于此。

坦甸城（210624353102170005）

位于宽甸满族自治县永甸镇坦甸村，高程 184 米。城西 100 米季节性小河。东距丹东－长甸铁路 50 米，东距铁长线公路 10 米。城内为坦甸村，有居民 200 余户，约 800 余人。城西南距杨木川土城子 17500 米，南距永甸城 6600 米。

该堡城平面为矩形，东西长 350、南北宽约 257 米。堡城整体保存差，城内为居民区，墙体或成耕地、或成民宅基础。北墙、西墙现存段落可看出城墙为内夯土、外包石结构，南墙内外包石无存，内填夯土完全暴露；东墙现存基础约 50、宽 5、高 1～3 米；北墙存长 60、宽 4、高 2～4 米，外包石块为人工加工石块砌筑，石块大小不一，形状不规则；西墙现存长 40、宽 2、高 1～2 米；南墙长 180、宽 5、高 3～4 米，墙体为内夯筑、外包石、顶部施砖。另存有东门，东墙和南墙马面遗迹。

城内小学校存有一甬石碑，名为《创筑大奠堡碑记》。碑身为石质板岩，碑座为花岗岩。碑的形式作笏头碣式。圆形的碑首与碑身连接在一起。碑头高 0.34 米，在篆额天宫中有篆书"创筑大奠堡记"六字。碑身高 1.6 米。碑文楷书 24 行，记载了建堡经过、城堡规模、屯田制度、兵营官署等项内容。明确记述了堡城建成于明万历三年。碑文如下：

创筑大奠堡记

大佃子堡境外一百二十里地石散等系东胡分犯要路万历元年阅视兵部侍郎歙县汪公道/昆访地方兴革事宜镇守都督李公议当移大佃子堡于此地以扼虏冲既奉/允旨时虏酋环窥流言载道都督先赴定立堡基余复往巡视见山川形胜足为保障因条奏便宜数事/分责各官修筑始于万历三年三月初十日终于本年十月二十日城高连垛口二丈五尺底厚二/丈收顶一丈周围四百三十丈门角敌台一十二座俱用砖石包砌内穿井六眼公馆三所厅房三/十一间军士营房四百八十六间仓房四间迁大佃子堡官军四百四十四员名于内每官给田一/百亩军五十亩沿边建瞭守台八座共用过折支盐菜廪粮犒赏银一千一十七两零米一百四十/石五斗堡成之日易以今名东南至永奠长奠二堡俱六十里北至新奠堡八十里西至险山旧堡/六十里据险设防夷酋因而远徙不敢入犯余以事竣奏报/朝廷命左中丞长治部公光先委天津宪副代州安君嘉善覆实各官蒙/钦赏有差是役也建议者都督按察者侍御魏县郭公思极代州赵公允升监督者副使翟君绣裳给饷/者郎中张君崇功任劳终事者副总兵傅廷勋与原任备御华本实也

因识始末以见拓地之难但/望后之相继者益加慎固勿堕前功/

万历四年岁次丙子/

钦差巡抚辽东地方兼赞理军务兵部右侍郎兼都察院右佥都御史肥乡张学颜撰/

钦差镇虏前将军镇守辽东地方总兵官太子太保左军都督府左都督铁岭李成梁

钦差巡按山东监察御史魏县郭思极

代州赵允升

钦差分守辽海东宁道兼理边备屯田山东按察司副史兼参议闻喜翟绣裳

钦差驻扎辽东粮储兼理屯种户部郎中大名张崇功

钦差分守辽东宽甸等处地方副总兵仍管参将兼署都指挥三万卫傅廷勋

钦差驻扎辽阳地方总兵锦州卫杨腾三万卫曹簋

江沿台备御武举指挥广宁卫徐国□铁岭卫刘余昌

委官原备御指挥东宁卫华本实

宽甸城（210624353102170006）

位于宽甸满族自治县县城，高程308米。城内漏河穿过，东距长甸－丹东铁路50米，铁长线公路穿过城内。堡西北距八棵树长城23700米，南距坦甸城12500米。

由于堡城内为县城所在地，人口和建筑密度大，堡城整体保存甚差，原貌无存，四面城墙皆已不存，仅存的南门也于1987年扩建道路被毁。通过走访可确定堡城原为矩形，规模较大。从现存的南门尚可看出残高4.6米、宽5.8米的城墙遗迹。据刘谦《明辽东镇长城及防御考》，城略呈方形，有东、西、南三门，北门是后开辟的。南门外有瓮城残迹。城内发现东门门额一方，长1.23、宽0.48、厚0.12米，横镌"保厘"两个大字，下款"万历四十二年十月吉日立"。

据《创筑大奠堡碑记》载堡城万历三年建成，该堡城原名宽奠堡，原险山堡移建于此。

赫甸城（210624353102170007）

位于宽甸满族自治县青椅山乡赫甸村，高程328米。赫甸村人口约800余人。东南距宽甸城11900米，西北距八棵树长城11400米。

堡城整体保存较好。平面为正方形，每边长300米。城墙现存顶宽3～5、底宽9～11、残高1～5.5米。墙体以石块包砌，内填夯土，外包砌的石墙现存最高处约5.5米，石块经过人工加工，较为规整，现存墙体顶部有青砖垒砌痕迹，采集到一块青砖，规格为长0.315、宽0.15、厚0.09米。城四角有角台，东、北、西三墙中部各设有一马面；南墙有门，宽5米。门外有瓮城，瓮城长15、宽6米。不过该城也已遭受人为破坏，西墙内侧外包石都已被取走，南墙内侧和外侧包石也都已不见，北门处墙体有少量坍塌，东南角、西北角倒塌。（测绘图一一、彩图一四三）

该堡城万历四年建成，原名新奠堡，为旧新安堡所移建。据《创筑大奠堡碑记》载，大奠堡"北至新奠堡八十里"，方向与里程都与实地调查相合。又据刘谦《明辽东镇长城及防御考》记："该村学校台阶石中发现了一块残碑，残存有'……守新奠堡定辽中卫指挥□□事

□□□李万良'等字样，这就更进一步证明其地为新奠堡了。"

（2）振安区

振安区共发现堡城 2 座。

九连城城址（210604353102170001）

位于丹东市振安区九连城镇九连城村，高程 33 米。南 2000 米为叆河入鸭绿江口。城址所在的九连城村，人口约 2100 余人。东北距虎山长城 2 段 6400 米。

城址平面为矩形，周长 840 米，面积 42075 平方米。城墙为内填土，外包砖、石结构。该城址保存差。其中东墙、北墙的包砖、石多已脱落无存，填土尚存。北墙已被当地居民辟为耕地，不过尚可测出东墙长 255、宽 5～8、高 1～1.5 米，北墙长 165、宽 6～8、高 1.5～2.2米。西墙仅可从地表变化辨别墙体，南墙则已被现代建筑覆盖。城内现为耕地，地表可见大量明代布纹瓦及青砖。城外多为民宅。

明《神宗实录》记载，城建于万历二十四年（1596 年）："九月庚申于九连城故址建立一城，名曰镇江，备倭。"镇江城为辽东与朝鲜临界的边境重镇。不属长城堡城，其主要负责黄海鸭绿江口海防及中朝边界贸易，兼及守卫"贡道"。

石城遗址（江沿台堡）（210604353102170002）

位于丹东市振安区楼房乡石城村，高程 25 米。城址南临黑沟、趟子沟，城北 10 米有东西向的楼房至九连城公路，再向北 250 米是叆河。城所在的石城村，人口约 500 余人。该堡城东距老边墙长城 4700 米，南距老虎城山烽火台 2000 米，南距九连城城址 10100 米。

堡城整体保存一般。平面为长方形，东西长 300、南北宽 150、周长 900 米，面积 45000 平方米。城墙为内夯土、外包石结构。南、北各开一门，南门外有半圆形的瓮城，现已坍塌，仅局部遗迹可辨。城墙四角均有凸出于外的角台，遗迹仍清晰可见。西北角台、西南角台残高 4.5 米，墙身用土、石混筑。北城墙中段和南墙西段保存较好，北城墙中段长 60、宽 6、高 4 米，内墙保存有较高的石砌墙体，可见为毛石砌筑。南城墙西段宽 5、残高 2～4 米，可见外墙下部石墙和石墙基。东、西墙的砌石多已被当地居民拆走，仅余夯土，宽 5～6、残高 3.5 米。城内西部有一处建筑址，南北长约 100、东西宽约 20、高 0.5 米，地表可见较多的石块和砖瓦块，当地人称"石岗子地"。（测绘图一二、彩图一四四）

从堡城所处地理位置结合《全辽志·艺文上》记载，此城址即为明辽东长城靠近鸭绿江最东端的边堡——"江沿台堡"，始建于嘉靖二十五年（1546 年）。嘉靖四十四年（1565 年）重建。设台 14 座，属险山参将。

（3）凤城市

凤城市共调查堡城 5 座。

小城子堡（210682353102170001）

位于凤城东汤乡小城子村，高程 38 米。城东 100 米为叆河。城所在的为小城子村，人口约 300 余人。北距土城子至东汤镇公路 1000 米。东北距蚂蚁岭长城 9000 米、土城子堡 2000 米。

城址整体保存很差，城内设施已无存，现为耕地。走访当地居民称原有城墙，平面为矩形，规模不大。在遗址中有较多布纹瓦及青砖残块。

土城子堡（210682353102170002）

位于凤城市东汤乡土城子村围子里村民组东南侧耕地上，南距叆河支流 200 米，高程 34 米。城西 500 米为叆河，北 50 米为东汤至土城子公路。堡附近的土城子村，有居民 2100 余人。东北距蚂蚁岭长城 8400 米，东南距长岭子烽火台 2000 米，西南距小城子遗址 2000 米。

堡城整体保存状况差，原貌无存，四周城墙都已成为耕地，地表残存遗迹依稀可辨出四至。从地表遗迹上可知该城平面为正方形，边长约 220 米，东、南、西墙突出地表，顶宽 1~2、底宽 5~7、残高 0.3~1 米，北墙已经消失。通过对地表遗物判断和走访当地居民得知城墙下部石块包砌，顶部为砖砌。门址有东、西、南三处，结构、尺寸不清。南门为正门，有瓮城痕迹。

根据《全辽志》记载，堡城为始建于嘉靖二十五年（1546 年）的宁东堡，属险山参将，设边台 5 座。

汤半（站）城（210682353102170003）

位于东汤镇民生村河西村民组北侧平地上，高程 62 米。东 40 米为东汤－石城公路，50 米为叆河一支流，城附近的东汤镇民生村，人口约 400 多人。东北距艾家店长城 8000 米、距民生村庙址 600 米。

堡城整体保存较差，现存墙体成为耕地或民房基础，从现有遗存上可知城平面为矩形，南北长约 260、东西宽 220、周长 960 米，面积 57200 平方米。墙体现存顶宽 4~6、底宽 8~10、残高 0.4~2 米，东墙尚保存一段原墙基，以大石条砌筑，石条长 0.6~1 米。从地表遗迹上看，东、南、西各设一门。四角应有角台，现只有东北角台还存有基础，长 11、宽 5、高 1.2 米。另在东门附近有一口古井。

《辽东志·卷三·兵食》记，汤站堡初隶叆阳堡属东路辽阳城，设边墩 8 座，全为台。《全辽志》卷二《边防》记，后属险山参将。

石城（210682353102170004）

位于石城乡政府东 500 米处，高程 98 米。城西 250 米为叆河，东 40 米为车头峪－石城公路，东 60 米石城至边沟铁路。城附近的石城镇石城村，居民约 2400 多人。城址东南距裕太长城 3200 米、距东高烽火台 2300 米。

堡城整体保存较差，堡城的原貌无存，四周城墙或成为耕地，或成为民房基础。城周长 1050 米，面积 67850 平方米。西墙、南墙无存，只北部城墙尚有较多保存，可见为长 230、基宽 6、顶宽 3、残高 2.4 米。北墙中部还存有马面痕迹。城的四角原有角台，城西南角有一古井，直径约 3、深约 5 米。有东、南、西三门，现都有村路通过。

刘谦在《明辽东镇长城及防御考》中推为新安堡城。《全辽志》卷二《边防》记，新安堡属险山参将。设边台 17 座，全为台。（测绘图一三）

叆阳城（210682353102170005）

位于嗳阳城镇嗳阳城村，高程203米。城西距嗳河250米，南有铁长线公路。城内为嗳阳城村，人口约1000多人。东距边门岭长城1000米，东南距大背山铺舍1200米。

堡城整体保存差。此城址为东西两城，两城相接，平面不够规则。西城南北长273、东西宽176、周长1900米，面积约200000平方米，城的东、西、南三面城墙大都无存，城基也多被民居占用，不过尚有城基内的土垅可辨。东城东西长为400米，南北宽400、北部城墙保存尚好，墙残长400米，顶宽1、基宽3.7、残高2米，且有马面痕迹。东城的东北角、东南角还存有角台遗迹。有西、南二门。城内采集到明代布纹瓦和青砖及庙宇的建筑构件。城内还有一座庙址，当地称"关老爷庙"，"嗳阳城"的门额就在庙的院内存放，上书"成化七年中秋立"。可知该堡城为嗳阳堡城，建成于成化七年。（图三六、彩图一四五）

《辽东志·卷三·兵食》记，嗳阳堡属东路辽阳嗳阳城，设边墩17座，为墩14、空3。《全辽志》卷二《边防》记，后属险山参将。

（4）本溪满族自治县

本溪满族自治县共调查堡城4座。

孤山堡（210521353102170001）

位于本溪满族自治县碱厂镇孤山村，高程342米。堡城南距铁长线公路60米，城南

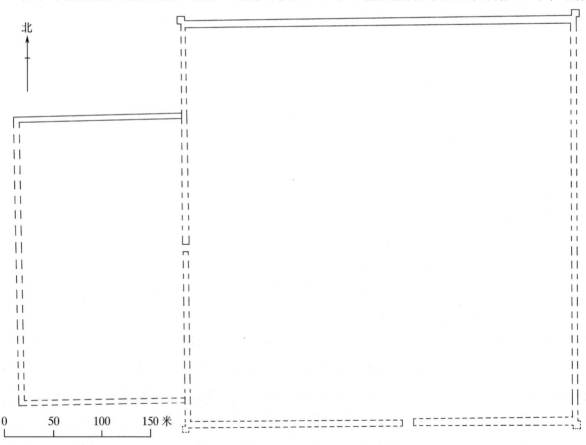

图三六　嗳阳城平面图

500 米有太子河支流。附近为碱厂镇孤山村，有居民 1120 户，约 4100 余人。堡城东南距牡丹顶－瓜瓢沟长城 11500 米，东南距来岱峪烽火台 500 米。

由于战争的破坏及村民耕作、建房将城墙拆毁，现堡城整体保存差，原貌无存，四至不清，面积、周长无从测量。据当地村民讲，堡城平面为矩形。现仅存一段东西走向墙体，推断应为南墙，墙体内填土、外包石，存长 208 米，现存顶宽 1.7、底宽 3.5、高 0.1～1.4 米，墙附近遗留有青砖。

据《全辽志》卷二《边防》记，孤山堡属东路辽阳清河堡城，设边台七座，除一墩外皆为台。堡城始筑年代为嘉靖二十五年。

新城子城址（孤山新堡）（210521353102170002）

位于本溪满族自治县东营房乡新城子村，高程 357 米。堡城依地势而建，城内地势平坦，城东 100 米有太子河一支流自北向南流过，东 30 米为新城子村－南营房公路。城附近为东营房乡新城子村所在地，有民房、耕地。今村内居民约为 2400 余人。堡城东南距东营房瓜瓢沟长城 12000 米。

堡城整体保存一般，东、北、西三面墙相对保存较好，墙基大部分保留。平面为矩形，东西宽 295、南北长 310 米，周长 1210 米。其中东墙存长 310 米，墙基宽 6～8、残高 1～2 米；南墙存长 295 米，墙基宽 6～8、残高 0.2～1 米；西墙存长 310 米，基宽 6～8、残高 1～2 米；北墙存长 295 米，墙基宽 6～8、残高 1～2 米。堡城城墙内为夯土所筑，夯层不清，墙体两侧用条石和块石包砌，条石尺寸约 0.4×0.3×0.3 米，墙体顶部及两侧有残青砖、布纹瓦等遗物，推断顶部由砖砌筑。有四角台，西南角台破坏严重，依稀可辨痕迹，其他三个角台，范围较清晰，平面为方形，边长约 3.5 米。城有南、北二门，北门现宽 8 米，南门现宽 8 米。南门有一座瓮城，呈半圆形，瓮城墙高约 1 米，面积约 280 平方米。

城东墙外 100 米尚保存一座建城碑。碑为石质板岩，碑体笏头碣式，通高 2.18、宽 0.83、厚 0.15 米。碑座为花岗岩石质，高 0.48、宽 0.8 米。碑首与碑体为一身，在碑首的篆额天宫中，篆书"创筑孤山新堡记"。碑文中叙述了建堡经过。碑阴刻楷书 21 行。碑阴文字大部分为"石花"所掩盖，能看见的有"委官……"等字样。在碑的边缘有阴刻的卷草花纹。（测绘图一四、彩图一四六）

碑文正面：

创筑孤山新堡记

旧孤山堡沿河东北三十里地名张其哈喇佃子系东胡分犯要路万历元年阅视兵部侍/郎歙县汪公道昆访地方兴革事宜镇守都督李公议当移孤山堡于此地以扼虏冲 既奏/允旨委清河守备王惟屏筑堡移兵惟畏惮劳伪呈不便在旧堡东北十里建今堡始于万/历二年五月十一日终于万历三年八月三十日城高连垛口二丈五尺底厚二丈收项一/丈周围三百六十丈门角敌台九座俱用砖石包砌内穿井二眼公馆厅房一十三间守堡/官住宅并军士营房一百七十三间迁孤山旧堡官军一百七十三员名于内每官给田一百亩军五十亩沿边建瞭守台五座共用/过折支盐菜廪粮犒赏银七百七十两零米六百/一十石零 堡成之日易以今名余以事峻奏报/

朝廷命左中丞长治郜公光先委天津兵宪代州安君嘉善覆实因有违原议坐惟屏以罪而/各官俱不与赏然堡在两山之间视旧堡据守为易因识始末俾守土者勿坠前功/

万历四年岁次丙子月日

背面碑文：

钦差巡抚辽东地方兼赞理军务兵部右侍郎兼都察院右佥都御史肥乡张学颜撰

钦差征虏前将军镇守辽东地方总兵官太子太保右都督府左都督铁岭李成梁

钦差巡按山东监察御史魏县郭思

代州赵允升

钦差分守辽海东宁道兼理边屯田山东按察司副使兼参议闻喜翟绣裳钦差总理辽东粮储兼理屯种户部郎中大名张崇功

钦差驻扎辽阳副总兵三万卫曹簠

广宁卫　傅廷勋

清河游击兼守备事武举指挥□　孟　王惟屏

□　□□□

□委官原守备武举　辽阳　李尚允

碱厂堡（210521353102170003）

位于本溪县碱厂镇原印刷厂南 20 米，高程 294 米。东南距太子河 500 米，北距本桓公路 100 米。附近为碱厂镇碱厂村有居民 2120 户，约 8100 余人。堡城北距石墙沟长城 2000 米。

堡城整体保存差，堡内现为耕地，堡墙及堡内设施均无遗迹可寻，地表有大量的明代布纹瓦。据当地人讲该城平面为矩形，农业学大寨时城被拆毁。现只存一段东西走向石墙，长 93、宽 0.5、残高 0.4～1.5 米。据刘谦 1979 年调查："城为方形，已全部拆除，只存遗址。遗址东靠太子河，城南北长约 250 米，东西长约 250 米。"又引《盛京通志·城池条》记，碱厂堡分新旧二城："旧城城南一百四十六里，周围二里零九十步，南与西各一门。"新城"城南一百四十八里，周围一百零十步，西南一门。"（《明辽东镇长城及防御考》124 页）现调查为新城。该书所绘碱厂堡城平面图，城近于正方形，城墙南部开一门。该城建于明成化五年（1469 年）

《辽东志·卷三·兵食》记，碱厂堡属东路叆阳城，设边墩 10 座，为 1 台 9 墩。《全辽志》卷二《边防》记，后属清河堡城。

清河城城址（210521353102170004）

位于本溪县清河城镇清河城村，高程 273 米。清河城－金斗峪公路从城中穿过。城依地势而建于南北两山之间，北高南低。南有季节河自西向东流过，城内地势平坦，现为镇政府所在地。堡城东距前央烽火台 3000 米，东北距抚顺县境内的马圈子长城 13000 米。

堡城整体保存较差，原有格局不清。依现存遗迹分析，城平面为矩形，周长 2140 米，城墙内填土、外用石条包砌，顶部砌砖。东墙、南墙、北墙保留部分基础，依稀可辨墙体构造，东墙现存墙基长 550、宽 8.8、高 0.5～2.45 米；南墙部分段落还保留有原砌结构，现存墙基

480 米，宽 1.5～3、高 0.5～3 米；西墙仅存 10 米，顶宽 2～3、底宽 5～8、高 1～3 米；北墙现存墙基长 520、宽 8、高 2.8～3 米。堡城现存三个角台分别是东北角、西北角、东南角，残高约 3 米，因破坏较为严重，角台形状不规则，从现存迹象看，角台平面应为矩形。北墙存有 2 个马面，各长 8.5、宽 4.5、高 3 米；南墙留有 1 马面。城开东、北、西三门。据刘谦《明辽东镇长城及防御考》分析，因城墙临清河，所以无南门。堡城内采集到遗存筒瓦，残长 0.31、宽 0.135、厚 0.02 米。（测绘图一五）

《辽东志·卷三·兵食》记，清河城堡原属东路辽阳叆阳守备，始建于成化五年（1469 年），设边墩 12 座，有墩 9、空 3。《全辽志》卷二《边防·清河堡》条记，嘉靖三十九年（1560 年）升守备，辖七堡。

（5）抚顺县

抚顺县共调查堡城 3 座。

散羊峪堡（210421353102170001）

位于抚顺县救兵乡山龙村内，高程 313 米。西侧有东洲河支流及铁（岭）长（甸）线公路。堡城所在的山龙村，现有常住居民 40 余户，约 240 人。东南距离四道河子长城 17000 米，东距五花顶子烽火台 17000 米。

堡城整体保存差，格局不清，北墙仅残存墙基，宽 5.5、残高 3.3 米。其他墙体已无地面遗迹可寻。据《明辽东镇长城及防御考》记载，散羊峪堡"城已被拆毁，只存遗址。城略呈方形，每边各长约 200 米"。经过我们此次实地调查，该堡城四至基本清楚。平面为矩形，东西长 350、南北宽 120 米，周长 940 米，占地面积 42000 平方米。城内散见青砖残块。西北角有一处突起的土丘，四周条石垒砌，疑为角楼遗址。

据《盛京通志》卷三十五《城池》条记载，该堡南设一门。

散羊峪堡《辽东志》不记，见于《全辽志》。《全辽志》卷二《边防·散羊峪堡》条记载："此堡并一堵墙堡、孤山堡、险山堡、江沿台堡，皆嘉靖二十五年巡按御史张铎奏设。"可知此堡建于嘉靖二十五年（1546 年），设边台 4 座，有台 2、墩 2。

马根单堡（210421353102170002）

位于抚顺县救兵乡马郡单村内，高程 189 米。东洲河在堡城北 300 米处由东至西绕马郡村转北注入浑河。堡城所在的马郡单村，现有常住居民 100 余户，约 400 人。东距下马古长城 1 段 13000 米，东南距离散羊峪堡 10000 米，东北距离东州堡 11000 米。

堡城整体保存一般，南城墙部分墙体保存较好。平面为长方形，东西长 317、南北宽 160 米，周长 954 米，占地面积 50720 平方米。（图三七）现东墙仅残存 48 米的基础，用修整过的规则条石砌筑，残高 0.6 米；南墙长 317 米，用修整过的规则条石砌筑基础，高 0.6 米，上砌砖墙，白灰勾缝，残高 2.7 米，墙体宽 8 米；（图三八）西墙仅残存石筑基础，长 160 米，残高 1～2.3 米，墙宽 8 米；北墙残长 317 米，基础保存较好，用修整过的规则条石砌筑而成，残高 0.6 米，基础之上的墙体保存较差，残高 0.1～1.8 米。据省保资料介绍，据《抚顺县志·马哈单城》条记载，该城东、西、南各有一门。现只位于东城墙南段的东门，为残存的一

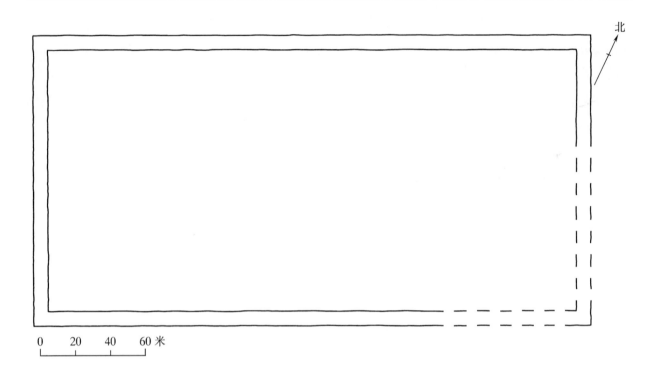

图三七　马根单堡平面示意图

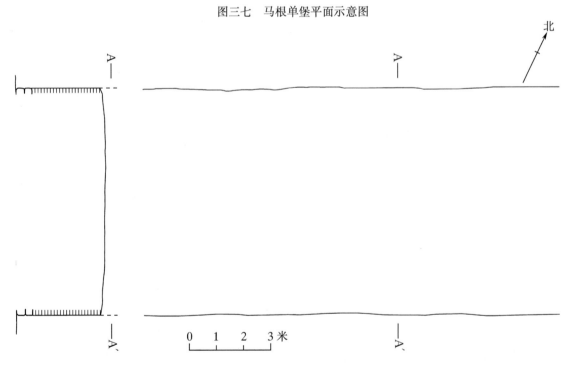

图三八　马根单堡南城墙平、剖面示意图

处凹坑。城内格局不清。（彩图一四七）

　　堡内遗物丰富，可见大量的明代石刻和石质建筑构件。有上马石、石狮子、础石等，有的雕刻有莲花、麒麟等浮雕图案。

　　《辽东志·卷三·兵食》记，马根单堡属东路辽阳城，设边墩6座，有墩3、空3。《全辽志》

记，后属清河堡城。

东州堡（210421353102170003）

位于抚顺县小东洲乡大东洲村内，高程136米。东侧有东洲河流过注入浑河。堡城所在的大东洲村，现有常住居民40余户，约180人。东北距离抄道长城1段10500米，东南距离孟家东山烽火台3000米，西北距离大东洲西山烽火台800米。

堡城整体保存差，墙体已坍塌，残存有部分墙体基础。同时当地居民修建民宅、耕地也对墙体造成破坏。北墙墙体还被利用为排灌渠。只北城墙尚有遗迹，其他墙体已无地面遗迹可寻。堡城平面为长方形，南北长380、东西宽201米，周长1160米，占地面积76000平方米。北城墙现存顶宽2.2、底宽5.7、残高2.5米。堡内格局不清，城内地表散见青砖残块。

据刘谦《明辽东镇长城及防御考》引《盛京通志》卷一五《城池》记载，东州堡开东、西二门。

《辽东志·卷三·兵食》记，东州堡属东路辽阳城，设边墩18座，有墩8、空10。《全辽志》记，后属清河堡城。

（6）顺城区

顺城区共调查关城1座、堡城1座。

抚顺关（210411353101170001）

位于顺城区前甸镇关岭村东南3000米，高程132米。南侧有浑河，北侧有202国道。西北3000米为关岭村，现有居民80户，约320人。关门位于抚顺关长城上，关城和卫城位于抚顺关长城内侧。西南距鹰嘴砬子烽火台500米，北距离关岭南台烽火台500米。

整体保存差，地面遗迹基本无存，仅残存一座土丘。据抚顺市文物保护档案记载，抚顺关由卫城、关城组成，关口设于马市西围墙中段，当地群众称"南城子"。关城建于台地上，平面为长方形，东西长32、南北宽18、残高1～1.5米，地表可见大量明代青砖；关城位置在所城北并与所城南北相连，平面长方形，设有东、西二门。

据《明辽东镇长城及防御考》记载，抚顺关"遗址宽40米，长60米，现两侧还有土筑长城城墙存在，构成了一个'驿城带两翼'的形式"，"关东、西两侧均有长城与之相连接。该关原为砖造，现砖已被拆除，只存土基。就关城的形制来看，它应是抚顺关城的东关门遗址"。《全辽志·关梁》记载："抚顺关，沈阳城东北抚顺城东三十里，建州夷人…入朝买卖于此。"

会安堡（210411353102170002）

又称"会圆堡""浑元堡"。位于顺城区会元乡驻地，高程158米。附近有浑河支流。堡城所在地为会元乡驻地，现有常住居民60余户，约240人。东距边墙沟长城1段13700米，东北距上头大荒岭烽火台4000米。

堡城整体保存差，北城墙残存石筑基础，其他城墙无迹可寻。平面为长方形，东西长360、南北宽220米，周长1160米，占地面积79200平方米。北墙石筑基础残长30米。据

《抚顺县志·胜迹》记载，浑元堡有东、西二门。堡城正南关岭山上建抚顺关。

《辽东志·卷三·兵食》记，会安堡属东路辽阳抚顺城，设边墩13座，全为墩。

（7）铁岭县

铁岭县共调查堡城3座。

三岔儿堡（211221353102170001）

位于铁岭县横道河子乡三岔子村内，高程201米。附近有洪水河和季节河。堡城所在的三岔子村，现有常住居民40余户，约180人。东距青石岭长城1段5500米，西南距会安堡12300米，西北距白家冲堡9100米。

堡城整体保存差，格局不清，墙体全部坍塌，散见青砖残块。平面为长方形，东西长200、南北宽180米，周长760米，占地面积36000平方米。在城内发现三尊石狮，判断其为明代遗物，还发现大量青砖残块。

据刘谦《明辽东镇长城及防御考》："《三朝辽事实录》卷一记载，万历四十七年（1619年），明出师四路围攻建州'马林于三月朔，从懿路城迤东三岔儿堡出口'。即指此堡。"

《辽东志·卷三·兵食》记，三岔儿堡属北路开原懿路城，设边墩8座，有台3、墩3、空2。

白家冲堡（211221353102170002）

位于铁岭县李千户乡花豹冲村内，高程157米。西侧有汎河支流。堡城所在的花豹冲村，现有居民40户，约150人。东南距椴木冲长城1段9000米，距三岔儿堡9100米，东北距抚安堡10000米。

堡城整体保存差，墙体全部坍塌，局部城墙尚存基础。平面为长方形，南北长200、东西宽160米，周长720米，占地面积32000平方米。堡内格局不清，堡内散见青砖残块。

白家冲堡《辽东志》未记，见于《全辽志》，为后设。据《读史方舆纪要》卷三十七记载："所（汎河千户所）东有白家冲堡，西南接三岔儿，建于嘉靖十四年乙未。"该堡城属开原参将汎河城，设边台3座，为台2、墩1。

抚安堡（211221353102170003）

位于铁岭县大甸子镇抚安堡村内，高程123米。南侧有汎河。堡城所在的抚安堡村，现有居民40户，约150人。东北距离上三道沟长城12000米，西南距白家冲堡10000米，东北距柴河堡14000米。

堡城整体保存差，南墙和西墙保存相对较好，其他墙体无存。平面为长方形，南北长250、东西宽220米，周长940米，占地面积55000平方米。堡内格局不清，散见青砖残块，发现一通残破的石碑，正面碑额"皇图永固"，背面字迹不清。

据《明辽东镇长城及防御考》记载，抚安堡"原城为砖造，呈方形，每边各长200米"，该堡城管辖的长城"北起柴河堡的老边墙山，经本堡的头台山、二台山、三台山，向南至大迫山，再至二道边墙山，转向东南，经樟木沟山至黄泥洼"。

《辽东志·卷三·兵食》记，抚安堡属北路开原铁岭城，设边墩14座，其中墩8、空6。

（8）开原市（东线南段）

开原市（东线南段）共调查堡城 2 座。

柴河堡（211282353102170001）

位于开原市靠山镇柴河小学校所在地，高程 132 米。南面有柴河。堡城位于柴河村，现有居民 40 户，约 160 人。东距靠山长城 4300 米，东北距东台山烽火台 5300 米，东南距西台山烽火台 4100 米。

堡城整体保存差，地面遗迹无存，格局不清，柴河小学校和柴河堡部分村民住宅就建在堡城内。堡内散见青砖残块。据《明辽东镇长城及防御考》记载，柴河堡"原城为砖造，呈方形，城墙每边各长约 200、墙残高 1.2 米。现在砖已被拆除，仅存土基"，"该堡下属的长城，经过双台山和老边墙山上"。此次调查，曾走访柴河小学的朱宝臣老师，她说原堡城除被小学和民居占用外，还受到南面柴河水的冲刷和修路的破坏。如以小学校址为坐标定堡城的范围，其南墙在现学校南的柴河水道处，西墙在学校西墙 8 米处有南北向长成的数株老榆树。东墙在学校东墙外 50 米处，北墙在学校北庙台北。现学校院内还遗留有堡城的遗迹和遗物，如有水井一眼，在小学校操场东北角，直径 1.5、深 8 米。原堡城中的上帝庙庙台，现是一座南北长 20、东西宽 15、高 3 米的土丘，上多有个体较大的明代青砖。其他遗物还有《上帝祠重修叙》碑一通，粉红色泥浆岩，长 1.15、宽 0.47、厚 0.185 米，额书"碑记"，碑额及碑身一周卷草纹，碑文已不清。除此碑外，还有碑座、石臼、条石、石块等共 12 件石刻文物。

据《盛京通志》卷十五《城池》记载，柴河堡南设一门。

《辽东志·卷三·兵食》记，柴河堡属北路开原中固城，设边墩 14 座，全为台。

松山堡（211282353102170002）

位于开原市松山堡乡松山小学校内，高程 134 米。南侧有沙河。堡城位于松山堡乡所在地，现有居民 40 户，约 160 人。东南距山槐长城 1 段 11000 米，东南距妈妈货郎西山烽火台 3200 米。

堡城整体保存差，已全部被现代村落破坏，松山乡小学和松山村的部分村民住宅就建在堡城上。墙体无存，堡内格局不清。堡内散见青砖残块，在城内地表还发现一些残破的石刻。据《明辽东镇长城及防御考》记载，松山堡"城呈方形，现已毁，只存遗址。就遗址测量，城墙各边长约 200 米"，"该堡下属的长城，在城东南的老边山上。其北接关山，又至靖安堡的关山"。

据《盛京通志》卷十五《城池》记载，松山堡南设一门。

《辽东志·卷三·兵食》记，松山堡属北路开原城，设边墩 13 座，全为台。

（9）清河区

清河区共调查关城 1 座。

广顺关（211204353101170001）

又称为镇南关。位于聂家乡红花甸子村北 1300 米的清河水库淹没区，高程 130 米。遗址位于清河河谷，为清河水库淹没区。遗址南为红花甸子村，现有居民 30 户，约 120 人。关址位于广东山长城 4 段墙体上，西南距松山堡 20000 米，西北距威远堡 20000 米。

整体保存差，仅残存南北两个建筑基址。格局不清，周围可见大量青砖残块。关南建筑基址平面为圆形，周围散见大量青砖残块，顶径 10、底径 25、残高 1.1 米。关北建筑基址平面为圆形，周围散见大量青砖残块，顶径 9、底径 24、残高 1.4 米。

据《辽东志》卷二《建置·关梁》条记载，广顺关与靖安堡同在一处。此次调查未发现靖安堡的遗迹。

（10）开原市（东线北段）

开原市（东线北段）共调查堡城 2 座。

威远堡（211282353102170003）

位于开原市威远堡镇威远中学所在地，高程 128 米。地处寇河河谷，附近有寇河及支流。东南距中和长城 4500 米、距威远堡台子山烽火台 1000 米。

堡城整体保存差，已被现代建筑压建和破坏殆尽，地面上已见不到堡城遗迹。堡内格局也不清，仅可从堡城内外高差和走访当地村民了解堡城的大体位置和规模。堡城东北角现为威远中学的东北角，学校院墙建在上面，东为威远粮库，北侧为威远火车站。墙体已不存，但位置大体不误。西北角，从学校大门西 20 米处路西，由此向西地势渐低，与中学地面的内外高差约 2 米；由此向南，在学校前村民石文举家院墙外，见有明代大青砖，知这南北一线为原堡城西墙。

据刘谦 1979 年调查，威远堡"城近方形，早已拆除，只存遗址，城址在威远堡车站西 0.5 公里处。北墙长约 250 米，西墙长约 230 米，墙高 1.8 米"，本次调查根据周围地形高度判断，堡城南北长 280、东西宽 200 米左右，周长 960 米，占地面积 57500 平方米。刘书并引《盛京通志》记载，该堡城开南北二门。清代修柳条边时改筑为"威远堡门"。"该堡下属的长城，东北起于喻家沟，经龙滩山、赵家沟山。至威远堡的台子山止"。（《明辽东镇长城及防御考》117 页）

《辽东志·卷三·兵食》记，威远堡属北路开原开原城，设边墩 19 座，除 1 墩外皆为台。

镇北堡（211282353102170004）

位于开原市威远堡镇镇北村东南 400 米，高程 151 米。地处寇河支流河谷，东面有南城子水库。堡城所在镇北村，现有居民 40 户，约 160 人。东南距茶棚长城 1 段 5000 米，距南城子北沟烽火台 4500 米。

堡城整体保存差。北墙整段和东墙北段淹没于南城子水库中。现存遗迹在高于地表的台地上，四至清楚，周长 800 米，占地面积 40000 平方米。堡内格局不清，散见青砖残块。

据刘谦 1979 年调查："城为方形，各边均长 200 米。原为砖造，砖已被拆除，只存土墙，南墙设一门，仅存基址，墙高 3 米，底基宽 6 米，上顶宽 1 米。这里城台分两种，一种是角城台，一种是腰城台。腰城台在北墙及西墙的中部，台长 6 米，宽 3 米。城址内现已无人居住。城内原有南门为轴的干道一条。"其管辖的长城线"位于镇北堡大队东山梁之上，东北与清阳堡的长城相连接，西南部分由镇北关的西侧开始，经高 503 米的大台山之上，向南至喻家沟山，再向东南至龙滩，然后再南经威远堡东的台子山、赵家沟山与靖安堡的长城相连接"（《明辽东镇长城及防御考》116页）。

《辽东志·卷三·兵食》记，堡属北路开原城，设边墩18座，除2墩外皆为台。该堡城建筑年代，据《辽东志》记载，为成化五年（1469年）。

2. 辽河平原明长城关堡现状

（1）昌图县

昌图县共调查堡城3座。

清阳堡（211224353102170001）

位于昌图县昌图镇青羊堡村，高程156米。附近有亮中河，东侧有沈哈高速公路，西侧有京哈铁路和102国道。堡城所在的青羊堡村，现有居民30户，约120人。北距塔西长城8300米，西南距镇夷堡11200米，东南距镇北堡11300米。

堡城整体保存差，城墙和城内地面遗迹无存。周长800米，占地面积40000平方米。堡内格局不清，地表散见青砖残块。

据《明辽东镇长城及防御考》记载，清阳堡"城为砖造，砖已全部拆除，只存基址。遗址为方形，每边各长约200米。南门遗址也存在，北墙址处有上帝庙遗址，当地人称之为上大庙。城外的护城河也存在。在城内有以南门为轴的一条干道"。

清阳堡的建筑年代为成化五年。据《辽东志》卷六《人物志·周俊传》："定辽前卫指挥佥事，……己丑（五年），移守开原，……开拓柴河抵蒲河界六十余里，改设镇北、清阳二堡，增立烽墩，疏挑河道，边人得安。"

《辽东志·卷三·兵食》记清阳堡属北路开原城，设边墩13座，除1墩外皆为台。

镇夷堡（211224353102170002）

位于昌图县马仲河镇砖城子村，高程111米。附近有马仲河，东侧有京哈铁路、沈哈高速公路和102国道。堡城所在的砖城子村，现有居民30户，约120人。西北距长青堡长城13700米，东北距清阳堡11200米，西南距永宁堡12400米。

整体保存差，城墙和城内地面遗迹无存。周长760米，占地面积36000平方米。城内格局不清，散见青砖残块。在砖城子村北也发现少量青砖残块，还见两件残碎的石质拴马桩。

据《明辽东镇长城及防御考》记载，镇夷堡"城原用砖造，砖已被拆除，明砖散布于地面，只存基址。城位于背水河北岸，部分遗址被水冲毁。遗址南北长200米，东西宽180米，土墙高约1.2米，底基宽4米"。又引《读史方舆纪要》卷三十七考证镇夷堡位置："'永宁堡城，在卫西北二十里，其东曰镇夷堡。'所记方向、位置与砖城子的所在方向、位置基本相符。"

《辽东志·卷三·兵食》记镇夷堡属北路开原城所领，设边墩13座，除2墩外皆为台。

永宁堡（211224353102170003）

位于昌图县亮中桥乡八段村茨榆城子屯，高程120米。附近有亮中河，属辽河水系。堡城所在的茨榆城子屯，现有居民30户，约120人。西北距兴隆台长城2段5400米，东北距镇夷堡12400米。

整体保存差。占地面积 23800 平方米，周长 620 米。堡内格局不清。南城墙全段、东城墙南段、西城墙南段地面遗迹无存，北城墙全段，东城墙北段、西城墙北段现可见高于地表的墙体土棱，墙体夯土剥落坍塌严重。北墙全长 170 米，西南－东北走向，顶宽 0.5～1.9、底宽 3.1～4.2、残高 2.4～3.3 米；东墙残长 140 米，西北－东南走向，顶宽 0.5～1.6、底宽 2.8～3.2、残高 0.7～2.3 米；西墙残长 50 米，西北－东南走向，顶宽 0.5～1.8、底宽 2.8～4.2、残高 0.2～3.3 米。发现两种规格的青砖，一种长 0.3、宽 0.15、厚 0.1 米；另一种残长 0.21、宽 0.18、厚 0.11 米。青砖上粘有白灰。

据《明辽东镇长城及防御考》记载，永宁堡"城已毁，城址犹存。城原为方形，用砖修筑，现在砖已拆除，只有土墙，各边均长约 200 余米"，"该堡下属的长城，西接古城子的长城，东至镇夷堡。这段长城都在亮子河沿岸，大部倾倒，现仅存边台遗址"。

永宁堡《辽东志》未记载，《全辽志》记属北路开原参将开原城，设边台 4 座。

（2）开原市（西线）

开原市（西线）共调查关城 1 座，堡城 3 座。

古城堡（211282353102170005）

位于开原市庆云堡镇古城堡村内，高程 86 米。附近有亮中河，属辽河水系。堡城所在的古城堡村，现有居民 30 户，约 120 人。西距兴隆台长城 2 段 6500 米，西南距庆云堡 8800 米，东北距永宁堡 10000 米，西北距炮手屯烽火台 6600 米。

堡城整体保存差，城墙和城内地面遗迹无存。堡内格局不清，只见到村中心为一处高台，明显高出周围 0.2～0.4 米，附近散见青砖残块，应为城堡遗迹。堡占地面积 40000 平方米，周长 800 米。又据当地一位年长的居民讲，堡城的东北角在古城堡村北。

据《明辽东镇长城及防御考》记载，古城堡"城用砖造，呈方形，但砖已全部被拆除，只存土基。南城墙设一门。原城东北、西北角所建城台尚在。城墙每边各长 200 米，墙残高 2 米，底基宽 3 米，顶宽 1 米……该堡下属的长城，西起庆云堡，东至永宁堡界止。这段城墙皆为土筑"。

据《辽东志·卷三·兵食》，古城堡属北路开原城，设边墩 8 座，皆为台。其中的"'亮子河台'，现在尚存。

新安关（211282353101170006）

位于开原市庆云堡镇双楼台村西北 1300 米，高程 87 米。附近有亮中河，属辽河水系。遗址东南为双楼台村，现有居民 30 户，约 120 人。北接双楼台长城 1 段，南接双楼台长城 2 段，东南距离庆云堡 4000 米。

整体保存差。据《明辽东镇长城及防御考》记载，新安关"关城整个建筑，是两个空心敌台，中间夹一个砖券洞门。它和明《全边略记》中记载的两台夹一洞门的关门形式完全一致。在关门的周围尚有突起的墙址，应是关城的城墙。就遗址来测量，这个关城近方形，南北长约 120 米，东西长约 100 米……现存基址应是东关门。关城的西关门，清代修柳条边时拆除了"。

此次实地调查得知，新安关分为两个部分，即关口和双楼台，其范围大约在东西 250 米，南北 200 米，周长 900 米，占地面积约 50000 平方米。关口为在长城墙体上的豁口，北侧墙体方向为西北 20°，南侧墙体为南北方向，豁口宽 13.2 米，在豁口南的内侧，有方形台基，边长 30 米，高近 2 米，由于台基上已被辟为现代墓地，台顶的原貌已不清楚。所谓关应是在墙体上的通道，在通道上设关卡派兵守卫，这处豁口即应为新安关的关口所在。豁口南侧的方形台基为守关的敌台。双楼台为南北并列的两座夯筑土台，这两座土台在关口及墙体东北的 40 米处。土台夯层厚度为 0.13~0.25 米，周围散见青砖残块和白灰渣。台下又有方形台基，边长 50、高 1.5 米。北台顶径 3.8、底径 7.8、高 2.6 米；南台顶径 1.9、底径 9.8、高 2.6 米，两台间距 5.3 米。

这样，从新安关现有的格局来分析，豁口即为新安关口，南侧的建筑基址应为守关的敌台，双楼台则应为守关和驻兵的敌楼。

据《辽东志·卷三·兵食》，新安关在庆云堡条下，应属庆云堡。

庆云堡（211282353102170007）

位于开原市庆云堡镇内，高程 77 米。附近有亮中河，属辽河水系。堡城所在的庆云堡镇，现有居民 80 户，约 320 人。西距兴隆台长城 1 段 3500 米，西北距新安关 4100 米，西南距兴隆台长城 1 号敌台 3700 米。

堡城整体保存差，城墙和城内地面遗迹无存。格局不清。

据刘谦 1979 年调查，庆云堡"呈方形，每边各长约 200 米，东墙残宽 4 米，高 1.8 米"，管辖的长城线"西南接铁岭卫所属长城。西起兴隆台，经三台子、二台子与新安关相衔接，北经昌图县长岭山公社所在地的长岭山，至古城堡公社的王宝山止"（《明辽东镇长城及防御考》）。

又据《盛京通志·开原县·城池》记，庆云堡"南一门"。

据《辽东志·卷三·兵食》记，庆云堡属北路开原开原城，有边墩 11 座，其中台 8、墩 1、关 1（新安关）。

彭家湾堡（211282353102170008）

位于开原市三家子乡前施家堡村内，高程 70 米。西面有辽河。堡城所在的前施家堡村，现有居民 30 户，约 120 人。西距兴隆台长城 2 段 1500 米，西南距项家窝棚烽火台 2800 米，西北距五棵树烽火台 3900 米。

堡城整体保存差，城墙和城内地面遗迹无存。格局不清，现在村中心为一处高台，明显高出周围 0.3~0.4 米，可见青砖残块，应为城堡遗迹。村民称堡城处为"城上"。据调查，堡城大体呈长方形，周长 1000 米，占地面积为 60000 平方米。在村内及村民王秉清家院内，见有明代大青砖碎块。据村民讲 20 年前，还可见到城墙。

彭家湾堡《辽东志》无记载，见于《全辽志》，为嘉靖二十五年后设。筑城堡事见于《全辽志·艺文上》："嘉靖丙午巡台御史南畿张秋渠先生铎，按治兹镇，首重大防，……莅开原，俯辽河，阅镇西，见群胡环向，一堡孤危，于是有彭家湾堡之图。"又《明辽东镇长城及防御考》引《读史方舆纪要》："镇西堡……堡东有彭家湾堡，嘉靖丙午增设。"丙午为嘉靖二十五年（1546 年）。

据《全辽志》卷二《边防》，彭家湾堡属开原参将铁岭城，设边墩 2 座，有台 1、墩 1。

（3）铁岭县（西线）

铁岭县（西线）共调查堡城 3 座。

镇西堡（211221353102170004）

位于铁岭县镇西堡镇内，高程 80 米。东侧有辽河。西南侧有铁法线铁路。堡城所在的镇西堡镇，现有居民 500 户，约 2000 人。东北距二公台长城 2600 米。

堡城整体保存差，城墙和城内地面遗迹无存，格局不清。

据刘谦 1979 年调查，镇西堡"城址近方形，南北墙长约 300 米，东西长约 240 米"，北墙有明代上帝庙遗址，东西长 50 米，南北宽 20 米，"遗址有'大明隆庆岁在戊辰（二年）冬至吉旦，银州庠生，西门张阃（坤）顿首拜'字样的残碑"；"在堡城南门遗址处尚有一块'永安门'石额。石额宽 0.9 米，高 0.73 米，正中刻'永安门'三个大字，右侧边缘处刻'万历十四年岁次丙戌吉旦立'十二个字"；"城内有以南门为轴的一条通道，将城分为两区"；"该城下属的长城，存在于堡西北 2.5 公里地方，西南起辽河岸的东背河，东到大台山，再向东至三家子，全长约 15 公里。这段长城全为土筑，底基宽 7 米，顶宽 3.5 米，高 2.2 米，这是外墙。还有一道内墙，高 2 米，底基宽 4 米，顶宽 1 米"；"在内、外墙之间有堑沟一条，上口宽 4 米，深 1.5 米，现已淤浅"（《明辽东镇长城及防御考》112～113 页）。

又据《盛京通志》卷十五《城池》条记载，镇西堡在铁岭卫城西北二十五里，开一门。

镇西堡《辽东志》无记载，见于《全辽志》，为后设。据《全辽志》卷二《边防》，镇西堡属开原参将铁岭城，设边台 11 座，有墩 4、空 7。

曾迟堡（211221353102170005）

位于铁岭县蔡牛乡曾盛堡村内，高程 54 米。南侧有辽河。堡城所在的曾盛堡村，现有居民 30 户，约 130 人。东北距离二公台长城 2600 米，西南距离宋家泊堡 11000 米。

整体保存差，城墙和城内地面遗迹无存，格局不清，地表散见青砖残块。

据《明辽东镇长城及防御考》记载，曾迟堡"城已毁，尚有部分遗址。从遗址看，城为方形，四边各长约 300 米"。《铁岭县志》卷上记，设一门。

《辽东志·卷三·兵食》记，曾迟堡属北路开原铁岭城，有边墩 23 座，其中墩 8、空 11，其余以口名的 2 座、"辽河北岸"、"辽河南岸"各 1 座。《全辽志·卷二·边防》记，曾迟堡属开原参将铁岭城，边台减为 7 座。

宋家泊堡（211221353102170006）

位于铁岭县汎河镇宋家泡村，高程 54 米。西侧有辽河。堡城所在的宋家泡村，现有居民 30 户，约 130 人。西南距索龙岗长城 1 段 3300 米，东北距曾迟堡 11000 米。

堡城整体保存差，城墙和城内地面遗迹无存，格局不清。

《铁岭县志》卷上记，南设一门。

据《辽东志·卷三·兵食》，宋家泊堡属北路开原懿路城汛河城堡，设边墩 12 座，其中台 2、墩 5、空 5。

（4）沈北新区

沈北新区共调查堡城 1 座。

十方寺堡（210113353102170001）

位于沈北新区石佛寺锡伯族乡石佛寺村，高程 63 米。北侧有辽河。堡城所在的石佛市村，现有居民 70 户，约 280 人。西距马门子长城 1200 米，东北距苏家台烽火台 0.5 公里，西南距离马门子烽火台 1900 米。

该堡城整体保存差，除北墙遗迹较明显外，其他三面墙体都不清楚，城内格局不清，散见青砖残块。

据刘谦 1979 年调查，十方寺堡城"城为方形，现已毁，仅存土基。每边长约 200 米"。又考证，后因该地山上有石佛和石佛寺而改称"石佛寺古城"（《铁岭县志》卷十六《古迹·古城》"古迹"条）。

据《辽东志·卷三·兵食》，十方寺堡属东路辽阳蒲河城，设边墩 15 座，除 1 墩外皆为台。

（5）于洪区

于洪区共调查堡城 5 座。

上榆林堡（210114353102170001）

位于于洪区光辉乡大尚义村，高程 41 米。北侧有辽河。堡城位于大尚义村内，现有居民 40 户，约 160 人。西距万金台长城 2000 米，西南距于金台烽火台 2000 米，西北距万金台烽火台 1500 米。

堡城整体保存差，地面遗迹无存，城内格局不清，地表散见青砖残块。

据《明辽东镇长城及防御考》引《读史方舆纪要》卷三十七记载："上榆林堡，在沈阳卫西北四十里，其相近者，有倒塔儿空堡，万历末年增置。"

《辽东志·卷三·兵食》记，上榆林堡属东路辽阳沈阳城，设边墩 11 座，皆为台。

平房堡（210114353102170002）

位于于洪区平罗镇内，高程 50 米。附近有蒲河，属辽河水系。堡城位于平罗镇内，现有居民 70 户，约 280 人。西距沙岭长城 16000 米，距三台子烽火台 15000 米。

堡城整体保存差，地面遗迹无存，城内格局不清，地表散见青砖残块。

1979 年刘谦调查时，"该城已毁，只存土基"（《明辽东镇长城及防御考》110 页）。

据《辽东志·卷三·兵食》，平房堡属东路辽阳沈阳城，设边墩 7 座，除一墩外皆为台。《明辽东镇长城及防御考》记："该堡下属的长城，西起静远堡，经平房堡，至上榆林止。这段长城为土筑。从老边公社起一段长城，尚清楚可见，墙底基宽 6 米。"

静远堡（210114353102170003）

位于于洪区马三家镇静安堡村，高程 33 米。附近有蒲河。堡城现有居民 50 户，约 200 人。西距沙岭长城 3000 米，西南距老什牛烽火台 3500 米，西北距门台烽火台 4000 米。

堡城整体保存差，地面遗迹无存，城内格局不清，地表散见青砖残块。

据 1979 年刘谦调查，静远堡城"城已毁，就遗址观察，城为方形，每边长约 200 米。当地人称之为静烟堡"。又引《盛京通志》卷十五《城池》条记载："'静烟堡城，城西六十里，周围半里，南一门。'从方向、里程来看，指的就是静远堡城。"（《明辽东镇长城及防御考》110 页）

据《辽东志·卷三·兵食》，静远堡属东路辽阳沈阳城，设边墩 11 座，其中除 1 墩外皆为台。

长营堡（210114353102170004）

位于于洪区沙岭镇内，高程 64 米。附近有辽河支流。有乡道与 102 国道相连，可通往沈阳市区。堡城内现有居民 100 户，约 400 人。堡西距沙岭长城 2000 米，西北距沙岭 1 号烽火台 2000 米，西南距沙岭 2 号烽火台 1500 米。

堡城整体保存差，地面遗迹无存，城内格局不清，地表散见青砖残块。

据刘谦 1979 年调查，长营堡"位于今沈阳市于洪区沙岭公社所在地，当地人称之为沙岭城。城已全部被拆除，仅存遗址。按遗迹测量，城略呈方形，东西长约 200 米，南北长约 230 米。西墙在现在的西门附近。门外有护城池，池上有一小石桥。南街已成公路。东门在今电影院的东侧，大量的明代城墙砖散见于当地住户的院墙上"。又引《盛京通志》卷十五《城池》条记载："沙岭城，城西四十里，周围一里半，东、南二门。"（《明辽东镇长城及防御考》109 页）

据《辽东志·卷三·兵食》，长营堡属东路辽阳辽阳城，设边墩 17 座，皆为墩。其中有"沙岭"名的边墩 8 座，今该镇仍以旧名。

长勇堡（210114353102170005）

位于于洪区彰驿镇内，高程 21 米。南侧有浑河。西北侧有沈辽公路，可通往沈阳市区。堡城内，现有居民 80 户，约 320 人。堡西距彰驿长城 1000 米，西北距离彰驿大台子烽火台 810 米，西南距离岳火台烽火台 1600 米。

堡城整体保存差，地面遗迹无存，城内格局不清，地表散见青砖残块。

据刘谦 1979 年调查，长勇堡"位于今沈阳市于洪区彰驿站公社古城子（今彰驿站大队所在地）。城原为砖造，现已被拆除，只存土基。就基地来测量，城为方形，每边各长约 300 米。堡东靠细河，即护城池。城墙被水冲刷后，显露出丰富的文化遗物，如兽骨、明青花瓷片等。当地人说这里还发现有明代'长勇堡'石门额。据此推断，这城为明代城址。"又引《盛京通志》记载："城西南七十里，周围二里零一百七十二步，东与南二门，即金之彰义县。"又同书《古迹》条记载："彰义县，汉属襄平县地，辽太祖置昌义县隶广州，金改彰义县，元废。今城西南七十里，旧有彰义站，即其地也。"（《明辽东镇长城及防御考》109 页）

据《辽东志·卷三·兵食》，长勇堡属东路辽阳辽阳城，设边墩 22 座，有墩 6、空 16，其中的"月河南空"、"月河大空墩"、"月河中空"的"月河"名今仍存。《明辽东镇长城及防御考》记："该堡下属的长城，仅存遗址。西起月河台，东北至沙岭，即长营堡所辖的地方止。"

（6）辽中县

辽中县共调查堡城 1 座。

长胜堡（210122353102170001）

位于辽中县茨榆坨镇，高程 18 米。东侧有浑河。西北侧有沈辽公路，可通往沈阳市区。堡城所在的茨榆坨镇，人口密集。西距茨榆坨长城 500 米，南距茨榆坨烽火台 1000 米。

堡城整体保存差，地面遗迹无存，城内格局不清，地表散见青砖残块。

据 1979 年刘谦调查，长胜堡"位于今辽宁省辽中县茨榆坨公社所在地。城早已毁掉，经实地考察，遗址尚存。该城位于今茨榆坨学校附近，城为方形，每面长约 300 米，原为砖造。砖已被拆除，城砖散见于地面和当地住户的院墙上"（《明辽东镇长城及防御考》）。

据《辽东志·卷三·兵食》，长胜堡属东路辽阳辽阳城，设边墩 19 座，除 1 台外皆为墩。其中的"刺榆坨小墩"、"刺榆坨大墩"，其名延续至今即"茨榆坨"镇。《明辽东镇长城及防御考》又记："该堡下属的长城，南起浑河北岸的七台子，经肖门寨公社三台子，向北 4000 米至茨榆坨。这里长城都分布在三台子至茨榆坨公路的两侧，是辽阳西段长城中保存较好的一段，顶宽 2.1 米、底宽 6 米、高约 2 米，皆为土筑。"

（7）辽阳县

辽阳县共调查堡城 2 座。

长安堡（211021353102170001）

位于辽阳县黄泥洼乡，高程 16 米。北侧有太子河，有乡道与县道相连可通往辽阳市区。堡城所在的黄泥洼乡，现有居民 50 户，约 200 人。西距黄泥洼长城 1100 米，西北距河公台烽火台 1900 米，西南距二弓台烽火台 1900 米。

堡城整体保存差，地面遗迹无存，城内格局不清，地表散见青砖残块。

据刘谦 1979 年调查，长安堡城"又叫黄泥洼城，位于今辽阳市黄洼公社所在地，往年曾与罗哲文同志一起调查过这座城。城已毁，据当地人介绍，长安堡城就在现在的黄泥洼中学地方。在调查中，确实发现了该城的城角平台。在村后街，还发现有明砖。其城原来的规模，据《盛京通志》卷之十五《城池》条记载：'黄泥洼城，城（辽阳）西五十五里，周围二里，一门'。与《读史方舆纪要》记'长安堡在司（辽阳）西北五十里'相合。又据《辽阳县志·古迹·名胜》条记载：'黄泥洼城，城西北五十九里，九区界黄泥洼村，故址尚存，已平夷。'"（《明辽东镇长城及防御考》106～107 页）

据《辽东志·卷三·兵食》，长安堡属东路辽阳辽阳城，设边墩 20 座，有墩 16、空 3，以"桥"名有 1 座，其中有名为"黄泥洼大墩"，在《三朝辽事实录》中多次提到，是军事要冲，现仍用其名，并以黄泥洼城代替长安堡之名。《明辽东镇长城及防御考》又记："该堡下属的长城，其西北部靠近太子河，西起南甸大队第五生产队一带地方，向东与长定堡北边的长城相衔接。长城经过的地点有七号台、六号台、五号台、四号台、三号台、二号台、黄泥洼台（即西坨大队）。这一段长城，都已倾颓，比平地略高出 1 米余，其墙基宽约 6 米多。这段长城都是土筑。"

长定堡（211021353102170002）

位于辽阳县柳壕镇高力城子村，高程 9 米。南侧有沙河，北侧有柳壕河。有乡道与县道相连可通往辽阳市区。堡城所在的高力城子村，现有居民 50 户，约 200 人。西距高力城子长城 1000 米、距高力城子烽火台 400 米。

堡城整体保存差，地面遗迹无存，城内格局不清，地表散见青砖残块。

据刘谦 1979 年调查，长定堡"位于今辽阳市柳壕公社高力城大队第三生产队所在地。城西 1.5 公里尚有汉城遗址，明长城从此处经过，建立了传烽台，叫船厂大台。它附近尚有一大平台（今大队办公室所在地），是元代的养鹰所"（《明辽东镇长城及防御考》104～105 页）。

据《辽东志·卷三·兵食》，长定堡属东路辽阳辽阳城，设边墩 12 座，全为墩。《明辽东镇长城及防御考》又记："该堡下属的长城，南起该村小学校南部的大田地之中（当地人称之为老边），向西距长定堡城 15 公里至高力城大队所在地，与船城大台相衔接；东北至长安堡（黄泥洼）止。这里长城城墙多坍塌，仅存土基。基宽约 6 米。长城外的堑沟多不存在。"

(8) 海城市

海城市共调查堡城 4 座。

长静堡（210381353102170001）

位于新台子镇老墙头村东北 1300 米耕地上，高程 10 米。西北方向有太子河由北向南流过。堡城东北距鞍山－羊山省级（307）公路 800 米。现有居民 80 户，常住人口 320 人。东北距老墙头长城起点 1500 米，西南距东胜堡 7900 米。

堡城整体保存差，堡城城墙完全被毁，地表遗迹基本消失，仅能见到零星散落的青砖碎块。残宽 0.18、厚 0.09 米。据刘谦 1979 年调查："城为方形，原用砖修筑，砖已全部被拆除，只存土基，每边长约 300 米，城的西南角被太子河压在下面，土墙高 14 米，东北角的城台遗址尚存。"（《明辽东镇长城及防御考》103～104 页）

长静堡《辽东志》未记，为后增设，见《全辽志·卷二·边防》，属辽阳城副总兵长安堡地方，设边台 9 座。

东昌堡（210381353102170002）

位于西四镇八家子村北 2100 米太子河南岸，起点高程 9 米。该堡城东侧为太子河。堡城南侧有台安－海城的 312 省道及沟海铁路东西通过。现有居民 160 户，常住人口 640 人。北距老墙头长城 50 米，东北距东胜堡 1700 米，东南距牛庄城 10700 米。

堡城整体保存差，城墙大部分被毁，仅在东墙保存有 6 米长的城墙残段，残存东城墙紧靠太子河，为砖砌，墙顶宽 1.5、底宽 2、残高 2 米，其他遗迹消失，地表散落有大量青砖碎块。据刘谦《明辽东镇长城及防御考》记载："该堡城原用砖修筑，现已被拆除。南城墙设一门，每边各残长 180 米，土筑墙址高 1.4 米，其中尚有石臼、石槽子等遗物。"又记，该城又称"马圈子城"，并引《海城县志·东昌堡》："'东昌堡城在城西南七十里。'方向、里程与马圈子城基本一致。"

据《辽东志·卷三·兵食》，东昌堡属东路辽阳海州城，设边墩 8 座，其中墩 1、空 7。

牛庄城（210381353102170003）

位于牛庄镇所在地，高程 8 米。东北为海城河。现为牛庄镇政府所在地，多为城镇居民。东北距老墙头长城起点 25200 米，东北距东小村烽火台 5300 米、距东胜堡 15300 米，西北距东昌堡 10700 米。

保存差，堡城城墙大部分被毁，仅东墙残存有 50 米长的墙体，地表散落有大量青砖碎块，知为青砖砌筑，墙顶宽 1、底宽 2、残高 1～1.5 米，其他遗迹基本消失。刘谦《明辽东镇长城及防御考》记载："城为方形，原为砖筑，每边长 460 米，现已拆除，仅存北墙。据《盛京通志》卷十五《城池牛庄城》条记载：'城西四十里，明置驿于此，今设城守，其城周围二里九十三步，门三，东曰德盛，西曰外攘，北曰福胜。'天命八年（后金爱新觉罗努尔哈赤年号，八年，即 1623 年）重建。"

《辽东志·卷二·建置》记，牛庄驿属海州，在卫西四十五里。

东胜堡（210381353102170004）

位于腾鳌镇新开河城村所在地，高程 12 米。东侧有太子河通过。堡内现有居民 120 户，常住人口 480 人。堡东北距老墙头长城起点 8800 米、距长静堡 7900 米，西南距牛庄城 15300 米。

堡城整体保存差，堡城城墙完全被毁，地表遗迹完全消失，地表零星散落有青砖碎块，堡城内盖满了居民住房。据刘谦 1979 年调查："该堡城为方形，原用砖修筑，现已被拆除，只存土基。城墙每面长 500 米，周约 2 公里多。城墙底基为花岗岩条石包砌，条石长 1.5 米，宽 0.4 米，厚 0.2 米。"（《明辽东镇长城及防御考》103 页）

据《辽东志·卷三·兵食》，东胜堡属东路辽阳海州城，设边墩 15 座，有墩 3、空 12。其中"一堵墙空""一堵墙烟墩"的一堵墙，"新开河烟墩""新开河口空"的新开河等名称，现在均还存在。一堵墙在堡城南 10 公里地方，新开河村就在其北部。

（9）台安县

台安县共调查堡城 2 座。

西兴堡（210321353102170001）

位于富家镇派出所所在地，高程 3 米。富家－新台公路在堡城南北通过，富家－陈家公路在堡城东西通过。现有居民 1000 户，常住人口 4000 人。堡东北距龙凤村长城 300 米，西南距台岗子烽火台 1800 米。

堡城整体保存差，堡城城墙完全被毁，地表遗迹基本消失。据刘谦 1979 年调查："城早已无存。从迹象观察，现在公社西部较高处应为原来的城址，今供销社东部洼沟，应是城东部的护城池遗迹。城为方形，四边各长约 300 米。"（《明辽东镇长城及防御考》100 页）本次调查，认定现富家镇派出所即是西兴堡原址所在地。

据《辽东志·卷三·兵食》，西兴堡属东路辽阳海州城，设边墩 14 座，其中台 1、墩 2、空 11。《全辽志》卷二《边防》记，此堡城后改属广宁城镇武堡游击地方，设台 16 座。

平洋堡（210321353102170002）

　　位于富家镇城子村内，高程 2 米。村南为城子村－富家镇公路。现有居民 200 户，常住人口 800 人。该堡城东南距西兴堡 4700 米，东北距台安县龙凤村长城 1700 米。

　　堡城整体保存差，堡城城墙完全被毁，地表遗迹基本消失。据刘谦 1979 年调查："傅家庄城西 4 公里处尚有一城，方形，只有南边一门。经实地察看，这里确有城遗址存在，城基高出地面 1 米余，北墙基址长约 200 米，外侧有护城池，残宽约 5 米。南墙城门已不存在，南门至北墙 220 米。当地人还介绍说：北墙附近原有明万历年间碑二块。南门门有石额一方，长约 1.8 米，宽约 0.8 米，上面刻着'平洋堡'三字。"　　（《明辽东镇长城及防御考》100～101 页）。现堡城及堡城内遗迹已不存在。

　　平洋堡在《辽东志》和《全辽志》中均无记载。《明辽东镇长城及防御考》引《三朝辽事实录总略》"河距广宁百八十里而遥，中间为西宁、西平、西兴、镇武、平洋等堡"的记载，又引《广宁县志》卷二《城池公署》条记载"平安桥城，城东南一百二十七里，周围二百七十九步，南一门"，以为平安桥城即平洋堡，应设于《全辽志》成书之后。

　　（10）盘山县

　　盘山县共调查关城 1 座，堡城 3 座。

　　三岔关（211122353101170001）

　　位于古城子乡古城子村东 600 米浑河大堤内，高程 8 米。东侧为浑河，南侧有海城－盘锦公路。现有居民 120 户，常住人口 480 人。东北距台安县万家台长城起点 6500 米，西北距西宁堡 1600 米。

　　整体保存差，由于浑河改道，把关城冲毁，墙体完全消失，地表遗迹基本无存，部分遗迹消失在浑河中。

　　三岔关在西宁堡东北 1 公里。据刘谦 1979 年调查："关城已无，仅存遗址，当地人称之为庙岗子。遗址也被开辟为田地，附近还有一座大台，是关城的一部分。明砖散见于地面。"又引《盛京通志》卷十六《关隘三岔关》："潜确类书云，在海州、盖明以三岔河北为三卫驻牧，故即于三岔界内立关，以限之也，今关已废。"（《明辽东镇长城及防御考》146 页）

　　西宁堡（211122353102170002）

　　位于古城子镇古城子村内，高程 6 米。南 1500 米为海城－盘锦市公路，东南为三岔关公路收费站。现有居民 300 户，常住人口 1200 人。堡东南距三岔关 1600 米，北距七台子三队烽火台 1300 米，东北距台安县万家台长城起点 5800 米。

　　堡城整体保存差。据刘谦 1979 年调查，西宁堡"城为方形，每边各长约 250 米，东西二门"（《明辽东镇长城及防御考》102 页）。

　　本次调查结果是，城墙完全被毁，地表遗迹基本消失。根据村民刘红山介绍，其家院内即为堡城城墙基础，堡城遗留的青砖规格长 0.35、宽 0.18、厚 0.1 米。据文献史料记载，结合实地调查可以认定古城子村即为西宁堡堡城旧址。

　　据《辽东志·卷三·兵食》，西宁堡属东路辽阳海州城，设边墩 10 座（其中空 8）。后据《全辽志》卷二《边防》，改属广宁城镇武堡游击地方，设边台 9 座。

西平堡（211122353102170003）

位于沙岭镇镇内，高程2米。台安－盘锦公路在沙岭镇通过。现有居民1000户，常住人口4000人。堡城东北距台安县头台屯长城止点1800米，距沙岭镇烽火台1100米。

堡城整体保存差。据刘谦1979年调查，西平堡"城为方形，各边长约300米，土筑墙高1米。地上散乱的明砖到处可见。村西有一口古井……发现明碑一块。碑身高1.53米、宽0.57米、厚0.11米，沿碑的四周有卷草花纹。碑的正面因被磨损，字迹不清。碑阴上部由右到左横刻'施资众信'四个大字，字为双沟。其下部中间刻'助缘指挥梁文、陈有功、蒋承宗、王沛、马□祥'等字。……右侧有'助缘千户周宗，百户□□'……碑中官职皆见于《明史》卷七十二《职官·兵部志》中，据此可定其为明碑。这些官员也都是当地的官员，进而推定这是守堡的官员"。又记该地还出有一块石门额左侧部残件，有"堡"字残迹，应即为西平堡城的门额（《明辽东镇长城及防御考》101页）。

本次调查结果是，城墙完全被毁，地表遗迹基本消失。据史料记载并结合实地调查认证，沙岭镇内的绿建米业公司所在地即为原西平堡旧址，堡城中心点现为公司办公楼。

据《辽东志·卷三·兵食》，西平堡属东路辽阳海州城，设边墩10座，全为空。《全辽志》卷二《边防》记，此堡城后改属广宁城镇武堡游击地方，设边台13座。

镇武堡（211122353102170004）

位于高升镇人民政府院内，高程1米。台安县－盘锦市公路在沙岭镇通过。现有居民800户，常住人口3200人。东距台安县大台子长城起点8800米，东南距头台村烽火台1800米，东北距东么村二组烽火台3800米，西北距二台子烽火台3400米。

堡城整体保存差。据刘谦1979年调查："城为方形，原以砖修筑，现在砖已被拆除，只存土基。经勘察，该城设有东、西、南三座门。北门位置建上帝庙，遗址犹存。城南北墙长450米，东西墙长450米，夯土版筑，墙宽3米、高约2米。"（《明辽东镇长城及防御考》98页）

本次调查结果是，城墙已完全被毁，地表遗迹基本消失。据史料记载，结合实地调查认证高升镇人民政府所在地即为原镇武堡旧址，高升镇人民政府办公地点为堡城中心点。

据《辽东志·卷三·兵食》，镇武堡属中路广宁，设边墩9座，其中台4、空5。《全辽志》卷二《边防》记，广宁后设镇武堡游击地方，辖原属中路广宁的镇武堡和原属东路辽阳海州城的西兴堡、西平堡和西宁堡等4堡，改属后的镇武堡设边台15座。

（11）北镇市

北镇市共调查关城3座，堡城2座。

分税关（210782353101170001）

位于富屯乡边上屯村，高程84米。北镇－大市公路从关堡中南北通过。现有居民150户，常住人口600人。东南距分税关长城1段起点（复线）1300米、距边上屯烽火台1400米。

整体保存差。1979年刘谦调查情况为："只存关城的'北关门'遗址，其土基之形状好像

'双墩'，高约 2 至 3 米。沿关门两侧还有长城遗址。"本次调查得知，该关原城门东 50 米处残存南墙夯土墙体一段，长 3 米，顶宽 0.4～0.5、基宽 2、高 4 米。关堡内遗存主要有"分税关"匾额一方，为石筑白色花岗岩，匾额砌筑在分税关商店正面墙体下方，呈长方形，长 0.54、宽 0.34、厚 0.25 米，内有一边框宽 0.05 米，正面从右至左"分税关"楷书，右侧竖版"南至广宁十二里"，左侧竖版"北至白土厂二十里"。

据《北宁市文物志》记载分水关也叫分水岭关，清代改称分税关，此关口是通往广宁卫城的重要关口之一，后来成为蒙、汉两族纳税分界之关卡，因此有"分税关"之称。

马市堡（210782353102170002）

据《辽东志》卷二《建置》记，广宁马市属广宁中卫，永乐二年设于城北马市河之阴，成化十一年改设塔儿山西南，十四年又改在团山堡。经调查，广宁马市位于正安镇马市堡村西南部，高程 65 米。西侧为北镇－大市公路。现有居民 400 户，常住人口约 1600 人。马市堡西南距分税关长城 1 段（复线）6600 米，东南距边上屯烽火台 6700 米。

此堡城据刘谦 1979 年调查："城为方形，每边长约 200 米，南一门，墙基部为石筑，上部砖砌，现已被拆除，城中有以南门为轴的干道，马市公署在城东北角，现在城址也存在。其西有团山子，并有马市河流经这里，西 10 公里有魏家岭关，东 10 公里有镇远关，即白土厂关，南 10 公里有分水关。进关南行 8 公里即是辽东都司广宁分司，辽东总兵驻地。入市者从镇远关进出。"（《明辽东镇长城及防御考》229～230 页）

本次调查发现，该堡城整体保存差，四面部分墙体尚有局部保留，周长 800 米，占地面积 40000 平方米。南墙已毁，被民房所占用。东墙为夯土墙，残存 25 米，顶宽 0.6、基宽 2～2.5、高 1～1.5 米；北墙靠西端有 16 米夯土墙，顶宽 0.5、基宽 4、残高 3～3.5 米；西墙墙基为石筑，残长 167 米，顶宽 0.4～0.8、基宽 0.8～1.2、残高 1.5～2 米；东墙还残留约 25 米夯土墙，顶宽 0.6、基宽 2～2.5、残高 1～1.5 米。

白云关（210782353101170003）

位于观音阁街道办事处，医巫闾山风景区内，高程 236 米。现有居民 150 户，常住人口 600 人。东北距分税关长城 2 段（复线）8800 米，东距广宁卫城 5800 米，北距白云关烽火台 5 米。

整体保存较好（维修后）。占地面积 178 平方米，周长 53 米。墙体现存东、西、南三面，是用白色花岗岩条石错缝砌筑，墙高 3.3 米，上有砖砌垛口，高 0.6、宽 0.4 米。西侧墙长 13.7、宽 0.4 米；南、东墙（弧线形）长约 13、高 3.5 米，墙基下为悬崖。西侧墙体靠北端有白云关口一座，石筑。券门高 2、宽 1.2 米，门额上题有"白云关"三字，门洞进深 1.3 米；往里相接门洞为方形，进深 3.6、宽 1.4、高 1.9 米；北侧为砖石结构烽火台。关口（门洞）北侧有一悬空巨石，上刻"劈立万仞"、"闾山第一石"等字，系明代嘉靖十七年（1538 年）镇守辽东兰官马永题。

魏家岭关（210782353101170004）

位于大市堡镇大一村团山沟屯西 1000 米北镇市和义县交界处，高程 238 米。304 省级公路从关城中东西通过。现有居民 30 户，常住人口约 120 人。东北距团山沟长城（复线）起点 2100 米、距魏家岭烽火台 100 米。

整体保存差。据刘谦 1979 年调查："关城址已无存，只有隘口及隘口两侧的长城遗址和关城附近石筑的传烽台一座。"并引《全辽志》卷一《山川·关梁》记载"魏家岭关，广宁城西北六十里"。与现在调查的"关城"位置相同，证明了大市堡西 3500 米的"关口"遗址是"魏家岭关"（《明辽东镇长城及防御考》142～143 页）。

镇边堡（210782353102170005）

位于大市镇大一村中，高程 149 米。北 100 米为小小线（省道 204）。现有居民 450 户，常住人口约 1800 人。西距团山沟长城（复线）2400 米。

平面为长方形，南墙正中开一门。周长 1100 米，占地面积 73600 平方米。四面墙皆以不规则的石块砌筑。堡城整体保存一般，存有四面部分墙体，可见东北角楼与西北角楼局部。以北墙保存较多，北墙长 345 米，西段有长 205 米小墙体保存较好，石墙高度已近于墙的顶部，顶宽 0.9、基宽 5.6、残高 5～5.5 米；靠东部长 140 米的一段保存一般，顶宽 1.6～2、基宽 5、残高 2.5～4 米。东墙大部分被民房占用，保存较差，只残留几段墙体基础，长 271 米。南墙在南门东侧有一段长约 50 米石筑墙体，保存较好，顶宽 0.9、基宽 5、残高 3.5 米。西墙长约 130、顶宽 0.3～0.5、基宽 4、残高 2.5～3 米。（测绘图一六）

城内有一条以南门为轴的中心干道、一条靠堡城北部的东西干道。东北角楼东西长 5、南北宽 3 米（突出北墙），墙体宽 0.9、残高 5 米。此角楼曾于 2005 年维修。（彩图一四八、一四九）

据刘谦 1979 年调查："堡城平面为长方形，四角各有突出的方形城台，城墙以石、砖包砌，但大部分以石为主。城墙东西宽 230 米，南北长 320 米（从墙中计算）墙高 6 米，底基宽 6 米，南城墙设一门，叫镇边堡。门虽被拆除，门额仍然存在。城内有以南门为轴的中心干道一条，目前城中已住满村民。"（《明辽东镇长城及防御考》94 页）

按《锦州府志》卷三《广宁县城·镇边堡》条记载"城北四十里，周围二里三百二十步，南一门"。这条记载与现存城堡规模基本相似。堡城西 3.5 公里即是魏家岭关。

据《辽东志·卷三·兵食》，镇边堡属中路广宁，设边墩 14 座，皆为台。

（12）黑山县（东段）

黑山县（东段）共调查堡城 2 座。

镇宁堡（210726353102170001）

位于黑山县大虎山镇望山堡村所在地，高程 17 米。村中现有居民 100 户，常住人口 400 人。该堡城东距龙山 1 号烽火台 1900 米，东北距龙山 2 号烽火台 2600 米。

堡城已毁，堡内无任何遗迹现象。

据《辽东志·卷三·兵食》，镇宁堡属中路广宁，设边墩 11 座，其中台 6、墩 1、空 4。又《明辽东镇长城及防御考》引《全辽志》卷四《人物》"韩辅"条："癸亥……修镇宁、镇夷二堡，筑边垣，起广宁至开原，长亘千里。"癸亥为明弘治十六年（1503 年），为镇宁堡建筑年代。

镇远堡 （210726353102170002）

位于辽宁省黑山县北关实验学校所在地，高程 20 米。关堡南邻县级街道。现为黑山县北关实验学校。堡城东南距东边屯长城起点 2800 米，东北距小龙湾烽火台 2500 米。

堡城已毁，堡内无任何遗迹现象。据刘谦 1979 年调查："镇远堡城位于今黑山镇实验小学，原为砖造，现在只存遗址。城为方形，边长各约 250 米，北城墙中部的上帝庙遗址仍然存在。"又引《黑山县志·古迹》条称为"小黑山堡"，开一南门（《明辽东镇长城及防御考》96 页）。

据《辽东志·卷三·兵食》，镇远堡属中路广宁，设边墩 12 座，其中台 8、空 4。

3. 辽西丘陵明长城关堡现状

（1）黑山县（西段）

黑山县（西段）共调查堡城 2 座。

镇安堡 （210726353102170003）

位于黑山县八道壕镇韦城子村，高程 63 米。现有居民 124 户，常住人口 496 人。东北距郝屯长城起点 848 米，北距韦城子烽火台 773 米。

整体保存差。据刘谦 1979 年调查："城似为方形，用砖修筑，现砖已大部被拆除，城南北 338 米，东西长 258 米，南城墙设一门，门额已被发现，为石质，上有'镇安堡'字样。门额长约 1 米，宽 0.4 米。"又引《广宁县志》卷二《建置志·城池》条记载："镇安堡，城东北五十里，周围二里二百八十步，南一门。"又记"在堡东 0.5 公里处，有明正德十年（1515 年）《重修镇安堡上帝庙碑》一座，通高 2.27 米，宽 0.77 米，跌座高 0.56 米，碑身高 1.64 米"（《明辽东镇长城及防御考》96 页）。

此次调查发现，该堡城仅残留东、南墙部分基础，西、北墙及堡内无任遗迹现象。东墙只在东北角残存 8 米，顶宽 0.8、基宽 2、残高 1.2 米，大部分墙体被村民建房占用。南墙外侧墙体保存较好，砖筑，但部分段墙体青砖表面大部分风化，内侧青砖大部分已被人为拆除，中间夯土已外露。现存长度 130 米，顶宽 0.5~1、基宽 1.5~2、残高 0.8~3 米。

据《辽东志·卷三·兵食》，镇安堡属中路广宁，设边墩 13 座，其中除空 3 外，皆为台。

镇静堡 （210726353102170004）

位于黑山县白厂门镇城西村，高程 154 米。东距 205 省级公路 50 米。现有居民 400 户，常住人口 1600 人。东北距二台子长城起点 1300 米、距二台子长城 3 号敌台 1200 米、城西 1 号烽火台 971 米。

整体保存较差，堡城现残存部分墙体，城内设施无存。刘谦 1979 年调查时的情况为："城以砖修筑，现已被拆除，只存基址。遗址经测量，原城平面为梯形，南窄北宽，当地人称之为碑城。""北墙有上帝庙遗址，还发现了明嘉靖三十五年《新建九天庙碑》残碑一座。"

此次调查得知，该堡城的东墙残存的土墙基础，长约 350 米，顶宽 0.5~0.6、基宽 2~4、残高 0.5~1.5 米，部分段落墙体顶部残留有青砖碎块；南墙只残存土墙，包砖全部脱落，墙体两侧人为损毁痕迹明显，残长约 100 米，顶宽 2～3、基宽 5～6、残高 1～3 米；西墙被现代居民建房占用，现只残存土墙基础，青砖已被拆除，保存较差，长 350 米，顶宽 0.5、基宽 1、残高 1 米～3 米；北墙只残留土台基础，断断续续约 166 米，顶宽 0.2～0.4、基宽 0.4～2、残高 0.5～2 米。

据《辽东志·卷三·兵食》，镇静堡属中路广宁，设边墩 17 座，其中空 2，余皆为台。因所属有 4 座台以"白土厂"命名，所以《锦州府志》卷三《广宁县城》条又称此堡城为"白土厂台"。

（2）清河门区

清河门区共调查堡城 2 座。

镇夷堡（2109053353102170001）

位于乌龙坝镇细河堡村所在地，高程 81 米。东侧为细河，所以又称为细河堡。北侧 100 米为 304 省道。现有居民 352 户，常住人口约 1392 人。堡城北距靠边屯长城 3900 米、细河堡烽火台 882 米，西北距蒲草泡烽火台 2400 米。

堡城整体保存差，城内设施无存。据刘谦 1979 年调查："城址呈方形，边各长 200 米，南城墙设一门，已毁。"（《明辽东镇长城及防御考》93～94 页）本次调查发现，该堡城残存的部分北城墙基础，顶宽 0.5～2、底宽 4.7、残高 1～2.5 米。

该堡城清代时改称为"镇彝堡"。《盛京通志》之十五条《镇彝堡》条记载，堡城位置在"城东北六十里"，有"南门曰镇彝"。

据《辽东志·卷三·兵食》，镇夷堡属中路广宁，设边墩 11 座，除 1 座为墩外，皆为台。

大清堡（2109053353102170002）

位于清河门镇，高程 114 米。阜新－锦州公路、铁路在堡城附近经过，东南 725 米为清河门－阜新公路。现有居民 70 户，常住人口约 280 人。东北距河西长城 1 段起点 1900 米。

堡城墙体及城内遗存地表遗迹消失。据刘谦 1952 年调查，堡城位于清河门镇中："城虽然被毁，但遗址尚在，城为方形，每边各长 300 米。南有一门。北墙被清代建为柳条边墙，中间开了一门，名清河门，并有门额一方。"并引："《盛京通志》卷之十五《义州·城池》记载：'大清堡城，城东北五十里，周围二里二十五步。'这里记载的方向，里程与现在清河门镇的位置相近，说明清河门位置就是明代义州卫大清堡所在地。""清天命七年设汛，名清河门子（清代建柳条边时改称为清河门）。"（《明辽东镇长城及防御考》92 页）

据《辽东志·卷三·兵食》，大清堡属西路义州城，设边墩 18 座，其中台 7、墩 2、营 2、空 5，另称为场的有 1 座、称为沟的有 1 座。

（3）义县

义县共调查堡城 6 座。

大靖堡（2107273353102170001）

位于高台子镇北砖城子村，高程 158 米。东距锦州－阜新高速公路 500 米。现有居民 180 户，常住人口 720 人。当地俗称北砖城子。北距碴子山长城 3 段起点 3300 米、碴子山长城 3 号敌台 3400 米。

堡城整体保存差。据刘谦 1979 年调查："城用砖修筑，但砖已拆除，仅存土基。城为方形，按遗址测量每边各长 250 米。"又引《锦州府志》卷三《大静堡》条记载："义州东北六十里，周围二里二十步，南门曰大静堡。"（《明辽东镇长城及防御考》91～92 页）

本次调查，发现城平面为矩形。城内设施无存，只残存东、北墙两段墙体。周长 1000 米，占地面积 62500 平方米。东面墙体残存约 40 米，北面残存约 70 米，其中靠东北角，东面与北面各有长约 10、宽 0.6、高 2～2.5 米的石筑墙体，保存较好。其中北面墙体中间有 10 米土墙消失，被村民辟为后院。墙体原为砖筑，砖已拆除，只存基础，基础残宽 6～8、残高 1～2.5 米。

《辽东志》称该堡为大静堡，《全辽志》称为大靖堡。据《辽东志·卷三·兵食》记载，该堡属西路义州城，设边墩 14 座，其中台 9、墩 1、营 2、空 1、门 1。

大宁堡（210727353102170002）

位于头台乡石头堡子村，高程 158 米。头台－石头堡子公路在村中穿过。现有居民 85 户，常住人口 320 人。西北距西盘道岭长城 2 段（副墙）起点 6100 米、西盘道岭长城敌台 6300 米。

堡城整体保存差，堡内遗存及城墙全部消失。城内布局及堡门皆已不清。据《义县志》中卷记载："大宁堡，原名义宁，在城东北三十里，周围一里一百八十步，明弘治十二年，巡抚张用和修建，易名大宁，在大清堡西南，东为望民屯，望宾屯，清天命七年设讯，今为兴隆堡。"

《辽东志·卷三·兵食》，该堡属西路义州城，设边墩 18 座，其中台 7、墩 4、冲 1、空 3，另有称为岭的有 2 座、称为沟的有 1 座。

大平堡（210727353102170003）

位于头台乡三台子村，高程 125 米。南距大凌河 3000 米，305 国道在村中南北穿过。现有居民 60 户，常住人口 180 人。西北距白台沟长城起点 3500 米，西距白台沟长城 5 号敌台 3700 米。

堡城整体保存差。据刘谦 1979 年调查："城在村南，原为砖城，已被拆除，仅在三台子河西岸还存部分遗址。城为方形，每边长约 200 米，南城墙设一门，门址在三台子大队办公室前面。"又引《义县志》中卷《建置志》条记载："大平堡原名镇虏堡，在城南二十里，周一里一百八十步，南一门，曰大平堡。明弘治十六年（1503 年）巡抚张用和修筑，易名曰太平（堡）清天命七年设讯，今名太平屯。"（《明辽东镇长城及防御考》90～91 页）

本次调查，只北城墙残留一段毛石干垒墙体，现墙体为该堡村民后院北墙，长 20、宽 0.85、残高 1.2～1.5 米。城内其他设施无存。

《辽东志·卷三·兵食》，该堡属西路义州城，设边墩 22 座，其中台 8、墩 1、营 3、空 9，另称为沟的有 1 座。

大康堡（210727353102170004）

位于头道河乡二道河村大康堡,高程 93 米。北距大凌河 1500 米。现有居民 100 户,常住人口 400 人。西北距三道壕长城起点 5100 米、距白台沟 6 号烽火台 2600 米。

堡城整体保存保存差,城内设施无存。据刘谦 1979 年调查:"城似为方形,原用砖修筑,砖已拆除,只有土基,南北长 200 米,东西长 200 米,残高 4 米,城基础用花岗岩包砌,部分尚存。"并引《义县志》中卷《建置志》记载:"大康堡原名青榆林,在城西二十里,东一门。曰大康堡,明弘治十六年巡抚张用和修建,易名曰大康。"又记村内有清光绪九年铸铁钟一口,上铸"义州大康堡"字样。(《明辽东镇长城及防御考》89~90 页)

这次调查,只发现北墙残留的一段土墙基础,长 5、宽 0.8~2、残高 1.2~1.5 米。

《辽东志·卷三·兵食》,该堡属西路义州城,设边墩 12 座,其中台 3、墩 2、空 2、营 4,另有以崖命名有的 1 座。

大安堡(210727353102170005)

位于义县头道河乡西砖城子村,高程 129 米。南 100 米为锦州 - 义县(西线)公路。现有居民 75 户,常住人口 320 人。西北距羊乃沟长城 1 段起点 3400 米、距小闫家屯烽火台 3300 米。

堡城整体保存差。刘谦 1979 年调查时记载:"城为方形,南北残长 134 米,东西残长 135 米,墙残高 2.3 米,底基宽 3.7 米。"并引《义县·建置志·堡城》条记载:"大安堡,在城西南三十里,周一里一百八十步,南一门,曰大安堡……明弘治十六年巡抚张用和修建,清天命七年设讯。"(《明辽东镇长城及防御考》89 页)这次调查了解到,该堡城内遗存全部消失,只残留西城墙一段毛石砌筑墙体,断断续续长约 40、顶宽 1、底宽 1.2、残高 1~1.5 米。墙体石块砌筑,顶部有少量砌砖。南城墙外有护城壕沟一条,长 50 米。

《辽东志·卷三·兵食》记,该堡属西路义州城,设边墩 16 座,其中台 4、墩 1、空 8、营 2、冲 1。

大定堡(210727353102170006)

位于大定堡乡大定堡村,高程 111 米。南有条季节河流,北侧为留龙沟 - 大定堡乡级公路。堡(村)内现有居民 100 户,常住人口 320 人。西北距石家岭长城起点 3900 米,西距石家岭长城 1 号敌台 3900 米。

堡城整体保存差,堡城内遗存及城墙全部消失,堡城无任何墙体遗迹。据刘谦 1979 年调查,该堡城"原为砖造,砖已拆除,只存土基。城近似方形,东西长约 250 米,南北长约 230 米,残墙高 2.5 米,宽约 3 米,为夯土版筑墙。南门址的地方已被开辟为菜园子。据当地人介绍,原有大定堡门额一方,现不知下落"。并引《锦州府志》卷三《广宁县·大定堡》:"义州西南四十里,周围二里,南一门,曰大定堡。"以为这与实地勘察基本一致。注引贺钦《义州修建缘边营堡记》考证,大定堡是明弘治十六年以后的新名,之前名"绥远"。(《明辽东镇长城及防御考》88~89 页)

《辽东志·卷三·兵食》记,该堡属西路义州城,设边墩 17 座,其中台 5、墩 3、空 5、营 3、界 1。

（4）凌海市

凌海市共调查堡城 2 座。

大胜堡（210781353102170001）

位于温滴楼乡大胜堡村西南，高程 100 米。大胜堡－花楼沟屯村级公路从村中东西穿过。堡（村）内现有居民 380 户，常住人口约 1520 人。西北距大胜堡长城 1800 米，西南距大胜堡烽火台 1300 米。

堡城整体保存差。1979 年刘谦调查时的情况是，大胜堡"呈方形，每边各长 200 米，东城墙设一门，城门现已毁。墙底基宽 6 米，高 7 米，上部垛口已倾倒。在此发现了东门门额，名为'大胜堡'"（《明辽东镇长城及防御考》87 页）。这同《锦州府志》卷三所记大胜堡"周围一里四十七步，东一门"基本相吻合。

这次调查情况是：城墙仅存部分基础，墙体结构损毁较严重，城墙砖基本无存，仅存部分夯土墙体，并不同程度残损，墙体顶部、地表及附属设施基本无存。但格局基本完整。其中南墙基础部分保存较好，条石大部分存在，南墙靠中段墙面白灰勾缝明显，仍保持原状，这段现存的南墙长 140、基础宽 4.7、石墙宽 1.5、残高 2～4.7 米。北墙保存一般，中段、东段条石基础和石砌筑墙体尚存，此段长 184 米、宽 0.5～2.5、残高 2～2.5 米，两端只残留夯土墙。东墙保存状况较差，部分墙段条石基础尚存，断断续续延长约 100 米，高 1～2.5 米。西墙被村民建房拆除，墙体消失。堡城东北角有残存的角楼遗迹，平面为方形，边长 9、墙宽约 0.6、残高 2～2.3 米，墙体基础有三行条石砌筑，白灰勾缝。

《辽东志·卷三·兵食》记，该堡属西路义州锦州城，设边墩 22 座，其中台 10、墩 3、空 8，另以山命名的有 1 座。

大茂堡（210781353102170002）

位于温滴楼乡大茂堡村，高程 99 米。城东侧有一条季节河。锦州－温滴楼公路在村东南北通过。堡（村）内常住居民 100 户，人口 400 人。堡城西距台子沟长城 6300 米。

堡城整体保存较差。刘谦 1979 年调查时的情况是："城为方形，用石砌筑，只在顶部用砖，每边长 200 米，墙高 2.6 米，存在部分残高 3 米余，城的四角作圆形的角城台，底径 8 米，顶径 7 米，城的西墙、南墙、北墙外侧的中间处，还建有长方形的城台。"又引《锦州府志》卷三《锦县附郭·大茂堡》条所记，东一门。

这次调查，进一步了解到，该堡城现残存有墙体和西墙的一座马面及东北角楼。残存的墙体大部分结构损毁较严重，部分墙段的基础条石及外包石无存，仅存部分夯土墙体，并有不同程度残损，但仍有部分城墙保存了条石基础。（图三九）其中东墙残长 179 米，从东北角往南约 40 米，保存较好，有 4 行条石基础，可看出为错缝砌筑，白灰勾缝，但大部分已脱落，条石长 0.2～1、厚 0.4～0.5 米，条石墙体以上有干垒的不规则小石块，墙体残高 2.5～3.4、宽 0.6 米；由此以南的其余 131 米墙体保存较差，大部分墙体被拆除，只留条石基础。在东墙的墙里靠角楼往南还保存有一条长约 40 米的马道，马道宽 1.3 米。平面为方形，内部格局不清楚。（图四〇）南墙全长 140 米，从东南角往西约 30 米，保存状况较好，

图三九　大茂堡平面图

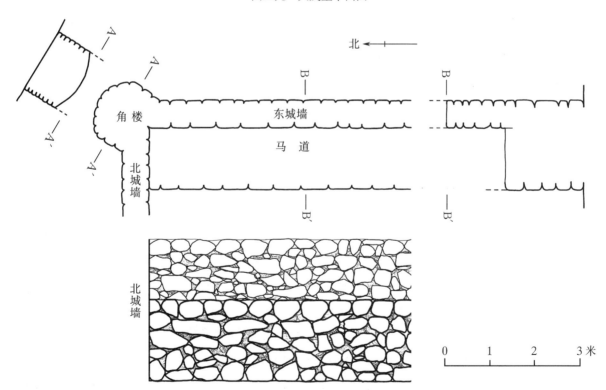

图四〇　大茂堡东城墙、角楼、马道平、剖面图
和东城墙、马道西立面图

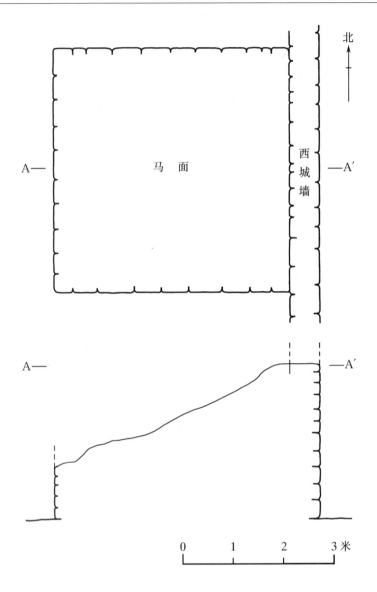

图四一　大茂堡西城墙、马面平、剖面图

残高 3、宽 0.6 米，其余 110 米保存状况较差，部分段墙体消失。在东南角西侧 8 米处，有一排水口，长 0.4、宽 0.4 米。西墙全长 186 米，从西北角往南约 30 米的一段和西南角往北 60 米的一段，保存状况较好，残存条石 4~5 行，残高 2.6 米，此段墙体中部外有一马面，平面为方形，边长 4.7、残高 3 米，马面往南 20 米处城墙，被村民扒开宽 1.4 米豁口，马面往北还残留长约 4 米墙体；再往北约 40 米，墙体消失，被村民建房占用。（图四一）北墙全长 163 米，从东北角往西约 75 米，保存一般，残高 1.6~2.5、宽 0.6 米，余者墙体消失，被村民建房占用。

东北角保存的角楼，平面为圆形，石筑，靠南侧残存条石 6 行，东侧墙体倒塌，破坏严重，条石被村民用于建房、砌院墙。顶径 7、底径 8、残高 0.4~3.4 米。城门位于堡城东墙，现已毁。（彩图一五〇、一五一）

《辽东志·卷三·兵食》记，大茂堡属西路义州锦州城，设边墩 17 座，其中台 5、墩 3、空 5，另有以界命名 1、以岭命名 1、以山命名 2。

（5）太和区

太和区共调查堡城 1 座。

沙河儿堡（210711353102170001）

位于太和区钟屯乡沙河堡村内，高程 40 米。锦州－板石沟公路从村中东西穿过。现有居民 135 户，常住人口约 540 人。西北距花楼沟长城 1 段起点 3100 米、距四方台 1 号烽火台 1800 米，北距四方台 2 号烽火台 1000 米。

堡城整体保存差。西面墙体只残留 252 米夯土墙，西墙靠南端处残存长 10、高 0.4 米条石基础，整面墙体青砖全部被拆除，只残留夯土墙，残高 0.8～3、宽 0.8～2.5 米。墙体外侧部分段已被蔬菜大棚所利用，内侧被辟为村路。从墙体剖面看，墙体内还掺杂少量青砖碎块。东、南、北面墙体消失。《辽东志》中记为"沙河儿堡"，清代简称"沙河堡"。据《锦州府志》卷三《锦县附郭·沙河堡》条记载："城西北十八里，周围一里二百八十步，南一门。"

（6）连山区

连山区共调查堡城 6 座。

大福堡（211402353102170001）

位于连山区金星镇网丰村，高程 42 米。北 1000 米是女儿河。南 300 米为金六（金星至六家子）公路。现为金星镇网丰村所在地，有民房、耕地。今村内居民约为 1400 余人。西北距金家碇子长城 2 段起点约 3200 米，其南距大兴堡 8100 米。

堡城整体保存较差。据刘谦 1979 年调查，该堡城"原为砖筑，已拆除，只存土基。城为方形，四边各长 200 米，南城墙设一门"。这次调查进一步了解到，该堡城城墙基础有部分保留，北墙尚保存着长 200 米的残墙，西墙残段保存 80 米，东墙残段只保存长 5 米，南墙无存。城墙墙基宽 8 米，墙残高 1～2.5 米。为夯土所筑，夯土层厚 0.2 米，墙体内外两侧原用条石基础，墙身用青砖包砌。现墙体两侧散落有少量砖、瓦等遗物。原城墙有角台，现仅存西北角台，已坍塌，依稀可辨痕迹，角台应为方形，边长约 4 米。堡内设施无存，现场采集了青砖、板瓦、门轴石残件。

《辽东志·卷三·兵食》记，大福堡属西路义州锦州城，设边墩 16 座，其中台 1、墩 7、空 8。

大兴堡（211402353102170002）

位于连山区大兴乡河北村，高程 65 米。南 300 米是大兴河，西南 100 米为金星至高桥的县级公路。堡内为河北村，居民约 1500 多人。堡城西北距植股山长城 4 段 8700 米，西南距广宁中屯卫铁场百户所 4600 米，北距大福堡城 8100 米。

堡城整体保存差，地表无迹象可寻。据刘谦 1979 年调查，"城已拆除，只存遗址。其北墙在大青堡学校后部，尚存有石筑墙基础。城的规模，就遗址勘测为方形，四边各长 200 米，南城墙设一门。在学校内尚存古碑一座，通高 2.36 米，额高 0.34 米、宽 0.7 米、厚 0.3 米，碑身长 1.5 米。碑下有龟趺或石座，高 0.52 米，身长 1.5 米，底基高 0.1 米。其形制与金碑相似。碑文已剥落，无法辨认"（《明辽东镇长城及防御考》83 页）。

《辽东志·卷三·兵食》记，大兴堡属西路义州锦州城，设边墩20座，其中台4、墩9、空2、沟2，另有以山命名的2，以县命名的1。

椴木冲堡（211402353102170003）

位于塔山乡李家屯村西堡子屯，高程91米。南距椴木冲河500米，东南距虹螺岘至连山区的县级公路800米。现堡（村）内居住300户，800多人。西距小虹螺山长城10段3100米，东北距广宁中屯卫铁场百户所城6900米，南距长岭山堡城6300米。

堡城整体保存差。据刘谦1979年调查，该堡城"城已拆除，只存遗址。城为方形，每边各长约200米，原为砖石包砌。墙高4米，宽3米，南城墙设一门"。这次调查，进一步了解到，该堡城除北、西墙有少量保存外，其他墙体、城门及堡城内原有设施皆已无存。现存的两段墙体大部分已坍塌，仅存部分石筑基础及墙体内部夯土，周围可见零星青砖碎块。北墙长7.6、残高2、宽3米；西墙长6、残高1.8、宽3米。现存石筑墙基上原包砌的青砖均用白灰勾缝，但都被人为剥落。西北角台已毁，南门也于早年被毁。

《辽东志·卷三·兵食》记，椴木冲堡属南路宁远城，设边墩19座，其中墩2、空16、岭1。

长岭山堡（211402353102170004）

位于连山区塔山乡南长岭村，高程99米。东南距沙河营至老官堡乡路800米。堡内为南长岭村，居住200多户，800多人。西北距二道沟长城2段2400米、距南长岭山烽火台1600米，北距椴木冲堡6300米，西南距沙河堡城5900米。

堡城整体保存差。除北墙有少量保存外，其他墙体、城门及堡城内原有设施皆已无存。现存的一段墙体大部已坍塌，仅存一段夯土，长5、宽1、残高1.5～0.6米。周围可见零星青砖碎块。从现场调查推断，堡城为矩形，城墙以砖石包砌，白灰勾缝，墙内以土夯实，城门位于南墙。《锦州府志》卷三《锦县附郭·长宁堡》条记载，该堡城"南一门，曰长宁堡"。

据刘谦1979年调查记载："城已拆毁……尚有堡城的北墙址，高约1.8米，宽约2.2米。城原似为方形，东西长约200米，南北长约220米。""该堡下属长城，位于海拔240米的高山之上，西起海木沟山，东北至小虹螺山上，皆为石砌。其筑法，墙内外全用石块包砌，中填以碎石和沙土，高1.4米，底基宽4米。这段长城全长约5公里。墙外皆有堑沟，上口宽5米，底宽约3至4米。"又引《锦县志》卷五《边防》条记载："长岭山门，笔帖式一员，马法一员，俱顺治十一年设。"可见，"在顺治十一年（1654年），因建柳条边门，而将长岭山堡改建为长岭山门。"（《明辽东镇长城及防御考》81页）

《辽东志·卷三·兵食》记，沙河堡属南路宁远城，设边墩10座，其中台3、墩1、空6。

沙河堡（211402353102170005）

位于沙河营乡沙河营村，高程49米。原堡城位于现沙河营乡政府所在地，沙河营小学就建在堡城原址上。现堡（村）内常住人口约4000多人。西北距二道沟3段1700米，西距尖顶山烽火台4100米，西南距松山寺堡4000米。

堡城整体保存差。堡城四面城墙、城门及城内设施皆已无存。据刘谦1979年调查，沙河堡"城已毁，就遗址来看，似为方形，东西长约 180 米，南北长约 200 米。该城城墙原为砖石包砌，现在砖石已被拆除，只存遗迹"。并发现和记录了"沙河堡"门额（《明辽东镇长城及防御考》81 页）。这次调查，见到保存在乡政府院内的这块门额。门额长 0.84、宽 0.4、厚 0.18 米。"沙河堡"三字系阳刻于石上一个长 0.6、宽 0.28、深约 0.01 米的凹槽内。（彩图一五二）

《辽东志·卷三·兵食》记，沙河堡属南路宁远宁远城，设边墩 10 座，其中台 3、墩 1、空 6。

松山寺堡（211402353102170006）

位于连山区寺儿堡镇内，高程 42 米。东距五里河 200 米，南距葫芦岛至六家子县级公路 200 米。堡内（村）常住人口 3800 多人。西南距夹山长城 3 段 2500 米，西距夹山烽火台 2400 米，东北距沙河堡城 4000 米。

堡城整体保存差。堡城城墙、城门及城内设施无存。从现场调查和走访村民得知：堡城为矩形，城墙以砖石包砌，墙内以土夯实，南墙设一门。据《锦州府志》卷三《锦县附郭·寺儿堡》条记载："城西南九十里，周围一里三百四十六步，南一门。"又据刘谦《明辽东镇长城及防御考》记载，该堡城"城已毁，仅在村供销社后园子地内有遗址。遗址周围，明砖随时可见。其城按遗迹勘察似为方形，东西长约 200 米，南北长约 210 米"。

《辽东志·卷三·兵食》记，松山寺堡属南路宁前宁远城，设边墩 15 座，其中台 1、墩 2、空 13。

（7）兴城市

兴城市共调查堡城 9 座。

灰山堡（211481353102170001）

位于兴城市元台子乡灰山堡村，高程 72 米。现堡（村）内居住 260 户，常住人口 1000 多人。西北距小盖州长城 3 段（副线）3600 米，西南距灰山村台子山烽火台 1900 米。

堡城整体保存较差。据刘谦 1979 年调查，灰山堡"似为方形城，南北长 180 米，东西长约 190 米，皆为砖石包砌，现全部被拆除，仅存遗址"（《明辽东镇长城及防御考》80 页）。本次调查，发现原城址内外现已被宅院、耕地、村路、果园所占据。在北、西、东三面有部分墙体和北墙中台（或上帝庙址）残存，南墙及其他设施无存。堡墙墙体内外以大块毛石错缝垒砌，碎石填缝、平面朝外，白灰勾缝，内以大小不一的石块填充。残存的墙体中，北墙保存的一段长 15.8、宽 2.5、残高 2.75 米；西墙保存的一段长 12、宽 2.5、残高 1.2 米；东墙保存的一段长 10、宽 2.5、残高 1 米；东墙南端的一段墙体宽 2.5、高 0.9、长 12 米；南墙无存。北墙中部尚存一台，或即上帝庙址，台体外侧包石剥落，现存土台中间夯土部分，残高 4.1 米，平面为方形，边长 6 米。

《辽东志·卷三·兵食》记，灰山堡属南路宁前宁远城，设边墩 9 座，全为台。

寨儿山堡（211481353102170002）

位于兴城市元台子乡砟儿山村下砟儿山屯北，高程 72 米。东北距三合水库 1500 米。附近为和气沟屯通往小英昌口村的乡路。堡（村）内居住 150 户，500 多人。西北距合气沟长城（副线）3400～3500 米、距上砟山台子山烽火台 2800 米，东北距灰山堡城 6600 米，西南距白塔峪堡 5900 米。

堡城整体保存差，格局不清。据刘谦 1979 年调查："寨儿山堡城在今天兴城县元台子公社寨儿山大队。城建于下寨山，作方形，原为砖石包砌，现在大部拆除，只存部分石质残基。石基不用方正的条石，而用大块毛石垒砌。南墙尚有门的遗址，门枕石也存在。城南北长 200 米，东西长约 180 米，石墙基高不足 1 米，宽 4 米。"（《明辽东镇长城及防御考》79～80 页）本次调查进一步了解到，只东城墙有部分墙内夯土残存，其余城墙及其他设施无存，墙体内外都以垒砌的大块毛石为城墙基础，基础上以青砖砌筑，白灰勾缝，内部以土夯实。现残存的东墙内夯土长 12、宽 1.6、高 0.85 米，原南墙辟有城门一，早年已毁。城墙顶部及其他建筑构造不详。

据《锦州府志》卷三记载，寨儿山堡又名镇边堡："镇边堡，（兴城）城西十八里。周围一里，南一门，曰镇边堡，俗曰寨儿山堡。"《辽东志·卷三·兵食》记，寨儿山堡属南路宁前宁远城，设边墩 13 座。

兴水岘堡　（211481353102170003）

位于兴城市白塔乡清水岘村，高程 32 米。东距西河支流 150 米，南 1000 米是兴城至建昌的县级公路。现堡（村）内居住 300 户，1000 多人。西距磨盘山长城 4 段 1600 米，东北距白塔峪堡城 3300 米。

堡城整体保存差。据刘谦 1979 年调查："兴水岘堡亦名兴水县堡，位于今兴城县白塔公社兴水岘大队所在地。该堡城在宁远河的东岸，夯土版筑，内外包砌砖石，但砖大部分被拆除，只存遗址。从遗址看，城为方形，城墙各边长 250 米，墙高 4.1 米，基宽 4.2 米，收顶宽 2.5 米，北墙高 7.8 米，上建有上帝庙。"（《明辽东镇长城及防御考》79 页）本次调查进一步了解到，该城堡现存有东墙部分残体和西北角楼及上帝庙遗迹，其余城墙及其他城内附属设施无存，格局不清。原城址内外已被宅院、村路等替代。东墙残存的墙体长 11、宽 4.2、残高 0.6 米，墙体为条石基础，青砖包砌。西北角楼遗迹大部分包石脱落，夯土流失，现残高 2 米，其边缘不清。上帝庙遗迹位于西北角楼东约 100 多米处，仅存遗迹，残高 0.2～0.4 米，面积约 20 平方米。

《辽东志·卷三·兵食》记，兴水岘堡属南路宁前宁远城，设边墩 20 座，其中台 18 座，墩 2 座。

白塔峪堡　（211481353102170004）

位于兴城市白塔乡白塔峪村，高程 48 米。东 200 米处为西河支流。兴城－杨仗子公路从原堡城东北角外侧通过。现堡（村）内居住 500 多户，1500 多人。西北距小摸虎山长城 2 段（副线）3300 米，东北距白塔村北台山烽火台 1700 米，西南距兴水岘堡城 3300 米。

堡城整体保存差。据刘谦 1979 年调查：白塔峪堡"原名镇安堡，因其附近有辽大安八年舍利塔而得白塔峪堡之名"；"城堡已经拆除，只存遗址，城似为方形。城墙南北长 200 余米，东西长250余米，原为砖石包砌，现只存土基"（《明辽东镇长城及防御考》79页）。本次调查进一步了解到，该城堡西、北、东有少量城墙及西北角台残存，其余城墙及其他设施无存，格局不清。砖石结构的堡墙墙体内外，都以大块毛石垒砌基础，墙体，墙身内部以土夯实，外以青砖砌筑，白灰勾缝。现残存堡城西墙南端较完整，长15、宽2、残高1.5米；北墙仅存基础，长100、宽2、残高0.3米。西北角楼大部分包石脱落，夯土流失，现残高2米，其边缘不清。

《辽东志·卷三·兵食》记，白塔峪堡属南路宁前宁远城，设边墩19座，全为台，其中牛心山为"墩台"。

团山子堡（211481353102170005）

位于兴城市拣金乡团山子村，高程31米。西南距东沙河300米，拣金－闻家的乡路从堡内中间穿过。堡（村）内居住200多户，600多人。西北距边壕子长城1600米，东北距兴水岘堡城11400米，西南距仙灵寺堡城8700米。

堡城整体保存差，城已全部拆除，地面无任何遗存，格局不清。原城址所在位置已被民房、耕地、林地所代替。城内外皆被杨树及柳树围绕。

据刘谦《明辽东镇长城及防御考》记载，小团山堡"城已全部拆除，只存遗址。就遗址来看，城似为方形，南北长约200、东西长约220米。在该村供销社后部尚存有部分墙基及护城池"；"于堡城西发现烧砖窑一处，其砖的规格为0.37×0.19×0.09米，与建筑小团山堡的城砖完全一致。因此推定，其砖窑即是明代建筑小团山堡城时所建。在调查中还发现清代残碑一块，其碑有'盛京锦州府宁远州团山堡门'字样。从这块残碑的记载，不仅证明这个堡城是小团山堡城，而且也证明这里也称做过'团山堡门'"。

《辽东志·卷三·兵食》记，小团山堡属南路宁前宁远城，设边墩16座，其中墩2、空14。

仙灵寺堡（211481353102170006）

位于兴城市闻家乡仙灵寺村，高程29米。西南距烟台河200米，北距沙后所至汤上线县级公路150米。堡（村）内居住200多户，800多人。西距北大山东沟长城2段5200米，西北距关屯南山烽火台3600米，东北距团山子堡城8700米，西南距黑庄窠堡城5900米。

堡城整体保存差，城已全部拆除，地面无任何遗存，格局不清。原堡址所在位置已被民房所代替。并建有现代庙宇一座。

据刘谦考察，仙灵寺堡"东城墙基外包砌花岗岩大石条，基础高0.98米。东墙长200米，北墙长180米，南城墙设门，南门附近已建成住宅区。"（《明辽东镇长城及防御考》79页）

《辽东志·卷三·兵食》记，仙灵寺堡属南路宁前宁远城，设边墩15座，其中台4、墩2、空9。

黑庄窠堡城（211481353102170007）

位于兴城市望海乡黑庄科村，高程47米。东300米处有季节性河流，北墙遗迹南100米处是乡级公路。堡（村）内居民500多户，常住人口1300多人。西北距肖家岭长城（副线）

3900 米，东北距仙灵寺堡 5900 米，西南距锦川营堡城 9400 米。

堡城整体保存差，城已全部拆除，除堡城北墙有部分遗迹外，其他无任何遗存，格局不清。现存北墙遗迹是北墙坍塌后的内部夯土遗存，其西端较为完整，墙体内外基础及包砖皆无，仅存部分夯土，长 150、宽 4.3、残高 1.6 米。北墙中部似有建筑遗迹，高、宽均大于两侧墙体。

据刘谦《明辽东镇长城及防御考》记载，黑庄窠堡"城似为方形，东西长 200 米，南北长约 220 米。城墙原为石包砌，现在石已被拆除，只存土基，墙基高约 16 米。北墙为版筑土墙，现存较完整。在南墙的位置上有清代建的关帝庙一座。庙系砖砌，作洞券式，洞券下部的建筑，全用明代城砖筑起来的，可以推知这城的拆除是在清代"（《明辽东镇长城及防御考》79 页）。

《辽东志·卷三·兵食》记，黑庄窠堡属南路宁前宁远城，设边墩 11 座，其中台 6、墩 1、空 4。

锦川营堡（211481353102170008）

位于兴城市大寨乡花营村，高程 39 米。西北 500 米有季节性河流，南距沙上线公路 1000 米。堡（村）内居民 300 多户，常住人口 1000 多人。西北距赵西沟长城（副线）2900 米，西南距新兴营堡城 3700 米，东北距黑庄窠堡 9400 米。

堡城整体保存差，城已全部拆除，地面无任何遗存，格局不清。

据刘谦 1979 年调查，该堡城"为方形，四边各长约 200 米。从遗址来看，南城墙设一门。据《锦州府志》卷三《锦川营堡》条记载：'（兴城）城西六十五里，南一门，曰永安。'……据《读史方舆纪要》卷三十七记载：'锦川营堡在卫（前屯卫）东北九十里，又东接宁远界（即宁远卫的黑庄窠城）'"（《明辽东镇长城及防御考》77 页）。

《辽东志·卷三·兵食》记，锦川营堡属南路宁远前屯城，设边墩 12 座，其中台 11 座，墩 1 座。其中的大牛心山台、小河口台的名称在当地仍存。

新兴营堡（211481353102170009）

位于兴城市大寨乡牛彦章村，高程 30 米。西距六股河 500 米，东距沙后所至汤上公路 1900 米。堡（村）内居民 300 多户，常住人口 1000 多人。西北距高家岭边壕子长城（副线）3800 米、朝阳寺烽火台 2500 米，东北距锦川营堡城 3700 米。

堡城整体保存差，城已全部拆除，现仅存北墙中部上帝庙部分遗迹，其余城墙及其他堡内附属设施无存，格局不清。原堡内外现已被宅院、村路、菜园等覆盖。北墙中部上帝庙基址，长 20、宽 10、高 3 米，其四面包砖、石皆无，只存夯土部分。

据刘谦 1979 年调查："城为方形，四边各长约 200 米，南城墙设一门，北门位置有上帝庙遗址，群众称为'上大庙'，遗址长 20 米，宽 10 米，高 3 米。"（《明辽东镇长城及防御考》76 页）。

《锦州府》卷三记该堡城为"刘彦章堡"。该堡城北上帝庙"东尚有'清同治十年正月吉日'和'牛彦章关帝庙'铁钟一口"。《明辽东镇长城及防御考》据此考证，此堡城为牛彦章城，牛章彦与刘章彦为一音之转。而《全辽志》卷二《边防·新兴营堡》条记"堡西刘章彦可屯兵"，又可证此堡即为新兴营堡。

《辽东志·卷三·兵食》记，新兴营堡属南路宁远前屯城，设边墩12座，全为台。

（8）绥中县

绥中县共调查堡城8座。

三道沟堡（211421353102170001）

位于绥中县高台堡镇三道沟村土城子屯，高程68米。东北距六股河1000米，西南距牛彦章－绥中的乡路约100米。屯内居民500多人。西北距牛彦章后山长城1段4400米、距穆家沟南山烽火台约2350米，西南距八将沟南山烽火台3900米、距高台堡城4700米，东北距兴城市新兴营堡2600米。

堡城整体保存差，城已全部拆除，除堡城东北角有部分遗迹外，其他无任何遗存，格局不清。现存东北角遗迹是城墙坍塌后的内部夯土遗存，周边散落大量残砖和瓦等。《锦州府志》卷三《三道堡》条记载，该堡城"南一门"。

据刘谦1979年调查，该堡城"原为砖砌，砖大部分都已拆除，只存城的一角。城墙高3.4米，底基宽5.2米，系黄土版筑。夯土层厚0.1～0.2米。城已被犁为耕地。就其遗迹来测量，南北长约200米，东西长约150米"；"其西有长城，西接高台堡城属的马路岭东山长城，再东至穆家沟山上的头台子……此向东至西牛彦章北山，沿山梁向东至六洲河（即六股河）"（《明辽东镇长城及防御考》75～76页）。

《辽东志·卷三·兵食》记，三道沟堡属南路宁远前屯卫城，设边墩9座，全为台。

高台堡（211421353102170002）

位于绥中县高台堡镇高台堡村，高程65米。西南距王宝河600米，北约200米处有306国道东西通过。现系高台堡镇政府所在地，堡（村）内居民600多户，约1700多人。东北距三道沟堡城4700米，西北距瑞昌堡城9200米。

堡城整体保存差，城已全部拆除，堡城内外均被现代建筑、公路、民宅及槐树林占据。格局不清。只堡城南墙东端有部分遗迹，为城墙坍塌后的内部夯土遗存，周边散落少量残砖和瓦等，其墙体内外基础及包砖皆无。

据刘谦1979年调查，该堡城"近似方形。城墙用砖石砌筑，东西长200米，南北长约220米。南城墙设一门。城墙砖石已被拆除，只存土基。墙底基宽4米，高1.4米"（《明辽东镇长城及防御考》75页）。

《辽东志·卷三·兵食》记，高台堡属南路宁远前屯城，设边墩8座，全为台。

瑞昌堡（211421353102170003）

位于绥中县高甸子乡顺山堡村，高程85米。南侧有沙河站至范家公路通过。现为顺山堡村，常住人口800多人。东北距狼洞子南山（副线）1400米，东南距顺山堡烽火台约580米。

堡城整体保存差，城已全部拆除，仅发现少量东墙遗迹，原城址现已辟为耕地格局不清，城墙内外皆散落大量青砖残块或瓦砾，城内附属设施皆无。《锦州府志》卷三《瑞昌堡》条记载，该堡城"南一门"。

据刘谦1979年调查，该堡城"城略为方形，现已全部拆除，就遗址勘察，城墙南北长200米，东西长250米，西北角平台基址尚在"；"在堡南发现了清雍正庚戌，即雍正八年（1730年）《重修瑞昌堡松蓬寺碑记》（碑身长1.5米、宽0.68米、厚0.15米），而知道雍正时称瑞昌堡"（《明辽东镇长城及防御考》75页）。又据清乾隆《盛京通志》仍称瑞昌堡。

本次调查未发现上面所提之石碑。

瑞昌堡见《全辽志》卷二《边防》。《辽东志·卷三·兵食》记为"瑞昌台"，属南路宁远前屯城，设边墩12座，全为台。

平川营堡（211421353102170004）

位于绥中县范家乡平川营村，高程59米。南距狗河1000米。平川营至叶家的乡级公路在村南通过。堡城东约100米是平川营村，常住人口约800多人。西北距五台子东山长城（副线）约2000米、距平川营西山1号烽火台244米，东北距瑞昌堡城6800米。

堡城整体保存差，据刘谦1979年调查，该堡城"为方形，南城墙设一门。城墙原为土筑，并用砖、石包砌。该城墙现已拆除，只存墙基。按遗迹测量，各边长约250米"（《明辽东镇长城及防御考》74页）。此次调查进一步了解到，该堡城南、西城墙及城门现已无存，仅存东、北部分墙基及北墙上残存的上帝庙遗址。从北墙东端遗迹看，墙体基础用条石砌筑，墙身中间夯土、外包青砖，残长42.6、宽2.6、残高1.6～3.6米；东墙北端残长26.8、宽2.3、现存最高点3.6米。墙体两侧散落有少量砖、瓦等遗物。

《辽东志·卷三·兵食》记，平川营堡属南路宁远前屯城，设边墩12座，全为台。

三山营堡（211421353102170005）

位于前卫镇冯家村杨家屯，高程72米。北距石河100米、距范前公路500米，东距杨家屯400米。西北距大岭北山长城（副线）2100米、距康家屯东山烽火台1800米，东北距平川营堡城9300米。

堡城整体保存较差。据刘谦1979年调查，该堡城"建筑位置在平顶山之上，平面系就山形凿而成，为矩形，东墙长300米，西墙长270米，北墙长300米，南墙通长300米，并凸出一个刀把形，宽50米。南城墙设一门。城墙下部用石块，上部用砖包砌而成，现已拆除，只存下部石基。城西南引石子河水为护城河，北临石子河，在城址上发现一对石兽，当为建城时遗物"（《明辽东镇长城及防御考》74页）。此次调查进一步了解到，该堡城的城门已无存，城墙虽然原墙体青砖、石块皆拆除，由于有墙体基础保存，堡墙范围尚清楚，堡城内原有设施皆无。堡城平面为矩形，周长368米，南北长102、东西宽82米。墙基宽1.5～2、残高1.2～1.5米。墙体两侧散落有少量砖、瓦等遗物。

《辽东志·卷三·兵食》记，三山营堡属南路宁远前屯城，设边墩15座，其中台14，墩1。

背荫嶂堡（211421353102170006）

位于绥中县前卫镇背荫嶂村东，高程97米。东、南紧临大风口水库，背荫嶂到前卫的乡级公路在堡城的北面通过。西北约200米是背荫嶂村，常住人口300多人。东南距柳沟屯黑洞沟长城约 1500 米，西南距背荫障台子山烽火台 980 米。

堡城整体保存差，堡城南墙已被大风口水库淹没，东墙、西墙及北墙也已全部坍塌，仅存北墙上的上帝庙遗址。堡城范围清楚，城内原有设施皆无。从地面现存的遗迹看，其平面为矩形，东西长约 200 米，南北宽约 150 米（地面部分），其宽 3、残高 0.5~2 米。城墙基础用石砌筑，墙体以青砖包砌，均被人为拆除，周围堆积中含有大量的石块及少量砖、瓦等遗物。据刘谦《明辽东镇长城及防御考》记载，北墙上帝庙遗址"尚有嘉靖年制铁磬一件"。

据现场调查及走访村民推断，该堡城的四个城角应建有角台，在调查发现其西北角、东北角现存有明显超出其两侧的墙体堆积，应即为角台遗留部分（东南、西南角被水库淹没）。

背荫嶂堡见于《全辽志》卷二《边防》，记属南路宁远前屯卫城，设边台 8 座。

永安堡（211421353102170007）

位于绥中县永安堡乡永安堡村，高程 111 米。东距石河 200 米，南距前大线公路 300 米。现（村）堡内居住 500 户，约 1600 多人口。西北距鼓山长城 1800 米、距鼓山 1 号烽火台 1600 米，东北距小山口烽火台约 2900 米，东南距坡山洞松岭子烽火台 2200 米。

据刘谦 1979 年调查，永安堡"城略呈长方形，东西宽约 250 米，南北长约 200 米。城墙由砖造，已被拆除，只存南部墙址。城墙下部为大块石垒筑，现在残高 2.2 米，宽约 6 米。有一门"；"城外五里有长城，西起石狭口，向东北至金牛洞山，再往东北至险山（无墙）。城墙全为石造，其中小河口一段，尚完整地保存下来。墙高约 2.5 米，基宽 6 至 7 米"。（《明辽东镇长城及防御考》73~74 页）

此次调查对该堡城有进一步了解，并对此前的调查资料有所校正：该堡城整体保存一般，堡城东、南、西、北墙均有部分墙体残存；西南角台除台上设施外保存较好；东北角台内部夯土尚存，但外侧被已被村民以石包砌，顶部被辟为菜地；西北、东南角台无存；堡墙范围清楚，有南门已毁，遗迹尚存；堡城内原有设施皆无。堡城平面为矩形，周长 386 米，东西长 98、南北宽 95 米，因多年的沉积，现地面已较建筑该城时高出很多。但从残存的东墙得知，墙体基础以毛石砌筑，墙体内部以土夯实、外用条石砌筑，白灰勾缝。东墙残长 22、宽 1.3、残高 1.34 米。南墙残存两段，西端连接角台，残长 15 米；东端自南门东侧起，残长 46、宽 2、残高 1.8~2 米。西墙自角台向北，残长 68、宽 2、残高 1.3 米。北墙的东端靠近东北角台处，残存一段，长 6.7、宽 2.2、残高 2.9 米。（彩图一五三、一五四）

《辽东志·卷三·兵食》记，永安堡属南路宁远前屯城，设边墩 19 座，全为台。

铁厂堡（211421353102170008）

位于绥中县李家堡乡铁厂堡村，高程 45 米。东 100 米有季节性河流，西侧有锥山沟至李家堡乡级公路通过。堡内（村）居住 630 户，1800 人。北距鸡冠山长城 1 段（南线）2500 米，北距蔓枝草烽火台 7300 米，东北距永安堡城 8900 米。

这是明辽东镇长城堡城中西端的第一个堡城。

堡城平面为矩形，南北长 280、东西宽 200 米。城墙均为夯土包砖结构，以条石为基础，内夯黄土，外包青砖，白灰勾缝。堡城整体保存较差，城墙已大部分被拆毁，仅东墙、西墙和东北角残存部分条石基础。东墙残长 50、宽 2.8、残高 2.5 米；西墙残长 30、宽 2.6、残高 2.6 米；东北角残长 6、宽 2、残高 1.8 米；西北角楼已坍塌，依稀可辨痕迹。堡城内原有设施皆无，墙体两侧散落有少量砖、瓦等遗物。

《辽东志·卷三·兵食》记，铁厂堡属南路宁远前屯卫城，设边墩 8 座，全为台。其中的椴木冲台上的铺房中，尚存有明驻守辽东巡抚张学颜及镇守辽东总兵官李成梁巡狩辽东长城时的题名记碑一通。据刘谦《明辽东镇长城及防御考》记载："碑作笏头碣式，高 1.1 米，宽 0.68 米，厚 0.16 米。辽东长城东走至石狭口，也是一隘口。石狭口的东侧石崖上也有建筑狭口时'工委'官员题名及修筑狭口时的开支情况，并有'万历元年九月十二日立'等记载。"

明辽东边堡古今对照表

古地名	现今地名	现今地点	备注
江沿台堡	石城遗址	振安区楼房乡石城村	
险山堡	石头城	凤城市石头城	未调查
汤站堡	汤山城	凤城市汤山城	
新安堡	新安堡	凤城市新安堡	未调查
洒马吉堡	赛马集	凤城市赛马集	未调查
镇夷堡	通远堡	凤城市通远堡	未调查
镇东堡（雪里站）	薛礼镇	凤城市西北薛礼镇	未调查
凤凰城堡		凤城市西南凤凰山下凤城街道北	未调查
叆阳堡	叆阳城	凤城市叆阳城镇叆阳城村	
宁东堡	小城子堡	凤城市东汤乡小城子村土城子	
大甸堡	杨木川土城子堡	宽甸满族自治县杨木川乡土城子村南 500 米处	
长奠堡	长甸城	宽甸满族自治县长甸镇长甸村	
永奠堡	永甸城	宽甸满族自治县永甸镇永甸村	
大奠堡	坦甸城	宽甸满族自治县永甸镇坦甸村	
宽奠堡	宽甸城	宽甸满族自治县县城	
新奠堡	赫甸城	宽甸满族自治县青椅山乡赫甸村	
孤山堡	孤山旧堡	本溪满族自治县碱厂镇孤山村	
孤山新堡	新城子城址	本溪满族自治县东营房乡新城子村	
镇房堡	草河堡	本溪满族自治县草河堡	未调查
甜水堡		辽阳县东南甜水镇	

续表

古地名	现今地名	现今地点	备注
碱场堡	碱厂堡	本溪满族自治县碱厂镇原印刷厂南 20 米	
一堵墙堡		本溪满族自治县城门堡	未调查
清河堡	清河城城址	本溪满族自治县清河城镇清河城村	
威宁营堡		本溪满族自治县威宁营子	未调查
马根单堡		抚顺县救兵乡马郡单村内	
散羊峪堡		抚顺县救兵乡山龙村内	
东州堡		抚顺县小东洲乡大东洲村内	
会安堡		顺城区会元乡驻地	
三岔儿堡		铁岭县横道河子乡三岔子村内	
抚安堡		铁岭县大甸子镇抚安堡村内	
镇西堡		铁岭县镇西堡镇内	
松山堡		开原市松山堡乡松山小学校内	
柴河堡		开原市靠山镇柴河小学校	
靖安堡		开原市东北城乡尚阳堡	消失
威远堡		开原市威远堡镇威远中学	
镇北堡		开原市威远堡镇镇北村东南 400 米	
清阳堡	清阳堡	昌图县昌图镇青羊堡村	
镇夷堡		昌图县马仲河镇砖城子村	
永宁堡		昌图县亮中桥乡八段村茨榆城子屯	
古城堡		开原市庆云堡镇古城堡村内	
庆云堡		开原市庆云堡镇内	
定远堡		开原市前施堡	
白家冲堡		铁岭县李千户乡花豹冲	
曾迟堡		铁岭县蔡牛乡曾盛堡村内	
宋家泊堡		铁岭县汎河镇宋家泡村	
十方寺堡		沈北新区石佛寺锡伯族乡石佛寺村	
丁字泊堡		沈北新区东北大丁字泡	未调查

续表

古地名	现今地名	现今地点	备注
上榆林堡		于洪区光辉乡大尚义村	
平虏堡		于洪区平罗镇内	
静远堡		于洪区马三家镇静安堡村	
武靖营堡		于洪区南十里河乡古城子	未调查
长营堡		于洪区沙岭街道	
长勇（永）堡		于洪区彰驿镇	
长胜堡		辽中县茨榆坨镇	
长安堡		辽阳县柳壕镇高力城子村	
长宁堡		辽阳西南唐马寨	未调查
长定堡		辽阳县柳壕镇高力城子村	
长静堡		海城市新台子镇老墙头村东北1300米耕地上	
东胜堡		海城市腾鳌镇新开河城村所在地	
东昌堡		海城市西四镇八家子村北2100米太子河南岸	
西平堡		盘山县沙岭镇镇内	
镇武堡		盘山县高升镇人民政府院内	
西宁堡		盘山县古城子镇古城子村村中	
西兴堡		台安县富家镇派出所所在地	
平洋堡		台安县富家镇城子村内	
镇安堡		黑山县八道壕镇韦城子村	
镇宁堡		黑山县大虎山镇望山堡村所在地	
镇静堡		黑山县白厂门镇城西村	
镇远堡		黑山县北关实验学校所在地	
镇边堡		北镇市大市镇大一村中	
马市堡	马市堡	北镇市正安镇马市堡村西南部	
镇夷堡		清河门区乌龙坝镇细河堡村所在地	
大清堡		清河门区清河门镇	
大宁堡		义县头台乡石头堡子村	

续表

古地名	现今地名	现今地点	备注
大靖堡		义县高台子镇北砖城子村	
大平堡		义县头台乡三台子村	
团山堡		义县西南三十里团山子	未调查
大康堡		义县头道河乡二道河村大康堡	
大安堡		义县头道河乡西砖城子村	
大定堡		义县大定堡乡大定堡村	
大茂堡		凌海市温滴楼乡大茂堡村	
大胜堡		凌海市温滴楼乡大胜堡村西南	
沙河儿堡	沙河堡	太和区钟屯乡沙河堡村内	
大镇堡		连山区虹螺蚬镇	未调查
大福堡		连山区金星镇网丰村	
大兴堡		连山区大兴乡河北村	
椴木冲堡		连山区塔山乡李家屯村西堡子屯	
长岭山堡		连山区塔山乡南长岭村	
松山寺堡		连山区寺儿堡镇内	
沙河堡		连山区沙河营乡沙河营村	
灰山堡		兴城市元台子乡灰山堡村	
寨儿山堡		兴城市元台子乡砟儿山村下砟儿山屯北	
白塔峪堡		兴城市白塔乡白塔峪村	
兴水县堡	清水岘	兴城市白塔乡清水岘村	
小团山堡	团山子堡	兴城市拣金乡团山子村	
仙灵寺堡		兴城市闻家乡仙灵寺村	
新兴营堡		兴城市大寨乡牛彦章村	
锦川营堡		兴城市大寨乡花营村	
黑庄窠堡	黑庄科	兴城市望海乡黑庄科村	
镇川堡		兴城市西南罗家屯	未调查
三道沟堡		绥中县高台堡镇三道沟村土城子屯	

续表

古地名	现今地名	现今地点	备注
瑞昌堡		绥中县高甸子乡顺山堡村	
永安堡		绥中县永安堡乡永安堡村	
三山营堡		绥中县前卫镇冯家村杨家屯	
平川堡	平川营	绥中县范家乡平川营村	
李家堡		绥中县西南李家堡	未调查
背荫嶂堡		绥中县前卫镇背荫嶂村东	
高台堡		绥中县高台堡镇高台堡村	
铁场堡	铁厂堡	绥中县李家堡乡铁厂堡村	

（三）辽宁明长城单体建筑及保存现状

本次调查明长城单体建筑 1049 座，其中敌台 504 座，烽火台 540 座，其他单体建筑 5 座，长城敌台已附记于长城本体中。以下分三区介绍明长城烽火台等单体建筑现状。

1. 辽东山地明长城单体建筑现状

（1）宽甸满族自治县

宽甸满族自治县共发现烽火台 19 座。

虎山西山烽火台（210624353201170002）

位于宽甸满族自治县虎山主峰西 500 米山脊上，高程 53 米。东距虎山长城 1 段 500 米。南距鸭绿江 200 米。

该烽火台原貌无存，原应为石筑，1992 年将此台修复。现台址平面为矩形，基础为块石叠砌，主体以青砖垒砌、水泥勾缝。无论从材质、形制、构造上均改变了该烽火台的原貌。

虎山四队烽火台（210624353201170003）

位于虎山乡虎山四队东侧 50 米的台地上，高程 46 米。西距虎山长城 3 段 500 米。南 500 米为丹东－长甸公路。

平面为圆形，剖面不清。保存差，台体只剩西半部。具体构筑形式不清。现存台体底径 4、残高 2 米。

栗树园村东山烽火台（210624353201170004）

位于虎山乡栗子园村大顶子山的山峰上，高程 311 米。西北距老边墙长城 2900 米。西 800 米为虎山－老边墙村公路。

平面为圆形，剖面为梯形。保存较差。东、南、北三面依靠自然山石，西侧人工砌石修筑。现存台体顶径 0.8、底径 2.6、残高 0.7 米。

上岭路烽火台（210624353201170005）

位于虎山乡老边墙村上岭路沟东岗梁上，高程 349 米。西距老边墙村长城 3 段 2000 米，西北距真台顶烽火台 3700 米。

平面为圆形，剖面为梯形。保存较差。以自然山体为基础，台体外包砌石块、内填土。现存台体顶径 1.6、底径 3、残高 1 米。

豺狼沟烽火台（210624353201170006）

位于虎山乡老边墙村五组豺狼沟口北 100 的山脊上，高程 90 米。东北 2500 米为真台顶烽火台。西 150 米为叆河，南 50 米为夹河村 – 老边墙村公路。

平面为圆形，剖面为梯形。保存较差。台体外包砌石块，内填土。现存台体顶径 4、底径 7、残高 1.2 米。

真台顶烽火台（210624353201170007）

位于虎山乡老边墙村西山顶，高程 344 米。东南距老边墙长城 1500 米，西南距豺狼沟烽火台 2500 米。南 1500 米老边墙村 – 虎山乡政府公路，西南 2700 米为叆河。

平面为圆形，剖面为梯形。保存较差。台体西以自然山体为依托，东、南、北三面为人工包砌石块，内填土，顶部施砖。现存台体顶径 2、底径 16、残高 6 米。

崔家堡子烽火台（210624353201170008）

位于夹河口村崔家堡子南 1500 米砬子沟岗梁顶峰上，高程 350 米。东北距桦树村四队烽火台 6000 米。西南 2500 米为叆河，北 1500 米夹河村 – 土城子公路。

平面为圆形，剖面为梯形。保存较差，填土暴露，台体周围散落青砖。台体外包石，内填土，顶部砌砖。现存台体顶径 2.6、底径 6.8、残高 6.2 米。

桦树村四队烽火台（210624353201170009）

位于虎山乡桦树村四组荒沟东 500 米山顶，高程 382 米。东北距长岗子烽火台 5400 米，西南距崔家堡子烽火台 6000 米。

平面为圆形，剖面为梯形。保存一般，填土暴露，台体周围散落青砖。台体外包石，内填土，顶部砌砖。包砌石块仅剩 1.6 米高，青砖长 0.31、宽 0.13、厚 0.06 米。现存台体顶径 2.8、底径 11、残高 6 米。

长岗子烽火台（210624353201170010）

位于虎山乡长岗子村村部前山山顶，高程 382 米。东北距长岗子长城 1500 米，西南距桦树村四队烽火台 5400 米。东北 600 米为安平河，西 500 米长岗子 – 虎山村公路。

平面为圆形，剖面为梯形。保存一般，台体南侧包砌石块散落严重，东、西两侧保存较好，还可看到石块垒砌情况，北侧为自然山崖。台体以自然山崖为基础，用石块层层叠砌，台体内填少量土。现存台体顶径 4、底径 6、残高 2 米。

杨木沟烽火台（210624353201170011）

位于毛甸子乡杨木沟村四组东南 500 米，高程 495 米。东距杨木川土城子遗址 7000 米。西北 1000 米为 201 国道。

平面为圆形，剖面为梯形。保存较差，台体北侧依山崖，东、南、西三面以石块包砌，内填土。现存台体顶径 6.5、底径 10、残高 1.2 米。

裕太五队烽火台（210624353201170012）

位于毛甸子乡窑沟南北走向的山冈梁上，高程 427 米。西北距裕太二队烽火台 4000 米，距裕太长城（在凤城和宽甸交界）5400 米。北距裕太－蜂蜜砬子公路 3000 米。

平面为圆形，剖面为梯形。保存较差。台体南侧利用自然石块，其余三侧为人工砌筑，内填土。现存台体顶径 3.4、底径 11.6、残高 6 米。

裕太二队烽火台（210624353201170013）

位于毛甸子乡裕太村二队西南的山峰上，高程 234 米。西北距裕太长城 1400 米，东南距裕太五队烽火台 4000 米。北距裕太－蜂蜜砬子公路 1000 米。

平面为圆形，剖面为梯形。保存较差。台体外以石块包砌、内填土。现存台体顶径 2.8、底径 5.6、残高 2.9 米。

裕太岭烽火台（210624353201170014）

位于毛甸子乡蜂蜜砬子村上堡西 500 米的裕太岭上，高程 385 米。南距裕太五队烽火台 3000 米，西南距裕太二队烽火台 3200 米。南距裕太－蜂蜜砬子公路 500 米。

平面为圆形，剖面为梯形。保存一般。台体外以石块包砌、内填土。现存台体顶径 2 米、底径 12 米、残高 3.5 米。台底部周围掘出两道壕，内壕宽 1.1、深 0.3 米；外壕宽 1.4、深 0.2 米。两壕之间有一土垄，宽 2.8、高 0.85 米。

二台子烽火台（210624353201170015）

位于灌水镇二台子村五组，高程 226 米。西南距丛家堡子长城 1000 米，东北距三台子烽火台 5500 米。西 50 米有叆河支流，西距小林线公路 5 米。

台体地表已无存，附近散落青砖和布纹瓦残块。据当地居民介绍，烽火台原有较高的土堆，经过多年的开地、耕作而致使完全毁坏。

三台子烽火台（210624353201170016）

位于灌水镇三台子村，高程 265 米。西南距二台子烽火台 5500 米，东北距石湖沟烽火台 2700 米。西距小林线公路 100 米。

台体地表已无存。附近散落青砖和布纹瓦残块。据当地居民介绍，烽火台原有较高的土堆，经过多年的开地、耕作而致使完全毁坏。

石湖沟烽火台（210624353201170017）

位于灌水镇三台子村石湖沟，高程 340 米。西南距丛家堡子长城 8800 米，西南距三台子烽火台 2700 米。东距小林线公路 100 米。

平面为圆形，剖面为梯形。保存较差。台体外以石块包砌、内填土。现存台体顶径 5、底径 9、残高 1.8 米。台体外有一道围壕，宽 3.4、深 1 米，周长 37 米。

长甸东山烽火台（210624353201170018）

位于长甸镇长甸村东 1500 米处的山峰上，当地人称"榛柴山"，高程 261 米。西距长甸城 1800 米，东北距台沟烽火台 2000 米。西 500 米长甸－河口公路和丹东至长甸铁路，北 800 米为长甸－拉古哨公路。

平面为圆形，剖面为梯形。保存较差。以自然山崖为基础，外包砌石块，内填土，顶部施砖。现存台体顶径 3、底径 21.5、残高 3.5 米。

台沟烽火台（210624353201170019）

位于长甸镇台沟村西 200 米山脊上，高程 184 米。东距前进烽火台 5800 米，西南距长甸东山烽火台 2000 米。西 50 米为长甸－拉古哨公路。

平面为圆形，剖面为梯形。保存较差。台体外以石块包砌、内填土，顶部施砖。现存台体顶径 2.5、底径 11、残高 2.3 米。

前进烽火台（210624353201170020）

位于长甸镇前进村孙家堡子西南 500 米山峰上，高程 117 米。西距台沟烽火台 5800 米。南 500 米长甸－拉古哨公路。

平面为圆形，剖面为梯形。保存较差。台体外以石块包砌、内填土，顶部施砖。现存台体顶径 2.6、底径 9.5、残高 3.6 米。

（2）振安区

振安区共发现烽火台 1 座。

老虎城子山烽火台（210604353201170001）

位于楼房镇石城村老虎城子山的主峰上，高程 322 米。北距石城遗址 2000 米。北 2500 米为瑗河，北 2000 米为九连城至楼房乡公路。

平面为矩形，剖面为矩形。保存一般，台体上的岩石大部分脱落，台体的东北角被人为破坏，踩踏形成山间小路。台体以自然山体为基础，东、南、西三面以毛石干垒包砌，北面则利用自然山崖。现存台体长 12、宽 10、残高 1.2 米。

（3）凤城市

凤城市共发现烽火台 8 座，铺舍 2 座。

长岭子烽火台（210682353201170001）

位于东汤镇土城子村南 2.5 公里长岭山峰顶部（凤城、宽甸交界的山脊顶峰），高程 271 米。东北距蚂蚁岭长城 10.1 公里，南距宽甸夹河村崔家堡子烽火台 3 公里。东 1500 米为夹河至土城子公路，西 1500 米为 201 公路。

平面为圆形，剖面为梯形。台基保存较好，东、西、南部包砌石块部分脱落，顶部及周围遗存少量青砖。台体底部以毛石围砌内填土，从遗留残砖分析，顶部应以砖砌筑。现存台体顶径 2.8、底径 11、残高 3.5 米。北侧台体底部包砌石块残高 1 米。

黄家堡子烽火台（210682353201170002）

位于东汤镇土城子村黄家堡子东山南北走向的山冈上，高程 187 米。西南距土城子遗址 6000 米、西北距郑家堡子烽火台 1500 米。西 500 米为 201 公路。

平面为圆形，剖面为梯形。保存较差。台体用土、石混筑，内填土，外包石。现存台体顶径 4、底径 14.8、残高 2 米。

郑家堡子烽火台（210682353201170003）

位于东汤镇土城子村郑家堡子西北南北走向的岗梁上，高程 248 米。东北距蚂蚁岭长城 3300 米，东南距黄家堡子烽火台 1500 米。东南 1000 米为 201 公路。

平面为圆形，剖面为梯形。保存较差。台体用土、石混筑，内填土，外包石。现存台体顶径 5.6、底径 10.4、残高 4.3 米。

蚂蚁顶烽火台（210682353201170004）

位于凤城市与凤宽县交界处的蚂蚁岭主峰蚂蚁顶，高程 526 米。东南距蚂蚁岭长城 3800 米、距郑家堡子烽火台 4000 米。

平面为圆形，剖面为梯形。保存较差。台体基础多利用自然山崖，部分为人工砌筑，台体用土、石混筑，内填土，外包石。现存台体顶径 2、底径 8、残高 4 米。

康家堡子烽火台（210682353201170005）

位于石城乡康家堡子八队后山顶上，高程 196 米。东南距金家沟长城 5400 米。东距康家堡子－石城乡公路 200 米。

平面为圆形，剖面为梯形。保存较差。台体建于山顶平地之上，土、石、砖混筑，内填土，外包石、砖。现存台体顶径 3、底径 6、残高 1.5 米。

东高烽火台（210682353201170006）

位于石城乡东高村一组东南 200 米墩台山上，高程 180 米。东南距裕太长城 650 米、距宽甸裕太二队烽火台 2100 米。西 100 米为石城－裕太公路。

平面为圆形，剖面为梯形。保存较差，台体围砌石块多已坍塌，台体北侧台基部分还残留包砌石块，高 0.5 米，残青砖散落在台体周围。台体基础以毛石包砌，内填土，顶部施砖。现存台体顶径 4.8、底径 10.8、残高 2.5 米。

老岭烽火台（210682353201170007）

位于石城乡车头峪村西南 2500 米老岭上，高程 343 米。西北距车头峪长城 3000 米。南距石城－毛甸子公路 100 米。

平面为圆形，剖面为梯形。保存差。台体以毛石包砌，内填土。现存台体顶径 1.5、底径 2.5、残高 0.5 米。

头台子烽火台（210682353201170008）

位于叆阳镇叆阳城村 2 组，高程 208 米。东南距头台子长城 50 米。西距叆河 30 米，西距叆阳－龙道公路 20 米。

平面为圆形，剖面为梯形。保存差。以毛石包砌，内填土，顶部施砖。现存台体顶径 2、底径 6、残高 1 米。

头台子铺舍（210682352199170009）

位于叆阳镇叆阳城村北 2000 米大背山西侧山腰处，高程 371 米。西北 200 米为头台子长城。西 550 米为叆河，西 500 米为叆阳－龙道公路。

平面为矩形，剖面为矩形。保存较差，东壁保存相对较好，高约 0.5 米，其他三面岩石脱落。四壁用毛石干垒。现存铺舍南北长 3、东西宽 1、残高 0.5 米。

大背山铺舍（210682352199170010）

位于暖阳镇暖阳城村北 2000 米大背山山顶，高程 521 米。东距边门岭长城 50 米。西 1500 米为暖河，南 1500 米为长甸－铁岭公路。

平面为矩形，剖面为矩形。保存较差。四壁用毛石干垒。现存铺舍长 3、宽 1.3、残高 0.2 米。

（4）本溪满族自治县

本溪满族自治县共发现烽火台 12 座，铺舍 3 座。

来岱峪烽火台（210521353201170001）

位于碱厂堡孤山村，高程 421 米。台西有一太子河支流（季节性）由南向北流，西距孤山村－碱厂公路 500 米。

平面为圆形，剖面为梯形。保存较差，包砌石块都已脱落，内填土完全暴露，成为土丘。台体用土、石混筑，外用块石包砌，内填土。现存台体顶径 3.5、底径 10、残高 4 米。

荆家沟烽火台（210521353201170002）

位于东营房乡新城子村荆家沟沟口北侧，高程 491 米。北距新城子－南营房公路 500 米。

平面为圆形，剖面为梯形。保存较差，台体用土、石混筑，外用块石包砌，内填土。现存台体顶径 3、底径 12、残高 3.5 米。

孤山烽火台（210521353201170003）

位于新城村孤山的山峰上，东南距新城子村 2500 米，高程 428 米。东南与新城子城址相距 2000 米。台南山脚下有一季节性水流，东南为兰河峪－新城子公路。

平面为圆形，剖面为梯形。保存较差。外包石块大都已脱落，状似土丘。台体用土、石混筑，外用块石包砌，内填土。现存台体顶径 4、底径 10、残高 3.5 米。

黄家堡子烽火台（210521353201170006）

位于碱厂镇黄家堡子村北 500 处的平地上，高程 320 米。北距太子河 100 米。

平面为圆形，剖面为梯形。保存较差。台体用土、石混筑，外用块石包砌，内填土。现存台体顶径 5.4、底径 8、残高 2 米。

白堡烽火台（210521353201170009）

位于碱厂镇白堡村北 100 米山顶上，高程 468 米。南距李家堡子长城 2 段 1500 米，东北距金家堡子 2 号烽火台 2500 米。南 600 米白堡－金家堡子公路。

平面为圆形，剖面为梯形。保存较差，台基周围散落石块青砖。台体用土、石、砖混筑，外侧用石块包砌，内填土，顶部砌砖。现存台体顶径 3.5、底径 12、残高 6.5 米。底有围壕，宽 3、深 0.9 米，周长 55 米。

金家堡子 2 号烽火台（210521353201170010）

位于碱场镇民主村南北走向的山脊上，高程 535 米。东北距金家堡子 1 号烽火台 300 米。

南为碱厂金家堡子－苇子峪公路。

平面为圆形，剖面为梯形。保存较差。台体用土、石、砖混筑，外侧用石块包砌，内填土，顶部砌砖。现存台体顶径 1.8、底径 12、残高 3.5 米。

金家堡子 1 号烽火台（210521353201170011）

位于碱厂镇民主村金家堡子居民组，高程 531 米。西南距与金家堡子 2 号烽火台 300 米。南为金家堡子至抚顺苇子峪公路。

平面为圆形，剖面为梯形。保存较差。台体用土、石混筑，利用自然山崖为基础，台身以石包砌。现存台体顶径 2.5、底径 7、残高 2.4 米。

赵堡烽火台（210521353201170013）

位于赵堡村四组南北走向的山脊上，高程 543 米。东北距化皮峪长城 2 段 2500 米。东北 1500 米赵堡－抚顺新宾平河村路。

平面为圆形，剖面为梯形。保存较差。台体用土、石、砖混筑，依托自然山体为基础、外以石围砌内填土，顶部砌砖。现存台体顶径 4、底径 11、残高 5 米。

化皮峪烽火台（210521353201170016）

位于碱厂镇化皮峪村四队北 500 米北山峰上，高程 520 米。西距化皮峪长城 2000 米。西 1000 米为碱厂－小夹河公路。

平面为圆形，剖面为梯形。保存较差。台体用土、石、砖混筑，台体状似土丘，台基周围散落石块、青砖，由此推断构筑方式应为台体内填土外侧用石块包砌，顶部砌砖。现存台体顶径 5、底径 12、残高 3.2 米。

马城子孤山烽火台（210521353201170018）

位于南甸镇马城子村北孤山的山脊上，高程 419 米。东北距马城子后泉眼烽火台 4000 米。西北 200 米为观音阁水库，东 1000 米马城子－二道河子公路。

平面为圆形，剖面为梯形。保存差，现仅存台基。台体用土、石、砖混筑。现存台体顶径 3.5、底径 5.5、残高 0.5 米。

马城子后泉眼烽火台（210521353201170019）

位于南甸镇马城子村二道河居民组李王沟沟口，高程 311 米。西 200 米为观音阁水库，西 50 米为二道至新宾下夹河村村路。

平面为圆形，剖面为梯形。保存较差，台体东南部有盗洞。台体用土、石、砖混筑，外侧用石块包砌，内填土，顶部砌砖。现存台体顶径 3.5、底径 7.5、残高 3.5 米。

前央烽火台（210521353201170020）

位于清河城镇前央村西 100 米山顶上，高程 321 米。南 200 米为观音阁水库，南 100 米是前央－清河城公路。

台址平面为圆形，剖面为梯形。保存较差，土、石、砖混筑，台体内填土，外侧由石块包砌，台顶部砌青砖。现存台体顶径 3.8、底径 11、残高 4 米。台顶有坑，直径 3、深 0.4 米。

碱厂镇石墙沟铺舍（210521352199170012）

位于碱厂镇石墙沟村南北走向的西山上，即石墙沟西山长城 3 段上。高程 588 米。东 600 米为碱厂－化皮峪公路。

平面为矩形，剖面为矩形。保存较差，台体以自然山体为基础，四周墙体用毛石垒砌。现存铺舍长 3.1、宽 2.7、残高 0.3 米。

化皮峪 1 号铺舍 （210521352199170014）

位于碱厂镇化皮峪村西 2000 米的化皮峪长城 2 段上，高程 610 米。东距化皮峪长城 2 段 0.5 米，东 1500 米碱厂－小夹河公路。

平面为矩形，剖面为矩形。保存较差，四周墙体用毛石干垒。现存铺舍长 5.2、宽 2.5、残高 0.6 米；墙宽 0.55 米。

化皮峪 2 号铺舍 （210521352199170015）

位于碱厂镇化皮峪村西 2000 米的化皮峪长城 3 段上，高程 665 米。东 1500 米碱厂－小夹河公路。

平面为圆形，剖面为矩形。整体保存较差，围砌石块坍塌较多，北壁保存较好。以自然山体为基础，四周墙体用毛石干垒。现存铺舍直径 3.5、高 0.7 米；墙宽 0.5 米。

（5）新宾满族自治县

新宾满族自治县共发现烽火台 4 座。

小夹河西山 1 号烽火台 （210422353201170001）

位于下夹河乡平河村小夹河屯西南 80 米山顶南侧，高程 362 米。东北距离小夹河长城 2 段 700 米；西北距离小夹河西山 2 号烽火台 120 米。东侧有铁（岭）长（甸）线公路南北向通过，小夹河－大四平县级公路东西向通过。

平面为圆形，剖面为梯形。保存一般，残存一座土丘。建筑结构不清。现存台体顶径 1.5 米、底径 15 米、残高 3.6 米。

小夹河西山 2 号烽火台 （210422353201170002）

位于下夹河乡小夹河村西南 80 米处的西山顶上，高程 361 米。东北距离小夹河长城 2 段 800 米；东南距离小夹河西山 1 号烽火台 120 米。

平面为方形，剖面为梯形。保存一般，东、北两侧包石坍塌严重，西、南侧包石保存较好，台体周围散见塌落的石块。台体用土、石混筑，外壁用毛石垒砌，内部土筑。现存台体边长 5、残高 1～1.3 米。（彩图一五五）

双河东山烽火台 （210422353201170005）

位于下夹河乡双河村东 800 米的东山顶部，高程 342 米。东距下夹河长城 2 段 600 米，西北距离太子城北山烽火台 2200 米，东南距离小夹河西山 2 号烽火台 2700 米。西侧铁（岭）长（甸）线公路南北向通过。

平面为圆形，剖面为梯形。保存一般，残存一座土丘，台体周围散见塌落的石块，台顶上长有一颗大榆树。建筑结构不清。现存台体顶径 3.8、底径 13、残高 6.8 米。台顶有一处圆形锅底状土坑，口径 1、存深 0.3 米。

太子城北山烽火台（210422353201170006）

位于下夹河乡太子城村北400米的山上，高程339米。东距下夹河长城2段700米，东南距双河东山烽火台2200米。西侧铁（岭）长（甸）线公路南北向通过。

平面为圆形，剖面为梯形。保存一般，残存一座土丘，台体周围散见塌落的青砖残块。建筑结构不清。现存台体顶径3.1、底径5.5、残高5.5米。

（6）抚顺县（南段）

抚顺县（南段）共发现烽火台39座。

金斗峪二顶子烽火台（210421353201170001）

位于马圈子乡金斗峪村东南3000米的二顶子山上，高程639米。东南距离千河岭长城2200米，西北距金斗峪烽火台3700公里，东北距东沟南山烽火台2200米。

平面为矩形，剖面为梯形。保存一般，台体上及其周围散见塌落的石块。台体用土、石混筑，外壁用毛石垒砌，内部土筑。现存台体东西长3.6、南北宽2.1、高1.3米。烽火台东西两侧各有一条壕堑，长4、宽1.5、存深0.3米。

金斗峪烽火台（210421353201170003）

位于马圈子乡金斗峪村西南1300米处，高程291米。东距千河岭长城6500米，东北距金斗峪东北山烽火台3000米，东南距金斗峪二顶子烽火台3700米。烽火台东侧有湾柳河南北向流过。

平面形制不清，剖面近梯形。整体保存状况差，现残存西部台基，东半部分被修路时破坏殆尽，台基上及其周围散见青砖残块。完整青砖规格为长0.34、宽0.15、高0.11米。

东沟南山烽火台（210421353201170004）

位于马圈子乡东沟村南400米的山顶，高程437米。东距千河岭长城2500米，西北距金斗峪东北山烽火台2300米，西南距离金斗峪二顶子烽火台2200米。西侧有湾柳河流入观音阁水库。烽火台北侧有为金（斗峪）桦（皮峪）线公路。

平面为圆形，剖面为梯形。保存一般，现存一座突起的土丘，台体上及其周围散见塌落的石块。建筑结构不清。现存台体顶径3.1、底径13、残高4米。

金斗峪东北山烽火台（210421353201170005）

位于马圈子乡金斗峪村东北800米的山顶，高程401米。东距东沟长城2500米，北距马圈子南山烽火台4000米，东南距东沟南山烽火台2300米，西南距金斗峪烽火台3000米。西距抚（顺）金（斗峪）线公路700米，南距金（斗峪）桦（皮峪）线公路800米。

平面为圆形，剖面为梯形。保存一般，现存一座突起的土丘，台体上及其周围散见塌落的石块。建筑结构不清。现存台体顶径2.1、底径7.2、残高5.5米。

马圈子南山烽火台（210421353201170006）

位于马圈子乡马圈子村南1000米的山顶，高程420米。东北距马圈子长城1200米，西北距马圈子西山烽火台2000米，南距金斗峪东北山烽火台4000米。东距抚（顺）金（斗峪）线公路400米。

平面为圆形，剖面为梯形。整体保存状况较差，现残存一座突起的土丘，台体上及其周围散见塌落的石块。北部面临断崖，随断崖塌落消失。建筑结构不清。现存台体顶径1.5、底径5.1、残高2.3米。

马圈子西山烽火台（210421353201170007）

位于马圈子乡马圈子村西北600米的山顶，高程405米。东北距马圈子长城1200米，西北距西川岭烽火台5000米，东南距马圈子南山烽火台2700米。北距抚（顺）金（斗峪）线公路400米。

平面为椭圆形，剖面为梯形。整体保存状况较差，现残存一座突起的土丘，台体上及其周围散见塌落的石块。建筑结构不清。现存台体顶径3.1～4.1、底径5.1～7.3、残高3.3米。

橡皮沟1号烽火台（210421353201170008）

位于后安镇王家店橡皮沟东南500米的山顶上，高程588米。北距王家店长城4000米，北距橡皮沟2号烽火台90米。东距沈（阳）通（化）线公路1500米。

平面为椭圆形，剖面为梯形。保存较差，现存一座突起的土丘，台体上及其周围散见青砖残块。建筑结构不清。现存台体顶径2.2～3.1、底径16.5～17、残高3.3米。台体外5米有方形护墙，毛石垒砌，顶宽0.8～1.2、底宽1.8～2.1米。

橡皮沟2号烽火台（210421353201170009）

位于后安镇王家店橡皮沟东南500米的山顶上，高程601米。北距王家店长城4000米，南距橡皮沟1号烽火台90米，北距五花顶子山烽火台2400米，东北距西川岭烽火台2300米。附近有洪水河、季节河。

平面为圆形，剖面为梯形。保存较差。台体受长期的风雨侵蚀，植物生长的破坏，表面土层剥落，现存一座突起的土丘，台体上及其周围散见塌落的石块。建筑结构不清。现存台体顶径1.2～1.5、底径5.5～6.2、残高4.2米。

西川岭烽火台（210421353201170010）

位于马圈子乡西川岭村西北1300米山顶，高程724米。北距王家店长城3700米，西北距五花顶子山烽火台2600米，西南距橡皮沟2号烽火台2400米，东南距马圈子西山烽火台5000米。附近有洪水河、季节河。

平面为椭圆形，剖面为梯形。保存较差。台体受长期的风雨侵蚀，植物生长的破坏，表面土层剥落，现存一座突起的土丘，台体上及其周围散见塌落的石块。建筑结构不清。现存台体顶径3.1～3.3、底径5.1～9、残高4.3米。

五花顶子山烽火台（210421353201170011）

位于后安镇王家店村南2000米五花顶子山上，高程753米。东北距王家店长城2000米，西北距四道河子南山烽火台3600米，南距橡皮沟2号烽火台2400米，东南距离西川岭烽火台2600米。附近有洪水河、季节河，东距沈（阳）通（化）线公路1100米。

平面为椭圆形，剖面为梯形。保存较差，现存一座突起的土丘，台体顶部可见青砖。建筑结构不清。现存台体顶径1.8～2.1、底径6.5～7、残高1.8米。

四道河子南山烽火台 （210421353201170012）

位于后安镇四道河子村东南 800 米处的南山顶上，高程 404 米。东北距四道河子长城 800 米，西北距四道河子西山烽火台 750 米，东南距离五花顶子山烽火台 3600 米。附近有社河上游支流，西距沈（阳）通（化）线公路 300 米。

平面为圆形，剖面为梯形。保存一般。台体受长期的风雨侵蚀，植物生长的破坏，表面土层剥落，现存一座突起的土丘，台体上及其周围散见青砖。建筑结构不清。现存台体顶径 0.8～1.1、底径 4.5、残高 3.6 米。

四道河子西山烽火台 （210421353201170013）

位于后安镇四道河子村西 500 米处的西山顶上，高程 352 米。东距四道河子长城 1000 米，北距四道河子北山烽火台 450 米，东南距四道河子南山烽火台 750 米。附近有社河上游支流，东距沈（阳）通（化）线公路 400 米。

平面为圆形，剖面为梯形。保存较差，现存一座突起的土丘，台体上及其周围散见塌落的石块。建筑结构不清。现存台体顶径 5.3、底径 11.3、残高 2 米。

四道河子北山烽火台 （210421353201170014）

位于后安镇四道河子村西北 300 米处的北山顶上，高程 359 米。东南距四道河子长城 1100 米，西北距五龙南台子烽火台 4200 米，南距四道河子西山烽火台 450 米。附近有社河上游支流，南距沈（阳）通（化）线公路 50 米。

平面为圆形，剖面为梯形。保存一般，现存一座突起的土丘，台体上及其周围散见塌落的石块。建筑结构不清。现存台体顶径 7、底径 13、残高 2.7 米。

马郡单北山烽火台 （210421353201170015）

位于救兵乡马郡单堡村北 600 米山顶上，高程 308 米。东北距下马古长城 1 段 12000 米，东距救兵西山烽火台 4300 米。北侧 300 米有县道可通往抚顺市区。

平面为圆形，剖面为梯形。保存一般，现存一座突起的土丘，台体上及其周围散见青砖残块。建筑结构不清。现存台体顶径 3.9、底径 25.9、残高 7.9 米。台顶中央有一处圆形锅底状土坑，口径 2.1、存深 0.8 米。台体下有方形台基，边长 30、高 1.2 米。

救兵西山烽火台 （210421353201170016）

位于救兵乡救兵村西 50 米，高程 298 米。东北距下马古长城 1 段 11000 米，西距马郡单堡北山烽火台 4300 米，东距车道岭烽火台 5400 米。东侧 30 米有县道。

平面为圆形，剖面为梯形。保存较差，现存一座突起的土丘，台体上及其周围散见青砖残块。建筑结构不清。现存台体顶径 2.8、底径 13.6、残高 3.5 米。台顶中央有一处圆形锅底状土坑，口径 1.8、存深 0.2 米。台体下有长方形台基，东西长 20、南北宽 18、高 1.2 米。

车道岭烽火台 （210421353201170017）

位于救兵乡胡门沟村东 3000 米的车道岭山顶上，高程 474 米。东北距下马古长城 1 段 8500 米，西距救兵西山烽火台 5400 米，东北距离五龙代界山烽火台 3300 米。

平面为圆形，剖面为梯形。保存较差，现存一座突起的土丘，台体上及其周围散见青砖残块。建筑结构不清。现存台体顶径 2.9、底径 16.5、残高 2.7 米。台体周围有圆形环壕，口宽 1.1、底宽 0.3、存深 0.3 米。

五龙代界山峰火台（210421353201170018）

位于后安镇五龙村西 800 米的代界山顶上，高程 313 米。东南距四道河子长城 7800 米，东南距五龙南台子烽火台 650 米，西南距车道岭烽火台 3300 米。东侧有社河上游支流，距沈（阳）通（化）线公路 1600 米。

平面为圆形，剖面为梯形。保存一般，现存一座突起的土丘，台体上及其周围散见青砖残块。建筑结构不清。现存台体顶径 2、底径 15、残高 2 米。

五龙南台子烽火台（210421353201170019）

位于后安镇五龙村西 1200 米，高程 284 米。东北距下马古长城 1 段 8200 米，东北距腰堡南山烽火台 2900 米，西北距五龙代界山烽火台 650 米，东南距四道河子北山烽火台 4200 米。东西两面有社河支流汇入腰堡水库，东距沈（阳）通（化）线公路 1100 米。

平面为圆形，剖面为梯形。保存一般，现存一座突起的土丘，台体上及其周围散见青砖残块。建筑结构不清。现存台体顶径 3.2、底径 30、残高 7 米。

腰堡南山烽火台（210421353201170020）

位于后安镇腰堡村南 200 米的南山顶上，高程 277 米。西北距下马古长城 1 段 6400 米，西北距腰堡西山烽火台 1600 米，西南距五龙南台子烽火台 2900 米。西侧为社河，南部有腰堡水库。西距沈（阳）通（化）线公路 50 米。

平面为圆形，剖面为梯形。保存较差，现残存一座突起的土丘，台体上及其周围散见青砖残块。建筑结构不清。现存台体顶径 7.2、底径 12.6、残高 1.6 米。台顶有一处圆形锅底状土坑，口径 0.4、存深 0.4 米。

腰堡西山烽火台（210421353201170021）

位于后安镇腰堡村西 1100 米的西山顶上，高程 271 米。西北距下马古长城 1 段 4700 米，西北距棋盘山烽火台 2600 米，东南距腰堡南山烽火台 1600 米。东侧有社河。东距沈（阳）通（化）线公路 1600 米。

平面为圆形，剖面为梯形。保存较差。台体受长期的风雨侵蚀，植物生长的破坏，表面土层剥落，现存一座突起的土丘，台体上及其周围散见青砖残块。建筑结构不清。现存台体顶径 1.3、底径 4.1、残高 1.4 米。

棋盘山烽火台（210421353201170022）

位于后安镇上马古村东 1500 米的棋盘山顶上，高程 536 米。北距下马古长城 1 段 2500 米，北距下马古东山烽火台 2500 米，东南距腰堡西山烽火台 2600 米。东侧为社河。

平面为圆形，剖面为梯形。保存一般，现存一座突起的土丘。建筑结构不清。现存台体顶径 4、底径 11.1、残高 2.5 米。台顶中央有一处圆形锅底状土坑，口径 1.1、存深 0.3 米。

下马古东山烽火台（210421353201170023）

位于后安镇下马古村东南 1000 米的东山顶上，高程 299 米。东距下马古长城 1 段 120 米，西北距西古家南山烽火台 1700 米，南距棋盘山烽火台 2500 米。东侧为社河。

平面为圆形，剖面为梯形。保存一般，现存一座突起的土丘，台体上及其周围散见石块和青砖残块。建筑结构不清。现存台体顶径 2、底径 11、残高 2.2 米。台体周围有环壕，口宽 1.3、底宽 0.3、存深 0.4 米。

大东洲西山烽火台（210421353201170024）

位于救兵乡大东洲村西 600 米的山顶上，高程 215 米。东距抄道长城 11000 米。东侧为东洲河。

平面为圆形，剖面为梯形。保存较差现存一座突起的土丘，台体上及其周围散见青砖残块。建筑结构不清。现存台体顶径 4、底径 14.2、残高 2.2 米。台体周围有环壕，口宽 1.3、底宽 0.3、存深 0.4 米。台顶中央有一处圆形锅底状土坑，口径 1.5、存深 0.4 米。

孟家东山烽火台（210421353201170025）

位于救兵乡孟家村东 1500 米的东山上，高程 253 米。东南距下马古长城 1 段 11900 米，东北距簸箕沟南山烽火台 5900 米。东侧为东洲河上游支流。

平、剖面形制不清。烽火台被当地开山采矿彻底破坏，周围散见青砖残块。建筑形式和尺寸不清。

西古家西山烽火台（210421353201170026）

位于上马乡西古家村西南 500 米的西山顶上，高程 290 米。东南距下马古长城 1 段 1600 米，东距西古家南山烽火台 750 米。东侧为社河，东距沈（阳）通（化）线公路 1300 米。

平面为圆形，剖面为梯形。保存较差，现存一座突起的土丘，台体上及其周围散见青砖残块。建筑结构不清。现存台体顶径 4.2、底径 9.4、残高 3.5 米。台体下有圆形台基，直径 14、高 1 米。台顶中央有一处圆形锅底状土坑，口径 1.7、存深 1.5 米。

西古家南山烽火台（210421353201170027）

位于上马乡西古家村南 1000 米的南山顶部，高程 290 米。东南距下马古长城 1 段 1600 米，北距西古家北山烽火台 2000 米，西距西古家西山烽火台 750 米，东南距下马古东山烽火台 1700 米。东侧为社河，北距沈（阳）通（化）线公路 600 米。

平面为圆形，剖面为梯形。保存较好，现存一座突起的土丘，台体上及其周围散见塌落的石块。建筑结构不清。现存台体顶径 3、底径 12、残高 5 米。台体下有长方形台基，南北长 20、东西宽 15、高 1 米。台顶中央有一处圆形锅底状土坑，口径 1.2、存深 0.4 米。

西古家北山烽火台（210421353201170028）

位于上马乡西古家村西北 1000 米的北山顶上，高程 255 米。西北距抄道长城 1 段 2500 米，西北距四家子西山烽火台 1000 米，南距西古家南山烽火台 2000 米。东侧为社河，东距抚（顺）金（斗峪）线公路 200 米。

平面为圆形，剖面为梯形。整体保存状况极差，现残存基础，台体上及其周围散见塌落的石块和砖块。建筑结构不清。现存台体顶径 3、底径 16、残高 3 米。

四家子西山烽火台（210421353201170029）

位于上马乡四家子村西 1200 米的西山顶上,高程 234 米。西北距抄道长城 1 段 2500 米,西北距西崴子北山烽火台 1400 米,东南距西古家北山烽火台 1000 米。东侧为社河,东北距抚(顺)金(斗峪)线公路 150 米。

平面为圆形,剖面为梯形。保存一般,现存一座突起的土丘,台体上及其周围散见青砖残块。建筑结构不清。现存台体顶径 3.6、底径 9、残高 3.5 米。

西崴子北山烽火台 (210421353201170030)

位于上马乡西崴子村西北 500 米北山上,高程 225 米。西北距抄道长城 1 段 1400 米,西北距离抄道西山烽火台 1300 米,东南距四家子西山烽火台 1400 米。东侧为社河,东距抚(顺)金(斗峪)线公路 100 米。

平面为圆形,剖面为梯形。台体受长期的风雨侵蚀、植物生长的破坏,现存一座突起的土丘,台体上及其周围散见青砖残块。建筑结构不清。现存台体顶径 2、底径 28、残高 5.5 米。

抄道西山烽火台 (210421353201170031)

位于上马乡抄道村西 100 米山顶上,高程 217 米。东北距抄道长城 1 段 500 米,东南距离西崴子北山烽火台 1300 米。东侧为社河。东距抚(顺)金(斗峪)线公路 1200 米。

平面为圆形,剖面为梯形。台体受长期的风雨侵蚀,现存一座突起的土丘,台体上及其周围散见青砖残块。建筑结构不清。现存台体顶径 3.2、底径 10.2、残高 1.5 米。

簸箕沟南山烽火台 (210421353201170032)

位于兰山乡簸箕沟村南 200 米的南山顶上,高程 234 米。东距抄道长城 1 段 1800 米,东北距兰山东沟南烽火台 1800 米。

平面为圆形,剖面为梯形。台体受长期的风雨侵蚀,现残存一座突起的土丘,台体上及其周围散见塌落的石块。建筑结构不清。现存台体顶径 3.8、底径 8、残高 1 米。台顶中央有一处圆形锅底状土坑,口径 2.6、存深 0.3 米。

兰山东沟南烽火台 (210421353201170035)

位于兰山乡兰山村东沟南 300 米的南山顶部,高程 195 米。东距兰山长城 3 段 700 米,北距兰山东沟北大台子烽火台 750 米,西南距离簸箕沟南山烽火台 1800 米。西侧为浑河支流,东侧为社河。西侧 300 米有路可通簸箕沟村与抚顺市。

平面为圆形,剖面为梯形。保存一般,台体上及其周围散见塌落的石块。建筑结构不清。现存台体顶径 2.1、底径 8、残高 1.5 米。台顶中央有一处圆形锅底状土坑,口径 1.6、存深 0.2 米。

兰山东沟北大台子烽火台 (210421353201170036)

位于兰山乡兰山村东沟北 400 米的大台子山顶部,高程 201 米。东距兰山长城 3 段 150 米,西北距金家沟南山 1 号烽火台 1500 米,南距兰山东沟南烽火台 750 米。西侧为浑河支流,东侧为社河。西侧 400 米有路可通簸箕沟村与抚顺市。

平面为圆形,剖面为梯形。保存较好,现存一座突起的土丘,台体上及其周围散见青砖残块。建筑结构不清。现存台体顶径 3.2、底径 12.2、残高 4 米。台顶中央有一处圆形锅底状土坑，口径 2、存深 0.6 米。

金家沟南山 1 号烽火台 （210421353201170037）

位于兰山乡金家沟村西南 800 米的南山顶上，高程 200 米。东北距金家沟长城 1000 米，西北距金家沟南山 2 号烽火台 400 米，东南距兰山东沟北大台子烽火台 1500 米。东侧为浑河支流。东 200 米有上马乡－东洲区的道路。

平面为圆形，剖面为梯形。保存较好，现存一座突起的土丘，台体上及其周围散见塌落的石块。建筑结构不清。现存台体顶径 2.5、底径 18、残高 7 米。台顶中央有一处圆形锅底状土坑，口径 1、存深 0.3 米。

金家沟南山 2 号烽火台 （210421353201170038）

位于兰山乡金家沟村西南 600 米的南山顶部，高程 180 米。东北距离金家沟长城 700 米，北距金家沟北山烽火台 700 米，东南距金家沟南山 1 号烽火台 400 米。北侧为浑河支流。北 300 米有上马乡－东洲区的道路。

平面为圆形，剖面为梯形。保存较好，现存一座突起的土丘，台体上及其周围散见青砖残块。建筑结构不清。现存台体顶径 3.2、底径 11.2、残高 5 米。台顶中央有一处圆形锅底状土坑，口径 0.8、存深 0.5 米。

金家沟北山烽火台 （210421353201170039）

位于兰山乡金家沟村西北 800 米的北山顶上，高程 207 米。东距金家沟长城 200 米，西北距离五味西山烽火台 1200 米，南距金家沟南山 2 号烽火台 700 米。东侧为社河，东距抚（顺）金（斗峪）线公路 2600 米。

平面为圆形，剖面为梯形。保存一般，现存一座突起的土丘，台体上及其周围散见青砖残块。建筑结构不清。现存台体顶径 4.5、底径 16.5、残高 3 米。台下有方形台基，边长 22、高 0.3 米。

五味西山烽火台 （210421353201170040）

位于兰山乡五味村西 500 米的西山顶上，高程 190 米。东距金家沟长城 600 米，西北距离两家子南大台子烽火台 900 米，东南距离金家沟北山烽火台 1200 米。东侧为浑河支流，东 500 米有上马乡通往东洲区的道路。

平面为圆形，剖面为梯形。保存较差，现残存一座突起的土丘，台体上及其周围散见青砖残块。建筑结构不清。现存台体顶径 3.9、底径 10.9、残高 2.3 米。台顶中央有一处圆形锅底状土坑，口径 0.4、存深 0.3 米。

两家子南大台子烽火台 （210421353201170041）

位于兰山乡两家子村南 500 米的南大台子山顶部，高程 174 米。东距金家沟长城 700 米，西北距两家子北大台子烽火台 1200 米，东南距离五味西山烽火台 900 米。东侧为浑河支流。

平面为圆形，剖面为梯形。保存较好，现存一座突起的土丘，台体上及其周围散见塌落的石块。建筑结构不清。现存台体顶径 3.1、底径 12.4、残高 3.5 米。台顶中央有一处圆形锅底状土坑，口径1.3、存深0.4米。

两家子北大台子烽火台（210421353201170042）

位于兰山乡两家子村西北600米北大台子山顶部，高程189米。东南距离金家沟长城1700米，北距营城子烽火台1200米，东南距两家子南大台子烽火台1200米。东侧为浑河支流。

平面为圆形，剖面为梯形。保存较差，现残存一座突起的土丘，台体上及其周围散见青砖残块。建筑结构不清。现存台体顶径2.5、底径13.5、残高3.1米。台顶中央有一处圆形锅底状方形坑，坑壁用毛石垒砌，边长1米。

（7）东洲区

东洲区共发现烽火台6座。

营城子烽火台（210403353201170001）

位于东洲街道营城子村南500米的南山顶上，高程168米。西北距离阿金沟长城1200米，西北距小台沟烽火台1200米，南距两家子北大台子烽火台1200米。东北侧500米有抚（顺）金（斗峪）线公路。

平面为圆形，剖面为梯形。保存一般，现残存一座突起的土丘，台体上及其周围散见青砖残块。建筑结构不清。现存台体顶径直径3、底径14、残高1.2米。台顶中央有一处圆形锅底装土坑，口径1.3、存深0.3～0.4米。

小台沟烽火台（210403353201170002）

位于东洲街道小台沟村北100米的南山顶上，高程150米。东距阿金沟长城200米，西北距阿金沟南山烽火台930米，东南距营城子烽火台1200米。南侧100米有抚（顺）金（斗峪）线公路。

平面为圆形，剖面为梯形。保存一般，现残存一座突起的土丘，台体上及其周围散见青砖残块。建筑结构不清。现存台体顶径2.8、底径14.8、残高5.7米。台顶中央有一处圆形锅底装土坑，口径0.3、存深0.2米。

阿金沟南山烽火台（210403353201170003）

位于东洲街道阿金沟抚顺石油二厂住宅区南400米的南山顶上，高程192米。东距阿金沟长城200米，北距抚顺石油二厂职工医院东山烽火台1200米，东南距小台沟南山烽火台930米。

平面为圆形，剖面为梯形。保存一般，现残存一座突起的土丘，台体上及其周围散见青砖残块。建筑结构不清。现存台体顶径4.7、底径14.7、残高6米。

抚顺石油二厂职工医院东山烽火台（210403353201170004）

位于东洲街道阿金沟抚顺石油二厂职工医院东500米的山顶上，高程176米。东距阿金沟长城150米，西北距抚顺市第三医院东山烽火台500米，南距阿金沟南山烽火台1200米。东侧为抚顺市东洲区市区。

平面为圆形，剖面为梯形。保存一般，烽火台顶建有测绘铁塔。台顶中央有一处长方形盗坑, 长 2、宽 1.4、深 4 米。南侧盗坑口长 1.7、宽 1、深 2.9 米。从盗洞观察应该是砖包土结构。现存台体顶径 5.8、底径 15.8、残高 2 米。

抚顺市第三医院东山烽火台 (210403353201170005)

位于东洲街道抚顺市第三人民医院东北 100 米的山顶, 高程 157 米。东距阿金沟长城 500 米, 北距吴家堡西山峰火台 1000 米, 东南距抚顺石油二厂职工医院东山烽火台 500 米。烽火台的北面、西面和南面为抚顺市东洲区市区。

平面为圆形, 剖面为梯形。保存一般, 现残存一座突起的土丘, 台体上及其周围散见青砖残块。建筑结构不清。现存台体顶径 4.6、底径 14.6、残高 2 米。

吴家堡西山烽火台 (210403353201170006)

位于东洲街道吴家堡西 50 米处的西山顶部, 高程 115 米。东距阿金沟长城 400 米, 南距抚顺市第三医院东山烽火台 1000 米。北部为浑河。西南侧为抚顺市东洲区市区。

平面为圆形, 剖面为梯形。保存一般, 台体上测绘部门建有测绘坐标点铁塔。非法盗掘, 在台体上留下方形盗坑, 边长 1.7、深 3.7 米。建筑结构不清。现存台体顶径 4.6、底径 14.6、残高 2 米。

(8) 顺城区

顺城区共发现烽火台 8 座。

关岭鹰嘴砬子烽火台 (210411353201170001)

位于前甸乡关岭村南 1200 米的鹰嘴砬子山顶上, 高程 163 米。东距抚顺关长城 200 米, 北距关岭南台烽火台 750 米。南侧为浑河。北侧距 202 国道 500 米、距沈吉铁路线 600 米。

平面为圆形, 剖面为梯形。保存较差, 现残存一座突起的土丘, 台体上及其周围散见青砖残块, 台顶建有测绘标志点铁塔。建筑结构不清。现存台体顶径 13、底径 23、残高 2.5 米。

关岭南台烽火台 (210411353201170002)

位于前甸乡关岭村南 200 米, 高程 118 米。东距抚顺关长城 300 米, 西北距关岭西台烽火台 500 米。南侧为浑河, 北距 202 国道 600 米。

平面为圆形, 剖面为梯形。保存较差, 东侧被当地居民取土切去一半, 台体上及其周围散见青砖残块。建筑结构不清。现存台体顶径 4、底径 10、残高 2 米。

关岭西台烽火台 (210411353201170003)

位于前甸乡关岭村西南 200 米, 高程 112 米。东距抚顺关长城 600 米, 西北距李其南山烽火台 1600 米, 东南距关岭南台烽火台 500 米。南侧为浑河, 北距 202 国道 800 米。

平面为圆形, 剖面为梯形。保存差, 台体顶部坍塌, 四周被当地砖厂取土, 残存一座突起的土柱, 不足原体积的六分之一。建筑结构不清。现存台体顶径 3、底径 6、残高 11 米。

太平东沟烽火台 (210411353201170004)

位于会元乡太平村太平东沟东南 1200 米的山顶, 高程 382 米。东距边墙沟长城 2 段 3000 米, 西北距太平直沟东山烽火台 1900 米、距太平毛台子烽火台 2900 米。西侧 1500 米有乡道。

平面为圆形，剖面为梯形。台体受长期的风雨侵蚀，现存一座突起的土丘，台体上及其周围散见青砖残块。建筑结构不清。现存台体顶径 4.9、底径 17、残高 4.1 米。台顶中央有一处圆形锅底状土坑，口径 1.4、存深 0.7 米。

太平直沟东山烽火台（210411353201170005）

位于会元乡太平村北 400 米路东的山顶，高程 252 米。东距边墙沟长城 2 段 4500 米，西北距太平毛台子烽火台 1000 米，东南距太平东沟烽火台 1900 米。西侧有乡道可通往大柳村和抚顺市区。

平面为圆形，剖面为梯形。保存一般，现残存一座突起的土丘，台体上及其周围散见青砖残块。建筑结构不清。现存台体顶径 3.2、底径 13.5、残高 3.8 米。台顶中央有一处圆形锅底状土坑，口径 2、存深 0.7 米。

太平毛台子烽火台（210411353201170006）

位于会元乡太平村太平直沟西 100 米的毛台子山顶，高程 194 米。东距边墙沟长城 2 段 5400 米，西北距上二毛台子烽火台 1700 米，东南距太平直沟东山烽火台 1000 米。东侧有乡道。

平面为圆形，剖面为梯形。台体受长期的风雨侵蚀，现存一座突起的土丘。建筑结构不清。现存台体顶径 3.6、底径 25.6、残高 6 米。

上二毛台子烽火台（210411353201170007）

位于会元乡上二村北 2600 米，高程 526 米。东距边墙沟长城 2 段 7200 米，西南距上头大荒岭烽火台 3200 米，东南距太平毛台子烽火台 1700 米。南侧有乡道。

平面为圆形，剖面为梯形。保存一般，现存一座突起的土丘，台体上及其周围散见青砖残块。建筑结构不清。现存台体顶径 4.7、底径 13.7、残高 2.5 米。台体下有方形台基，边长 25、高 1.2 米。

上头大荒岭烽火台（210411353201170008）

位于会元乡上头村西北 3000 米的大荒岭上，高程 432 米。东距边墙沟长城 2 段 7000 米，东北距上二毛台子烽火台 3200 米。南侧有乡道。

平面为圆形，剖面为梯形。保存一般，现存一座突起的土丘，台体上及其周围散见青砖残块。建筑结构不清。现存台体顶径 2.5、底径 16.5、残高 2.5 米。台顶中央有一处圆形锅底状土坑，口径 1、存深 0.3 米。

（9）抚顺县（北段）

抚顺县（北段）共发现烽火台 10 座。

李其南山烽火台（210421353201170043）

位于章党乡李其村南 600 米的南山顶上，高程 171 米。东距边墙沟长城 1 段 100 米，西北距李其西山烽火台 900 米，东南距关岭西台烽火台 1600 米。西侧为浑河支流，南侧为浑河。

平面为圆形，剖面为梯形。保存较好。台体受长期的风雨侵蚀，植物生长的破坏，现存一座突起的土丘，台体上及其周围散见青砖残块。建筑结构不清。现存台体顶径 4.3、底径 11.3、残高 1.5 米。台顶中央有一处圆形锅底状土坑，口径 2.9、存深 0.7 米。台体下有三层方形阶梯式台基，从下向上，第一层台基边长 20、高 2 米；第二层台基边长 18、高 1.2 米；第三层台基边长 16、高 1.5 米。

李其西山烽火台（210421353201170044）

位于章党乡李其村西 500 米的西山顶上，高程 210 米。东距边墙沟长城 1 段 100 米，东北距李其北山烽火台 600 米，东南距李其南山烽火台 900 米。西侧为浑河支流，南侧为浑河。

平面为圆形，剖面为梯形。保存较好，现存一座突起的土丘，台体上及其周围散见塌落的石块。现存台体顶径 3.5、底径 13.5、残高 4.5 米。

李其北山烽火台（210421353201170045）

位于章党乡李其村西北 500 米的北山顶上，高程 153 米。东距边墙沟长城 1 段 100 米，西北距李其沟北山烽火台 1200 米，西南距李其西山烽火台 600 米。

平面为圆形，剖面为梯形。保存一般，台体顶部被盗掘。现存一座突起的土丘，台体上及其周围散见塌落的石块。建筑结构不清。现存台体顶径 2.7、底径 11.2、残高 3.5 米。

李其沟北山烽火台（210421353201170046）

位于章党乡李其村李其沟西北 200 米北山顶上，高程 230 米。东距边墙沟长城 1 段 100 米，东北距桦树岭烽火台 600 米，东南距李其北山烽火台 1200 米。

平面为圆形，剖面为梯形。保存较好，现存一座突起的土丘，台体上及其周围散见青砖残块。建筑结构不清。现存台体顶径 3、底径 18、残高 5 米。台体下有方形台基，边长 25、高 1 米。

桦树岭烽火台（210421353201170047）

位于章党乡边墙沟村西南 1000 米的桦树岭山顶上，高程 214 米。东距边墙沟长城 1 段 100 米，东北距边墙沟西山烽火台 800 米，西南距李其沟北山烽火台 600 米。

平面为圆形，剖面为梯形。保存较好，现存一座突起的土丘，台体上及其周围散见青砖残块，台顶设有混凝土测绘标志碑。建筑结构不清。现存台体顶径 3、底径 18、残高 3.8 米。台体中央有一处圆形锅底状土坑，口径 1.5、存深 0.5 米。

边墙沟西山烽火台（210421353201170048）

位于章党乡边墙沟村西 100 米的山顶上，高程 227 米。东距边墙沟长城 1 段 130 米，东北距边墙沟北山烽火台 600 米，西南距桦树岭烽火台 800 米。西侧有浑河支流。西 900 米有前甸镇通往山城堡村的道路。

平面为圆形，剖面为梯形。保存较好，现存一座突起的土丘，台体上及其周围散见青砖残块。建筑结构不清。现存台体顶径 3.1、底径 13、残高 4.5 米。台体下有方形台基，立面为梯形，顶边长 19、底边长 29、高 1 米。台基外有环壕，口宽 1、底宽 0.3、存深 0.4 米。

边墙沟北山烽火台（210421353201170049）

位于章党乡边墙沟村西北 300 米的山顶上，高程 214 米。东距边墙沟长城 1 段 100 米，北距公家寨二台子烽火台 1000 米，西南距边墙沟西山烽火台 600 米。北侧 400 米有前甸镇通往山城堡村的道路。

平面为圆形，剖面为梯形。保存较好，现存一座突起的土丘，台体上及其周围散见青砖残块。建筑结构不清。现存台体顶径 1.3、底径 16、残高 3.5 米。

公家寨二台子烽火台（210421353201170050）

位于章党乡公家寨村东南 700 米的二台子山顶上，高程 226 米。东距边墙沟长城 1 段 300 米，东北距公家寨大台子烽火台 600 米，南距边墙沟北山烽火台 1000 米。西 100 米有前甸镇通往山城堡村的道路。

平面为圆形，剖面为梯形。保存一般，现存一座突起的土丘，台体上及其周围散见塌落的石块。建筑结构不清。现存台体顶径 2.6、底径 13.6、残高 2.5 米。台体下有圆形台基，直径 11、残高 2 米。

公家寨大台子烽火台（210421353201170051）

位于章党乡公家寨村东 400 米的大台子山顶上，高程 244 米。东距边墙沟长城 1 段 30 米，西北距太平东沟烽火台 2900 米，西南距公家寨二台子烽火台 600 米。

平面为圆形，剖面为梯形。保存较好，现存一座突起的土丘，台体上及其周围散见塌落的石块。建筑结构不清。现存台体顶径 2.3、底径 14.3、残高 3.5 米。

黑石沟山烽火台（210421353201170053）

位于章党乡张木匠沟村西北 600 米的黑石沟山顶部，高程 289 米。东距边墙沟长城 2 段 100 米，东北距东堡长城 1 号敌台 800 米。

平面为圆形，剖面为梯形。保存较好，现存一座突起的土丘，台体上及其周围散见塌落的石块。建筑结构不清。现存台体顶径 5.2、底径 13.5、残高 4.5 米。

（10）铁岭县（东线）

铁岭县（东线）共发现烽火台 17 座。

花豹冲西关烽火台（211221353201170036）

位于李千户乡花豹冲村西南 1000 米的山顶，高程 210 米。东南距离椴木冲长城 1 段 9000 米，东北 35 东距离花豹冲东关烽火台 1000 米。

平面为圆形，剖面为梯形。保存较差，台体塌颓，地表残存一座突起的土丘，台体上及其周围散见青砖残块。建筑结构不清。现存台体顶径 1、底径 15、残高 2.5 米。

花豹冲东关烽火台（211221353201170037）

位于李千户乡花豹冲村东北 200 米的山坡上，高程 172 米。西南距花豹冲西关烽火台 1000 米。

平面为圆形，剖面为梯形。保存较差，台体几乎被夷平，辟为耕地，地表残存一座慢起的土坡，土坡上及其周围散见青砖残块。建筑结构不清。现存台体顶径 2、底径 30、残高 1.5 米。

英树沟北山 1 号烽火台（211221353201170011）

位于大甸子镇英树沟村北 250 米的北山顶，高程 208 米。东距英树沟长城 30 米，东北距英树沟北山 2 号烽火台 1100 米。西距沈平线公路 150 米。

平面为圆形，剖面为梯形。保存较差。中国移动通信公司和中国联通公司在烽火台南北两侧修建信号发射基站和铁塔从烽火台上取土，破坏遗存原貌。现残存一座突起的土丘，表面可见塌落的青砖残块。建筑结构不清。现存台体顶径3.1、底径17.1、残高4.9米。

英树沟北山2号烽火台（211221353201170012）

位于大甸子镇英树沟村北1300米的北山顶，高程227米。东距英树沟长城20米，东北距下三家子东山烽火台1600米，西南距英树沟北山2号烽火台1100米。

平面为圆形，剖面为梯形。保存较差。现残存一座突起的土丘，台体及其周围遍布松树。建筑结构不清。现存台体顶径3、底径17、残高5米。台顶中心有一处圆形锅底状坑，口径1.6、存深0.35米。台体下有方形台基，边长26、残高5米。

下三家子东山烽火台（211221353201170013）

位于大甸子镇下三家子村东南700米东山顶上，高程181米。东距英树沟长城60米，东北距老边台东山烽火台1700米，西南距英树沟北山2号烽火台1600米。西、北侧有沈平线公路通过。

平面为圆形，剖面为梯形。保存较差。现残存一座突起的土丘，台体周围现为耕地。建筑结构不清。现存台体顶径3.2、底径11.2、残高2.5米。台顶中心有一处圆形锅底状坑，口径2.3、存深0.4米。台体下有方形台基，边长26、残高5米。

老边台东山烽火台（211221353201170014）

位于大甸子镇老边台村东200米的东山顶上，高程221米。南距英树沟长城60米，东北距高丽营子西山烽火台1000米，西南距下三家子东山烽火台1700米。东侧有沈平线公路。

平面为圆形，剖面为梯形。保存较差。现存台体现残存一座突起的土丘，台体及其周围遍布荆棘。建筑结构不清。顶径4.7、底径12.7、残高3米。台顶中心有一处圆形锅底状坑，口径1.4、存深0.25米。

西二台子烽火台（211221353201170038）

位于大甸子镇抚安堡村西北1000米的山顶上，高程263米。东南距离英树沟长城9600米，东南距离东二台子烽火台1900米。

平面为圆形，剖面为梯形。保存较差，台体塌颓，地表残存一座突起的土丘，台体上及其周围散见青砖残块。建筑结构不清。现存台体顶径1.7、底径18、残高2.4米。

东二台子烽火台（211221353201170039）

位于大甸子镇抚安堡村东北2000米的山顶上，柴河水库南岸，高程200米。东南距离上英树沟长城8000米，东南距线麻地北山烽火台3000米，西北距西二台子烽火台1900米。

平面为圆形，剖面为梯形。保存较差，台体塌颓，地表残存一座突起的土丘，台体上及其周围散见青砖残块。建筑结构不清。现存台体顶径2.1、底径20、残高2.5米。

线麻地北山烽火台（211221353201170040）

位于大甸子镇线麻地村东北800米的山顶上，高程196米。东南距离上英树沟长城5300米，东南距小河北烽火台2500米，西北距东二台子烽火台3000米。

平面为圆形，剖面为梯形。保存较差，地表残存一座突起的土丘，东侧被当地居民取土切掉，台体上及其周围散见青砖残块。建筑结构不清。现存台体顶径 0.8、底径 8、残高 2.5 米。

小河北烽火台　（211221353201170041）

位于大甸子镇小河北村北 50 米的山顶上，高程 149 米。东南距上英树沟长城 2700 米，东南距老边台东山烽火台 2500 米，西北距线麻地北山烽火台 2500 米。

平面为圆形，剖面为梯形。保存较差，台体塌颓，地表残存一座突起的土丘，台体本体及其周围被辟为耕地，台体上及其周围散见青砖残块。建筑结构不清。现存台体顶径 1.2、底径 12、残高 2 米。

高丽营子西山烽火台　（211221353201170015）

位于大甸子镇当铺屯村高丽营子屯西北 500 米的山顶上，高程 194 米。西南距英树沟长城 1000 米，东北距高丽营子东山烽火台 1000 米，西南距老边台东山烽火台 1000 米。南侧有猴石至大甸子公路。

平面为圆形，剖面为梯形。保存较差。现残存一座突起的土丘。建筑结构不清。现存台体顶径 5.6、底径 15.6、残高 3 米。台顶中心有一处圆形锅底状坑，口径 2.1、存深 0.12 米。

高丽营子东山烽火台　（211221353201170016）

位于大甸子镇当铺屯村高丽营子屯东 500 米的东山顶上，高程 223 米。西南距英树沟长城 1800 米，东北距当铺屯西山烽火台 700 米，西南距高丽营子西山烽火台 1000 米。南侧有猴石－大甸子公路。

平面为圆形，剖面为梯形。保存较差。现残存一座突起的土丘，台体上长松树和灌木类植物，台体周围被辟为耕地。建筑结构不清。现存台体顶径 1.7、底径 10、残高 5 米。台体下有方形台基，边长 20、高 1.2 米。

当铺屯西山烽火台　（211221353201170017）

位于大甸子镇当铺屯村西北 1000 米的小山顶，高程 213 米。西南距英树沟长城 2300 米，东北距平安堡 1 号烽火台 1200 米，西南距高丽营子东山烽火台 700 米。

平面为圆形，剖面为梯形。保存较差。现残存一座突起的土丘，台体上长树和灌木类植物，台体周围被辟为耕地。建筑结构不清。现存台体顶径 3.1、底径 12、残高 3.5 米。台体下有方形台基，边长 20、高 1.2 米。

平安堡 1 号烽火台　（211221353201170018）

位于大甸子镇平安堡村西南 800 米的山顶上，高程 351 米。西南距英树沟长城 3400 米，东北距平安堡 2 号烽火台 1100 米，西南距当铺屯西山烽火台 1200 米。东侧有汎河支流。

平面为圆形，剖面为梯形。保存较差。现残存一座突起的土丘，台体上长树和灌木类植物，台体上及其周围可见青砖残块。建筑结构不清。现存台体顶径 4.5、底径 12、残高 4.5 米。台顶中央有一处圆形锅底状坑，口径 1.8、深 0.2 米。台体下有方形石筑台基，有一面保存较好，尚有垒砌的 3 层石块。边长 15、高 1.4 米。

平安堡 2 号烽火台（211221353201170019）

位于大甸子镇平安堡村西北 500 米的西山顶部，高程 271 米。东北距上三道沟长城 3300 米，东北距平安堡 3 号烽火台 600 米，西南距平安堡 1 号烽火台 1100 米。

平面为圆形，剖面为梯形。保存较差。现残存一座突起的土丘，台体上长树和灌木类植物，台体上及其周围可见青砖残块。建筑结构不清。现存台体顶径 3.1、底径 12.1、残高 4.5 米。台顶有一处圆形锅底状坑，口径 2.1、深 0.4 米。

平安堡 3 号烽火台（211221353201170020）

位于大甸子镇平安堡村北 700 米的山顶上，高程 281 米。东北距上三道沟长城 2700 米，东北距平安堡 4 号烽火台 527 米，西南距平安堡 2 号烽火台 600 米。

平面为圆形，剖面为梯形。保存较差。现残存一座突起的土丘，台体上长树和灌木类植物，台体上及其周围可见青砖残块。建筑结构不清。现存台体顶径 3.6、底径 10.6、残高 3.5 米。

平安堡 4 号烽火台（211221353201170021）

位于大甸子镇平安堡村北 1200 米的山顶上，高程 351 米。东北距上三道沟长城 2200 米，东西南距平安堡 3 号烽火台 527 米。西、北侧有乡道。

平面为圆形，剖面为梯形。保存较差。现残存一座突起的土丘，台体上长树和灌木类植物，台体上及其周围可见塌落的石块。建筑结构不清。现存台体顶径 5.6、底径 11.6、残高 6.5 米。

（11）开原市（东线南段）

开原市（东线南段）共发现烽火台 20 座。

闫家堡子南山烽火台（211282353201170002）

位于靠山镇尹家村阎家堡子屯西南 1000 米的台山顶部，高程 284 米。东南距离彭家堡子长城 1 段 1500 米，东北距阎家堡子北山烽火台 800 米。

平面为圆形，剖面为梯形。保存较差，台体塌颓，地表残存一座突起的土丘，台体上及其周围散见塌落的石块。建筑结构不清。现存台体顶径 5.4、底径 9、残高 3 米。

阎家堡子北山烽火台（211282353201170003）

位于靠山镇尹家村阎家堡子屯北 150 米的后山顶上，高程 252 米。东南距离彭家堡子长城 1 段 1500 米，西南距阎家堡子南山烽火台 800 米。

平面为圆形，剖面为梯形。保存较差，地表残存一座突起的土丘，台体上及其周围散见塌落的石块。建筑结构不清。现存台体顶径 4.2、底径 13、残高 4.5 米。

西台山烽火台（211282353201170007）

位于靠山镇靠山村西 150 米的西台山顶，高程 166 米。东南距离靠山长城 100 米，东北距东台山烽火台 1400 米。南临柴河。

平面为圆形，剖面为梯形。保存较差，台体塌颓，地表残存一座突起的土丘，台体上及其周围散见塌落的青砖残块。建筑结构不清。现存台体顶径 4、底径 11.5、残高 1.5 米。台体周围有一圈环壕，周长 25 米，口宽 4～5、底宽 0.7～1.1、深 1 米。

东台山烽火台（211282353201170008）

位于靠山镇靠山村东北 300 米的东台山顶，高程 158 米。东南距离靠山长城 200 米，东北距罗家沟山烽火台 1200 米，西南距西台山烽火台 1400 米。南临柴河。

平面为圆形，剖面为梯形。保存较差，地表残存一座突起的土丘，台体塌颓，台体上及其周围散见塌落的青砖残块。建筑结构不清。现存台体顶径 5、底径 13、残高 4 米。

罗家沟山烽火台（211282353201170009）

位于靠山镇吕家屯村梨树沟屯西南 500 米的罗家沟山顶上，高程 176 米。东南距离靠山长城 300 米，东北距吕家屯西山烽火台 1000 米，西南距离东台山烽火台 1200 米。

平面为圆形，剖面为梯形。保存较差，台体塌颓，地表残存一座突起的土丘，台体上及其周围散见塌落的青砖残块。建筑结构不清。现存台体顶径 1.8、底径 11、残高 3.8 米。

吕家屯西山烽火台（211282353201170010）

位于靠山镇吕家屯村西 500 米的西山顶上，高程 190 米。东距靠山长城 250 米，西北距离聂家屯北山烽火台 900 米，西南距离罗家沟山烽火台 1000 米。

平面为圆形，剖面为梯形。保存较差，地表残存一座突起的土丘，台体上及其周围散见塌落的青砖残块。建筑结构不清。现存台体顶径 5、底径 12、残高 3.5 米。

聂家屯北山烽火台（211282353201170011）

位于靠山镇郭将村聂家屯北 100 米的后山顶，高程 191 米。东距靠山长城 250 米，西北距蒋家屯南山烽火台 300 米，东南距离吕家屯西山烽火台 900 米。

平面为圆形，剖面为梯形。保存较差，台体塌颓，地表残存一座突起的土丘，台体上及其周围散见塌落的青砖残块。周围被辟为耕地，台体西侧被辟为梯田，破坏遗迹原貌。现存台体顶径 5、底径 13、残高 4 米。

蒋家屯南山烽火台（211282353201170012）

位于靠山镇郭将村蒋家屯西南 300 米的山顶上，高程 203 米。东距靠山长城 250 米，东北距蒋家屯北山烽火台 550 米，东南距聂家屯北山烽火台 300 米。

平面为圆形，剖面为梯形。保存较差，台体塌颓，地表残存一座突起的土丘，台体上及其周围散见塌落的青砖残块。台体及其周围被辟为耕地，遗迹原貌无存。建筑结构不清。现存台体顶径 4.7、底径 11.7、残高 2.5 米。

蒋家屯北山烽火台（211282353201170013）

位于靠山镇郭蒋村蒋家屯东北 200 米的后山顶部，高程 223 米。东距靠山长城 150 米，东北距郭家屯北山烽火台 1300 米，西南距蒋家屯南山烽火台 550 米。

平面为圆形，剖面为梯形。保存较差，台体塌颓，地表残存一座突起的土丘，台体上及其周围散见塌落的青砖残块。建筑结构不清。现存台体顶径 4.5、底径 13、残高 4 米。

郭家屯北山烽火台（211282353201170014）

位于靠山镇郭蒋村郭家屯北 300 米的后山顶上，高程 261 米。东距靠山长城 200 米，东北距明石沟大墩台烽火台 2400 米，东北距板石沟东山烽火台 1400 米，西南距离蒋家屯北山烽火台 1300 米。

平面为圆形，剖面为梯形。保存较差，台体塌颓，地表残存一座突起的土丘，台体上及其周围散见塌落的青砖残块。建筑结构不清。现存台体顶径 4.8、底径 14、残高 4 米。台体下有方形台基，边长 15、高 1.4 米。

明石沟大墩台烽火台（211282353201170015）

位于靠山镇郭蒋村明石沟屯东北 1500 米的大墩台山顶，高程 450 米。西北距离古砬沟长城 1000 米，西北距板石沟东山烽火台 1600 米，东北距山槐半岭沟烽火台 1200 米，西南距郭家屯北山烽火台 2400 米。该烽火台位于松山堡和柴河堡之间的分水岭上，突出于墙体之外，应为前沿观察哨的作用。

平面为圆形，剖面为梯形。保存一般，台体西北侧坍塌。台体用土、石混筑，外壁用毛石垒砌，内部土筑。现存台体顶径 3.2、底径 5、残高 5.5 米。

板石沟东山烽火台（211282353201170016）

位于靠山镇郭蒋村板石沟屯东北 500 米老虎岭上，高程 363 米。东南距离古砬沟长城 200 米，西南距郭家屯北山烽火台 1400 米，东南距明石沟大墩台烽火台 1600 米。

平面为圆形，剖面为梯形。保存较差，台体塌颓，残存一座土丘。建筑结构不清。现存台体顶径 4.3、底径 14、残高 4.5 米。台体下有圆形台基，直径 20、高 5 米。

妈妈货郎西山烽火台（211282353201170017）

位于松山堡乡妈妈货郎村西 300 米的山顶上，高程 208 米。东南距离古砬沟长城 7000 米，东南距西城子半岭沟烽火台 3500 米。

平面为圆形，剖面为梯形。保存较差，台体塌颓，残存一座土丘，台体上及其周围散见青砖残块。建筑结构不清。现存台体顶径 2.3、底径 12、残高 2.6 米。

西城子半岭沟烽火台（211282353201170018）

位于松山堡乡西城子村半岭沟西北 100 米的山顶上，高程 170 米。东南距离古砬沟长城 4400 米，东南距营城子台山烽火台 1600 米，西北距妈妈货郎西山烽火台 3500 米。

平面为圆形，剖面为梯形。保存较差，台体塌颓，残存一座土丘，台体上及其周围散见青砖残块。建筑结构不清。现存台体顶径 2.1、底径 13、残高 2 米。

营城子台山烽火台（211282353201170019）

位于松山堡乡营城子村西 300 米的台山顶上，高程 260 米。东南距离古砬沟长城 3000 米，东南距板石沟东山烽火台 3100 米，西北距西城子半岭沟烽火台 1600 米。

平面为圆形，剖面为梯形。保存较差，台体塌颓，残存一座土丘，台体上及其周围散见青砖残块。建筑结构不清。现存台体顶径 2.3、底径 13、残高 3 米。

山槐半岭沟烽火台（211282353201170020）

位于松山堡乡山槐村半岭沟东 300 米的山顶上，高程 370 米。东南距离古砬沟长城 200 米，西南距板石沟东山烽火台 2000 米。

平面为圆形，剖面为梯形。保存较差，台体塌颓，残存一座土丘，台体上及其周围散见青砖残块。建筑结构不清。现存台体顶径2.2、底径16、残高2.5米。

上冰峪北山烽火台（211282353201170023）

位于松山堡乡上冰峪村东北300米的山顶上，高程370米。东南距离山槐长城3段150米，西北距二道沟西山1号烽火台2000米。西南有关门山水库。

平面为圆形，剖面为梯形。保存较差，台体塌颓，残存一座土丘，台体上及其周围散见青砖残块。建筑结构不清。现存台体顶径5.4、底径16、残高5~8米。台体下有环壕，口宽2.4、底宽1.2、存深0.3米。

二道沟西山1号烽火台（211282353201170024）

位于松山堡乡二道沟村西南300米处的山顶上，高程386米。东南距离山槐长城3段800米，东北距北台山烽火台1300米，西北距离二道沟西山2号烽火台80米。

平面为圆形，剖面为梯形。保存较差，台体塌颓，残存一座土丘，台体上及其周围散见青砖残块。建筑结构不清。现存台体顶径2、底径8、残高1.5米。

二道沟西山2号烽火台（211282353201170025）

位于松山堡乡二道沟村西南300米的山顶上，高程403米。东南距离山槐长城3段900米，东北距北台山烽火台1300米，东南距离二道沟西山1号烽火台80米。

平面为圆形，剖面为梯形。保存较差，台体塌颓，残存一座土丘，台体上及其周围散见青砖残块。建筑结构不清。现存台体顶径3.9、底径10.9、残高3米。台体下有一圈环壕，口宽3.2、底宽1.2、存深0.5米。

北台山烽火台（211282353201170026）

位于松山堡乡二道沟村北500米的山顶上，高程400米。东南距离山槐长城3段600米，西南距二道沟西山2号烽火台1300米。

平面为圆形，剖面为梯形。保存较差，台体塌颓，残存一座土丘，台体上及其周围散见青砖残块。建筑结构不清。现存台体顶径3、底径13、残高4米。台体下有环壕，口宽4.6、底宽1.2、存深0.8米。

（12）清河区

清河区共发现烽火台5座。

苇子沟老墩台烽火台（211204353201170003）

位于聂家乡腰堡村苇子沟屯西1100米的老墩台山上，高程369米。东距苇子沟长城4段150米，东北距广东山长城1号敌台950米，西南距苇子沟长城2号敌台500米。

平面为圆形，剖面为梯形。保存一般，台体塌颓，残存一座土丘，台体上及其周围散见青砖残块。建筑结构不清。现存台体顶径4.3、底径18.3、高4.5米。台体下有环壕，口宽2.6~3、底宽0.7~1.1、存深0.5~0.6米。

聂家西台山烽火台（211204353201170008）

位于聂家乡聂家村西300米的西台山顶上，高程214米。东距广东山长城4段500米，东北距湾子屯南山烽火台 900 米。

平面为圆形，剖面为梯形。保存一般，台体塌颓，残存一座土丘，台体上及其周围散见青砖残块。建筑结构不清。现存台体顶径 3.3、底径 13、残高 6 米。台下有方形台基，边长 14、高 2 米。

湾子屯南山烽火台（211204353201170009）

位于聂家乡红花甸子村湾子屯南 500 米的前台山上，高程 231 米。东距广东山长城 4 段 400 米，东北距湾子屯北山 1 号烽火台 1300 米，西南距聂家西台山烽火台 900 米。

平面为圆形，剖面为梯形。保存一般，台体塌颓，残存一座土丘，台体上及其周围散见青砖残块。建筑结构不清。现存台体顶径 3.5、底径 11.5、残高 3.5 米。台顶中央有一处圆形锅底状土坑，口径 2.3、存深 1.6 米。台下有圆形台基，直径 14、高 3 米。

湾子屯北山 1 号烽火台（211204353201170010）

位于聂家乡红花甸子村湾子屯北 500 米的后台子山上，高程 233 米。东距广东山长城 4 段 500 米，西距湾子屯北山 2 号烽火台 50 米，西南距湾子屯南山烽火台 1300 米。北临清河水库。

平面为圆形，剖面为梯形。保存一般，残存一座土丘，台体上及其周围散见青砖残块。建筑结构不清。现存台体顶径 4.3、底径 14.3、残高 4.5 米。台顶中央有一处圆形锅底状土坑，口径 2.3、存深 0.6 米。台下有方形台基，边长 14、高 1 米。

湾子屯北山 2 号烽火台（211204353201170011）

位于聂家乡红花甸子村湾子屯北 300 米的后台子山上，高程 227 米。东距广东山长城 4 段 400 米，东距湾子屯北山 1 号烽火台 50 米。

平面为圆形，剖面为梯形。保存一般，台体塌颓，残存一座土丘，台体上及其周围散见青砖残块。建筑结构不清。现存台体顶径 2.3、底径 8.3、残高 3 米。

（13）西丰县

西丰县共发现烽火台 12 座。

会英西山烽火台（211223353201170001）

位于成平乡会英村西 50 米的西山顶，高程 180 米。东距会英长城 100 米，西北距守信南山烽火台 1600 米。

平面为圆形，剖面为梯形。保存一般，台体塌颓，残存一座土丘，台体上及其周围散见青砖残块。建筑结构不清。现存台体顶径 3.2、底径 12、残高 4.5 米。台体西、北两侧有壕沟，口宽 1.6～2、底宽 0.5～1、存深 0.6 米。

守信南山烽火台（211223353201170002）

位于成平乡会英村守信屯南 400 米的山顶上，高程 249 米。东距会英长城 150 米，西北距七道沟南山烽火台 1200 米，东南距会英西山烽火台 1600 米。

平面为圆形，剖面为梯形。保存一般，台体塌颓，残存一座土丘，台体上及其周围散见青砖残块。建筑结构不清。现存台体顶径 5.1、底径 13.5、残高 4 米。台顶中央有一处圆形锅底状土坑，口径 1.9、存深 0.4 米。

七道沟南山烽火台（211223353201170003）

位于成平乡会英村守信屯西北 900 米的七道沟南山顶上，高程 267 米。东距会英长城 400 米，东南距守信南山烽火台 1200 米。

平面为圆形，剖面为梯形。保存一般，台体塌颓，残存一座土丘，台体上及其周围散见青砖残块。建筑结构不清。现存台体顶径 3.6、底径 14、残高 4 米。台体下有环壕，口宽 2.6~3、底宽 0.4~0.8、存深 0.8~1 米。

清井南山烽火台（211223353201170005）

位于成平乡清井村西南 200 米的南山顶上，高程 261 米。东距清井长城 200 米，西北距离清井长城 2 号敌台 1100 米。

平面为圆形，剖面为梯形。保存一般，台体塌颓，残存一座土丘，台体上及其周围散见青砖残块。建筑结构不清。现存台体顶径 3.8、底径 13.8、残高 2.5 米。台顶中央有一处圆形锅底状土坑，口径 1.1、存深 0.6 米。台体下有环壕，口宽 3.6~5、底宽 0.4~0.8、存深 0.6~1.2 米。

台子山烽火台（211223353201170007）

位于成平乡兴德村南兴德屯西南 350 米的台子山顶上，高程 300 米。东距兴德长城 300 米，西北距兴德北山烽火台 1100 米。

平面为圆形，剖面为梯形。保存一般，台体塌颓，残存一座土丘，台体上及其周围散见青砖残块。建筑结构不清。现存台体顶径 3.5、底径 13.5、残高 4 米。台顶中央有一处圆形锅底状土坑，口径 1.2、存深 0.6 米。台体下有圆形壕堑，口宽 2.6~3、底宽 0.4~0.8、存深 0.6~0.8 米。

兴德北山烽火台（211223353201170008）

位于成平乡兴德村北兴德屯西北 200 米的北山顶上，高程 271 米。东距兴德长城 100 米，东北距赵罗锅山烽火台 900 米，东南距台子山烽火台 1100 米。

平面为圆形，剖面为梯形。保存一般，台体塌颓，残存一座土丘，台体上及其周围散见青砖残块。建筑结构不清。现存台体顶径 2.7、底径 11、残高 1.5 米。

赵罗锅山烽火台（211223353201170009）

位于成平乡兴德村北兴德屯北 1200 米的赵罗锅山顶上，高程 336 米。东距兴德长城 100 米，西北距中和南山烽火台 900 米，西南距兴德北山烽火台 900 米。

平面为圆形，剖面为梯形。保存一般，台体塌颓，残存一座土丘，台体上及其周围散见青砖残块。建筑结构不清。现存台体顶径 3.1、底径 11.1、残高 3 米。台顶中央有一处圆形锅底状土坑，口径 1.7、存深 0.4 米。台体下有圆形环壕，口宽 2.8~3.1、底宽 0.8~1.2、存深 0.4~0.6 米。

中和南山烽火台（211223353201170010）

位于成平乡中和屯村南 750 米的炕头沟山顶上，高程 225 米。东距中和长城 100 米，西北距离中和北山烽火台 900 米，东南距赵罗锅山烽火台 900 米。

平面为圆形，剖面为梯形。保存一般，台体塌颓，残存一座土丘，台体上及其周围散见青砖残块。建筑结构不清。现存台体顶径 3.3、底径 15.3、残高 4.2 米。台顶中央有一处圆形锅底状土坑，口径 1.8～3.1、存深 0.4 米。台体下有圆形环壕，口宽 4.8～5.1、底宽 0.8～1.2、存深 0.4～1.2 米。

中和北山烽火台（211223353201170011）

位于成平乡中和屯村北 400 米的老牛道山顶上，高程 225 米。东距中和长城 200 米，东南距中和南山烽火台 900 米。

平面为圆形，剖面为梯形。保存一般，台体塌颓，残存一座土丘，台体上及其周围散见青砖残块。建筑结构不清。现存台体顶径 3.7、底径 13.5、残高 7 米。

巨祥北山烽火台（211223353201170013）

位于成平乡石祥村巨祥屯东北 700 米的山顶上，高程 246 米。东距巨祥长城 100 米，北距袁大台子烽火台 1000 米。

平面为圆形，剖面为梯形。保存一般，台体塌颓，残存一座土丘，台体上及其周围散见青砖残块。建筑结构不清。现存台体顶径 3.7、底径 13.5、残高 4.3 米。

袁大台子烽火台（211223353201170014）

位于成平乡石祥村巨祥屯东北 1500 米的袁大台子山顶上，高程 314 米。东距巨祥长城 100 米，南距巨祥北山烽火台 1000 米。

平面为圆形，剖面为梯形。保存一般，台体塌颓，残存一座土丘，台体上及其周围散见青砖残块。建筑结构不清。现存台体顶径 4.4、底径 17、残高 3.5 米。

下永兴北山烽火台（211223353201170016）

位于郜家店镇下永兴村北 500 米的山顶上，高程 217 米。东距下永兴长城 200 米，西南距乱柴长城敌台 1700 米。

平面为圆形，剖面为梯形。保存一般，残存一座土丘，台体被切掉一半，台体上及其周围散见青砖残块。建筑结构不清。现存台体顶径 6.3、底径 27、残高 4.5 米。（彩图一五六）

（14）开原市（东线北段）

开原市（东线北段）共发现烽火台 2 座。

威远堡台子山烽火台（211282353201170028）

位于威远堡镇威远堡村东南 1000 米的台子山上，高程 197 米。东北距西丰县境内的巨祥北山烽火台 3600 米。北侧有开西线公路。

平面为圆形，剖面为梯形。保存较差，台体塌颓，残存一座土丘，台顶有盗坑，台体上及其周围散见青砖残块。建筑结构不清。现存台体顶径 3.4、底径 22、残高 5 米。台体外有壕堑，口宽 2.5～3、底宽 1.1～1.3、存深 1.2 米。

南城子北沟烽火台（211282353201170030）

位于威远堡镇南城子村北沟屯东北 1000 米的山上，高程 196 米。东距茶棚长城 1 段

800 米，东北距茶棚长城敌台 3200 米。

平面为圆形，剖面为梯形。保存较差，台体塌颓，残存一座土丘，周围散见青砖残块。建筑结构不清。现存台体顶径 1.2、底径 13、残高 2.2 米。

2. 辽河平原明长城单体建筑现状

（1）开原市（东北角段）

开原市（东北角段）共发现烽火台 3 座。

糖房小台山烽火台（211282353201170039）

位于莲花镇糖房村西罗家沟屯东南 600 米的小台山顶，高程 296 米。东距糖房长城 1 段 200 米，西北距西山咀子烽火台 1100 米。

平面为圆形，剖面为梯形。保存一般，现残存一座突起的土丘。表面可见塌落的青砖残块。建筑结构不清。现存台体顶径 5、底径 13、残高 5.6 米。台顶中央有一处圆形锅底状土坑，口径 2.4、存深 0.4 米。

西山咀子烽火台（211282353201170040）

位于莲花镇糖房村西罗家沟屯西北 500 米的西山咀子山顶，高程 257 米。东北距离糖房长城 2 段 400 米，西北距大台山烽火台 2000 米，东南距糖房小台山烽火台 1100 米。

平面为圆形，剖面为梯形。保存一般，现残存一座突起的土丘。表面可见塌落的青砖残块。建筑结构不清。现存台体顶径 5、底径 13、残高 3.2 米。台顶中央有一处圆形锅底状土坑，口径 0.4、存深 0.2 米。台体下有二层圆形台基，第一层直径 22、高 1.2 米；第二层台基宽 24、高 1.5 米。台基外围有环壕，口宽 4.7～5.2、底宽 0.7～1.1、存深 0.7 米。

大台山烽火台（211282353201170041）

位于莲花镇糖房村西北 2300 米的大台山顶上，高程 448 米。东北距离糖房长城 3 段 100 米，西南距小台山烽火台 830 米，东南距西山咀子烽火台 2000 米。

平面为圆形，剖面为梯形。保存一般，现残存一座突起的土丘。表面可见塌落的青砖残块。建筑结构不清。现存台体顶径 5、底径 19、残高 3.2 米。台顶中央有一处圆形锅底状土坑，口径 1.8、存深 0.6 米。台体下有方形台基，边长 25、高 10 米。

（2）昌图县

昌图县共发现烽火台 22 座。

小台山烽火台（211224353201170001）

位于泉头镇农林村三组（穷棒子沟）东南 600 米的小台山顶，高程 335 米。北距农林长城 1 段 300 米，西北距关家屯小台子烽火台 1000 米，东北距大台山烽火台 830 米。

平面为圆形，剖面为梯形。保存较差，现残存一座突起的土丘。表面可见塌落的青砖残块。建筑结构不清。现存台体顶径 6.3、底径 14.3、残高 5.7 米。台下有方形台基，边长 25、高 1 米。台基外有环壕，边长 28、口宽 3、存深 0.8 米。

关家屯小台子烽火台（211224353201170002）

位于泉头镇农林村三组关家屯北 150 米的山顶，高程 288 米。东北距农林长城 2 段

150 米，东南距小台山烽火台 1000 米。

平面为圆形，剖面为梯形。保存较差，现残存一座突起的土丘，表面可见塌落的青砖残块。建筑结构不清。现存台体顶径 4、底径 12、残高 2 米。

吴家屯小台子烽火台（211224353201170004）

位于泉头镇农林村吴家屯西 500 米的山顶，高程 262 米。北距农林长城 3 段 200 米，东北距农林长城 1 号敌台 700 米。

平面为圆形，剖面为梯形。保存较差，现残存一座突起的土丘，表面可见塌落的青砖残块。建筑结构不清。现存台体顶径 3、底径 12、残高 2.6 米。

石虎子北山烽火台（211224353201170006）

位于泉头镇石虎子村北 150 米的山顶，高程 247 米。北距石虎子长城 1 段 100 米，西南距石虎子长城 1 号敌台 1100 米，东北距农林长城 2 号敌台 570 米。

平面为圆形，剖面为梯形。保存较差，现残存一座突起的土丘。表面可见塌落的青砖残块。建筑结构不清。现存台体顶径 3、底径 8.2、残高 2 米。台下有方形台基，边长 20、高 1.5 米，外有方形环壕，边长 22、口宽 2、底宽 1、深 0.9 米。（测绘图一七）

泉头小台子烽火台（211224353201170011）

位于泉头镇泉头村高台庙屯西北 500 米的山顶，高程 217 米。北距泉头长城 200 米，西北距塔西烽火台 4000 米，东南距泉头长城敌台 900 米。

平面为圆形，剖面为梯形。保存较差，现残存一座突起的土丘。表面可见塌落的青砖残块。建筑结构不清。现存台体顶径 7.8、底径 17.5、残高 2.5 米。台下有方形台基，边长 30、高 3 米，外有方形环壕，边长 34、口宽 4、底宽 1、深 0.9 米。

塔西烽火台（211224353201170012）

位于泉头镇塔西村西 200 米的山顶，高程 174 米。北距塔西长城 100 米，东南距泉头小台子烽火台 4000 米。

平面为圆形，剖面为梯形。保存较差，现存一座突起的土丘。表面可见塌落的青砖残块。建筑结构不清。现存台体顶径 6.7、底径 8.9、残高 1.7 米。

八家子 1 号烽火台（211224353201170014）

位于泉头镇八家子村三组西 300 米的山顶，高程 179 米。北距朝阳堡长城 100 米，西北距八家子 2 号烽火台 1500 米。

平面为圆形，剖面为梯形。保存较差，现存一座突起的土丘。表面可见塌落的青砖残块。建筑结构不清。现存台体顶径 8.5、底径 22、残高 4 米。台顶有一处圆形锅底状土坑，口径 2.8、存深 0.6 米。

八家子 2 号烽火台（211224353201170015）

位于泉头镇八家子村北 1200 米的岗梁上，高程 179 米。北距朝阳堡长城 300 米，东南距离八家子 1 号烽火台 1500 米。

平面为圆形，剖面为梯形。保存较差。现存一座突起的土丘。表面可见塌落的青砖残块。

建筑结构不清。现存台体顶径 6.4、底径 17、残高 2.5 米。

金山堡烽火台（211224353201170017）

位于昌图县泉头镇金山堡村北 500 米，高程 185 米。北距河信长城 250 米，西南距护山屯北山烽火台 1300 米。

平面为圆形，剖面为梯形。保存较差，现存一座慢坡状的土丘。表面可见塌落的青砖残块。建筑结构不清。现存台体顶径 2.4、底径 19、残高 2.3 米。

护山屯北山烽火台（211224353201170018）

位于泉头镇河信村护山屯北 1000 米的山顶上，高程 185 米。北距河信长城 500 米，东北距金山堡烽火台 1300 米。

平面为圆形，剖面为梯形。保存较差，现存一座慢坡状的土丘。表面可见塌落的青砖残块。建筑结构不清。现存台体顶径 5、底径 16.2、残高 3.5 米。台顶中央有一处圆形锅底状土坑，口径 0.6、存深 0.3 米。

大台庙烽火台（211224353201170020）

位于老城镇大台庙村东 500 米，高程 147 米。西距大台庙长城 100 米，西南距八家子长城敌台 4100 米。

平面为圆形，剖面为梯形。保存较差，现存一座凸起的土丘。表面可见塌落的青砖残块。建筑结构不清。现存台体顶径 6.5、底径 13、残高 2.5 米。台体下有方形台基，边长 22、残高 4 米；台基上有环壕，绕台一周，口宽 2.2~2.6、底宽 0.8~1.2、存深 0.3~0.5 米。

烽火台外围有闭合的方形围墙，边长 130 米，朝向为东南，烽火台位于围墙内中央偏西北。围墙的北、东、西三面保存较好，南墙保存较差。西南角被公路毁掉。围墙外有壕堑。西墙顶宽 4.3、底宽 5.8、残高 1.3 米；外壕口宽 6.8、底宽 2.9、深 1.45 米。北墙顶宽 1.3、底宽 10.7、残高 1.6 米；外壕口宽 7 米，底宽 2.9、存深 1.45 米。（图四二、四三）

后兴隆台烽火台（211224353201170022）

位于亮中桥乡后兴隆台村东北 100 米，高程 121 米。西距兴隆台长城 1 段 70 米，西南距兴隆台长城敌台 1600 米。

平面为方形，剖面为梯形。保存较差，现存一座凸起的土丘，表面可见塌落的青砖残块。建筑结构不清。现存台体顶边长 12、底边长 23、残高 2.5 米。

齐家窝堡烽火台（211224353201170024）

位于亮中桥乡亮河村齐家窝堡屯东南 400 米处，高程 116 米。西距兴隆台长城 2 段 150 米，西南距白台子烽火台 2500 米。

平面为圆形，剖面为梯形。保存较差，现存一座凸起的土丘。表面可见塌落的青砖残块。建筑结构不清。现存台体顶径 6、底径 30、残高 2.5 米。

白台子烽火台（211224353201170025）

位于亮中桥乡亮河堡村白台子屯北 100 米，高程 121 米。西距兴隆台长城 2 段 300 米，西南距牛庄烽火台 1600 米，东北距离齐家窝堡烽火台 2500 米。

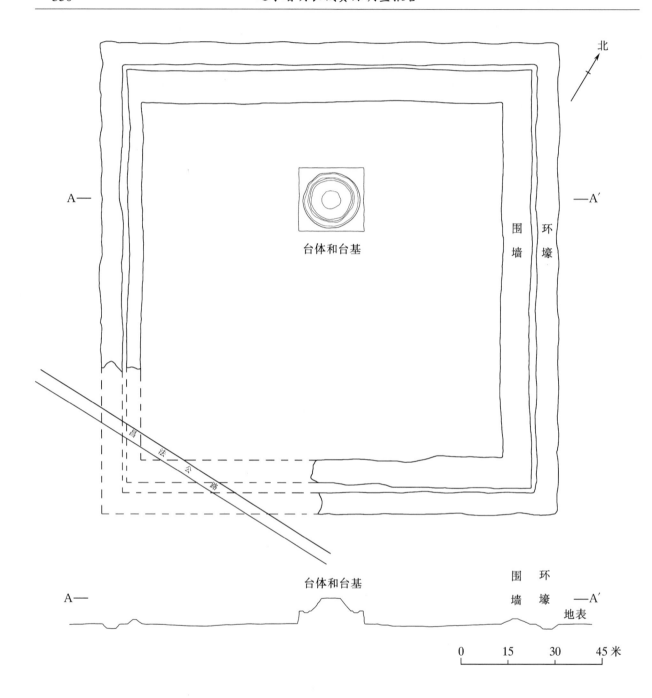

图四二　大台庙烽火台平、剖面示意图

　　平面为圆形，剖面为梯形。保存较差，现存一座凸起的土丘。表面可见塌落的青砖残块。建筑结构不清。现存台体顶径11.2、底径16、残高1.2米。台体下有方形台基，边长26、高2.5米。台基上有环壕，绕台一周，口宽1.1～1.5、底宽0.5～0.7、存深0.4米。

　　牛庄烽火台（211224353201170026）

　　位于昌图县亮中桥乡牛庄村东1000米，高程134米。西距兴隆台长城2段50米，西南距三家子烽火台1700米，东北距白台子烽火台1600米。

　　平面为圆形，剖面为梯形。保存较差，现存一座凸起的土丘。表面可见塌落的青砖残块。

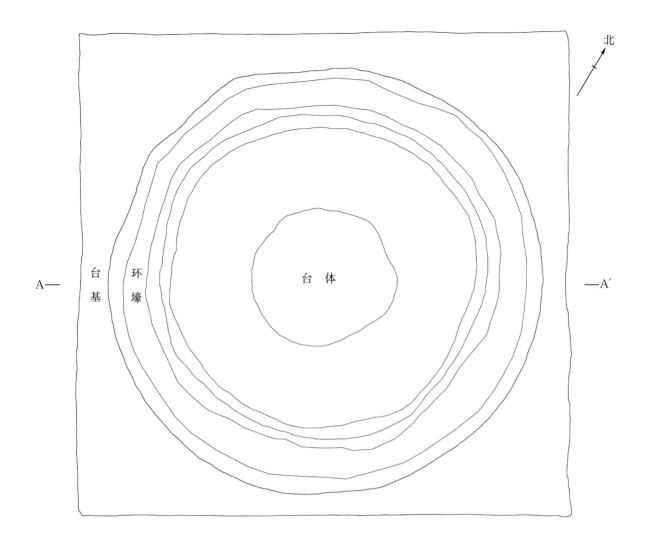

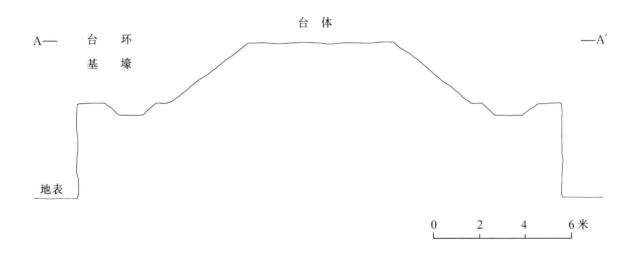

图四三　大台庙烽火台台基、台体平、剖面示意图

建筑结构不清。现存台体顶径 6、底径 26、残高 2 米。

三家子烽火台（211224353201170027）

位于亮中桥乡牛庄村三家子屯南 100 米，高程 127 米。西距兴隆台长城 2 段 100 米，西南距炮手屯烽火台 1700 米，东北距牛庄烽火台 1700 米。

平面为圆形，剖面为梯形。保存较差，现存一座凸起的土丘。表面可见塌落的青砖残块。建筑结构不清。现存台体顶径 8.2、底径 20.3、残高 1.8 米。

炮手屯烽火台（211224353201170028）

位于通江口乡宏胜村炮手屯西北 500 米，高程 135 米。西距兴隆台长城 2 段 40 米，西南距离前四方台烽火台 1700 米，东北距离三家子烽火台 1700 米。

平面为方形，剖面为梯形。保存较差，现存一座凸起的土丘。表面可见塌落的青砖残块。建筑结构不清。现存台体顶边长 4.5、底边长 23、残高 3 米。

前四方台烽火台（211224353201170029）

位于通江口乡四方村前四方台屯西 500 米，高程 136 米。西距兴隆台长城 2 段 40 米，东南距前四方台南台烽火台 1300 米，东北距炮手屯烽火台 1700 米。

平面为方形，剖面为梯形。保存较差，现存一座凸起的土丘。表面可见塌落的青砖残块。建筑结构不清。现存台体顶边长 7、底边长 17、残高 3 米。台体下有方形台基，边长 51、残高 6.3 米。

前四方台南台烽火台（211224353201170030）

位于通江口乡前四方台屯南 1000 米的南台上，高程 116 米。西距四方台长城 200 米，东南距贾家店烽火台 1200 米，西北距前四方台烽火台 1300 米。

平面为方形，剖面为梯形。保存较差，现存一座凸起的土丘。表面可见塌落的青砖残块。建筑结构不清。现存台体顶边长 4.6、底边长 18、残高 3 米。台体下有方形台基，边长 51、残高 6.3 米。

贾家店烽火台（211224353201170031）

位于通江口乡长岭村贾家店屯东北 50 米，高程 113 米。西距四方台长城 100 米，东南距鹿场烽火台 1200 米，西北距前四方台南台烽火台 1200 米。

平面为方形，剖面为梯形。保存较差，现存一座凸起的土丘。表面可见塌落的青砖残块。建筑结构不清。现存台体顶边长 3、底边长 23、残高 4.6 米。

鹿场烽火台（211224353201170032）

位于通江口乡长岭村长岭鹿场南 100 米，高程 113 米。西距四方台长城 80 米，东南距土台子烽火台 2400 米，西北距贾家店烽火台 1200 米。

平面为方形，剖面为梯形。保存较差，现存一座凸起的土丘。表面可见塌落的青砖残块。建筑结构不清。现存台体顶边长 3、底边长 27、残高 2.1 米。

土台子烽火台（211224353201170033）

位于通江口乡长岭村杨家窝堡村中土台子上，高程 89 米。西距四方台长城 70 米，西北距鹿场烽火台 2400 米。

平面为圆形，剖面为梯形。保存较差，现存一座凸起的土丘。表面可见塌落的青砖残块，建筑结构不清。现存台体顶径 3.5、底径 11、残高 2.5 米。

（3）开原市（西线）

开原市（西线）共发现烽火台 6 座。

二台子烽火台（211282353201170043）

位于庆云堡镇双楼台村南 2800 米，高程 76 米。西距兴隆台长城 2 段 300 米，东南距老虎头烽火台 1200 米。西侧为辽河。

平面为方形，剖面为梯形。保存状况差，残存一座长方形土丘，周围地表散见青砖残块。建筑结构不清。现存台体顶边长 6.4、底边长 17、残高 2.6 米。

老虎头烽火台（211282353201170044）

位于庆云堡镇老虎头村西南 100 米，高程 71 米。原址西距兴隆台长城 200 米，西南距北台子烽火台 1800 米，西北距二台子烽火台 1200 米。西侧为辽河。

台体被彻底破坏，辟为稻田，周围地表散见青砖残块。

北台子烽火台（211282352101170045）

位于庆云堡镇兴隆台村北 200 米处北台子上，高程 74 米。西距兴隆台长城 2 段 300 米，西南距兴隆台烽火台 1200 米，东北距离老虎头烽火台 1800 米。西面有辽河。

平面为圆形，剖面为梯形。保存状况差，残存一座土丘，周围地表散见青砖残块。建筑结构不清。现存台体顶径 6.6、底径 17、残高 3.4 米。

兴隆台烽火台（211282352101170046）

位于庆云堡镇兴隆台村南 200 米，高程 65 米。原址西距兴隆台长城 2 段 300 米，东南距五棵树烽火台 2000 米，东北距离北台子烽火台 1200 米。

台体消失，被辟为鱼塘，周围地表散见青砖残块。

五棵树烽火台（211282352101170047）

位于庆云堡镇后施家堡村西北 1000 米的五棵树排灌站处，高程 62 米。原址西距兴隆台长城 2 段 200 米，南距项家窝棚烽火台 5200 米，西北距离兴隆台烽火台 2000 米。西侧为辽河。

台体消失，被辟为耕地，周围地表散见青砖残块。

项家窝棚烽火台（211282352101170048）

位于三家子乡项家窝棚村北 100 米，高程 64 米。原址西距兴隆台长城 2 段 200 米，北距五棵树烽火台 5200 米。西侧为辽河。

台体消失，原址现为民宅，周围地表散见青砖残块。

（4）铁岭县（西线）

铁岭县（西线）共发现烽火台 7 座。

南台子烽火台（211221353201170028）

位于蔡牛乡东贝河村南台子屯东南 100 米，高程 56 米。原址西距二公台长城 2 段 100 米，西南距北高台烽火台 4400 米。南侧为辽河。

台体地面遗迹消失。据当地群众反映，此地原有烽火台。

北高台烽火台（211221353201170029）

该烽火台位于汎河镇北高台子村东北 500 米，高程 64 米。原址西距二公台长城 2 段 200 米，西南距南高台烽火台 1100 米。

台体地面遗迹消失。据当地群众反映，此地原有烽火台。

南高台烽火台（211221353201170030）

位于汎河镇南高台子村西南 50 米，高程 54 米。原址西距二公台长城 2 段 200 米，西南距药王庙烽火台 1700 米，东北距北高台烽火台 1100 米。

台体地面遗迹消失。据当地群众反映，此地原有烽火台。

药王庙烽火台（211221353201170031）

位于汎河镇药王庙村东北 1000 米，高程 62 米。原址西距二公台长城 2 段 100 米，东北距南高台烽火台 1700 米。

台体地面遗迹消失。据当地群众反映，此地原有烽火台。

索龙岗北烽火台（211221353201170032）

位于新台子镇索龙岗村东北 1500 米，高程 46 米。原址西距二公台长城 2 段 80 米，西南距索龙岗长城敌台 700 米。

台体地面遗迹消失。据当地群众反映，此地原有烽火台。

珠尔山烽火台（211221353201170034）

位于新台子镇索龙岗村珠尔山屯北 100 米的珠尔山上，高程 70 米。北距索龙岗长城 2 段 100 米，西南距帽山烽火台 6500 米，东北距索龙岗长城敌台 1800 米。

平面为圆形，剖面为梯形。保存较差，台体塌颓，地表残存一座突起的土丘，台体上及其周围散见青砖残块。建筑结构不清。现存台体顶径 7.2、底径 13.2、残高 2.1 米。台体下有圆形台基，直径 55、残高 8 米。从烽火台上的盗洞壁上可见内部墙身用土、石混筑。

帽山烽火台（211221353201170035）

位于阿吉镇陈平村南 200 米的帽山顶上，高程 91 米。西距索龙岗长城 2 段 6000 米，西南距祝家堡子东山烽火台 1900 米，东北距珠尔山烽火台 6500 米。

平面为圆形，剖面为梯形。保存较差，台体塌颓，地表残存一座突起的土丘，台体上及其周围散见青砖残块。建筑结构不清。现存台体顶径 9.3、底径 30、残高 7.5 米。台体下有圆形台基，直径 55、残高 8 米。

（5）法库县

法库县共发现烽火台 2 座。

祝家堡子东山烽火台（210124353201170001）

位于依牛堡乡祝家堡子村东 1000 米的东山顶上，高程 103 米。西北距戴荒地长城 70 米，西南距戴荒地前屯烽火台2700米，东北距帽山烽火台1900米。南侧有辽河。

平面为椭圆形，剖面为梯形。保存较差，台体已经完全坍塌，表面散见青砖残块。台顶有用混凝土修筑的测绘设施。建筑结构不清。现存台体顶径3.1～4.1、底径8～11、残高3米。

戴荒地前屯烽火台（210124353201170002）

位于依牛堡乡戴荒地村前屯南150米的山顶上，高程95米。原址北距戴荒地长城50米，东北距祝家堡子东山烽火台2700米。

台体地面遗迹消失。辽宁省石佛寺水库管理局在该烽火台原址上修建了一座新的烽火台。

（6）沈北新区

沈北新区共发现烽火台8座。

柳蒿台烽火台（210113353201170001）

位于石佛寺锡伯族乡山西孟家村东北1000米的柳蒿台上，高程55米。西距马门子长城260米，东南距白家台烽火台750米。北侧有辽河。

平面为方形，剖面为梯形。保存较差，残存一座凸起的方形土丘，周围有大量的青砖残块。建筑结构不清。现存台体顶边长6.3、底边长28、残高3.1米。

白家台烽火台（210113353201170002）

位于石佛寺锡伯族乡石佛寺村白家台屯西100米，高程83米。西距马门子长城1000米，南距苏家台烽火台650米，西北距柳蒿台烽火台750米。

平面为圆形，剖面为梯形。整体保存较差，残存一座凸起的土丘，散见青砖残块。建筑结构不清。现存台体顶径17、底径24、残高2米。

苏家台烽火台（210113353201170003）

位于石佛寺锡伯族乡石佛寺村苏家台屯西北200米，高程59米。西距马门子长城1300米，东南距离十方寺堡500米，北距白家台烽火台650米。

平面为方形，剖面为梯形。保存一般，仅残存一座凸起的土丘，现已被当地居民利用建成排灌站。台体表面及其周围散见青砖残块。建筑结构不清。现存台体顶边长6、底边长8、残高4米。

马门子烽火台（210113353201170004）

位于石佛寺锡伯族乡石佛寺乡马门子村南800米处，高程44米。原址西距马门子长城130米，西南距边墙子1号烽火台1000米。

台体地面遗迹消失，周围散见青砖残块。

边墙子1号烽火台（210113353201170005）

位于石佛寺锡伯族乡边墙子村北800米处，高程45米。原址西距边墙子长城100米，西南距边墙子2号烽火台1100米，东北距马门子烽火台1000米。

台体地面遗迹消失，周围散见青砖残块。

边墙子2号烽火台（210113353201170006）

位于石佛寺锡伯族乡边墙子村内，高程 44 米。原址西距边墙子长城 80 米，西南距四龙湾 1 号烽火台 1400 米，东北距边墙子 1 号烽火台 1100 米。

台体地面遗迹消失，现为民宅，周围散见青砖残块。

四龙湾 1 号烽火台（210113353201170007）

位于石佛寺锡伯族乡四龙湾村二组南 50 米，高程 41 米。西距边墙子长城 60 米，西南距四龙湾 2 号烽火台 1300 米，东北距边墙子 2 号烽火台 1400 米。

平面为圆形，剖面为梯形。保存一般，仅残存一座凸起的土丘，台体表面及其周围散见青砖残块。建筑结构不清。现存台体顶径 5.5、底径 16、残高 2.8 米。

四龙湾 2 号烽火台（210113353201170008）

位于石佛寺锡伯族乡四龙湾村一组南 100 米，高程 41 米。原址西距边墙子长城 100 米，西南距离于洪区境内的盘古台烽火台 1100 米，东北距四龙湾 1 号烽火台 1300 米。

台体地面遗迹消失，周围散见青砖残块。

（7）于洪区

于洪区共发现烽火台 32 座。

盘古台烽火台（210114353201170001）

位于光辉乡盘古村内，高程 40 米。原址西距万金台长城 200 米，西南距西大台子烽火台 900 米，东北距四龙湾 2 号烽火台 1100 米。

台体地面遗迹消失，现为民宅，周围散见青砖残块。

西大台子烽火台（210114353201170002）

位于光辉乡盘古村西南 300 米，高程 33 米。原址西距万金台长城 200 米，西南距四台子烽火台 1000 米，东北距盘古台烽火台 900 米。

台体地面遗迹消失，现为稻田，周围散见青砖残块。

四台子烽火台（210114353201170003）

位于光辉乡四台子村北 1000 米，高程 44 米。原址西距万金台长城 220 米，西南距万金台烽火台 2600 米，东北距西大台子烽火台 1000 米。

台体地面遗迹消失，现为耕地，周围散见青砖残块。

万金台烽火台（210114353201170004）

位于光辉乡万金台村北 1000 米，高程 42 米。原址西距万金台长城 210 米，西南距于金台烽火台 1800 米，西北距四台子烽火台 2600 米。

台体地面遗迹消失，现为耕地，周围散见青砖残块。

于金台烽火台（210114353201170005）

位于光辉乡于金台村北 800 米，高程 46 米。原址西距万金台长城 240 米，西南距白虎台烽火台 2500 米，东北距万金台烽火台 1800 米。

台体地面遗迹消失，现为耕地，周围散见青砖残块。

白虎台烽火台（210114353201170006）

位于光辉乡白虎台村南 1000 米，高程 45 米。原址西距万金台长城 200 米，西南距四方台烽火台 800 米，东北距于金台烽火台 2500 米。

台体地面遗迹消失，现为耕地，周围散见青砖残块。

四方台烽火台（210114353201170007）

位于光辉乡四方台村北 100 米，高程 41 米。原址西距万金台长城 180 米，西南距开隆社烽火台 4400 米，东北距白虎台烽火台 800 米。

台体地面遗迹消失，现为耕地，周围散见青砖残块。

开隆社烽火台（210114353201170008）

位于光辉乡开隆社村内，高程 36 米。原址西距四方台长城 160 米，西南距老边台烽火台 2200 米，东北距四方台烽火台 4400 米。

台体地面遗迹消失，现为乡路，周围散见青砖残块。

老边台烽火台（210114353201170009）

位于光辉乡老边台村西南 900 米，高程 34 米。原址西距四方台长城 150 米，西南距三台子烽火台 1400 米，东北距开隆社烽火台 2200 米。

台体地面遗迹消失，现为耕地，周围散见青砖残块。

三台子烽火台（210114353201170010）

位于光辉乡高台子村三台子屯西南 300 米，高程 37 米。原址西距三台子长城 200 米，西南距高台子 1 号烽火台 1300 米，东北距老边台烽火台 1400 米。

台体地面遗迹消失，现为耕地，周围散见青砖残块。

高台子 1 号烽火台（210114353201170011）

位于光辉乡高台子村中的黄土岗上，高程 44 米。西距三台子长城 300 米，南距高台子 2 号烽火台 1400 米，东北距三台子烽火台 1300 米。

平面近圆形，剖面近梯形。保存差，残存突起的土丘，台体及其周围散见青砖残块。建筑结构不清。台顶建有测绘标志点铁塔。现存台体顶径 13、底径 16、残高 11 米。

高台子 2 号烽火台（210114353201170012）

位于光辉乡高台子村南 1400 米，高程 50 米。西距沙岭长城 100 米，南距门台烽火台 2600 米，北距高台子 1 号烽火台 1400 米。

平面为圆形，剖面为梯形。整体状况差，残存一座突起的土丘，台体上及其周围堆满现代的坟丘。建筑结构不清。现存台体顶径 9、底径 14、残高 4.3 米。

门台烽火台（210114353201170013）

位于光辉乡门台村南 800 米，高程 32 米。原址西距沙岭长城 200 米，东南距老什牛烽火台 2200 米，北距高台子 2 号烽火台 2600 米。

台体地面遗迹消失，现为耕地，周围散见青砖残块。

老什牛烽火台（210114353201170014）

位于光辉乡老什牛村东南 200 米，高程 37 米。原址西距沙岭长城 200 米，南距前边台烽火台 2900 米，西北距门台烽火台 2200 米。

台体地面遗迹消失，现为耕地，周围散见青砖残块。

前边台烽火台（210114353201170015）

位于马三家镇边台村前边台屯西 500 米，高程 28 米。原址西距沙岭长城 100 米，东南距皮台 1 号烽火台 1200 米，北距老什牛烽火台 2900 米。

台体地面遗迹消失，现为耕地，周围散见青砖残块。

皮台 1 号烽火台（210114353201170016）

位于马三家镇皮台村西 500 米，高程 33 米。原址西距沙岭长城 100 米，东南距皮台 2 号烽火台 400 米，西北距前边台烽火台 1200 米。

台体地面遗迹消失，现为鱼塘，周围散见青砖残块。

皮台 2 号烽火台（210114353201170017）

位于马三家镇皮台村南 800 米，高程 32 米。原址西距沙岭长城 100 米，东南距皮台 3 号烽火台 800 米，西北距皮台 1 号烽火台 400 米。

台体地面遗迹消失，现为鱼塘，周围散见青砖残块。

皮台 3 号烽火台（210114353201170018）

位于马三家镇皮台村南 1400 米，高程 38 米。原址西距沙岭长城 120 米，东南距前进 1 号烽火台 1000 米，西北距皮台 2 号烽火台 800 米。

台体地面遗迹消失，现为鱼塘，周围散见青砖残块。

前进 1 号烽火台（210114353201170019）

位于沙岭街道前进村西 300 米，高程 38 米。原址西距沙岭长城 180 米，东南距前进 2 号烽火台 1000 米，西北距皮台 3 号烽火台 1000 米。

台体地面遗迹消失，现为耕地，周围散见青砖残块。

前进 2 号烽火台（210114353201170020）

位于沙岭街道前进村南 1000 米，高程 38 米。原址西距沙岭长城 150 米，东南距沙岭 1 号烽火台 3000 米，西北距前进 1 号烽火台 1000 米。

台体地面遗迹消失，现为耕地，周围散见青砖残块。

沙岭 1 号烽火台（210114353201170021）

位于沙岭街道 1400 米，高程 40 米。原址西距沙岭长城 130 米，东南距沙岭 2 号烽火台 1100 米，西北距前进 2 号烽火台 3000 米。

台体地面遗迹消失，现为耕地，周围散见青砖残块。

沙岭 2 号烽火台（210114353201170022）

位于沙岭街道北 300 米，高程 47 米。原址西距沙岭长城 150 米，南距四台子 1 号烽火台 1700 米，西北距沙岭 1 号烽火台 1100 米。

台体地面遗迹消失，现为耕地，周围散见青砖残块。

四台子 1 号烽火台（210114353201170023）

位于沙岭街道四台子村北 300 米，高程 35 米。原址西距彰驿长城 400 米，南距四台子 2 号烽火台 1000 米，北距沙岭 2 号烽火台 1700 米。

台体地面遗迹消失，现为省道 107 线公路路面。

四台子 2 号烽火台（210114353201170024）

位于沙岭街道四台子村中，高程 29 米。原址西距彰驿长城 400 米，南距四台子 3 号烽火台 900 米，北距四台子 1 号烽火台 1000 米。

台体地面遗迹消失，现为民宅，周围散见青砖残块。

四台子 3 号烽火台（210114353201170025）

位于沙岭街道四台子村南 1000 米，高程 37 米。原址西距彰驿长城 390 米，南距四台子 4 号烽火台 600 米，北距四台子 2 号烽火台 900 米。

台体地面遗迹消失，现为民宅，周围散见青砖残块。

四台子 4 号烽火台（210114353201170026）

位于沙岭街道四台子村南 2000 米，高程 32 米。原址西距彰驿长城 360 米，南距后马烽火台 1500 米，北距四台子 3 号烽火台 600 米。

台体地面遗迹消失，现为厂房，周围散见青砖残块。

后马烽火台（210114353201170027）

位于大潘镇后马村村委会大院内，高程 28 米。原址西距彰驿长城 350 米，西南距林台烽火台 3800 米，北距四台子 4 号烽火台 1500 米。

台体地面遗迹消失，现为村委会办公楼，周围散见青砖残块。

林台烽火台（210114353201170028）

位于大潘镇林台村西南 600 米的黄土岗上，高程 54 米。西距彰驿长城 320 米，西南距小潘台烽火台 2000 米，东北距后马烽火台 3800 米。

平面为圆形，剖面为梯形。整体保存差，残存一座突起的土丘，顶部平坦，建有测绘标志铁塔，塔下有混凝土和红砖砌筑的井，口径 1、深 1.5 米。台体上及其周围可见青砖残块。建筑结构不清。现存台体顶径 9、底径 50、残高 15 米。

小潘台烽火台（210114353201170029）

位于大潘镇小潘台村中，高程 30 米。原址西距彰驿长城 300 米，西南距大潘台烽火台 1600 米，东北距林台烽火台 2000 米。

台体地面遗迹消失，现为民宅，周围散见青砖残块。

大潘台烽火台（210114353201170030）

位于大潘镇沈辽公路东南 20 米的东方彩钢楼下，高程 30 米。原址西距彰驿长城 300 米，西南距彰驿二台子烽火台 1100 米，东北距小潘台烽火台 1600 米。

台体地面遗迹消失，现为民宅，周围散见青砖残块。

彰驿二台子烽火台（210114353201170031）

位于彰驿镇北 3000 米，高程 31 米。原址西距彰驿长城 300 米，西南距彰驿大台子烽火台

3200 米，东北距大潘台烽火台 1100 米。

台体地面遗迹消失，现为耕地，周围散见青砖残块。

彰驿大台子烽火台（210114353201170032）

该烽火台位于彰驿镇南端，沈辽公路东南 60 米的汽车修理铺楼下，高程 28 米。原址西距彰驿长城 320 米，西南距辽中县境内的大乌拉烽火台 2200 米，东北距彰驿二台子烽火台 3200 米。西侧有沈辽公路。

台体地面遗迹消失，现为民宅，周围散见青砖残块。

（8）辽中县

辽中县共发现烽火台 10 座。

大乌拉烽火台（210122353201170001）

位于西长滩乡大乌拉村西 1000 米，高程 26 米。原址西距四方台长城 700 米，西南距岳火台烽火台 6000 米，东北距彰驿大台子烽火台 2200 米。西北距沈辽公路 20 米。

台体地面遗迹消失，现为沈阳德邦不锈钢产业有限公司厂房。

岳火台烽火台（210122353201170002）

位于西长滩乡大乌拉村西（沈辽公路东南 700 米），高程 33 米。西距四方台长城 4200 米，西南距八音台烽火台 3500 米，东北距大乌拉烽火台 6000 米。西北距沈辽公路 700 米。

平面为圆形，剖面为梯形。整体保存差，地面残存一座土丘，台体及其周围现代坟丘，周围可见青砖残块。建筑结构不清。现存台体顶径 10、底径 40、残高 5 米。

八音台烽火台（210122353201170003）

位于西长滩乡八音台村内（沈辽公路西北 100 米），高程 9 米。原址西距四方台长城 3100 米，西南距四方台烽火台 3500 米，东北距岳火台烽火台 3500 米。北距沈辽公路 100 米。

台体地面遗迹消失，现为当地居民蔬菜大棚，周围散见青砖残块。

四方台烽火台（210122353201170004）

位于西长滩乡四方台村西北 50 米的黄土岗上，高程 41 米。西距四方台长城 500 米，西南距偏堡子烽火台 5200 米，东北距八音台烽火台 3500 米。

平面为圆形，剖面为梯形。整体保存差，地面残存一座土丘，周围可见青砖残块。建筑结构不清。现存台体顶径 12、底径 16、残高 3 米。

偏堡子烽火台（210122353201170005）

位于茨榆坨镇偏堡子村北 500 米，高程 27 米。西距四方台长城 650 米，西南距茨榆坨烽火台 4300 米，东北距四方台烽火台 5200 米。

平面为矩形，剖面为梯形。整体保存差，地面残存一座土丘，周围可见青砖残块。台体南侧和西侧在修建沈辽公路被切掉。建筑结构不清。现存台体南北长 18、东西宽 12、残高 5 米。

茨榆坨烽火台（210122353201170006）

位于茨榆坨镇茨榆坨村南 500 米，高程 28 米。西距茨榆坨长城 800 米，南距三台子烽火台 2200 米，东北距偏堡子烽火台 4300 米。

平面为圆形，剖面为梯形。整体保存差，地面残存一座土丘，周围可见青砖残块。建筑结构不清。现存台体顶径 18、底径 22、残高 8 米。

三台子烽火台（210122353201170007）

该烽火台位于肖寨门镇三台子村北 100 米，高程 18 米。原址西距茨榆坨长城 1100 米，南距五台子烽火台 2300 米，北距茨榆坨烽火台 2200 米。

台体地面遗迹消失，现为池塘，周围散见青砖残块。

五台子烽火台（210122353201170008）

位于肖寨门镇三台子村东南 1000 米，高程 22 米。原址西距茨榆坨长城 1300 米，南距六台子烽火台 700 米，北距三台子烽火台 2300 米。

台体地面遗迹消失，现为耕地，周围散见青砖残块。

六台子烽火台（210122353201170009）

位于肖寨门镇七台子村北 500 米，高程 16 米。原址西距茨榆坨长城 1500 米，南距七台子烽火台 900 米，北距五台子烽火台 700 米。

台体地面遗迹消失，现为耕地，周围散见青砖残块。

七台子烽火台（210122353201170010）

位于肖寨门镇七台子村村委会东 200 米民宅下，高程 19 米。原址西距茨榆坨长城 1200 米，南距兴隆台 1 号烽火台 1500 米，北距六台子烽火台 900 米。

台体地面遗迹消失，现为民宅，周围散见青砖残块。

（9）辽阳县

辽阳县共发现烽火台 20 座。

兴隆台 1 号烽火台（211021353201170001）

位于小北河镇兴隆台村北 1800 米，高程 20 米。西距兴隆台长城 400 米，南距兴隆台 2 号烽火台 1400 米，东北距七台子烽火台 1500 米。

平面为方形，剖面为梯形。现存台体顶边长 14、底径 42、残高 1.6 米。

兴隆台 2 号烽火台（211021353201170002）

位于小北河镇兴隆台村中，高程 15 米。原址西距兴隆台长城 380 米，东南距胡家台烽火台 1400 米，北距兴隆台 1 号烽火台 1400 米。

台体地面遗迹消失，周围散见青砖残块。

胡家台烽火台（211021353201170003）

位于小北河镇张家村胡家台屯内，高程 19 米。原址西距兴隆台长城 600 米，东南距北台子烽火台 1100 米，西北距兴隆台 2 号烽火台 1400 米。

台体地面遗迹消失，现为民宅，周围散见青砖残块。

北台子烽火台（211021353201170004）

位于小北河镇张家村北台子屯内，高程 8 米。原址西距兴隆台长城 640 米，东南距河公台烽火台 3400 米，西北距胡家台烽火台 1100 米。

台体地面遗迹消失，现为民宅，周围散见青砖残块。

高台子烽火台（211021353201170005）

位于小北河镇高台子村内，高程 15 米。东距兴隆台长城 6400 米，东南距长安堡 7100 米。

现平面为不规则的四边形。整体保存差，地面残存一座四棱状的土柱，台体外围被当地居民取土破坏，周围可见青砖残块。建筑结构不清，从暴露在外的断面上可见清晰的夯层。现存台体顶长 4、宽 2 米，底长 8、宽 6 米，残高 8 米。（测绘图一八、彩图一五七）

河公台烽火台（211021353201170006）

位于黄泥洼乡河公台村北 200 米，高程 11 米。原址西距兴隆台长城 960 米，西南距二号台烽火台 3200 米，西北距北台子烽火台 3400 米。

台体地面遗迹消失，现为耕地，周围散见青砖残块。

二弓台烽火台（211021353201170007）

位于黄泥洼乡二弓台村内，高程 11 米。原址西距黄泥洼长城 470 米，西南距三弓台烽火台 800 米，东北距离河公台烽火台 3200 米。

台体地面遗迹消失，现为民宅，周围散见青砖残块。

三弓台烽火台（211021353201170008）

位于黄泥洼乡三弓台村内，高程 6 米。原址西距黄泥洼长城 530 米，西南距四弓台烽火台 720 米，东北距二弓台烽火台 800 米。

台体地面遗迹消失，现为耕地，周围散见青砖残块。

四弓台烽火台（211021353201170009）

位于黄泥洼乡四弓台村内，高程 11 米。原址西距黄泥洼长城 580 米，西南距五弓台烽火台 750 米，东北距离三弓台烽火台 720 米。

台体地面遗迹消失，现为耕地，周围散见青砖残块。

五弓台烽火台（211021353201170010）

位于黄泥洼乡五弓台村内，高程 7 米。原址西距黄泥洼长城 620 米，西南距六弓台烽火台 600 米，东北距四弓台烽火台 750 米。

台体地面遗迹消失，现为耕地，周围散见青砖残块。

六弓台烽火台（211021353201170011）

位于黄泥洼乡六弓台村内，高程 17 米。原址西距黄泥洼长城 920 米，西南距八弓台烽火台 1300 米，东北距五弓台烽火台 600 米。

台体地面遗迹消失，现为民宅，周围散见青砖残块。

八弓台烽火台（211021353201170012）

位于黄泥洼乡八弓台村内，高程 20 米。原址西距黄泥洼长城 200 米，西南距南边墙子烽火台 4400 米，东北距离六弓台烽火台 1300 米。

台体地面遗迹消失，现为太子河大坝，周围散见青砖残块。

南边墙子烽火台（211021353201170013）

位于柳壕镇南边墙子村内，高程9米。原址西距南边墙子长城50米，西南距高力城子烽火台3400米，东北距离八号台烽火台4400米。

台体地面遗迹消失，现为民宅，周围散见青砖残块。

高力城子烽火台（211021353201170014）

位于柳壕镇高力城子村内，高程16米。西距高力城子长城200米，西南距谷家台烽火台5300米，东北距离南边墙烽火台3400米。

平面为圆形，剖面为梯形。地面残存一座慢坡状土丘，台顶建有测绘标志点铁塔，周围可见青砖残块。建筑结构不清。现存台体顶径24、底径48、残高6.1米。保存完整的青砖规格有：0.32×0.145×0.85米、0.41×0.18×0.12米两种。

谷家台烽火台（211021353201170015）

位于唐马寨乡谷家台村内，高程14米。原址西距高力城子长城100米，西南距乔家台烽火台1100米，东北距高力城子烽火台5300米。

台体地面遗迹消失，现为民宅，周围散见青砖残块。

乔家台烽火台（211021353201170016）

位于唐马寨乡乔家台村内，高程18米。原址西距高力城子长城120米，西南距陈家台烽火台1100米，东北距谷家台烽火台1100米。

台体地面遗迹消失，现为民宅，周围散见青砖残块。

陈家台烽火台（211021353201170017）

位于唐马寨乡陈家台村内，高程13米。原址西距高力城子长城110米，西南距喜鹊台烽火台4600米，东北距乔家台烽火台1100米。

台体地面遗迹消失，现为民宅，周围散见青砖残块。

喜鹊台烽火台（211021353201170018）

位于穆家乡喜鹊台村西南500米，高程7米。西距高力城子长城200米，西南距二台子烽火台2600米，东北距陈家台烽火台4600米。

平面为方形，剖面为梯形。地面残存一座慢坡状土丘，被当地居民辟为耕地，周围可见青砖残块。建筑结构不清。现存台体顶边长14、底边长36、残高1.3米。

二台子烽火台（211021353201170019）

位于穆家乡南台口村西南1000米二台子提水站西，高程7米。西距高力城子长城100米，西南距大台子烽火台830米，东北距喜鹊台烽火台2600米。

平面为方形，剖面为梯形。地面残存一座慢坡状土丘，被当地居民辟为耕地，周围可见青砖残块。建筑结构不清。现存台体顶边长16、底边长42、残高1.2米。

大台子烽火台（211021353201170020）

位于穆家乡大台子村西北1000米，高程8米。西距高力城子长城500米，东北距二台子烽火台830米，西南距长静堡2300米。

平面为长方形，剖面为梯形。地面残存一座慢坡状土丘，被当地居民辟为耕地，周围可见青砖残块。建筑结构不清。现存台体顶边长 16、宽 14 米，底边长 51、宽 46 米，残高 1.3 米。

（10）海城市

海城市共发现烽火台 2 座。

官草村烽火台（210381353201170001）

位于望台镇官东北 800 米草村耕地上，高程 8 米。东北距老墙头长城起点 14200 米，西南距东小村烽火台 5100 米。西北距台安－鞍山公路 900 米。

台体地面遗迹消失，现为耕地，周围散见青砖残块。

东小村烽火台（210381353201170002）

位于望台镇东小村东南 400 米的耕地上，高程 10 米。东北距老墙头长城 19200 米、距官草村烽火台 5100 米。西 20 米为村路。

台体地面遗迹消失，现为耕地，周围散见青砖残块。

（11）台安县

台安县共发现烽火台 4 座。

万家台烽火台（210321353201170001）

位于韭菜台镇韭菜台村连万江家院内，高程 4 米。西北距万家台长城起点 2500 米。

平、剖面形制不清。保存差，被住房损毁，遗迹消失，原建筑用砖现已被村民砌成院墙。

台岗子烽火台（210321353201170010）

位于富家镇南楼村北 900 米处耕地上，高程 6 米。东距龙凤村长城起点 3000 米，东北距西兴堡 1800 米，西北距平洋堡 2600 米。村东为六台屯－龙凤村公路。

平、剖面形制不清。此处地势明显高于周围耕地，地表发现青砖残块。

四台子屯烽火台（210321353201170013）

位于新台镇毛家村北 1000 米，高程 12 米。东南距五台岗子敌台 2400 米，东南距五台岗子长城起点 2400 米。五台岗子－四台子屯村级公路在村中通过。

平、剖面形制不清。此处地势略高于周围耕地，地面有青砖残块。

双台子烽火台（210321353201170026）

位于台安县桑林镇双台子村北 700 米处，高程 10 米。西北距双台子长城 2300 米，东南距双台子长城 2 号敌台 1400 米，东北距双台子长城 3 号敌台 164 米。南侧为新台－大台子公路。

此处地势略高于周围耕地，地面发现少量青砖残块。

（12）盘山县

盘山县共发现烽火台 21 座。

七台子三队烽火台（211122353201170001）

位于古城子乡七台子村三队东 500 米大田内，高程 3 米。西北距夏家烽火台 1300 米。东侧 2000 米为辽河，北侧为韭菜台－古城子公路。

台体地面遗迹消失。根据当地村民李东志回忆，在此烽火台基础上曾建有寺庙一座，现已无存。

夏家烽火台（211122353201170002）

位于古城子乡夏家村南 500 米，高程 2 米。东北距台安县万家台长城 4200 米，东南距七台子三队烽火台 1300 米，西北距刘家台烽火台 1700 米。东侧 2000 米为辽河，东侧为七台子－五台子村路。

台体地面遗迹消失，周围散见青砖残块。

刘家台烽火台（211122353201170003）

位于古城子乡夏家村刘家台西北 500 米耕地上，高程 5 米。东南距夏家烽火台 1700 米，西北距高家台烽火台 1800 米。南有夏家村－孙家台村级公路。

台体消失，地表只能发现零散青砖碎块。

四台子烽火台（211122353201170004）

位于古城子乡四台子村东北 200 米河套之内，高程 4 米。东北距台安县韭菜台长城 950 米，东距万家台烽火台 2200 米。北侧为五台子－热河台村级公路。

台体地面遗迹消失，地表只能发现零散青砖碎块。

高家台烽火台（211122353201170005）

位于沙岭镇高家台村高广义家后院，高程 5 米。东北距台安县韭菜台长城 1950 米、距安家台烽火台 855 米。西侧为热河台－陈家台公路。

台体地面遗迹消失，周围散见青砖残块。

安家台烽火台（211122353201170006）

位于沙岭镇热河台村安家台屯安守仁家院内，高程 4 米。西南距高家台烽火台 855 米，东南距刘家台烽火台 1500 米。东侧有高家台－热河台村级公路。

台体地面遗迹消失，周围散见青砖残块。

陈家台烽火台（211122353201170007）

位于沙岭镇陈家台村陈家小学院内，高程 0 米。东距台安县头台屯长城 1850 米，北距西平堡 2500 米。南侧为陈家台－马甲屯村级公路。

台体地面遗迹消失，周围散见青砖残块。

沙岭镇烽火台（211122353201170008）

位于沙岭镇沙岭革命烈士纪念碑西北 15 米处，高程 9 米。东北距台安县乔坨子长城 1075 米，西北距三台子二组烽火台 2400 米。沙岭－台安公路在镇中通过。

台体地面遗迹消失，周围散见青砖残块。

三台子二组烽火台（211122353201170009）

位于沙岭镇三台子村二组蔡幸福家院内，高程 6 米。西北距三台子九组烽火台 2000 米，东南距沙岭镇烽火台 2400 米。南侧有沙岭镇－三台子村级公路。

台体地面遗迹消失，周围散见青砖残块。

三台子九组烽火台（211122353201170010）

位于沙岭镇三台子村九组潘海棠家院内，高程9米。东北距榆树村烽火台4200米。东侧为沙岭镇－三台子村级公路。

台体地面遗迹消失，周围散见青砖残块。

榆树村烽火台（211122353201170011）

位于沙岭镇榆树村赵显武家门前，高程13米。西北距九台子长城止点1800米，西南距三台子二组烽火台3900米。

台体地面遗迹消失，现为鱼塘，周围散见青砖残块。

三台子村三组烽火台（211122353201170012）

位于高升镇三台子村三组北150米处耕地上，高程9米。西北距二台子南台烽火台400米，西北距二台子村四组烽火台1500米。

台体地面遗迹消失，现为耕地，周围散见青砖残块。据当地村民纪殿臣介绍，烽火台在1958年大跃进时遭到破坏。

二台子南台烽火台（211122353201170013）

位于高升镇二台子村南300米台地上，高程6米。东南距三台子村三组烽火台400米，西北距二台子村四组烽火台1100米。

台体地面遗迹消失。据当地村民介绍，烽火台在1958年大跃进时遭到破坏。

二台子村四组烽火台（211122353201170014）

位于高升镇二台子村四组孙庆家后院耕地上，高程7米。东南距二台子南台烽火台1100米，距三台子村三组烽火台1500米，西北距头台村烽火台2100米。

台体地面遗迹消失，现为耕地，周围散见青砖残块。

头台村烽火台（211122353201170015）

位于高升镇头台村西北1000米，高程6米。东南距二台子村四组烽火台2100米。

台体地面遗迹消失，现为墓地，周围散见青砖残块。

二台子烽火台（211122353201170016）

位于高升镇二台子村南500米耕地上，高程4米。西北距德胜村烽火台2000米。

台体地面遗迹消失，现为耕地，周围散见青砖残块。

德胜村烽火台（211122353201170017）

位于大荒乡德胜村东南2000米耕地边，高程3米。东南距镇武堡5800米，东南距二台子烽火台2000米。

台体地面遗迹消失，现为耕地，周围散见青砖残块。

楼台村二组烽火台（211122353201170018）

位于高升镇楼台村二组韩殿军家院内，高程8米。西北距东么村二组烽火台2800米。北侧为京沈高速公路。

台体地面遗迹消失，现为菜地，周围散见青砖残块。

东么村二组烽火台（211122353201170019）

位于高升镇东么村二组刘继周家院内，高程 10 米。西北距西么屯烽火台 2800 米，东南距楼台村二组烽火台 2800 米，西南距德胜村烽火台 2900 米。西侧为高升－台安公路。

台体地面遗迹消失，现为民宅。

西么屯烽火台（211122353201170020）

位于高升镇刘奎村西么屯李明珍家后院，高程 5 米。东南距东么村二组烽火台 2800 米。北侧有京沈高速公路。

台体地面遗迹消失，现为民宅，周围散见青砖残块。

四台子村烽火台（211122353201170021）

位于大荒乡四台子村西北 1000 米耕地，高程 4 米。东南距西么屯烽火台 3100 米。

台体地面遗迹消失，现为民宅，周围散见青砖残块。

（13）北镇市

北镇市共发现烽火台 17 座。

黑山岭烽火台（210782353201170001）

位于正安镇黑山沟村黑山岭北 700 米低矮山上，高程 125 米。西南距榆树沟烽火台 1600 米。东侧 200 米为 205 省道。

平面为圆形，剖面为梯形。保存较差，仅存夯土及零星石块，推测烽火台为内夯土、外包石结构。现存台体顶径 4.5、底径 7、残高 2 米。

榆树沟烽火台（210782353201170002）

位于大市镇高林村榆树沟东南 700 米处高山上，高程 209 米。东北距黑山岭烽火台 1600 米，西南距郭大发烽火台 3400 米。东北距黑山－阜新公路 1600 米。

平面为圆形，剖面为梯形。保存较差，仅存夯土及零星石块，顶部有人为盗洞，洞口呈长方形，南北长 1.2、东西宽 0.7、深 5 米。根据现存遗迹推测，烽火台为内夯土、外包石结构。现存台体顶径 5、底径 10、残高 4 米。

郭大发烽火台（210782353201170003）

位于大市镇郭大发村东北 1000 米处高山上，高程 342 米。西距团山沟长城（复线）9400 米，东北距榆树沟烽火台 3400 米。南距 304 省道 1500 米。

平面为圆形，剖面为梯形。保存较差，仅存夯土。现存台体顶径 5、底径 15、残高 5 米。

魏家岭烽火台（210782353201170004）

位于大市镇大一村团山沟西 500 米西山山体之上，高程 328 米。东北距团山沟长城（复线）1900 米。南距 304 省道 500 米。

平面为圆形，剖面为梯形。台体西、南侧倒塌，毛石脱落，北、东南侧保存较好。台体毛石干垒。现存台体顶径 10、底径 12、残高 5 米。北壁残长 8、残高 2～3 米；东壁残长 3、残高 1.5～2 米。（彩图一五八）

冤台子烽火台（210782353201170005）

位于新生农场第二监区南 1500 米处，高程 5 米。西北距大边屯烽火台 1900 米。

台体地面遗迹消失，现其上已栽种杨树。据村民李德昌介绍，此地即是烽火台。

大边屯烽火台（210782353201170006）

位于吴家乡大边村 6 组刘世先家院内，高程 5 米。东南距冤台子烽火台 1900 米。

台体地面遗迹消失，现为耕地，周围散见青砖残块。

东青堆子烽火台（210782353201170007）

位于柳家乡东青堆子村东青堆子砖厂所在地，高程 1 米。东南距东青堆子路河 600 米。

台体地面遗迹消失，周围散见青砖残块。

高台村烽火台（210782353201170008）

位于吴家乡高台子村东南 400 米处耕地上，高程 4 米。西北距六台子烽火台 3400 米，东南距大边屯烽火台 7500 米。西南距北镇－吴家乡公路 200 米。

台体地面遗迹消失，周围散见青砖残块。

六台子烽火台（210782353201170009）

位于中安镇六台子村 1 组赵万秋家院内，高程 5 米。东南距高台村烽火台 3400 米，西北距五台子烽火台 2900 米。东北距北镇－中安镇公路 700 米。

台体地面遗迹消失，现为民宅，周围散见青砖残块。

五台子烽火台（210782353201170010）

位于中安镇大顾村五台子屯西北 850 米处耕地上，高程 11 米。东南距六台子烽火台 2900 米，西北距三台子烽火台 4400 米。西南距北镇－中安镇公路 300 米。

台体地面遗迹消失。据当地百姓讲这里曾有一高出地表的土堆，现在已经被破坏。

三台子烽火台（210782353201170011）

位于中安镇三台子村东耕地上，高程 9 米。东南距五台子烽火台 4400 米。南距五台－中安公路 15 米。

台体地面遗迹消失。据当地百姓讲这里曾有一高出地表的土堆，现在已经被破坏。

四方台烽火台（210782353201170012）

位于汪家坟乡四方台村南 40 米处，高程 75 米。西距分税关长城 1 段（复线）2300 米，西南距边上屯烽火台 2200 米。南距北镇－阜新公路侧 30 米。

平面为圆形，剖面为梯形。保存较差，台体部分倒塌，石块脱落在台体周围。台体为内夯土、外包石结构。现存台体顶径 4、底径 7、残高 2 米。

边上屯烽火台（210782353201170013）

位于富家乡台子沟村边上屯东南 1500 米高山上，高程 244 米。西北距分税关长城 1 段（复线）起点 262 米，东距四方台烽火台 2200 米。西距北镇－大市堡公路 800 米。

平面近似矩形，剖面为梯形。保存一般，台体为内夯土、外包石结构，白灰勾缝。现存台体顶南北长 21、东西宽 20 米，底南北长 22、东西宽 21 米，残高 6.5 米。台体外侧有护台，北侧已毁；东侧护台残高 0.9、南侧残高 5 米，护台墙宽 0.5～0.7 米。

张家街 1 号烽火台（210782353201170014）

位于富家乡上坎子村张家街东 400 米鸡冠山上，高程 253 米。东距分税关长城 2 段（复线）1800 米，西北距张家街 2 号烽火台 285 米。

平面近似圆形，剖面为梯形。保存较好。台体用毛石干垒。现存台体顶径 5、底径 5.5、残高 2 米。（彩图一五九）

张家街 2 号烽火台（210782353201170015）

位于富家乡上坎子村张家街东南 500 米鸡冠山上，高程 276 米。东南距分税关长城 2 段（复线）1800 米，东南距张家街 1 号烽火台 285 米。

平面近似圆形，剖面为梯形。台体结构清楚，形制基本完整，东、南、北壁保存完好，西壁倒塌。烽火台为内夯土、外用条石砌筑，白灰勾缝。现存台体顶径 6.7、底径 7、残高 4 米。（彩图一六〇）

骆驼山烽火台（210782353201170016）

位于富家乡新立村龙湾屯北 2000 米骆驼山顶峰悬崖峭壁上，高程 642 米。东南距分税关长城 2 段（复线）6200 米，东南距张家街 2 号烽火台 4400 米。

台体地面遗迹消失。据当地百姓讲这里曾有一高出地表的土堆，现在已经被破坏。

白云关烽火台（210782353201170017）

位于观音阁街道办事处，医巫闾山风景区内的望海寺山峰之上，高程 245 米。西南侧 5 米为白云关关口，东北距骆驼山烽火台 7400 米。

平面近圆形，由于经过维修，烽火台墙体及垛口保存状况较好，台体结构清楚，形制完整。台体以山体岩石为基础，用青砖砌筑。现存台体东西最大径 7.2、南北最大径 6.1、通高 1 米。垛口宽 1、残高 0.6 米。

（14）黑山县（东段）

黑山县（东段）共发现烽火台 3 座。

前李家烽火台（210726353201170001）

位于四家子镇马圈子村前李家屯南 3000 米，高程 8 米。东南距前李家长城 800 米。东 200 米为马圈子 - 前李家村路。

台体地面遗迹消失，现为耕地，周围散见青砖残块。

龙山 1 号烽火台（210726353201170002）

位于大虎山镇龙山村南 600 米，高程 128 米。东南距龙山路河 1500 米。东侧为龙山 - 东边屯公路。

平面为圆形，剖面不清。保存差，只残留夯土台，台体周围散落青砖碎块。推测烽火台为内夯土、外包砖结构，夯层厚 0.1 米～0.15 米。现存台体顶径 5、底径 10、残高 3 米。

龙山 2 号烽火台（210726353201170003）

位于大虎山镇龙山村西 100 米处丘陵区，高程 63 米。东南距龙山路河 1400 米。东侧为龙山 - 东边屯公路。

平面为不规则形。保存差，只残留夯土台，台体周围散落青砖碎块。推测烽火台为内夯土、外包砖结构，夯层厚0.2米。现存台体顶径东西长10、南北宽5米，底径东西长13、南北宽8、残高3米。

3. 辽西丘陵明长城单体建筑现状

（1）黑山县（西段）

黑山县（西段）共发现烽火台17座。

下湾子烽火台（210726353201170004）

位于正安乡下湾子村西500米处丘陵区，高程64米。南距东边屯长城2400米，西南距小龙湾烽火台500米。

平面为圆形，剖面为梯形。保存差，只残留夯土台，台体周围散落青砖碎块。推测烽火台为内夯土、外包砖结构。现存台体顶径6、底径8、残高1.5米。

小龙湾烽火台（210726353201170005）

位于黑山镇东关村小龙湾屯东500米黑山县公墓内北侧丘陵区，高程72米。南距东边屯长城2300米，东北距下湾子烽火台500米。西侧为小龙湾－东边屯公路。

平面为圆形，剖面为梯形。保存差，只残留夯土台，台体周围散落青砖碎块。推测烽火台为内夯土、外包砖结构，夯土层厚0.15米。现存台体顶径9、底径18、残高2.5米。

东张家屯烽火台（210726353201170006）

位于太和镇胜利村三组石学章家东墙外耕地之上，高程35米。东南距陈屯长城1200米，西北距白台子烽火台1600米。

台体地面遗迹消失，现为耕地，周围散见青砖残块。

白台子烽火台（210726353201170007）

位于太和镇白台子村村委会后院高台之上，高程68米。东南距陈屯长城2800米、距东张家屯烽火台1600米。

台体南、北侧被村道破坏，东侧被住宅破坏，现残留高3米的夯土台，夯层厚0.18~0.2米，周围散落青砖碎块。

望北楼烽火台（210726353201170008）

位于八道壕镇孔屯村望北楼屯东南500米丘陵区，高程143米。东北距白台子小壕长城60米。

平面为圆形，保存差，只残留夯土台，台体周围散落青砖碎块。推测烽火台为内夯土、外包砖结构，夯层厚0.18~0.2米。现存台体顶径8、底径16、残高5米。

尖山烽火台（210726353201170009）

位于太和镇尖山村西1000米低山之上，高程208米。东北距孔屯长城1段46米。南400米为黑山－八道壕公路。

平面为圆形，剖面为梯形。保存差，只残留夯土台，顶部有一圆形盗坑，台体周围散落青砖碎块。推测烽火台为内夯土、外包砖结构。现存台体顶径6、底径16、残高5米。

孔屯烽火台（210726353201170010）

位于八道壕镇孔屯村南 1000 米处，高程 58 米。东距孔屯长城 1 段 1700 米。南 400 米为黑山－八道壕公路。

平面为圆形，剖面为梯形。保存差，只残留夯土台，台体周围散落青砖碎块。推测烽火台为内夯土、外包砖结构，夯层厚 0.15 米。现存台体顶径 6、底径 12、残高 3 米。

江台烽火台（210726353201170011）

位于八道壕镇江台村东南 500 米钟乳山顶之上，高程 172 米。东距江台长城 118 米。黑山县－八道壕镇公路在台体西侧 800 米处通过。

平面为圆形，剖面为梯形。保存差，只残留夯土台，台体周围散落青砖碎块。推测烽火台为内夯土、外包砖结构，夯层厚 0.15 米。现存台体顶径 5、底径 15、残高 3 米。

江台北山烽火台（210726353201170012）

位于八道壕镇江台村江台北山北 500 米的山体上，高程 132 米。东南距后壕长城 300 米。黑山县－八道壕镇公路在烽火台西侧 800 米处通过。

平面为圆形，剖面为梯形。保存较好，台体清楚，形制完整。台体外部由于长年受风雨侵蚀，西侧靠顶部青砖表面风化较重，台体有多处纵向通体裂缝。烽火台体是先将自然岩石进行平整，基础用条石砌筑，台身用青砖砌筑共 120 行，由下至上逐渐收分。在东南侧顶部有一上下出入口，宽 0.8、高 1.5 米，东侧上部有一瞭望孔，东、南、北侧有封顶帽。现存台体顶径 11、底径 12.5、残高 14 米。条石基础共 3 行，高 0.7 米。青砖长 0.37、宽 0.17、高 0.09 米，灰缝 0.02 米。（图四四、彩图一六一）

韦城子烽火台（210726353201170013）

位于八道壕镇韦城子村北 500 米丘陵区，高程 114 米。东距郝屯长城 384 米。黑山县－八道壕镇公路在台体西侧 800 米处通过。

平面为圆形，剖面为梯形。保存差，只残留夯土台，台体周围散落青砖碎块。推测烽火台为内夯土、外包砖结构。现存台体顶径 10、底径 18、残高 8 米，夯土层厚 0.15 米。在烽火台外 10 米处，有三墙夹两壕堑绕台一周。壕宽各 3 米，墙宽 1.2~1.5、残高 1~1.2 米。

八道壕烽火台（210726353201170016）

位于八道壕镇中学北 600 米新建街平地之上，高程 103 米。东南距郝屯长城 1400 米，东南距郝屯长城 2 号敌台 560 米。

平面为圆形，剖面为梯形。保存较差，四周为居民区。烽火台为砖筑，青砖表面风化严重，台体有多处纵向通体裂缝，南北侧靠底部有盗洞，被挖进 1 米深，已露出夯土。台身用青砖三顺一丁错缝砌筑，残留 87 行，由下至上逐渐内收。现存台体顶径 12、底径 13、残高 8.7 米；墙厚 1.6 米，周长 42.3 米。青砖长 0.35、宽 0.14、厚 0.8 米，灰缝 0.02 米。（彩图一六二）

陈八道壕烽火台（210726353201170017）

位于八道壕镇八道壕村陈八道屯北 20 米耕地之中，高程 90 米。西南距半仙屯长城起点

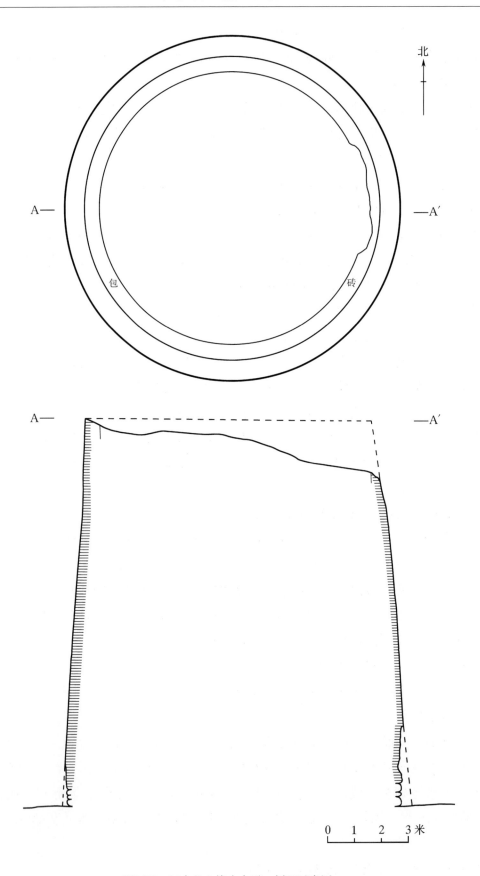

北

包　　　砖

0　1　2　3米

图四四　江台北山烽火台平、剖面示意图

2000 米，东南距八道壕烽火台 2000 米。北 20 米为八道壕 - 陈八道村级公路。

平面为不规则形，保存差，台体结构不清楚，形制不完整。台体倒塌，青砖脱落严重，只残留夯土台，台体东部被现代坟墓破坏。根据台体周围散落青砖碎块，推测烽火台为内夯土、外包砖结构。现存台体顶径南北 5、东西 2 米，底径南北 8、东西 4 米，残高 2 米。

义和屯烽火台（210726332201170022）

位于义和屯西北山山体之上，高程 211 米。南距义和屯长城 543 米。西侧 300 米为黑山至白厂门公路。

平面为圆形，剖面呈梯形。从基础到顶部垛口整体保存较好，台体结构清楚，形制完整。烽火台基础用 1 层条石砌筑，基础之上用青砖三顺一丁错缝砌筑 100 层，由下至上逐渐收分。上有 8 个垛口，垛口中间有 9 个射击孔，在南侧距顶部约 0.6 米处有一出入烽火台小门，有踏门石及门顶过木。西南侧底部有一人为盗洞。台体顶径 10、底径 12、通高 12 米。条石底座高 2.3 米；青砖长 0.35、宽 0.15、厚 0.1 米；射击孔直径 0.2 米；小门高 1.5、宽 1 米。（图四五、彩图一六三）

二台子烽火台（210726353201170023）

位于白厂门镇二台子村（西南 2800 米）耕地之中，高程 153 米。西北距二台子长城 655 米，西北距二台子长城 1 号敌台 20 米。西侧为黑山 - 白厂门公路。

平面为不规则形。保存差，西、北面破坏严重，夯土残缺，只残留夯土台，台体周围散落青砖碎块。烽火台为内夯土、外包砖结构，夯层厚 0.15 米。现存台体顶径东西宽 5、南北长 10 米，底径东西宽 10、南北长 20 米，残高 2 米。

城西 1 号烽火台（210726353201170027）

位于白厂门镇城西村（东北 1300 米）耕地之中，高程 221 米。东距二台长城 280 米，东北距二台子长城 2 号敌台 260 米，西北距城西 2 号烽火台 19 米。西北 500 米为 205 省级公路。

平面为矩形，剖面为梯形。保存差，只残留夯土台，台体周围散落青砖碎块。推测烽火台为内夯土、外包砖结构，夯层厚 0.2 米。现存台体顶南北长 13、东西宽 11 米，底南北长 15、东西宽 13、残高 5 米。

城西 2 号烽火台（210726353201170028）

位于白厂门镇城西村（东北 1300 米）耕地之中，高程 216 米。东距二台子长城 275 米，东南距城西 1 号烽火台 19 米。西北 500 米为 205 省级公路。

平面为矩形，剖面为梯形。保存差，只残留夯土台，台体周围散落青砖碎块。推测烽火台为内夯土、外包砖结构，夯层厚 0.2 米。现存台体顶东西长 16、南北宽 10 米，底东西长 18、南北宽 14 米，残高 5 米。

三台子烽火台（210726353201170029）

位于白厂门镇三台子北山山体之上，高程 171 米。东北距二台子长城 4300 米，西北距镇静堡 3300 米。东 500 米为 205 省级公路。

平面为圆形，剖面为梯形。保存差，只残留夯土台，台体周围散落青砖碎块。推测烽火

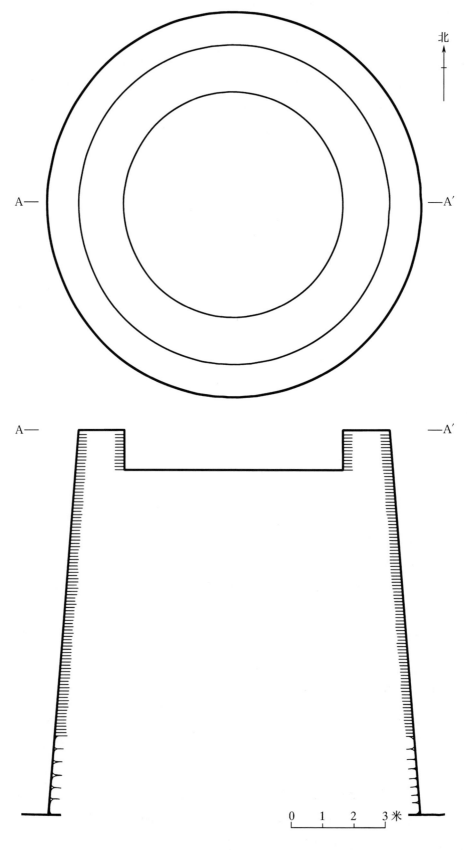

图四五　义和屯烽火台平、剖面示意图

台为内夯土、外包砖结构。现存台体顶径 6、底径 12、残高 5 米。

（2）阜新县

阜新县共发现烽火台 19 座。

国华乡三家子烽火台（210921353201170001）

位于国华乡十两家子村三家子屯南 1500 米高山上，高程 331 米。东北距国华乡三家子长城 1 段起点 1400 米。北距二富线公路 1000 米。

平面为圆形，剖面为梯形。保存较差，包石大部分部脱落，露出内部夯土，台体周围散见塌落的石块。台顶部有一盗洞，口呈长方形，东西长 1.2、南北宽 0.7、深 2 米。推测台体为内夯土、外包石结构。现存台体顶径 3、底径 8、残高 3 米。

十家子烽火台（210921353201170003）

位于国华乡十两家子村十家子屯南 1000 米高山上，高程 363 米。东北距国华乡三家子长城 2 段起点 1400 米，东北距国华乡三家子长城敌台 1400 米。

平面近似圆形，剖面为梯形。保存较差，顶部有一个椭圆形人为盗洞，台体周围散见塌落的石块。推断烽火台为毛石干垒。现存台体顶径 5、底径 8、残高 3 米。

马家荒 1 号烽火台（210921353201170010）

位于国华乡十家子村马家荒屯东 200 米高山上，高程 401 米。北距上两家子长城 2 米，西南距马家荒 2 号烽火台 420、距马家荒 3 号烽火台 500 米。

平面为圆形，剖面为梯形。除东壁保存较好以外，南、西、北侧墙体倒塌。台体用毛石干垒。现存台体顶径 4、底径 8、残高 4 米。

石门沟烽火台（210921353201170011）

位于国华乡二道岭村石门沟屯西北 300 米高山上，高程 419 米。西北距上两家子长城 637 米、距马家荒 2 号烽火台 580 米、距马家荒 3 号烽火台 510 米。

平面为不规则形，台体呈长条形状。保存较差，台体为夯土筑成，夯层厚约 0.2 米。现存台体顶径南北长 6、东西宽 1.5 米，底径南北长 10、东西宽 3 米，残高 4 米。

马家荒 2 号烽火台（210921353201170012）

位于国华乡十家子村马家荒南 400 米高山上，高程 384 米。北距上两家子长城 47 米，西南距马家荒 3 号烽火台 98 米，东北距马家荒 1 号烽火台 420 米。

平面为不规则形。保存较差，包石大部分部脱落，露出内部夯土，只有东、北两侧还残留有部分包石。台体为内夯土、外包石结构，夯层厚 0.2 米。现存台体顶径东西长 5.5、南北宽 3.5 米，底径 8 米，残高 4～7 米。

马家荒 3 号烽火台（210921353201170013）

位于国华乡十家子村马家荒南 500 米高山上，高程 390 米。北距上两家子长城 120 米，东北距马家荒 2 号烽火台 98 米，东南距石门沟烽火台 510 米。

平面近似圆形，剖面为梯形。保存较差，露出内部夯土，夯层厚 0.2 米。现存台体顶径 3、底径 6、残高 1.5 米。

马家荒 4 号烽火台（210921353201170014）

位于国华乡十家子村马家荒屯西南 1000 米高山上，高程 503 米。东距马家荒长城 448 米，西南距上排山楼长城 1 号敌台 930 米。

平面近似圆形，剖面为梯形。保存较差，包石大部分部脱落，露出内部夯土。推测台体为内夯土、外包石结构。现存台体顶径 3、底径 8、残高 2～3 米。

卡拉房子 3 号烽火台（210921353201170019）

位于新民乡卡拉房子村东北 200 米高山上，高程 280 米。西北距卡拉房子长城 2 段 3600 米，西北距卡拉房子长城 1 号敌台 2600 米。南距二富线公路 5500 米。

平面为圆形，剖面为梯形。保存较差，毛石大部分脱落，台体周围可见塌落的石块。推测台体用毛石干垒。现存台体顶径 5、底径 12、残高 3 米。

二道岭烽火台（210921353201170020）

位于国华乡十家子村二道岭屯西南 1000 米高山上，高程 475 米。北距卡拉房子长城 1 段起点 140 米。北距二富线公路 30 米。

平面为圆形，剖面为梯形。保存较差，包石大部分脱落，露出内部夯土，台体周围散见塌落的石块。烽火台西南侧有一盗洞，口呈方形，宽为 5、深 0.5～3 米。推测烽火台为内夯土、外包石结构。现存台体顶径 5、底径 12、残高 4 米。

卡拉房子 1 号烽火台（210921353201170021）

位于新民乡卡拉房子村西 500 米独立山体之上，高程 619 米。东北距卡拉房子长城 1 段起点 1270 米，西南距卡拉房子居住址 800 米。

平面近似圆形，剖面为梯形。保存较好。此烽火台是利用独立的自然山头为基础，凹进部分用石块补齐，台体用毛石干垒。现存台体顶径 8、底径 20、残高 8 米。

卡拉房子 2 号烽火台（210921353201170022）

位于新民乡卡拉房子村西 1000 米高山上，高程 662 米。西北距卡拉房子长城 2 段起点 60 米，东北距卡拉房子 1 号烽火台 1350 米。

平面近似方形。保存较好，台体北面倒塌，块石脱落，露出内部夯土，台体东面靠南端有一人为盗洞，西、南侧壁保存基本完好。台体为内夯土、外包石结构。台体南壁残高 3.8 米，顶长 11.6、底长 13.4 米；台体北壁残高 3 米，顶长 2.2、底长 2.5 米；台体东壁残高 4.4 米，顶长 6.1、底长 7.5 米；台体西壁残高 4.5 米，顶长 12.2、底长 14 米。台体西北角残留护台，宽 1.8、残高 1.1 米；东、南、西面护台被烽火台倒塌石块所覆盖。（图四六；彩图一六四～一六六）

翻身沟 1 号烽火台（210921353201170025）

位于卧凤沟乡翻身沟村腰窝堡西北 1000 米高山上，高程 428 米。北距翻身沟长城（复线）起点 475 米，西南距翻身沟 2 号烽火台 641 米。南距卧凤沟乡－翻身沟村级公路 800 米。

平面为圆形，剖面为梯形。保存较差，毛石大部分部脱落，台体周围散见塌落的石块。台体用毛石干垒。现存台体顶径 12、底径 18、残高 6 米。

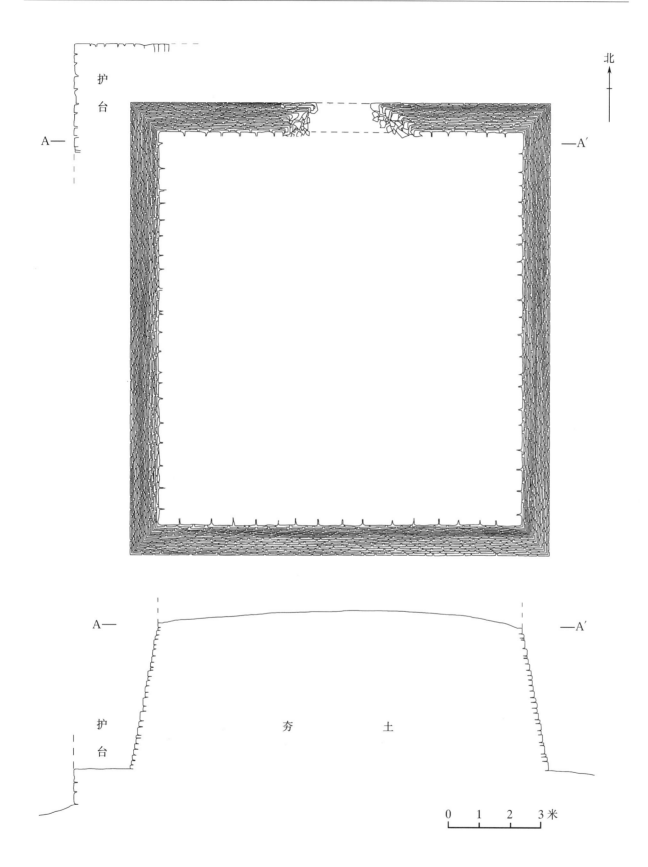

图四六　卡拉房子 2 号烽火台平、剖面示意图

翻身沟 2 号烽火台（210921353201170026）

位于卧凤沟乡翻身沟村腰窝堡西北 500 米高山上，高程 309 米。东北距翻身沟长城（复线）起点 1164 米、距翻身沟 1 号烽火台 641 米。南距卧凤沟乡－翻身沟村公路 200 米。

平面为圆形，剖面为梯形。保存较差，包砖大部分部脱落，台体周围散见塌落的砖块。推测烽火台用青砖包砌。现存台体顶径 5、底径 12、残高 5 米。

翻身沟 3 号烽火台（210921353201170030）

位于卧凤沟乡翻身沟村八队原供销社院内西北角，高程 199 米。北距翻身沟长城 4 段起点 1300 米，西南距三家子 1 号烽火台 1100 米。南距卧凤沟乡－翻身沟村公路 50 米。

平面近似圆形，剖面为梯形。保存较差，包砖大部分部脱落，露出内部夯土，台体周围散见塌落的砖块。台体为内夯土、外包砖结构，夯层厚 0.15 米。现存台体顶径 4、底径 8、残高 2.5 米。

三家子 1 号烽火台（210921353201170032）

位于卧凤沟乡翻身村三家子屯东北 1000 米山坡上，高程 180 米。北距三家子长城起点 1400 米，东北距翻身沟 3 号烽火台 1100 米。北距卧凤沟乡－翻身沟村公路 500 米。

平面近似圆形，剖面为梯形。保存较差，包砖大部分部脱落，露出内部夯土，台体周围散见塌落的砖块。推测台体为内夯土、外包砖结构。现存台体顶径 7、底径 14、残高 5 米。

三家子 2 号烽火台（210921353201170033）

位于卧凤沟乡翻身沟村三家子屯东北 1500 米高山上，高程 278 米。东北距翻身沟村三家子长城起点 600 米，东南距三家子 1 号烽火台 1400 米，西南距三家子长城敌台 600 米。南距卧凤沟乡－翻身沟村公路 200 米。

平面为矩形，剖面为梯形。保存较差，包砖大部分部脱落，露出内部夯土，夯层厚 0.2 米，台体周围散见塌落的砖块。推测台体为内夯土、外包砖结构。现存台体顶东西长 6、南北宽 4 米，底东西长 10、南北宽 6 米，残高 3 米。

周家窝堡 1 号烽火台（210921353201170035）

位于卧凤沟乡翻身沟村周家窝堡屯东北 2000 米，高程 243 米。北距周家窝堡长城 1 段起点 52 米。东北 400 米处为卧凤沟－翻身沟乡级公路。

平面为圆形，剖面为梯形。保存较差，露出内部夯土，台体周围散见塌落的砖块。此台建在一个直径约 40 米的人工堆筑的夯土台上，台体内夯土、外包砖。现存台体顶径 5、底径 30、残高 5 米。

周家窝堡 2 号烽火台（210921353201170037）

位于卧凤沟乡翻身沟村周家窝堡屯西南 800 米，高程 165 米。东南距周家窝堡长城 2 段起点 916 米处。

平面近似圆形，剖面为梯形。保存较差，台顶北部有人为盗洞，台体周围散落碎砖块。现存台体顶径 5、底径 12、残高 4 米。

（3）清河门区

清河门区共发现烽火台11座。

靠边屯烽火台（210905353201170001）

位于乌龙坝镇靠边屯村北600米处耕地上，高程89米。东距靠边屯长城止点414米。

平面为圆形，剖面为梯形。保存较差，台体大部分倒塌，砖块脱落在台体周围，仅存部分夯土。推测台体为内夯土、外包砖结构。现存台体顶径3、底径7、残高2米，夯层厚0.18～0.2米。

细河堡烽火台（210905353201170003）

位于乌龙坝镇细河堡村东北900米处，高程112米。北距靠边屯长城2800米，西北距蒲草泡烽火台1900米。南距304省道100米。

平面为圆形，剖面为梯形。保存较差，台体大部分倒塌，砖块脱落在台体周围，仅存部分夯土。推测台体为内夯土、外包砖结构。现存台体顶径4、底径9、残高2米，夯层厚0.18～0.2米。

蒲草泡烽火台（210905353201170004）

位于乌龙坝镇蒲草泡村西南1000米处耕地上，高程110米。东北距蒲草泡长城起点2100米，东南距细河堡烽火台2000米。南距304省道100米。

平面为圆形，剖面为梯形。保存较差，台体大部分倒塌，砖块脱落在台体周围，仅存部分夯土。推测台体为内夯土、外包砖结构。现存台体顶径4、底径8、残高5米，夯层厚0.18～0.2米。

朱家屯1号烽火台（210905353201170005）

位于乌龙坝镇朱家屯村北400米坡地上，高程119米。东北距朱家屯长城起点1200米，西南距朱家屯2号烽火台920米、距岭东1号烽火台1800米。

平面为圆形，剖面为梯形。保存较差，仅存夯土部分，周围散落青砖碎块，顶部建有高3.5米的三角铁架。推测台体为内夯土、外包砖结构。现存台体顶径5、底径10、残高2米。

朱家屯2号烽火台（210905353201170006）

位于乌龙坝镇岭东村西400米处，高程104米。东北距朱家屯1号烽火台920米，西南距岭东1号烽火台1400米。南10米为稍户营子－清河门公路。

平面为半圆形。保存差，仅存部分夯土，周围散落零星青砖碎块，南壁被人为取土损毁近半。根据现存遗迹推测，烽火台为内夯土、外包砖结构，夯层厚0.18～0.2米。现存台体顶径东西长8米、南北宽3米，底径东西长10、南北宽5，残高2米。

岭东1号烽火台（210905353201170007）

位于乌龙坝镇岭东村东1200米处，高程145米。东北距朱家屯2号烽火台1400米，西南距岭东2号烽火台757米。南侧为稍户营子－清河门公路。

平面为圆形，剖面为梯形。保存较差，台体大部分倒塌，砖块脱落在台体周围，仅存部分夯土。烽火台修筑于人工夯筑土台之上，台体为内夯土、外包砖结构，夯层厚

0.18～0.2米。现存台体顶径10、底径18、残高0.6米。

岭东2号烽火台（210905353201170008）

位于乌龙坝镇岭东村东500米处耕地上，高程106米。东北距岭东1号烽火台757米，西北距西梁杠烽火台1600米。

平面为不规则圆形，剖面为梯形。保存较差，顶部有一长方形人为盗洞，台体大部分倒塌，周围散落砖块，仅存部分夯土。推测烽火台为内夯土、外包砖结构。现存台体顶径东西长8、南北宽5米，底径东西长15、南北宽10米，残高3米。

西梁杠烽火台（210905353201170009）

位于乌龙坝镇岭东村西北700米处，高程121米。东南距岭东2号烽火台1600米。南侧70米为稍户营子－清河门公路，西北267米为锦州－阜新公路。

台体遗迹消失，台体被现代建筑贮水池破坏，周围散落青砖碎块。

河西1号烽火台（210905353201170010）

位于河西镇河西村东南500米处耕地上，高程158米。东南距河西长城1段700米，东南距大清堡2600米。北侧为清河门－河西村级公路。

平面为圆形，剖面为梯形。保存差，现只残留夯土部分，顶部有1高约4米的三角铁架，台体南部被现代坟墓破坏。根据现存遗迹推测，烽火台为内夯土、外包石结构。现存台体顶径4、底径8、残高3米。

河西2号烽火台（210905353201170011）

位于河西镇河西村西南600米处耕地上，高程195米。东距河西长城2段起点200米，西南距河西长城敌台580米，东距河西1号烽火台822米。

平面为矩形，剖面为梯形。保存较差，台体大部分倒塌。根据现存遗迹推测，烽火台为内夯土、外包砖结构。现存台体顶南北长6、东西宽4米，底南北长10、东西宽8米，残高3米。

河西3号烽火台（210905353201170013）

位于河西镇河西村西南1500米处耕地上，高程242米。西南距河西长城2段止点31米，东南距河西长城敌台530米，西距双山口长城1号敌台466米。

平面为圆形，剖面为梯形。保存较差，台体大部分倒塌，石块脱落在台体周围，现只残留部分夯土。根据现存遗迹推测，烽火台为内夯土、外包石结构。现存台体顶径10、底径18、残高3米。

（4）北票市

北票市共发现烽火台9座。

下平房烽火台（211381353201170001）

位于小塔子乡下平房村东南800米高山上，高程481米。东距义县小柳河沟7段长城200米，东南距义县小柳河沟长城4号敌台244米。南侧100米处为下平房－小柳河沟山路。

平面近似方形，剖面为梯形。保存较差，东壁局部保存完好，其余三面墙体倒塌，石块脱落，仅存夯土部分。台体为内夯土、外包石结构。现存台体顶边长8、底边长16、残高

6 米。

南荒烽火台（211381353201170002）

位于小塔子乡下平房村南荒东 1800 米山险之上，高程 599 米。东北距义县小柳河沟长城 8 段止点 159 米、距义县小柳河沟 2 号烽火台 558 米。东距 305 国道 600 米。

平面近似圆形，剖面为梯形。保存较差，台体周围散落有坍塌的石块，露出内部夯土。推测烽火台为内夯土、外包石结构。现存台体顶径 4、底径 7、残高 0.8 米。

大岭底烽火台（211381353201170003）

位于常河营乡老爷庙村大岭底屯东北 3000 米处高山上，高程 631 米。东北距白台沟长城起点 483 米。

平面为圆形，剖面为梯形。保存较差。台体用毛石干垒。现存台体顶径 6、底径 16、残高 5 米。

旧烧锅 1 号烽火台（211381353201170005）

位于常河营乡老爷庙村旧烧锅小学东 20 米高坎上，高程 324 米。西南距旧烧锅长城起点 403 米，东南距窖梨沟长城敌台 260 米。东侧 10 米为青山道班 - 窖梨沟小路。

平面近似圆形，剖面为梯形。保存差，台体大部分倒塌，石块脱落在台体周围。台体为内夯土、外包石结构。现存台体顶径 6、底径 14、残高 5 米。

旧烧锅 2 号烽火台（211381353201170007）

位于常河营乡老爷庙村旧烧锅屯东南山 800 米处高山上，高程 470 米。东北距旧烧锅长城起点 1400 米，西北距旧烧锅长城 2 号敌台 300 米。西距 305 国道 327 米。

平面为圆形，剖面为梯形。保存差，台体大部分倒塌，石块脱落在台体周围，现只残留部分夯土。台体为内夯土、外包石结构。现存台体顶径 3、底径 4、残高 1 米。

小真发屯 1 号烽火台（211381353201170015）

位于常河营乡老爷庙村小真发屯东 500 米高山上，高程 320 米。东南距小真发屯长城起点 953 米，南距小真发屯 2 号烽火台 57 米。东距 305 国道 600 米。

平面近似圆形，剖面为梯形。保存较差，台体周围散落有台体坍塌的石块，露出内部夯土。推测台体为内夯土、外包石结构。现存台体顶径 7、底径 14、残高 2.5 米。

小真发屯 2 号烽火台（211381353201170016）

位于常河营乡老爷庙村小真发屯东 500 米高山上，高程 327 米。东南距小真发屯长城起点 927 米，北距小真发屯 1 号烽火台 57 米。东距 305 国道 600 米。

平面为圆形，剖面为梯形。保存较差，台体周围散落有台体坍塌的石块，露出内部夯土。推测台体为内夯土、外包石结构。顶径 3、底径 6、残高 1.2 米。

马家营烽火台（211381353201170019）

位于常河营乡老爷庙村马家营屯东南 2200 米高山上，高程 225 米。西北距马家营长城 2 段起点 475 米。东距 305 国道 600 米。

平面近似圆形，剖面为梯形。保存较差，台体周围散落石块。顶部北侧有一人为盗洞，口为方形，边长 1.5、深 3 米。推测台体为内夯土、外包石结构。现存台体顶径 6、底径 12、残高 4 米。

羊草沟烽火台（211381353201170021）

位于常河营乡老爷庙村羊草沟村北山 3000 米，高程 255 米。东北距义县头台乡白台沟长城起点 778 米，东南距义县白台沟长城 3 号敌台 172 米。

平面近似圆形，剖面为梯形。保存较差，包石完全脱落，露出内部夯土，台体周围散落石块。推测台体为内夯土、外包石结构。现存台体顶径 4、底径 8、残高 3 米。

（5）义县

义县共发现烽火台 36 座。

北五台沟 1 号烽火台（210727353201170001）

位于稍户营子镇南五台沟村北五台沟屯北 2000 米，高程 355 米。西南距北五台沟长城（复线）2800 米。

平面近似圆形，剖面为梯形。保存较差，毛石大部分脱落，台体周围散落坍塌的石块。台体用毛石干垒。现存台体顶径 4、底径 8、残高 3 米。

北五台沟 2 号烽火台（210727353201170002）

位于稍户营子镇南五台沟村北五台沟屯西 500 米，高程 297 米。东南距北五台沟长城（复线）止点 180 米，东北距北五台沟 1 号烽火台 2600 米，西南距花尔楼烽火台 4000 米。

平面近似圆形，剖面为梯形。保存较差，台体北侧、西南侧倒塌，顶部南侧有一人为盗洞，呈锅底形状，口径 4、深 2 米。台体用毛石干垒。现存台体顶径 11、底径 12、残高 2.7 米。（彩图一六七）

花尔楼烽火台（210727353201170003）

位于稍户营子镇花尔楼村东北 850 米，高程 188 米。东北距北五台沟长城（复线）4100 米、距北五台沟 2 号烽火台 3900 米。北距小（市）小（塔子）线 640 米。

平面为不规则形。保存较差，存留夯土台基，周围散落青砖碎块，推测烽火台为内夯土、外包砖结构。现存台体顶径东西长 4、南北宽 3 米，底径 8 米，残高 3 米。

铁河嘴烽火台（210727353201170004）

位于稍户营子镇铁河嘴村东北 100 米，高程 172 米。东北距阜新县周家窝堡长城 2 段 3300 米，东距北五台沟长城（复线）4500 米。南 500 米处有一条季节河、841 米处有小市 - 小塔公路。

平面为圆形，剖面为梯形。保存较差，台体周围散见塌落的砖块，露出内部夯土。推测台体为内夯土、外包砖结构。现存台体顶径 5、底径 10、残高 2~5 米。

药王庙烽火台（210727353201170006）

位于稍户营子镇药王庙村东 300 米，高程 128 米。东北距树林子长城起点 4700 米，西南距冉家窝铺 1 号烽火台 2400 米。

平面为圆形，剖面为梯形。保存较差，台体周围散见塌落的砖块，露出内部夯土。南侧被现代坟墓破坏。推测台体为内夯土、外包砖结构。现存台体顶径 5、底径 10、残高 3 米。

六家子烽火台（210727353201170007）

位于稍户营子镇树林子村六家子屯西北 600 米，高程 131 米。东南距树林子墙体起点 2800 米、距树林子长城敌台 2500 米。

平面为圆形，剖面为梯形。保存较差，台体周围散见塌落的砖块，露出内部夯土。推测台体为内夯土、外包砖结构。现存台体顶径 6、底径 15、残高 3 米。

冉家窝铺 1 号烽火台（210727353201170008）

位于稍户营子镇药王庙村冉家窝铺屯东北 300 米，高程 108 米。西北距树林子长城止点 3400 米，南距冉家窝铺 2 号烽火台 261 米。北侧 10 米为小市 - 小塔公路。

平面为不规则形。保存差，台体周围散见塌落的砖块，主体只残留 1/3 夯土台。推测烽火台为内夯土、外包砖结构。现存台体顶南北长 4、东西宽 3 米，底径 10 米，残高 3 米。

冉家窝铺 2 号烽火台（210727353201170009）

位于稍户营子镇药王庙村冉家窝铺东 300 米，高程 127 米。西北距树林子长城止点 3500 米，北距冉家窝铺 1 号烽火台 261 米。北 272 米为小小线公路。

平面为圆形，剖面为梯形。保存较差，台体周围散见塌落的砖块，露出内部夯土。推测烽火台为内夯土、外包砖结构。现存台体顶径 8、底径 30、残高 11 米。

砬子山烽火台（210727353201170012）

位于高台子镇砬子山村西南 2000 米，高程 232 米。西北距白台沟长城 1 段 379 米、距高台子镇白台沟 1 号烽火台 399 米。北侧有一季节河。

平面为不规则形。保存较差，台体周围散见塌落的砖块，露出内部夯土。推测烽火台为内夯土、外包砖结构。现存台体顶径东南 - 西北长 1.5 米，东北 - 西南宽 0.4 米，底径 4 米，残高 3 米；夯土层厚 0.11 米。

高台子镇白台沟 1 号烽火台（210727353201170013）

位于高台子镇砬子山村白台沟东南 1500 米耕地上，高程 255 米。东北距高台子镇白台沟长城 1 段起点 43 米。北侧 500 米为砬子山 - 白台沟村路。

平面为不规则形。保存较差，台体多处坍塌，包砖完全脱落，露出内部夯土。推测烽火台为内夯土、外包砖结构。现存台体顶径东西长 3、南北宽 1.5 米，底径东西 5 米，残高 3.5 米。

高台子镇白台沟 2 号烽火台（210727353201170014）

位于高台子镇砬子山村白台沟南 600 米耕地上，高程 289 米。东北距高台子镇白台沟长城 2 段起点 773 米，西北距高台子镇白台沟 4 号烽火台 766 米。北侧有砬子山 - 白台沟村路。

平面近似矩形，剖面为矩形。保存较差，台体周围散见塌落的砖块，露出内部夯土。推测烽火台为内夯土、外包砖结构。现存台体东西长 6、南北宽 4、残高 2 米。

高台子镇白台沟 3 号烽火台（210727353201170015）

位于高台子镇砬子山村西南 400 米耕地上，高程 304 米。东南距高台子镇白台沟长城 2 段起点 1500 米、距高台子镇白台沟 2 号烽火台 703 米，西南距高台子镇白台沟 4 号烽火台 327 米。北侧为砬子山－白台沟村路。

平面为不规则形。保存较差，包石完全脱落，露出内部夯土，顶部现建成了树民看果树的窝棚。推测烽火台为内夯土、外包石结构。现存台体东西长 3、南北宽 2.5、残高 0.6 米。

高台子镇白台沟 4 号烽火台 （210727353201170016）

位于高台子镇砬子山村白台沟屯西南 700 米耕地上，高程 335 米。东南距高台子镇白台沟长城 2 段起点 1500 米，东南距高台子镇白台沟 2 号烽火台 766 米，东北距高台子镇白台沟 3 号烽火台 327 米。北侧为白台沟－砬子山村路。

平面近似圆形，剖面为梯形。保存较差，包石完全脱落，露出内部夯土。推测烽火台为内夯土、外包石结构。现存台体顶径 4、底径 10、残高 2 米。

高台子镇白台沟 5 号烽火台 （210727353201170017）

位于高台子镇柳河沟村白台沟西南 900 米，高程 347 米。东南距高台子镇白台沟长城 2 段起点 1700 米，东南距高台子镇白台沟 4 号烽火台 815 米。北侧为白台沟－砬子山村路。

平面近似圆形，剖面为梯形。保存较差，包石完全脱落，露出内部夯土。推测烽火台为内夯土、外包石结构。现存台体顶径 4、底径 10、存高 3 米。

小柳河沟 1 号烽火台 （210727353201170024）

位于高台子镇柳河沟村小柳河沟东南 1500 米，高程 415 米。西距小柳河沟长城 8 段起点 2300 米，东北距石门子烽火台 2300 米。

平面近似圆形，剖面为梯形。保存较差，台体周围散见塌落的砖块，露出内部夯土。推测烽火台为内夯土、外包砖结构。现存台体顶径 6、底径 10、残高 3.5 米。

小柳河沟 2 号烽火台 （210727353201170025）

位于高台子镇柳河沟村小柳河沟西 2500 米高山上，高程 453 米。西北距小柳河沟长城 8 段起点 20 米。西距 305 国道 1100 米。

平面近似圆形，剖面为梯形。保存较差，台体周围散见塌落的石块，露出内部夯土。推测烽火台为内夯土、外包石结构。现存台体顶径 6、底径 12、残高 3 米。

杨孟沟烽火台 （210727353201170043）

位于头道河乡杨孟沟村北山 600 米，高程 203 米。西北距杨孟沟长城 1 段止点 235 米，东北距杨孟沟长城 3 号敌台 521 米。

平面近似圆形，剖面为梯形。保存较差，台体周围散见塌落的石块，露出内部夯土。推测烽火台为内夯土、外包石结构。现存台体顶径 4、底径 8、残高 3 米。

马家岭烽火台 （210727353201170044）

位于头道河乡新立屯村马家岭屯东北 1000 米，高程 134 米。西南距五台长城 1 段起点 2000 米，西南距杨家屯烽火台 1300 米。

平面近似圆形，剖面为梯形。保存较差，台体周围散见塌落的石块，露出内部夯土。推测烽火台为内夯土、外包石结构。现存台体顶径 4、底径 8、残高 3 米。

杨家屯烽火台（210727353201170047）

位于头道河乡新立屯村杨家屯西南 200 米，高程 128 米。西北距五台长城 1 段起点 1800 米，东北距马家岭烽火台 1300 米。

平面近似圆形，剖面为梯形。保存较差，台体周围散见塌落的砖块，露出内部夯土。推测烽火台为内夯土、外包砖结构。现存台体顶径 4、底径 8、残高 2 米。

五台烽火台（210727353201170050）

位于头道河乡五台村东南山 1000 米，高程 146 米。西北距五台长城 2 段起点 310 米，东北距杨家屯烽火台 2200 米。

平面为不规则圆形。保存较差，台体周围散见塌落的砖块，露出内部夯土。推测烽火台为内夯土、外包砖结构。现存台体顶径 3、底径 11、残高 7 米。

金家沟烽火台（210727353201170052）

位于头道河乡金家沟村北山 500 米，高程 148 米。西北距夹山长城起点 3200 米，西距夹山长城 1 号敌台 2800 米。西侧为金家沟 - 五台村级公路。

平面近似圆形，剖面为梯形。保存较差，台体周围散见塌落的砖块，露出内部夯土。推测烽火台为内夯土、外包砖结构。现存台体顶径 2.5、底径 5、残高 1.5 米。

上马三沟烽火台（210727353201170055）

位于头道河乡腰马三沟村上马三沟屯西山 1000 米，高程 251 米。西南距上马三沟长城起点 435 米，东北距金家沟烽火台 3600 米。

平面近似圆形，剖面为梯形。保存较差，台体周围散落有坍塌的石块，露出内部夯土。推测烽火台为内夯土、外包石结构。现存台体顶径 3、底径 15、残高 5 米。

下马三沟烽火台（210727353201170057）

位于头道河乡腰马三沟村下马三沟屯西南山 500 米，高程 191 米。西距三道壕长城起点 2700 米，东北距金家沟烽火台 3800 米，东南距大康堡 2500 米。西侧 100 米为头道河 - 金家沟村级公路。

平面近似圆形，剖面为梯形。保存较差，台体周围散见塌落的石块，露出内部夯土。推测烽火台为内夯土、外包石结构。现存台体顶径 3、底径 7、残高 3 米。

头道河烽火台（210727353201170064）

位于头道河乡头道河村西南 300 米，高程 171 米。西距侯家岭长城 2 段起点 1900 米，南距小周屯烽火台 1100 米。北 200 米为义县 - 朝阳公路。

平面近似圆形，剖面为梯形。保存较差，台体周围散见塌落的石块，露出内部夯土。推测烽火台为内夯土、外包石结构。现存台体顶径 6、底径 8、残高 0.3 米。台体外有一圈护台，宽 0.8 米。

小周屯烽火台（210727353201170067）

位于头道河乡鹰窝山村小周屯北 500 米，高程 149 米。西北距邸家沟长城起点 1900 米，北距头道河烽火台 1100 米。

平面近似圆形，剖面为梯形。保存较差，台体周围散见塌落的石块，露出内部夯土。推测烽火台为内夯土、外包石结构。现存台体顶径 4、底径 8、残高 3 米。

邸家沟烽火台（210727353201170070）

位于头道河乡侯家岭村邸家沟南山，高程 225 米。东北距小闫家屯长城 1 段起点 483 米。

平面近似圆形，剖面为梯形。保存较差，台体周围散见塌落的砖块，露出内部夯土。顶部东侧有一人为圆形盗洞，直径 1.2、深 2.5 米。推测烽火台为内夯土、外包砖结构。现存台体顶径 4、底径 12、残高 5 米。

小闫家屯烽火台（210727353201170072）

位于头道河乡侯家岭村小闫家屯西 1500 米，高程 237 米。西距羊乃沟长城 1 段起点 150 米，东距大安堡 3300 米。

平面近似圆形，剖面为梯形。保存较差，台体周围散落有坍塌的石块。烽火台用毛石干垒。现存台体顶径 5、底径 12、残高 5～7 米。

羊乃沟 1 号烽火台（210727353201170074）

位于头道河乡李西沟村羊乃沟北山 2300 米，高程 277 米。西北距羊乃沟长城 2 段起点 533 米，西南距羊乃沟 2 号烽火台 342 米。

平面近似圆形，剖面为梯形。保存较差，台体周围散见塌落的石块，露出内部夯土。推测烽火台为内夯土、外包石结构。现存台体顶径 4、底径 10、残高 4 米。

羊乃沟 2 号烽火台（210727353201170075）

位于头道河乡李西沟村羊乃沟北山 2000 米，高程 253 米。西北距羊乃沟长城 2 段起点 541 米，东北距羊乃沟 1 号烽火台 342 米，东南距羊乃沟长城 2 号敌台 627 米。

平面近似圆形，剖面为梯形。保存较差，台体周围散见塌落的石块，露出内部夯土。推测烽火台为内夯土、外包石结构。现存台体顶径 4、底径 10、残高 2～3 米。

东土城子烽火台（210727353201170088）

位于留龙沟乡留龙沟村东土城子屯北山 1500 米，高程 294 米。西距留龙沟长城 1 段起点 1800 米，东南距大安堡 5000 米。

平面近似圆形，剖面为梯形。保存较差，台体周围散见塌落的石块，露出内部夯土。推测烽火台为内夯土、外包石结构。现存台体顶径 10、底径 15、残高 3 米。

留龙沟烽火台（210727353201170093）

位于留龙沟乡留龙沟村东土城子东南山 1000 米，高程 268 米。东北距石家岭长城起点 340 米，东南距石家岭长城 3 号敌台 858 米。西距锦州－义县公路（西线）948 米。

平面近似圆形，剖面为梯形。保存较差，台体周围散见塌落的石块，露出内部夯土。台体东侧有一人为圆形盗洞，直径 1、深 2.3 米。推测烽火台为内夯土、外包石结构。现存台体顶径 6、底径 8、残高 2.5 米。

上潘家庄子烽火台（210727353201170097）

位于大定堡乡南树林子村上潘庄子西北山 1000 米，高程 295 米。西北距上潘庄子长城

1段（副墙Ⅱ）起点207米，东北距大定堡4600米。西距锦州－义县公路（西线）923米。

平面近似圆形，剖面近梯形。保存较差，毛石大部分脱落。烽火台用毛石干垒。现存台体顶径3、底径7、残高2米。

石桥子2号烽火台（210727353201170107）

位于大定堡乡石桥子村东北山700米，高程231米。西距石桥子长城4段起点705米，西南距石桥子1号烽火台627米，东南距石桥子3号烽火台744米。南距锦州－义县公路（西线）742米。

平面近似圆形，剖面为梯形。保存较差，台体周围散见塌落的石块，露出内部夯土。烽火台为内夯土、外包石结构。现存台体顶径5、底径8、残高3米。

石桥子1号烽火台（210727353201170108）

位于大定堡乡石桥子村西北山300米，高程237米。西北距石桥子长城5段起点153米，东北距石桥子2号烽火台627米，东南距石桥子3号烽火台792米。西距锦州－义县公路（西线）224米。

平面近似圆形，剖面为梯形。保存较差，台体周围散见塌落的砖块，露出内部夯土。推测烽火台为内夯土、外包砖结构。现存台体顶径3.5、底径10、残高3米。

石桥子3号烽火台（210727353201170109）

位于大定堡乡石桥子村南石桥子东北山450米，高程185米。西南距石桥子长城6段起点743米，西北距石桥子1号烽火台792米。南距锦州－义县公路（西线）183米。

平面近似圆形，剖面为梯形。保存较差，台体周围散见塌落的石块，露出内部夯土。推测烽火台为内夯土、外包石结构。现存台体顶径4、底径15、残高3～5米。

石桥子4号烽火台（210727353201170112）

位于大定堡乡石桥子村西南山550米，高程263米。西南距石桥子长城7段起点213米，西北距石桥子长城4号敌台206米。北距锦州－义县公路（西线）678米。

平面近似圆形，剖面为梯形。保存较差，台体周围散落有台体坍塌的石块。烽火台用毛石干垒。现存台体顶径10、底径16、残高4米。

（6）凌海市

凌海市共发现烽火台8座。

老虎沟烽火台（210781353201170009）

位于翠岩镇上苏家沟村老虎沟东北150米，高程185米。西北距老虎沟3号敌台477米，西南距台子沟长城222米。西侧为上苏村－老虎沟村级公路。

平面近似圆形，剖面为梯形。保存较差，仅存夯土部分，台体周围散见塌落的石块。推测烽火台为内夯土、外包石结构。现存台体顶径2、底径7、残高2米。

下梯子沟烽火台（210781353201170013）

位于温滴楼乡下梯子沟村西北1250米高山上，高程220米。西南距东边屯长城1段1100米。西侧为东边屯－台子沟村路。

平面为不规则形。保存较差，只残存夯土台体。台体为内夯土、外包砖结构。现存台体顶径南北长 3.5、东西宽 2.2 米，底径 10 米，残高 8 米。夯土层厚 0.18～0.2 米。烽火台西侧距顶部 0.22 米与 0.6 米处有两处积薪，面积分别为 0.14、0.1 平方米，积薪两侧用青砖砌筑烟灶各三行，中间形成凹槽，从积薪厚度分析，很可能使用过多次。（图四七、彩图一六八）

东边屯烽火台（210781353201170015）

位于翠岩镇下梯子沟村东边屯东 2000 米高山上，高程 420 米。西距东边屯长城 1 段 200 米，西北 687 米为东边屯长城 1 号敌台，西南 675 米为东边屯长城 2 号敌台。西侧为东边屯 - 台子沟村路。

平面为圆形，剖面为梯形。保存较差，现残留夯土部分，东面残留 6 行石块砌筑墙体，长 5、高 1.5 米。烽火台为内夯土、外包石结构。现存台体顶径 10、底径 20、残高 7 米。烽火台周围有一圈石块垒筑的护台，护台宽 3、残高 0.5 米。

大胜堡烽火台（210781353201170024）

位于温滴楼乡大胜堡村西 1000 米耕地上，高程 130 米。西北距花楼北山长城起点 730 米，西距花楼北山长城 1 号敌台 730 米，西南距花楼北山长城 2 号敌台 800 米。

平面近似圆形，剖面为梯形。保存差，现只残留部分夯土，台体周围散落毛石碎块，台体北部被人为挖掉一角。推测烽火台为内夯土、外包石结构。现存台体顶径 5、底径 15、残高 5 米。

花楼烽火台（210781353201170029）

位于翠岩镇刘家村花楼沟屯西北 250 米，高程 83 米。东北距花楼长城止点 761 米。东侧 1000 米为大胜堡 - 花楼沟屯村级公路。

平面为不规则形。保存较差，只残留夯土部分，台体周围散落青砖碎块。烽火台为内夯土、外包砖结构。现存台体顶径南北 3、东西 2.5 米，底径南北 7、东西 5 米，残高 1.5～3 米。

小后屯烽火台（210781353201170035）

位于板石沟乡大牛屯村小后屯西北 350 米，高程 93 米。西北距大牛屯长城起点 477 米、距大牛屯长城敌台 511 米。北侧 300 米为小凌河，东侧 200 米为大牛屯 - 小后屯小路。

平面为圆形，剖面为梯形。保存较差，只残留夯土部分。根据台体周围散落青砖碎块。推测烽火台为内夯土、外包砖结构。现存台体顶径 4、底径 8.5、残高 1.5～2 米。烽火台周围有一圈护坡，宽 8、残高 2.5 米。

牛大沟烽火台（210781353201170038）

位于板石沟乡牛大沟屯东北 200 米山梁上，高程 128 米。西北距牛大沟长城 22 米。南 100 米处为大齐屯 - 牛大沟村路。

平面近似方形，剖面为梯形。保存较差，只残留夯土部分，台体周围散落青砖碎块。烽火台基础用毛石砌筑，台身内夯土、外包砖。现存台体边长 5、残高 0.4～0.85 米。青砖宽

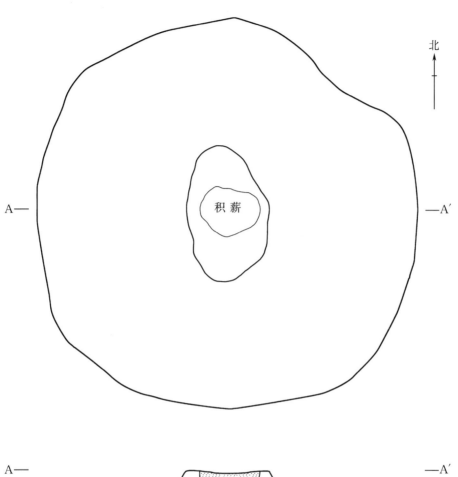

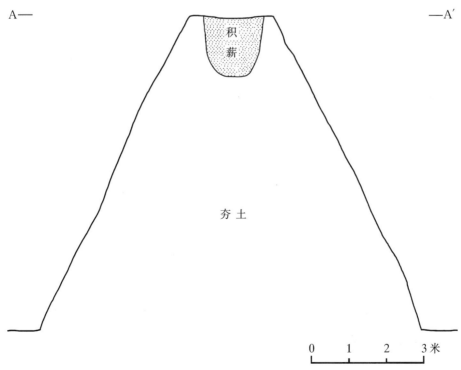

图四七　下梯子沟烽火台平、剖面示意图

0.19、厚 0.09 米，带有 3～4 道沟纹。距台体外 3 米有一圈石筑护墙，墙体宽 1、残高 0.4～0.8米。

龟山烽火台（210781353201170040）

位于板石沟乡下板石沟村东北 1300 米高山上，高程 282 米。西距龟山长城 1 段 43 米，西北距龟山长城居住址 87 米。南侧 1000 米处为锦州－板石沟公路。

平面近似圆形，剖面为梯形。保存较差，仅存夯土部分，台体周围散见塌落的石块。推测烽火台为内夯土、外包石结构。现存台体顶径 3.6、底径 12、残高 4.5 米。

（7）太和区

太和区共发现烽火台 2 座。

四方台 1 号烽火台（210711353201170010）

位于太和区钟屯乡四方台村北 100 米，高程 71 米。西南距花楼沟长城 1 段起点 3200 米，东南距四方台 2 号烽火台 1000 米，东南距沙河堡 1800 米。

平面为不规则形，剖面为梯形。保存较差，现台体部分被修筑的贮水池破坏，只残存部分夯土，台体周围散落青砖。烽火台为内夯土、外包砖结构。现存台体顶径南北长 3、东西宽 1 米，底径南北长 8、东西宽 5 米，残高 1 米。

四方台 2 号烽火台（210711353201170011）

位于太和区钟屯乡四方台村东南 150 米，高程 81 米。西距花楼沟长城 1 段起点 3700 米，西北距四方台 1 号烽火台 1000 米，南距沙河堡 1000 米。

平面为圆形，剖面为梯形。保存较差，只残留夯土部分。根据台体周围散落青砖碎块。推测烽火台为内夯土、外包砖结构。现存台体顶径 10、底径 20、残高 1.5～2 米。

（8）连山区

连山区共发现烽火台 17 座。

墩台山 1 号烽火台（211402353201170009）

位于虹螺岘镇靠山屯村墩台山上，高程 179 米。西北距植股山长城 1 号敌台 525 米。北为女儿河支流。

平面为圆形，剖面为梯形。保存较差，台体严重坍塌。顶部南侧有一个直径 2.5、深 2 米的人为盗洞。台体外用大块毛石干垒，中间填充碎石、土。现存台体直径 6、残高 2.5 米。

墩台山 2 号烽火台（211402353201170010）

位于虹螺岘镇靠山屯村墩台山上，高程 321 米。北距墩台山 1 号烽火台 686 米，西北距植股山长城 3 号敌台 241 米。

平面为圆形，剖面为梯形。保存较差，在台体南侧，发现一个直径 2.2、深 1.4 米的盗洞；西侧有一直径 1.4、深 4.5 米的盗洞。台体外用大块毛石干垒，中间填充碎石、土。现存台体直径 6、残高 6 米。

植股山 1 号烽火台（211402353201170013）

位于虹螺岘镇靠山屯村南植股山主峰东侧，高程 435 米。南距植股山 2 号烽火台 600 米，北距植股山长城 3 号敌台 549 米。

平面为圆形,剖面不清。保存差,主体坍塌严重,现只存基础部分。台体以自然山体为基础,用毛石干垒,中间填充碎石。现存台体顶径 4、残高 0.8 米。

植股山 2 号烽火台 (211402353201170015)

位于大兴乡毛家沟村西北的植股山上,高程 274 米。西北距植股山长城 5 段约 120 米,西距植股山长城 5 号敌台约 140 米,北距植股山 1 号烽火台 600 米。

平面为圆形,剖面不清。保存差,主体坍塌严重,现只存基础部分。台体以自然山体为基础,用毛石干垒,中间填充碎石。现存台体顶径 8.5、残高 2.5 米。

植股山 3 号烽火台 (211402353201170019)

位于虹螺岘镇团山子村小毛家沟屯,高程 214 米。西北距植股山长城 431 米,西北距植股山长城 7 号敌台 392 米,西南距植股山 4 号烽火台 500 米。

平面为圆形,剖面不清。保存较差,整体坍塌,现存台基部分。台体以自然山体为基础,用毛石干垒,中间填充碎石。现存台体直径 5.1、残高 2.3 米。

植股山 4 号烽火台 (211402353201170021)

位于虹螺岘团山子村小毛家沟屯东南 800 米,高程 173 米。西北距植股山长城 1 段 358 米,东北距植股山 3 号烽火台 500 米。

平面为圆形,剖面为梯形。保存较差,台体大部坍塌,四周散落石块。台体以自然山体为基础,用毛石干垒,中间填充碎石。现存台体直径 8、残高 2.8 米。

半拉山子烽火台 (211402353201170032)

位于大兴乡半拉山村南的半拉山上,高程 605 米。西距小虹螺山长城 2 段 3400 米,东南距广宁中屯卫铁厂百户所城 3000 米。东 150 米是葫(葫芦岛)金(金星)线公路。

平面为圆形,保存较差。台身全部被毁,仅存的基础被高压线塔破坏近五分之二。通过现存部分台体可判断该烽火台中间填充碎石,外用大块毛石包砌,白灰勾缝。现存台体直径 8.6、残高 2.1 米。

孤女坟烽火台 (211402353201170033)

位于大兴乡三台子村孤女坟山上,高程 289 米。西北距小虹螺山长城 7 段 7200 米,北距半拉子山烽火台 3400 米。该烽火台坐落在关山主峰之上,山势险峻。

平面为圆形,剖面为梯形。保存较差,被误认为墓葬,台身有多处盗洞。台体以自然山体为基础,用毛石干垒,中间填充碎石。现存台体顶径 6.6、底径 17.6、残高 1.5 米。

小虹螺山 1 号烽火台 (211402353201170034)

位于塔山乡盘道沟村北沟屯西北山顶部,高程 400 米。西北距小虹螺山长城 8 段 740 米、小虹螺山 2 号烽火台 714 米。

平面为圆形,剖面为梯形。保存较差,仅存基础部分,周围散落毛石。现存台体顶径 6、残高 2.1 米。

小虹螺山 2 号烽火台 (211402353201170036)

位于塔山乡盘道沟村北沟屯西北 1200 米，小虹螺山长城 8 段内侧 2 米处，高程 477 米。东南距小虹螺山 1 号烽火台 714 米，东北距小虹螺山长城 10 号敌台 100 米。

平面为圆形，剖面为梯形。保存较差，台体坍塌，现存台体基础。台体以自然山体为基础，用毛石干垒，中间填充碎石。现存台体顶径 5、残高 5 米。

西边山 1 号烽火台（211402353201170040）

位于塔山乡盘道沟村西边山上，高程 284 米。西距西边山长城 128 米，南距西边山长城 1 号敌台 420 米。西侧 150 米有季节性河流。

平面为圆形，剖面为梯形。保存较差，保留部分基础。台体以自然山体为基础，用毛石干垒，中间填充碎石。现存台体直径 5.6、残高 2.5 米。

西边山 2 号烽火台（211402353201170045）

位于塔山乡盘道沟村西南小虹螺山山脉西南支脉上，高程 289 米。东北距西边山长城 179 米，西北距西边山长城 4 号敌台 313 米。

平面为圆形，剖面为梯形。保存较差，保留部分基础。台体以自然山体为基础，用毛石干垒，中间填充碎石。现存台体直径 6、残高 2.9 米。

南长岭山烽火台（211402353201170054）

位于塔山乡南长岭山村的南长岭山上，高程 188 米。西距二道沟长城 1 段 702 米，西北距长岭山 2 号烽火台 386 米。

平面为圆形，剖面为梯形。保存较差，台体大部坍塌，四周散落石块，基础部分较完整。台体以自然山体为基础，用毛石干垒，中间填充碎石。现存台体直径 2.8、残高 2.8 米。

长岭山 1 号烽火台（211402353201170055）

位于塔山乡南长岭山村的长岭山上，高程 190 米。西北距长岭山长城 340 米，西南距长岭山 2 号烽火台 314 米，南距南长岭山烽火台约 600 米。

平面为圆形，剖面为梯形。保存较差，台体大部坍塌，四周散落石块，基础部分较完整。台体以自然山体为基础，用毛石干垒，中间填充碎石。现存台体顶径 12.3、残高 1.8 米。

长岭山 2 号烽火台（211402353201170056）

位于塔山乡南长岭山村北长岭山屯，高程 165 米。西北距二道沟长城 1 段 326 米，东南距南长岭山烽火台 386 米。

平面为圆形，剖面为梯形。保存较差，台体坍塌，保留部分基础及台体中间填土与碎石。台体以自然山体为基础，用毛石干垒，中间填充碎石、土。现存台体顶径 8.1、残高 1.7 米。

尖顶山烽火台（211402353201170066）

位于寺儿堡镇老边村北老边屯北山上，高程 195 米。西距尖顶山长城 773 米，东南距松山寺堡 3100 米。

平面为圆形，剖面为梯形。保存较差，保留部分基础。台体以自然山体为基础，用毛石干垒，中间填充碎石。现存台体直径 6.5、残高 2.5 米。

夹山烽火台（211402353201170067）

位于寺儿堡镇南蜂蜜沟村西张家沟屯北侧夹山主峰上，高程195米。西距夹山长城1段240米，西南距夹山长城敌台421米。

平面为圆形，剖面不清。保存较差，保留部分基础。台体以自然山体为基础，用毛石干垒，中间填充碎石。现存台体直径8、残高3.2米。台体四周皆存残青砖、瓦等，推测该烽火台原应有铺舍。

（9）兴城市

兴城市共发现烽火台32座。

孙家沟里北山烽火台（211481353201170003）

位于元台子乡孙家沟村孙家沟里屯北山上，高程378米。东北距孙家沟里北山长城2段108米，东距孙家沟里北山长城2号敌台688米，西北距孙家沟里北山长城3号敌台245米。

平面为矩形，剖面为梯形。保存较差，台体坍塌，四周散落石块。台体以自然山体岩石为基础，外用大块较为规整的毛石包砌，中间填充碎石、土。现存台体东西长6、南北宽6、残高1.9米。

杏山烽火台（211481353201170010）

位于元台子乡孙家沟村和气沟屯西北的杏山上，高程164米。西距杏山长城60米，西南距杏山长城1号敌台530米。

平面为矩形，剖面为梯形。保存较差，除台体北侧基础上还存有部分青砖外，其余包砌的青砖全部脱掉，散落在台体附近，顶部和南北两侧各有一个盗洞。台体基础用条石砌筑，基础之上内夯土、外用青砖包砌。现存台体东西长8.2、南北宽7.8、残高2.2米。

灰山堡台子山烽火台（211481353201170014）

位于元台子乡灰山堡村台子山上，高程261米。西北距小盖州长城1段（复线）2100米，西北距小盖州南山烽火台1100米。

平面为圆形，剖面为梯形。保存较差，主体坍塌严重，只存部分基础。台体以自然山体岩石为基础，外用大块较为规整的毛石包砌，中间填充碎石、土。现存台体直径8、残高1米。

上砟山台子山烽火台（211481353201170015）

位于元台子乡下砟山村上砟山屯西北的台子山上，高程216米。西北距和气沟南山长城（复线）680米，西北距和气沟长城3号敌台700米。

平面为圆形，剖面为梯形。保存较好。台体基础借助自然的山体岩石经人工加以修整，基础之上外用不规则的大块毛石包砌，缝隙较大的用小块毛石填塞，白灰勾缝，内填碎石、土，砌筑时墙体向上逐层有收分。现存台体顶径11、通高6.2米。调查发现台顶还存在垛口和铺舍的遗迹，散落青砖，推测都是砖结构。铺舍呈长方形，面宽4.5、进深3.2米。（彩图一六九）

小盖州白台子烽火台（211481353201170018）

位于元台子乡灰山堡村小盖州屯白台子山上，高程289米。东南距小盖州长城墙体50米，北距小盖州长城 2 号敌台 280 米，西距 530 米小盖州长城 3 号敌台，东南距小盖州南山烽火台 900 米。

平面为圆形，剖面为矩形。保存状况一般，北侧坍塌约一半。台体基础借助自然的山体岩石经人工加以修整，基础之上外用不规则的大块毛石包砌，缝隙较大的用小块毛石填塞，白灰勾缝，内填碎石、土。现存台体直径 9、残高 4.15 米。台顶存有部分封土，推测原有铺舍。（彩图一七〇）

小盖州南山烽火台 （211481353201170026）

位于元台子乡灰山堡村小盖州屯南台子山上，高程 332 米。西北距小盖州长城 2 段（复线）1000 米，东南距灰山村台子山烽火台 1100 米。

平面为方形，剖面为梯形。保存差，基础尚存，台体除北侧墙体保存相对较好外，其余全部倒塌。台体以自然山体岩石为基础，外用大块不规整的片石叠砌，有缝隙大的用小块片石填塞，中间填充碎石、土。现存台体边长 7.5、残高 2.5 米。

小盖州北山烽火台 （211481353201170027）

位于元台子乡灰山堡村小盖州屯北台子山上，高程 269 米。西距小盖州长城 1 段（复线）1300 米，东南距小盖州南山烽火台 3200 米。

平面为圆形，剖面为梯形。保存较差，主体坍塌严重，只存部分基础。台体以自然山体岩石为基础，外用大块较为规整的毛石包砌，中间填充碎石和土。现存台体直径 6、残高 1.6 米。

白塔村北台山烽火台 （211481353201170043）

位于白塔乡白塔村北台子山上，高程 102 米。西北距大摸虎山长城 2 段 3400 米，西南距白塔峪堡城 1700 米。

平面为圆形，剖面为梯形。保存较好。台体以自然的山体岩石为基础，外用不规则的大块毛石包砌，缝隙较大的用小块毛石填塞，白灰勾缝，内填碎石和土，砌筑时墙体向上逐层有收分。现存台体顶径 9.3、底径 10.5、高 5.3 米。台顶还存在垛口和铺舍的遗迹，散落青砖。（彩图一七一）

磨盘山 1 号烽火台 （211481353201170058）

位于红崖子乡头道河子村东的磨盘山上，高程 183 米。西北距朗月西山长城 2 段 426 米，东南距磨盘山 2 号烽火台 870 米。

台体濒临消失，具体建筑结构不清。

磨盘山 2 号烽火台 （211481353201170059）

位于红崖子乡头道河子村东的磨盘山上，高程 168 米。西北距磨盘山长城 1 号敌台 1200 米，西南距摸磨盘山长城 2 号敌台 760 米。东 800 米为兴城西河的支流。

平面为方形，剖面为梯形。保存较差，台体严重坍塌，四周散落石块。台体以自然山体岩石为基础，方台身外用大块不规则的毛石包砌，中间填充碎石、土。现存台体边长 5.5、残高 1.5 米。

磨盘山 3 号烽火台（211481353201170060）

位于红崖子乡头道河子村东的磨盘山上，高程 193 米。西北距磨盘西山长城 6 号敌台 120 米、距磨盘山 2 号烽火台约 1700 米。

烽火台主体坍塌严重，只存遗迹，濒临消失。建筑结构不清。

黑凤山 1 号烽火台（211481353201170071）

位于红崖子乡梁家屯村东南的黑凤山上，高程 200 米。建于黑凤山长城 5 段内侧 25 米处，东北 420 米是黑凤山长城 9 号敌台，西南 810 米为黑凤山 2 号烽火台。西南约 800 米为东沙河、约 500 米是闻家至拣金的公路。

台体保存较差。建筑结构不清。

黑凤山 2 号烽火台（211481353201170072）

位于红崖子乡梁家屯村东南的黑凤山主峰西南支脉上，高程 190 米。西距黑凤山长城 5 段 100 米，西南距边壕子长城 1 号敌台 920 米。

平面为圆形，剖面为梯形。保存较差，台体严重坍塌，四周散落石块。台体以自然山体岩石为基础，外用大块不规则的毛石包砌，中间填充碎石、土。现存台体顶径 7.3、残高 1.6 米。

边壕子 1 号烽火台（211481353201170077）

位于红崖子乡郝家屯村西南山坡上，高程 105 米。西北距边壕子长城 4 段 180 米，西南距边壕子 2 号烽火台 800 米。

平面为圆形，剖面为梯形。保存较差，台体严重坍塌，四周散落碎砖。台体以自然山体的岩石为基础，内夯土、外用青砖包砌。现存台体顶径 15、残高 3.1 米。在台顶有大量的青砖碎块，推测原应有铺舍。

边壕子 2 号烽火台（211481353201170079）

位于红崖子乡施家屯村东南山坡上，高程 111 米。西北距边壕子长城 5 段 150 米，西距老石山长城 1 号敌台 500 米。

平面为圆形，剖面为梯形。保存较差，台体严重坍塌，四周散落碎砖。台体以自然山体的岩石为基础，内夯土、外用青砖包砌。现存台体顶径 11、残高 3.2 米。在台顶有大量的青砖碎块和瓦，推测原应有铺舍。

马鞍山烽火台（211481353201170081）

位于拣金乡施家屯村南的马鞍山上，高程 161 米。北距马鞍山长城 37 米，西南距马鞍山长城敌台 638 米。东南 800 米是狼洞水库。

平面为圆形，剖面为梯形。保存较差，台体严重坍塌，四周散落石块。台体以自然山体岩石为基础，外用大块不规则的毛石包砌，中间填充土。现存台体顶径 7、残高 5 米。

大北沟村东烽火台（211481353201170084）

位于南大乡大北沟村东南，高程 78 米。西距北大山东沟长城 2 段 1200 米，西北距北大山东沟长城敌台 1300 米，西南距大北沟村南烽火台 863 米。

台体保存差，坍塌过半，四周散落大量青砖、石块。建筑结构不清。

大北沟村南烽火台（211481353201170085）

位于南大乡大北沟村南的山坡上，高程72米。北距北大山东沟长城1段1800米，东北距大北沟村东烽火台863米，南距前五台东山烽火台2300米。

保存差，台体全部坍塌，四周散落毛石、碎砖。具体建筑结构不清。

前五台东山烽火台（211481353201170086）

位于南大乡前五台村东北510米的坡地上，高程62米。西北距大北沟南烽火台2400米，西南距关屯南山烽火台2600米。南200米是烟台河。

台体坍塌严重，只存台内夯土部分，四周散落有青砖。建筑结构不清。现存夯土高4.5米。

关屯南山烽火台（211481353201170087）

位于南大乡关屯村南山，高程70米。东北距前五台东山烽火台2300米，西南距红旗门南山烽火台1800米。

平面为圆形，剖面为梯形。保存较差，四周发现有散落的青砖残块，推断台体为内夯土、外包砖结构。现存台体顶径5.5、残高3.2米。

红旗门南山烽火台（211481353201170088）

位于南大乡红旗门村南山上，高程82米。西南距三家子南山长城1段478米，东北距关屯南山烽火台1800米。

平面为矩形，剖面不清。台体坍塌严重，只存部分基础，四周散落的青砖残块，濒临消失。具体建筑结构不清。

云台寺台子沟北山烽火台（211481353201170098）

位于围屏乡云台寺村云台寺屯北山上，高程167米。东距云台寺长城2号敌台280米，西北距小团瓢烽火台614米。

平面为圆形，剖面为梯形。保存较差，现只存部分夯土，四周散落毛石。推断台体内夯土、外包石结构。现存台体顶径7.8、残高1.2米。

小团瓢烽火台（211481353201170099）

位于围屏乡团瓢村小团瓢屯西北侧，高程116米。西北距小团瓢长城1段30米，东南距云台寺北山烽火台614米，西北距小团瓢长城敌台700米。

烽火台的主体无存。具体建筑结构不清。但调查发现该烽火台为了增加台体高度，先用黄土经夯打建成一个直径20、高2.5米的夯土台作为基础。

曹屯南山烽火台（211481353201170101）

位于围屏乡团瓢村曹屯南山上，高程108米。北距小团瓢长城2段82米，东南距小团瓢长城敌台1500米。南150米为季节性河流，西南100米是兴城－围屏的公路。

保存差，台体全部坍塌，周围散落毛石。具体建筑结构不清。

石家沟东山烽火台（211481353201170103）

位于高家岭乡山西村石家沟屯东山，高程 136 米。东距潘屯南山长城 313 米，北距潘屯南山长城 2 号敌台 538 米。西 500 米有季节性河流，南 100 米处为山西村－东茶沟乡路。

平面为圆形，剖面为梯形。保存差，现存一座土丘。台体用黄土夯筑而成。现存台体顶径 8.2、残高 1.6 米。

牛心山烽火台（211481353201170106）

位于高家岭乡山西村沟门屯东北侧牛心山顶，牛心山长城 2 段内侧，高程 207 米。东南距牛心山长城 1 号敌台 570 米。

平面为矩形，剖面不清。保存较差，周围散落石块。台体以自然山体为基础，台体外用大块毛石包砌，中间填充碎石、土。现存台体顶径 6.5、残高 1.2 米。

肖家岭北山烽火台（211481353201170111）

位于围屏乡肖家岭村北山，高程 124 米。北距肖家岭长城 30 米，东北距肖家岭北山长城敌台 680 米。南北两侧 100 米处皆为季节性河流。

平面为矩形，剖面为梯形。保存较差，仅存台内夯土，四周散落毛石。推测台体为内行土、外用大块毛石包砌。现存台体南北长 8.1、东西宽 8.1、残高 3.5 米。

西南屯南山烽火台（211481353201170114）

位于围屏乡团瓢村西南屯南山，高程 85 米。西北距赵西沟长城（复线）1200 米、距赵西沟南山烽火台 1300 米。东 100 米处有季节性河流。

平面为方形，剖面不清。保存较差，仅存台内夯土。建筑结构不清。现存台体边长 4.5、残高 3.2 米。

西南屯西山烽火台（211481353201170115）

位于围屏乡团瓢村西南屯西山，高程 97 米。西北距赵西沟长城（复线）670 米、赵西沟南山烽火台 737 米，东距西南屯南山敌台 560 米。

平面为圆形，剖面为梯形。保存较差，仅存台内夯土。建筑结构不清。现存台体顶径 4.2、残高 3.8 米。

赵西沟南山烽火台（211481353201170116）

位于围屏乡团瓢村赵西沟屯南山，高程 146 米。东北距赵西沟长城（复线）80 米，西北距赵西沟长城 1 号敌台 560 米。

保存较差，仅存台内夯土。建筑结构不清。

高家岭边壕子东山烽火台（211481353201170120）

位于高家岭乡汤上村边壕子屯东山，高程 81 米。西距高家岭边壕子长城（复线）645 米，东北距周家屯北山长城敌台 654 米，西北距沟门长城 3 号敌台 728 米，西南距朝阳寺烽火台 1600 米。

平面为圆形，剖面为梯形。保存较差，仅存台内夯土。建筑结构不清。现存夯土的顶径 8.2、残高 2.7 米。

朝阳寺山烽火台（211481353201170121）

位于高家岭乡周家屯村朝阳寺山顶上，高程191米。东北距高家岭边壕子东山烽火台1600米，西北距绥中县境内的牛彦章后山1号烽火台2400米。西500米是六股河，东距沙上线公路108米。

平面为圆形，剖面为梯形。台体内部坍塌较为严重，下陷近2米，外侧多处包砌的青砖被人为扒掉。台体依山势而建，山体高处借助自然山体岩石为基础，低处用三层较规则和不太规则的花岗岩条石作为基础，是自然与人为基础的完美结合。台体外用青砖包砌，白灰勾缝，内用毛石叠砌。台体现存有29行青砖，青砖包砌时自下向上逐层内收。烽火台顶部的设施无存。烽火台顶径7.2、通高4米。青砖的尺寸为长0.38、宽0.18、厚0.1米。（图四八；彩图一七二、一七三）

（10）绥中县

绥中县共发现烽火台70座。

牛彦章后山1号烽火台（211421353201170001）

位于绥中县高台镇牛彦章村后山南侧山顶上，高程152米。南距牛彦章后山长城1段414米，西北距牛彦章2号烽火台630米。北距黑水河600米，牛彦章－高台堡公路在烽火台南500米处通过。

平面为圆形，剖面为梯形。保存较差。台体以自然山体为基础，外用不规则的大块毛石包砌，中间填充碎石、土。现存台体顶径8、残高2米。

牛彦章后山2号烽火台（211421353201170002）

位于绥中县高台镇牛彦章村后山南侧山顶上，高程170米。东南距牛彦章后山长城1段1000米，西距万屯后山烽火台1700米，西南距张家沟北山烽火台2100米。

平面为圆形，剖面为梯形。保存较差，台体坍塌呈锥状。台体以自然山体为基础，外用不规则的大块毛石包砌，中间填充碎石、土。现存台体顶径9.5、残高1.8米。

万屯后山烽火台（211421353201170003）

位于高台镇万陈村万家屯后山之上，高程74米。东南距牛彦章后山长城2段2100米，西南距张家沟北山烽火台580米。北有黑水河，东有六股河。

平面为圆形，剖面不清。保存较差，台体严重坍塌。台体以自然山体岩石为基础，内夯土、外包砌毛石，夯土层厚0.1米。现存台体顶径6.1、残高2.1米。

张家沟北山烽火台（211421353201170004）

位于高台镇万陈村张家沟屯北山上，高程101米。东南距穆家沟北山长城敌台1800米。

台体严重坍塌，仅存遗迹，濒临消失。具体建筑结构不清。

穆家沟南山烽火台（211421353201170006）

位于高台镇牛彦章村穆家沟屯南山之上，高程155米。南距张家沟南山长城2570米，西南距八将沟北山长城敌台2400米，东南距三道沟堡2350米。北临黑水河。

平面为圆形，剖面为梯形。保存较好。台体以自然山体岩石为基础，台身外用不规则的大块毛石包砌，石块之间的缝隙用碎石填塞，并用白灰勾缝，石体中间填充碎石、土。台体

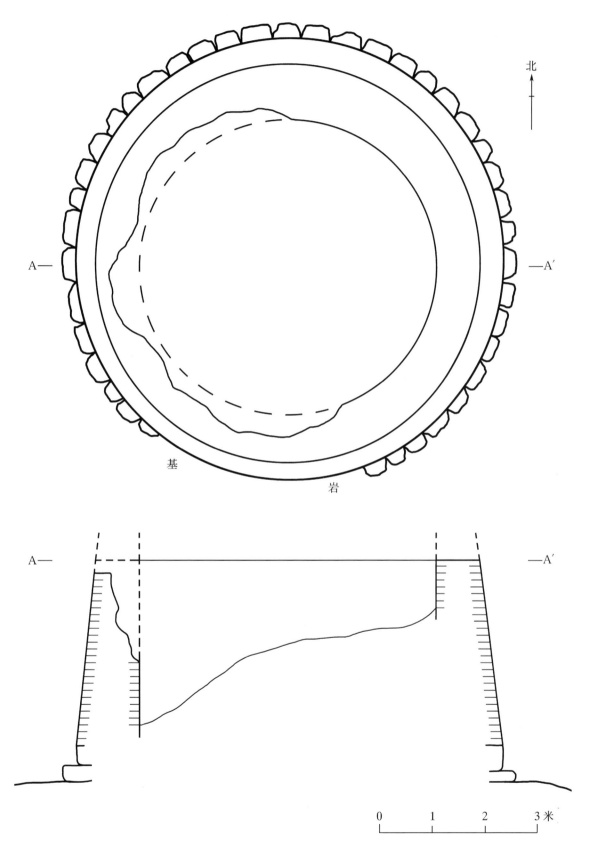

图四八　朝阳寺山烽火台平、剖面示意图

在包砌时自下而上逐渐内收，但收分不大。顶部其他设施无存。现存台体顶径 12、底径 12.8、残高 9.65 米。（彩图一七四）

八将沟南山烽火台（211421353201170012）

位于高台堡镇黑水台村八将沟屯南山之上，高程 87 米。西距八将沟北山长城 300 米，西北距八将沟北山长城敌台 980 米，东南距穆家沟南山烽火台 2400 米。

台体损毁严重，仅有部分台体内夯土，周围散落大量的青砖。推测该台体应为内夯土、外用青砖包砌，夯土层厚 0.15 米。

陈荫沟东沟烽火台（211421353201170014）

位于高甸子乡陈荫沟村东沟屯南面小山上，高程 58 米。西北距水口西岭长城 2 段 270 米，西南距陈荫沟烽火台 568 米。

平面为圆形，剖面为梯形。保存差，台体严重坍塌，露出内部夯土，周围散落大量的碎砖和石块。建筑结构不清。现存台体顶径 8.1、夯土残高 3.5 米。

陈荫沟烽火台（211421353201170015）

位于高甸子乡陈荫沟村东山之上，高程 71 米。西北距陈荫沟长城 2 段 80 米，东北距陈荫沟东山烽火台 568 米。

台体仅存基础部分，濒临消失。建筑结构不清。

狼洞南山 1 号烽火台（211421353201170019）

位于高甸子乡狼洞子村小狼洞子屯南山东侧山顶之上，高程 206 米。西南距狼洞南山长城（复线）46 米、距狼洞南山 2 号烽火台 950 米，南距顺山堡烽火台 1600 米。

平面为圆形，剖面不清。保存差，台体坍塌，四周散落石块。台体以自然山体为基础，外用毛石包砌，中间填充碎石。现存台体顶径 0.4 米，中心部位残高 5.3 米。

横河子北山烽火台（211421353201170020）

位于沙河镇横河子村北山上，高程 105 米。西北距顺山堡烽火台 1700 米、距顺山堡城 2400 米。南侧是沙范张（沙河站至范家）公路。

平面为圆形，剖面为梯形。保存一般。台体以自然山岩为基础，外用石块包砌，白灰勾缝，内侧用石块叠砌，中间填充碎石、土。现存台体顶径 10、残高 3.5 米。

狼洞西山烽火台（211421353201170022）

位于高甸子乡狼洞子村小狼洞子屯西山顶部，高程 126 米。西北距狼洞东山长城 1 段 387 米，西北距狼洞东山长城 2 号敌台 400 米，东南距狼洞南山 2 号烽火台 680 米。

平面为圆形，剖面为梯形。保存较差，台体坍塌严重，呈锥状。台体以自然山岩为基础，外侧用不规则的大块毛石包砌，内填充碎石、土。顶径 6.3、残高 4 米。

狼洞南山 2 号烽火台（211421353201170023）

位于高甸子乡狼洞子村小狼洞子屯南狼山主峰上，高程 250 米。东距狼洞南山长城（复线）920 米，东北距狼洞南山 1 号烽火台 950 米，南距瑞昌堡 1200 米。

平面为圆形，剖面不清。保存差，现仅存基础。台体基础用较规整石块砌筑。建筑结构不清。现存台体底径 6.6、残高 0.4 米。

顺山堡烽火台（211421353201170024）

位于高甸子乡顺山堡村东台山上，高程 135 米。东南距横河子北山烽火台 1700 米，北距狼洞南山 1 号烽火台 1600 米，西北距瑞昌堡 580 米。沙河站至范家公路在台体南侧通过。

平面为圆形，剖面为梯形。保存较好。台体基础用二层毛石砌筑，基础之上外用大小不一的石块包砌，白灰勾缝，中间填碎石、土。现存台体直径 10.5、残高 7.1 米。顶部内收，用石片砌圆台，圆台边缘距台顶边缘 1.8 米，直径 7.1、残高 0.5 米。台体东侧石壁上方阴刻"庚辰岁建"四字，字迹工整，刚劲有力。"庚辰岁"，为万历庚辰年，即明万历八年，是该烽火台建筑的年代，是为辽宁明长城罕见有明确纪年的烽火台。（图四九；彩图一七五、一七六）

糜子沟烽火台（211421353201170026）

位于高甸子乡糜子沟村南山之上，高程 111 米。建于糜子沟南山长城 2 段内侧 180 米处，东距狼洞东山长城 3 号敌台 1100 米，西南距牤牛沟西山烽火台 820 米，东南距瑞昌堡城 3000 米。东约 300 米处为季节性河流，北约 50 米处为沙范线公路（沙河－范家）。

平面为圆形，剖面不清。保存状况较差，台体坍塌严重。台体以自然山体岩石为基础，用黄土夯筑而成。现存台体顶径 7.8、残高 2.3 米。

牤牛沟西山烽火台（211421353201170027）

位于高甸子乡糜子沟村牤牛沟屯西山上，高程 110 米。北距牤牛沟长城 1 段 130 米，东北距糜子沟烽火台 820 米。东 300 米处有季节性河流。

平面为圆形，剖面为梯形。保存较差，台体严重坍塌，露出内部夯土，周围散落石块。台体以自然山岩为基础，内夯土、外用毛石包砌。现存台体直径 6.5、残高 2.2 米。

涝豆沟尖山烽火台（211421353201170029）

位于范家乡涝豆沟村南的尖山顶部，高程 208 米。西南距后喊过岭尖山长城（复线）600 米，西北距涝豆沟尖山长城敌台 83 米。东侧距涝豆沟河 300 米。

台体严重坍塌，仅存 1 米高的长满杂草的土、石堆，建筑结构不清。

后喊过岭西山烽火台（211421353201170034）

位于范家乡平川营村前喊过岭屯北山上，高程 188 米。北距后喊过岭西山长城 1 段 160 米，西北距后喊过岭西山长城 3 号敌台 345 米。

平面为圆形，剖面不清。保存较差，台体严重坍塌，呈锥状，四周散落石块，仅存基础。建筑结构不清。现存台体直径 6.5、残高 1.2 米。

鹰山烽火台（211421353201170037）

位于范家乡五台子村五台北沟屯东侧的鹰山上，高程 202 米。西北距五台北沟北山长城（复线）380 米，西南距五台北沟北山烽火台 850 米。

烽火台整体坍塌，台体上及周围皆生长灌木。台体四周轮廓清晰。台体只存部分遗迹，建筑形式、结构不清。

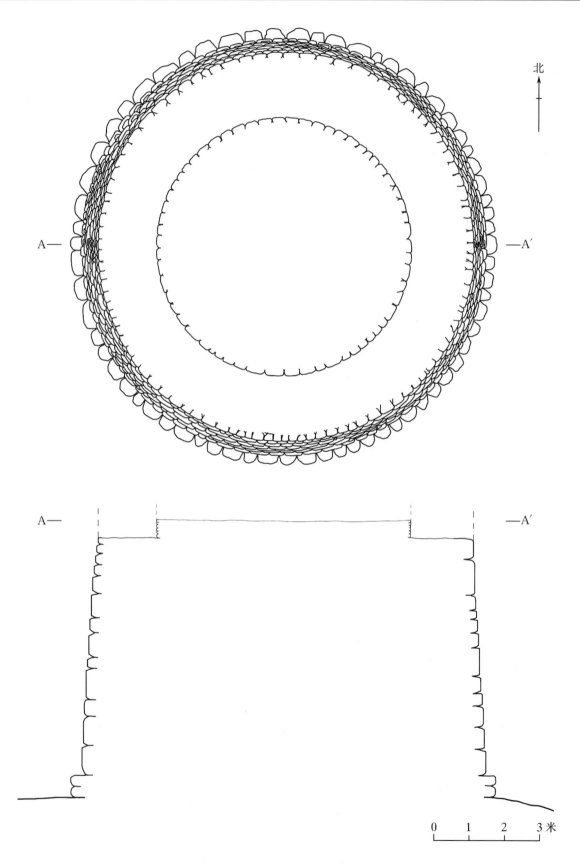

北

A——　　　　　　　　　　　　　　　　——A′

A——　　　　　　　　　　　　　　　　——A′

0　　1　　2　　3米

图四九　顺山堡烽火台平、剖面示意图

五台北沟北山烽火台（211421353201170041）

位于范家乡五台子村五台北沟屯北山，高程 153 米。西北距五台北沟北山长城（复线）145 米，东北距鹰山烽火台 850 米，西南距五台北沟北山长城 2 号敌台 705 米。

烽火台整体保存差，台体被人为拆毁，现已全部坍塌，台体四周轮廓不清，只存一大土包，台体上及四周被树木和荆条类灌木所覆盖，建筑形式、结构不清。

平川营西山 1 号烽火台（211421353201170043）

位于范家乡平川营村西山上，高程 99 米。西北距平川营西山 2 号烽火台 99 米，东南距平川营堡城 244 米。南距狗河 800 米。

平面为圆形，剖面为梯形。保存较差，台体严重坍塌，只存基础及台内夯土，周围散落大量青砖。台体以自然山岩为基础，内夯土、外包青砖。现存夯土台体直径 7.7、残高 3.2 米。

平川营西山 2 号烽火台（211421353201170044）

位于范家乡平川营村西山上，高程 112 米。西北距齐家屯长城 2 段 3000 米，东南距平川营西山 1 号烽火台 99 米、距平川营堡城 338 米。

平面为圆形，剖面为梯形。保存较差，包转已脱落，露出内部夯土。台体以自然山岩为基础，内夯土、外包青砖。现存台体直径 11、残高 1.8 米。

田屯南山 1 号烽火台（211421353201170047）

位于范家乡弯土墙村田家屯南山，高程 124 米。西南距田家屯南山长城（复线 1）350 米、距田屯南山 2 号烽火台 400 米，东距平川营堡 3200 米。

平面为圆形，剖面为梯形。保存较差，台体坍塌，周围散落石块。台体外侧用较大块的毛石包砌，内填充碎石、土。现存台体直径 7、残高 3.5 米。

田屯南山 2 号烽火台（211421353201170048）

位于范家乡弯土墙村田家屯南山西侧山体之上，高程 161 米。西北距田家屯南山长城（复线 2）270 米，东距田家屯南山居住址 35 米。

平面为矩形，剖面为梯形。保存较差，台体严重坍塌，仅存台内夯土，四周散落石块。台体以自然山岩为基础，内夯土、外用较大块的毛石包砌。现存台体南北长 8.4、东西宽 3.4、残高 3.9 米。在台体四周发现有青砖残块，推测该台顶原有铺舍。在台体外围发现有方形围墙，但只存遗迹，濒临消失。

田家屯南山烽火台（211421353201170049）

位于范家乡弯土墙村田家屯南山上，高程 91 米。东南距田家屯南山长城（复线 2）180 米，东南距田屯南山 2 号烽火台 455 米。西距范前公路 400 米。

平面为圆形，剖面不清。保存较差，台体严重坍塌，呈锥状。台体以自然山岩为基础，外侧用大块毛石包砌，中间填充碎石。现存台体顶径 6、残高 4 米。台体外围有护台围墙遗迹。

三道河子后山 1 号烽火台（211421353201170050）

位于范家乡钓鱼石村三道河子屯后山，高程 92 米。东距三道河子后山长城（复线）193 米，西南距三道河子后山 2 号烽火台 490 米，东北距田家屯南山烽火台 221 米，东南距田家屯南山 2 号烽火台 508 米。东距范前公路 300 米。

平面为圆形，剖面不清。保存较差，台体严重坍塌，周围散落石块。台体以自然山岩为基础，外侧用大块毛石包砌，中间填充碎石。现存台体直径 6、残高 0.9 米。

三道河子后山 2 号烽火台（211421353201170051）

位于范家乡钓鱼石村三道河子屯后山，高程 84 米。东南距三道河子后山 3 号烽火台 137 米，东北距田家屯南山 2 号烽火台 810 米。

平面为圆形，剖面为梯形。保存较差，台体严重坍塌，周围散落石块。台体以自然山岩为基础，内夯土、外用较大块毛石包砌。现存台体直径 5.6、残高 2.6 米。

三道河子后山 3 号烽火台（211421353201170052）

位于范家乡钓鱼石村三道河子屯后山，高程 83 米。西北距三道河子后山 2 号烽火台 137 米，东北距三道河子后山 1 号烽火台 607 米。西侧约 300 米是狗河，东侧约 300 米是范前公路。

平面为圆形，剖面为梯形。保存较差，台体严重坍塌，周围散落石块。台体以自然山岩为基础，外侧用大块毛石包砌，中间填充碎石。现存台体直径 8.4、残高 2.1 米。

腰钓鱼石屯西沟南山烽火台（211421353201170055）

位于范家乡钓鱼石村腰钓鱼石西沟南山，高程 149 米。西北距腰钓鱼石屯西沟南山长城（复线 1）100 米，东南距腰钓鱼石屯西沟南山长城敌台 78 米。

台体整体严重坍塌，露出内部夯土。建筑结构不清。台内夯土残高 2.6 米。

南钓鱼石西沟南山 1 号烽火台（211421353201170057）

位于范家乡钓鱼石村南钓鱼石屯南山之上，高程 172 米。东北距南钓鱼石西沟南山长城（复线 2）252 米，西距南钓鱼石西沟南山 2 号烽火台 260 米。

平面为圆形，剖面为梯形。保存较差，台体严重坍塌，周围散落石块。台体以自然山岩为基础，外侧用大块毛石包砌，中间填充碎石。现存台体直径 8、残高 2 米。

南钓鱼石西沟南山 2 号烽火台（211421353201170058）

位于范家乡钓鱼石村南钓鱼石屯南山西南侧山顶之上，高程 235 米。西北距南钓鱼石西沟南山长城（复线 2）455 米，西南距南钓鱼石西沟南山 3 号烽火台 257 米、距三山营堡 4100 米。

平面为圆形，剖面为梯形。保存较差，损毁严重，周围散落大量的石块。推测台体外侧用大块毛石包砌，中间填充碎石。现存台体直径 8.2、残高 2.35 米。

南钓鱼石西沟南山 3 号烽火台（211421353201170059）

位于范家乡钓鱼石村南钓鱼石屯西沟南山上，高程 255 米。西距南钓鱼石西沟南山长城（复线 2）500 米，西南距小胡口南沟梨树沟 1 号烽火台 490 米。

平面为圆形，剖面为梯形。保存较差，台体严重坍塌，周围散落石块。台体以自然山岩为基础，外侧用大块毛石包砌，中间填充碎石、土。现存台体直径 9.5、残高 2.4 米，台壁墙高 0.8 米。

小胡口南沟梨树沟 1 号烽火台（211421353201170060）

位于范家乡小胡口村南沟屯梨树沟北侧山顶上，高程 186 米。西北距南钓鱼石西沟南山长城（复线 2）60 米，西南距小胡口南沟梨树沟 2 号烽火台 660 米、距三山营堡 3700 米。

平面为圆形，剖面为梯形。保存较差，台体严重坍塌，周围散落石块。台体以自然山岩为基础，外侧用大块毛石包砌，中间填充碎石、土。现存台体直径 8.4、残高 3.6 米。

小胡口南沟梨树沟 2 号烽火台（211421353201170061）

位于范家乡小胡口村南沟屯梨树沟南山顶上，高程 198 米。西北距小胡口南沟长城（复线 3）380 米，西南距小胡口南山梨树沟 3 号烽火台 580 米。

平面为圆形，剖面为梯形。保存较差，台体严重坍塌，周围散落石块。台体以自然山岩为基础，外侧用大块毛石包砌，中间填充碎石、土。现存台体直径 8、残高 1.8 米。台体周围发现有青砖残块，推测台顶原有铺舍。

小胡口南沟梨树沟 3 号烽火台（211421353201170064）

位于范家乡小胡口村南沟屯梨树沟南山顶上，高程 252 米。东北小胡口南沟长城（复线 3）距 164 米，西距大岭北山长城 1 段（复线 1）180 米，东南距三山营堡 3200 米。

平面为圆形，剖面为梯形。保存较差，台体严重坍塌。台体以自然山岩为基础，外侧用大块毛石包砌，中间填土。现存台体直径 7.2、残高 2.6 米。

大岭北山 3 号烽火台（211421353201170068）

位于前卫镇三山营村康家屯北的狐狸山北侧山顶之上，高程 211 米。东南距大岭北山长城 3 段（复线）245 米，南距大岭北山 1 号烽火台 510 米。南侧 500 米有季节性河流。

平面为方形，剖面为梯形。保存较差，台体严重坍塌，周围散落石块。台体以自然山岩为基础，外侧用大块毛石包砌，中间填充碎石、土。现存台体顶边长 9、残高 3.6 米。台体四周有用毛石干垒的长方形围墙，墙宽 1、残高 0.8 米。

大岭北山 1 号烽火台（211421353201170069）

位于前卫镇三山营村康家屯北狐狸山上，高程 180 米。西距大岭北山长城 1 段（复线）80 米，西南距大岭北山 2 号烽火台 970 米，北距大岭北山 3 号烽火台 510 米。西侧 200 米处有季节性河流。

平面为圆形，剖面为梯形。保存较差，台体严重坍塌，周围散落石块。台体以自然山岩为基础，外侧用大块毛石包砌，中间填充碎石、土。现存台体直径 6、残高 2.8 米。

大岭北山 2 号烽火台（211421353201170071）

位于前卫镇三山营村康家屯北背荫山顶，高程 140 米。西北距大岭北山长城 2 段（复线）50 米，东北距大岭北山长城敌台 380 米，西南距康家屯东山烽火台 740 米。

平面为圆形，剖面为梯形。保存较差，台体严重坍塌，周围散落石块。台体以自然山岩为基础，外侧用大块毛石包砌，中间填充碎石、土。现存台体直径 10.3、残高 3.1 米。

康家屯东山烽火台（211421353201170072）

位于前卫镇三山营村石河北岸康家屯东山之上，高程211米。北距大岭北山长城2段（复线）450米，东南距三山营堡1800米。南距石河约200米，北距范前公路150米。

平面为圆形，剖面为梯形。保存较差，台体严重坍塌，周围散落石块。台体以自然山岩为基础，外侧用大块毛石包砌，中间填充碎石、土。现存台体直径9.6、残高1.5米。

三山沟1号烽火台（211421353201170076）

位于前卫镇背荫障村三山沟屯南山上，高程179米。东北距三山沟长城855米，西北距三山沟2号烽火台500米。

平面为圆形，剖面为梯形。保存较差，台体严重坍塌，周围散落石块。建筑结构不清。台体残高1.8米。

三山沟2号烽火台（211421353201170077）

位于前卫镇背荫障村三山沟屯西南山上，高程209米。东北距三山沟长城2段，西距楼子沟烽火台1500米，西南距背荫嶂堡1600米。

平面为圆形，剖面为梯形。保存较差，台体严重坍塌，周围散落石块。建筑结构不清。台体残高1.4米。

楼子沟烽火台（211421353201170081）

位于前卫镇背荫障村楼子沟屯南山上，高程191米。北距楼子沟长城1段680米，西北距楼子沟长城敌台690米，东南距背荫嶂堡1100米。

平面为圆形，剖面为梯形。保存较差，台体大部分坍塌，仅存中间填土。台体以自然山岩为基础，外侧用大块毛石包砌，内填充碎石、土。现存台体直径9、残高3.5米。

上霍家沟南山烽火台（211421353201170082）

位于前卫镇背荫嶂村上霍家沟屯南山顶上，高程240米。东北距楼子沟长城2段230米，东南距下霍家沟西山长城1号敌台1100米。

平面为圆形，剖面为梯形。保存较差，台体大部分坍塌，仅存中间填土。台体以自然山岩为基础，外侧用大块毛石包砌，内填充碎石、土。现存台体直径8.1、残高1.8米。

背荫嶂台子山烽火台（211421353201170086）

位于前卫镇背荫障村南的台子山上，高程109米。西北距下霍家沟西山长城1段2500米，东南距柳沟屯黑沟山烽火台1600米，西距康家房子腰岭烽火台2900米，东北距背荫障堡980米。南距石河200米。

平面为圆形，剖面为梯形。保存较差，台体大部分坍塌，仅存基础。台体基础是用大块毛石砌筑，台身外用巨石包砌，白灰勾缝，内用毛石叠砌。现存台体直径8.5、残高3.5米。

顺山烽火台（211421353201170087）

位于前卫镇背荫嶂村西南顺山台山上，高程152米。东北距背荫嶂台子山烽火台430米，西1000米与大肚砬子烽火台隔河相望，东南距乱石碴南山烽火台1700米。

平面为矩形，剖面为梯形。保存较差，台体主体坍塌，四周散落石块，西面基础部分保存较完整。台体以自然山岩为基础，外侧用较大块的毛石包砌，白灰勾缝，内填充碎石、土。现存台体南北长 10.8、东西宽 10、残高 2.3 米。在台体外建有一周护台围墙，墙体用毛石干垒，周长 83.6 米，围墙宽 0.8、残高 0.6 米。

大肚砬子烽火台（211421353201170088）

位于永安堡乡獐狼铳村东北的大肚砬子山上，高程 166 米。西北距康家房子腰岭烽火台 1600 米，西南距小山口烽火台 1700 米。

平面为圆形，剖面为梯形。保存较差，台体主体坍塌，四周散落石块，西面基础部分保存较完整。台体以自然山岩为基础，外侧用较大块的毛石包砌，内填充碎石、土。现存台体直径 4.5、残高 2.5 米。

康家房子后山烽火台（211421353201170089）

位于永安乡塔子沟村康家房子屯后山上，高程 188 米。西北距康家房子长城 260 米，西南距康家房子蚂蚁沟长城敌台 600 米、康家房子腰岭烽火台 1500 米。

平面为圆形，剖面为梯形。保存较差，包石大部分脱落，周围散落石块。台体以自然山岩为基础，外侧用较大块的毛石包砌，内填充碎石、土。现存台体直径 7.6、残高 2.1 米。

康家房子腰岭烽火台（211421353201170090）

位于永安乡塔子沟村康家房子屯腰岭南侧的山顶上，高程 182 米。西北距康家房子蚂蚱沟长城 1200 米，南距小山口烽火台 1200 米。烽火台东、西、北三面临石河。

平面为圆形，剖面为梯形。保存较差，包石大部分脱落，周围散落石块。台体以自然山岩为基础，外侧用较大块的毛石包砌，白灰勾缝，内填充碎石、土。现存台体直径 8.5、残高 1.2 米。

小山口烽火台（211421353201170092）

位于永安乡獐狼铳村小山口屯东南的大风口水库西的石河套上，高程 103 米。西北距杨四北沟长城 2300 米，东北距背荫嶂台子山烽火台 3100 米，西南距永安堡 2900 米。

平面为圆形，剖面为梯形。保存较好。台体以自然山岩为基础，外侧用较大块的毛石包砌，白灰勾缝，内填充碎石、土。现存台体直径 10、残高 6.54 米。周围散落青砖残块，推测该台顶原有铺舍。（彩图一七七）

杨四北沟东山烽火台（211421353201170093）

位于永安乡獐狼铳村小山口屯北边墙东山上，高程 290 米。西北距杨四北沟长城 275 米，东南距小山口烽火台 2000 米，东北距康家房子腰岭烽火台 1600 米。

平面为圆形，剖面为梯形。保存较差，台体大部分坍塌。台体以自然山岩为基础，外侧用较大块的毛石包砌，白灰勾缝，内填充碎石、土。现存台体直径 8、残高 3.6 米。

鼓山 1 号烽火台（211421353201170094）

位于永安乡边外村东南的鼓山山顶之上，高程 365 米。西距鼓山长城 1 段 30 米，西南距鼓山长城 1 号敌台 610 米、距鼓山 2 号烽火台 700 米。

平面为圆形，剖面为梯形。保存较差，台体严重坍塌，现呈圆锥状。建筑结构不清。

鼓山2号烽火台（211421353201170096）

位于永安乡边外村鼓山南约50米的一个山包上，高程234米。北侧为鼓山长城2段，西距鼓山长城2号敌台430米，西南距鼓山3号烽火台725米。

平面为圆形，剖面为梯形。保存差，台体严重坍塌。建筑结构不清。现存台体高度为2.2米。

鼓山3号烽火台（211421353201170098）

位于永安乡边外村石匣口屯北大烟顶山上，高程256米。东北距鼓山长城2号敌台420米，西北距鼓山长城3号敌台520米、鼓山4号烽火台930米。

平面为圆形，剖面为梯形。保存较差，台体大部分坍塌。台体以自然山岩为基础，外侧用较大块的毛石包砌，白灰勾缝，内填充碎石、土。现存台体直径7.5米，台边墙高0.5米、台中心高度为1.8米。

鼓山4号烽火台（211421353201170100）

位于永安乡边外村石匣口屯北，高程230米。北与鼓山长城6段相望，西与石匣口长城相望，东南距永安堡3300米。

平面为圆形，剖面为梯形。保存较差，台体损毁严重。台体以自然山岩为基础，外侧用较大块的毛石包砌，内填充碎石、土。现存台体直径6.8、残高1.5米。

蔓枝草烽火台（211421353201170104）

位于永安堡乡大甸子村蔓枝草屯西南蔓枝草长城副墙西侧山丘之上，高程208米。东临蔓枝草长城隘口与蔓枝草长城南北相望，东南距蔓枝草长城2号敌台565米，西北距蔓枝草长城3号敌台300米。

平面为圆形，剖面为梯形。保存较好。台体以自然山岩为基础，外侧用较大块的毛石包砌，白灰勾缝，内填充碎石。现存台体直径6.3、残高5.68米。台顶原建有垛口墙，现已毁，顶部残留瓦、砖等残片和建筑材料。顶部还存有砖砌铺舍的遗迹。（彩图一七八）

椴木冲烽火台（211421353201170107）

位于永安堡乡花户村杨树沟屯西南山脊上，高程517米。东北接椴木冲长城2段，西南接椴木冲长城2段，东北距椴木冲长城1号敌台905米。

平面为圆形，剖面为梯形。保存较好。台体以自然山岩为基础，外侧用较大块的毛石包砌，白灰勾缝，内填充碎石。现存台体直径10、残高5米。台顶部有砖、瓦残块，推测台顶原建有砖砌铺舍、垛口墙。（彩图一七九）

锥子山1号烽火台（211421353201170108）

位于永安堡乡花户村杨树沟屯西南锥子山长城7段墙体上，高程422米。西北距锥子山长城1号敌台190米、距锥子山2号烽火台250米。

平面为圆形，剖面为梯形。保存一般。台体以自然山岩为基础，外侧用较大块的毛石包砌，白灰勾缝，内填充碎石、土。台顶部及台体下面有砖、瓦残块。台顶设施皆毁。现存台体直径6、残高5米。

锥子山 2 号烽火台（211421353201170110）

位于永安堡乡花户村杨树沟屯西南锥子山长城 8 段墙体上，高程 406 米。西北距锥子山长城 2 号敌台 190 米，西南距锥子山 3 号烽火台 750 米。

平面为圆形，剖面为梯形。台体西、南侧保存较好，轮廓清晰，东、北两侧台体局部坍塌。台体为人工基础，外侧用较大块的毛石包砌，白灰勾缝，内填充碎石、土。台顶其他设施现已毁。现存台体直径 6.3、残高 1.8 米。（彩图一八〇）

锥子山 3 号烽火台（211421353201170113）

位于永安堡乡花户村杨树沟屯南锥子山长城 9 段墙体上，高程 473 米。东北距锥子山长城 3 号敌台 375 米，西距锥子山 4 号烽火台 160 米。

平面为圆形，剖面为梯形。保存较好。台体以自然山岩为基础，外侧用较大块的毛石包砌，白灰勾缝，内填充碎石、土。现存台体直径 5.5、残高 3.7 米。台顶其他设施现已毁，遗存有少量青砖和瓦残块。（彩图一八一）

锥子山 4 号烽火台（211421353201170114）

位于永安堡乡西沟村金家沟屯南侧的锥子山顶部，高程 524 米。建于锥子山长城 10 段墙体上，西南与蓟镇长城相望，东南距铁场堡 8000 米。

平面为圆形，剖面为梯形。保存差，台体严重坍塌。建筑结构不清。台体残高 1.8 米。

柳沟屯黑沟山烽火台（211421353201170115）

位于高岭镇四方村柳沟屯黑沟山上，高程 283 米。距柳沟屯黑洞沟长城（南线）起点 10 米，西距顺山烽火台 2000 米，西南距乱石砬南山烽火台 1700 米，南距金石公路 160 米。

平面为矩形，剖面为梯形。保存较差，包石脱落，顶部坍塌。台体以自然山岩为基础，外侧用较大块的毛石包砌，内填充碎石、土。现存台体东西长 7.2、南北宽 5.9、残高 1.2 米。

乱石砬南山烽火台（211421353201170116）

位于永安堡乡獐狼铳村乱石砬屯南侧海拔 410 米的南山顶部，高程 410 米。东北距柳沟屯黑沟山烽火台 1700 米，西北距大肚砬子烽火台 2400 米。北临石河和大风口水库。

平面为矩形，剖面为梯形。保存较差，四壁轮廓清晰，台体顶部其他设施无存。台体以自然山岩为基础，外侧用较大块的毛石包砌，内填充碎石、土。现存台体东西长 6.6、南北宽 6、残高 1.6 米。

獐狼铳南岭山 1 号烽火台（211421353201170118）

位于永安堡乡獐狼铳村东沟屯南岭山上，高程 312 米。建于獐狼铳南岭山长城 4 段（南线）内侧，东北距獐狼铳南岭山长城敌台 1000 米，西南距獐狼铳南岭山 2 号烽火台 1200 米。

平面为矩形，剖面为梯形。保存较差，台体大部分坍塌，基础尚存。台体以自然山岩为基础，外侧用较大块的毛石包砌，白灰勾缝，内填充碎石、土。现存台体边长 7.2 米，现存四周包砌的外墙高 0.8 米。

獐狼铳南岭山 2 号烽火台（211421353201170119）

位于永安堡乡獐狼铳村东沟屯南岭山上，高程 388 米。建于獐狼铳南岭山长城 8 段（南线）内侧，西南距宁子沟烽火台620米。东北临大风口水库。

平面为圆形，剖面为梯形。保存较差，台体大部分坍塌，基础尚存。台体以自然山岩为基础，外侧用较大块的毛石包砌，内填充碎石、土。直径8.5米，现存基础高0.3米，台体坍塌后的高为1.6米。

宁子沟烽火台（211421353201170120）

位于永安堡乡獐狼铳村宁子沟东南的山顶上，高程382米。西距宁子沟长城（南线）200米，西南距宁子沟南山五道岭长城1号敌台805米。东北临大风口水库。

平面为矩形，剖面为梯形。保存较差，台体严重坍塌，基础尚存，周围散落石块。台体以自然山岩为基础，外侧用较大块的毛石包砌，白灰勾缝，内填充碎石、土。现存台体长5.8、宽4.8、残高0.6米。

歪桃山烽火台（211421353201170123）

位于前所果树农场分场北侧的歪桃山顶部，高程387米。建于宁子沟南山五道岭长城4段（南线）东侧，西南距坡山洞1号烽火台1400米，西北距永安堡2900米。

平面为圆形，剖面为梯形。保存较差，台体部分坍塌。台体以自然山岩为基础，外侧用较大块的毛石包砌，内填充碎石、土。现存台体直径11、残高1.6米。

坡山洞松岭子烽火台（211421353201170125）

位于西甸子镇安马堡村坡山洞屯东北方向（即马路岭北侧山上），高程246米。南距坡山洞松岭子长城1段（南线）160米，东南距歪桃山长城敌台270米，西南距坡山洞1号烽火台650米为。西南临坡山洞水库。

平面为圆形，剖面为梯形。保存一般。台体基础部分利用自然山岩、部分人工砌筑，台体外侧用较大块的毛石包砌，白灰勾缝，内填充碎石、土。现存台体直径9.9、残高1.23米。

坡山洞1号烽火台（211421353201170127）

位于西甸子镇安马堡村坡山洞屯东北山上，高程153米。北距坡山洞松岭子长城1段（南线）460米，东南距坡山洞2号烽火台510米，东北距歪桃山烽火台1400米。西南临坡山洞水库。

平面为圆形，剖面为梯形。保存一般。台体以自然山岩为基础，外侧用较大块的毛石包砌，白灰勾缝，内填充碎石、土。现存台体直径9.1、残高6.3米。（彩图一八二）

坡山洞2号烽火台（211421353201170128）

位于西甸子镇安马堡村坡山洞屯北侧山顶上，高程164米。东北距宁坡山洞松岭子长城1段（南线）920米。西南临坡山洞水库。

平面为圆形，剖面为梯形。保存一般。台体基础部分利用自然山岩、部分人工砌筑，台体外侧用较大块的毛石包砌，白灰勾缝，内填充碎石、土。现存台体直径10、残高3.2米。（彩图一八三）

苇子冲前山烽火台（211421353201170135）

位于李家堡乡娄家沟村李家窝堡屯北侧苇子冲前山之上，高程166米。西北距苇子冲前山长城（南线）340米，东南距铁厂堡2300米。

平面为圆形，剖面为梯形。保存较差，台体大部分坍塌，底部边缘保存较完整。台体以自然山岩为基础，外侧用较大块的毛石包砌，白灰勾缝，内填充碎石、土。现存台体直径8、残高1.8米。

荆条沟北山烽火台（211421353201170136）

位于李家堡乡娄家沟村荆条沟屯北山上，高程396米。建于荆条沟北山长城（南线）上，西与蓟镇长城相望，东南距苇子冲前山烽火台2700米、铁厂堡4800米。

平、剖面不清。保存状况差，台体全部坍塌。具体建筑结构不清。

（四）辽宁明长城相关遗存及保存现状

辽宁明长城沿线共发现各类相关遗存71处。

（1）宽甸满族自治县

夹河口明代建筑址（210624354199170001）

位于虎山乡夹河口村安姓村民家门前的自留地里，高程34米。南距振安区石城遗址2000米；西100米为夹河村，南50米为夹河村-虎山乡村路。

建筑址地表已无存，地表遗存大量残砖、残瓦。建筑遗址长60、宽20米，占地面积1200平方米。从走访当地居民了解，村民曾在地中挖出过砖坯。

边沟村东山庙址（210624354199170002）

位于杨木川乡边沟村13组东山的二级台地上，高程244米。庙址西距边沟村100米，西南距201国道200米。

庙址地表无存，散布较多明代青砖、布纹瓦、莲花纹檐头。

金家沟采石场（210624354101170003）

位于石城乡康家堡子村金家沟长城北30米处，高程200米。西距袁家堡子1500米，东10米有乡村小路。

采石场长40、宽20米，面积800平方米。金家沟长城所用石料与此地石料完全一致，应是修筑金家沟长城时的采石厂。

柏林川石刻（210624354110170004）

位于灌水乡柏林川村小林线公路东50米的耕地中，高程249米。东20米为柏林川村，西50米小林线公路。

刻石为自然立石，现有轻微风化，有弹痕，石刻文字无法完全看清，高3.20、宽0.85、厚0.46~0.7米。刻石上部依稀可辨刻有"钦差镇守辽东"字迹。据刘谦调查，该"石刻原为方形笏头碣式，碑的正文刻有'钦差镇守辽东（地）（方）（副）（总）（兵）（韩）（斌）（正）（饬）□□□□□'，左侧刻有'成化五年五月五日铭记'字样"。是研究明代边防设置及辽东段长城修建年代的重要实证。

（2）凤城市

民生村庙址（210682354199170001）

位于东汤乡民生村三组北100米处一级台地上，高程92米。西距叆河支流50米，西150米为东汤－石城公路。

庙址建筑地面已经无存，地表散落砖瓦、柱础、碑座。结合地表遗物及走访当地居民可知，此庙址应为明代建筑，后期为清代沿用。

（3）本溪满族自治县

化皮峪品字窖（陷马坑）（210521354105170001）

位于碱厂镇化皮峪长城2段东侧40米处，高程609米。

共有8个大小不一的土坑，面积约1056平方米。土坑大小不一，直径2~5、深2~3米。坑壁有毛石砌筑痕迹，已坍塌，推断坑壁和边缘以石块包砌。该陷马坑与化皮峪长城形成一个较为完整的军事防御体系。（图五〇）

东山坡长城居住址（210521354107170002）

位于碱厂镇化皮峪东山坡长城北侧30米处的山坡上，高程321米。南距东山坡长城30米。

居住址平面为矩形，现存毛石干垒墙基，周围散落大量的石块。正南北向，南北长20、东西宽12米。东、西、北面墙基保存较好，残宽0.3~0.5、残高0.5~0.7米；南边墙基保存较差，残宽0.3~0.5、残高0.2~0.5米。门道位于西墙南端，宽1.5米。居住址北部为房间，两开间，面阔6.5米，开间等阔；其南部为院落。东南角有一处方形建筑，边长2.2米，

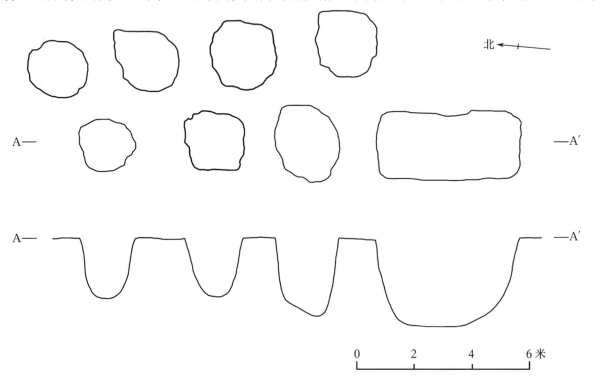

图五〇　化皮峪品字窖平、剖面示意图

疑为仓储或屯戍一类的建筑址。

（4）新宾满族自治县

小夹河长城1号居住址（210422354107170001）

位于下夹河乡平河村小夹河屯东北120米山坡上，高程354米。东北距离小夹河长城2号敌台15米。南侧有小夹河，属太子河水系。西侧铁（岭）长（甸）线公路南北向通过，南侧有小夹河－大四平公路东西向穿过。

整体保存差。平面为矩形，现存毛石干垒墙基，周围散落大量的石块。东西长5米、南北宽4米，墙基残宽0.3～0.5、残高0.2～0.5米。居住址结构不清，居住址内外不见相关的设施。

苇子峪三道关（210422354199170002）

位于苇子峪镇三道关村南500米，高程391米。墙体中部太子河支流至北向南穿墙而过，沈（阳）通（化）线公路在遗址东部穿墙而过。

整体保存一般，现残存一道用土、石混筑的墙体，东西向横亘于河谷间，两端与山体峭壁相连，山谷中太子河支流和沈（阳）通（化）公路，将墙体断为东西两段，断开的豁口宽40米，其间的墙体地面迹象已经无存。墙体全长500米。

墙体北侧200米的河谷间有一处台地，高于周围地表，其东侧和北侧有壕沟。疑为一处城址，其范围南北长200、东西宽120米。

（5）顺城区

抚顺关马市（210411354199170001）

位于顺城区前甸镇官岭村东南约3000米台地上，高程132米。南侧有浑河。北侧有202国道。

保存差，地面遗迹基本无存。

太平关遗址（210411354199170002）

位于顺城区会元乡太平村太平直沟东400米东西两侧的山坡上，高程328米。北距三岔儿堡6500米，东南距抚顺关11800米。附近有浑河支流。三岔子村通往抚顺前甸镇的道路在遗址中间穿过。

保存一般，现外侧为一道壕堑，墙体在内侧，为就地取材所堆砌。山谷东西两侧的山坡上各有一道墙体，墙身用土、石混筑，山谷间不见其他遗迹。东墙全长300米，西北－东南走向，顶宽1.2～2.4、底宽3.4～4.1、残高0.6～1.3米；西墙全长350米，西北－东南走向，顶宽1.2～2.6、底宽3.5～4、残高0.6～1.3米。

此遗址不见于文献记载和以往的文物考古工作档案。其位置不在长城主线上，走向与长城线垂直布局，控扼三岔儿堡（今铁岭市铁岭县横道河子乡三岔子村）通往抚顺关交通要道上。推测该遗址为三岔儿堡（属铁岭卫）和抚顺关之间的交通或关隘屏障。

（6）开原市

营城子城址（211282354199170001）

位于松山堡乡营城子村，高程 192 米。西北距离松山堡 8500 米，东南距离长城线 3500 公里。

城墙地面遗迹现已无存，仅残残高于周围地表 0.5～1.1 米的方形台地，边长 100 米，城内布局结构不清。在城址周围发现一些青砖残块。该城址位于松山堡和长城线之间，推断该城址与长城防御体系有关。

（7）阜新县

上两家子居住址（210921354107170001）

位于国华乡十两家子村上两家子屯北 1000 米高山上，高程 486 米。西北距上两家子 3 号敌台 16 米。

保存差，墙体坍塌，周围散落大量石块。居住址平面近似长方形，东西长 10、南北宽 7 米，面积 70 平方米。墙宽 1 米，墙体用毛石干垒。居住址位于长城内侧，其功能应为长城戍卒临时居住设施。

上排山楼 1 号居住址（210921354107170002）

位于新民乡上排山楼村南 1500 米高山上，高程 463 米。建于上排山楼长城 2 段起点西南 5 米处，西南距上排山楼 2 号居住址 596 米。

保存较好，大部分墙体基本保持完整。平面近似长方形，南北长 2.1、东西宽 0.8 米，面积 1.68 平方米。东、南、西三面墙体用毛石干垒，北墙则依附山体岩石，南侧有门道。居住址位于长城内侧，其功能应为长城戍卒临时居住设施。

上排山楼 2 号居住址（210921354107170003）

位于新民乡上排山楼村东南 1500 米高山上，高程 423 米。东北距上排山楼 2 号敌台 30 米。

保存较差，大部分墙体坍塌，遗址周围散落大量石块。平面近似圆形，直径 1.33 米，面积 1.38 平方米。墙体用毛石干垒，西侧依附长城墙体，其余三面墙体倒塌。居住址位于长城内侧，其功能应为长城戍卒临时居住设施。

卡拉房子居住址（210921354107170004）

位于新民乡下卡拉房子村上卡拉房子西 2000 米高山上，高程 603 米。东北距二道岭长城 1 号敌台 768 米。

保存较差，大部分墙体坍塌，遗址周围散落大量石块。平面为长方形，南北长 2.5、东西宽 1.6 米，面积 4 平方米。墙体为毛石干垒，西侧依附长城墙体，其余三面墙体倒塌。居住址位于长城内侧，其功能应为长城戍卒临时居住设施。

翻身沟 1 号居住址（210921354107170005）

位于卧凤沟乡翻身沟村东北 1500 米高山上，高程 429 米。西南距翻身沟长城 3 号敌台 355 米。

保存较差，大部分墙体坍塌，遗址周围散落大量石块。墙体为毛石干垒，平面为矩形，东西长 4.6、南北宽 2.7 米，面积 12.42 平方米。东南侧依附长城墙体，其余三面墙体倒塌。居住址位于长城内侧，其功能应为长城戍卒临时居住设施。

翻身沟 2 号居住址（210921354107170006）

位于卧凤沟乡翻身沟村东 1000 米高山上，高程 419 米。东北距翻身沟长城 3 号敌台 18 米。

保存较差，大部分墙体坍塌，遗址周围散落大量石块。平面近似圆形，直径 2.5 米，面积 6.25 平方米。墙体为毛石干垒，居住址北侧墙体借助于长城墙体，其余三面墙体低于长城墙体。居住址位于长城内侧，其功能应为长城戍卒临时居住设施。

国华乡三家子壕沟（210921354106170007）

位于国华乡三家子村南 100 米，高程 212 米。东北距国华乡三家子长城 1 段起点 1000 米，西北与十家子壕沟相距 869 米，西南距国华乡三家子烽火台 233 米。

保存一般，两侧护台变低。长 313、宽 10、深 1.5~2 米。壕沟为东北－西南转西北走向，两侧护台为黄沙土夯筑，部分地段护台被人为踏平或开垦为耕地。其功能应属长城防御体系设施。

十家子壕沟（210921354106170008）

位于国华乡上两家子村十两家子屯东南 1500 米，高程 275 米。北距十家子长城 1 段起点 1100 米，东南距三家子壕沟起点 869 米，东南距三家子烽火台 776 米。

保存一般，两侧护台变低。长 2077、宽 6~8、深 0.4~1 米。其功能应属长城防御体系设施。

三家子壕沟（210921354106170009）

位于卧凤沟乡翻身沟村三家子屯东北 1000 米，高程 181 米。东北距三家子长城止点 1500 米，南距三家子 1 号烽火台 24 米。

保存一般，壕沟遗迹较为明显。壕沟为西南－东北走向，长 146、宽 3.5~4、深 1.5~2.7 米。南护台为黄沙土夯筑，部分地段护台被人为踏平。其功能应属长城防御体系设施。

（8）北票市

下平房遗址（211381354199170001）

位于小塔子乡下平房村东南约 1500 米高山北坡底，高程 482 米。东距义县小柳河沟长城 8 段约 100 米，东北距义县小柳河沟 2 号烽火台 300 米，南距义县小柳河沟 3 号烽火台约 200 米。北 500 米为下平房－小柳河沟小路。

保存一般。平面为长方形，剖面呈梯形，南北长 50、东西宽 20 米，面积 1000 平方米。此遗迹是利用一段特殊山体，在山体北坡向北延伸约 50 米后遗迹中断，断面接近垂直地面，形成顶宽 5、底宽 20、残高 10 米的等腰梯形。遗迹位于长城沿线上，应与长城有关。

上五道沟长城居住址（211381354107170002）

位于常河营乡老爷庙村上五道沟屯东山 600 米，高程 445 米。建于上五道沟长城 2 段起点西 139 米墙体内侧，西南距上五道沟长城 1 号敌台 151 米，西南距上五道沟长城 2 号敌台 160 米。西为上五道沟－蕨菜沟山路。

平面近似圆形，直径 4 米，面积 12.56 平方米。墙体为毛石干垒，北侧借助上五道沟长城 2 段墙体，墙体残宽 0.3～0.5、残高 0.4 米；墙体东、南、西三面墙体保存较差。其功能应为长城戍卒临时居住设施。

（9）义县

小二台居住址（210727354107170001）

位于头台乡小二台村（西山 3000 米）处，高程 348 米。建于小二台长城 1 段西南 617 米处，东北距小二台长城 1 号敌台 187 米。

平面为矩形，南北长 15、东西宽 7.2 米，面积 108 平方米。西侧借用长城墙体（石墙），其余三面用毛石干垒。墙体宽 0.7、残高 0.6～0.8 米。其功能应为长城戍卒临时居住设施。（图五一）

小闫家屯居住址（210727354107170002）

位于头台乡砖城子村小闫家屯北山，高程 250 米。建小闫家屯长城 2 段起点西南 488 米处，东北距小闫家屯长城 2 号敌台 17 米，西北距邸家沟烽火台 167 米。

平面近似半圆形，南北长 2、东西宽 1.5 米，面积 3 平方米。西侧借用长城墙体（石墙），其余三面用毛石干垒，墙体大部分倒塌，石块脱落，墙体宽 0.7、残高 0.3～0.8 米。居住址位于长城内侧，其功能应为长城戍卒临时居住设施。

羊乃沟遗址（210727354199170003）

位于头道河乡李西沟村羊乃沟屯西南山 1000 米，高程 265 米。建于羊乃沟长城 2 段西南

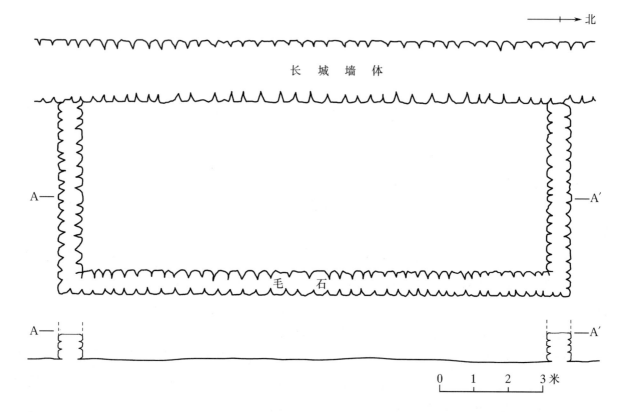

图五一　小二台居住址平、剖面示意图

1700 米处，东北距羊乃沟长城 2 号敌台 903 米，东距羊乃沟长城 3 号敌台 618 米。

遗址平面近似椭圆形，顶部较为平坦，南北长 30、东西宽 10、残高 0.4 米，西侧有 6 道类似护坡的墙体（土墙），每道墙体长 12、宽 0.7、残高 0.4 米，间距均为 1.2 米。遗址位于长城沿线上，应该与长城线有关。

白台子 1 号居住址（210727354107170004）

位于头道河乡魏家沟村白台子屯西南山 1000 米处，高程 317 米。建于白台子长城 2 段（复线）起点南 958 米处，南距白台子长城 1 号敌台 16 米、距白台子 2 号居住址 106 米。

平面近似圆形，直径 3 米，面积 7.1 平方米。西侧借用长城墙体（石墙），其余三面用毛石干垒，墙体大部分倒塌，石块脱落。墙体宽 0.6、残高 0.2～0.5 米。东南方向有门道，宽 1 米。居住址位于长城内侧，其功能应为长城戍卒临时居住设施。

白台子 2 号居住址（210727354107170005）

位于头道河乡魏家沟村白台子屯西南山 1100 米高山上，高程 315 米。建于白台子长城 2 段（复线）起点东南 1100 米处墙体内侧，北距白台子长城 1 号敌台 90 米，距白台子长城 2 号敌台 71 米，距白台子 1 号居住址 106 米。

保存较差。平面为圆形，直径 3 米，面积 7.1 平方米。墙体用毛石干垒，大部分倒塌，墙体宽 0.8、残高 0.3～0.9 米。东北方向有门道，宽 0.8 米。居住址位于长城内侧，其功能应为长城戍卒临时居住设施。

留龙沟居住址（210727354107170006）

位于留龙沟乡留龙沟村北山 1000 米，高程 254 米。建于留龙沟长城 1 段起点南 1349 米处，东北距留龙沟长城 2 号敌台 325 米，东南距留龙沟长城 3 号敌台 307 米。东 500 米为锦州 - 义县公路。

保存较差。平面近似圆形，直径 1.8 米，面积 2.5 平方米。东侧依附长城墙体，其余三面用毛石干垒，墙体宽 1、残高 0.3～0.5 米。居住址位于长城内侧，其功能应为长城戍卒临时居住设施。

小西沟居住址（210727354107170007）

位于大定堡乡北孟家屯村小西沟屯北山 4000 米，高程 310 米。建于小西沟长城 1 段（复线）起点南 140 米处。

保存较差。平面为圆形，直径 1.8 米，面积 2.5 平方米。居住址建在山险之上，长城内侧，为毛石干垒，墙体宽 1、残高 0.4～0.6 米。其功能应为长城戍卒临时居住设施。（图五二）

上潘庄子居住址（210727354107170008）

位于大定堡乡下潘庄村上潘庄子屯北山，高程 323 米。建于上潘庄子长城 1 段（副墙Ⅱ）止点东北 83 米处，北距上潘庄子长城 2 号敌台 19 米。

平面为矩形，南北长 13、东西宽 11.5 米，面积 150 平方米。墙体用毛石干垒，东、南墙墙体宽 1.7、西墙宽 1.5、北墙宽 2 米，残高 0.3～0.6 米。居住址位于长城内侧，其功能应为

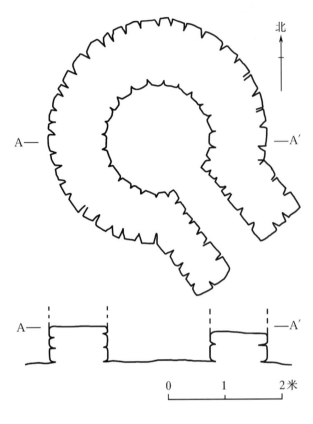

北 ↑

A— —A'

A— —A'

0　　　1　　　2米

图五二　小西沟居住址平、剖面示意图

长城戍卒临时居住设施。

石桥子1号遗址（210727354199170009）

位于大定堡乡石桥子村北山，高程198米。建于石桥子长城3段起点南50米处，东南距石桥子长城2号敌台104米。南侧1000米为锦州－义县公路。

遗址为东西向毛石干垒石墙，有明显人工垒砌痕迹，墙体大部分倒塌，石块脱落，墙体长80、宽1.5～2、残高0.2～0.4米，南侧有一条壕沟。遗址位于长城沿线上，应该与长城防守有关。

石桥子居住址（210727354107170010）

位于大定堡乡石桥子村北山，高程209米。建于石桥子长城3段起点东南433米处，北距石桥子长城2号敌台40米，西北距石桥子壕沟60米。南800米为锦州－义县公路。

平面为长方形，东西宽10、南北长18米，面积180平方米。东面依附山险墙，西南角为圆形角，墙体用毛石干垒，大部分倒塌。墙体宽0.8～1、残高0.2～0.4米。居住址位于长城内侧，其功能应为长城戍卒临时居住设施。

石桥子2号遗址（210727354199170011）

位于大定堡乡石桥子村西北山，高程192米。建于石桥子长城4段起点南216米处。南100米为锦州－义县公路。

遗址为东西向毛石干垒石墙，有明显人工垒砌痕迹，墙体大部分倒塌，石块脱落，墙体长55、宽0.6～0.8、残高0.6～0.8米，南侧有一条壕沟。遗址位于长城沿线上，应该与长城防守有关。

夹山壕沟（210727354106170012）

位于头道河乡金家沟村夹山屯西山500米，高程250米。建于夹山长城起点南1700米处，北距夹山长城1号敌台1300米，东南距夹山长城2号敌台42米，南距夹山长城3号敌台1100米。东100米为夹山－金家沟小路。

壕沟的基本走向西南至东北，地面仅残存人为修整壕沟痕迹，长80、宽约3、深约1.2～1.5米，在止点处东南壁有人工垒砌的痕迹。壕沟功能应属长城防御设施。

三道壕壕沟（210727354106170013）

位于头道河乡三道壕村北山1500米，高程216米。建在三道壕长城起点南1194米处，南距三道壕长城 3 号敌台 72 米，北距三道壕长城 2 号敌台 480 米。

壕沟的基本走向西南至东北，地面仅残存人为修整壕沟痕迹，长 100、宽 12、深 0.6～1 米。应属长城防御体系设施之一。

石桥子壕沟（210727354106170014）

位于大定堡乡石桥子村西山坡，高程 212 米。建在石桥子长城 3 段起点东南 130 米处，西北距石桥子 1 号遗迹 86 米，东南距石桥子长城 2 号敌台 87 米，东南距石桥子居住址 60 米。南 100 米为锦州－义县（西线）公路。

壕沟的基本走向为东－西，地面仅残存人为修整壕沟痕迹，长 60、宽 2.3～2.6、深 1.2～1.7 米。应属长城防御设施。

（10）凌海市

花楼屯居住址（210781354107170001）

位于翠岩镇刘家沟村花楼屯北山，高程 301 米。建在花楼北山长城起点西南 710 米处，东北距花楼北山长城 3 号敌台 20 米。

平面为矩形，东西长 11.5、南北宽 10 米，面积 115 平方米。北侧墙体利用敌台南侧护台作为墙体，其余三面用毛石干垒，墙体大部分倒塌，墙体宽 1.2、残高 0.3～1.5 米。此居住址位于长城内侧，应为长城戍卒临时居住设施。

花楼屯采石场（210781354101170002）

位于翠岩镇刘家沟村花楼屯北山 2000 米，高程 306 米。建在花楼北山长城起点西南 726 米山体西壁处，东北距花楼北山长城 3 号敌台 30 米。南侧为刘家沟村－花楼屯小路。

采石场保存差，东西长 30 米，南北宽 30 米，面积 900 平方米。是在山崖峭壁上，利用山体自然形成的层位开采石料，断壁上有明显人工撬痕，下面散落大量规格较小而不规则的石块。

刘家沟 1 号贮水池（210781354199170003）

位于翠岩镇刘家沟村南沟屯东南 1400 米大青山上，高程 388 米。建在刘家沟长城起点东南 539 米处，北与刘家沟长城 1 号敌台相连。西侧为板石沟－刘家沟公路。

平面近似圆形，东西最大径 4 米，南北最大径 3.5 米，面积约 12.56 平方米。北面依附山体，其他三面墙体用毛石垒筑。从现存毛石干垒墙基看，墙体宽 0.5～0.6 米。应为长城戍卒临时饮水设施。

刘家沟采石场（210781354101170004）

位于翠岩镇刘家沟村南沟屯东南 1400 米大青山上，高程 338 米。建在翠岩镇刘家沟长城起点东南 1404 米处墙体东侧。西侧为刘家沟村－南沟屯公路。

采石场东西长 12、南北宽 8 米，深约 5 米，面积 96 平方米。石场周围有开采堆放的较小石块若干，采石场西壁有明显人工开凿痕迹。

刘家沟 2 号贮水池（210781354199170005）

位于翠岩镇刘家沟村南沟屯东南 1400 米大青山上，高程 377 米。建在翠岩镇刘家沟长城起点西南 1685 米处，北距刘家沟长城 2 号敌台 6 米，西南距刘家沟 3 号贮水池 340 米。西侧为刘家沟村－南沟屯公路。

平面近似圆形，直径 2.5 米，面积 4.9 平方米，东、西面依山险墙作为墙体，南、北面以毛石垒筑，墙体破坏严重。墙体宽 0.6～0.8、深 0.6～0.8 米。应为长城戍卒临时饮水设施。

刘家沟 3 号贮水池（2107813541991700 06）

位于翠岩镇刘家沟村南沟屯东南 1400 米大青山上，高程 357 米。建在刘家沟长城起点西南 2000 米墙体内侧，东北距刘家沟 2 号贮水池 340 米，东北距刘家沟长城 2 号敌台 346 米。西侧为刘家沟村－南沟屯公路。

平面近似矩形，南北长 2.2、东西宽 1.4 米，面积 3.08 平方米。贮水池西侧依山险墙，其余三面墙体破坏严重，墙体宽 0.4、深 0.3～0.5 米。应为长城戍卒临时饮水设施。

刘家沟 4 号贮水池（210781354199170007）

位于翠岩镇刘家沟村南沟屯东南 1400 米大青山上，高程 329 米。西南距刘家沟 3 号敌台 30 米。西侧为刘家沟村－南沟屯公路。

平面近似矩形，南北长 4.4、东西宽 3 米，面积 13.2 平方米。墙体用毛石干垒，宽 0.6、深 0.3～0.5 米。应为长城戍卒临时饮水设施。

刘家沟 5 号贮水池（210781354199170008）

位于翠岩镇刘家沟村南沟屯东南 1400 米大青山上，高程 331 米。建于刘家沟长城止点东北 360 米处，西南距刘家沟长城 4 号敌台 332 米。西侧为郭荒地村－小齐屯公路。

平面近似梯形，南面长 2.4 米，北面长 1.3 米，宽 0.8 米，面积 1.92 平方米，深 1.2 米。南侧利用山体作为水池的墙体，其余三面用毛石干垒。其功能应为长城戍卒临时饮水设施。

龟山居住址（210781354107170009）

位于板石沟乡下板石沟村龟山北坡，高程 242 米。建在龟山长城 1 段止点北 291 米处墙体内侧，东南距龟山烽火台 87 米。

保存较差。平面为矩形，南北长 4、东西宽 3.4 米，面积 13.6 平方米。西侧墙体依附龟山长城 1 段墙体，其余三面墙体用毛石干垒，中间填碎石，墙体宽 0.7、残高 0.4～1.25 米。应为长城戍卒临时居住设施。（彩图一八四）

龟山采石场（210781354101170010）

位于板石沟乡下板石沟村东北 1000 米龟山南坡半山腰上，高程 137 米。建在龟山长城 4 段起点西南 202 米处，东北距龟山 2 号敌台 210 米，南距龟山长城 3 号敌台 235 米。

采石场有人工开凿的劈痕（凹形槽），槽痕东西长 3.4、南北宽 0.04 米，面积 0.136 平方米。山体岩石断面，岩石上人工开凿的劈痕（凹形槽）很明显，大小凹形槽东西排列共计 8 个，劈槽平面为长方形，规格有长 0.1、深 0.04、宽 0.04 米，长 0.16、宽 0.04、深 0.04 米，长 1、宽 0.04、深 0.04 米等，槽距 0.03 米。

牛大沟挡马墙（210781354104170011）

位于板石沟乡大牛屯村东北 500 米处耕地上（牛大沟长城内侧），高程 167 米。与主墙间距 12 米，南距牛大沟烽火台 340 米。保存较差，墙体坍塌。

该段墙体为石墙，以自然山岩为基础，墙身用毛石砌筑。挡马墙长 476、宽 2.2~4、残高 0.4~1 米。

龟山挡马墙（2107813541041701770012）

位于板石沟乡大牛屯村牛大沟屯东南 100 米处耕地上，龟山长城 1 段墙体内侧，高程 91 米。西北距龟山长城 1 段起点 60 米，止点与龟山长城 1 段南 465 米处会合，北侧为牛大沟空，南距龟山长城 1 号敌台 63 米。

该段墙体为石墙，以自然山岩为基础，墙身用毛石砌筑。长 477 米、顶宽 2~2.5、底宽 3~3.5、残高 0.5~1.2 米。

（11）连山区

植股山长城挡马墙（211402354104170001）

位于虹螺岘镇靠山屯植股山北侧，高程 119 米。北 800 米为女儿河支流。

该段挡马墙保存较差。系毛石包砌干垒，中间填碎石，修筑于靠山屯村南山北侧植股山长城 1 段墙体外侧与靠山屯南山北坡之间，全长 50、宽 1.5~2.4、高 0.8~1.6 米。由于植股山长城 1 段墙体所处的山体较为平缓，该段挡马墙的存在起到了防御及保护的作用。

植股山长城人工洞穴（211402354199170002）

位于虹螺岘镇团山子村东南植股山东侧山顶处，高程 433 米。北 800 米为女儿河支流。该洞穴南距植股山 1 号烽火台 15 米。西北距植股山长城 62 米。

该洞穴保存较好。洞穴平面为矩形，洞穴内为不规则矩形，东西长 1.8、南北宽 1.5 米，残高 1 米，面积 2.7 平方米。不见其他相关设施。距离长城墙体近，推断该洞穴应与长城防戍有直接关系。

植股山长城采石场（211402354101170003）

位于虹螺岘团山子村小毛家沟屯东南 1500 米，高程 433 米。西北距植股山长城 76 米。西侧 200 米处是季节性河流，东侧 200 米是大兴至虹螺砚的乡级公路。

平面为矩形，现存石场坐落在长城墙体内侧东向朝阳坡上，其表面均人工凿钻采石遗迹，凸凹不平，较规律，其东西长 200、南北宽 20 米，面积 4000 平方米。

小虹螺山长城居住址（211402354107170004）

位于大兴乡毛家沟村西南 1500 米处的小虹螺山上，高程 317 米。东侧有季节河流过。东侧 800 米为团山子至石灰窑乡路。

平面为矩形。四面墙体为毛石干垒而成，现仅存基础，其中东、西、北三边墙基保存较好，残高 0.4~0.8、宽 0.3~0.5 米；南边墙基保存较差，残高 0.2~0.5、宽 0.3~0.5 米。门道位于西墙南端，面阔 5.5 米，进深 4 米，一开间。居住址外发现 3 个圆形炉灶，毛石结构，平面为品字形排列，直径 0.5~0.7、灶口深 0.2~0.3 米。其目的是为守台、守墙的官兵提供住所。

小虹螺山长城 1 号采石场（211402354101170005）

位于大兴乡毛家沟村西 2000 米的小虹螺山北侧支脉上，高程 342 米。东北距小虹螺山长城 46 米。东 2200 米处是季节性河流。东 2500 米是大兴－虹螺砚乡路。

该采石场保存状况较好。平面为矩形，南北长 200、东西宽 20 米，面积 4000 平方米。其表面均有人工凿钻采石遗迹，凸凹不平，较规律。（彩图一八五）

小虹螺山长城 2 号采石场（211402354101170006）

位于大兴乡毛家沟村西 2000 米的小虹螺山北侧支脉上，高程 360 米。西北距小虹螺山长城仅 10 米。东 2200 米处是季节性河流。东 2500 米是大兴－虹螺砚乡路。

该采石场保存状况较好。平面为矩形，南北长 300、东西宽 20 米，面积 6000 平方米。其表面均有人工凿钻采石遗迹，凸凹不平，较规律。

广宁中屯卫铁厂百户所城（211402354199170007）

位于连山区大兴乡石灰窑村营盘山上，高程 93 米。西距小虹螺山 5 段墙体 5900 米，东北距大兴堡 4600 米，西南距椵木冲堡 6900 米。南侧 600 米有大兴河，南 300 米有老官堡至大兴堡乡级公路。

平面为矩形，边长 80 米，面积 6400 平方米。南墙正中设一城门，其余三面墙体的正中位置向外凸有马面一座，东、西墙马面长、宽各 6 米，北墙马面东西长 9、南北宽 7 米。城四角各设一座角台，长、宽各 6 米，城墙残高 1～1.8 米，顶宽 1、底宽 4 米。城址内外均散落大量青砖、瓦片残块。从现场调查看，原铁场百户所城城墙，外为青砖包砌，内以土加碎石夯成。现青砖已全部脱落，仅存墙内夯土。

长岭山长城 1 号障墙（211402354199170008）

位于塔山乡大四台村西侧 1000 米的长岭山上，高程 305 米。北距长岭山长城 1 段起点及长岭山长城 1 号敌台 73 米，南距长岭山长城 2 号障墙 100 米。附近有多条季节河，系女儿河支流。其西侧是葫（葫芦岛）张（张相公）的县级公路。

平面为长方形，西墙长 25.4、北墙长 10.3、南墙长 10 米；东墙则借用长城墙体，墙宽 0.6、残高 0.7 米。该障墙以自然山体为基础，用土、石混筑而成，由于多年人为破坏和自然损毁，墙体大多坍塌。

长岭山长城 2 号障墙（211402354199170009）

位于塔山乡大四台村西侧 1000 米的长岭山上，高程 296 米。建立长岭山长城 1 段起点南 172 米处，北距长岭山长城 1 号障墙 100 米，南距长岭山长城 3 号障墙 90 米。

平面为不规则矩形，西墙长 15.6、北墙长 10、南墙长 5.3 米；东墙则依长城墙体，墙宽 0.46、残高 0.34 米，该障墙以自然山体为基础，墙身用土、石混筑而成。

长岭山长城 3 号障墙（211402354199170010）

位于塔山乡大四台村西侧 1000 米的长岭山上，高程 303 米。建在长岭山长城 1 段起点南 262 米处，南距长岭山长城 2 号敌台 121 米。附近有多条季节河，系女儿河支流。其西侧是葫（葫芦岛）张（张相公）的县级公路。

平面为矩形，西墙长 5.5、北墙长 5.6、南墙长 4.9 米；东墙则借长城墙体，墙宽 0.7、残高 0.4 米。该障墙以自然山体为基础，墙身用土、石混筑而成，由于多年人为破坏和自然损毁，墙体大多坍塌。

尖顶山长城 1 号居住址（211402354199170011）

位于沙河营乡金水村水口子屯尖顶山西坡，高程 188 米。北侧 200 米是季节性河流。东距葫芦岛至张相公县级公路 3600 米。

整体状况保存较差，大部分已坍塌。平面为矩形，东西长 4.4、南北宽 4 米，面积 17.6 平方米。墙体用土、石混筑，外以大块毛石错缝包砌，有泥口；内以碎石和土填充。东、南、北三面墙体宽 1、残高 0.7 米，西侧则借用长城墙体。居住址没有发现明确断代的遗物，但位于长城墙体内侧，应是当时戍卒巡逻遮风避雨的处所。

尖顶山长城 2 号居住址（211402354107170012）

位于沙河营乡金水村水口子屯尖顶山西坡西坡，高程 181 米。东北距 1 号居住址 35 米，西南距 3 号居住址 39 米。北侧 200 米是季节性河流。

整体状况保存较差，大部分已坍塌。平面为矩形，东西长 5、南北宽 4.7 米，面积 25.97 平方米。墙体用土、石混筑，外以大块毛石错缝包砌，有泥口，内以碎石和土填充。东、南、北三面墙体保存较差，宽 1、残高 0.8 米，西侧则借用长城墙体，门的位置不清。居住址没有发现明确断代的遗物，但位于长城墙体内侧，应是当时戍卒巡逻遮风避雨的处所。

尖顶山长城 3 号居住址（211402354107170013）

位于沙河营乡金水村水口子屯尖顶山西坡西坡，高程 174 米。东北距 2 号居住址 39 米。北侧 200 米是季节性河流。

该居住址已大部分坍塌，整体保存较差，但基本结构清楚。平面为矩形，东西长 5 米、南北宽 4.7 米，面积 23.50 平方米。墙体用土、石混筑，外以大块毛石错缝包砌，有泥口，内以碎石和土填充。东、南、北三面墙体保存较差，宽 1 米、残高 0.8 米，西侧则借用长城墙体，门的位置不清。居住址没有发现明确断代的遗物，但位于长城墙体内侧，应是当时戍卒巡逻遮风避雨的处所。

歪桃山长城顶峰石臼（211402354199170014）

位于寺儿堡镇南蜂蜜沟东南 3000 米处的歪桃山主峰之上的一块天然岩石上，高程 174 米。山下季节河，系五里河支流。葫芦岛 - 六家子线公路在其北侧通过。

保存较好，有风化现象。平面为圆形，面积 0.13 平方米，直径 0.4 米。对研究明代戍边士卒后勤保障有一定价值。

（12）绥中县

后喊过岭西山长城石臼（211421354199170001）

位于范家乡后喊过岭村西山（后喊过岭西山长城 2 号敌台西南 20 米处），高程 184 米。东约 600 米处是季节性河流，西约 600 米处是后喊过岭至前喊过岭的村路。

整体状况保存一般。平面为圆形，直径 0.31、深 0.18 米。对研究明代戍边士卒后勤保障有一定价值。

田屯南山居住址（211421354107170002）

位于范家乡弯土墙村田家屯南 500 米，高程 154 米。建在田屯南山 1 号烽火台西南侧。西约 500 米是狗河。

保存差，濒临消失。平面为矩形，东西长 3.52、南北宽 3.45 米，面积 12.14 平方米。

钓鱼石西沟狼洞沟长城西山采石场（211421354101170003）

位于范家乡钓鱼石村西沟屯狼洞沟西山上，高程 179 米。

整体保存较好，南北长 30 米，东西宽 60 米，面积 1800 平方米。（彩图一八六）

鼓山长城题刻（211421354109170004）

位于永安堡乡边外村石匣口屯北侧 200 米的山坡，高程 143 米。北约 50 米处为石河，北侧有边外通向大甸子村的村路。

整体保存较好，南北长 1.47、东西宽 1.36 米。刻于明万历元年，仿笏头式，阴刻楷书，竖刻 17 行，共计 147 字。碑文较为清晰，记录了石匣口长城修筑的工委官员，是珍贵的历史文献资料。（彩图一八七、一八八）

重修永安堡石狭口边工题名

宁前道兵备佥事　李松

前屯游击都指挥　刘潘

□□□□

备御□□景嶽

游营中军　吴疆　备御中军　杨武烈

千总官　孟国忠　张良臣

把总守官

指挥　孙标　镇抚　王煦

千户　何世臣　朱旒　胡永□

捕盗指挥　于乔

防工官

提调指挥　吴□　守堡指挥　陈伯侯

把总指挥　程邦□　亢思恭　陈邦　刘进忠

收支钱粮官

掌印指挥　杨绍勋　经历　王泮

万历元年九月十二日立

椴木冲楼题铭记碑（211421354109170005）

位于永安堡乡大甸子村曹家房子屯南侧的椴木冲长城敌台西侧的墙体上，高程 468 米。北侧 800 米为石河。

石碑保存较好。碑高 1.17、宽 0.87、厚 0.16 米。该碑是记载辽东镇长城修建的重要实物资料。(彩图一八九、一九○)

正文：

椴木冲楼题铭记

钦　差巡抚辽东兵部右侍郎张学颜

钦差镇守辽东总兵官左都督李成梁

钦差整饬辽东宁前兵备山东按察司副使李松

钦差广宁前屯等处游击将军杨绍勋

钦差京营游击将军杨五典

钦差广宁右营游击将军王大璋

前屯城备御章应选

各项修防委官

游营中军　张箴　千总　刘恩　慕成勋

备御中军　陈邦　把总　亢思恭　盛守廉　任中秀　王访　杨国　高承恩

监运钱委官

指挥　李思乔　祝光诏　叶万钟　经历　张承谐　镇抚蓝延武

万历五年闰捌月吉旦立

碑阴：

管匠役委百户　汪承祖

石匠　刘三汉　刘真

泥水匠　魏国仕　傅仲仁　蓝守益　王五子

锥子山长城碑座（211421354109170006）

位于永安堡乡花户庄村杨树沟屯南的锥子山长城上，高程 406 米。

保存较好，石质砂岩。长 0.83、宽 0.51、高 0.5 米。该碑座为明代所凿刻，为研究锥子山长城及相关建筑构件提供了重要的实物。(彩图一九一)

西松岭子长城石臼（211421354199170007）

位于永安乡北河村西松岭上，高程 250 米。西南为秋皮水库，西南约 1000 米处为前大线公路。南距西松岭长城 7 米、距西松岭长城 2 号敌台 20 米。

该石臼在自然沉积沙砾岩石上凿刻而成，平面圆形，直径 0.4 米、深 0.25 米。保存较好，对研究明代戍边士卒后勤保障有一定的价值。

将军石摩崖石刻（211421354109170008）

位于永安堡乡獐狼铳村东北大风口水库北岸将军石山南侧山崖上，高程 97 米。南约 10 米处为大风口水库及石河。北侧有边外通向大甸子村的村路。

由于长期的自然风雨侵蚀致使该石刻自然风化严重，有几处文字难以辨认，但大部分较为清晰。石刻分为东、西两处，其中东侧高2.7、宽0.9米，阴刻楷书，边框小字0.18×0.13米，中间大字0.62×0.7米；西侧高3、宽1.04米，阴刻楷书，边框小字0.13×0.12米，中间大字0.53×0.53米。该石刻刻于明隆庆元年，记录了明代永安堡长城修筑的工委官员，是珍贵的历史文献资料。（彩图一九二～一九四）

右侧题刻

　　　　大明隆庆元年春日

　　　　万古擎天

　　　　兵备副使张学颜题

左侧题刻

　　　　□□年春日重修

　　　　永镇关辽

　　　　永安堡都督佥书邵升题

（五）文物标本

（1）青砖

安平城砖1号：采集于安平城遗址，残长21、宽16、厚9厘米。

安平城砖2号：采集于安平城遗址，残长14.5、宽12、厚6.5厘米。

赫甸城砖：采集于赫甸城，长31.5、宽15、厚9厘米。

姜大砬子敌台青砖：采集于姜大砬子敌台，残长16、宽15.5、厚8厘米。

化皮峪烽火台青砖：采集于化皮峪烽火台，长13、宽10、厚9.5厘米。

马城子后泉眼烽火台青砖1：采集于马城子后泉眼烽火台，残长18、宽16、厚11厘米。

马城子后泉眼烽火台青砖2：采集于马城子后泉眼烽火台，残长23、宽17、厚10厘米。

马城子后泉眼烽火台青砖3：采集于马城子后泉眼烽火台，残长27、宽12、厚8.5厘米。

大福堡城青砖：采集于连山区大福堡城，残长19、宽20、厚7～9厘米。

（2）门轴石

采集于连山区大福堡城，长34、宽13、高9厘米。框槽长13、宽9、深3厘米。轴直径7、深4厘米。

（3）板瓦

采集于绥中县永安乡蔓枝草烽火台台上，通长40.5厘米，顶宽下窄，下宽20、顶宽23厘米，厚1.5厘米。外为素面，内为布纹。质地为泥质红陶，局部残。

（4）来远门匾额

铁岭县大甸子镇抚安堡村小学院内，原抚安堡旧址。匾额为青石质，正面阳刻楷书"来远门"三字，边缘一周刻卷草花纹带。该匾额2005年入藏铁岭市博物馆收藏。长65、高39、厚19厘米。（彩图一九五）

（5）永安门匾额

1979 年发现于铁岭县镇西堡镇内、原明代镇西堡南门旧址处，1987 年入藏铁岭市博物馆。匾额为长方形青石质，略呈粉红色。正面阳刻楷书"永安门"三个大字，左侧边缘竖刻边款"万历十四年岁次丙戌吉旦立"共 12 字。长 85、宽 75、厚 24 厘米。（彩图一九六）

三　辽宁明长城资源调查数据统计及分析

辽宁明长城资源调查，共调查各类墙体约 1075 公里，单体建筑 1049 座，关堡 103 座，相关遗存 71 处。现分类统计、分析如下。

（一）辽宁明长城本体数据统计及分析

1. 辽东山地明长城本体统计及分析
（1）墙体

辽东山地明长城墙体长度统计表　　　　（单位：米）

地域	县（区）	长城长度	合计	总计	现存墙体长度	合计	总计
丹东市	宽甸县	4223	48268		1573	15581	
	凤城市	44045			13823		
本溪市	本溪县	46104	46104		43388	43388	
抚顺市	新宾县	10780	55410	239182	9640	44600	167759
	抚顺县	37630			31560		
	东洲区	4000			3400		
	顺城区	3000			0		
铁岭市	铁岭县（辽东段）	16430	89400		15900	64470	
	开原市（辽东段）	36800			21100		
	清河区	17270			9810		
	西丰县	18900			17660		

辽东山地明长城墙体保存状况统计表

（单位：米）

现状 类别	较好	一般	较差	差	消失	合计
土墙	0	4160	4069	547	4842	13618
石墙	5450	36735	5578	4513	36228	88504
山险墙	7770	17904	3069	1644	0	30387
木障墙	0	0	0	0	30073	30073
山险	61762	8178	0	460	0	70400
河险	6200	0	0	0	0	6200
合计	81182	66977	12716	7164	71143	239182

辽东山地段长城主线长度为 239182 米，可分为人工构筑墙体和利用自然地势两部分。

人工构筑的墙体有土墙、石墙、山险墙、木柞墙四类，累计长度为 167759 米，约占辽东山地长城主线总长度的 70.14%。利用自然地势有山险和河险两类，约占辽东山地长城主线总长度的 29.86%。

人工构筑的墙体中，石墙所占的比重最大，约占总长度的 37.00%，其次是山险墙占 12.70%，土墙占 12.57%，木柞墙 5.69%。其中，山险墙属于人工墙体，是指对自然的山体，主要是对山脊一侧进行人工劈凿后形成墙体。山险墙的构筑相对人工的石墙、土墙、木柞墙的工程量较小，并且可以解决构筑石墙和堡城的石料。但是在本溪和丹东地区这类墙体并不多见，这与该地域内分布着较多高大山体和地势起伏较大，许多地段可以利用自然山险有关。

就现在保存情况来看，石墙、土墙保存较少，合计所占辽东山地长城主线总长度的比例不足 25%，这主要是因为石墙和土墙主要分布于狭窄的沟谷、低矮的山麓和交通要路所在，土墙本身容易受到温差、风雨侵蚀、植物生长、河流和洪水冲击等自然因素的破坏，加之受到耕地、取土、建房、修路、架桥、人畜踩踏等人为因素的破坏，故普遍保存较差，部分墙体的地面遗迹消失。石墙本身也容易受到温差、风雨侵蚀、植物生长、河流和洪水冲击等自然因素的破坏，加之受到开山、取石、伐木、采矿、耕地、取土、建房、修路、架桥、人畜踩踏等人为因素的破坏，故亦保存较差，部分墙体段落地面遗迹全部消失。

辽东山地段长城利用自然地势的山险较多，约占辽东山地段长城主线总长度的一半以上，河险所占的比重甚小。这与辽东山地自然地貌高山较多有关，说明辽东山地长城的修建是因山就势，将人工修筑的墙体与自然地势相结合。从现保存情况看，山险与河险的整体保存都较好。

现存石墙、土墙合计所占比例不足 25%，这与墙体所处地带有关。这类墙体主要分布于狭窄的沟谷、低矮山麓与交通要路所在，由于辽东山地地貌以及当时辽东地区人口和经济条件决定了不可能大规模修筑石墙、土墙。

山险墙属于人工墙体，是指对自然的山体，主要是对山脊一侧进行人工劈凿后形成的墙体。山险墙的构筑相对人工的石墙、土墙、木柞墙的工程量较小，并且可以解决构筑石墙和堡城的石料。但是本溪和丹东地区该类墙体并不多见，这与该地域内分布着较多高大山体和地势起伏较大，许多地段可以利用自然山险有关。

（2）敌台

辽东山地区敌台统计表

（单位：座）

材质 / 平面形状	土	石	砖	总计
圆形	0	25	37	62
矩形	0	3	2	5
不规则形	0	1	0	1
不清	0	0	0	0
总计	0	29	39	68

辽东山地区敌台保存状况统计表

（单位：座）

材质 / 保存状况	土	石	砖	总计
较好	0	6	2	8
一般	0	7	18	25
较差	0	11	15	26
差	0	5	4	9
消失	0	0	0	0
总计	0	29	39	68

根据上述统计，我们可以分析如下：

从建筑形制上看，辽东山地敌台以砖结构为主，共 39 座，约占总数的 57.35%；其次是石筑，29 座，约占总数的 42.65%；不见土筑敌台。从平面形制上看，以圆形为主，共 62 座，约占总数的 91.18%；矩形次之，共 5 座，约占总数的 7.35%；平面不规则的共 1 座，约占总数的 1.47%。

从保存状况看，保存较好的共 8 座，约占总数的 11.76%；保存一般的共 25 座，约占总数的 36.76%；保存较差的 26 座，约占总数的 38.24%；保存差的 9 座，约占总数的

13.24％。从材质上看，砖结构的保存较好，石筑的保存相对较差。

2. 辽河平原明长城本体统计及分析

（1）墙体

辽河平原明长城墙体长度统计表　　　　（单位：米）

地域	县（区）	长城长度	合计	总计	现存墙体长度	合计	总计
铁岭市（辽东段）	昌图县	66200	132870		64600	105570	
	开原市（辽东段）	27570			26570		
	铁岭县（辽东段）	38100			14400		
沈阳市	法库县	13400	106200	408228	0	5200	140126
	沈北新区	8300			1700		
	于洪区	55800			3500		
	辽中县	28700			0		
辽阳市	辽阳县	39800	39800		0	0	
鞍山市	台安县	58313	91313		3296	3296	
	海城市	33000			0		
盘锦市	盘山县	3600	3600		0	0	
锦州市	北镇市	10823	35445		9164	26060	
	黑山县	24622			16896		

辽河平原明长城墙体保存状况统计表　　　　（单位：米）

现状 \ 类别	较好	一般	较差	差	消失	合计
土墙	0	10800	81400	15096	173397	280693
石墙	0	7320	3024	388	503	11235
山险墙	0	0	0	0	0	0
山险	0	0	0	0	0	0
河险	0	16876	5202	20	3002	25100
合计	0	34996	89626	15504	176902	317028

　　辽河平原段长城主线长度为 408228 米，现存墙体累计长度为 140126 米。现存长城墙体

长度占长城主线长度的34.33%。从数据上看，辽河平原段长城墙体总体保存差，大部分长城墙体地面遗迹消失。

辽河平原段明长城墙体的材质类别，包括土墙、石墙、河险三大类。其中，土墙所占的比重最大，约占总长度的85.4%，石墙所占的比重非常小。

土墙本身容易受到温差、风雨侵蚀、植物生长、河流和洪水冲击等自然因素的破坏，加之受到耕地、取土、建房、修路、架桥、人畜踩踏等人为因素的破坏，故普遍保存较差，大部分墙体的地面遗迹消失。

石墙所占比重为3.54%，这与辽河平原地理地貌有关，修筑石墙取材比较困难。现存的部分石墙大多保存较差，除自然因素破坏外，人们生产生活的破坏也是一个重要因素。这也反映了辽东长城修筑因地制宜、就地取材的特点。

（2）敌台

辽河平原区敌台统计表　　　　　　　　　　　　　（单位：座）

平面形状 ＼ 材质	土	石	砖	总计
圆形	0	4	14	18
矩形（方形）	0	0	7	7
不规则形	0	0	0	0
不清	0	0	25	25
总计	0	4	46	50

辽河平原区敌台保存状况统计表　　　　　　　（单位：座）

保存状况 ＼ 材质	土	石	砖	总计
较好	0	0	0	0
一般	0	3	3	6
较差	0	0	18	18
差	0	1	18	19
消失	0	0	7	7
总计	0	4	46	50

根据上述统计，我们可以分析如下：

从建筑形制上看，辽河平原敌台以砖结构为主，共46座，约占总数的92.00%；其次是石筑，4座，约占总数的8.00%；不见土筑敌台。从平面形制上看，以圆形为主，共18座，约占总数的36.00%；矩形次之，共7座，约占总数的14.00%；平面形制不清的共25座，约占总数的50.00%。

　　从保存状况看，保存一般的共6座，约占总数的12.00%；保存较差的18座，约占总数的36.00%；保存差的19座，约占总数的38.00%；消失7座，约占总数的14.00%。从材质上看，砖结构的保存较好，石筑的保存相对较差。

　　3．辽西丘陵明长城本体统计及分析

　　（1）墙体

辽西丘陵段明长城墙体长度统计表

（单位：米）

地域	县（区）	长城长度	合计	总计	现存墙体长度	合计	总计
朝阳市	北票市	13577	13577		12792	12792	
阜新市	阜新县	33665	51088		28417	36233	
	清河门区	17423			7816		
锦州市	黑山县（辽西段）	33657	137684	440001	15758	78506	298762
	义县	71276			40425		
	凌海市	24485			19534		
	太和区	8266			2789		
葫芦岛市	连山区	51568	237652		29965	171231	
	兴城市	81021			58346		
	绥中县	105063			82920		

辽西丘陵段明长城墙体保存状况统计表

（单位：米）

类别 \ 现状	较好	一般	较差	差	消失	合计
土墙	2889	16717	17556	22445	24044	83651
石墙	15940	27356	78307	50676	9442	181721
山险墙	13897	999	0	0	930	15826
山险	40499	12831	0	0	543	53873
河险	0	0	0	0	0	0
合计	73225	57903	95863	73121	34959	335071

　　辽西丘陵段长城主线长度为 440001 米，现存墙体累计长度为 298762 米。现存长城墙体长度占长城主线长度的 67.9%。从数据上看，辽西丘陵段长城墙体总体保存一般，其中保存较好的段落在整个辽东明长城中所占比例较高。

　　从材质看，辽西丘陵地区的人工修建的墙体以石墙最多，占总长度的 54.23%；其次是土墙，占总长度的 24.97%；最后是山险墙，占总长度的 4.72%。利用自然形成的墙体只见山险，占总长度的 16.08%。在长城的修建过程中，以就地取材为主，因地制宜。在地势较高的地方，以石墙为主；在地势相对平坦的地方如兴城市，取石较为不便，土墙占的比例就高。

　　从保存状况看，辽西丘陵地区的长城墙体中，石墙保存比较好，一是由于石墙的砌筑方法多采用毛石干垒、砌筑、白灰勾缝等，结构合理，能长时间经受住自然因素的影响；二是石材质地坚硬，多采用花岗岩等不易风化的岩石，石材在长时间的自然因素变化后，仍然能保存其特性，三是葫芦岛地区处于松岭南麓和燕山山脉西北部，海拔相对较高，不适合生产生活，人迹罕至，人为影响比较少。

　　土墙保存较差，一是由于土质疏松，受自然影响比较大，经常年雨水冲刷和风雨侵蚀，能保存下来的很少；二是土墙多分布于地势相对平缓的地带，地势起伏不大，土层较厚，交通方便，水源充足，是村民居住、生产、生活的理想地带，也是墙体被破坏乃至消失的主要原因。

　　（2）敌台

辽西丘陵敌台平面形制统计表　　　　（单位：座）

平面形状＼材质	土	石	砖	总计
圆形	7	223	40	270
矩形（方形）	2	30	25	57
不规则形	0	0	0	0
不清	10	30	19	59
总计	19	283	84	386

辽西丘陵敌台保存状况统计表　　　　（单位：座）

保存状况＼材质	土	石	砖	总计
较好	0	2	7	9
一般	0	2	5	7
较差	8	228	50	286

续表 　　　　　　　　　　　　　　　　　　　　　　　　　　　　（单位：座）

材　质 保存状况	土	石	砖	总计
差	11	51	20	82
消失	0	0	2	2
总计	19	283	84	386

根据上述统计，我们可以分析如下：

从建筑形制上看，辽西丘陵敌台以石结构为主，共283座，约占总数的73.32%；其次是砖筑，84座，约占总数的21.76%；土筑敌台共19座，约占总数的4.92%。从平面形制上看，以圆形为主，共270座，约占总数的69.95%；矩形次之，共57座，约占总数的14.77%；平面不清的共59座，约占总数的15.28%。

从保存状况看，保存较好的敌台共9座，约占总数的2.33%；保存一般的共7座，约占总数的1.82%；保存较差的286座，约占总数的74.09%；保存差的82座，约占总数的21.24%；消失2座，约占总数的0.52%。从材质上看，石、砖结构的保存较好，土筑的保存相对较差。

（二）辽宁明长城关堡数据统计及分析

1. 辽东山地长城关堡统计及分析

辽东山地关、堡统计表

名称	平面形状	周长（米）	面积（平方米）	现存门址	现存角楼	现存马面	主要历史设施	修建年代	保存状况
九连城城址	矩形	840	42075	无	无	无	不清	不清	差
石城遗址	矩形	900	45000	2	4	无	瓮城1座	嘉靖二十五年	一般
小城子堡	不清	不清	不清	无	无	无	不清	不清	差
土城子堡	正方形	880	48400	3	无	无	不清	嘉靖二十五年	差
汤半城	矩形	960	57200	3	2	无	水井1座	不清	较差
石城	矩形	1050	67850	3	2	1	水井1座	正德四年	较差
暧阳城	不规则形	1900	200000	2	2	1	庙宇1座	成化五年始建	差
安平城	矩形	910	51000	无	无	无	不清	不清	差

续表

名称	平面形状	周长（米）	面积（平方米）	现存门址	现存角楼	现存马面	主要历史设施	修建年代	保存状况
杨木川土城子堡	正方形	1100	77000	3	3	无	水井2座	不清	较差
长甸城	不清	不清	不清	无	无	无	不清	万历三年	差
坦甸城	矩形	1214	89950	1	无	2	碑刻1通	万历三年	差
永甸城	矩形	1234	95100	1	无	无	不清	万历三年	差
宽甸城	矩形	不清	不清	1	无	无	不清	万历三年	差
赫甸城	正方形	1200	90000	2	4	3	瓮城1座 水井2口	万历三年	较好
孤山堡	矩形	不清	不清	无	无	无	不清	嘉靖二十五年	差
新城子城址	矩形	1210	91450	2	4	无	瓮城1座	万历三年	一般
碱厂堡	不清	不清	不清	无	无	无	不清	成化五年	差
清河城	矩形	2140	286000	3	3	3	不清	成化五年	较差
散羊峪堡	矩形	940	42000	0	0	0	无	明	差
马根单堡	矩形	954	50720	1	0	0	无	明	一般
东州堡	矩形	1160	76000	0	0	0	无	明	差
抚顺关	矩形	116	1650	0	0	0	无	明	差
会安堡	矩形	1160	79200	0	0	0	无	明	差
三岔儿堡	矩形	760	36000	0	0	0	无	明	差
白家冲堡	矩形	720	32000	0	0	0	无	明	差
抚安堡	矩形	940	55000	0	0	0	无	明	差
柴河堡	矩形	800	40000	0	0	0	无	明	差
松山堡	矩形	800	40000	0	0	0	无	明	差
广顺关	矩形	2400	36000	0	0	0	无	明	差
威远堡	矩形	960	57500	0	0	0	无	明	差
镇北堡	矩形	800	40000	0	0	0	无	明	差

分析如下：

从建筑形制上看，堡城平面大都为矩形或方形，根据调查和查阅文献，城墙内部为夯土所筑，墙体内外两侧用条石基础，墙身用青砖包砌。据文献记载，皆开南门。一般都有角楼。

从保存状况看，普遍较差，大多数堡城旧址都被村镇居民和现代学校等占据，破坏较甚。只有几座堡城尚有较多的遗迹保存。如马根单堡，四面城墙皆在，范围清晰，堡内还见有明代石刻及石质建筑构件。孤山新堡，三面墙体保存较好，而且仍见南、北门及南门瓮城，堡内还有建城碑。

从分布范围看，堡城与长城墙体多相距数公里，中间又多修筑烽火台来传递信息。

2. 辽河平原关堡统计及分析

辽河平原关、堡统计表

名称	平面形状	周长（米）	面积（平方米）	现存门址	现存角楼	现存马面	主要历史设施	修建年代	保存状况
分税关	不规则形	0	0	0	0	0	不清	明	差
马市堡	不规则形	800	40000	0	0	0	不清	明	差
白云关	不规则形	53	178	0		0	不清	明	较好
魏家岭关	不规则形	0	0	0	0	0	不清	明	差
镇边堡	矩形	1100	73600	0	2	0	角楼2座	明	一般
清阳堡	矩形	800	40000	0	0	0	无	明	差
镇夷堡	矩形	760	36000	0	0	0	无	明	差
永宁堡	矩形	620	23800	0	0	0	无	明	差
古城堡	矩形	800	40000	0	0	0	无	明	差
新安关	矩形	900	50000	0	0	0	无	明	差
庆云堡	矩形	800	40000	0	0	0	无	明	差
彭家湾堡	矩形	1000	60000	0	0	0	无	明	差
镇西堡	矩形	1080	72000	0	0	0	无	明	差
曾迟堡	矩形	1200	90000	0	0	0	无	明	差
宋家泊堡	矩形	1000	60000	0	0	0	无	明	差
十方寺堡	矩形	800	40000	0	0	0	无	明	差

续表

名称	平面形状	周长（米）	面积（平方米）	现存门址	现存角楼	现存马面	主要历史设施	修建年代	保存状况
上榆林堡	矩形	1000	120000	0	0	0	无	明	差
平房堡	矩形	800	40000	0	0	0	无	明	差
静远堡	矩形	800	40000	0	0	0	无	明	差
长营堡	矩形	860	46000	0	0	0	无	明	差
长勇堡	矩形	1200	90000	0	0	0	无	明	差
长胜堡	矩形	1200	90000	0	0	0	无	明	差
长安堡	矩形	0	0	0	0	0	无	明	差
长定堡	矩形	1200	90000	0	0	0	无	明	差
长静堡	矩形	1200	90000	0	0	0	不清	正统七年	差
东昌堡	不规则形	0	0	0	0	0	不清	明代	差
东胜堡	不规则形	2000	250000	0	0	0	不清	明	差
西兴堡	不规则形	0	0	0	0	0	不清	明	差
平洋堡	不规则形	800	40000	0	0	0	不清	明	差
三岔关	不规则形	0	0	0	0	0	不清	明	差
西宁堡	不规则形	0	0	0	0	0	不清	明	差
西平堡	不规则形	600	22500	0	0	0	不清	明	差
镇武堡	不规则形	1800	202500	0	0	0	不清	明	差
镇宁堡	不规则形	0	0	0	0	0	不清	弘治十六年	差
镇远堡	不规则形	1000	62500	0	0	0	不清	明	差

根据上述统计，我们可以分析如下：

从建筑形制上看，堡城平面都为矩形或方形，根据调查和查阅文献，城墙内部为夯土所筑，墙体内外两侧原用条石基础，墙身多用青砖包砌。据文献记载，皆开南门。一般都有角楼。

从保存状况看普遍皆差。原因是堡城所在的位置海拔较低，一般都低于100米，地势平坦，交通便利，水源充足，是村民居住、生产生活较为方便的地带，也是造成堡城破坏的重要因素。如今许多堡城已改变为现代村落。

从分布范围看，堡城均分布于墙体内侧，一般与长城墙体相距数公里，中间又修筑烽火台来传递信息。

3. 辽西丘陵关堡统计及分析

辽西丘陵关、堡统计表

名称	平面形状	周长（米）	面积（平方米）	现存门址	现存角楼	现存马面	主要历史设施	修建年代	保存状况
镇安堡	不规则形	1192	87000	0	0	0	不清	正统七年	差
镇静堡	不规则形	1600	144000	0	0	0	不清	明	较差
镇夷堡	矩形	200	40000	0	0	0	不清	弘治十六年	差
大清堡	矩形	1200	90000	0	0	0	不清	明	差
大靖堡	矩形	1000	62500	0	0	0	不清	明	差
大宁堡	不规则形	0	0	0	0	0	不清	弘治十二年	差
大平堡	矩形	800	40000	0	0	0	不清	弘治十六年	差
大康堡	矩形	800	40000	0	0	0	不清	弘治十六年	差
大安堡	矩形	540	10890	0	0	0	护城河（壕）	弘治十六年	差
大定堡	矩形	960	57500	0	0	0	不清	正统七年	差
大胜堡	矩形	0	0	0	1	0	角楼	正统七年	较差
大茂堡	矩形	800	40000	0	1	1	马面、角楼	正统七年	较差
沙河儿堡	不规则形	760	36000	0	0	0	不清	正统七年	差
大福堡	矩形	800	40000	1				正统七年	较差
大兴堡	矩形	800	40000				古碑	正统七年	差
椴木冲堡	矩形	800	40000					正统七年	差
长岭山堡	矩形	840	44000					正统七年	差
沙河堡	矩形	760	36000					正统七年	差
松山寺堡	矩形	820	42000					正统七年	差
灰山堡	矩形	720	32400				楼台	正统七年	较差
寨儿山堡	矩形	760	36000				庙宇	正统七年	差

续表

名称	平面形状	周长（米）	面积（平方米）	现存门址	现存角楼	现存马面	主要历史设施	修建年代	保存状况
兴水岘堡	矩形	1000	62500		1		庙宇	正统七年	差
白塔峪堡	矩形	900	50000		1		庙宇	正统七年	差
团山子堡	矩形	840	44000					正统七年	差
仙灵寺堡	矩形	760	36000					正统七年	差
黑庄窠堡	矩形	840	44000				庙宇	正统七年	差
锦川营堡	矩形	800	40000						差
新兴营堡	矩形	800	40000				庙宇	正统七年	差
三道沟堡	矩形	700	30000					正统七年	差
高台堡	矩形	840	44000					正统七年	差
瑞昌堡	矩形	900	50000						差
平川营堡	矩形	1000	62500					正统七年	差
三山营堡	矩形	368	8364				水井	正统七年	差
背荫嶂堡	矩形	700	30000				庙宇	嘉靖二十五年	差
永安堡	矩形	900	50000					正统七年	一般
铁厂堡	矩形	960	56000				庙宇	正统七年	较差

根据上述统计，我们可以分析如下：

从建筑形制上看，堡城平面都为矩形或方形，根据调查和查阅文献，城墙为夯土所筑，墙体内外两侧原用条石基础，墙身多用青砖包砌。据文献记载，皆开南门。一般都有角楼。

从保存状况看，普遍较差。原因是堡城所在的位置海拔较低，一般都低于100米，地势平坦，交通便利，水源充足，是村民居住、生产生活的较为方便的地带，也是造成堡城破坏的重要因素。如今，许多堡城已被改变为现代村落，如沙河堡，就是沙河堡镇政府所在地，目前该堡城地面无任何迹象，只是发现了其门额，才能大体确定其位置（和名称）。

从分布位置看，堡城均分布在长城墙体内侧的沿边一线，与长城墙体多相距数公里，中间又修筑若干烽火台来策应守备和传递信息。

（三）辽宁明长城单体建筑数据统计及分析

1. 辽东山地单体建筑统计及分析

（1）烽火台

辽东山地烽火台统计表　　　　　　　　　　　　　　　（单位：座）

平面形状 ＼ 材质	土	石	砖	总计
圆形	1	47	109	157
矩形	0	4	0	4
不规则形	0	0	0	0
不清	0	0	2	2
总计	1	51	111	163

辽东山地烽火台保存状况统计表　　　　　　　　　　　（单位：座）

保存状况 ＼ 材质	土	石	砖	总计
较好	0	10	13	23
一般	0	14	34	48
较差	0	26	56	82
差	1	1	5	7
消失	0	0	3	3
总计	1	51	111	163

从上述统计我们可以分析如下：

从建筑形制上看，辽东山地烽火台以砖结构为主，共111座，约占总数的68.1%；其次是石筑，共51座，约占总数的31.29%；土筑的最少，为1座，约占总数的0.61%。从平面形制上看，以圆形为主，共157座，约占总数的96.32%；矩形共4座，约占总数的2.48%；

平面形制不清的共 2 座，约占总数的 1.23%。

从保存状况看，保存较好的共 23 座，约占总数的 14.11%；保存一般的共 48 座，约占总数的 29.45%；保存较差的 82 座，约占总数的 50.31%；保存差的 7 座，约占总数的 4.29%；消失 3 座，约占总数的 1.84%。从材质上看，石筑的保存较好，土筑的保存较差。

（2）其他单体建筑

其他单体建筑建筑统计表　　　　　（单位：座）

平面形状 ＼ 材质	土	石	砖	总计
圆形	0	1	0	1
方形	0	4	0	4
不规则形	0	0	0	0
不清	0	0	0	0
总计	0	5	0	5

其他单体建筑建筑保存状况统计表　　　　　（单位：座）

保存状况 ＼ 材质	土	石	砖	总计
较好	0	0	0	
一般	0	0	0	
较差	0	5	0	5
差	0	0	0	
消失	0	0	0	
总计	0	5	0	5

根据上述统计，我们可以分析如下：

辽东山地调查发现的其他单体建筑均为铺舍，共 5 座，皆为石筑。从平面形制上看，圆形 1 座，方形 4 座。

从保存状况看，保存状况较差。

从分布范围看，都分布于长城墙体之上，或紧邻墙体。

2. 辽河平原单体建筑统计及分析

辽河平原烽火台现状统计表

（单位：座）

平面形状 ＼ 材质	土	石	砖	总计
圆形	0	7	33	40
矩形	0	1	15	16
不规则形	0	0	1	1
不清	5	1	94	100
总计	5	9	143	157

辽河平原烽火台保存状况统计表

（单位：座）

保存状况 ＼ 材质	土	石	砖	总计
较好	0	2	1	3
一般	0	1	5	6
较差	0	3	26	29
差	0	3	36	39
消失	5	0	75	80
总计	5	9	143	157

根据上述统计，我们可以分析如下：

从建筑形制上看，辽河平原烽火台以砖结构为主，共143座，约占总数的91.08%；其次是石筑，共9座，约占总数的5.73%；土筑的最少，为5座，约占总数的3.19%。从平面形制上看，以圆形为主，共40座，约占总数的25.48%；矩形共16座，约占总数的10.19%；不规则形1座，约占总数的0.64%；由于保存状况差，平面形制不清的共100座，约占总数的63.69%。

从保存状况看，保存较好的共3座，约占总数的1.91%；保存一般的共6座，约占总数的3.82%；保存较差的29座，约占总数的18.47%；保存差的39座，约占总数的24.84%；消失80座，约占总数的50.96%。从材质上看，石筑的保存较好，土筑的保存较差。

3. 辽西丘陵单体建筑统计及分析

辽西丘陵烽火台现状统计表

（单位：座）

平面形状 ＼ 材质	土	石	砖	总计
圆形	5	119	39	163
矩形	2	16	5	23
不规则形	0	0	0	0
不清	6	14	14	34
总计	13	149	58	220

辽西丘陵烽火台保存状况统计表

（单位：座）

保存状况 ＼ 材质	土	石	砖	总计
较好	0	12	3	15
一般	0	6	0	6
较差	5	109	36	150
差	8	22	17	47
消失	0	0	2	2
总计	13	149	58	220

根据以上统计，我们可以分析如下：

从建筑形制上看，辽西丘陵烽火台以石结构为主，共149座，约占总数的67.73%；其次是砖筑，共58座，约占总数的26.36%；土筑的最少，为13座，约占总数的5.91%。从平面形制上看，以圆形为主，共163座，约占总数的74.09%；矩形共23座，约占总数的10.46%；平面形制不清的共34座，约占总数的15.45%。

从保存状况看，保存较好的共15座，约占总数的6.82%；保存一般的共6座，约占总数的2.73%；保存较差的150座，约占总数的68.18%；保存差的47座，约占总数的21.37%；消失2座，约占总数的0.90%。从材质上看，石筑的保存较好，土筑的保存较差。

从分布范围看，烽火台多分布于长城墙体内侧的高阜之地或关要、隘口地带，仅在锥子山长城段上发现的4座烽火台是直接建于墙体之上，同时兼具敌台功能，这种做法在辽东镇长城比较少见，而与蓟镇长城类似。

（四）辽宁明长城相关遗存数据统计及分析

辽宁省现存与长城相关遗存71处，其中居住址23处、采石场8处、壕沟6处、碑刻4处、挡马墙3段、品字窖1处、刻石1处及与其他设施25处。这些相关遗存的发现，丰富了对辽宁明长城内涵的认识：有直接军事功用的，也有与屯戍有关的生产、生活和宗教祭祀的。

1. 从分布范围看，都是离长城墙体或关堡较近或者直接建在墙体上，与长城的修筑和使用紧密结合。如：采石场多分布于长城主线的附近，证明了当时就是就地取材、因地制宜的修建长城。居住址紧邻墙体，甚至一面利用了墙体，方便了士卒休息，同时也节约了成本。采石场在锦州地区和葫芦岛地区分布最多，如保存较好的葫芦岛市连山区小虹螺山长城1号采石场，坐落在长城墙体外侧山坡上，其表面均为人工凿钻采石遗迹，凸凹不平，分布较有规律。

2. 从种类看，有采石场、居住址、摩崖石刻、碑刻等多种类型，这些相关遗存为长城防御体系的研究提供了主要的实物资料。如居住址为分析当时驻军屯营提供了证据，采石场为研究墙体修建的过程和用料提供了依据，摩崖石刻、碑刻等文字材料，则为研究当时修建长城的背景提供了直接的年代依据。

3. 一些新的发现，补充了长城及防御体系研究的新资料。在对鼓山长城题刻进行复查时，调查人员发现前人补录的内容不全，经认真核对，重新补录了前人调查没有补录的67个字。在调查椴木冲敌楼题铭记碑时，纠正了前人调查的7个错字。其中最重要的发现，是在葫芦岛市绥中县新发现的将军石摩崖石刻。此石刻规模较大、字迹清晰、字体较大，内容涉及张学颜、李成梁等辽东镇抚重臣，为研究明代辽东镇长城从正统至隆庆年间的历史沿革和巡边事略，提供了全新的实物资料，具有重要的史料价值。

四　辽宁明长城文物本体及历史风貌现状分析

（一）辽宁明长城文物本体现状分析

1. 长城本体

①长城墙体现状分析

经此次调查并初步确认的辽宁明长城墙体约1075公里。由于自然和人为的破坏，许多长城墙体已经消失或损坏严重。经调查，确认有效墙体约 696 公里，其中土墙约 219 公里，石墙约 272 公里，山险墙约 48 公里，山险约 132 公里，河险约 25 公里。调查消失墙体约 379 公里。

在现存墙体中，土墙总长 219564 米，其中保存较好的 2889 米，一般 31677 米，较差 106676 米，差 36281 米，消失 42041 米。石墙总长 272112 米，其中保存较好的 21390 米，一般 77760 米，较差 86982 米，差 56855 米，消失 29125 米。山险墙总长 48367 米，其中保存较好的 24235 米，一般 19333 米，较差 3069 米，差 800 米，消失 930 米。山险共 82 段，总长 132059 米。河险共 11 段，总长 25100 米。

辽宁明长城现状，从保存程度上看，可分五类：

Ⅰ类，保存较好。此类长城遗迹能基本保留原来的形态，可以明确看出长城遗迹的修建方法、结构特征、平面形制、基本设施等。属于此类的长城墙体，墙体设施保存比例一般占到 1/2 以上，墙基、墙体保存比例一般占到 3/4 以上，如绥中县锥子山长城、蔓枝草长城等。此类保存较好的明长城墙体，在辽宁明长城墙体总量中所占比重极小。

Ⅱ类，保存一般。此类长城保留有部分遗迹，能根据遗迹可以辨别出类别、属性、功能等。此类长城墙体，墙体设施保存比例一般在 1/2 以下，墙基、墙体保存比例在 1/4 - 3/4 之间，葫芦岛市、锦州、阜新部分的石墙大多数属此类。

Ⅲ类，保存较差。此类长城仅残留一点遗迹，墙体设施基本无存，墙基、墙体保存比例在 1/4 以下。

Ⅳ类，保存差。此类长城墙体仅留存地面土坎或散落堆石痕迹，濒临消失。不能明显看出其结构、类别。

Ⅴ类，消失。此类长城地面遗迹已经无存，有的周围环境也基本改变。本次调查，只能从文献记载、现有村屯地名渊源、乡民介绍和相邻墙体或烽火台的遗迹中，推定其地理坐标和走向布局。辽河平原段明长城大多属于消失段。

以上五类保存状况在各地段的具体情况是：

辽东山地段明长城墙体保存较好墙体约 81182 米。其中保存一般的 66977 米，保存较差的 12716 米，保存差的 7164 米，消失的 71143 米。保存较好的墙体类别为山险，这主要与本地区的地形、地势和人为活动分不开，这些山险段落多为山高林密，人迹罕至地段。另外消失墙体也比较多，主要为原木柞墙段落，集中在叆阳堡和新安堡（凤城市石城）附近，有些地段为清代柳条边所沿用；少量原为石墙或土墙，为一些自然因素以及当地居民多年修路、盖房、施工、耕作等所拆毁。

辽河平原地区明长城墙体共 317028 米。其中保存一般段落 34996 米，保存较差段落 89626 米，保存差段落 15504 米，消失段落 176902 米。这种状况的形成与本地区的自然环境与人文环境是分不开的。辽河平原地区地势较低平，山地较少，河流较多，交通发达，人口稠密，人们的日常生产生活活动对墙体影响较大，破坏较重。这一段明长城早在明朝灭亡、清代迁都北京后，即废弃严重。以后几百年来，自然水土流失和居民修路、耕作、建房、架桥等土木工程，均对墙体造成毁灭性的破坏，甚至使之消失。

　　辽西山地丘陵地区长城共 335071 米。其中保存较好的段落长度为 73225 米，保存一般的 57903 米，保存较差的 95863 米，保存差的 73121 米，消失 34959 米。这种保存现状与辽西山地丘陵地区的地形地势有关。辽西山地丘陵地区山高林密，有的地段山势陡峭，人迹罕至，所以保存较好，如凌海龟山段长城，义县西盘道岭段长城。有的地段地势相对低平，交通发达，与居民区相距较近，人们的生产生活活动对其破坏则较严重，甚至消失，如义县北沟段长城，墙体为黄土夯筑，修筑于北沟村平地，现墙体夯土缺失，保存较差。马圈子长城也修筑在地势低平的地面上，由于附近的村镇建设，居民生产生活影响等导致墙体地表消失。

　　②敌台现状分析

辽宁省明长城敌台保存情况统计表 （单位：座）

保存状况 ＼ 材 质	土	石	砖	总计
较好	0	8	9	17
一般	0	12	26	38
较差	8	239	83	330
差	11	57	42	110
消失	0	0	9	9
总计	19	316	169	504

　　综合分析上表，此次调查，我省共发现敌台 504 座，其中土质 19 座、石质 316 座，砖质 169 座。其中保存较好的 17 座、一般的 38 座、较差的 330 座、差的 110 座、消失的 9 座。

　　辽东山地段共调查长城敌台 68 座，保存较好的 8 座、一般的 25 座、较差的 26 座、差的 9 座。在地势较为险峻或植被较密的地方，敌台的保存状况较好，如岗东长城敌台；在耕作区或距人们居住地较近的敌台，人们的生产、生活对其产生破坏作用明显。

　　辽河平原段共调查长城敌台 59 座，其中保存一般的 6 座、保存较差的 20 座、保存差的 26 座、消失的 7 座。辽河平原地区地势较低平，山地较少，多数为耕地区，长城墙体基本消失，所以敌台的现存数量也相对较少。

　　辽西山地丘陵地区共调查明长城敌台 377 座，其中保存较好的 9 座、保存一般的 7 座，保存较差的 284 座，保存差的 75 座，消失的 2 座。这种保存状况的形成与本地区的地理条件及建筑材质有关。本地区大多数地区山高势险，多数单体建筑在山顶处，且多数以石构筑，土质较少，山高林密，人迹罕至，人们的日常生活对其造成的破坏较少。但是由于长期风雨侵蚀，大多数单体建筑已经坍塌。

2. 关堡分析

辽宁省明长城关、堡保存情况统计表　　　　　（单位：座）

保存状况＼地域	辽东山地	辽河平原	辽西丘陵	总计
较好	1	0	1	2
一般	3	0	2	5
较差	4	0	7	11
差	23	30	32	85
总计	30	31	42	103

此次调查的辽东山地 31 座堡城中保存较好的仅 1 座，即赫甸城，该城堡是明代晚期辽东长城边堡基本结构的代表：平面正方形，边长 400 米，墙体以石块包砌，内填土夯实。墙体顶部建筑有砖筑的角楼和垛口等，外城有马面，城门有瓮城，设一门；其城内除衙署外，为民宅和屯营房舍，均无存。该城 1988 年就已颁布为省级文物保护单位，1993 年划定了具体的保护范围和建设控制地带。堡城虽与村落较近，但当地政府对村民的生产、生活实施了有效的管理，而使其成为保存较好的堡城。保存一般的堡城 3 座，也与当地人口较少及政府有效的管理，人们的自觉维护有关。保存较差的 4 座，保存差的 23 座，大都是因"文革"时期"农业学大寨"，垦荒种田及后期人口快速增加，交通便利，人们生产、生活增多有关，堡城遭到较大的破坏。

此次调查的辽河平原地区的 30 座堡城保存普遍较差。这是由于与居民区较近，人们垦荒种地及后期人口增长等活动的影响有关。使得这些堡城的形状及历史设施不清，面积不明，仅存痕迹。

此次调查的辽西山地丘陵地区 42 座堡城中，保存较好的 1 座，一般的 2 座，较差的 7 座，差的 32 座。锦州凌海市的大茂堡，现尚存东北角楼，城墙及马面等历史设施。该城虽然修筑在居民区内，但是当地政府对居民的生产生活实施了有效的管理，以及当地居民的保护意识不断增强而使其部分遗迹保留。其余边堡均保存较差或消失。这是由于附近居民区居民垦荒、建房、修路、架桥等活动对其造成了较严重的破坏，使得这些堡城的形状及主要历史设施不清，有些已夷为平地。

3. 单体建筑现状分析

辽宁省明长城烽火台保存情况统计表　　　　　　　　(单位：座)

保存状况 ＼ 材 质	土	石	砖	总计
较好	0	24	17	41
一般	0	21	39	60
较差	5	138	118	261
差	9	26	58	93
消失	5	0	80	85
总计	19	209	312	540

此次调查，我省共发现烽火台 540 座，其中土筑 19 座、石筑 209 座、砖筑 312 座。其中保存较好的 41 座、一般的 60 座、较差的 261 座、差的 93 座、消失的 85 座。

辽东山地段共调查长城单体建筑 163 座，保存较好的 23 座、一般的 48 座，这是因为该区域地势较为险峻，植被较密，人们很少登爬和进行采掘、耕作等生产活动。保存较差的 82 座、差的 8 座、消失的 3 座。这类烽火台所处地势不高，距人们居住地较近，另由建电塔或测绘标柱，人们的生产、生活对其产生破坏作用明显。完全消失的 3 座，系由修建公路等将其拆毁。辽河平原段共调查长城单体建筑 174 座，其中保存较好的 5 座、保存一般的 6 座、保存较差的 31 座、保存差的 51 座、消失的 81 座。这种状况是由当地的自然及人文环境共同形成的。辽河平原地区地势较低平，山地较少，多数为耕地区。长城单体大多数就修筑在耕地中或居民区内，人们的日常生产生活活动对单体建筑影响较大，破坏较重。只在少数山区，因地势较高，交通不便，人迹罕至，其保存相对较好，如黑山江台北山烽火台、义和屯烽火台等。

辽西山地丘陵地区共调查明长城单体建筑 203 座，其中保存较好的 5 座、保存一般的 6 座、保存较差的 31 座、保存差的 51 座、消失的 81 座。这种保存状况的形成与本地区的地理条件及建筑材质有关。本地区大多数地区山高势险，多数单体建筑在山顶处，且多数以石构筑，土质较少，山高林密，人迹罕至，人们的日常生活对其造成的破坏较少。但是由于长期风雨侵蚀，大多数单体建筑已经坍塌。

（二）辽宁明长城的自然历史风貌现状分析

辽宁明长城的自然历史风貌现状，按明长城分布的客观地理、地貌特点，仍可分为三区。

辽东山地地处长白山余脉，地势起伏较大，多沟谷，约 80% 为山林地带，地质状况属石灰岩类型。气候属中温带湿润季风气候，距离海洋较近，海洋性较强，四季较为分明，光照充足，冬季寒冷湿润，夏季炎热多雨，平均降雨 1000 毫米，空气湿度 70％，无霜期约 140 天，森林覆盖率超过 70％。当地的气候对于长城及其附属设施保存状况产生较大的影响，降水较多，雨水的冲刷，致使构筑主体坚固程度下降。大量的降水和适宜的气温，植物生长颇为茂盛，植物根系在某种程度上对文物本体有一定的加固作用，延缓其坍塌，但也是构筑主体形态改变的重要原因。

辽河平原地区地处辽河及其 30 余条支流冲积而成的平原地区，地势从东北向西南由海拔 250 米向辽东湾逐渐倾斜，辽河平原地区大部分地势平坦，特别是在盘山地区海拔接近海平面，仅在黑山、北镇西北为山地，北部为丘陵，海城东部为丘陵地带。这一地区气候属于温带大陆性季风气候，四季分明，光照充足。冬季寒冷湿润，夏季炎热多雨，平均降雨 1000 毫米，空气湿度 70％，无霜期 140 天，森林覆盖率 70％。这样的气候条件对长城本体的保存有很大的影响，这一地区降水较多，雨水的冲刷，使得长城墙体、单体及相关建筑本身的结构受损，坚固程度不断下降；另外，由于辽河平原地区属人口稠密、交通发达地带，生产生活中对长城的破坏非常大，甚至是毁灭性的。

辽西山地丘陵地区东北向西南走向的努鲁尔虎山、松岭山脉，医巫闾山，山间形成河谷地带，地势从北向南，由海拔 1000 米向 300 米丘陵过渡。北部与内蒙古高原相接，南部形成狭长地带，与渤海相连，其间为辽西走廊大小凌河的发源地。此处属于属于温带大陆性季风气候，四季分明，光照充足。冬季寒冷湿润，夏季炎热多雨，平均降雨 1000 毫米，空气湿度 70％，无霜期 140 天，森林覆盖率 70％。这样的气候条件对长城本体的保存亦有很大的影响，这一地区降水较多，雨水的冲刷，使得长城墙体、单体及相关建筑本身的结构受损，坚固程度不断下降；适宜的温度使得本地区的植物生长较好，覆盖在墙体、单体及相关建筑表面的植被根系对建筑本身有一定的破坏作用。从长城墙体结构本身看，该地区靠近蓟镇长城，墙体的砖石结构相对严整，加上地处丘陵山地，人烟较为稀少。所以在绥中等县境内长城总体状况较好。

五　辽宁明长城保护与管理状况分析

此次在调查明长城本体的同时，按照"四有"规范，对现阶段明长城的保护管理状况也进行了调查。

1. 保护机构。辽宁省长城中有全国重点文物保护单位 2 处，其中作为世界遗产地长城扩充项目的 1 处，省级文物保护单位 5 处，市、县级文物保护单位 36 处。其中绥中县设置了专门保护管理机构，其他段长城都实行文物部门属地管理，尚未设置单独的专门保护管理机构。

2. 保护标志。按照《文物保护法》的要求，辽宁省对已经划定保护级别的长城，各级政府都根据相应级别设立了保护标志。在全省 43 处列入保护单位的长城区段中，已树立保护标志 43 处。

3.保护范围及建设控制地带。辽宁省人民政府先后公布7批省级文物保护单位，并同时公布了相应的保护范围和建设控制地带。其中，对已被公布为省级以上文物保护单位的长城段落，划定了相应的保护范围和建设控制地带。

4.记录档案。辽宁省明代长城有2处全国重点文物保护单位，5处省级文物保护单位，15处市级文物保护单位档案，21处县级文物保护单位建立了"四有"档案。这次明长城调查结束之后，所有的明长城将按照国家要求和标准建立专题档案。

5.存在问题。通过此次调查，发现各地文物部门对明长城在本地区的存在状况普遍存在了解不清、监管不严，对保护长城文化遗产重要价值的宣传力度不够等情况，同时，文物部门管理权限有限，经费少，人手少，保护工作十分困难。还有群众的文物保护意识淡薄，这些都造成大部分辽宁明长城处于无人管理的不利状态，这也是近几十年来辽宁明长城不断遭到破坏的主要原因。

这次调查中还发现一些保存较好的长城段和有关建筑，由于情况不明，一直未公布为各级文物保护单位。

第三章 结 语

一 此次辽宁明长城资源调查的特点

2007 年正式启动的辽宁省明长城资源调查，作为全国十个省、市、自治区明长城资源调查的组成部分，在国家文物局和国家测绘局的统一部署下，在调查的工作背景、组织领导、科技含量和成果取得等方面，都是辽宁地区历史上长城保护、管理和研究工作中规模空前的一次文化遗产保护工程。与以往历次长城调查相比，此次调查工作具有以下特点：

1. 工作背景。辽宁的长城资源，历史跨度长（从战国至明清），涉及范围广，分布地理、地貌复杂，自 20 世纪中叶以来，虽然陆续做过局部调查，但从未进行过全省范围的全面、系统的考古调查。辽宁明长城过去的保护工作情况，也大致如此。而此次明长城资源调查，是从 2006 年开始，根据国务院有关领导关于切实做好长城保护的指示和国家文物局《长城保护工程（2005－2014）总体工作方案》要求，按照国家文物局、国家测绘局关于联合开展长城资源调查工作的通知精神，在 2005 年国务院《关于加强历史文化遗产保护通知》的指导下，在全国范围内进行的一次跨区域、跨行业，带有长城资源国情、国力调查性质的系统文化工程。辽宁省也遵照国务院和国家文物局、国家测绘局的要求作了部署，因此辽宁省这次的明长城调查，和全国其他省市一样，在组织领导、经费投入、业务准备和人力动员等方面，都是新中国成立以来规模最大的一次长城资源调查。

2. 调查的广度和深度。这次辽宁明长城资源调查，调查范围共涉及全省 12 个市、32 个县级行政区。调查队员累计调查了 145 个乡镇、568 个行政村，徒步行程 20000 多公里。共查明长城墙体约 1075 公里，其中经调查的有效墙体 696 公里，单体建筑 1049 座（其中敌台 504 座，烽火台 540 座，其他单体建筑 5 座），关、堡 103 座，相关遗存 71 处。其实际调查的辽宁明长城墙体、单体建筑和关堡遗迹等，在历次长城调查中是最系统和数量最多的一次。

与此同时，此次明长城资源调查的工作深度和技术含量，也是历次长城调查所不具备的。

其一，在调查的业务指导思想上，引入了"文化遗产保护"观念，并把"资源调查"明确写入实施方案中。这同第三次全国文物普查一样，已将长城遗产的文物调查和保护，进一步上升整合为"文化遗产"的整体保护。包括注重调查、分析长城遗迹的非物质文化内涵的外延部分，使此次长城调查的社会效益和文化价值更加突出。

其二，把长城遗存本体调查，与"历史环境风貌"调查结合起来，使长城调查在以往调查单纯注重墙体、关堡结构、分布走向的基础上，增加了"环境风貌"的调查和分析。又把长城防御体系，作为历史形成中具有动态文化遗产性质的系统工程，从其形成的历史过程和现时遗存的多方面需要出发，进行了综合分析，为长城的全方位保护和研究提供了更丰富的资料和科学信息。

其三，调查的手段和科技含量进一步提高。此次调查，除采用传统的考古学调查手段外，更倚重先进的科学仪器设备，如 GPS 定位、全站仪等测量技术、数码相机、航拍技术、激光测距仪等，使长城调查的准确度和工作效率大大提高。

3. 以长城保护、管理和研究中的相关课题带动调查工作。此次长城资源调查，准备工作较为充分。各地在调查前，都按照国家文物局长城资源调查总体方案的要求，制定了统一标准、统一工作方案和业务培训工作。以辽宁明长城调查为例，根据国家文物局的部署，从2007 年开始，首先在制订工作方案的基础上，由省文物局和省测绘局共同组织了省级长城资源调查与测量技术培训。培训以调查、测量方法和数据采集整合的技术手段为主，根据《全国长城资源调查管理办法》和《长城资源调查资料管理制度》，要求各调查队对本调查区域以往的长城调查资料、档案和文献记载要进行系统整理和归纳，对本调查区内长城资源的地理、地貌和已有成果等进行认真的研究，做到尽量熟练掌握以往调查成果，做好前期准备工作。

在此基础上，对调查路线、专业人员分工以及调查记录和调查资料的整合汇总，都作了具体要求，使此次长城资源调查在资料整合、技术准备和业务准备方面，均超过了以往任何一次局部分散的调查工作。在野外调查结束后的档案资料整理和编写报告过程中，各队和长城报告编写人员，又认真梳理资料，对辽宁明长城资源调查中涉及的指导思想、报告编写体例和内容，资料数据的整合、图表的汇总制作及相关重要学术问题，都进行了专题研究。同时结合报告编写，重点对辽宁明长城形成的历史沿革、结构特征、历史上对辽宁明长城调查的回顾，此次明长城资源调查与历次调查的比较，以及对调查成果的分析评估等全局性问题，均进行了认真总结和梳理，为整体提高此次明长城资源调查的社会效益和业务成果水平奠定了基础。

4. 跨部门、跨行业合作推动长城资源调查科技含量和水平的提高。此次明长城资源调查，在国务院的统一协调下，由国家文物局和国家测绘局，共同下发了《关于开展长城资源调查工作的通知》。辽宁省也在 2007 年 3 月 27 日由辽宁省文物局、辽宁省测绘局联合上报了《辽宁省长城资源调查工作方案》。《方案》规定省文物局的主要任务，是开展田野调查，对长城资源进行现场勘查、考古测量，做好信息登录，建立长城资源调查档案；省测绘局的主要任务，是提供长城资源调查所需技术资料与测绘技术，提供航片与地形图等资料，测量长城长度，形成长城基础地理信息数据和长城专题要素数据。

辽宁省测绘局根据两局联合通知和方案的要求，由 3 个测绘院组成了 3 个长城测量外业队、3 个长城测量内业队。项目实施中，共投入技术人员 220 人，其中野外相片控制测量共投入 10 个外业队，总人数 90 人。空三加密工作共投入 4 个队（室），总人数 11 人。内业长城采集、属性录入及长度量算和精度共投入 4 个队（室），总人数 74 人。形成了全省各县域明长城资源调查的规范图纸和数据。这是历史上第一次由国家组织的文物部门和测绘部门联手对长城资源调查的合作。在我国文化遗产保护史上，开创了一个新模式。

总之，此次辽宁明长城资源调查，同全国其他地方一样，无论在工作背景、组织领导、技术准备、指导思想、调查手段、成果收获、资料整合等方面，在历史上都是空前的。它的调查成果，集中反映在本报告书的各部分中。调查中发现的长城保护、管理、研究中仍存在的问题，作为经验总结和工作建议，也一并记录在报告的第三部分。这将是我国长城文化遗产保护工作中，具有划时代意义的一个阶段性标志。

二 辽宁此次明长城资源调查的主要收获

总结辽宁省此次明长城资源调查，主要业务收获有如下六个方面。

（一）明确了辽宁明长城的分布与走向

此次明长城调查的第一个成果，是进一步掌握了辽宁地区明长城主线的分布、具体走向和基本结构。辽宁境内明长城总的基本走向与全国其他各省明长城的东西走向是一致的，即为东北－西南走向。唯在辽东山地一段为由南向北的走向，转而向东进入辽河平原，从开原市镇北堡又由北折向南，至黑山县白土厂，使辽宁的明长城形成了从辽东山地到沿辽河河套的"凸"字形和"U"字形走向。这是明辽东长城区别于其他八镇长城和清代柳条边的特殊之处。

（二）确认了明长城的东端起点及辽东镇长城与蓟镇长城的关系

1. 进一步确认了明长城的东端起点

根据《辽东志》、《全辽志》等文献记载，明代辽东长城（边墙）的东端起点，不应在俗称的山海关，而应起于鸭绿江右岸（西岸）的辽宁丹东。《明史·兵志三》记载，长城"东起鸭绿，西至嘉峪，绵亘万里，分地守御"。《全辽志·边防二》中也记载，辽东边墙东端第一堡为"江沿台堡"，该堡的第一台为"邦（傍）山台"。此"邦山台"所傍邻的鸭绿江右岸之山，应即今丹东市东北虎山乡虎山，明代称"马耳山"。《全辽志》卷五记载，嘉靖时辽东巡抚都御史李辅，当年亲自勘察明边墙东端记事："臣为踏勘（江沿）台基，同分守道、参将等官，登马耳山。"[1]并在"马耳山"上，直望朝鲜"旧义州"。这靠近鸭绿江西岸的"江沿台（堡）基"的"马耳山"，即今丹东市东北之虎山，为明辽东长城的东端起点所在。这一结论，与文献印证，并在20世纪90年代初已为考古发掘所证实。

此次再经实地调查，明辽东长城的东端起点，在辽宁省丹东市振安区虎山乡东北鸭绿江右岸的虎山南麓，即此次明长城调查定位经修复后的"虎山长城1段"。（图五三）

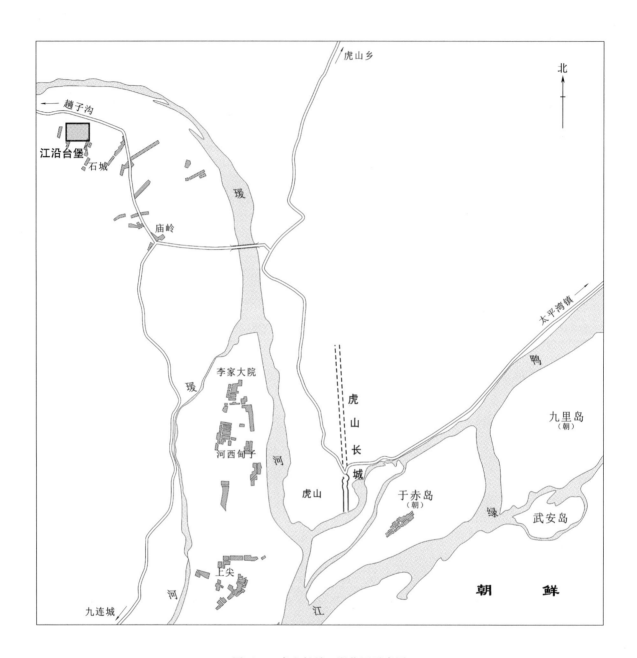

图五三　虎山长城1段位置示意图

2. 重新调查确认了辽东镇长城与蓟镇长城的关系

　　学术界及历史文献资料，对辽东镇长城中的辽西段与蓟镇长城西端接点问题，说法不一。关于辽东镇长城的西部起点，在与蓟镇长城相接的部分，在以往确定北线锥子山长城的基础上，此次调查又有新发现。新发现的墙体，起自绥中县永安堡乡獐狼镇村沟外屯南岭山长城1段，终点在李家堡乡娄家沟村荆条沟屯荆条沟北山长城（南线），与锥子山至金牛洞长城段的墙体平行（北线）（见彩图三〇）。辽西长城第一关堡"铁厂堡"即在此段南线长城内侧。根据文献记载，铁厂堡的修筑年代在正统七年。证明南线长城，应属明正统年间，辽东边墙第二阶段修筑的较早段落。据《全辽志》卷四《宦业·王翱传》"正统七年提督辽东军务……

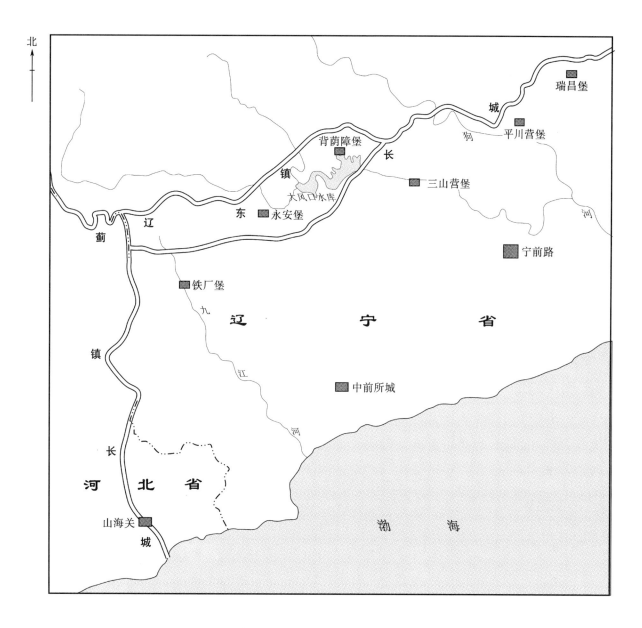

图五四　绥中县南线、北线长城与蓟镇长城位置示意图

沿山海关抵开原，高墙垣，深沟壑，经略屯堡，易置烽燧”，西部南线长城起点的"铁厂堡"亦应建于此时。

北线长城内侧有永安堡和背荫障堡，永安堡首见于正统八年始修的《辽东志》；而背荫障堡，不见于《辽东志》，首见于嘉靖四十四年修的《全辽志》，故辽西绥中北线长城的修筑上限应晚于南线长城。此次调查发现的"南线长城"长约20公里，为前人调查所没有发现。此段长城的发现，明确了以锥子山为分界的蓟辽长城，其山之南、西为蓟镇长城，东面为辽东长城，从而在举世闻名的山海关以北，形成了明长城"三龙交汇"的壮观场面。（图五四）

（三）对明辽东镇长城的结构和修筑特点有了较为全面系统的认识

此次调查，在进一步明确了辽宁地区明长城的总体布局、走向和深化认识长城防御体系的同时，对明长城修筑的结构和特点亦有更明确的认识。

1. 结构分类

总体看，辽宁明长城的墙体，可分为人工修筑的墙体和利用自然地势形成的墙体两大类。人工墙体又可分为四种形式：石墙、土墙、山险墙、木柞墙。利用自然地势形成的墙体有山险和河险。具体在修筑时大多根据当地的地理、地貌特征，因地制宜修筑而成。现分述于下：

（1）土墙。构筑时墙体外观以土筑为主。具体形式有两种，一是夯筑，即经夯打筑成的墙体，另一种直接堆土而成。辽河平原地区的土墙以夯筑为主，就是挖基后以黄沙土逐层夯筑而成，在辽西平原地区亦较多见。而辽东本溪碱厂堡附近的塔耙沟段和阳地沟段长城，皆以就地挖沟堆筑（外壕内墙）并无夯筑的痕迹。

（2）石墙。构筑时墙体外观以石筑为主。具体有三种形式：一是毛石干垒，即使用较大的自然石料交错垒筑，墙体中不夹泥土的石墙；二是墙身用土、石混筑，即泥土和石头混合筑成的墙体；三是砌筑，即用条石、大块石砌筑的墙体。这类墙体大都建于山地之上，系就地取材（采石场往往在所筑墙的附近）。这种墙体的构造亦如砖墙的作法，中心用碎石、沙土等筑成，两边用块石包砌。在顶部仍用砖砌成垛口墙。一般墙底基宽4～7米，高3～4米。大都是干垒（即不灌灰，不抹缝）。最大的块石为0.8米长，0.6米宽，0.4米厚，重量一般在310公斤左右。其石质有的是花岗岩，有的是长石，全系当地所产的岩石材料。沿墙的内侧缘有宽3.3、长约23米的斜坡式马道（在永安堡的蔓枝草、连山区的虹螺山等段均如此）。石筑墙体的梯道内侧，多有不规整形成的"虎皮墙"，而顶部往往有用砖筑的墩台，也有用石筑的墩台或铺舍。

（3）山险墙。利用山险经人为加工形成的险阻，如铲削墙、劈山墙等。利用自然山崖的陡坡，将山崖开凿成直立的竖壁而成，对其中不具备一定高度的缺口处垒砌石墙。其砌法是用条石垒砌法或块石包砌法，把形如屏障的自然山势垒筑成一条完整的长城。如现绥中县鼓山长城4段，清晰可见。

（4）木柞墙。明代史料中曾提及木柞墙，如《全辽志》卷二"障塞"条记载："自孤山南界至江沿台西界止，木柞墙共六千八百一十七丈。"刘谦《明辽东镇长城及防御考》记载："在今本溪县碱场公社西南有名为'木栅墙'的地方，位于长城沿线上上。在调查鸦鹘关时，关南侧的太子河岸有一种叫'水牛子'的建筑，既可防水冲堤，亦可防止人马通行。其构造方法，系将木桩子打入靠河岸的地方，筑成一个井状，沿井字外圈，圈以横木杆三圈，以固其形，如同'方墩'，高约3米，将其连结起来，形成一道木石墙。"此次调查的凤城二道沟长城、裕太长城应是此类木柞墙。

（5）山险。指在险要之处，与墙体共同构成防御体系的山体等自然地物。山险一般都依赖于高山，如连山区小虹螺山、绥中县的锥子山等，海拔较高，易守难攻。

（6）河险。以自然河流为屏障，与墙体共同构成防御体系。如铁岭县英大甸子镇树沟长城，南段利用汎河支流龙泉河左岸峭壁为屏障，北段利用汎河宽阔的河谷为天险。这类障塞以河为险，以岸为墙，在河谷之两岸，又大多有"河空"墩台等配置体系。

2. 因地制宜的结构特点

通过调查，进一步明确了辽宁境内明长城是由墙体、敌台、烽火台、关城、边堡及相关遗存等有机结合的综合性防御体系，而且不同地段，又因地制宜，形成不同的结构特点。

辽东山地，由于地段山多，沟谷多，平原少，仅在江河两侧有零星小块冲积阶地、坡地，地势起伏较大。该区多海拔 1000 米以上高山，人工与自然条件相结合的构筑特点比较明显。这与《全辽志》卷一所载的辽东边墙修筑方法所吻合："辽东沿边城堡墩台障塞兵马也，夫辽南望青徐，北引松漠，东控海西女直诸夷、朝鲜、百济、新罗诸国，西连平蓟，为神州襟吭，枕山抱海，风气劲悍，士马甲于天下，若乃山谷之险，天造地设，崇形势，据险隘，察远近，辨劳逸，识者恒汲汲焉。"另外，史籍所记载的"木柞墙"，亦在该地段人工墙体所占较大比例。如《全辽志》卷二"障塞"条记载："自孤山南界至江沿台西界止，木柞墙共六千八百一十七丈。"究其原委因该地域山林众多，主要树种为柞树，构筑材料颇为充足，特别是在叆阳城附近的山上，山体相对高度较小，山势相对平缓，且该地段生长着大量的柞树。柞树质地坚硬，耐腐蚀，加工便利，成为辽东"木柞墙"的首选材料。另从《柳边纪略》中所载，清代柳条边多沿用了较多的明代辽东边墙。如在叆阳附近的山体上尚留有较多柳条边的痕迹，这可能就是清代推倒或利用明代木柞墙后，借用原有的基础经简单修筑而成柳条边。这样的段落多在腐朽不存的木柞墙地带，保存有壕堑。

可再举结构特征较显著的本溪－丹东段明长城为例，此段长城全长约 94372 米，总体近南－北走向。从历史资料记载和现在实际的调查，本段长城并不是前后联结的墙体，而是因多变的地形、地势，断断续续置于沟谷之中、交通要地及相对低矮的山脊之上，且多见于现行政区划分界处，距离长城墙体 10～15 公里范围内设有堡城，在墙体与堡城之间，堡城与堡城之间，交通要道两侧等地附近，视角好的地点，设有较多的烽火台，这种布局与明《辽东志》"韩斌辽东防守规画"中已明确记录的布局相符。

辽河平原地区，地势低平，地表平坦且河流较多。明长城在辽河平原地区的建筑材质与结构，与山地丘陵地区的长城有明显不同。此地区的长城墙体多为夯土筑成，只在极个别地区有石墙和堆土墙。该段土墙多以自然沉积沙石为基础，墙身经人工夯打而成。这段长城不仅在材质及结构特点上与山地丘陵地区有所不同，而且长城表现形式也较为多样化，如出现路河、多道墙体等。这一平原地区长城经人工开凿的"路河"，系指路河的两侧河堤均为用土夯筑，利用河险加强本地区的防御体系。典型路河段从黑山康家开始，经连成、七台子、五台子、四台子、三台子、二台子、龙山至万家壕结束。另外，在黑山八道壕镇境内，长城墙体在地表筑多达八道的土墙及壕沟，形成防御外来入侵的多重屏障。

辽西丘陵地区，地形复杂。山脉较多，地势较高，且高山丘陵和平原纵横交错，有些地段山体十分陡峭。在这种复杂多变的地形进行长城的修建，设计规划时要充分注意到利用其中有利条件。所以，辽西地区的明长城，多修在要塞部位，建筑结构为石墙、山险墙和山险的组合，只在极个别的地区为土墙。这一地段的石墙的墙体建筑材质多为毛石，一般以方条石为基座，墙身两侧用条石砌筑，内部用毛石砌体，并用白灰勾缝，垛口及女墙又用砖砌筑，墙顶以砖铺墁，以供人马行走。石墙还可分为毛石干垒和墙体外包砌石块两种形式，毛石干垒石墙，多采用自然山体为基础，墙身用毛石错缝垒砌，小块碎石填缝，此种墙体多分布在山势险要的山顶及山腰。包砌的石墙亦采用自然山体为基础，墙身两侧用石块砌筑，中间填碎石沙土经人工夯打筑成，此种墙体多分布在低山丘陵地区。典型实例如小虹螺山段长城，既有石墙又有山险，就是利用了当地这种有利于防御的地形，既扼守住当地的制高点，又节省了成本。再如在绥中县鼓山4段长城附近没有发现采石场，但该地区又有大量的石墙。推测在修筑该段山险墙时，劈山产生的大量剩余石材，供给附近石墙的修筑，达到了省时、省力的综合利用效果。

（四）对明辽东边墙重要关隘城堡进行了复查和认证

此次明长城调查，通过对现存和已消失的明长城防御体系中，重要组成部分的关城（关隘）的调查，结合文献记载，在以往研究的基础上，对辽东边墙上的12座重要关城，进行了复查和重新认证。从山海关算起，它们依次为：毛刺关、魏家岭关、分水岭关、白土厂关、三岔关、新安关、镇北关、广顺关、抚顺关、鸦鹘关、镇朔关、连山关。以下结合调查和相关文献，简述如次。

1. 毛刺关

属长城防御体系中的宁前道广宁前屯卫城。该关城不见载于"两辽志"（《辽东志》和《全辽志》），但在《辽东志》和《全辽志》"广宁前屯卫瑞昌堡"条下有"毛刺关台"的记载；[2]在《全辽志》"瑞昌堡"条亦有"堡东毛刺冲可按伏"，此"冲"在明长城防御体系中即"关隘"和"冲要"（交通）之义。此次调查，在绥中县高甸子乡顺昌堡村瑞昌堡东，确有一"隘口"，两侧西有吾名口，东有石峡口，与明长城相连，构成了"关门"的形式，唯关门遗迹无存。仅在其东南尚有长城瞭望台一座，应系旧毛刺关遗址所在。

2. 魏家岭关

属长城防御体系中的广宁卫（今北镇）境内。位于今北镇市大市堡镇大一村团山沟屯西1000米。《全辽志》卷一《山川·关梁》记载："魏家岭关，广宁城西北六十里。"[3]此次调查，在北镇市大市堡西1000米的"关口"遗址，在隘口附近尚存烽火台一座。虽关城无存，其位置和隘口与烽火台形式，与《全辽志》中记载的"广宁城西北六十里"的魏家岭关里距相合，此关应为医巫闾山下的长城隘口内关之一。

3. 分水岭关

分水岭关，清代称为分税关。亦属明长城防御体系中的广宁卫辖地，属长城的内关。位于今北镇市富屯乡边上屯村，北镇－大市公路从关城中南北通过。经此次调查，关城保存差，仅存一段土墙和嵌在一处居民围墙上的"分税关"石匾额一方。20世纪70年代，刘谦在《明辽东镇长城及防御考》中认定尚有"北关门"的土基，状如"双墩"。今堡内的清代分税关匾额，为白色花岗岩质，长方形，长0.54、宽0.34、厚0.25米，内有边框，正面从右至左镌刻"分税关"三字，右侧竖刻"南至广宁十二里"，左侧竖刻"北至白土厂二十里"。为明清两代"分税关"所在的实证。

4. 白土厂关

属长城防御体系中的广宁卫镇静堡关城。《全辽志》中亦称"镇远关"。此据《辽东志》《建置·关梁》载："白土厂关，广宁城北七十里，夷人由此入市"。[4]关城在今黑山县西35公里的白土厂镇所在地，当地人称关址为"双棒台"。经此次调查，"双棒台"实际系白土厂关（镇远关）关城的南关门与北关门遗址。南、北二关门址相距220米，早年当地人发现过南关门门轴石。现关门遗址的墩台尚存，南北山上有保存完好的烽火台。从早年调查可知，白土厂关门的结构为两座敌台夹一座券门组成，与开原西"新安关"结构一致。为《全边纪略》卷十中《辽东略》所绘辽东边墙关城的特殊形制之一。[5]

5. 三岔关

亦称三汊关，属明长城防御体系中的辽河以西西宁堡，地址在今盘山县古城子乡古城子村东600米，"三岔河"西岸今浑河大堤内，旧称"庙岗子"。关城西北距西宁堡1600米，为辽河套长城中最南的关城。经此次调查，由于浑河改道，关城完全冲毁不存。结合文献记载和走访当地人士，《辽东志·兵志》"西宁堡"条有"三岔河北岸空"记载，[6]又《盛京通志》"关隘"条有"三岔关……于三岔（河）界内立关以限之"。[7]上述记载与西宁堡东南的三岔河西岸的关址推断相合。今古城子村地名应由关城而来，而其村东1.5公里的"庙岗子"，或即旧关址所在。

6. 新安关

属明长城防御系统中北路开原的重要关城之一。位于今开原市庆云堡镇双楼台村西北1300米。《辽东志》"关梁"记载："新安关（开原）城西六十里庆云堡"。[8]经此次调查，关址在今庆云堡西4公里的双楼台村西北。20世纪初砖筑的东门尚存两个土墩，系"双楼台"之由来。现状保存差，仅残存南北并列的夯土台，散见有青砖残块。关门建筑为两个空心敌台，中间夹砖筑券门。关城近似方形，南北约120米，东西约100米。现存关址应为东关门。

7. 镇北关

属明长城防御系统中北路开原境内。位于今开原市东北35公里威远堡镇镇北堡村。今关城淹没在堡南约500米的南城子水库北端。此次调查，仅有关城两翼的长城，分布在关口东西两侧的山上。《全辽志·山川·关梁》记载："镇北关，开原城东北七十里，夷人朝贡买卖由此。"[9]《全辽志》记载的镇北关为"夷人朝贡买卖由此"，即指镇北关为明季开原"三关三市"的北路海西女真的"马市"贡道"镇北关"之一。在明代长城防御体系和交通关隘上，均占有重要地位。

8. 广顺关

属明长城防御体系中北路开原东南境。与"镇北关"相对,亦称"镇南关"。位于开原老城东南清河镇东北"靖安堡"境,旧址位于今清河水库大坝南土冈子处。《辽东志·建置·关梁》载:"广顺关,(开原)城东六十里,靖安堡。"[10]经调查,关址已不存。仅在清河镇东北水库大坝内仅存黄土岗遗址,遗址两侧尚有长城遗迹。据文献记载,广顺关亦为明代开原"三关三市"之一,为建州女真与明辽东入贡、贸易的重要"南关",故史称"镇南关"。

9. 抚顺关

属明长城防御体系中,沈阳中卫抚顺千户所城的重要关城。位于今抚顺市顺城区前甸镇关岭村东南 3000 米关岭山,"关岭"应得名抚顺关城。《全辽志》关梁条记载:"抚顺关,沈阳城东北抚顺城东三十里,建州夷人……入朝买卖于此。"[11]据刘谦《明辽东镇长城及防御考》记载,抚顺关"遗址宽 40 米,长 60 米,现两侧还有土筑长城城墙存在,构成了一个'驿城带两翼'的形式"。[12]经此次调查,关城地面遗迹基本无存,仅残存一座土丘。在关城所在的俗称"南城子"处,可见东西 32、南北 18、残高 1~1.5 米高地上有明代残砖。抚顺关是辽东明长城控制建州女真的重要关城,同时为马市关隘。《读史方舆纪要》载:"抚顺关在抚顺所东 20 里置马市于此"。万历四十六年(1618 年),努尔哈赤先攻破抚顺关和抚顺城,再攻下清河城而进据明代辽东诸卫所。

10. 鸦鹘关

鸦鹘关是明辽东长城防御体系中清河城堡东境的重要关城。据《全辽志》关梁记载,关城在"(辽阳)城东三百三十里"。[13]该书《兵食·边防》又记,清河城下有"鸦鹘关墩"。其他相关文献记,鸦鹘关与清河城的实际距离,关城在清河城东七十里,东面有"喜昌口",为出兵要路。

结合上述方位和实际调查,关城应位于今抚顺市新宾县苇子峪乡三道关村。其地东北距"兴京"老城约 50 公里,西距辽阳 150 余公里,西北至清河城(明堡)约 15 公里。关城建在长方形峡谷中,谷口乃太子河上游支流。关城利用河道峡谷险要地势而建,峡谷跨河西端的城墙存长 160 米,两端沿南、北山势上至山顶。南北关门已被拆毁,仅存遗址。长城内侧,遗有建筑址。现存城墙宽 7~8、高 3~5 米。城墙内外原用石包砌,现包石毁坏,仅存土石混杂基础。

学术界认为鸦鹘关有"旧关"和"新关"之分。上述旧关城为成化初年辽阳副总兵韩斌修筑。[14]新关应是万历三十七年(1609 年)辽东"弃边"以后,迁至今本溪县马圈子乡金斗峪村西南。

此次调查的苇子峪三道关遗址,以往学术界认定为明代辽东镇长城鸦鹘关遗址。此次实地调查的发现存在以下问题:①该遗址不在我们认定的长城主线上,两端并未与长城线相连,而是远离长城墙体,孤悬边外。②在遗址周围和附近制高点上没有发现用于传递信息的烽燧遗址,是一座孤立的遗址。③遗址内及其南侧(内侧)不见诸如关城、居住址等遗存,不见青砖等明代遗物。④从地形上看,遗址南侧(苇子峪方向)河谷狭窄,而北侧(赫图阿拉方向）河谷比较开阔。遗址北侧地形对防守更有利，防守的方向似乎是苇子峪方向。⑤该遗址三道关墙的平面格局与新宾满族自治县木奇镇和上夹河镇之间的后金三道关遗址基本相同。

据此，以往学术界认定的明辽东镇长城的旧鸦鹘关在"三道关"遗址，在发现和确认符合条件的新关址前，"鸦鹘关"仍是明辽东长城后续研究的重要课题之一。

11. 镇朔关

属明辽东长城防御体系中叆阳堡境内的重要关城，位于今凤城市叆阳镇叆阳堡村东北1.5公里的清代柳条边叆阳边门附近，关城已为修建柳条边门时破坏。《全辽志·山川·关梁》记载："镇朔关，叆阳城北三里。"[15]其地经调查，应在旧叆阳堡（今叆阳村）东北约1.5公里的清代柳条边门上。其附近的沟堑，应属于清代柳条边继承了明边墙的遗迹。

12. 连山关

连山关属于明辽东边墙防御体系中的"内关"。《辽东志·建置·关梁》记载："连山关，（辽阳）城东南一百八十里。"[16]地在今本溪县连山关站附近，关名延传至今。该关城在明以前既应为辽阳以东的关隘交通要冲。明成化五年韩斌建辽东"十堡"障塞后，成为内关。《全辽志》卷五《艺文志》所引《辽阳副总兵题名记》即有："旧边东止连山关，今叆阳诸城扼险。"[17]《全辽志》所指的"旧边连山关"，即指韩斌拓建辽东边墙以前的辽东边，是元明清三代由辽阳东去叆阳、凤城、镇江等守备城的重要关隘。连山关早在元代以前，已开辟为由辽阳至鸭绿江的东边道交通要隘，至明代辽东边墙修筑后仍为重要关城。

（五）调查取得了一批新的重要发现

1. 长城墙体、走向、结构的新发现

（1）长城墙体

调查的新发现集中反映在对辽东山地段明长城山险墙、山险和河险三类墙体的认证方面。

以往有关长城遗存的文物调查工作，多倾向于寻找和认定人工砌筑的土墙、石墙和砖墙，往往忽略利用自然地势构筑的山险墙、山险和河险类墙体。其结果是长城主线不连续，其间有多处空白或断点。此次明长城资源调查，在查阅历史文献和当地的长城文物工作档案的基础上，对一些人工墙体之间的空白进行了全面、细致的调查和认定，确认了一些利用自然地势构筑的山险墙、山险和河险类墙体，填补了大量的空白。如在铁岭县大甸子镇东南汎河河谷调查，未发现人工墙体。在汎河及其支流龙泉河西岸的山坡上，却发现呈线状密集分布的烽火台。从地形上看，该处河谷宽阔，西岸陡峭。我们认定该段墙体为利用自然地形构筑的河险，即利用了河谷、河岸的特殊地形，以河为险、以岸为墙。

一种新的长城线路——复线。

从明长城在平原地区的分布经调查得知，不仅仅存在史书上记录的一条长城主线。该主线从海城的老墙头开始，经盘山、台安、黑山，止于黑山，墙体呈东北－西南转东北走向。在辽河平原地区通过实地调查，发现明代长城在这一地区还存在着一条复线。复线一为黑山

白厂门－北镇团山沟长城；一为盘山县八家子－北镇分税关长城，走向呈东南－西北走向。这一地区长城的复线，是一次性的同时修筑，还是有时间先后差别，尚需进一步研究。

一种新的墙体形式——路河（河险）。

在辽河平原地区的明长城构筑形式也较为多样化，如路河、多道墙体等。在黑山和北镇地区均有人工修筑的路河，路河两侧河堤均用土夯筑，利用河险加强本地区的防御体系。路河从黑山康家开始，经连成、七台子、五台子、四台子、三台子、二台子、龙山至万家壕结束。另外，在黑山县八道壕镇境内，长城墙体在地表的表现为八道土墙及壕沟，组成多重防御屏障。

这里，还涉及对明长城建筑防御体系中的"河空"、"路空"的新认识。

通过调查，不仅对辽河平原地区及山地丘陵地区明长城的墙体的走向、单体及相关建筑的分布有了比较详细的掌握，而且验证了史书上关于"空"的记载。"空"在史书上记载为长城沿线，于交通要道及河流与长城的交汇处，为防御所设的关口。在两部辽志中记有"城口空""水口空""路空"三种。这种"空"具有补充和延伸台、堡防御功能性质。在实地调查的过程中，不仅证实了"空"的存在，而且还对空的类型有了充分的认识，特别是对特殊的地域更是分外注意"山口"、"路口"、"河口"等"空"的分布情况。如确认了在大凌河、小凌河流域的长城交通隘口墙体上存在"河口空"，在松岭山脉上的长城存在"山口空"，在义县石家岭长城段存在"路口空"。为了加强在山口、河口、路口形成的长城线上防御功能，在调查中发现，凡是有"空"存在的地域，都会建有一系列的辅助设施，以增强这一地域的防护功能。如堡城、副墙、敌台等。"空"的存在与堡城及副墙的修建有密切的关系。在凌海境内的小凌河的两侧，分别与花楼北沟长城和牛大屯长城相连，在此处修筑有大胜堡和大茂堡两座堡城，并且在与这个空口相对的山上修筑了一段长城与之呼应，完善了长城防护的完整性。另外，还有一种现象也是相伴随产生的，那就是凡是这样的布局的长城墙体两侧，会有比较密集的修建长城单体建筑——烽火台及敌台，如在小凌河空的附近就修筑了7座单体建筑。在义县石家岭长城处有石家岭山口空。这段长城的布局，为石家岭长城东北接小西沟长城2段（副墙），西南为石家岭山口空，西侧为石家岭长城（副墙），东南与上潘庄子长城1段（副墙）相望，东与大定堡相距不远，并且这段长城共有4座敌台分布。在凌海西边屯长城3段与4段墙体之间的地段，即为史书上记载的"杈牙石"。

（2）部分辽东长城走向的复查

主要是对抚顺市局部地区的长城线走向的确认。

抚顺县东南部和新宾满族自治县境内明长城线的走向，从抚顺县后安镇王家店村至新宾满族自治县下夹河乡平河村小夹河一线，以往学术界认为，在此区域存在年代不同的两条明长城线，即"新边"和"老边"。

以往学术界认定的"老边"，从抚顺县后安镇王家店村起，向东南过西川岭、经马圈子乡、草盆、翻越西厢岭向东进入新宾满族自治县，经西厢小堡，折向北与三道关（鸦鹘关）相连，又折向西南，经苇子峪、由家、路家、太子城，向南止于小夹河。以往学术界认定的

"新边"，从抚顺县后安镇王家店村起，经金斗峪西南的边墙沟、与"新鸦鹘关"相连，向南止于小夹河。

此次调查，在"老边"沿线的草盆、西厢岭、西厢小堡、苇子峪、由家、路家沿线及其周边没有发现长城墙体和烽燧遗迹。仅有三道关遗址，其周边不见长城墙体和烽燧遗迹，孤悬边（长城线）外。在"新边"沿线的金斗峪边墙沟、金斗峪烽火台、西大砬子均未发现长城墙体和烽燧遗迹。经过认定，金斗峪西南所谓"新鸦鹘关"遗址，系长城线通往清河城的腹里烽火台和（或）路台。

此次调查认定的线路，既不同于"新边"走向，也不同于"老边"走向。从马圈子向东南，经东沟后山向东，又转向西南，经千河岭，沿本溪市、抚顺市的行政区划界，向南经蜂蜜沟、松树口、大央、岗东东山、荒碑子、秋皮沟、止于小夹河。长城沿线发现有敌台和烽火台。

（3）长城墙体结构

在长城墙体结构方面，此次调查在铁岭市局部地区发现多重墙体和壕堑结构不见于文献记载，也不见于当地以往的调查档案。

在辽北低山丘陵地区，从铁岭市清河区柴家岭山至昌图县泉头镇，都发现了多道墙体（2～4道）和壕堑（1～3道）构成的长城防御线。其墙体间距5～100米不等，部分墙体间多有壕堑，口宽5～8米。在黑山县白土厂门地段，则有明显的平行2道夯土墙，中间夹一道10米宽壕堑的边墙结构。

（4）辽东长城墙体结构变化的新认识

以往学术界对辽东长城分段有"三段"说：①辽河边墙，始建于明永乐年间，从广宁镇静堡起到开原镇北关止。边墙沿线墩台林立。除西部有一小段石墙外，其余全线皆为夯土版筑城墙。②辽西边墙，修筑于明正统年间，由王翱、毕恭主持修建，从山海关外的铁场堡吾名口起，至广宁卫镇静堡止。其间既有夯土墙也有石墙，还有山险无墙。③辽东边墙，修筑于明成化至万历年间，由韩斌、周俊、李成梁先后主持修建。其行经路线，从开原镇北关起，到丹东鸭绿江畔宽甸江沿台，有石墙、劈山墙、土墙、木柞墙。

此次调查研究，不仅澄清了辽东长城不应始筑于永乐年间，而应开始在正统以后，而且探明明长城墙体材质发生变化的段落也不应在开原镇北关附近，而是在开原大台山北侧，即今开原市和昌图县交界附近。大台山以东的墙体多为墙身用土、石混筑的石墙、山险墙、山险，局部地区有少量土墙（如抚顺市社河、浑河河谷，铁岭市汎河、柴河、清河、寇河河谷）。而大台山以西的墙体均为土筑，不见其他类型的墙体。这一变化对长城结构认识的更全面，主要是此次长城调查，在全线上进行了系统勘察比较的结果。

2．长城单体建筑及与墙体结合的新发现

（1）单体建筑

老虎城山烽火台和胖顶子－金家岭长城1号敌台平面为矩形，在台体周围构筑了一周石墙，这种构筑方式在本溪和丹东地区的以往调查报道中还是首次发现。在墙体附近另又发现一种单体建筑，可称其为铺舍，共计发现 5 座，构筑方式为毛石干垒而成，平面多为矩形，规模不大，为长城屯戍建筑的组成部分。

此次在调查辽西地区明长城过程中，发现了一批单体建筑及历史上长城的使用痕迹。新发现的单体建筑有凌海刘家沟长城 3 号敌台、台子沟长城 3 号敌台。

（2）墙体与敌台结合的特殊建筑形式。

此次调查的辽西明长城结构，都发现与石筑的主墙体相邻数米，在险要处傍墙体用石围墙围筑的"敌台"（暂归入烽火台类）。与相邻蓟镇明长城的最大区别，是这类敌台不直接建在墙体上，而靠近墙体内侧单独存在，其距离又与远离长城线的腹里接火台有明显区别，可以看做是辽东镇长城墙体与敌台结合的一种特殊形式。这种结构形式，在西北甘肃等地的明长城中也有发现。这对于了解明辽东镇长城的结构和防御体系，又增加一种典型实例。

我们在调查中还不断的印证了长城防御功能的实用性。长城这一巨大的防御工事，在当时的历史环境中，交通不便、通讯不发达的条件下，通过在高台燃放烽火传递信息，是最快捷最有效的方式。调查中我们发现，长城的烽火台有反复使用痕迹。有的墙体有被破坏后的修复痕迹。在凌海温滴楼乡下梯子沟村西北的下梯子沟烽火台，台体为圆形，砖土结构，台体被破坏严重，只残存夯土台体，在此烽火台顶部有残存的灰烬两处，面积分别为 0.2×0.7 米、0.5×0.2 米。灰烬两侧用青砖砌筑的烟灶三行，中间形成凹槽。从灰烬的厚度分析，这里曾经被反复使用后形成的。另外，我们在阜新县十家子长城 2 段，由于此段墙体保存较好，我们可以看到墙体被两次修筑加固的痕迹。种种痕迹都证明了辽东长城并非一次修筑完成，而经历了一百余年的逐渐修筑完善和使用过程。

3. 与长城相关遗存的新发现

此次辽宁明长城调查中，还发现了一批具有重要研究价值的文物标本，主要是在葫芦岛地区发现的三处石刻。在对绥中县鼓山长城题刻进行复查时，发现前人补录的内容不全，经认真核对，重新补录了前人调查没有补录的 67 个字。在调查椴木冲敌楼题铭记碑时，纠正了前人调查的 7 个错字。其中最重要的发现，是在葫芦岛市绥中县新发现的"将军石摩崖石刻"。此石刻规模较大、字迹清晰、字体较大。东侧石刻通高 2.7、宽 0.9 米，楷书阴刻"万古擎天"一行四个大字，每个字的规格为 70×62 厘米；上款署"大明隆庆元年春日"，下款署"兵备副使张学颜题"，每个字的规格为 18×13 厘米。西侧石刻通高 3、宽 1.04 米，楷书阴刻"永镇关辽"一行四个大字，每个字的规格为 53×53 厘米；上款署"□□□□□年春日重修"，下款署"永安堡都督金书邵升题"。以上内容证明，此石刻为明代隆庆元年张学颜所刻。张学颜是继毕恭、李辅之后，躬巡辽东边墙的封疆重臣，据《明史》本传记载，其隆庆年间曾任的兵备副使应在巡抚辽东之前，首任蓟镇"永平兵备副使"，并于此时巡按蓟辽长城。这处大型摩崖石刻的发现，为研究明代辽东镇长城，从正统至隆庆年间辽西长城的历史沿革和巡边事略，提供了全新的实物资料，具有重要的史料价值。另在凌海市板石沟乡大牛屯村东北的耕地中及东南 10 米的耕地中，新发现牛大沟挡马墙和龟山挡马墙，挡马墙位于长城内侧，其功能应为长城沿线防御敌人的一种辅助设施，丰富了对长城防御体系的认识。

（六）调查与文献相结合进一步印证了明辽东镇长城防御体系

通过此次明长城资源调查，与《辽东志》、《全辽志》等地方文献相互印证，在前人研究的基础上，对辽东明长城的综合防御体系，有了进一步的认识和了解。尽管本次明长城资源调查，限于规定的调查范围，主要围绕长城墙体和长城沿线的附属台、堡、烽燧和相关遗存进行，绝大多数卫、所等建置没纳入调查对象，调查统计的相关数据也限定在上述范围中。但结合文献记载和以往调查成果，结合辽东镇的镇城、卫城、所城和堡城，以本次系统调查的长城考古资料为基础，可进一步对明代辽东长城的防御体系和防御功能进行综合考察。

纵观辽宁明长城的防御体系，从辽东镇城（都司）以下，到各卫、所、堡城系统，从长城的防御功能上看，大体可分为相互关联的指挥策应系统、屯兵守备系统和传烽报警系统，现分述如下：

1. 指挥策应系统

该系统是辽东明长城防御体系中的最高指挥机构，在明初最重要的当属辽东都司镇城辽阳和明代"辽东总兵"驻地"广宁"（今北镇），以及北路开原、南路宁前等军事重镇。其以下为整个辽东长城沿边有关的卫、所、堡城的依次防御体系。据《辽东志》卷三《兵食志》记载："辽东都司定辽左等二十五卫、二州，户口二十七万五千一百五十五，马队额军五万二千二百八十二名，步队额军三万七千四百九十五名，招募军一万三千六百二十七名，屯田军一万八千六百三十名，煎盐军一千七百七十四名，炒铁军一千五百四十八名。"[18]总计全辽守备官兵逾十万。

这是明正统八年以前整个辽东镇的边备情况。至嘉靖年间的边备情况则见于《全辽志》。可见，辽东二十五卫的马、步队驻兵和沿边的1067座"边墩"，均与辽东镇和长城的防御体系有关。而载于《辽东志》中，除屯田军和盐、铁军外，直接部署在沿边主要边镇卫所（含海防）的官军共有20处：

辽阳城堡官军马九千五百五十五匹
广宁城堡官军马九千三百五十一匹
广宁右屯城堡官军马一百三十五匹
义州城堡官军马二千一百七十一匹
锦州城堡官军马二千三百三十七匹
宁远城堡官军马三千四百二十三匹
广宁前屯城堡官军马二千三百四十一匹
开原城堡官军马七千三百六十九匹
中固城堡官军马一千二百八十匹
铁岭城堡官军马一千二百七十七匹
汛河城堡官军马九百五十匹

懿路城堡官军马一千三百九十四

蒲河城堡官军马九百八十八匹

沈阳城堡官军马一千四百三十九匹

抚顺城堡官军马一千九十五匹

叆阳城堡官军马二千六百四十九匹

海州城堡官军马二千九百五十匹

盖州城堡官军马七十八匹

复州城堡官军马四十六匹

金州城堡官军马三百六十四匹

以上见于《辽东志·兵食》中的辽东长城防御体系中的各卫、所驻军马，显然并不完全按都司、卫、所的级别派驻，而主要看防务的重要性。如"汛河"等千户所，屯军超过广宁右屯卫。而屯兵超过五千以上者，只有辽阳、广宁、开原三城，这是都司（总兵）以下最大的"路"级指挥机构。

在《全辽志》卷二《边防》中，又追记"国初毕恭守辽东，始践山因河，编木为垣，久之乃易以版筑，而墩台城堡稍稍添置"，并记有"全镇沿边墩台障塞操守官军九万五千三百六十九名"。[19]

在嘉靖四十四年修撰的《全辽志》记载的辽东边墙防御体系中，于辽阳、广宁、开原等边镇以下，为各路（道）"参将"。举如"宁前参将地方，官军一万一千四百八十二员"；统领本城（广宁前屯卫）"官军一千一百"，"中前所，官员五百二十四员名"，"中后所，官员五百二十五员名"。其下又分领"铁场堡"等十处边堡。而"宁远城堡墩台障塞操守官军六千八百一十四员名"；统领"本城（宁远卫）官军一千三百五十七员名"，"中左所官军一千二百三十五员名"，"中右所官军五百二十五员名"。其下分领"黑庄窠堡"等边堡十一座。

从两部辽志记载的辽东镇长城指挥系统的防御体系看，在"总兵"和"副总兵"以下，第一层指挥系统应为各路的"参将"。如上举辽西"宁前参将地方"和"锦义参将地方"，负责数卫城或一卫镇城的沿边指挥守备。重要的参将守备区称"某路"备御，是长城防御体系中的第一个层次。如"北路开原等处堡墩空操守各军一万四千八百员"。而各路下的所城，如"汛河千户所"、"广宁中前所"、"中后所"等，为直接统领边堡、墩台的中层指挥系统。由此构成了由总兵镇城（辽阳、广宁）、地方"参将"（路）、"千户所城"（守备）为主要结构的守边军事指挥系统。在所城以下则为各沿边堡城和台空。这种层级式的指挥系统，其主要职能是分路统领诸卫（路）长城防御的官军守备和彼此策应，形成千里长城线上由卫、所到各边堡整个防御系统上下呼应的完备体系。

2. 屯兵守备系统

该系统主要由长城卫所之下的边堡和墙体、台、空组成，是明辽东长城防御体系中，直接担负守备和屯兵的基层组织。《辽东志》卷三《兵食志》"沿边城堡墩台"一节，即指辽东全镇沿边墙守备的所有边堡和墩台（空）的防御体系，并按当时辽东镇边墙防务的实际形势，分为"南路宁远等处城堡墩空操守"、"西路义州等处城堡墩空操守"、"中路广宁地方城堡墩空操守"、"东路辽阳等处城堡墩空操守"、"北路开原等处城堡墩空操守"共五路战略防务区。[20]

这五路"城堡墩空"的屯兵守备系统，共辖领11个卫，84座边堡的边墙防务工作。按照辽东镇长城的防守需要，除了上述的镇城、卫、所等指挥系列外，从直接担负长城屯兵和守备的功能看，主要有堡城、墩台、空三个层次。

（1）堡城：一称"城堡"，是辽东长城屯兵守备系统中专设的重要屯兵、戍守和策应机构。守备官员有"千总"以下"镇抚"或"百户"。其在沿边的开设，在《辽东志》中记为84座，《全辽志》中记为94座。（图版一九七）其堡城的规模和屯军，根据在长城防务中的重要性，可分为两类。

第一类为较大的关镇所在边堡。如辽阳所属"瑷阳堡"和广宁所属"镇边堡"。前者（瑷阳堡）屯军"九百九十九员"，已达千人之众，本地为东路参将所在地，本城设"瑷阳守备"，下领"镇抚"、"百户"、"把总"等墩空操守官兵。从此次调查的实际看，瑷阳堡的堡城布局基本清晰，平面分布为东、西两城，瑷阳堡东城较大，平面方形，东西长400、南北宽380米，设西门和南门。东城墙保存较好，有马面痕迹和角楼，并存有成化七年"瑷阳城"门额。堡东有"镇朔关"，也为辽东边关重镇。后者（镇边堡）屯军"官军五百"，亦属辽东边堡中的重镇。此次调查，知镇边堡的北城墙长345、宽320米（残存205米），南城墙设一门，其布局基本清晰。按《锦州府志》卷三"镇边堡"条记载：镇边堡"（广宁）城北四十里，周围二里三百二十步，南一门"。其规模与实际调查相符，堡城西3.5公里为魏家岭关，亦为辽西关堡要镇。

第二类为一般的堡城。多数屯军二百至三百人，个别堡城屯戍百余人。如《全辽志》卷二《边防志》记，辽西第一堡铁厂堡，"官军二百四"，辽东第一堡江沿台堡"官军三百八十三员"。而此次调查保存较完整的义州卫大茂堡，《全辽志》卷二《边防志》记"官军三百五十一员"，也属于辽东边墙上的中型边堡，该堡城城垣遗迹基本完整。据此次调查，堡城位于凌海市温滴楼乡大茂堡村，平面布局为方形，现存东墙由东北角往南约40米，保存状况较好，其余110米保存较差；西墙全长186米，西北角往北60米，保存状况较好，残存条石基础4~5层，残高2.6米，墙体中部外侧有一马面，平面方形，边长4~7、残高3米；北墙从东北角往西75米，保存状况一般，残高1.6~2.5米，北段残存163米。根据文献记载，这类堡城多为一门、南向，大茂堡原有城门一座，角楼四座，其结构、布局和保存现状具有代表性。

（2）台

台又称"墩台"、"烽火台"、"烽燧"，从长城防御体系的功能上看，可分为沿边"兵墩"（烽火台）"路台"（驿站烽燧）和腹里"烽火台"三种。从此次调查的实际看，以沿边的烽火台数量最多。建筑形制从外形上看，有方、圆两种，结构上有夯土、石筑和砖筑三种，而以前两种较多。

以本次长城资源调查发现保存较好的蔓枝草长城烽火台和锥子山3号烽火台为例。两座烽火台平面均为圆形，剖面为梯形，台体为毛石包砌，白灰勾缝，内填充土、石碎块。蔓枝草烽火台直径6.3、残高5.68米；锥子山3号烽火台直径5.5、残高3.7米。从两座烽火台上顶部残留的砖、瓦和建筑材料看，这样的较大直径的烽火台顶部，原来应多数建有砖、石砌的铺舍，以驻少量瞭守官兵（一般3~5人左右），墩台留守的兵士，根据边堡守备的需要和边墙关堡分布的不同，在"总旗"下设有"小旗"等组织机构，统属于卫、所的"守备"、"千户"、"百户"和"镇抚"、"把总"以下，为长城各边堡瞭守的最基础组织。

见于两部辽志中的各堡下，都有数量明确的台、空，而且每个台、空都有专门名称。从2007年起，与长城资源调查同时启动的辽宁省第三次全国文物普查，在长城资源调查的基础上，对长城史迹又有新的发现。从辽东长城边堡和烽火台的新发现看，最有代表性的是绥中县沙河镇发现的"镇夷台"。经2010年4月20日的亲自踏查，烽火台位于绥中县沙河镇板桥村双台子屯西200米的白石山上。该烽火台圆形外包转、内夯土，残高尚有4米，四周筑有围墙，是辽西与蓟镇相邻地区保存较好的烽火台之一。（彩图一九八、一九九）特别重要的是，在该烽火台下方的果树园中，此次文物普查意外发现了从台体上坍塌下来的一方"镇夷台"的花岗岩台额，台额上有"天启元年三月吉日立"的明确文字。这不仅说明在明末万历、天启年间，辽西边堡和边台仍有修葺，而且可以与《辽东志》直接印证，"镇夷台"正是辽西长城第一堡"铁厂堡"的第三台。[21]"镇夷台"石额的发现，应具有代表性。它证明著录于两部辽志中的边堡和重要烽火台上都应有石刻文字。

（3）空

辽东长城屯守防御系统中的"空"，指与"台"可以策应的堡城以下的"台空"，多设于山川或交通要隘处，统称为路口和水口空。如《全辽志》卷二《边防志》中"铁厂堡"条："堡西吾名口可屯兵……吾名口空通贼道路。宁远、前屯城、中前所兵马可为策应。"此处的"吾名口空"，即指锥子山上的吾名口"山空"。这类长城沿线的空，按其所处的地理位置和防守功能，可分为"山口空"、"河口空"、"路空"三种。

山口空：如上举铁厂堡"吾名口空"，应是蓟镇长城山口相接的辽西第一空。它的防御功能，在《全辽志》中讲的已很清楚，为"宁远、前屯、中前所兵马策应"的山口道路之"空台"。与长城上的敌台和附近的边台（烽火台），互为连属呼应。如本堡的第一台为"吾名口台"，应是与"吾名口空"对应的烽火台。后者"空"的作用，主要是瞭守吾名口山路上的关隘要塞，以策应边墙和边台的戍守。类似的"山口空"，在辽东诸多的依山为险的堡城中均有设置。如"三山营堡"即有"长岭空"，"大镇堡"有"长山南空"。

河口空：河口空与山口空在地理上对应，前者设于河谷控扼处，后者设于山口要隘。河口空可举在《全辽志》卷二中的广宁前屯卫"锦川营堡"条："堡西老鹳冲可按伏，小河口空、古路空通贼道路。"此条出现了二处"台空"，即"小河口空"和"古路空"。从字义上分析，"小河口空"应为"河口空"，"古路空"应为下文所指的"路空"。这类"河口空"在水网密集的辽东长城辽河平原段最常见。如"海州参将地方"所属的"东胜堡"下，即有"新开河口空台、大其沟空台、青河空台、沙河口空台"等多处"河空"。可见这种"河口空"，在外形上与一般的烽火台无大的区别，它的独特之处在于其空台位置，多置于河谷的交通要津，或长城墙体穿过的河谷要处。如《全辽志》卷二"长安堡"条下，即有"黄泥洼南空、菱角泊南空、团湾儿南空"等。长安堡旧址，在今辽阳县黄泥洼乡。该堡西北部靠近太子河，以上诸"河空"，都是太子河沿岸的冲要之地。如"黄泥洼南空"的地名，至今沿用。此次调查的黄泥洼边堡旧址西北约2公里的"河公台烽火台"，应即《全辽志》中的河空之一。另外如此次长城调查，在绥中县永安堡乡的塔子沟村康家房子屯腰岭南山上的腰岭烽火台，其东、西、北三面被石河上游二道河子环绕，地处河谷冲要的山谷，亦应为山口与河空兼备的空台。

路空：亦称路台。《全辽志·边防志》中称"路空"。如前屯卫"小团山堡"有"双古路空。"[22]这类"路台"是指在交通沿线和关隘处，设立的兼有防御和报警功能的高大"墩台"，用以控制行旅或敌方袭入报警的设施。

这种"路空"和"路台"，与长城腹里烽火台的最大区别，是选择在交通要隘的道路两侧。如此次明长城调查发现的抚顺市顺城区关岭村的鹰嘴砬子烽火台、南台烽火台、西台烽火台三座墩台，分别设于关岭村——明代"抚顺关门"之南或西南的浑河北岸，距今202国道分别为500～800米，而该国道，古代即沈阳－抚顺－新宾等浑河沿岸的交通干线。位于抚顺关南的上述沿河烽火台，显然具有明显的瞭守关门和驿路的"路台"性质。这类沿河、沿交通线的烽火台，在辽沈腹地分布众多，其功能或兼有"边台"、"路台"和"河空"、"山空"的综合性质。

3. 传烽报警系统

该系统与长城沿边的烽燧系统为横向配属的防御设施，主要有上节提到的"路台"和腹里"接火台"组成。在明代辽东，把驿站递传制度编为军制，隶属卫所管理。在长城沿线，则统属边墙防御系统。这类"路台"和"接火台"，多分布于长城关隘、路口和边堡、卫所、镇城接点的连线中。据刘谦先生调查举例和此次发现，这类"腹里接火台"于广宁前屯卫瑞昌堡附近有控制"毛刺关"的"骆驼台"。该台为石块砌筑，圆形，直径34、高7米。台上有"庚辰（万历八年）岁建"刻字。这是设在"毛刺关"内关上的传烽台。[23]再如在此次明长城资源调查和第三次文物普查中，在今沈阳市苏家屯区发现有十里河镇明代"虎皮驿"南北的浪子烽火台、柳沟烽火台，陈相镇蛇山烽火台、李英守烽火台、胡老屯烽火台、黑牛峰烽火台、河山烽火台、桃牛烽火台等。仅在苏家屯区境内就总计发现近40座烽火台。这些烽火台，有的距离长城线较远，大部分应当属明代沈阳中卫的传烽或驿路交通上的路台和腹里烽火台系统。

这些烽火台的分布诚如《辽东志·书序》所说，其"沿边星分棋布，塞冲据险"。所谓"沿边星分棋布"，指辽东卫、所、边堡和长城险塞的重要传烽系统，在没有现代通讯和交通工具的古代，主要靠沿边和腹里的"夜举火"、"昼举烟"的墩台报警和传烽系统。如《辽东志》卷三《兵食志》记载，在"开原城堡墩空操守"中，即设"腹里接火墩七十座，瞭守官军二百一十二名"[24]，平均每个"接火台"3人。这种障塞"操守"设施，从商周、秦汉时期的"烽火戏诸侯"时的烽燧，到明清之际长城内外的"烽火台"、"烟墩"，几千年来延续不断，成为中国古代军事防御体系和传烽系统的独特建筑。

三 辽宁明长城保护中存在的主要问题及工作建议

（一）辽宁明长城保护存在的问题

1. 长城本体保护

一是明长城保护规划编制工作较为滞后，明长城重点段落保护规划编制工作刚刚启动。

二是多年来只是对九门口长城、虎山长城一些明长城重点段落进行了维修，多数维修工程仅局限于抢险工程。

三是一些地区的维修工程由于缺少科学规划和系统方案的指导，存在违规操作和破坏性修缮问题。

2. 长城环境保护

长城环境存在不同程度的自然因素和人为因素破坏。其中，自然损坏为主要因素，人为破坏虽然是局部的，但许多破坏行为一旦发生，对长城的破坏性极大，甚至是毁灭性的破坏。

3. 长城管理

一是长城保护尚缺乏各级政府强有力的领导。

二是长城保护地方立法工作滞后，相关部门存在不依法履行长城保护职责问题。

三是长城"四有"工作还不够完备。

4. 长城展示和利用

一是没有能够处理好长城保护与利用的关系。

二是对长城景区管理使用单位的行业监管和执法检查不够到位。

三是尚未形成长城合理开发利用模式。

5. 长城保护人才培养和队伍建设

一是文物行政管理工作面临着人员少、任务重等客观条件的制约。辽宁省直和全省 14 个市文化局中，文物行政管理部门的工作人员承担着博物馆管理、田野考古管理、古建维修方案审核和验收等多项职能，没有专门从事长城保护的行政管理人员，导致很多长城保护相关工作处于应付甚至空白状态。

二是专业人员数量不足，队伍结构不合理。辽宁省文化厅直属文博单位中，从事长城保护和科学研究的人员数量少，而且总体业务水平不高，人员外流情况比较严重。各市、县文博单位的业务人员数量更是少之又少。

6. 长城保护经费

经费投入不足，制约长城保护工作的开展。多数县（市、区）地方政府还没有将长城保护经费纳入本级财政预算，仅靠国家和省里专项补助经费，许多长城保护工作因缺少经费无法开展。

7. 长城科学研究。

一是多领域科技成果应用不足。

二是课题项目机制尚未建立。

三是对外学术交流不够广泛。

8. 长城对外宣传。

对外宣传力度不够,尚未形成全民保护文物、爱护文物的社会氛围,长城在国内外的知名度和影响力还有待提高。

(二)辽宁明长城保护的建议

作为世界文化遗产和全国重点文物保护单位的长城,其保护、管理、展示和利用工作都应是高标准的。根据我省实际情况,结合此次明长城资源调查收获,就加强长城保护工作提出如下工作建议:

1. 长城本体保护

积极指导和帮助地方政府,尽快启动辽宁省明长城总体保护规划编制工作,并根据规划的要求,按照国家文物局的总体部署,有计划、有步骤地实施明长城保护与展示工程。

同时,在明长城资源调查工作的基础上,制定科学的长城保护抢救修缮规划和实施方案,按实际需要分清轻重缓急,根据规划逐步实施。此外,长城维修项目组织管理者、方案设计者和工程施工者,应当树立尊重历史和尊重科学的长城修缮理念。

2. 长城环境保护

一是加强长城自然损坏防治的科学研究工作,将长城自然环境保护科学研究列入重要工作日程。

二是采取行之有效的措施,动员社会各界力量,尽可能的预防、抵制群众生产生活性破坏、取材性破坏、建设性破坏、旅游开发破坏等人为破坏行为。

3. 长城管理方面

一是进一步加强领导。根据《文物保护法》和《长城保护条例》以及相关法律、法规的有关规定,作为长城保护与管理第一责任者的地方政府,应切实承担起保护和管理该段墙体的首要责任。建立长城保护的目标考核机制,并使之列入政府工作考核的重要内容。

二是加快长城保护地方立法,形成全省长城保护法规体系;强化相关部门保护长城职责,建立统一协调、多位一体的长城保护机制。

三是各级文物部门要在当地党委、政府的领导下,认真做好长城的各项基础工作,落实长城"四有"工作——科学划定保护范围和建设控制地带,全面树立保护标志,建立长城保护警示标志,健全长城记录档案,实施档案的动态化管理,加强长城保护管理机构建设,建立和完善保护员队伍。

4．长城展示和利用

一是鼓励和引导长城的合法利用行为，正确处理长城保护与利用的关系。在保护好长城的基础和前提下，遵循长城保护的自身规律，在法律法规的框架下依法开发利用长城资源。

二是强化对长城景区管理使用单位的行业监管和执法检查。文物行政主管部门通过有力的行业管理，规范长城开发利用行为，纠正、预防和避免因旅游开发破坏长城的违法行为，实现合理利用，杜绝无序开发；实现合法利用，杜绝违法开发；实现保护性利用，杜绝破坏性利用；实现永续利用，杜绝短期行为；实现可持续利用，达到良性循环。

三是探索创新长城合理开发利用模式。以长城有效保护与合理利用为目的，以实现长城保护与当地经济发展双赢为目标，积极探索长城合理利用的新模式。

5．长城保护人才培养和队伍建设

一是各级政府应从保护遗产、传承文明的高度出发，利用此次长城调查契机，适当增加长城保护行政管理人员和业务人员编制。为省级和有关的市、县文物行政主管部门设立专门的长城保护管理内设机构，使全省长城保护管理达到科学、规范，巡视检查达到经常、全面，长城违法案件的处理及时、有效。

二是各级政府和文物主管部门要为长城保护专业技术人员提供良好的工作环境和条件。采取有效措施，建立相应的奖励机制，创造良好条件，提高长城保护研究专业技术人员总体业务水平，防止人员外流。

6．长城保护经费

进一步加大经费投入。县（市、区）地方政府应将长城保护经费纳入本级财政预算，设立长城护修缮专项经费，同时，建议国家进一步加大长城保护投资力度，省、市财政也应在项目和经费上予以一定的支持。在条件允许的前提下，地方政府也应多方筹集社会资金，用于修缮长城本体和保护周边环境。

7．长城科学研究

一是应组织专门管理或者学术机构，关注、搜集和研究国内外、省内外、行业内外的长城保护优秀科技成果，用于本省长城日常保护管理和抢救修缮。

二是设立长城保护研究课题项目，组织开展长城保护课题研究，尤其是长城自然损毁防治的科技研究，提高长城保护的科学技术水平。

三是建立学术研讨会、交流会、论证会等各种长城学术研究和交流的平台，组织长城科技保护研究的国际或者省际合作项目，广泛进行国内外、省内外的长城保护学术交流活动，以提升长城本体和"长城文化"的研究水平，发挥长城遗产的多元社会效益。

8．长城对外宣传

进一步加强对外宣传力度。各级党委、政府及其有关部门，应充分发挥各类媒体的作用，采取多种方式方法，加大对外宣传力度，努力营造全民保护文物、爱护文物的社会氛围，编撰各种长城书籍和媒体资料，进一步提高长城在国内外的知名度和影响力。把长城本体的文物保护，提升为包括环境在内的对长城"文化遗产"的整体保护，并形成长效机制。

注释：

[1]　明·李辅等纂修《全辽志》卷二《边防》，《辽海丛书》，辽沈书社，1984 年。

[2]　明·任洛等纂修《辽东志》卷三《兵食》，《辽海丛书》，辽沈书社，1984 年。

[3]　明·李辅等纂修《全辽志》卷一《山川·关梁》，《辽海丛书》，辽沈书社，1984 年。

[4]　明·任洛等纂修《辽东志》卷二《关梁》，《辽海丛书》，辽沈书社，1984 年。

[5]　刘谦著《明辽东镇长城及防御考》第 144 页，文物出版社，1989 年。

[6]　明·任洛等纂修《辽东志》卷三《兵志·西宁堡》，辽沈书社，1984 年。

[7]　吕耀曾等修《盛京通志》卷三六《关隘》，清乾隆元年（1736 年）刻本。

[8]　明·任洛等纂修《辽东志》卷二《关梁》，《辽海丛书》，辽沈书社，1984 年。

[9]　明·李辅等纂修《全辽志》卷一《山川·关梁》，《辽海丛书》，辽沈书社，1984 年。

[10]［11]　明·任洛等纂修《辽东志》卷二《关梁》，《辽海丛书》，辽沈书社，1984 年。

[12]　刘谦著《明辽东镇长城及防御考》第 151 页，文物出版社，1989 年。

[13]［14］［15]　明·李辅等纂修《全辽志》卷一《山川·关梁》，《辽海丛书》，辽沈书社，1984 年。

[16]　明·任洛等纂修《辽东志》卷二《关梁》，《辽海丛书》，辽沈书社，1984 年。

[17]　明·李辅等纂修《全辽志》卷五《艺文志》，《辽海丛书》，辽沈书社，1984 年。

[18]　明·任洛等纂修《辽东志》卷三《兵食志·武备》，《辽海丛书》，辽沈书社，1984 年。

[19]　明·任洛等纂修《辽东志》卷二《边防》，《辽海丛书》，辽沈书社，1984 年。

[20]　明·任洛等纂修《辽东志》卷三《兵食志·武备》，《辽海丛书》，辽沈书社，1984 年。

[21]　明·任洛等纂修《辽东志》卷三《兵食志·武备》，《辽海丛书》，辽沈书社，1984 年。

[22]　明·任洛等纂修《辽东志》卷二《边防》，《辽海丛书》，辽沈书社，1984 年。

[23]　刘谦著《辽东镇长城及防御考》第 117 页，文物出版社，1989 年。

[24]　明·任洛等纂修《辽东志》卷三《兵食志》，《辽海丛书》，辽沈书社，1984 年。

附一 重点段落及重点部位本体测绘图

测绘图一 金牛洞长城2段实测图

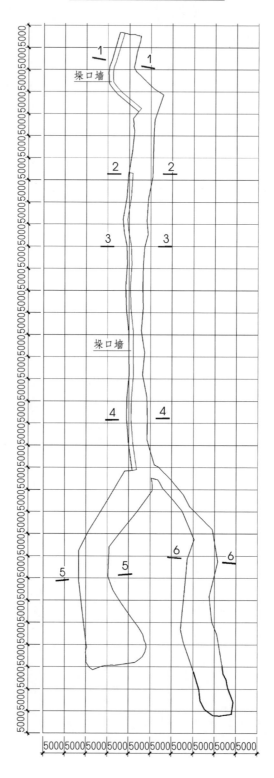

测绘图二　椴木冲长城 2 段实测图

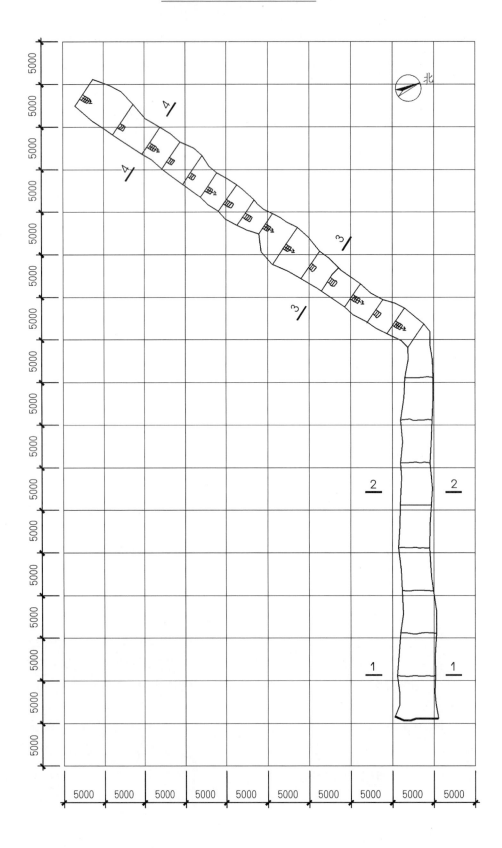

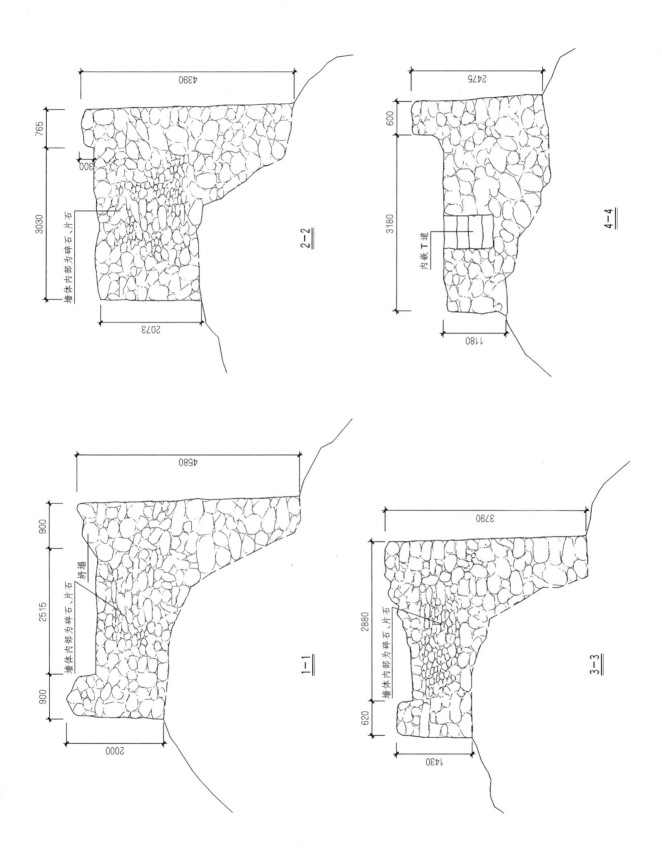

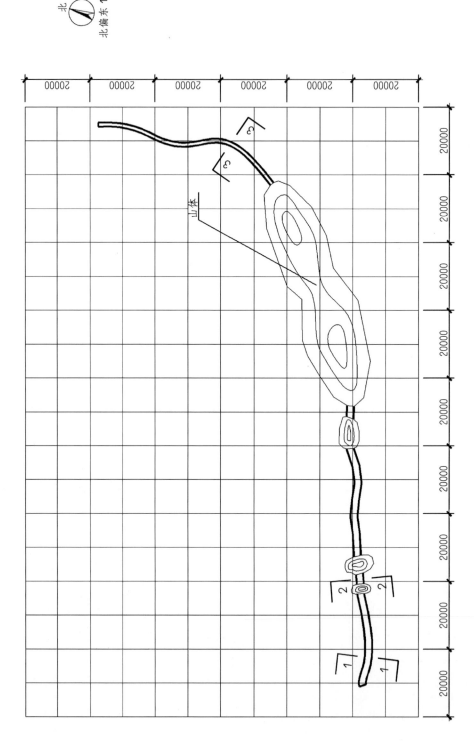

测绘图三　锥子山长城1段实测图

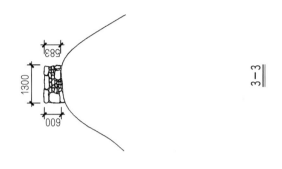

3—3

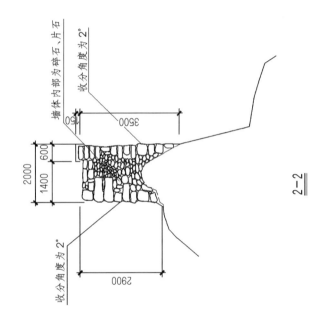

2—2

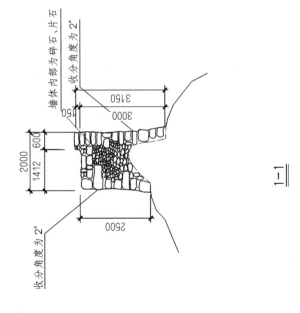

1—1

测绘图四 锥子山长城3段实测图

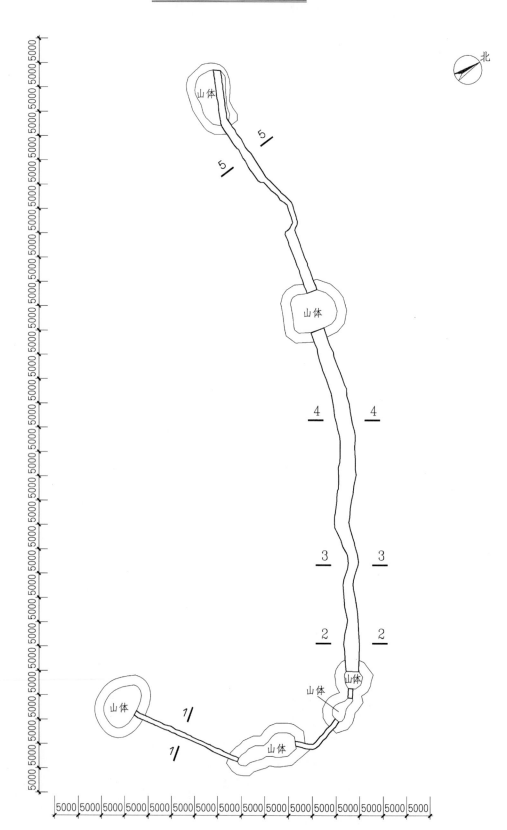

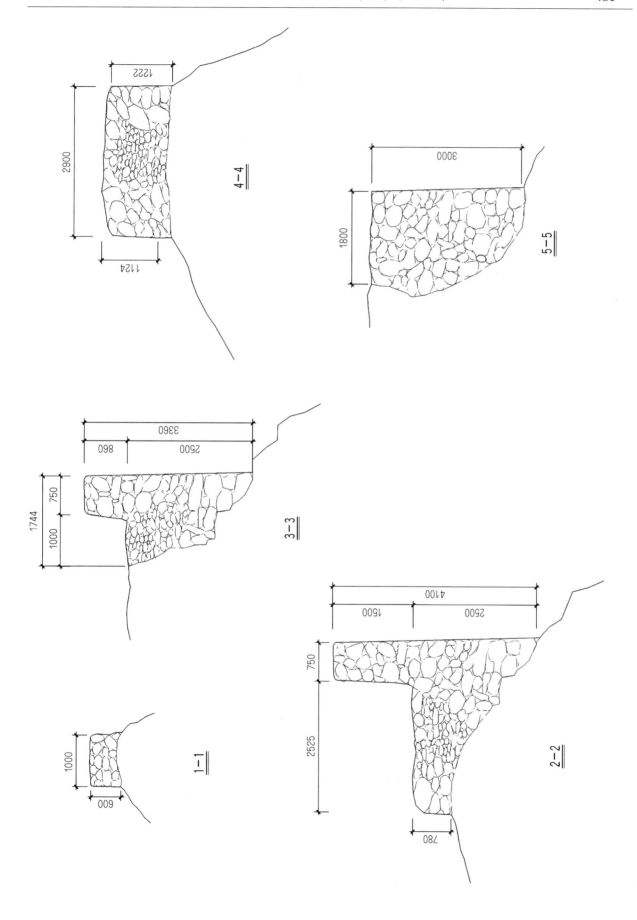

测绘图五　锥子山长城5段实测图

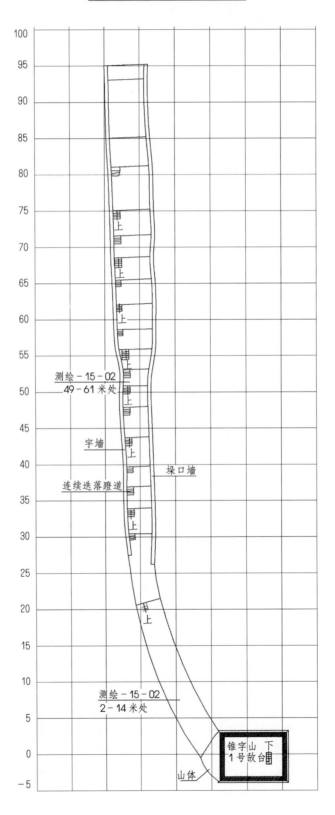

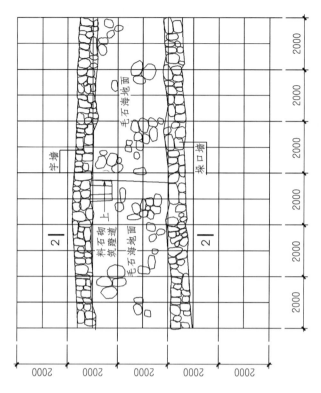

(49～61米处)城墙平面图

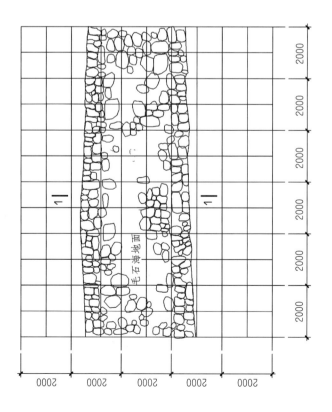

(2～14米处)城墙平面图

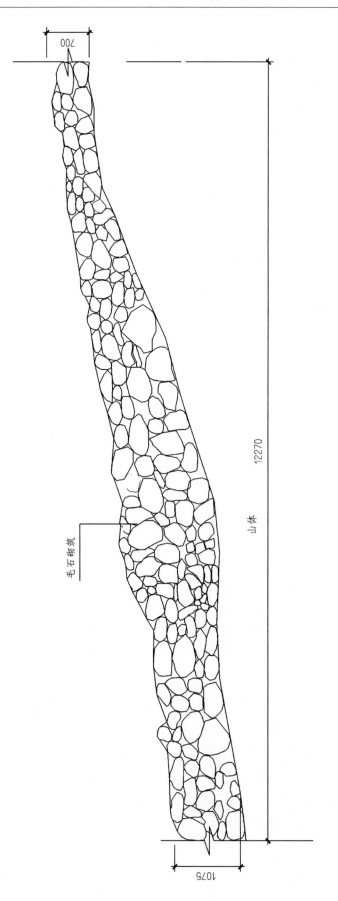

（2～14米处）城墙西坡立面图

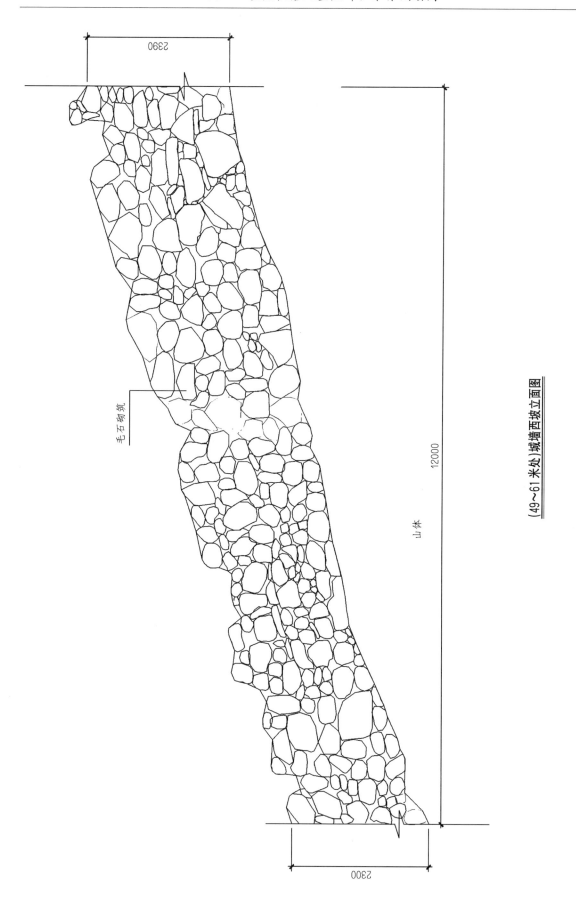

毛石砌筑

山体

12000

2390

2300

(49~61米处)城墙西坡立面图

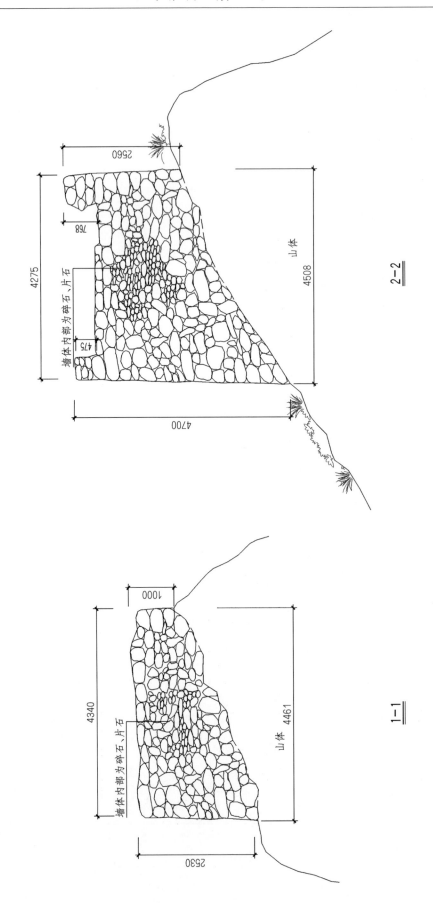

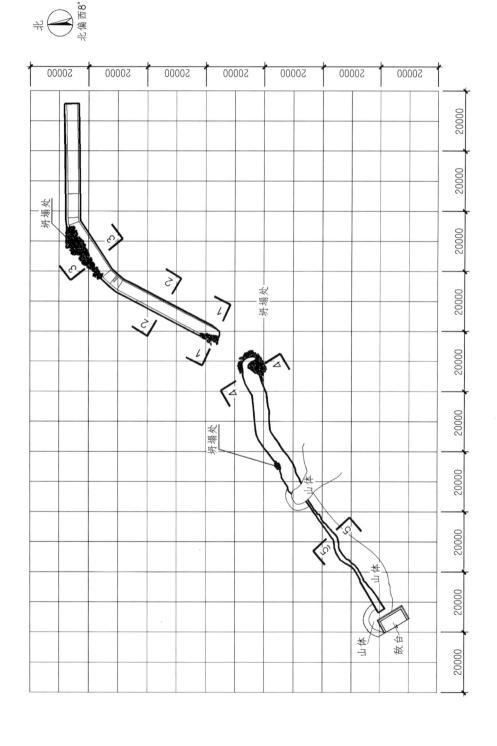

测绘图六　锥子山长城 8 段实测图

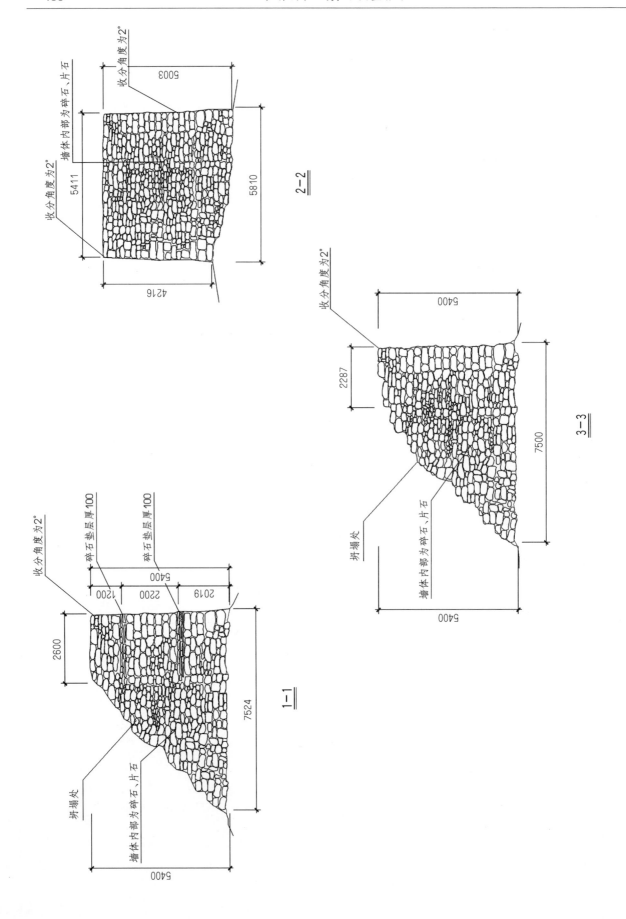

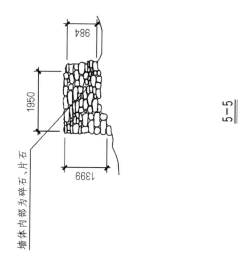

5—5

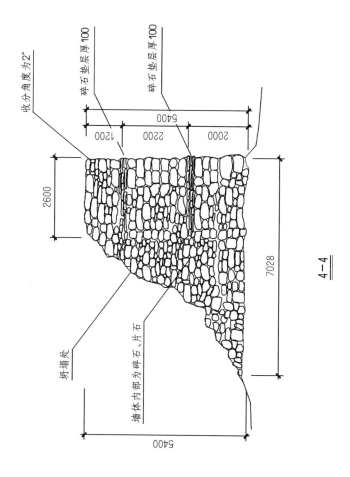

4—4

测绘图七　锥子山长城 9 段实测图

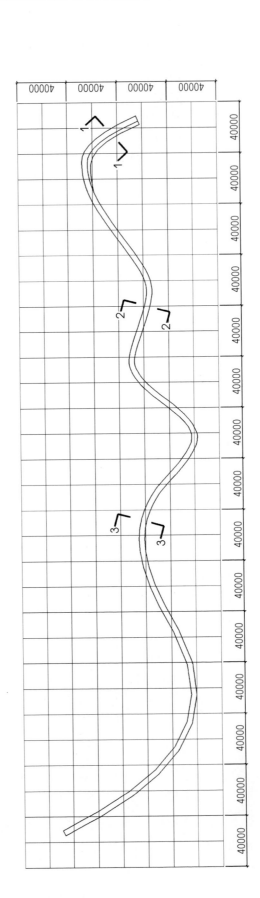

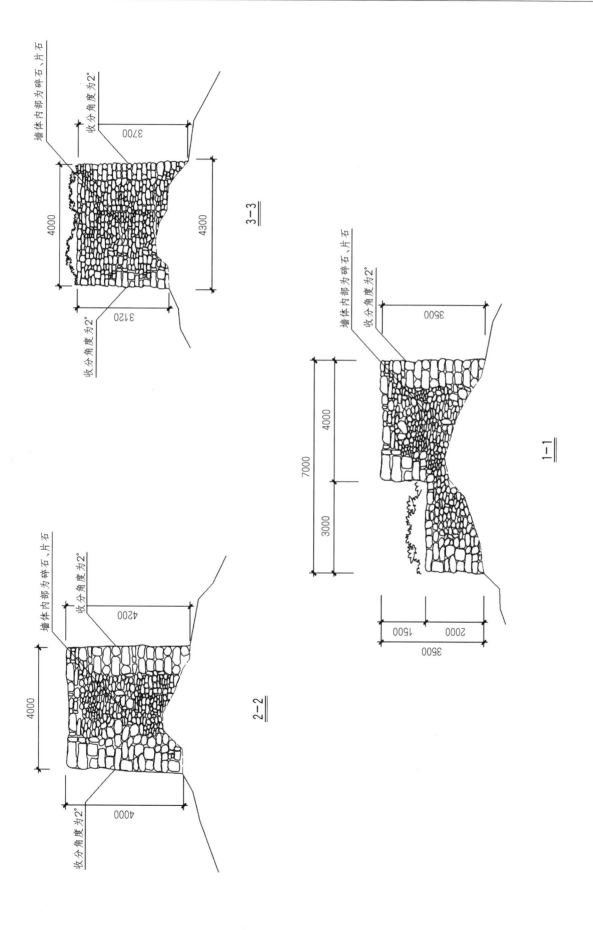

2-2

3-3

1-1

测绘图八　蔓枝草长城 3 号敌台实测图

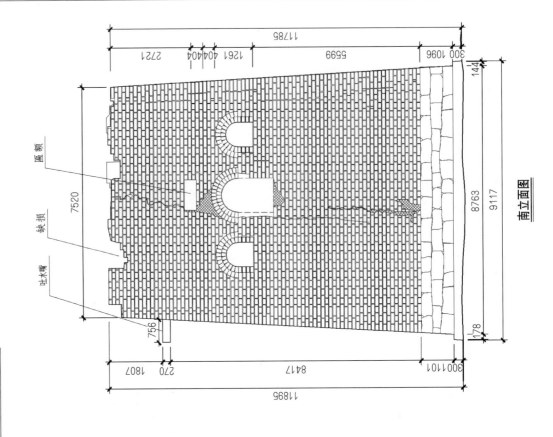

南立面图

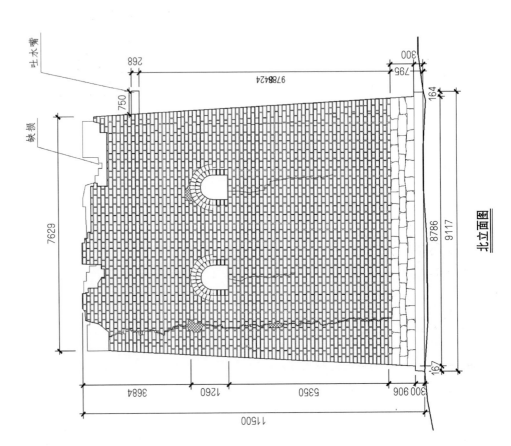

北立面图

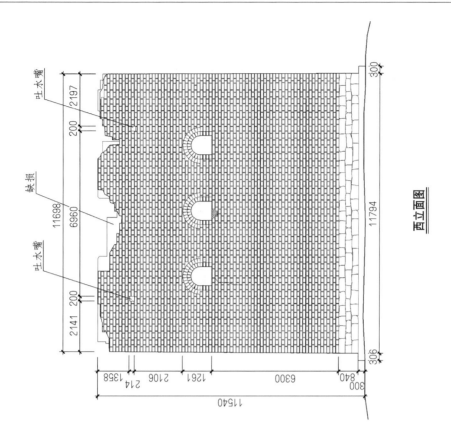

西立面图

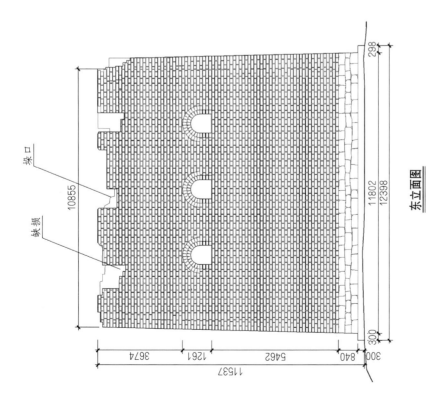

东立面图

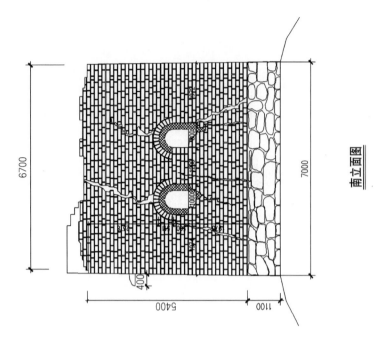

南立面图

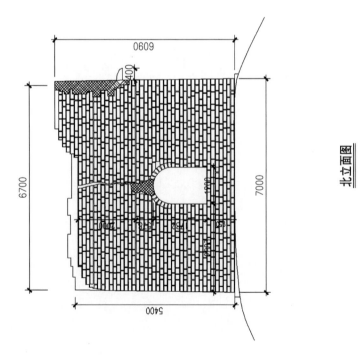

北立面图

测绘图九 锥子山长城 1 号敌台实测图

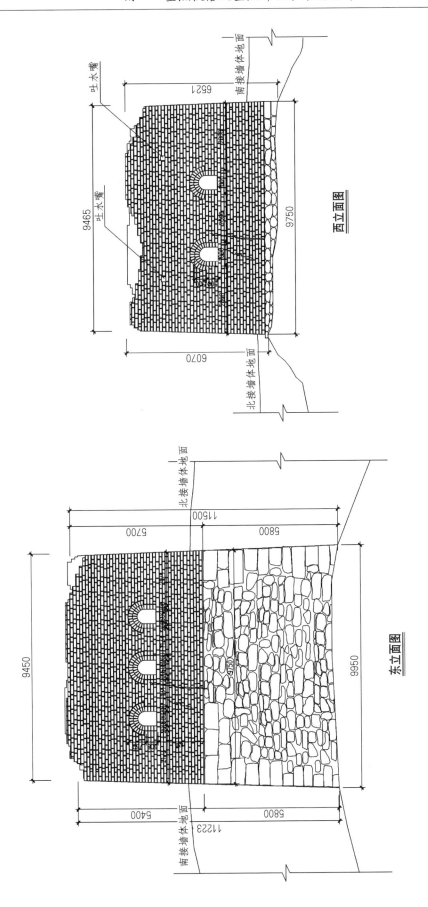

西立面图

东立面图

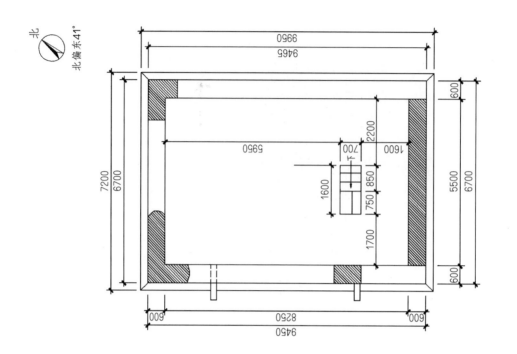

二层平面图

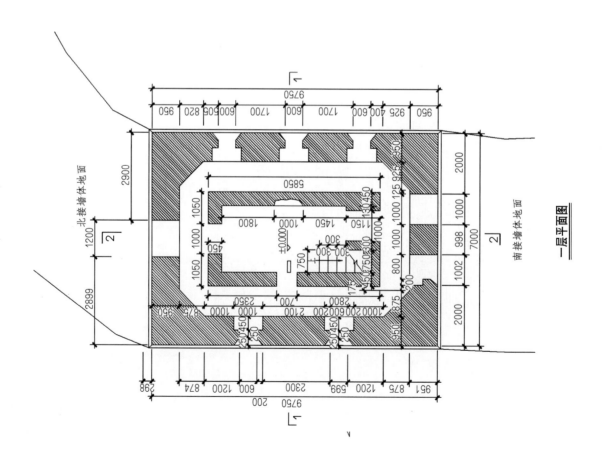

一层平面图

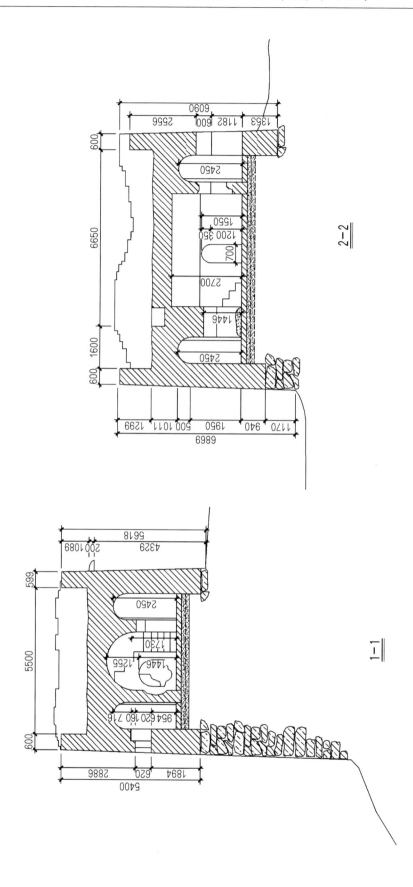

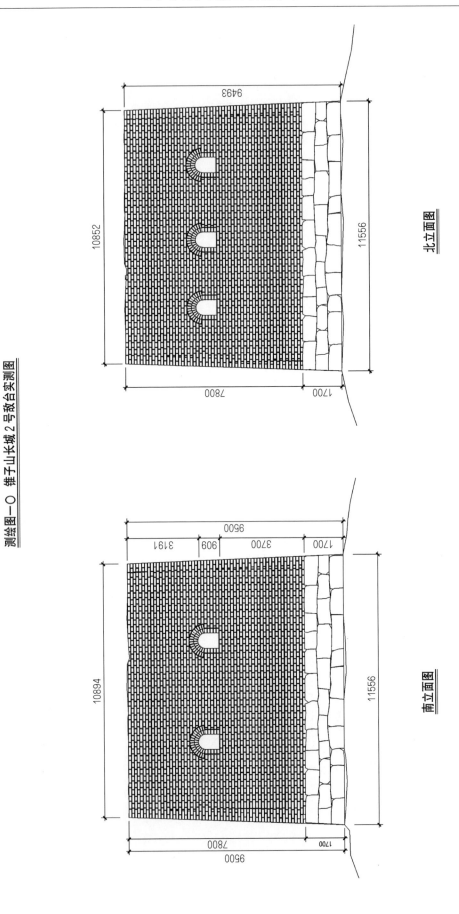

测绘图一〇　锥子山长城 2 号敌台实测图

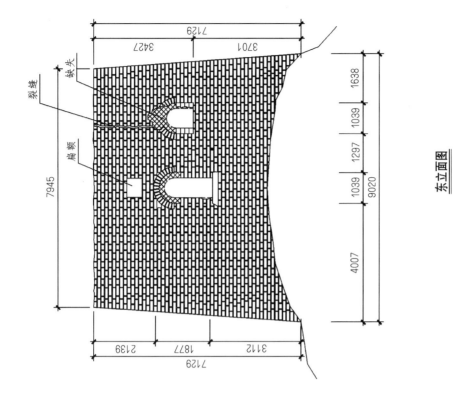

东立面图

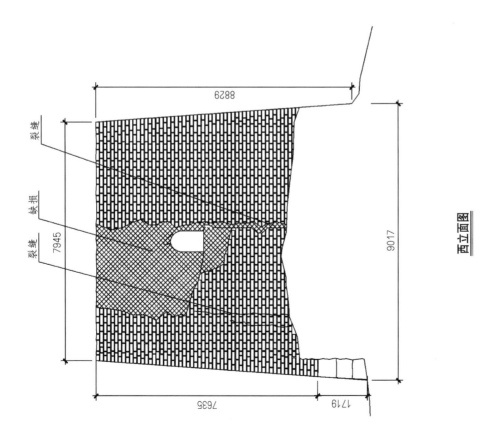

西立面图

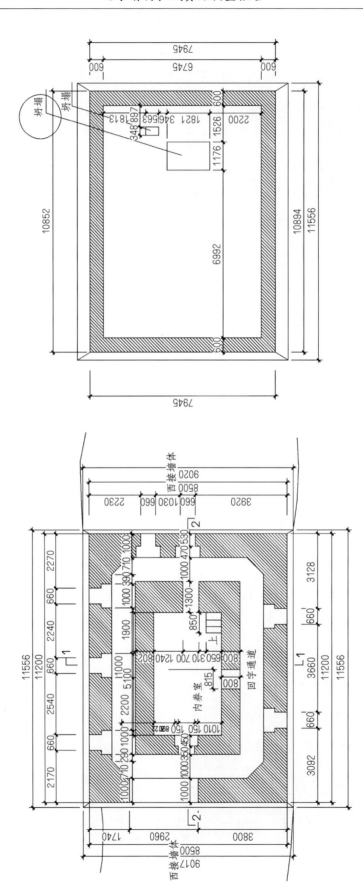

1层平面图

2层平面图

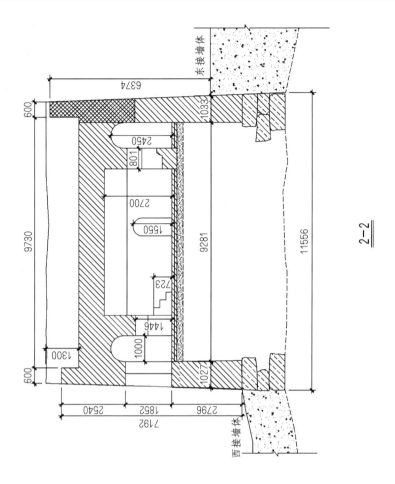

2-2

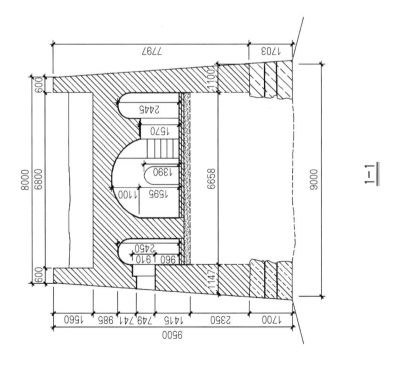

1-1

测绘图一一 宽甸青椅山赫甸城实测图

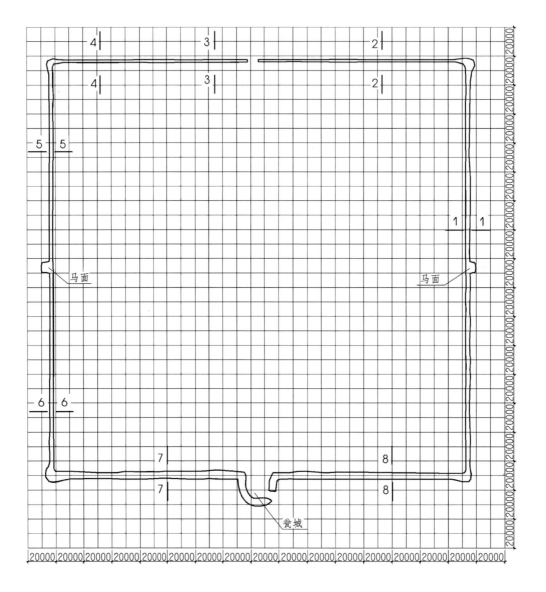

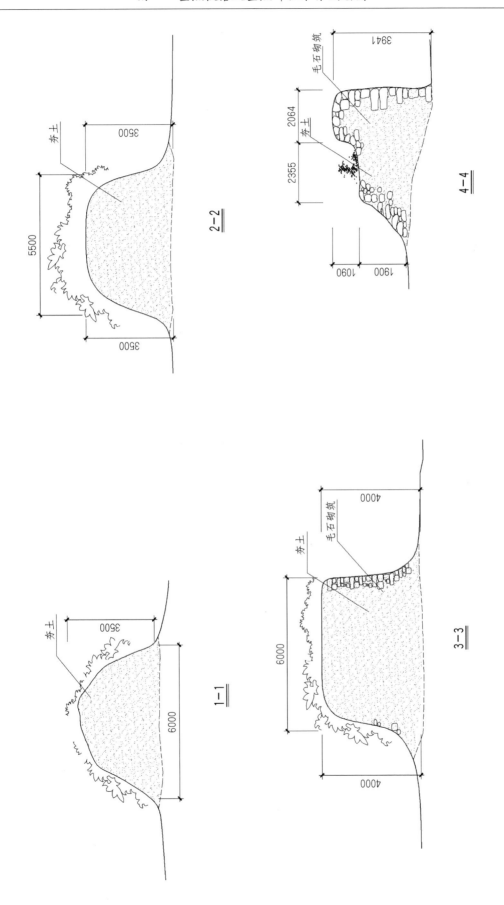

2-2

4-4

1-1

3-3

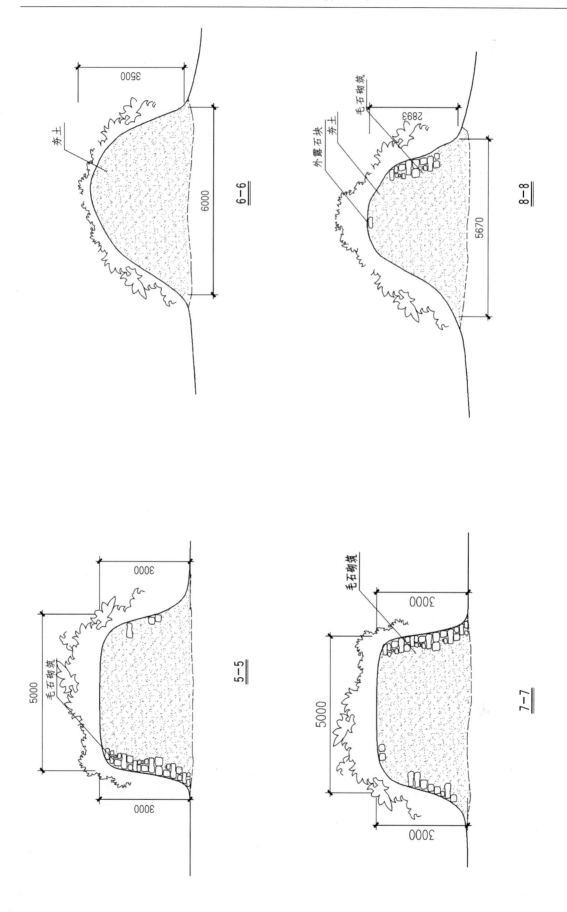

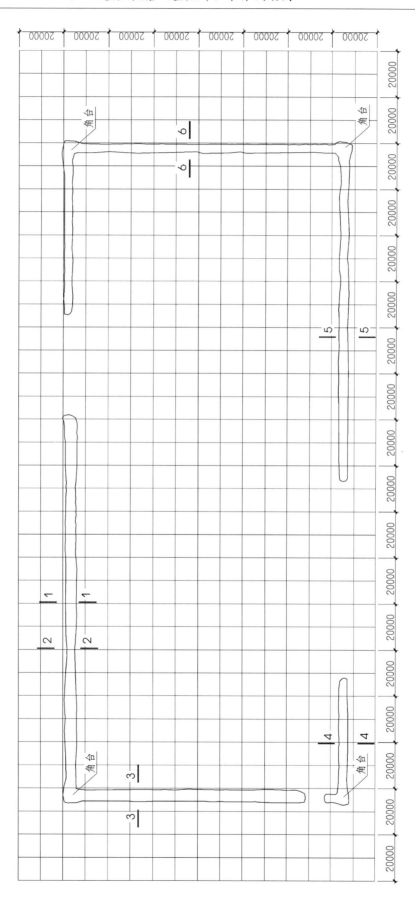

测绘图一二　丹东石城遗址实测图

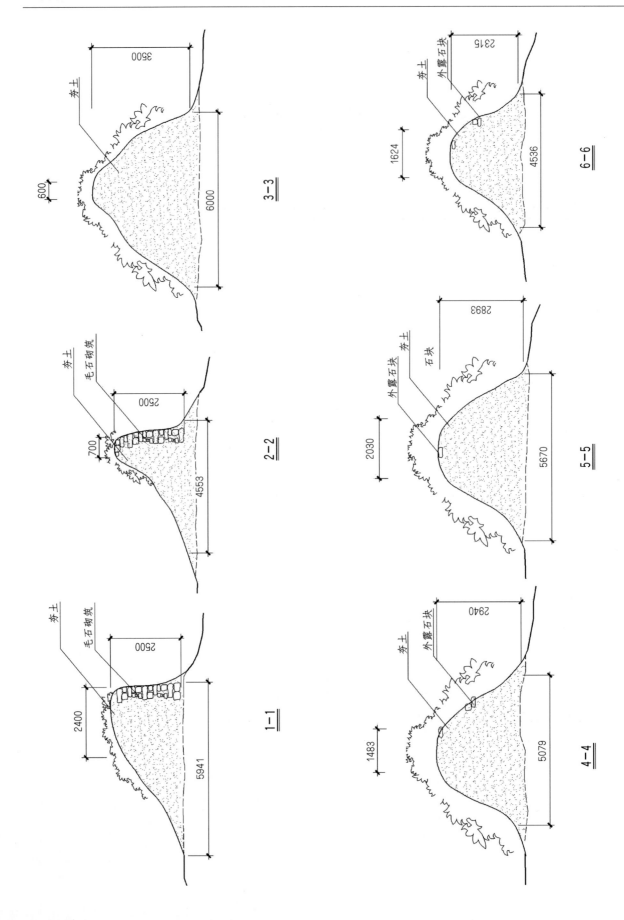

测绘图一三　凤城石城实测图

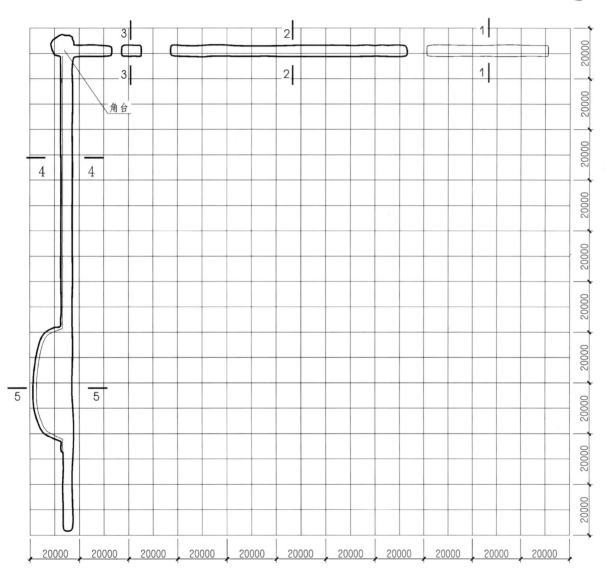

3—3

2—2

1—1

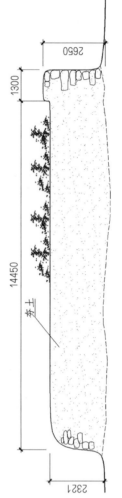

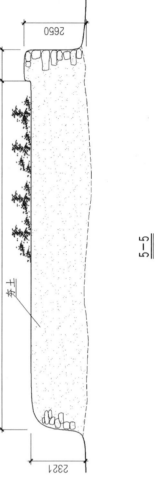

5—5

4—4

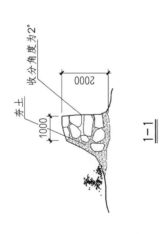

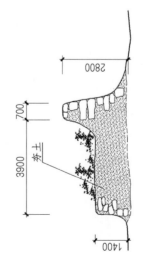

测绘图一四　新城子城址实测图

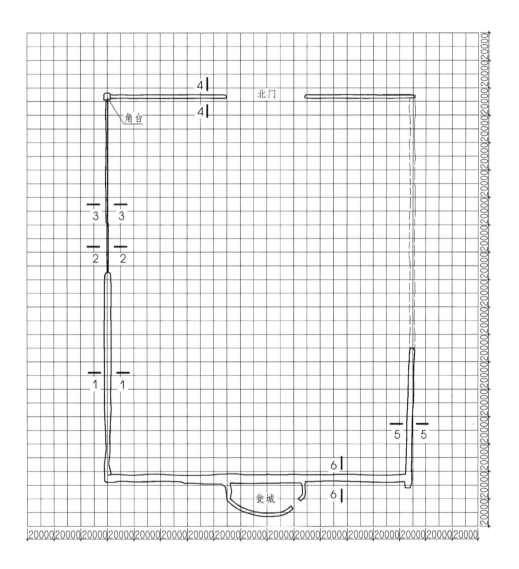

北

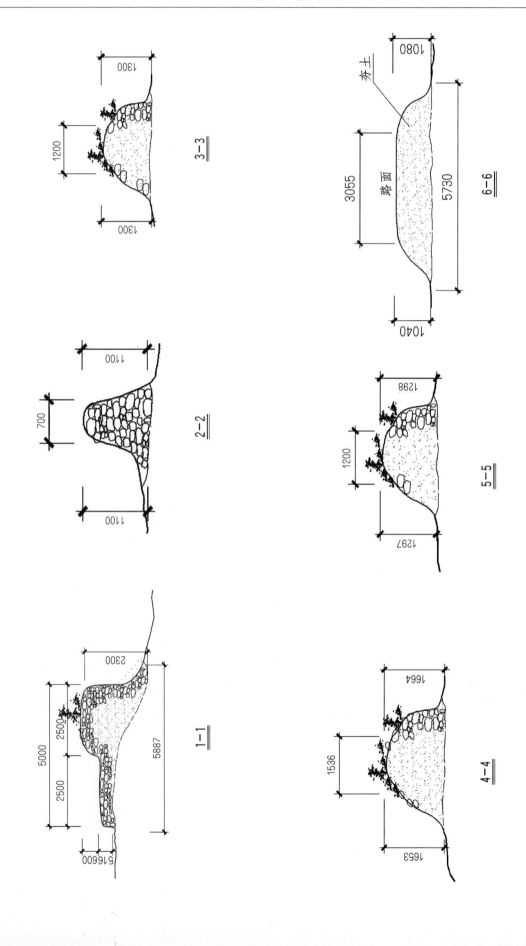

测绘图一五　清河城城址实测图

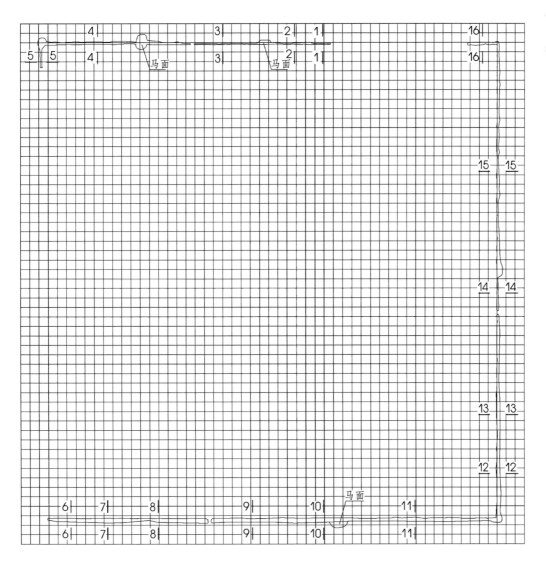

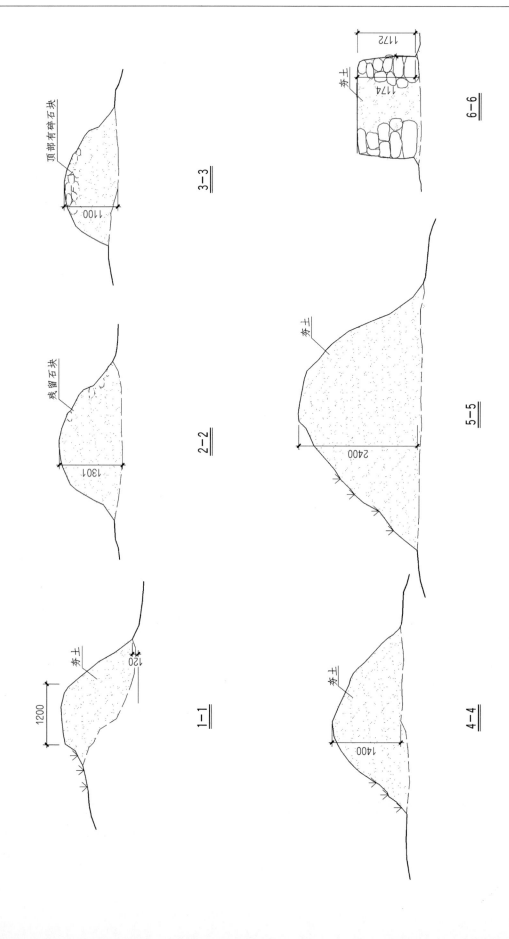

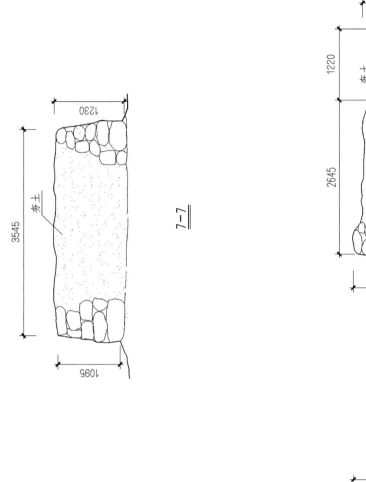

7—7

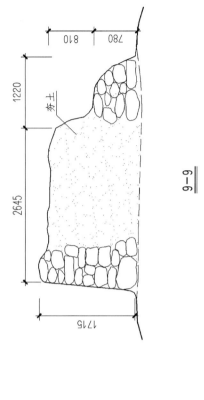

9—9

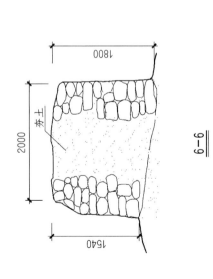

6—6

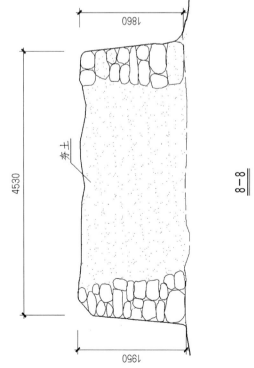

8—8

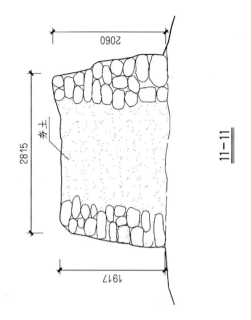

11—11

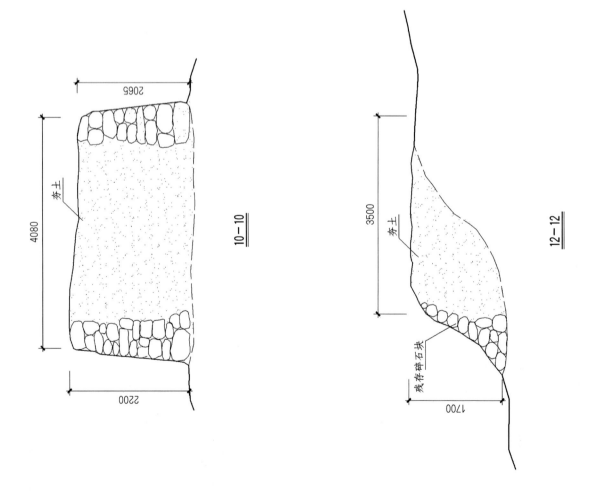

10—10

12—12

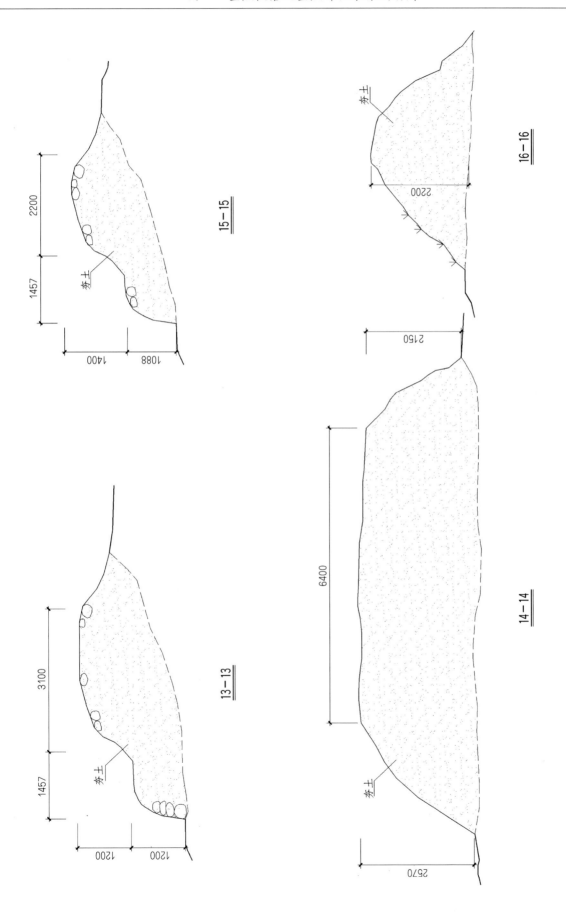

测绘图一六　镇边堡实测图

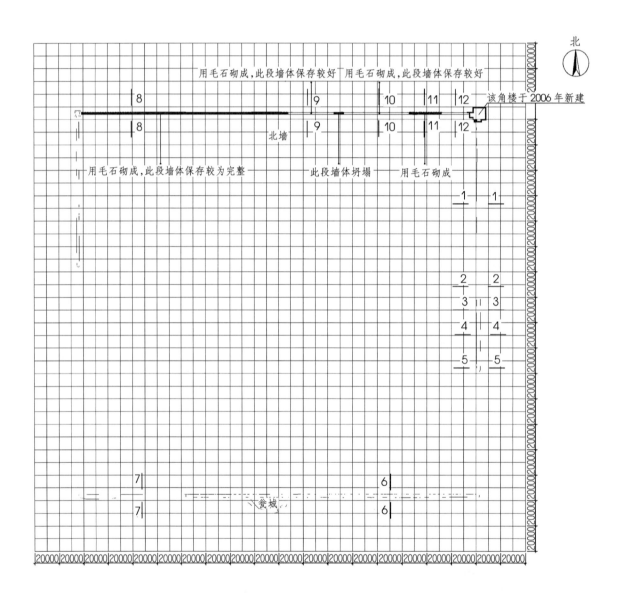

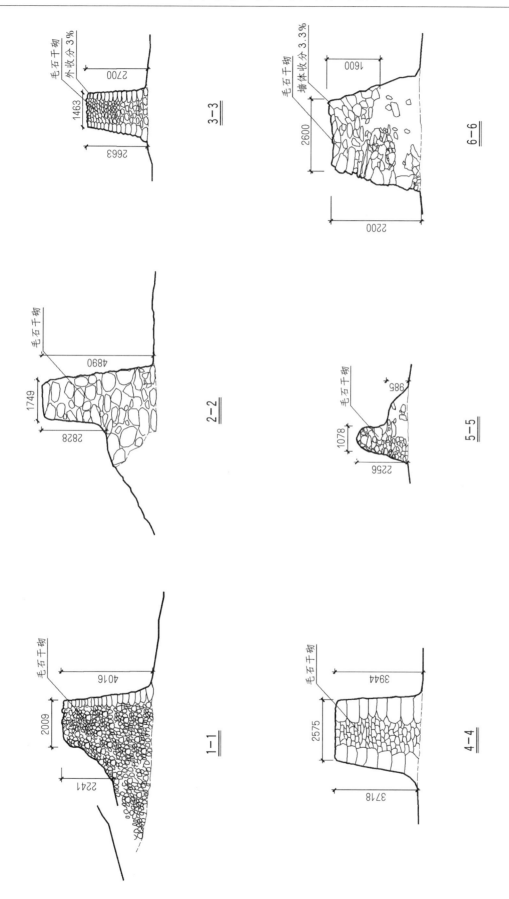

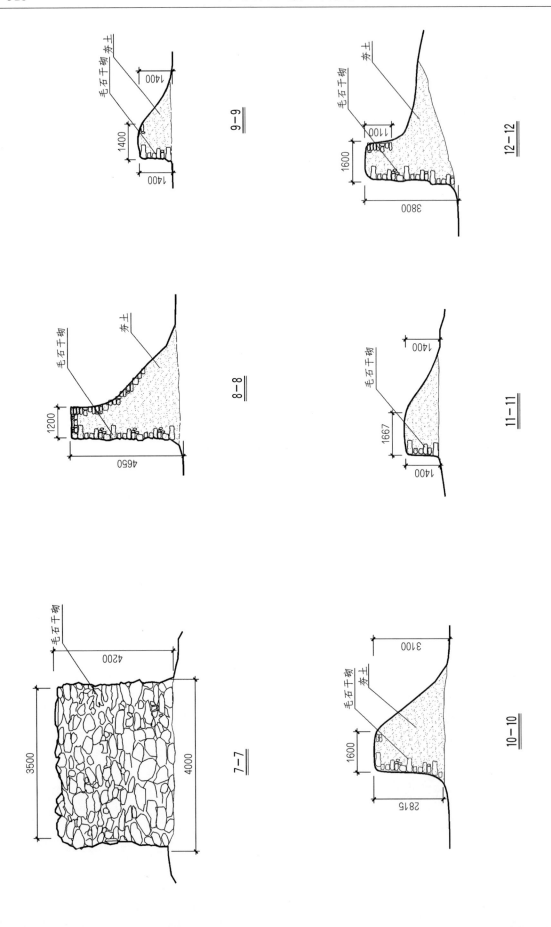

北

测绘图一七 石虎子北山烽火台实测图

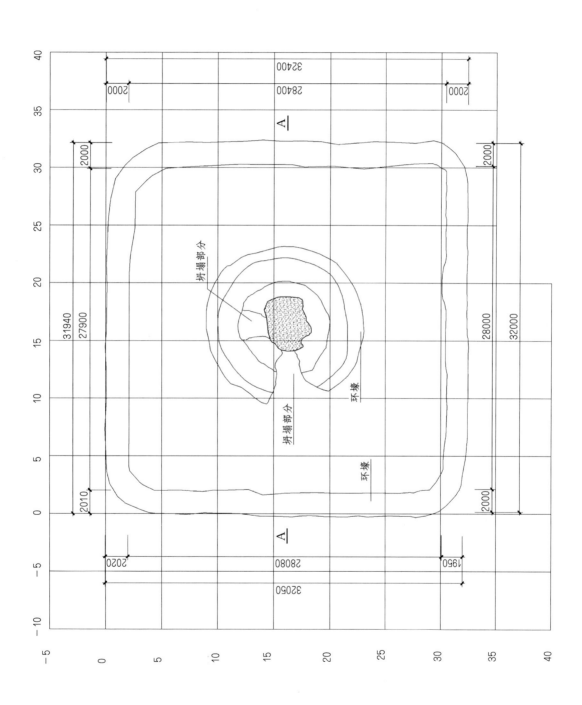

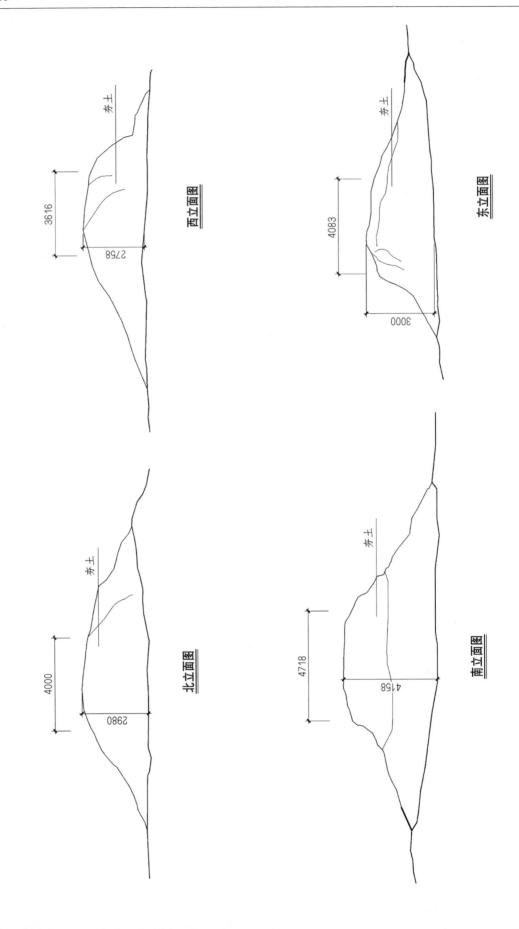

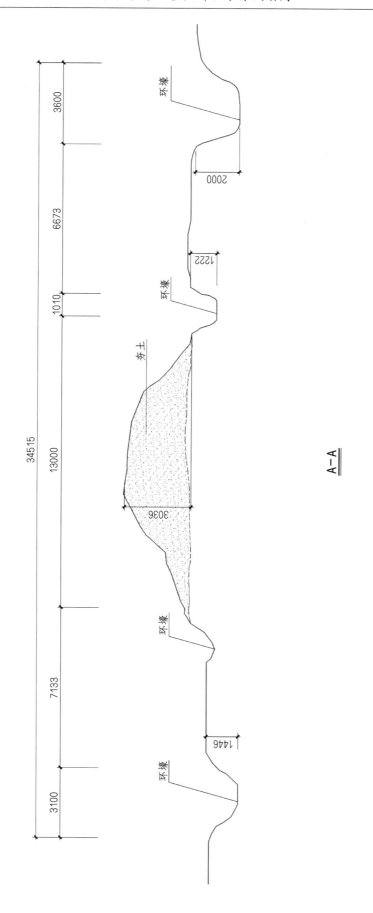

A—A

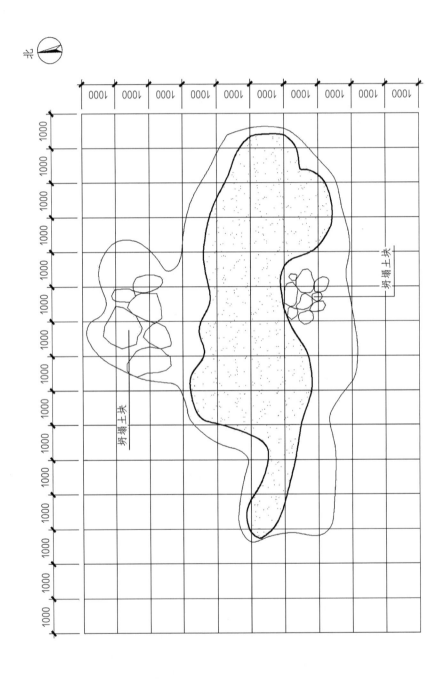

测绘图一八　高台子烽火台实测图

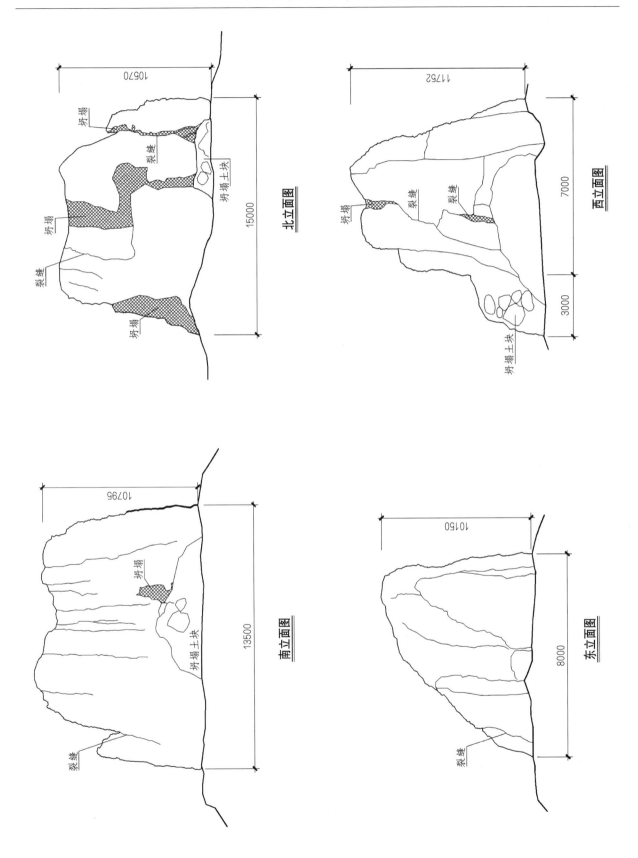

北立面图

西立面图

南立面图

东立面图

附二 主要参考文献

（一）古籍类

[1]　明·毕恭等撰《辽东志》。

[2]　明·李辅等纂修《全辽志》。

[3]　明·方孔昭著《全边纪略》（辽东略）。

[4]　明·陈建撰《皇明从信录》。

[5]　明·许伦著《九边图论》。

[6]　明·魏焕撰《九边考》。

[7]　明·孙应之撰《九边图说》。

[8]　明·李贤等撰《九边图考》。

[9]　明·罗洪先增补之朱思本《广舆图记》。

[10]　明·程开佑辑《筹辽硕画》，编年体史籍，卷四六。

[11]　明·何尔健撰《按辽御档疏稿》。

[12]　明·瞿九思撰《万历武功录》，杂文类。

[13]　明·马文升撰《抚安东夷记》，笔记类史书。

[14]　［朝鲜］李民焕撰《建州闻见录》。

[15]　明·沈定之辑《今古舆地图》。

[16]　明·冯瑗辑《开原图说》。

[17]　明·葛守礼修《山海关志》。

[18]　《明实录》。

[19]　清·顾祖禹撰《读史方舆纪要》。

[20]　清·顾炎武撰《日知录》。

[21]　清·谷应泰撰《明史纪事本末》。

[22]　清·额尔德尼等撰《满文老档》。

[23]　清·林佶撰《全辽备考》，《辽海丛书》，辽沈书社，1984年。

[24]　清·杨同桂、孙宗翰辑《盛京疆域考》，《辽海丛书》，辽沈书社，1984年。

（二）近现当代论著

[1]　《奉天通志》（二），东北文史丛书新印本。

[2]　中国长城学会编、罗哲文主编《长城百科全书》，文物出版社，1994年。

［3］　　寿鹏飞著《历代长城考》，民国三十年印行本。

［4］　　刘谦著《明辽东长城及防御考》，文物出版社，1989 年。

［5］　　华夏子著《明长城考实》，档案出版社，1987 年。

［6］　　冯永谦等著《辽宁古长城》，辽宁人民出版社，1986 年。

［7］　　张立辉著《山海关长城》，文物出版社，1990 年。

［8］　　景爱著《中国长城史》，上海人民出版社，2005 年。

［9］　　文物编辑委员会编《中国长城遗迹调查报告集》，文物出版社，1981 年。

［10］　　辽宁省长城学会编《辽宁长城》（1～5 集），内部资料。

［11］　　孔繁敏主编《历代名人咏长城》，北京大学出版社，1990 年。

［12］　　李健才著《明代东北》，1986 年。

［13］　　张鸣翔著《长城关堡录》，载《地学杂志》，1936 年。

［14］　　辽宁省博物馆编《辽宁史迹资料》，1961 年内部资料。

［15］　　《辽宁省文物志》及各市、县文物志。

［16］　　《东三省古迹遗闻》，辽宁省博物馆藏本。

［17］　　《东三省古迹遗闻续编》，辽宁省博物馆藏本。

［18］　　曹婉如等编《中国古代地图集·明代》，文物出版社，1995 年。

附三　辽宁省明长城资源调查大事记

2006 年

3 月 27 日，根据国家文物局的工作部署，省文物局组织有关单位和人员，编制了《辽宁省长城资源调查工作方案（草案）》，上报了国家文物局。

5 月 15 日～8 月 15 日，根据国家文物局的统一安排，省文物局抽调省文物保护中心佟强、葫芦岛市绥中县长城管理处王云刚，参加了由国家文物局在河北省举行的长城资源调查试点工作。

2007 年

3 月 9～21 日，省文物局、省测绘局组织全省文物和测绘部门业务人员共 11 人，参加了由国家文物局、国家测绘局在北京居庸关举办的"全国长城资源调查培训班"。

3 月 27 日，省文物局、省测绘局向国家文物局、国家测绘局联合上报了《辽宁省长城资源调查工作方案》。

4 月 10 日，省文化厅、省文物局在沈阳召开"辽宁省长城工作会议"，省文化厅副厅长、省文物局局长张春雨，文物博物馆处处长吴炎亮、副处长刘胜刚及各市文化局主管副局长、文管办主任及相关人员参加了会议。

4 月 22～27 日，省文物局、省测绘局在葫芦岛兴城市举办了"辽宁长城资源调查培训班"。来自全省文物、测绘部门共 80 余人参加了此次培训。

5 月 11 日，省文物局、省测绘局联合在沈阳举行了"辽宁长城资源调查启动仪式"，标志着辽宁明长城资源调查正式启动。

5 月 19 日，省长城资源调查项目办公室主任吴炎亮、成员付兴胜赴文物调查四队检查指导工作。

5 月 29 日，省长城资源调查项目办公室开会讨论研究调查中出现的新问题。

6 月 4 日，省长城资源调查项目办公室组织在沈阳召开了第一次"长城资源调查工作阶段汇报会"。会上，各队队长汇报了各自队的进展及存在的问题，省文物保护专家组有关专家给予了点评和指导。

6 月 14 日，省长城资源调查项目办公室开会研究了补充调查工作所缺的相关设备等问题。

6 月 17 日，省长城资源调查项目办公室项目实施组组长刘胜刚、成员付兴胜，省文物保护专家王晶辰，原省文物考古研究所研究员冯永谦赴调查三队、一队检查、指导调查工作。

7 月 2 日，省长城资源调查项目办公室在沈阳召开第二次"长城资源调查工作阶段汇报会"。会上各队队长汇报了各自队的工作进展情况及存在的问题，省文物保护专家给予了点评和指导。

7 月 5 日，省长城资源调查项目办公室向国家长城资源调查工作项目组汇报了我省六月份的调查进展情况。

7月10～24日，省长城资源调查项目办公室成员佟强赴文物调查三、四、六队进行检查、指导工作。

8月26～30日，国家文物局在沈阳组织召开明长城资源调查阶段性会议。国家文物局文物保护司司长顾玉才、副司长柴晓明，国家文物局长城资源调查项目组组长荣大伟及项目组成员，来自北京、河北等省市的代表共30余人参加此次会议。

9月17～26日，省长城资源调查项目办公室成员佟强赴文物调查四、三队进行检查、指导工作。

10月13日，省长城资源调查项目办公室成员佟强赴文物调查一队进行检查、指导工作。

11月27日，省文物局在沈阳召开"辽宁省明长城资源调查年度工作总结汇报会"，总结年度野外调查工作，安排下一步工作任务。辽宁省文化厅副厅长张春雨，辽宁省测绘局总工程师方俊祥，辽宁省长城资源调查专家咨询组有关专家，项目办公室有关人员及各调查队队长共计30余人参加了此次会议。

12月3～23日，省长城资源调查项目办公室组织在辽宁省文物局干部培训中心举办了"辽宁明长城资源调查资料整理培训班"。邀请了国家长城资源调查工作项目组杨招君、刘文艳两位同志亲临培训现场授课，并对如何做好表格填写和数据整理工作提出了很好的指导性意见。培训期间，还就档案制作、调查报告的编写进行了培训。

12月24日，省长城资源调查项目办公室成员佟强赴文物调查四队进行检查、指导工作。

2008年

1月12日，省长城资源调查项目办公室主任吴炎亮、成员付兴胜、佟强、熊增珑赴北京参加了长城资源调查专项工作会议。

1月17日，省长城资源调查项目办公室开会研究部署2008年度工作。

1月23日，省长城资源调查项目办公室成员佟强赴文物调查六队进行检查、指导工作。

2月18日，省长城资源调查项目办公室成员佟强赴文物调查三队进行检查、指导工作。

2月21日，省长城资源调查项目办公室成员付兴胜、佟强赴文物调查一队进行检查、指导工作。

2月25日，省长城资源调查项目办公室向国家长城资源调查工作项目组上报了1∶10000地图图符号。

3月3日，省长城资源调查项目办公室佟强赴文物调查四队进行检查、指导工作。

3月5日，省长城资源调查项目办公室开会，讨论明长城资源调查报告正文编写体例。

3月10日，省长城资源调查项目办公室邀请省文物保护专家组成员郭大顺、辛占山、姜念思，讨论明长城资源调查报告编写体例。

3月11～16日，国家文物局世界遗产处副处长刘华彬、国家长城资源调查工作项目组副组长杨招君率有关专家，对辽宁明长城资源调查工作进行了检查和指导。

3月18日，省文物保护专家组专家辛占山、王绵厚，省长城资源调查项目办公室成员熊增珑，赴抚顺就新旧鸦鹘关的地理位置进行现场考察和论证。

3月24日，省长城资源调查项目办公室开会，商讨解决长城资源调查软件存在的问题。

3月26日～4月2日，省长城资源调查项目办公室成员熊增珑、佟强，省文物保护专家王绵厚先后赴文物调查六队、四队、一队、三队检查指导资料整理工作。

4月12日，省文物局邀请国家长城资源调查工作项目组杨招君、刘文艳以及国家基础地理信息有关人员来沈阳检查指导我省长城资源调查资料整理工作。

4月16～18日，省长城资源调查项目办公室主任吴炎亮、成员付兴胜赴北京参加"明长城资源调查与测量工作会议"。

4月21日，省文物局向省测绘局提交了辽宁明长城1:5万线落地图。

5月5～7日，省长城资源调查项目办公室主任吴炎亮、成员付兴胜，省文物保护专家郭大顺、辛占山等赴丹东，就明长城东端起点问题现场考察，并进行专题论证。

6月2日，省长城资源调查项目办公室在沈阳组织省长城资源调查专家咨询组有关专家，召开明长城资源调查资料验收会议。专家一致认为，各队的调查资料达到了国家有关技术标准的要求，较为真实、准确地反映了辽宁明长城的现状和特点，原则同意通过省级验收并提交国家终验。

6月6日，省文物局和省测绘局在沈阳召开专门会议，签署了《辽宁明长城测量工作委托协议》，并就下步辽宁明长城资源调查与测量工作进行了研究和部署。省文化厅副厅长张春雨，省测绘局副局长柏惠印出席会议并代表两局签署了协议。该协议的签署，标志着辽宁省明长城资源测量工作正式启动。

7月8～11日，省长城资源调查项目办公室主任吴炎亮、成员付兴胜、佟强、熊增珑赴北京参加明长城资源调查报告编写体例研讨会及软件培训班。

7月15日，省长城资源调查项目办公室开会，研究部署省内第一阶段资料验收相关事宜。

7月22日，省长城资源调查项目办公室开会，研究和讨论解决资料检查中存在的一些问题。

9月11日，省长城资源调查项目办公室开会，项目办公室主任吴炎亮通报了陪同国家文物局领导考察兄弟省长城调查工作的有关情况。

9月19～20日，应黑龙江省文化厅的邀请，省长城资源调查工作项目办公室委派有关人员，赴哈尔滨参加了黑龙江省长城资源调查工作会议。会上，我省项目办同志以辽宁长城资源调查收获和体会为题目向与会人员进行了介绍和汇报。

9月22～27日，河北省文物局、河北省古建所有关负责同志以及河北省明长城资源调查调查队部分队员先后赴我省葫芦岛和沈阳市，对我省明长城资源调查有关工作进行了考察和学习。考察期间，我省明长城资源有关工作人员与河北省考察人员就调查资料整理、全省遗迹分布图绘制、调查报告编写等相关问题进行了广泛和深入的探讨。此次交流活动对两省的明长城资源调查工作起到了很大的推动作用。

10月15日，省长城资源调查项目办公室开会，项目办公室吴炎亮主任就资料整理、报告编写工作作了要求和部署。

10月29日，省长城资源调查项目办公室开会，项目办公室成员付兴盛通报了国家文物局与测绘局会议的有关情况。项目办公室主任吴炎亮就做好省级资料验收工作等作了部署和要求。

11月4日，省长城资源调查项目办公室组织各调查队队长，对辽宁明长城墙体登记表及GPS登记表进行了互检。

11月4~5日，国家文物局世界遗产处副处长刘华彬率国家长城资源调查工作项目组工作人员及有关专家，对辽宁明长城资源调查进行了第一阶段检查。专家抽检我省40%的墙体登记表，认为我省长城资源调查资料齐全、定性正确、定量准确，能够满足明长城长度量测得资料要求，符合《长城资源调查资料检查验收规定》的合格标准，通过第一阶段检查验收。

11月12日，省长城资源调查项目办公室召集各调查队队长及辽宁明长城资源调查报告总撰稿人王绵厚就如何编写辽宁省明长城资源调查报告进行了研讨。

12月22日，省长城资源调查项目办公室召集各调查队队长及辽宁明长城资源调查报告总撰稿人王绵厚，就明长城调查报告编写的细目进行了研讨，并就报告编写任务分工达成一致。

12月24日，辽宁省长城资源调查项目办公室组织专家对辽宁明长城资料进行了第二阶段省级验收。专家认为各调查队资料记录完整、准确，数据相互关联，无严重缺陷，符合《长城资源调查资料检查验收规定》的合格标准，同意通过第二阶段检查验收。

12月25日，省文物局与省测绘局就辽宁明长城资源调查报告编写中的所用长城分布总图、分县区图等进行了协商，省测绘局同意向文物部门提供必要的图纸。

2009年

1月12日，《辽宁省明长城资源调查工作报告》编写完毕并上报了国家文物局。

2月13日，省长城资源调查项目办公室召集各调查队队长及王绵厚专家就明长城调查报告相关事宜进行了研讨。

4月13~15日，国家长城资源调查项目组组织有关专家对辽宁明长城资源调查资料进行第二阶段的审查验收。专家组专家一致认为，我省的明长城资源调查资料符合《长城资源调查资料全面验收规定》，达到了验收标准，一致同意辽宁省明长城资源调查资料合格，建议通过国家验收。

4月24日，辽宁省文物局与河北省文物局就辽宁境内蓟镇长城起、止点进行了确认。辽宁境内蓟镇长城南起绥中县李家乡新堡子村新台子屯，北至绥中县加碑岩乡旧关村。

5月8日，省长城资源调查工作项目办公室在沈阳组织召开了明长城资源调查业务报告研讨会。辽宁省长城资源调查专家咨询组有关专家、项目办公室有关人员及文物调查一、三、四、六队队长参加了会议。

9月2日，省长城资源调查工作项目办公室在沈阳组织召开了辽宁早期长城资源调查阶段工作汇报会及明长城资源调查业务报告研讨会。辽宁省长城资源调查专家咨询组有关专家、项目办公室有关人员及文物调查一、二、三、四、五、六队队长参加了汇报会。

12月11日，省项目办邀请省内文物保护组部分专家就辽宁明长城资源调查报告中的插图进行了研讨。

2010 年

3 月 17 日，省长城资源调查项目办公室在沈阳组织召开明长城资源调查报告研讨会。

6 月 11 日，辽宁省文物保护专家组组长郭大顺、报告总撰稿人王绵厚、熊增珑讨论了明长城资源调查报告修改的相关事宜。

7 月 30 日，省长城资源调查项目办公室邀请郭大顺、王绵厚，对辽宁明长城资源调查报告进行了审核。

11 月 20 日，辽宁省文物局将《辽宁省明长城资源调查报告》（初稿）送至文物出版社并签订了出版合同。

后　记

　　《辽宁省明长城资源调查报告》终于和各位专家、学者以及广大读者见面了。本书是辽宁明长城资源调查的主要业务成果之一。

　　根据国家文物局、国家测绘局的统一部署，辽宁省文物局、辽宁省测绘局组织完成了辽宁境内明辽东镇长城的调查和测绘工作，取得了大量珍贵、翔实的调查资料和数据，形成了各类测绘成果。

　　此后，辽宁省文化厅、辽宁省文物局成立了编纂委员会，启动了本报告编写工作。参加明长城资源调查的四个文物调查队由各队队长负责，对各队的调查资料和数据进行了全面汇总，按照编写体例形成了各自的初稿。省长城资源调查项目办公室熊增珑同志对各调查队提交的初稿进行了全面汇总和数据核对，并按照编写体例和大纲进行了仔细梳理，完成了统稿工作。辽宁省文物保护专家组成员、辽宁省博物馆研究员王绵厚同志对报告文稿进行了全面修订，在报告编写期间，他多次深入到各长城调查队指导报告编写，查阅文献资料，为本报告编写付出了大量心血。辽宁省文物保护专家组组长郭大顺先生对如何高质量编写本报告提出了很多好的意见和建议，数次修改文稿，对本报告作了终审。

　　本报告前言以及第一章第二节、第三章第一节由王绵厚同志编写；第一章第三节、第三章第二节由王绵厚、吴炎亮同志编写；第一章第一节、第四节，第二章第一、三、四、五节，第三章第三节及大事记由熊增珑同志编写；第二章第二节由四个文物调查队队长陈山、靳军、吴鹏、孙建军同志组织并牵头编写，刘明、郑辰、李勇、刘俭、赵普光、王云刚同志参与了初稿编写工作。刘明、张波、许志国、魏海波、关晗、张庆贺、马义、王海、孙伯威、刘桐、李凯、刘海生同志参与了绘图工作，朱江、王建、李威、付国锋、郭东升、白斌、付宇、陈光、韩立新、胡松、田宝材同志参与了摄影工作。本报告中的所有遗迹图均由刘明同志绘制。大连古建园林工程有限公司对重点段落和重点部位进行了文物本体测绘并绘制了测绘图纸，王晶辰、李向东同志对图纸进行了审校。辽宁省测绘局为本报告提供了辽宁明长城资源分布图和专题图。

　　本报告是集体智慧的结晶，感谢国家文物局对辽宁省明长城资源调查和报告编写工作的重视和支持，感谢国家长城资源调查项目组和本报告编纂委员会各位顾问的全面指导。本报告出版得到文物出版社的大力支持，葛承雍先生和相关责任编辑为本报告付出了大量心血，在此一并感谢！

　　因时间仓促，水平有限，本报告难免存在诸多问题，敬请广大同行、读者批评指正。

编　者

2011 年 8 月 10 日

彩图

图　　例

◉	省会	── ── 土、石
◎	地级市	── ── 砖、木障
○	区、县级市、县	── ── 山险墙、山险
	国界	── ── 河险、消失墙体
	省级行政界线	── 界壕
——	地级行政界线	▫ 关堡
- - - -	县界	☆ ○ 烽火台 敌台
～	河流	⊠ ⊠ 相关遗存 居住址遗存

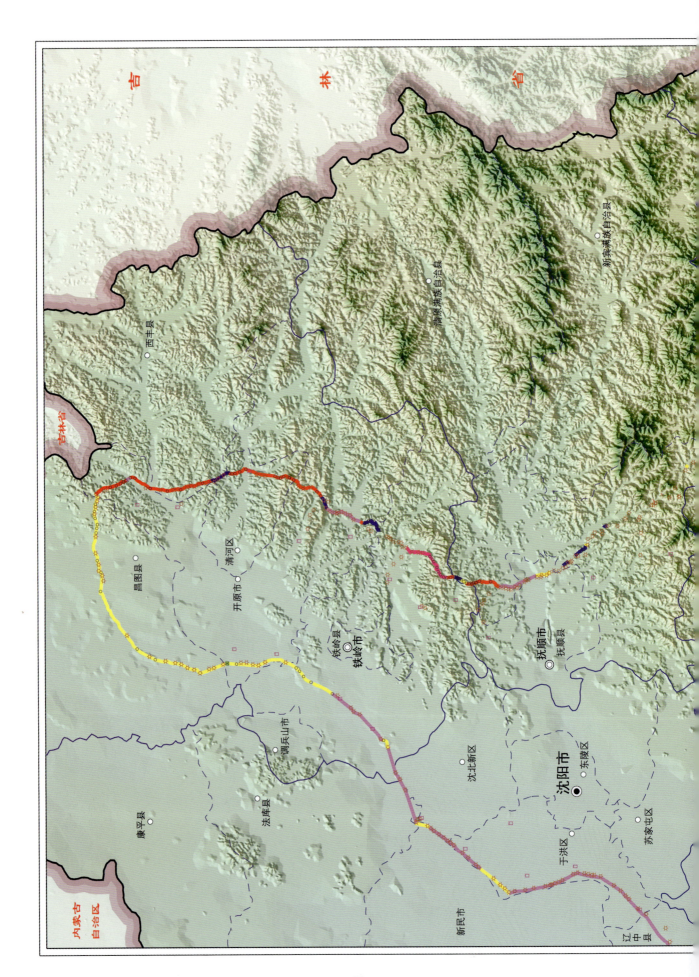

彩图一 辽东山地明长城地势分布图

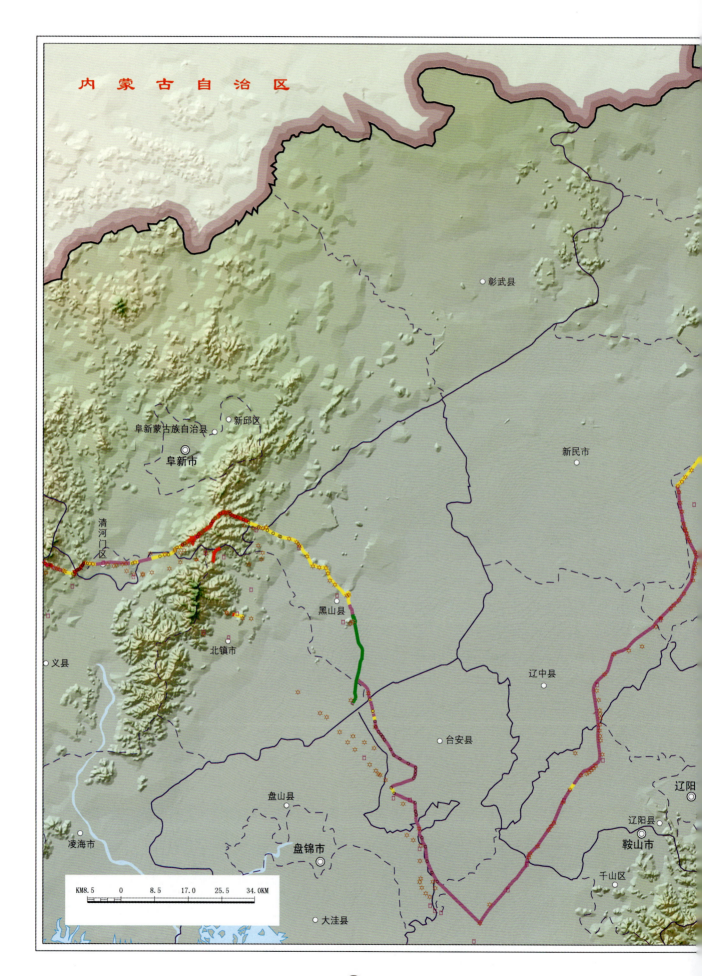

内蒙古自治区

彰武县

新邱区
阜新蒙古族自治县

阜新市

新民市

清河门区

义县

黑山县

北镇市

辽中县

辽阳

台安县

盘山县

辽阳县

鞍山市

凌海市

盘锦市

千山区

大洼县

KM8.5 0 8.5 17.0 25.5 34.0KM

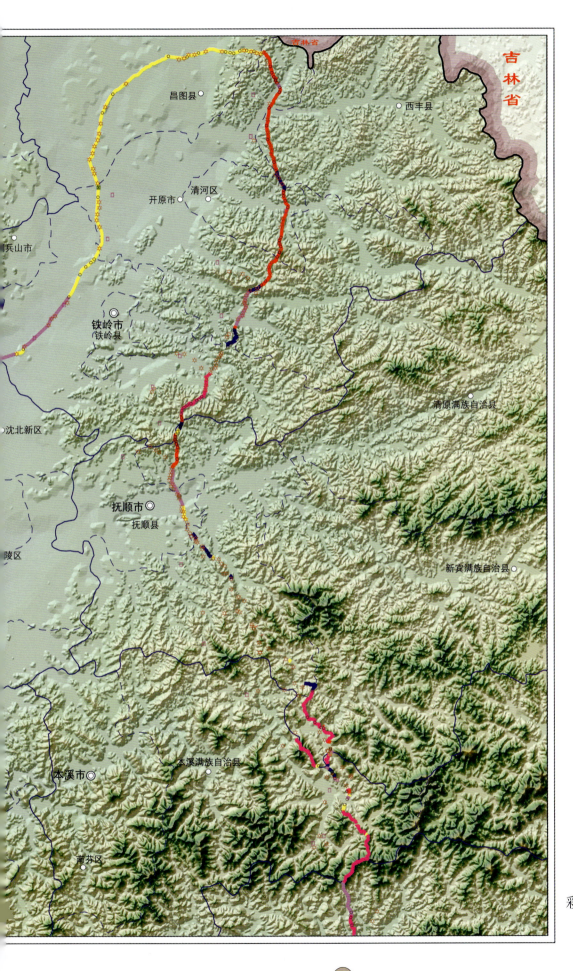

昌图县

西丰县

开原市　清河区

兵山市

铁岭市
铁岭县

清原满族自治县

沈北新区

抚顺市
抚顺县

新宾满族自治县

陵区

本溪满族自治县

本溪市

南芬区

彩图二　辽河平原
　　　　明长城地
　　　　势分布图

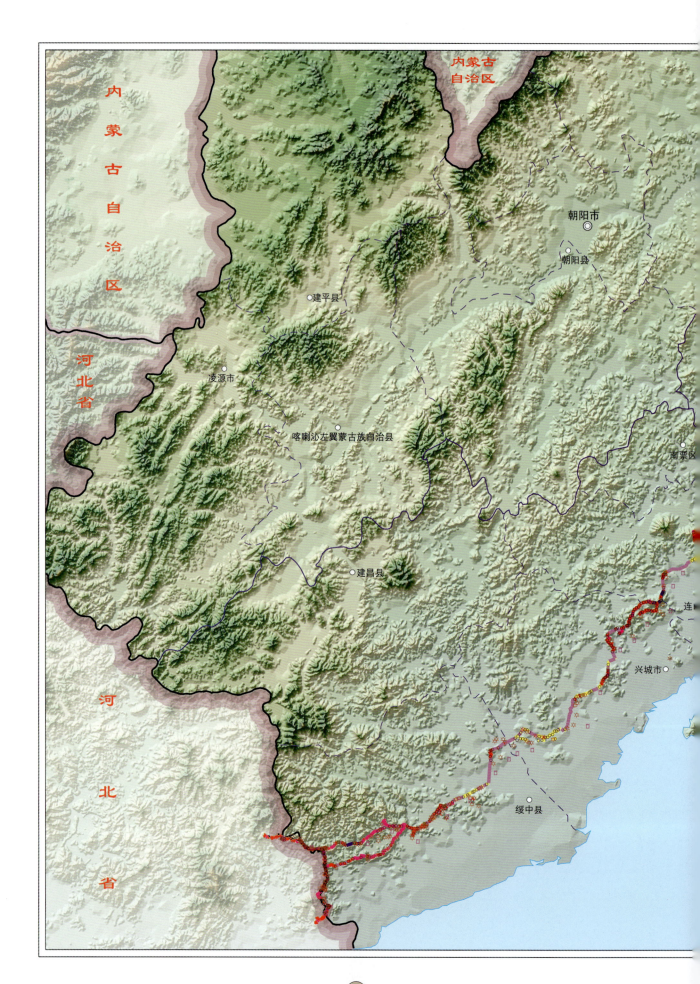

内蒙古
自治区

内
蒙
古
自
治
区

河北省

河
北
省

朝阳市 ◎

朝阳县 ○

建平县 ○

南票区

凌源市 ○

喀喇沁左翼蒙古族自治县 ○

建昌县 ○

连

兴城市 ○

绥中县 ○

海州区

阜新蒙古族自治县

清河门区

黑山县

义县

北镇市

台安县

盘山县

盘锦市

凌海市

锦州市

大洼县

营口市　老边区

大石桥市

东　　湾

盖州市

鲅鱼圈区

KM8.5　　0　　8.5　　17.0　　25.5　　34.0KM

彩图三　辽西丘陵
　　　　明长城地
　　　　势分布图

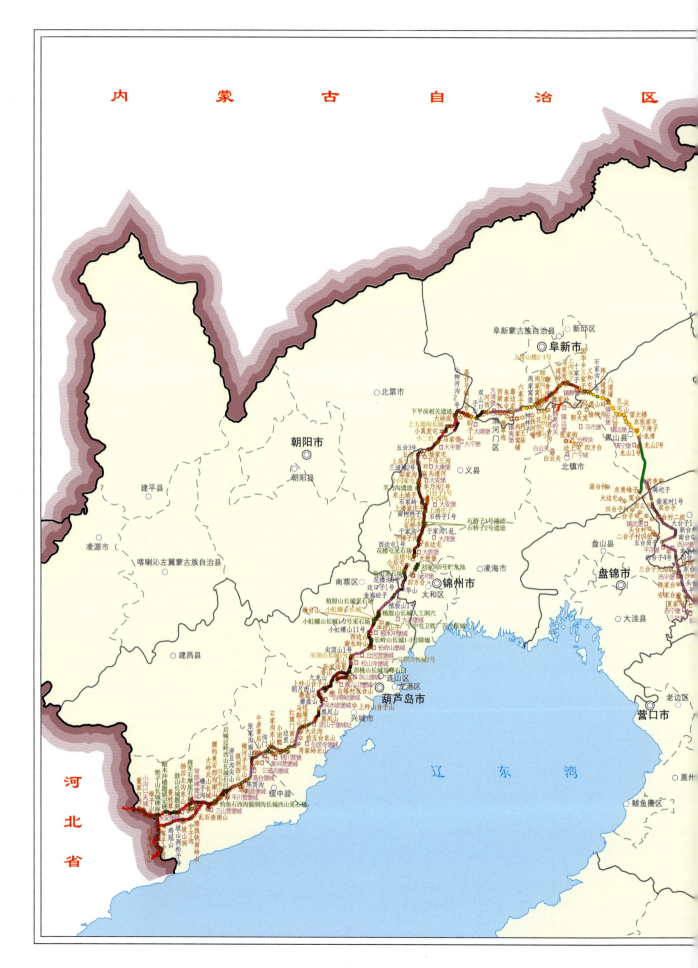

内　蒙　古　自　治　区

河北省

辽　东　湾

阜新蒙古族自治县
新邱区
阜新市
北票市
朝阳市
朝阳县
建平县
凌源市
喀喇沁左翼蒙古族自治县
黑山县
北镇市
义县
凌海市
锦州市
太和区
盘山县
盘锦市
大洼县
南票区
华山
葫芦岛市
连山区
龙港区
兴城市
绥中县
建昌县
营口市
老边区
盖州市
鲹鱼圈区

彩图四　辽宁省明
长城资源
分布总图

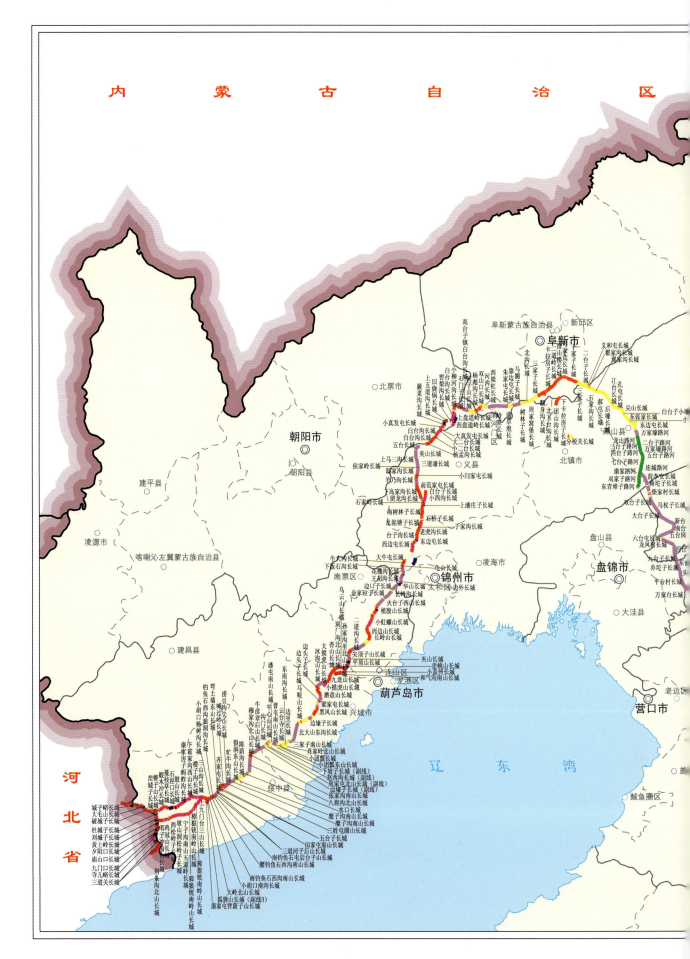

吉林省
吉
林
省
朝
鲜
康平县
法库县
调兵山市
铁岭市
铁岭县
昌图县
西丰县
清河区
开原市
清原满族自治县
沈北新区
抚顺市
抚顺县
沈阳市
于洪区
东陵
苏家屯区
新宾满族自治县
灯塔县
辽阳市
宏伟区
弓长岭区
本溪市
本溪满族自治县
南芬区
桓仁满族自治县
宽甸满族自治县
凤城市
岫岩满族自治县
振安区
丹东市
东港市
八家子长城
大台庙长城
长青堡长城
河信长城
朝阳堡长城
塔西长城
泉头长城
石虎子长城
农林长城
糖房长城
石龙长城
罗家屯长城
茶棚长城
北沟长城
乱柴长城
中和长城
下永兴长城
巨祥长城
兴隆台长城
四方台长城
双楼台长城
兴隆台长城
清井长城
会英长城
柴家岭长城
石人沟长城
广东山长城
苇子沟长城
大荒顶子长城
山槐长城
果园长城
营盘长城
大台山长城
古砬沟长城
靠山长城
二公台长城
肖家嵅子长城
上三道沟长城
彭家堡子长城
戴荒地长城
索龙岗长城
边墙子长城
马门子长城
万金台长城
四方台长城
三台子长城
沙岭长城
彭驿长城
英树沟长城
椴木冲长城
边墙子长城
青石岭长城
东堡长城
边墙沟长城
抚顺关长城
阿金沟长城
金家沟长城
兰山长城
抄道长城
下马古长城
四道河子长城
王家店长城
马圈子长城
东沟长城
千河岭长城
岗东长城
荒碑子长城
下夹河长城
小夹河长城
东山坡长城
化皮峪长城
段家沟长城
李王沟长城
老光顶长城
滴塔畜牧场长城
石墙沟西山长城
东营房阳地沟长城
东营房岔路沟长城
塔耙沟长城
东营房红土甸子长城
东营房瓜瓢沟长城
牡丹顶—瓜瓢沟长城
金家岭—牡丹顶长城
胖顶子—金家岭长城
头台子长城
丛家堡子长城
罗汉沟—边门岭长城
八颗树长城
太阳沟长城
锅头峪长城
车头峪长城
裕太长城
棉花套沟长城
金家沟长城
二道沟长城
艾家店长城
蚂蚁岭长城
长岗子长城
古楼子长城
老边墙长城
虎山长城
KM15.0 0 15.0 30.0 45.0 60.0KM

彩图五　辽宁省明长城墙体分布总图

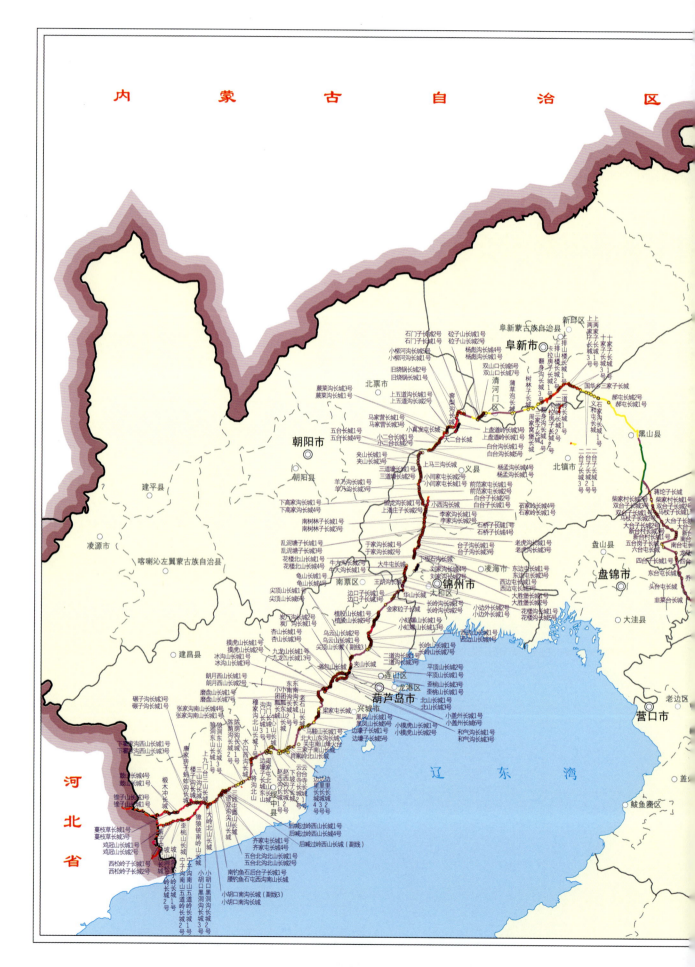

内　蒙　古　自　治　区

河北省

辽　东　湾

吉林省

吉

林

省

朝

鲜

康平县

石虎子长城3号
石虎子长城2号
石虎子长城1号

农林长城2号
农林长城1号

长青堡长城
河信堡长城
朝阳堡长城
泉头长城

糖房长城1号
石龙长城3号
石龙长城2号
石龙长城1号

八家子长城1号
兴隆长城1号

罗家屯长城2号
罗家屯长城1号

茶棚长城2号
茶棚长城1号
河北长城1号

昌图县

乱柴长城

中和长城

西丰县

清井长城2号
清井长城1号

柴家岭长城2号
柴家岭长城1号

兴隆台长城1号

清河区

石人沟长城3号
石人沟长城1号

石人沟长城2号

法库县

开原市

广东山长城4号
广东山长城3号
广东山长城2号
广东山长城1号
大荒顶子长城

广东山长城2号
莱子沟长城2号
莱子沟长城1号

调兵山市

大台山长城1号
营盘长城1号

果园长城1号
大台山长城2号

山槐长城2号
山槐长城1号

清原满族自治县

铁岭市
铁岭县

赛为岗长城

肖家窝子长城
上三道沟长城

彭家堡子长城3号
彭家堡子长城2号
彭家堡子长城1号

青石岭长城4号
青石岭长城3号
青石岭长城2号
青石岭长城1号

椴木冲长城3号
椴木冲长城2号
椴木冲长城1号

沈北新区

边墙子长城4号
边墙子长城3号
边墙子长城2号
边墙子长城1号

东堡长城5号
东堡长城4号
东堡长城1号

于洪区

抚顺市
抚顺县

边墙沟长城

沈阳市
东陵

兰山长城1号

兰山长城2号

新宾满族自治县

苏家屯区

千河岭长城

灯塔县

本溪满族自治县

岗东长城3号
岗东长城1号

岗东长城2号
荒碑子长城

桓仁满族自治县

辽阳市
宏伟区

小夹河长城1号
滴塔村畜牧场长城
碾厂镇石墙沟铺舍

小夹河长城2号
化皮峪2号铺舍
化皮峪1号铺舍

山市

本溪市

东营房岔路沟长城1号
塔耙沟长城1号

李家堡长城1号
塔耙沟长城2号

辽阳县

弓长岭区

南芬区

岫岩满族自治县

金家岭—牡丹顶长城
胖顶子—金家岭长城1号

头台子铺舍

胖顶子—金家岭长城2号

大背山铺舍

宽甸满族自治县

凤城市

虎山长城

振安区

丹东市

东港市

KM 15.0   0   15.0   30.0   45.0   60.0KM

彩图六　辽宁省明
长城敌台
分布总图

547

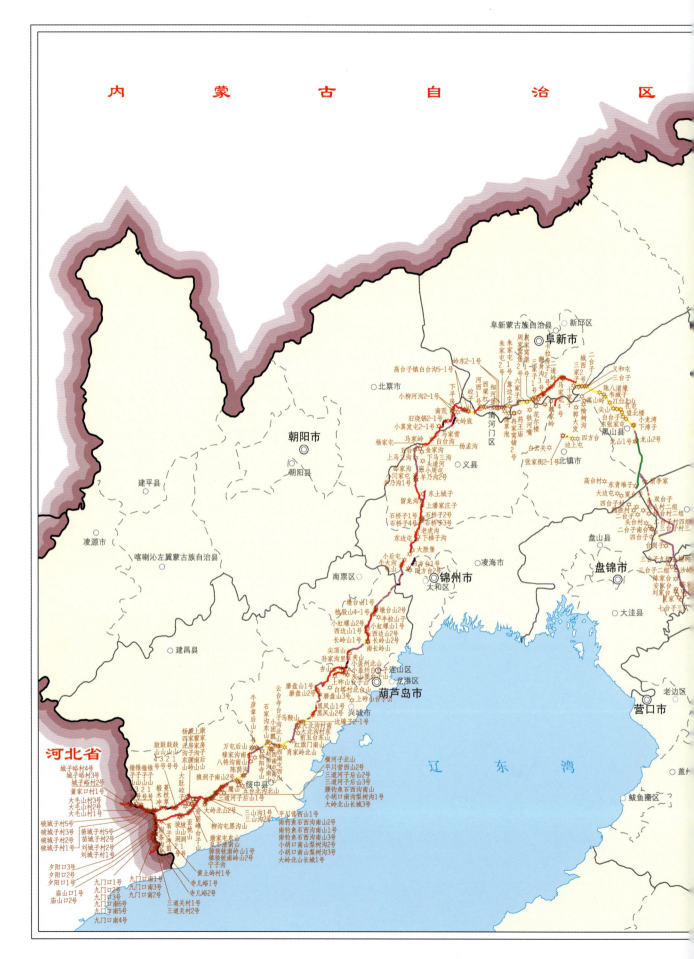

彩图七　辽宁省明长城烽火台分布总图

内 蒙 古 自 治 区

河北省

辽 东 湾

阜新蒙古族自治县　新邱区
◎阜新市

镇静堡
北票市　　　　　　　　大清堡　清河门区　镇安堡
　　　　　　　　　　　大靖堡　镇夷堡　铁家岭关　镇边堡　镇远堡
朝阳市　　　　　　　大宁堡　　马市堡　黑山县
◎　　　　　　　大平堡　　　白云关　广宁城　镇宁堡
朝阳县　　　　　　　义县　　分税关　北镇市
　　　　　　　大康堡
建平县　　　　　　　大安堡
　　　　　　　　大安堡
凌源市　喀喇沁左翼蒙古族自治县　大茂堡　　　盘山县　镇武堡
　　　　　　　大胜堡　凌海市　　　◎盘锦市　西兴
　　　　　　　沙河堡　　　　　　　平洋堡
　　　　　　　锦州市◎
建昌县　　　　南票区　太和区　　　　　　　大洼县　西平堡
　　　　　　　　　　　　　　　　　　　　　西宁堡
　　　　　大兴堡城　　　　　　　　　　　　　三岔关
　　　　椴木冲堡城
　　　灰山堡城　长岭山堡城
　　　寨儿山堡城　沙河营堡城　老边区
　　　　　　松山寺堡城　连山区
　　　白塔峪堡城　龙港区　营口市◎
　　　兴水岘堡城　葫芦岛市
兴城市
　　　团山子堡城城址
　　　仙灵寺堡城城
抚宁县小河口关城　锦川营堡
　　　背荫嶂堡城　新兴营堡城
抚宁县城子峪关城　永安堡城　高台堡城
抚宁县无名口关城　瑞昌堡城　绥中县
　　　三山营堡城　三道沟堡城
　　　　平川营堡城
　　　　　　　　　　　　　　　鲅鱼圈区

康平县

吉林省

昌图县　镇北堡

西丰县

威远堡

法库县

庆云堡　清河区

开原市

彭家湾堡　广顺关

松山堡

宋家泊堡

柴河堡

铁岭市

铁岭县

抚安堡

十方寺堡

白家冲堡

止榆林堡　沈北新区　三岔儿堡

平房堡　会安堡

静远堡　抚顺市

沈阳市　抚顺县

长营堡

于洪区　东陵

东州堡

长勇堡

苏家屯区

散羊峪堡

灯塔县

辽阳市　本溪满族自治县

清河城城址

辽阳县　宏伟区

清原满族自治县

新宾满族自治县

本溪市

弓长岭区

碱厂堡

山市　南芬区

新城子城址

桓仁满族自治县

孤山旧堡

爱阳城

赫甸城

宽甸满族自治县

石城　宽甸城

坦甸城

杨木川土城子堡　永甸城

凤城市　汤半城　安平城遗址

长甸城

土城子堡

岫岩满族自治县

小城子堡　石城遗址

朝

九连城城址

振安区

鲜

丹东市

东港市

吉

林

省

朝

鲜

KM15.0　0　15.0　30.0　45.0　60.0KM

彩图八　辽宁省明
长城关堡
分布总图

内　蒙　古　自　治　区

河
北
省

辽　东　湾

阜新蒙古族自治县　　新邱区

◎阜新市

上两家子
上楼山楼
翻身沟

清河门区

黑山县

北票市

下军平房相关遗迹
上五道沟长城

小二台

义县

北镇市

羊刀沟遗迹

小闫家屯
白台子1号
小西沟
上潘庄子

石桥子
石桥予遗迹

花楼屯
龟山
龟山采石场

花楼屯采石场

刘家沟5号蓄水池

凌海市

盘山县

盘锦市

朝阳市

◎锦州市
太和区

大洼县

朝阳县

建平县

椴股山长城采场
小虹螺山长城
小虹螺山长城采石场

椴股山长城人工洞穴
广宁中屯卫铁广百灶所城

长岭山长城隔墙

凌源市

喀喇沁左翼蒙古族自治县

尖顶山长城

歪桃山长城顶峰石臼

连山区

南票区

建昌县

龙港区
◎葫芦岛市

营口市

后城过岭西山长城石臼
将军石摩崖石
田屯南山

兴城市

老边区

椴木冲楼题铭记碑
锥子山长城碑座

鼓山长城题刻

城子峪村2号马面

大毛山村2号马面
破城子村2号马面
杜城子村3号马面

黄土岭村7号马面
九门口1号马面

角山7号马面

绥中县

钓鱼石西沟狼洞沟长城西山采石场

盖州市

鲅鱼圈区

552

吉林省

吉

林

省

朝

鲜

○康平县

○法库县

○调兵山市

铁岭市
铁岭县

○沈北新区

沈阳市

○于洪区
○东陵

○苏家屯区

○灯塔县

辽阳市
○宏伟区

○辽阳县

鞍山市
○千山区

○弓长岭区

○南芬区

本溪市

○岫岩满族自治县

新安关

昌图县○

○清河区

开原市

营城子城址

太平关遗址

抚顺关马市

抚顺市
抚顺县

○西丰县

清原满族自治县

清原满族自治县

新宾满族自治县

○本溪满族自治县

小夹河长城1号
东山坡长城

化皮峪品字窨

桓仁满族自治县

柏林川石刻

宽甸满族自治县

凤城市

○

金家沟采石场

边沟村东山庙址

民生村庙址

夹河口明代建筑址

振安区

丹东市

○东港市

KM15.0   0   15.0   30.0   45.0   60.0KM

彩图九　辽宁省明
长城相关
遗存分布
总图

553

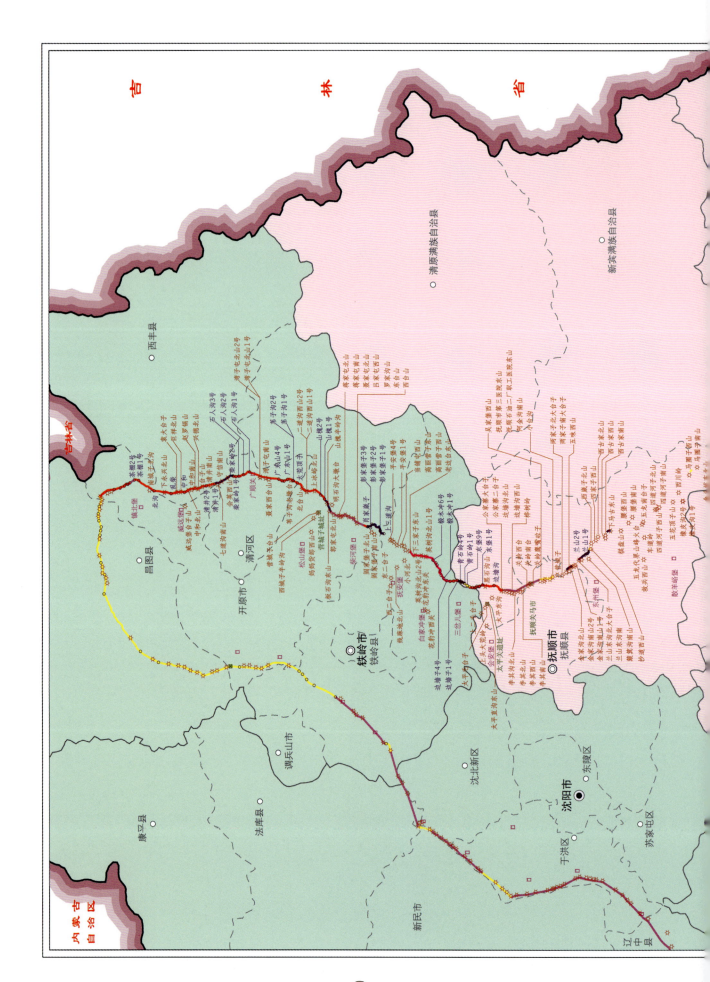

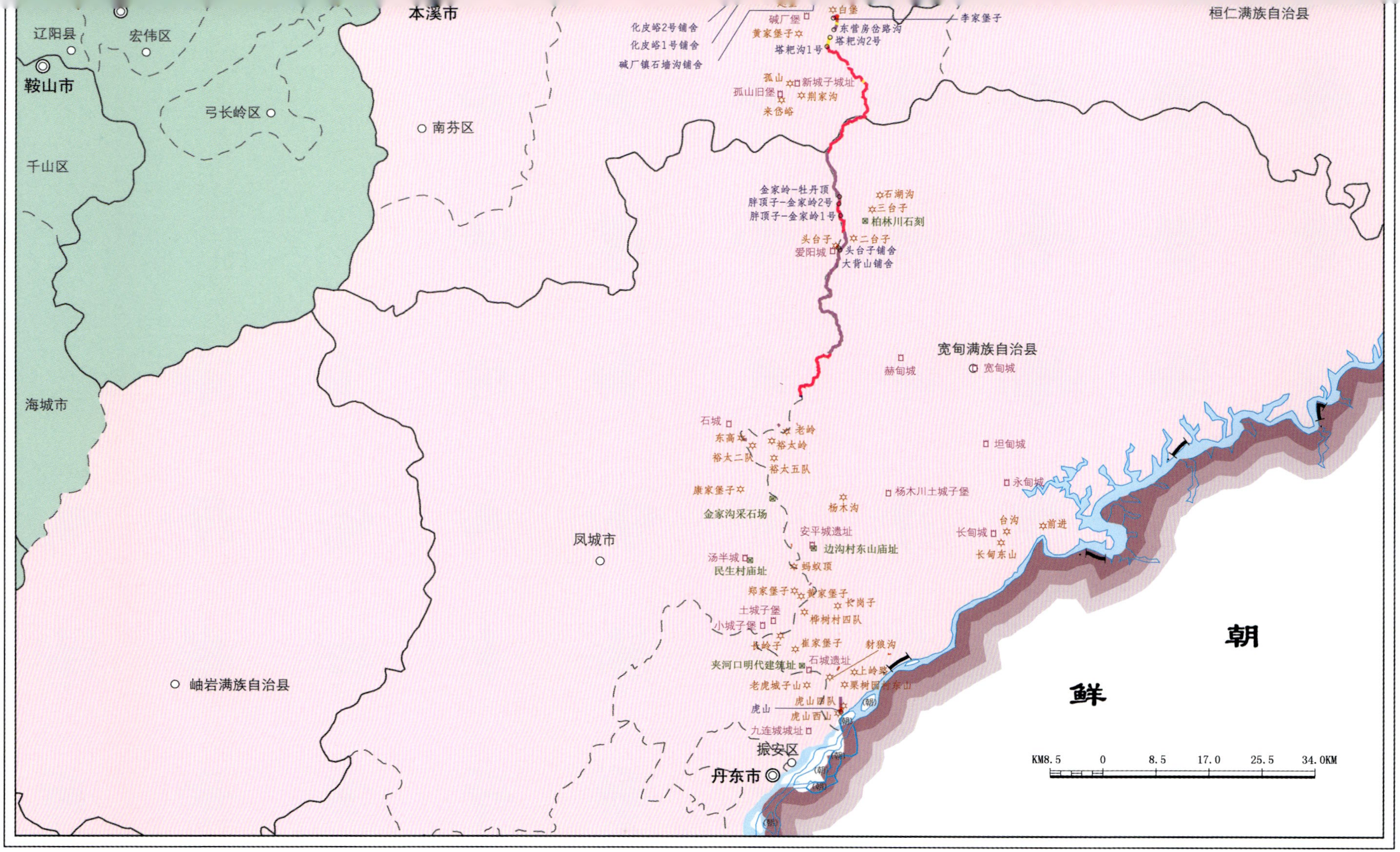

彩图一〇　辽东山地明长城资源分布图

桓仁满族自治县

本溪市

辽阳县

鞍山市

弓长岭区

宏伟区

千山区

海城市

南芬区

凤城市

宽甸满族自治县

岫岩满族自治县

丹东市

振安区

朝

鲜

化皮峪2号敌台
化皮峪1号敌台
碱厂镇石槽沟敌台

半米堡子
大东堡房岔路沟
黄家堡子
塔把沟2号
塔把沟1号
孤山旧堡
西新城子城址
未岔岭

金家岭-牡丹顶
胖顶子-金家岭2号
胖顶子-金家岭1号
柏林川石刻
二台子
头台子
婆阳城
大青山墩台

石城
东甸子
岔大一队
岔大五队
金家沟采石场

冷半城
民生村庙址

邦家堡子
土城子
小城子墩台
夹河口明代建筑遗址

杨木川土城子堡
赫甸城

杨木沟
边沟村东城南遗址
安平城遗址

长甸城
蚂蚁哨

叆河村墩台
长甸子
桦树村四堡
财源沟
上岭敌台

石城城址
老虎城子山遗址
虎山首队
虎山
九连城城址

宽甸城

坦甸城
承甸城

台沟
长甸未山

KM8.5　0　8.5　17.0　25.5　34.0KM

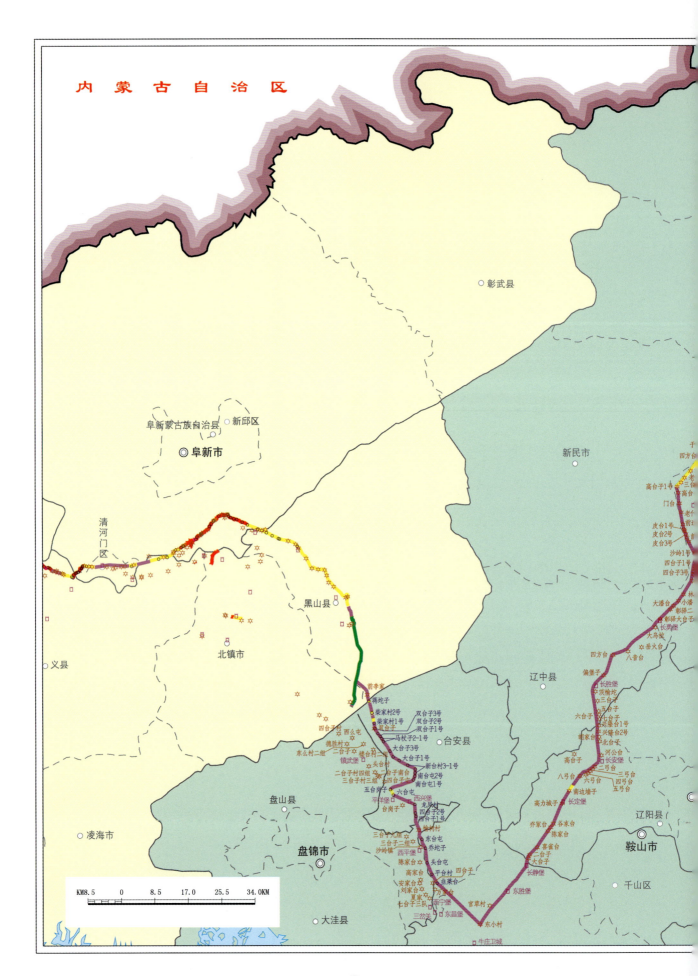

内 蒙 古 自 治 区

彰武县

阜新蒙古族自治县　新邱区

◎阜新市

新民市

清河门区

黑山县

义县

北镇市

辽中县

盘山县

台安县

凌海市

盘锦市

辽阳县

鞍山市

大洼县

千山区

吉林省

长青堡
大台庙
八家子1号
后兴隆台
兴隆1号
齐家窝堡
白台子 牛庄
三家子 炮手屯
曾四方台 虎坊
贾家店
土台子 新安关
兴隆台1号 庆云堡
老虎头 二台子
兴隆峪 北台子
五棵树
彭家湾堡
项家窝棚
果园1号
大台山2号 大台山1号
嵩盘1号

河信
塔西
护山屯堡
朝阳堡
泉头堡
泉头
河头山
吴家屯小台子
大台山 小台山
农林1号
石虎子 西山咀子
石虎子 1号
2号 房山
石虎子3号
冀北堡
南城子北沟
茶棚2号
茶棚1号

天桥电力台子
糠房小台山
糠房1号
石龙3号
罗家屯2号
罗家屯1号

昌图县

开原市 清河区

西丰县

调兵山市

铁岭市
铁岭县

清原满族自治县

索龙岗北 宋家泊堡
索龙岗
珠尔山
屯

沈北新区

抚顺市
抚顺县

新宾满族自治县

市
陵

本溪满族自治县

◎本溪市

南芬区

彩图一一 辽河平原
明长城资
源分布图

557

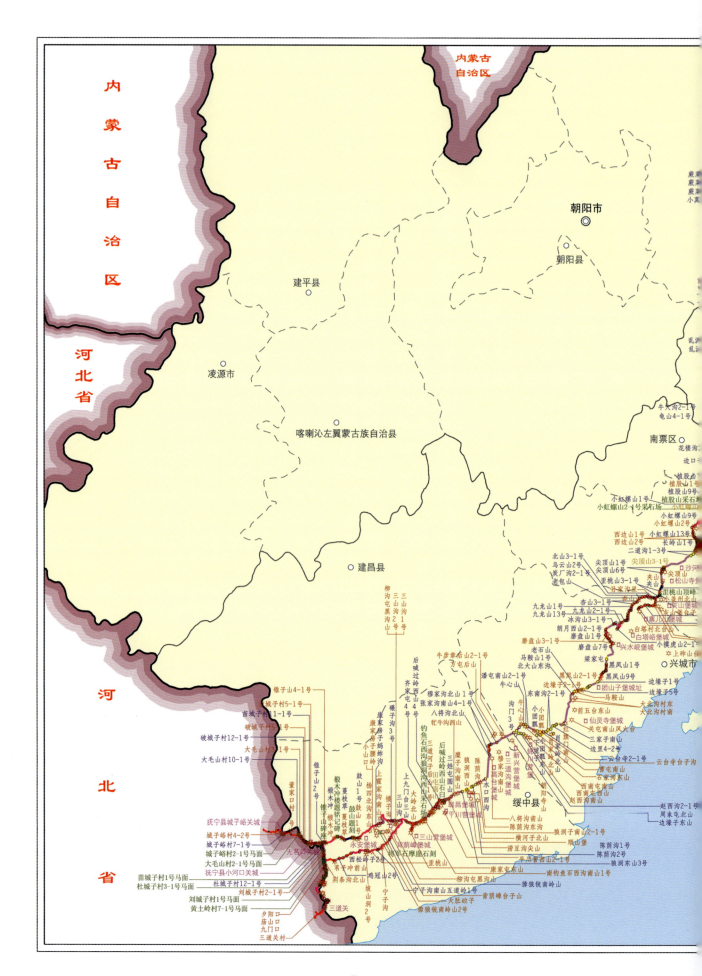

彩图一二　辽西丘陵
明长城资
源分布图

本溪满族自治县

凤城市

振安区

朝鲜

宽甸满族自治县

金家岭-牡丹顶长城
胖顶子-金家岭长城2号
胖顶子-金家岭长城1号

石湖沟
三台子
柏林川石刻

头台子　头台子铺舍　二台子
叆阳城　大背山铺舍

赫甸城　宽甸满族自治县
宽甸城

坦甸城

永甸城

石城
东高　老岭
裕大岭
裕太二队
裕太五队

康家堡子
金家沟采石场

杨木沟　杨木川土城子堡

长甸城　台沟　前进
长甸东山

安平城遗址
边沟村东山庙址

凤城市

汤半城　民生村庙址
蚂蚁顶

郑家堡子
黄家堡子

长岗子
榔树村四队

小城子堡
土城子堡
长岭子

崔家堡子

夹河口明代建筑址
石城遗址　上岭路
射猎沟
老虎城子山　栗树园村东山

虎山长城
虎山西山　虎山四队
九连城址

彩图一三　丹东振安区、凤城市、宽甸满族自治县
　　　　　明长城资源分布图

KM4.0　　0　　4.0　　8.0　　16.0　　32.0KM

560

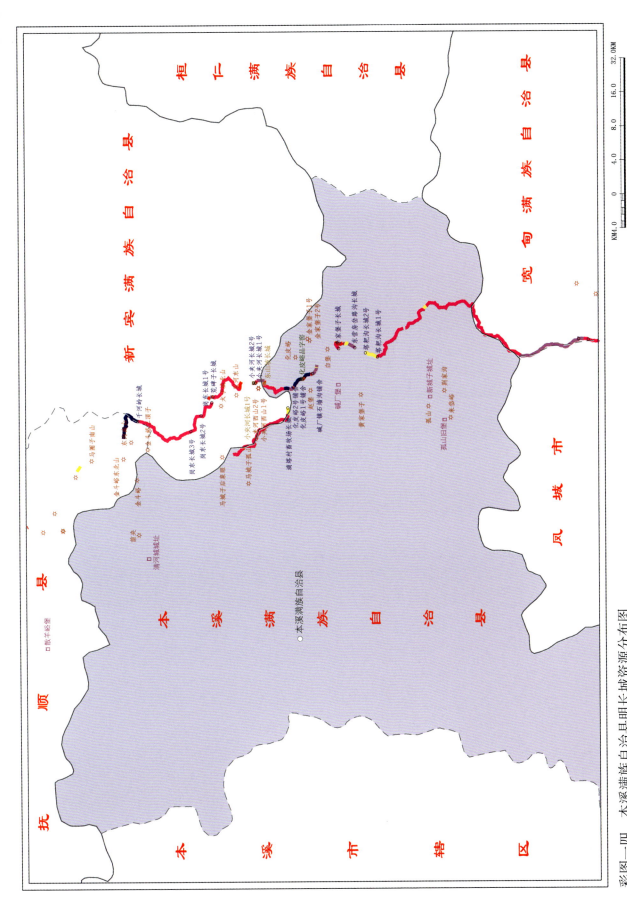

彩图一四　本溪满族自治县明长城资源分布图

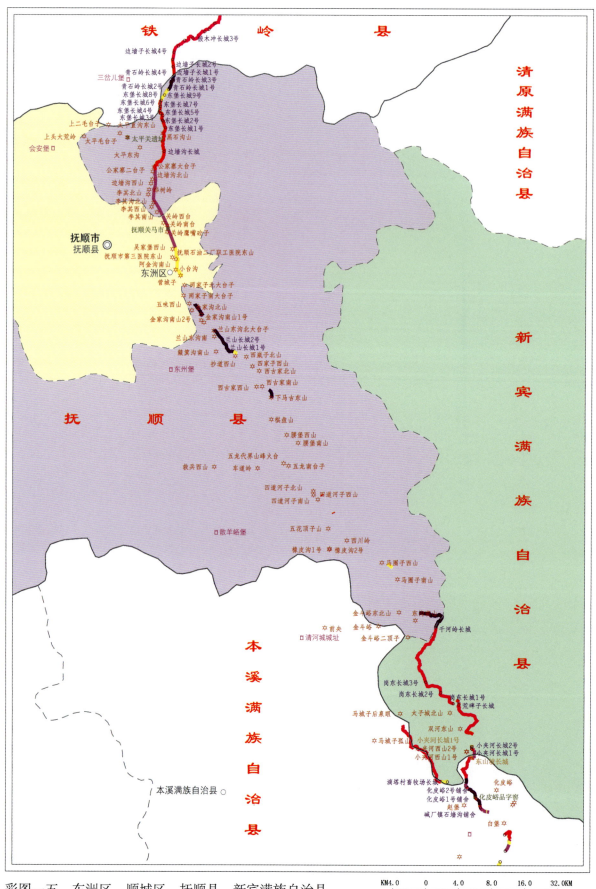

铁　　　岭　　　县

清原满族自治县

敞木冲长城3号
边墙子长城4号
边墙子长城2号
青石岭长城4号　边墙子长城3号
三岔儿堡　　青石岭长城2号　边墙子长城1号
东堡长城8号　　青石岭长城1号
东堡长城6号　东堡长城9号
东堡长城4号　东堡长城7号
东堡长城3号　东堡长城5号
上二毛台子　　　东堡长城2号
上关大荒岭　太平直沟东山　东堡长城1号
会安堡　　太平毛台子　太平关遗址　燕石沟山
太平东沟　边墙沟长城
公家寨二台子　　公家寨大台子
边墙沟西山　　边墙沟北山
李其北山　　　邵树沟
李其沟北山　　关岭西台
李其西山　关岭北台
抚顺市　　　抚顺关马市　关岭南台
抚顺县　　　吴家堡西山　关岭鹰嘴砬子
抚顺市第三医院东山　抚顺石油二厂职工医院东山
阿金沟南山
东洲区　　　小台沟
常城子
两家子北大台子
两家子南大台子
五味西山　　李家沟北山
金家沟南山2号　金家沟南山1号
兰山东沟北大台子
兰山东沟南　兰山长城2号
髅箕沟南山　兰山长城1号
抄道西山　西崴子北山
东州堡　四家子西山
西古家东北山
西古家南山
西古家西山
下马古东山

抚　　顺　　　县

棋盘山
腰堡西山
腰堡南山

五龙代界山峰火台
救兵西山　车道岭　五龙南台子

四道河子北山
四道河子西山
四道河子南山

五花顶子山　　西川岭
橡皮沟1号　橡皮沟2号
马圈子西山

马圈子南山

本　　溪　　满　　族　　自　　治　　县

新　　宾　　满　　族　　自　　治　　县

金斗峪东北山　东崴
前央　　金斗峪
清河城城址　金斗峪二顶子　千河岭长城

岗东长城3号
岗东长城2号　岗东长城1号
马城子后泉眼　太子城北山　荒碑子长城
双河东山
马城子孤山　小夹河长城1号
连河西山2号　小夹河长城2号
小夹河西山1号　连河西山1号　小夹河长城1号
东山堡长城
滴塔村畜牧场长城　化皮峪2号铺舍
化皮峪1号铺舍　化皮峪
赵堡　化皮峪品字窖
碱厂镇石墙沟铺舍
白堡

本溪满族自治县

彩图一五　东洲区、顺城区、抚顺县、新宾满族自治县
　　　　　明长城资源分布图

KM4.0　　0　　4.0　　8.0　　16.0　　32.0KM

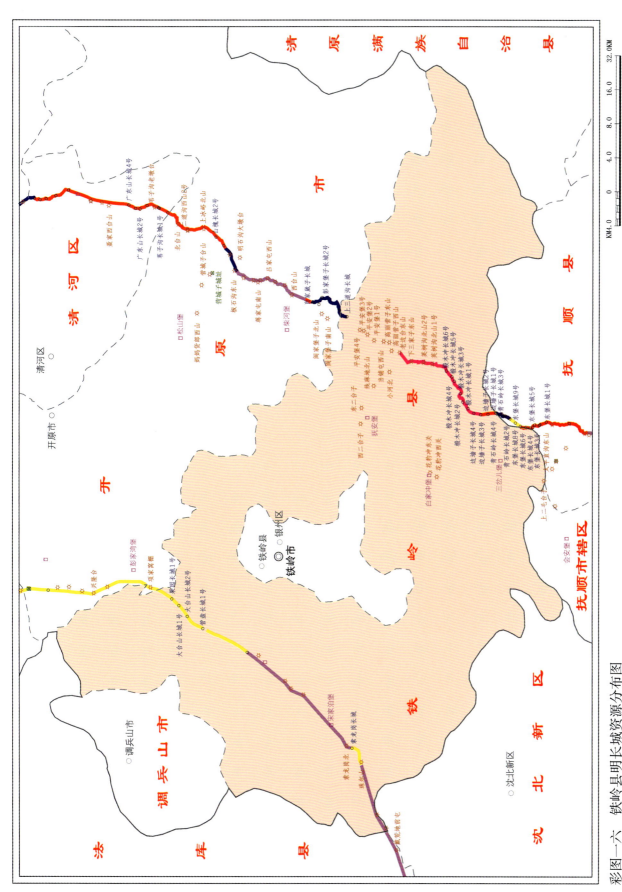

彩图一六　铁岭县明长城资源分布图

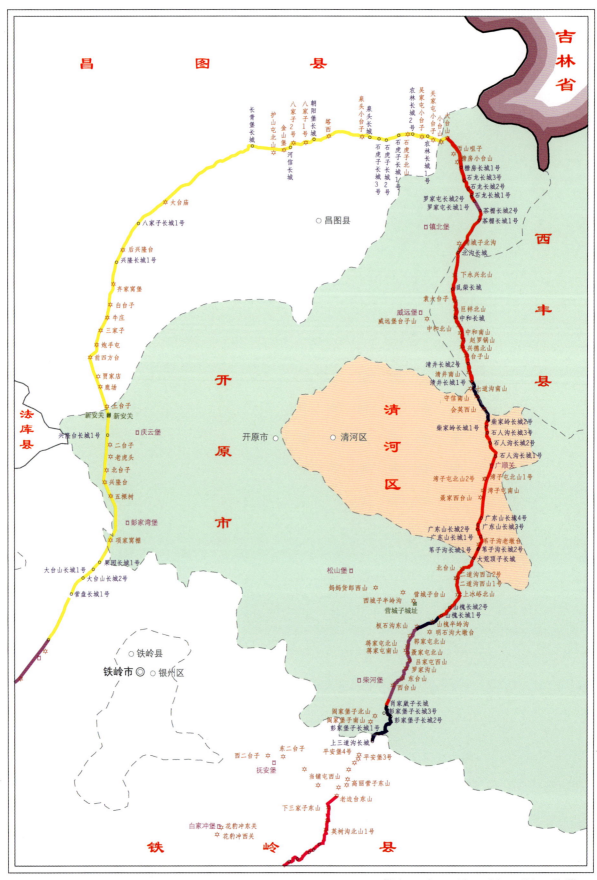

昌 图 县

长青堡长城
护山屯北台子
朝阳堡长城
八家子长城
八家子1号
金山堡
河信长城
塔西
泉头小台子
泉头长城
石虎子北山
石虎子长城2号
石虎子长城1号
石虎子长城3号
吴家屯小台子
关家屯小台子
农林长城2号
农林长城1号
六台山

大台庙
八家子长城1号
后兴隆台
兴隆长城1号
乔家窝堡
白台子
牛庄
三家子
炮手屯
前四方台
贾家店
鹿场
任台子
新安关
新安关
庆云堡
兴隆台长城1号
二台子
老虎头
北台子
兴隆台
五棵树
彭家湾堡
项家窝棚
果园长城1号
大台山长城1号
大台山长城2号
营盘长城1号

法库县

开 原 市

铁岭县
铁岭市 ◎ ○ 银州区

昌图县

镇北堡

清河区

威远堡
威远堡台子山

开原市

清河区

松山堡
妈妈货郎西山
西城子半岭沟
营城子城址
板石沟东山
蒋家屯北山
蒋家屯南山
柴河堡
西二台子
东二台子
抚安堡
白家冲堡
花豹冲东关
花豹冲西关
阎家堡子北山
阎家堡子南山
彭家堡子长城1号
上三道沟长城
平安堡4号
平安堡3号
当铺屯西山
下三家子东山
英树沟北山1号
老边台东山
高丽营子东山

西 丰 县

山咀子
糟房小台山
糟房长城1号
石龙长城3号
石龙长城2号
石龙长城1号
茶棚长城2号
茶棚长城1号
罗家屯长城2号
罗家屯长城1号
清城子北沟
北沟长城
下永兴北山
凤柴长城
袁永台子
巨祥北山
中和北山
中和南山
赵罗锅山
兴德北山
台子山
清井长城2号
清井长城1号
北道沟南山
守信南山
会英西山
柴家岭长城1号
柴家岭长城2号
石人沟长城3号
石人沟长城2号
石人沟长城1号
广顺关
湾子屯北山1号
湾子屯北山2号
湾子屯南山
聂家西台山
广东山长城4号
广东山长城3号
广东山长城2号
广东山长城1号
等子沟老墩台
等子沟长城2号
等子沟长城1号
大荒顶子长城
北台山
二道沟西山2号
二道沟西山1号
上冰塔北山
山槐长城2号
山槐长城1号
山槐半岭沟
明石沟大墩台
郭家屯北山
聂家屯北山
吕家屯西山
罗家东沟
东台山
西台山
肖家崴子长城
彭家堡子长城3号
彭家堡子长城2号

西 丰 县

铁 岭 县

KM4.0　0　4.0　8.0　16.0　32.0KM

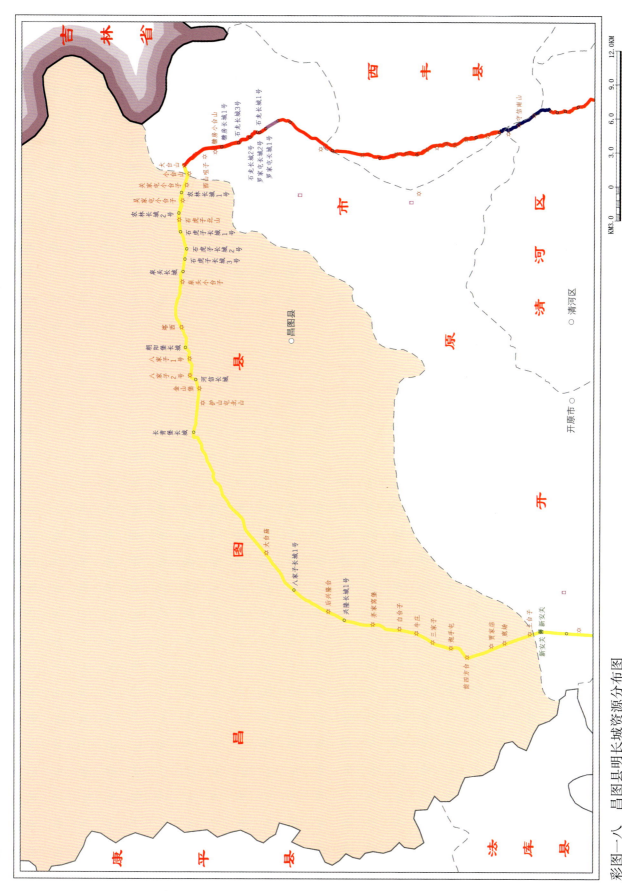

吉林省

西丰县

清河区

○清河区

开原市

昌图县

开

原

昌

图

县

康平县

法库县

石龙长城1号
石龙屯长城1号
守信甫山
糖房小台山
糖房长城2号
石龙长城3号
石龙长城2号
罗家屯绍子

大台山
县小台子山
关家屯小台子
农林长城2号
西山绍子
石虎子北山
石虎子长城1号
石虎子长城2号
石虎子长城3号
莱关长城
莱头小台子
塔西
鹤阳堡长城
八家子长城1号
八家子长城2号
金山堡
河当长城
护山北山
护山北山
长青堡长城

大台山古
八家子长城1号
后兴隆台
兴隆长城1号
齐家窝堡
台台子
丰庄
三家屯
炮手屯
黄家店
莫勒坊
上台子
新安关 新安关
常四方台

12.0KM

9.0

6.0

3.0

KM3.0

彩图一八　昌图县明长城资源分布图

565

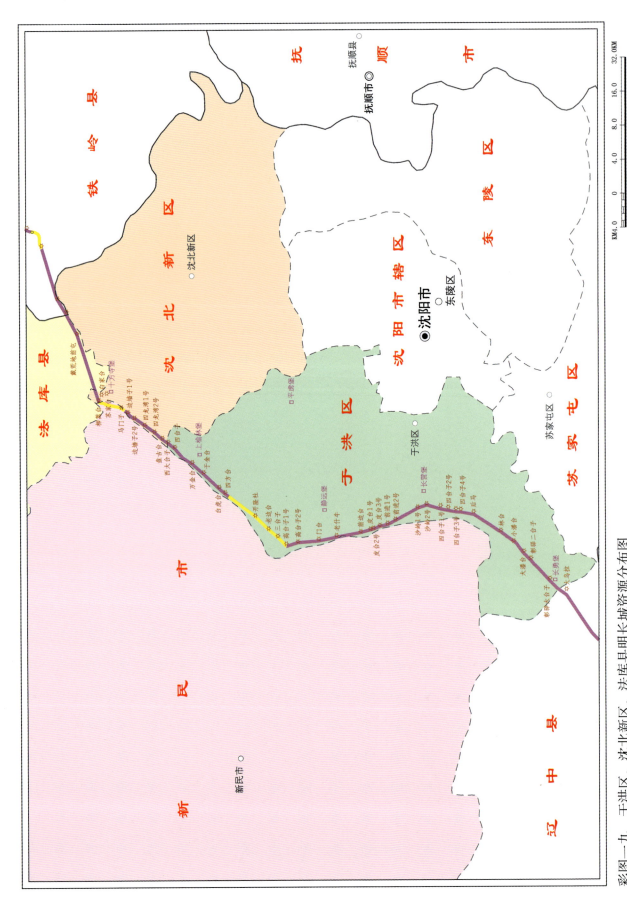

彩图一九　于洪区、沈北新区、法库县明长城资源分布图

566

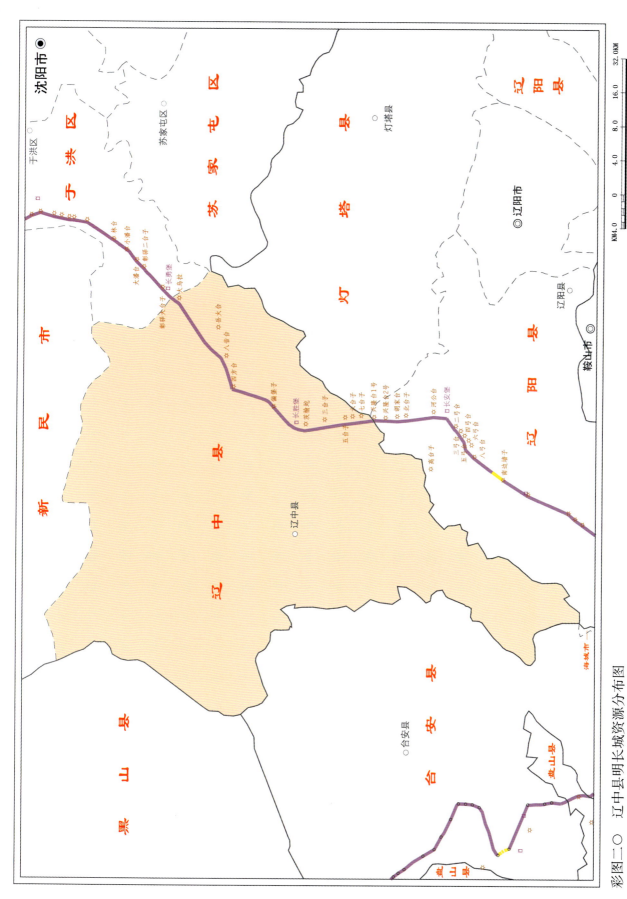

沈阳市 ◉

于洪区 ☐
于 洪 区

苏家屯区 ○
苏 家 屯 区

辽阳县

灯 塔 县

灯塔县 ○

辽阳市 ◎

辽阳县 ○

鞍山市 ◎

新 民 市

辽 阳 县

黑 山 县

辽 中 县

辽中县 ○

大潘台 ☆ 小潘台 ☆ 军牌台
鲜东大台子 ☆ ☐ 长勇堡 鲜二台子 ☆
☆ 乌拉
鲜东大台子 ☆
☆ 八番台 ☆ 乌火台
☆ 石芳台
☆ 窦寨子
☐ 长胜堡 ☆ 双榆抱
五台台 ☆ ☆ 三台子 ☆ 五台子
☆ 关隆台1号
☆ 关隆台2号
☆ 胡家台
☆ 北台子
☆ 河公台
☆ 西南台子 ☆ 长安堡
☆ 三号台 ☆ 二号台
☆ 五号台 ☆ 四号台
☆ 八号台
南地堆子

海城市

台 安 县

台安县 ○

盘 山 县

盘山县

32.0KM
16.0
8.0
4.0
0
KM4.0

彩图二〇　辽中县明长城资源分布图

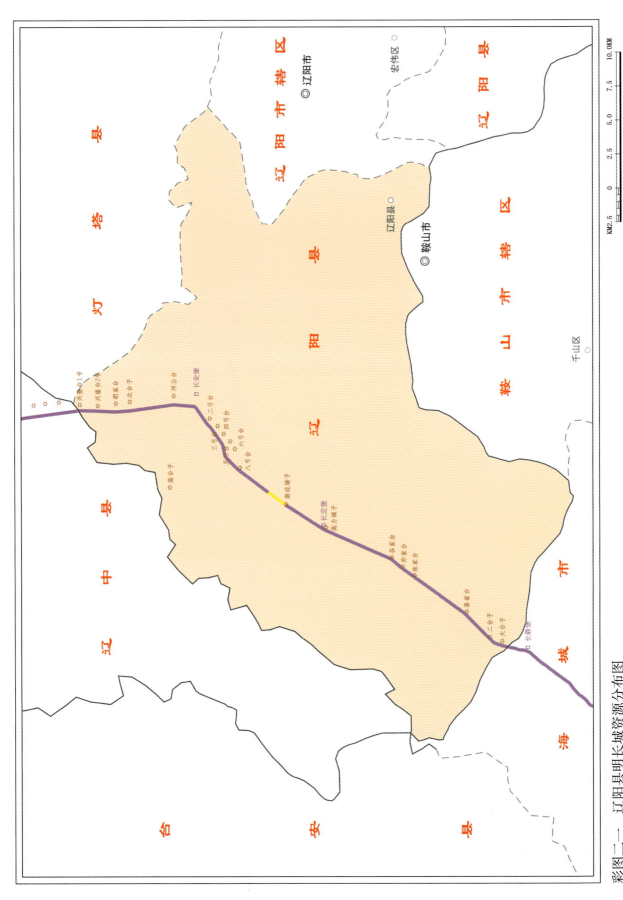

彩图二一 辽阳县明长城资源分布图

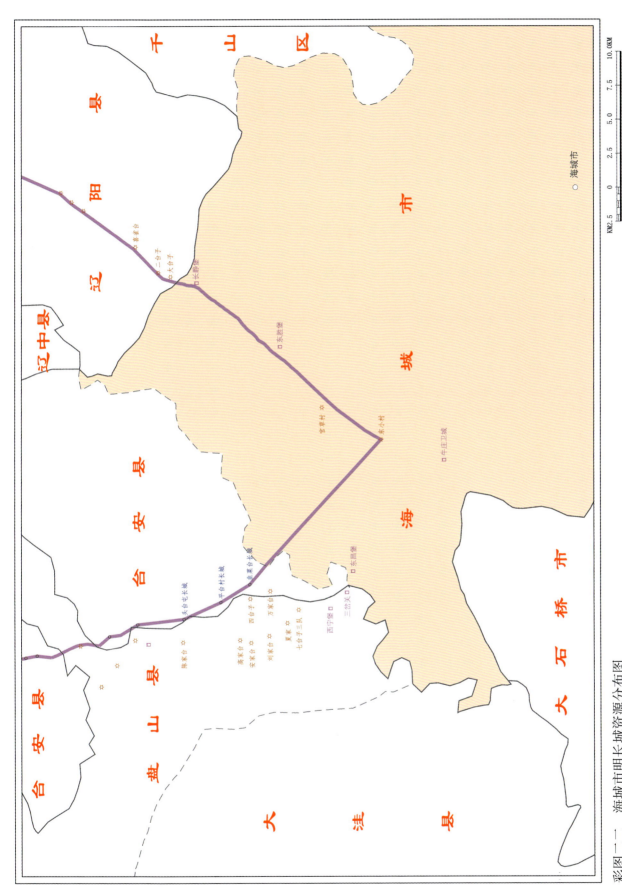

千　山　区

辽　阳　县

辽中县

台　安　县

大　石　桥　市

盘　山　县

台　安　县

大　洼　县

海　城　市

喜鹊台

第二台子

大台子

长静堡

东进堡

官寨村

东小村

牛庄卫城

东昌堡

三岔关

西宁堡

夹河村长城

平台村长城

头台屯长城

四台子

万家台

刘家台

夏家台

七台子三队

安家台

高家台

陈家台

○ 海城市

KM2.5　　0　　2.5　　5.0　　7.5　　10.0KM

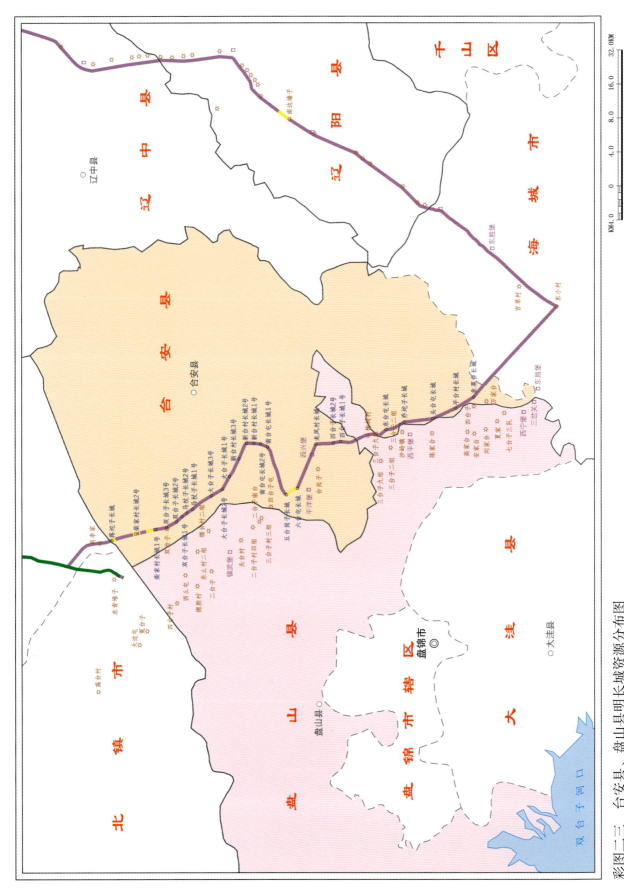

彩图二三 台安县、盘山县明长城资源分布图

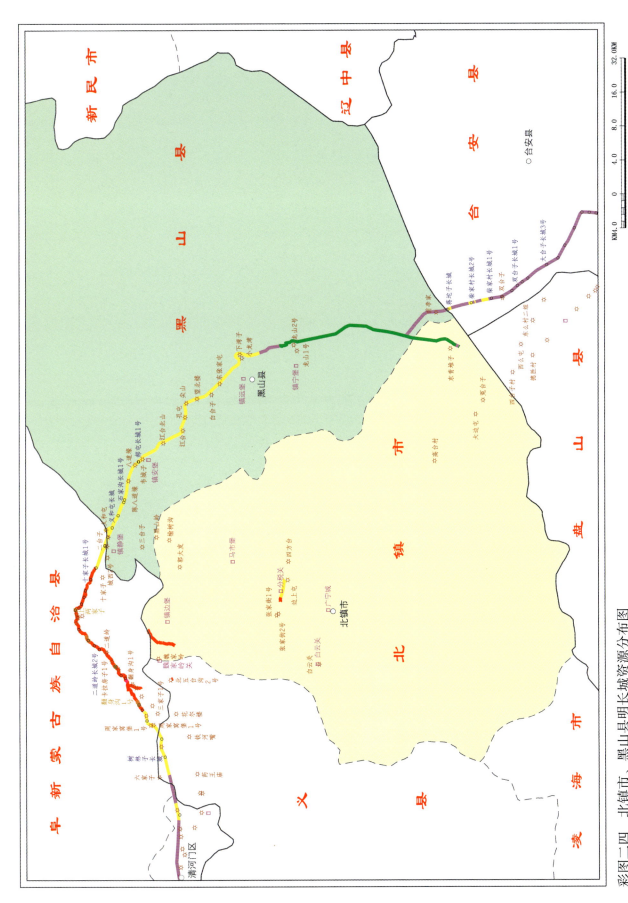

彩图二四　北镇市、黑山县明长城资源分布图

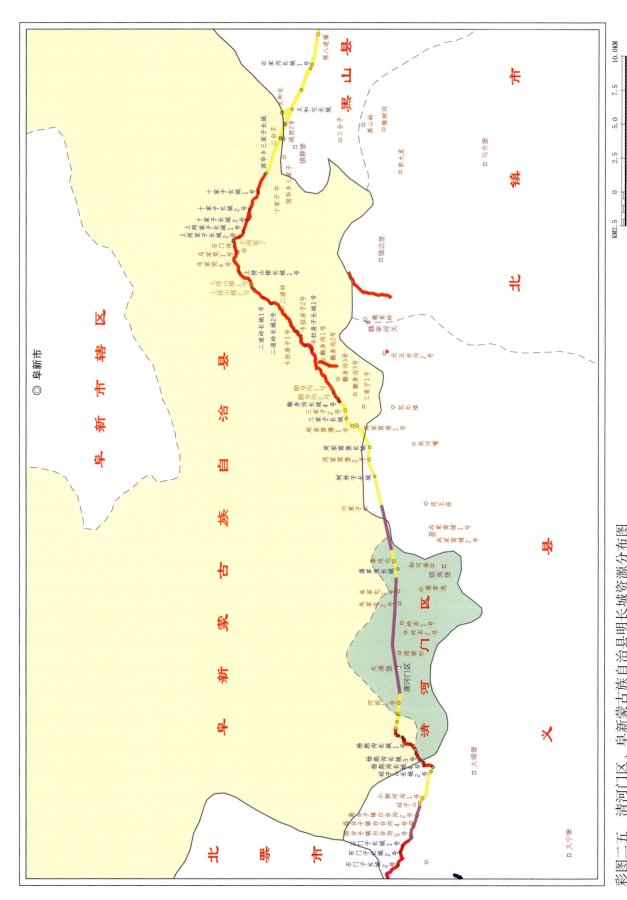

彩图二五　清河门区、阜新蒙古族自治县明长城资源分布图

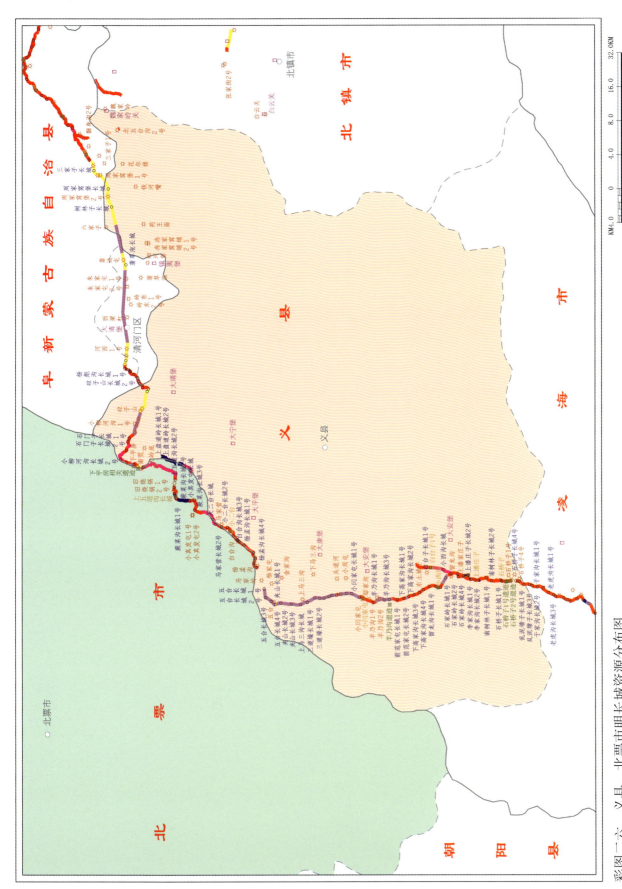

彩图二六 义县、北票市明长城资源分布图

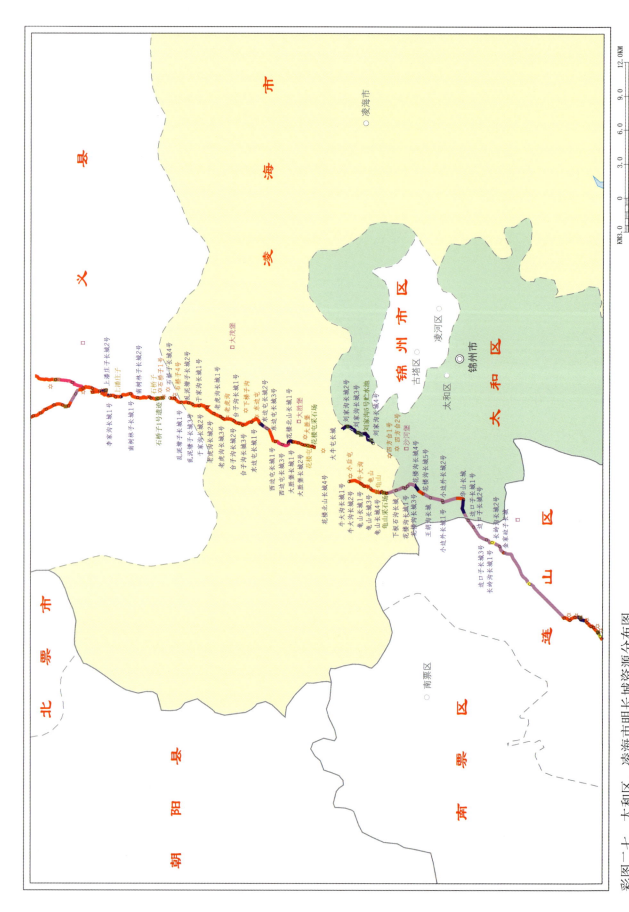

北票市

义 县

凌 海 市

凌海市

锦 州 市 区

凌河区

古塔区

锦州市

太和区

大 和 区

朝 阳 县

南票区

南 票 区

连 山 区

上褡子长城2号
上褡庄子

南树林子长城2号
南树林子长城1号

李家沟长城1号
石桥子2号遗迹
石桥子1号

石桥子
石桥子长城4号
乱泥塘子长城3号
乱泥塘子长城2号
王家沟长城1号

老虎沟长城3号
老虎沟长城2号
老虎沟长城1号
台子沟长城3号
台子沟长城2号
下楼子
台子沟长城1号

大茂堡
东边屯长城1号
东边屯
花楼屯采石场

西边长城3号
大胜堡长城4号
大胜堡长城5号
大胜堡长城2号

大胜堡
大牛屯长城

刘家沟长城2号
刘家沟长城3号
刘家沟5号蓄水池
刘家沟长城4号

牛大沟长城1号
牛大沟长城2号
小大沟
龟山长城1号
龟山长城3号
龟山
龟山长城4号
龟山采石场

下板石岭长城
花楼沟长城1号
花楼沟长城5号
花楼沟长城2号

西百方台2号
百方台2号
百方台
沙河堡

花楼沟长城3号
王树沟长城1号

小边外长城1号
小边外长城2号
边口子长城3号
边口子长城1号
华山长城
边口子长城2号
长岭沟长城1号
长岭沟长城2号
金家城子长城

彩图二七　太和区、凌海市明长城资源分布图

KM3.0　0　3.0　6.0　9.0　12.0KM

574

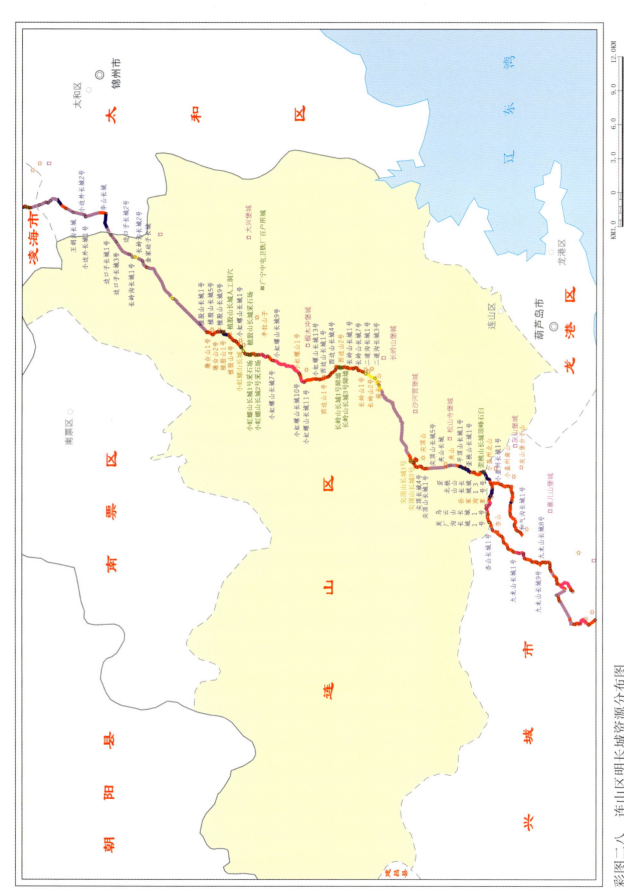

彩图二八　连山区明长城资源分布图

大和区
锦州市
大　　　　和　　　　区
辽　东　湾
凌海市
小边外长城2号
小边外长城
华山长城
王坪长城
小边子长城3号
边口子长城2号
边口子长城1号
长岭沟长城1号
金家坟子长城
大兴堡城
敖台山长城1号
敖台山长城2号
植股山长城9号
植股山长城5号
植股山长城人工洞穴
植股山长城采石场
小虹螺山长城
小虹螺山长城9号
丰山子
广宁中屯卫铁厂百户所城
小虹螺山长城1号采石场
小虹螺山长城10号
小虹螺山长城11号
小虹螺山长城2号采石场
小虹螺山长城1号
椴木冲长城
西边山长城13号
南票区
西边山长城4号
西边山长城7号
西边山长城3号
长岭山长城1号陡崖
长岭山长城2号陡崖
西边山长城1号
西边山长城2号
长岭山长城1号
长岭山长城2号
二道河长城1号
二道河长城3号
长岭山堡城
南　票　区
连　　山　　区
沙河营堡城
松山寺堡城
尖顶山长城1号
尖顶山长城5号
连山区
葫芦岛市
龙　港　区
尖顶山长城1号
尖顶山长城4号
尖顶山长城1号
尖山
来山
来山长城1号
平顶山长城1号
歪桃山长城1号
歪桃山长城顶峰石日
杏山堡城
小董山长城
东青山
茶山
乌云山长城5号
广沟长城1号
平顶山长城1号3
长城家长城1号3
长城家长城1号
杏山
小董山北
万州山堡城
龙山堡城
来山堡台长城
龙　　港　　区
南　　　票　　　区
和气沟长城1号
杏山长城1号
莱川山堡城
朝　阳　县
连　　山　　市
九龙山长城8号
九龙山长城9号
九龙山长城1号
建昌县
兴　　城　　市

575

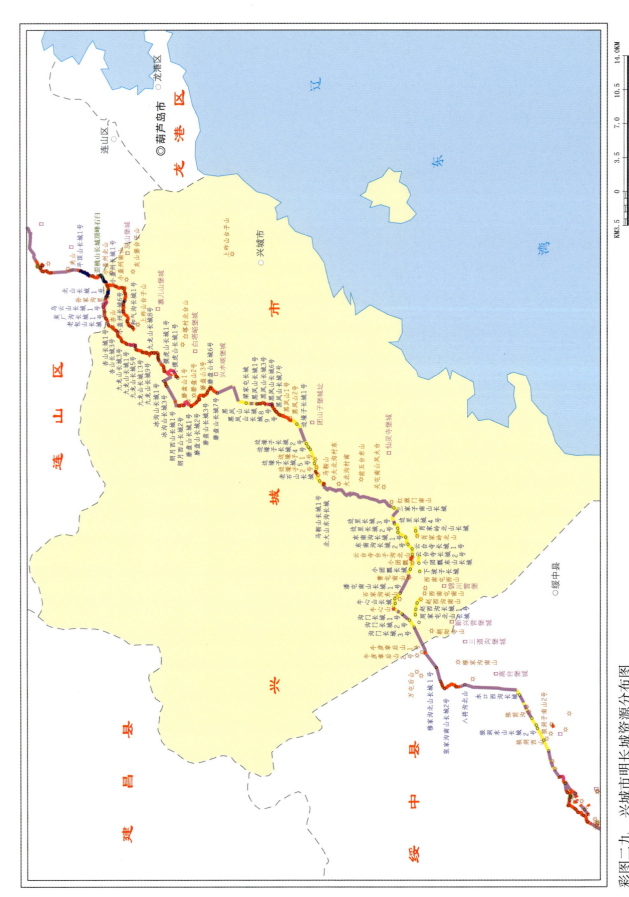

辽　东　湾

龙　港　区

◎葫芦岛市　○龙港区

连山区

连　山　区

兴　城　市

建　昌　县

兴　城　县

绥　中　县

○绥中县

○兴城市

KM3.5　0　3.5　7.0　10.5　14.0KM

彩图二九　兴城市明长城资源分布图

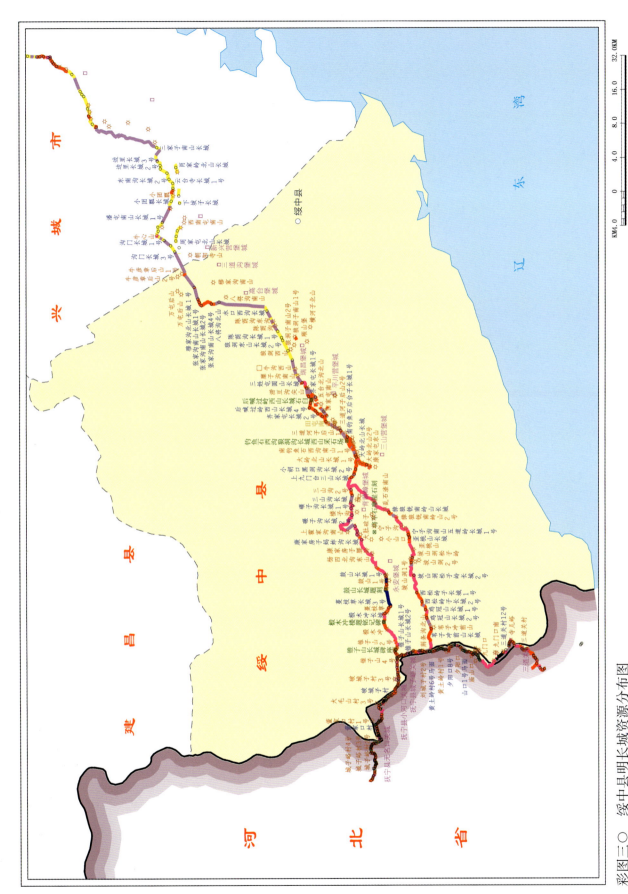

渤

海

湾

辽

绥中县 ⊙

兴

城

市

建

昌

县

绥

中

县

河

北

省

边里长城3号
边里长城2号
边里长城1号
东南沟长城
小团瓢山长城
潘家屯南山长城1号
牛头沟门长城3号
彦家后山长城
王家屯南山长城
周家屯北山
断寺沟台堡城
高家岭南山长城1号
嶂家沟南山堡城
万宝后山
嶂家沟南山长城1号
张家沟南山长城2号
八将沟南山长城4号
三道沟台堡城
青家岭北山长城
云寺台长城
三家子南山长城
下坡南山长城
寺儿沟山兴营堡城
陈家屯长城1号
瑞昌堡堡城
锦家屯东北山长城
锦家屯长城1号
铁厂子南山1号
后藏
过岭长城2号
石门过岭长城
齐家山长城
大石山长城
三道河台后台子长城
南釣鱼台长城1号
平川山堡城
钓鱼沟西山
石蟹沟长城
锦家屯台堡
大岭北山长城
小口门三山长城
门头沟南山长城1号
大岭北山长城2号
三台沟台长城2号
横家屯南甫山
九台长城西山长城
青甫山长城
大岭南山长城1号
樟子沟长城2号
钟家南山长城
大石沟长城
红花石堡
徐甫长城1号
楼子沟长城1号
康家南山长城1号
小寺沟南山长城
楼子沟长城2号
蛤蟆沟长城
罗圈沟南山长城五道
新台门沟南山长城1号
徐西甫北台长城
孤家子山长城
黄松岭长城
德甫长城
松铺南山
松岭南山长城1号
秋山南山长城2号
救山西长城1号
松岭南山长城五道
救山长城3号
城金堡城
西松岭长城
西松岭长城1号
南松岭长城
南松岭长城五道
锦金堡城
木楼长城1号
荆东沟长城
刺甫北山长城
三道关村12号
寺儿峪
救木救山长城
夏救山长城
维金碑长城记
秋冠山北长城
冠山长城
三道关村子甫
九门口口北山南
山口1号甫南
横子山长城2号
救石碑长城号
橫子山长城4号
陈家长城记
三道关长城号
黄土岭村6号
黄土岭村8号
夕阳村子甫面
抚宁县小河口长城号
城子峪村长城4号
大毛山长城
城子峪村长城3号
横子山甫长城号1
城子峪口南面
抚宁县天名村长城数
夕阳村口南面
三道甫面

绥中县 ○

○绥中县

彩图三○　绥中县明长城资源分布图

KM4.0　0　4.0　8.0　16.0　32.0KM

彩图三一　虎山长城远眺

彩图三二　虎山长城 1 段起点（西—东）

彩图三三　李家堡子长城 1 段远眺（南—北）

彩图三四　李家堡子长城 1 段
（南—北）

彩图三五　化皮峪长城 2 段
（南—北）

彩图三六　李王沟长城1段（北—南）

彩图三七　小夹河长城5段（南—北）

彩图三八　下夹河长城1段（东南—西北）

彩图三九　小夹河长城1号敌台（西北—东南）

彩图四〇　小夹河长城2号敌台（西—东）

彩图四一　岗东长城2号敌台（南—北）

彩图四二　岗东长城3号敌台（北—南）

彩图四三　康家路河（南—北）

彩图四四　龙山路河（南—北）

彩图四五　石家沟长城1号敌台（南—北）

彩图四六　上两家子长城（南—北）

彩图四七　上排山楼长城2段（北—南）

彩图四八　翻身沟长城3段（南—北）

彩图四九　卡拉房子长城（副墙）（东—西）

彩图五〇　蕨菜沟长城4段（西南—东北）

彩图五一　石门子长城4段（西—东）

彩图五二　小柳河沟长城3段（南—北）

彩图五三　小二台长城2段（东—西）

彩图五四　小闫家屯长城2段（西—东）

彩图五五　上潘庄子长城 2 段（南—北）

彩图五六　南树林子长城（南—北）

彩图五七　南树林子长城侧面
（东北—西南）

彩图五八　石桥子长城 3 段
（东—西）

彩图五九　小西沟长城2段（复线）（南—北）

彩图六○　东边屯长城1段（西南—东北）

彩图六一　花楼北山长城（北—南）

彩图六二　花楼北山长城
　　　　（东—西）

彩图六三　龟山长城1段（东北—西南）

彩图六四　乱泥塘子长城2号敌台（西—东）

彩图六五　台子沟长城 3 号敌台（东南—西北）

彩图六六　台子沟长城 3 号敌台瞭望孔
（西南—东北）

彩图六七　西边屯长城 1 号敌台（南—北）

彩图六八　西边屯长城 1 号敌台西北侧（西北—东南）

彩图六九　西边屯长城 1 号敌台西南角与条石
基础（西南—东北）

彩图七〇　西边屯长城 3 号敌台（南—北）

彩图七一　刘家沟长城 3 号敌台（北—南）

彩图七二　花楼沟长城1号敌台（西—东）

彩图七三　花楼沟长城3号敌台（南—北）

彩图七四　植股山长城1段（南—北）

彩图七五　植股山长城3段（东—西）

彩图七六　植股山长城5段（南—北）

彩图七七　小虹螺山长城1段（北—南）

彩图七八　小虹螺山长城2段（东南—西北）

彩图七九　小虹螺山长城4段（南—北）

彩图八〇　小虹螺山长城5段（北—南）

彩图八一　小虹螺山长城 8 段（西—东）

彩图八○：西边山长城（东北—西南）

彩图八三　尖顶山长城2段（北—南）

彩图八四　金家砬子长城敌台（西—东）

彩图八五　植股山长城 1 号敌台（南—北）

彩图八六　植股山长城 5 号敌台（西南—东北）

彩图八七　植股山长城 8 号敌台（东—西）

彩图八八　小虹螺山长城10号敌台南侧（南—北）

彩图八九　小虹螺山长城10号敌台条石基础（南—北）

彩图九〇　小虹螺山长城 10 号敌台门轴石
　　　　　（北—南俯摄）

彩图九一　小虹螺山长城 10 号敌台箭窗
　　　　　（北—南）

彩图九二　炭厂沟北山长城1段（西南—东北）

彩图九三　杏山长城（东南—西北）

彩图九四　小团瓢长城1段（东南—西北）

彩图九五　上九门台三山长城1段（北—南）

彩图九六　三山沟长城1段（北—南）

彩图九七　金牛洞长城2段（西南—东北）

彩图九八　金牛洞长城2段墙体上部垛口墙（东—西）

彩图九九　金牛洞长城 2 段外侧及排水口（西—东）

彩图一〇〇　金牛洞长城 4 段墙体外墙面（西北—东南）

彩图一○一　鼓山长城2段（西—东）

彩图一○二　鼓山长城3段（西南—东北）

彩图一〇三　鼓山长城4段（西南—东北）

彩图一〇四　蔓枝草长城 1 段远眺（东—西）

彩图一〇五　蔓枝草长城1段女墙（东北—西南）

彩图一〇六　蔓枝草长城 2 段（东南—西北）

彩图一〇七　蔓枝草长城2段墙体内侧（东—西）

彩图一〇八　蔓枝草长城3段墙体上部石筑阶梯（南—北）

彩图一〇九　蔓枝草长城3段外侧墙体人工凿刻的石槽（俯摄）

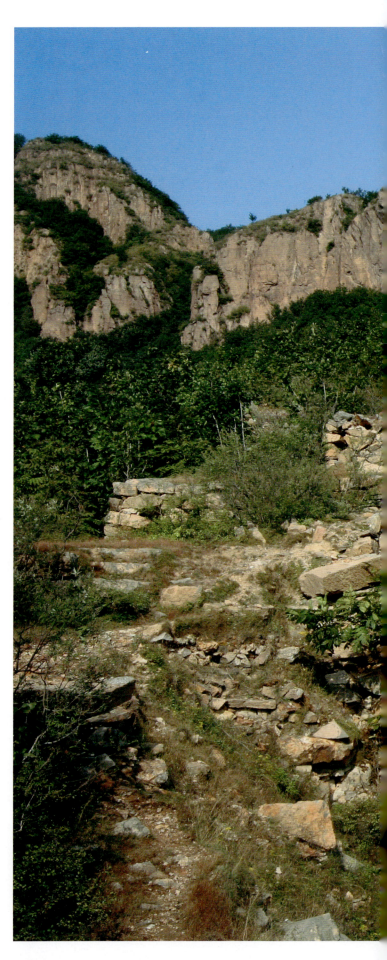

彩图一一〇　蔓枝草长城8段（东南—西北）

彩图一一一　椴木冲长城 1 段墙体远眺（东—西）

彩图一一二　椴木冲长城 1 段墙体外侧（东南—西北）

彩图一一三　椴木冲长城 3 段顶部（东北—西南）

彩图一一四　锥子山长城 1 段全貌（西北—东南）

彩图一一五　锥子山长城 3 段局部（东北—西南）

彩图一一六　锥子山长城 5 段现存垛口墙上部及外侧（东南—西北）

彩图一一七　锥子山长城7段现存垛口墙（东南—西北）

彩图一一八　锥子山长城8段（东—西）

彩图一一九　锥子山长城9段（东北—西南）

彩图一二〇　锥子山长城远景

彩图一二一　鼓山长城 2 号敌台（南—北）

彩图一二二　鼓山长城2号敌台东南角（东—西俯摄）

彩图一二三　鼓山长城2号敌台南侧券窗内侧（北—南）

彩图一二四　蔓枝草长城1号敌台（西—东）

彩图一二五　蔓枝草长城1号敌台南侧（南—北仰摄）

彩图一二六　蔓枝草长城1号敌台北侧箭窗、回廊（东—西）

彩图一二七　蔓枝草长城1号敌台顶部东侧阶梯（从北侧俯摄）

彩图一二八　蔓枝草长城 2 号敌台全貌（南—北）

彩图一二九　蔓枝草长城 2 号敌台（西—东）

彩图一三〇　蔓枝草长城 3 号敌台（东南—西北）

彩图一三一　蔓枝草长城 3 号敌台东、北两侧（东北—西南）

彩图一三二　蔓枝草长城 3 号敌台东侧（东—西）

彩图一三三　蔓枝草长城 3 号敌台南侧（南—北）

彩图一三四　椴木冲长城敌台（西—东）

彩图一三五　椴木冲长城敌台南侧券门内侧（北—南）

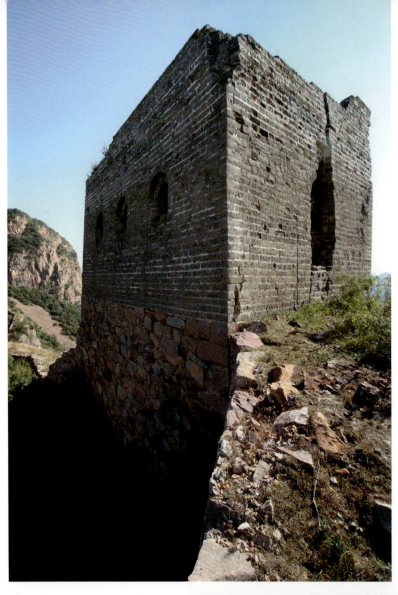

彩图一三六　锥子山长城 1 号敌台东北侧
（北—南）

彩图一三七　锥子山长城 1 号
敌台内券室、券
窗及登顶阶梯
（西北—东南）

彩图一三八　锥子山长城2号敌台东侧（东—西）

彩图一三九　锥子山长城2号敌台西侧现状（西—东）

彩图一四〇　锥子山长城3号敌台东侧（东—西）

彩图一四一　锥子山长城3号敌台北侧台基（西北—东南）

彩图一四二　锥子山长城3号敌台回廊（东—西）

彩图一四三　赫甸城（南—北）

彩图一四四　石城遗址（南—北）

彩图一四五　叆阳城门额（南—北）

彩图一四六　创筑孤山新堡碑

彩图一四七　马根单堡（东北—西南）

彩图一四八　镇边堡

彩图一四九　镇边堡标志（西—东）

彩图一五〇　大茂堡

彩图一五一　大茂堡西墙（东北-西南）

彩图一五二　沙河堡门额

彩图一五三　永安堡（东南—西北）

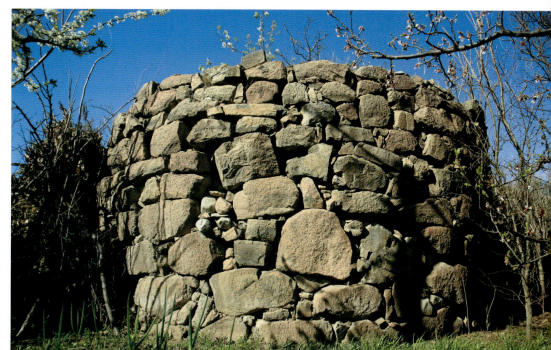

彩图一五四　永安堡（西南—东北）

彩图一五五　小夹河西山 2 号烽火台（东—西）

彩图一五六　下永兴北山烽火台（西北—东南）

彩图一五七　高台子烽火台（北—南）

彩图一五八　魏家岭烽火台南侧（南—北）

彩图一五九　张家街 1 号烽火台（东—西）

彩图一六〇　张家街 2 号烽火台（东—西）

彩图一六一　江台北山烽火台（北—南）

彩图一六二　八道壕烽火台（南—北）

彩图一六三　义和屯烽火台（东—西）

彩图一六四　卡拉房子2号烽火台（南—北）

彩图一六五　卡拉房子2号烽火台东侧

彩图一六六　卡拉房子 2 号烽火台北侧（东北—西南）

彩图一六七　北五台沟 2 号烽火台东侧（东—西）

彩图一六八　下梯子沟烽火台积薪
（西—东）

彩图一六九　上砟山台子山烽火台
（东南—西北）

彩图一七〇　小盖州白台子烽火台
（南—北）

彩图一七一　白塔村北台山烽火台
（东—西）

彩图一七二　朝阳寺山烽火台（东
北—西南）

彩图一七三　朝阳寺山烽火台
（西—东）

彩图一七四　穆家沟南山烽火台东
　　　　　　侧（东—南）

彩图一七五　顺山堡烽火台（西—
　　　　　　东）

彩图一七六　顺山堡峰火台刻字
　　　　　　（东—西）

彩图一七七　小山口烽火台（东—西）

彩图一七八　蔓枝草烽火台西北侧（西北—东南）

彩图一七九　椴木冲烽火台东侧（东—西）

彩图一八〇　锥子山 2 号烽火台西侧（西—东）

彩图一八一　锥子山 3 号烽火台（西—东）

彩图一八二　坡山洞1号烽火台（北—南）

彩图一八三　坡山洞2号烽火台（南—北）

彩图一八四　龟山居住址西侧（北—南）

彩图一八五　小虹螺山长城 1 号采石场（西南—东北）

彩图一八六　钓鱼石西沟狼洞沟
　　　　　　长城西山采石场一
　　　　　　角（西南—东北）

彩图一八七　鼓山长城题刻（西—东）

彩图一八八　鼓山长城题刻拓片

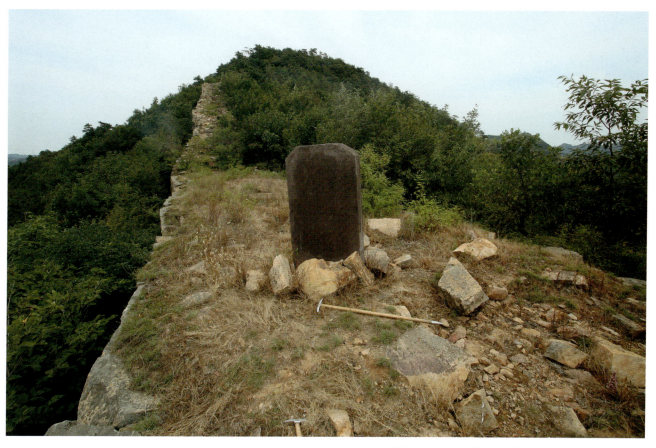

彩图一八九　椴木冲楼题铭记碑（西—东）

彩图一九○　椴木冲楼题铭记碑碑文

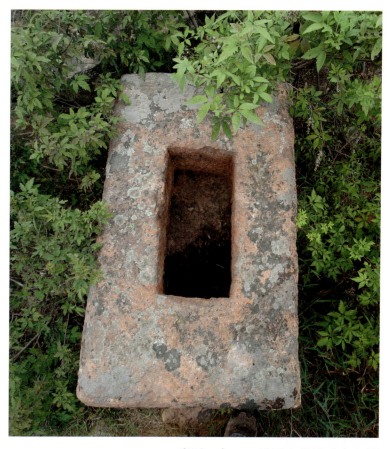

彩图一九一　锥子山长城碑座上部

671

彩图一九二　将军石摩崖石刻（南—北）

彩图一九三　将军石摩崖石刻拓片一

彩图一九四　将军石摩崖石刻拓片二

彩图一九五　来远门匾额

彩图一九六　永安门匾额

彩图一九七 《九边图》之
辽东镇图

彩图一九八　镇夷台烽火台台额拓片

彩图一九九　镇夷台烽火台全貌